五一油漆
51 PAINT
五一®
爱国者
河南省著名商标
必劲
高级汽车漆
ATC
高级汽车漆
必丽
汽车专用漆
30周年
始于1981年
醇酸汽车漆 醇酸磁漆 醇酸防锈漆 醇酸调合漆 工程漆 氨基漆 乳胶漆 等
河南五一化工有限公司 开封市五一油漆厂
地址：河南省开封市五一路南段51号
400-158-5151
www.wuyi.com.cn

Leeo®
经建利澳涂料
航 天 涂 料
航 空 涂 料
水性工业涂料
工 业 涂 料
文物保护涂料
车 辆 涂 料
装备制造涂料
重防腐涂料
特 种 涂 料
防火系列涂料
Leeo PAINT
NATURAL & HEALTH
公司地址：西安市团结北路2号
Http://www.xaleeo.com
E-mail:xaleeo@163.com
邮编：710077
销售电话：029-84262423
西安利澳科技股份有限公司（西安油漆厂）
XI AN Leeo Technological Co.Lrd

传化
TRANSFAR
传化化工
传化漆®
大平台，事业赢在起跑线上！
传化
TRANSFAR
传化化工

杀菌 防腐 防霉 防藻 消泡
上海三博水化学有限公司
三博生化科技（上海）有限公司
长期罐内防腐剂：百杀得系列产品
高效干膜防霉剂：猛杀得系列产品
高效环保消泡剂：3D系列产品

中国涂料工业
商务指南

中国涂料工业协会　组织编写

2011版

化学工业出版社
·北京·

《中国涂料工业商务指南》（2011 版）准确反映了各企业的联系方式与产品信息，收集整理了近 20000 家涂料、原料、经销商、机械、涂装、研究院所、检测机构、相关行业杂志及网站等单位的联系方式与产品信息，能满足业内企业获取涂料工业信息的需求，同时也更好地为企业提供了形象展示和品牌推广的平台。

图书在版编目（CIP）数据

中国涂料工业商务指南：2011 版/中国涂料工业协会编. —北京：化学工业出版社，2011.12
ISBN 978-7-122-12609-2

Ⅰ.中… Ⅱ.中… Ⅲ.①涂料-化学工业-工业企业-中国-2011-指南②涂料-化工产品-中国-2011-指南 Ⅳ.F426.7-62

中国版本图书馆 CIP 数据核字（2011）第 213081 号

责任编辑：仇志刚 翁靖一 装帧设计：尹琳琳
责任校对：郑 捷

出版发行：化学工业出版社（北京市东城区青年湖南街 13 号 邮政编码 100011）
印 刷：北京永鑫印刷有限责任公司
装 订：三河市万龙印装有限公司
787mm×1092mm 1/16 印张 19 字数 1075 千字 2012 年 1 月北京第 1 版第 1 次印刷

购书咨询：010-64518888（传真：010-64519686） 售后服务：010-64518899
网 址：http://www.cip.com.cn
凡购买本书，如有缺损质量问题，本社销售中心负责调换。

定 价：160.00 元

《中国涂料工业商务指南》（2011版）

前言

作为为各行各业配套的涂料工业如今在国民经济的发展中发挥了重要的作用，为支柱产业的发展提供了重要的保障。近几年来，在国民经济快速发展的推动下，一直保持着高速发展的态势，在世界涂料工业中占据着越来越重要的地位。

进入“十二五”，涂料行业也迎来了前所未有的黄金发展期，而转变发展模式、提高信息资源利用效率，也已成为“十二五”时期我国涂料产业顺利转型和持续发展的关键。

站在高点，展望未来，为推动我国涂料行业信息化和工业化的高层次深度结合，以信息化带动工业化、以工业化促进信息化，走新型工业化的发展道路。在此背景下，为了加强我国涂料工业信息交流，发布我国涂料工业优秀企业信息，促进我国涂料行业上、下游产业商务合作，增强我国涂料行业的整体竞争力，应广大涂料企业及相关企事业单位要求，由中国涂料工业协会牵头，组织编写了具有权威、准确、面广的大型名录工具书——《中国涂料工业商务指南》(2011 版)。

《中国涂料工业商务指南》(2011 版) 共分为涂料工业行业组织和相关机构、涂料工业生产企业、涂料工业原料生产企业、涂料装备、涂装机械及检测仪器、贸易公司和代表处共五大部分，准确收集整理了 10000 多家涂料、原料、机械、涂装、研究院所、检测机构、相关行业杂志及网站等单位的联系方式与产品信息。历时近半年时间，组织大量人力逐一进行信息核实，力求使企业信息更加准确、完善，更多地满足业内企业获取涂料工业信息的需求。希望能通过《中国涂料工业商务指南》(2011 版) 的出版发行，加强我国涂料工业上下游产业企业的交流与合作，为促进我国涂料工业健康、快速发展贡献一份力量。

《中国涂料工业商务指南》(2011 版) 由中国涂料工业协会、《中国涂料》杂志社有限公司负责组织编写，由化学和工业出版社公开出版发行。本书的编撰完成得到了业内外相关人士和企业的大力支持。在此，谨对所有关心和帮助此书出版的各界人士表示诚挚的感谢！同时，在编撰过程中难免有许多不足之处，请不吝指正！

《中国涂料工业商务指南》今后将会在 2011 版的基础上适时进行信息更新，每年定期出版，以不断满足行业发展的需求，更好地为涂料行业及相关行业服务！希望关注此书出版的相关企事业单位需要加大宣传力度的及时与《中国涂料》杂志社有限公司沟通，共同推动行业的健康持续发展！

编者

2011 年 11 月 1 日

目录

名称目录

1 涂料工业行业组织和相关机构

1.1 涂料行业协会及分支机构

单位名称：中国涂料工业协会
地　　址：北京市丰台区成寿寺 158 号办公楼四层西侧
邮　　编：100079
网　　址：www.chinacoatingnet.com
办公室：
电　　话：010-62256821
传　　真：010-62256821
产业发展部：
电　　话：010-62253382
传　　真：010-62253382
邮　　箱：tlylb@163.com
会员部：
电　　话：010-62255676
传　　真：010-62255676
邮　　箱：hycncia@vip.163.com
《中国涂料》杂志社有限公司
电　　话：010-62253830
传　　真：010-62253830
邮　　箱：chinacoatingnet @ vip. 163. com 北京国际涂博展览有限公司
电　　话：010-67601405
传　　真：010-67601405
邮　　箱：coatshow@coatshow.cn

单位名称：中国涂料工业协会专家委员会
地　　址：北京市丰台区成寿寺 158 号办公楼四层西侧 D06
邮　　编：100079
电　　话：010-62253382
传　　真：010-62253382
邮　　箱：tlylb@163.com

单位名称：中国涂料工业协会钛白粉行业分会
地　　址：北京市丰台区成寿寺 158 号办公楼四层西侧 D06
邮　　编：100079
电　　话：010-62253382
传　　真：010-62253382
邮　　箱：gxrljgt@sohu.com

单位名称：中国涂料工业协会氧化铁行业分会
地　　址：上海市嘉定区嘉松北路 4839 号
邮　　编：201814
电　　话：021-59504681
传　　真：021-59505254
邮　　箱：lzh@yipin.com
网　　址：www.chinaironoxide.com

单位名称：中国涂料工业协会铅铬颜料分会
地　　址：上海普陀区景泰路 709 号
邮　　编：200331
电　　话：021-62505665
传　　真：021-62505665
邮　　箱：iii1029@126.com

单位名称：中国涂料工业协会防腐涂料分会
地　　址：山东省青岛市南区金湖路 4 号
邮　　编：266071
电　　话：0532-85845210
传　　真：0532-85845210
邮　　箱：infocenter@vip.163.com

单位名称：中国涂料工业协会建筑涂料分会
地　　址：广东省江门市蓬江区棠下镇金溪工业区
邮　　编：529085
电　　话：0750-3578581
传　　真：0750-3578065
邮　　箱：wuyl@cprpoly.com

单位名称：中国涂料工业协会涂料树脂分会
地　　址：江苏省宜兴市官林镇三木路 85 号
邮　　编：214258
电　　话：0510-81735209
传　　真：0510-87233005
邮　　箱：WZQ@sanmuchem.com

单位名称：中国涂料工业协会涂料装备分会
地　　址：江苏省南京市下关区姜家圩 77 号
邮　　编：210011
电　　话：025-58394317
传　　真：025-58394317
邮　　箱：zbxh77@163.com

单位名称：中国涂料工业协会立德粉分会
地　　址：北京市丰台区成寿寺 158 号办公楼四层西侧 D06
邮　　编：100079
电　　话：010-62253382
传　　真：010-62253382
邮　　箱：tlylb@163.com

单位名称：中国涂料工业协会氧化锌分会
地　　址：北京市丰台区成寿寺 158 号办公楼四层西侧 D06
邮　　编：100079
电　　话：010-62253382
传　　真：010-62253382
邮　　箱：tlylb@163.com

单位名称：中国化工学会涂料涂装专业委员会
地　　址：江苏常州市龙江中路 22 号
邮　　编：213016
电　　话：0519-83299195
传　　真：0519-83971872
网　　址：www.asiacoat.com

单位名称：全国涂料和颜料标准化技术委员会
地　　址：江苏省常州市龙江中路 22 号
邮　　编：213016
电　　话：0519-83295116 83299370 83299369
传　　真：0519-83299560 83970300
邮　　箱：tlbz@chinacoat.org.cn
网　　址：www.chinacoat.org.cn

1.2 地方行业协会及商会

单位名称：上海市涂料染料行业协会
地　　址：上海市共和新路 966 号 1704 室
邮　　编：200070
电　　话：021-62127163 62126538
传　　真：021-62126538
邮　　箱：rlxh@sdta.org.cn
网　　址：www.sdta.org.cn

单位名称：上海市化学建材行业协会建筑涂料分会
地　　址：上海市宛平南路 75 号 2 号楼 508 室
邮　　编：200032
电　　话：021-64686372
传　　真：021-64686372
邮　　箱：hjxh008@sina.com

单位名称：天津市建材业协会
地　　址：天津市河东区六纬路 85 号（增 3 号）万隆中心大厦 A 座 14 层
邮　　编：300012
电　　话：022-24218200 24218187
传　　真：022-24218105

单位名称：重庆市涂料涂装行业协会
地　　址：重庆市高新区渝州路 33 号（59 所内 724 室）
邮　　编：400039
电　　话：023-68792121
传　　真：023-68792121

邮　　箱：lzj412@sina.com

单位名称：广东省涂料行业协会
地　　址：广州市越华路116号石化大楼601室
邮　　编：510034
电　　话：020-83331470
传　　真：020-83380382
邮　　箱：a83355140@163.com
网　　址：www.gdtl.org

单位名称：佛山市顺德区涂料商会
地　　址：佛山市顺德区大良清晖路33号3楼
邮　　编：528300
电　　话：0757-22224229 222193444
传　　真：0765-22205050
邮　　箱：sdtlsh@163.com
网　　址：www.sdtlsh.cn

单位名称：浙江省涂料工业协会
地　　址：杭州市莫干山路569号省石化招待所2号楼209室
邮　　编：310005
电　　话：0571-85105387
传　　真：0571-56277127
邮　　箱：zjtlxh@163.com
网　　址：www.zjcoating.com

单位名称：宁波市涂料与涂装行业协会
地　　址：宁波市桑田路722弄16号207室
邮　　编：315040
电　　话：0574-87806294
传　　真：0574-87806294
邮　　箱：nbtlxh@qq.com
网　　址：www.nbtltz.com

单位名称：江苏省涂料行业协会
地　　址：南京市下关区姜家圩77号
邮　　编：210011
电　　话：025-58394317
传　　真：025-58394317
邮　　箱：jiangsutlxh@163.com
网　　址：jspaint.com

单位名称：常州市涂料协会
地　　址：常州市钟楼开发区玉龙南路星港花苑13幢4号楼三层
邮　　编：213000
电　　话：0519-67896471 67896473
传　　真：0519-67896472
网　　址：www.cztl.com.cn

单位名称：福建省涂料工业协会
地　　址：福州市省府路1号工交大院11号楼一层
邮　　编：350001
电　　话：0591-88030811 87533302
传　　真：0591-87554098
网　　址：www.fjtlw.com

单位名称：安徽省涂料行业商会
地　　址：合肥市临泉路中环国际广场A1座202
邮　　编：230041
电　　话：0551-4233743
传　　真：0551-4233743
邮　　箱：mjj1988319@163.com
网　　址：www.ahtlsh.com

单位名称：山东省涂料行业协会(筹)
地　　址：青岛市金湖路4号
邮　　编：266071
电　　话：0532-85845904
传　　真：0532-85845904

单位名称：湖北省涂料工业协会
地　　址：湖北武汉市武昌中南路8号
邮　　编：430071
电　　话：027-87821417
传　　真：027-87821417

单位名称：河北省粘接与涂料协会
地　　址：河北省石家庄市裕华东路70号
邮　　编：050018
电　　话：0311-88624057 88632425
传　　真：0311-88632425

单位名称：黑龙江省涂料工业协会
地　　址：哈尔滨市道外区承德广场好望达公寓5楼5号
邮　　编：150036
电　　话：0451-82929611
传　　真：0451-82929600

单位名称：四川省涂料工业协会
地　　址：四川省成都市一环路东五段108号（东恒国际）1栋2区417室
邮　　编：610015
电　　话：028-84524954
传　　真：028-84400596

单位名称：西安涂装防护协会
地　　址：西安市团结北路2号
邮　　编：710077
电　　话：029-84257943
传　　真：029-84257943
邮　　箱：fwhsd@126.com

单位名称：甘肃省涂料工业协会
地　　址：兰州市城关区北龙口永新化工园区
邮　　编：730046
电　　话：0931-8328096
传　　真：0931-8328096
邮　　箱：gstlxh@163.com

单位名称：云南省化工行业协会涂料分会
地　　址：昆明市东风东路118号
邮　　编：650041
电　　话：0871-3310023
传　　真：0871-3310023

单位名称：郑州市涂装协会
地　　址：郑州市文化路116号
邮　　编：450002
电　　话：0371-65367610
传　　真：0371-65367610

1.3 相关行业协会

单位名称：中国石油和化学工业联合会
地　　址：北京市亚运村安慧里4区16号楼中国化工大厦
邮　　编：100723
电　　话：010-84885415 84885056
传　　真：010-84885087
邮　　箱：bgs@cpcif.org.cn
网　　址：www.cpcia.org.cn

单位名称：中国化工学会
地　　址：北京安外小关街53号
邮　　编：100029
电　　话：010-64441885 64449497
传　　真：010-64411194
邮　　箱：ciesc@ciesc.cn
网　　址：www.ciesc.cn

单位名称：中国化工情报信息协会
地　　址：北京市朝阳区安定路33号化信大厦B座203室
邮　　编：100029
电　　话：010-64444068
传　　真：010-64444132
网　　址：www.cciia.org.cn

单位名称：中国腐蚀与防护学会
地　　址：北京市学院路30号北京科技大学腐蚀管理楼617-621
邮　　编：100083
电　　话：010-62320080 62332201 62397591
传　　真：010-82372305 82372302
邮　　箱：mail@cscp.org.cn
网　　址：www.cscp.org.cn

单位名称：中国工业防腐蚀技术协会
地　　址：北京市朝阳区小营路9号C座509
邮　　编：100101
电　　话：010-64946836
传　　真：010-64945215
邮　　箱：renzhenduo@139.com
网　　址：www.ciata.org.cn

单位名称：中国标准化协会
地　　址：北京市朝阳区安立花园B座10层
邮　　编：100101
电　　话：010-64907381 64907490 64908080
传　　真：010-64906821
邮　　箱：cspress@cnis.gov.cn chenglch@cnis.gov.cn
网　　址：www.china-cas.org

单位名称：国家标准化管理委员会
地　　址：北京市海淀区马甸东路9号
邮　　编：100088
电　　话：010-82262609
网　　址：www.sac.gov.cn

单位名称：中国表面工程协会热喷涂专业委员会
地　　址：北京市德胜门外北沙滩1号
邮　　编：100083
电　　话：010-64882552 64882560
传　　真：010-64872316
邮　　箱：xiaoou@chinathermalspray.org

网　　址：www.chinathermalspray.org

单位名称：中国建筑防水协会
地　　址：北京市三里河路 11 号
邮　　编：100831
电　　话：010-68324403 68324403
传　　真：010-68366596
邮　　箱：cnwb@cnwb.net
网　　址：www.cnwb.net

单位名称：全国卫生产业企业管理协会抗菌产业分会
地　　址：北京市海淀区中关村北一条 2 号 中国科学院理化技术研究所 5 号楼 309 室
邮　　编：100190
电　　话：010-82543499 62521791 82543777 13910903921
传　　真：010-82543499
邮　　箱：service@kjj.com.cn
网　　址：www.kjj.com.cn

单位名称：中国林产工业协会地板委员会
地　　址：北京颐和园后中国林科院 70 信箱
邮　　编：100091
电　　话：010-62889497
传　　真：010-62865168
网　　址：www.cnfloor.org

单位名称：中国投资协会
地　　址：北京市西城区阜外大街 7 号国投大厦 16 层
邮　　编：100037
电　　话：010-63908091
传　　真：010-63908087
邮　　箱：web@iaci.cn
网　　址：www.iac.org.cn

单位名称：中国染料工业协会
地　　址：北京东城区安定门外大街 189 号宝景大厦 1606 室
邮　　编：100011
电　　话：010-64400105 64400106
传　　真：010-64400107
邮　　箱：pengyouling@dyechina.com
网　　址：www.dyechina.com

单位名称：中国无机盐工业协会
地　　址：北京市东城区和平里七区 16 号楼
邮　　编：100013
电　　话：010-64290484
传　　真：010-64210611
邮　　箱：wujiyan@hotmail.com lily.lixin@163.com
网　　址：www.cisia.org

单位名称：中国五矿化工进出口商会
地　　址：北京朝阳区朝外大街 22 号泛利大厦 17 层
邮　　编：100020
电　　话：010-85692800
传　　真：010-65880304
邮　　箱：webmaster@cccmc.org.cn
网　　址：www.cccmc.org.cn

单位名称：中国家具协会
地　　址：北京市朝阳区百子湾路 16 号百子园 5 号楼 C 座 1203 室
邮　　编：100124
电　　话：010-87766795
传　　真：010-87766675
邮　　箱：postmaster@cnfa.com.cn
网　　址：www.cnfa.com.cn

单位名称：中国玩具协会
地　　址：北京复兴门内大街 101 号
邮　　编：100031
电　　话：010-66038881-219/220
传　　真：010-66033964
邮　　箱：info@toy-cta.org
网　　址：www.toy-cta.org

单位名称：中国工程机械工业协会
地　　址：北京市西城区月坛南街 26 号
邮　　编：100825
电　　话：010-68519836 68537077
传　　真：010-68517817
邮　　箱：zggcjxgyxh@yeah.net
网　　址：www.cncma.org

单位名称：中国建筑材料联合会
地　　址：北京海淀区百万庄三里河路 11 号
邮　　编：100831
电　　话：010-88376372
邮　　箱：hyx@cbminfo.com gxy@cbminfo.com
网　　址：cbmia.cbminfo.com

单位名称：中国建筑学会
地　　址：北京市三里河路 9 号
邮　　编：100835
电　　话：010-88082230 88082239 88082240
传　　真：010-88082223 88082222 88082243
邮　　箱：asc@chinaasc.org
网　　址：www.chinaasc.org

单位名称：中国建筑业协会
地　　址：北京市中关村南大街 48 号九龙商务中心 A 座 7 层
邮　　编：100081
电　　话：010-62137191 62137390
传　　真：010-62137191
邮　　箱：zgjzyxh@163.com
网　　址：www.zgjzy.org

单位名称：中国建筑装饰协会
地　　址：北京朝阳区北三环东路 6 号(中国国际展览中心)1 号馆四层 339 室
邮　　编：100088
电　　话：010-84600943
传　　真：010-82022111
邮　　箱：ccd@ccdinfo.com
网　　址：www.ccd.com.cn

单位名称：中国室内装饰协会
地　　址：北京市东城区安定门外安德路地兴居 6 号楼
邮　　编：100011
电　　话：010-88312032 88312052 84132711
传　　真：010-88312089
邮　　箱：info@mail.cida.gov.cn
网　　址：www.cida.gov.cn

单位名称：中国胶粘剂工业协会
地　　址：北京市朝阳区东三环南路 19 号嘉多丽园 C 座 206 室
邮　　编：100021
电　　话：010-87667165 87663014
传　　真：010-87663015
邮　　箱：yang@cnaia.org
网　　址：www.cnaia.org

单位名称：中国皮革工业协会
地　　址：北京市东长安街 6 号
邮　　编：100740
电　　话：010-65264589
传　　真：010-65231698
邮　　箱：clia@163bj.com
网　　址：www.china-leather.com

单位名称：中国汽车工业协会
地　　址：北京市西城区三里河路 46 号
邮　　编：100823
电　　话：010-685941825128
传　　真：010-68595243
邮　　箱：bgs@caam.org.cn
网　　址：www.caam.org.cn

单位名称：中国汽车工程学会
地　　址：北京市宣武区莲花池东路 102 号天莲大厦 10 层
邮　　编：100055
电　　话：010-63519934 83513379
传　　真：010-83513379
邮　　箱：office@sae-china.org
网　　址：www.sae-china.org

单位名称：中国通用机械工业协会
地　　址：北京市西城区车公庄大街 9 号院 1 号楼(B 座)2 单元 5 层
邮　　编：100044
电　　话：010-88393520-1234567 转分机
传　　真：010-88393529
邮　　箱：cgmaztx@sohu.com
网　　址：www.cgmia.org.cn

单位名称：中国仪器仪表行业协会
地　　址：北京市月坛南街 26 号
邮　　编：100825
电　　话：010-68539126
传　　真：950507-715381
邮　　箱：cima@cima.org.cn
网　　址：www.cima.org.cn

单位名称：中国造船工程学会
地　　址：北京月坛北街 5 号
邮　　编：100861
电　　话：010-59517926
传　　真：010-59517928
邮　　箱：csname@csname.org.cn
网　　址：www.csname.org.cn

单位名称：中国包装联合会
地　　址：北京市建国路 99 号中服大厦 10 层
邮　　编：100020
电　　话：010-65839891
传　　真：010-65389060
邮　　箱：cpta@cpta.org.cn
网　　址：www.cpta.org.cn

单位名称：中国感光学会辐射固化专业委员会
地　　址：北京市朝阳区樱花西街 8 号北方安华大厦 413 室
邮　　编：100029
电　　话：010-64415732 64415715

传　　真：10-64415715
邮　　箱：radtechconf@126.com
网　　址：www.radtechchina.com

单位名称：中国聚氨酯工业协会
地　　址：河南省洛阳市 054 信箱
邮　　编：471001
电　　话：0379-62303285
传　　真：0379-60307056
邮　　箱：adm@cpuia.org.cn
网　　址：www.cpuia.org.cn

单位名称：中国环氧树脂行业协会
地　　址：江苏省无锡市广瑞路 1418 号
邮　　编：214011
电　　话：0510-82452654
传　　真：0510-82452654
邮　　箱：web@epoxy-e.cn
网　　址：www.epoxy-e.cn

单位名称：中国环氧树脂应用技术学会
地　　址：天津市河西区洞庭路 29 号
邮　　编：300220
电　　话：022-28347759
传　　真：022-28347759
邮　　箱：epoxycn- yuhaoem @ eyou.com
网　　址：www.epoxycn.com

单位名称：中国氟硅有机材料工业协会
地　　址：北京市朝阳区北三环东路 19 号（蓝星大厦）7 层
邮　　编：100029
电　　话：010-64421554
传　　真：010-64436103
邮　　箱：siforg@126.com
网　　址：www.sif.org.cn

单位名称：中国化工环保协会
地　　址：北京市朝阳区安惠里四区 16 号楼中国化工大厦 506 室
邮　　编：100723
电　　话：010-84885718
传　　真：010-84885227
网　　址：www.cciepa.org.cn

1.4 质量监督及检测机构

单位名称：国家质量监督检验检疫总局
地　　址：北京市海淀区马甸东路 9 号
邮　　编：100088
电　　话：010-82262114
网　　址：www.aqsiq.gov.cn

单位名称：北京市质量技术监督局
地　　址：北京市朝阳区育慧南路 3 号
邮　　编：100029
电　　话：010-84611177
网　　址：www.bjtsb.gov.cn

单位名称：中国质量认证中心
地　　址：北京朝阳区朝外大街甲 10 号中认大厦
邮　　编：100020
电　　话：010-85622233
网　　址：www.cqc.com.cn

单位名称：天津市质量技术监督局
地　　址：天津市南开区南开二马路 265 号
邮　　编：300100
电　　话：022-27182013
传　　真：022-27182009
邮　　箱：tjjj@tjjj.gov.cn
网　　址：www.tjjj.gov.cn

单位名称：河北省质量技术监督局
地　　址：河北省石家庄市中华南大街 537 号
邮　　编：050051
电　　话：0311-3053473
网　　址：www.hebzjj.gov.cn

单位名称：吉林省质量技术监督局
地　　址：长春市东南湖大路 1088 号
邮　　编：130000
电　　话：0431-85237114
网　　址：www.jlqi.gov.cn

单位名称：上海市质量技术监督局
地　　址：上海市长乐路 1227 号
邮　　编：200031
电　　话：021-54264383
邮　　箱：zhulh@cnsis.info
网　　址：www.shzj.gov.cn

单位名称：江苏省质量技术监督局
地　　址：江苏省南京市北京西路 16 号苏兴大厦
邮　　编：210008
电　　话：025-85012062
邮　　箱：xxzx@jsqts1.gov.cn
网　　址：www.jsqts.gov.cn

单位名称：浙江质量技术监督局
地　　址：杭州天目山路 222 号
邮　　编：310000
电　　话：0571-85125551
网　　址：www.zjbts.gov.cn

单位名称：重庆市质量技术监督局
地　　址：江北区五简路 9 号
邮　　编：400023
电　　话：023-89232222 89180110
网　　址：www.cqzj.gov.cn

单位名称：安徽省质量技术监督局
地　　址：安徽省合肥市包河工业园区延安路 13 号
邮　　编：230051
电　　话：0551-3356122
网　　址：www.ahqi.gov.cn

单位名称：福建省质量技术监督局
地　　址：福州市华林路 155 号新华兴大厦
邮　　编：350003
电　　话：0591-12365
邮　　箱：webmaster@fjqi.gov.cn
网　　址：www.fjqi.gov.cn

单位名称：江西省质量技术监督局
地　　址：江西省南昌市京东大道 1139 号
邮　　编：330029
电　　话：0791-8284114
传　　真：0791-8284114
邮　　箱：jxzj@jxzj.gov.cn
网　　址：www.jxzj.gov.cn

单位名称：宁夏质量技术监督局
地　　址：宁夏银川市西桥巷 95 号
邮　　编：750001
电　　话：0951-4109794
网　　址：www.nxzj.gov.cn

单位名称：山东质量技术监督局
地　　址：山东省济南市历阳大街 6 号银丰大厦
邮　　编：250002
电　　话：0531-2679353
邮　　箱：webmanager@12365.sd.cn
网　　址：www.sdqts.gov.cn

单位名称：河南省质量技术监督局
地　　址：郑州市花园路 21 号
邮　　编：450008
电　　话：0371-5953337
网　　址：www.haqi.gov.cn

单位名称：湖南省质量技术监督局
地　　址：湖南省长沙市雨花亭新建西路 41 号
邮　　编：410007
电　　话：0731-85354421
邮　　箱：zjjxxzx@zjj.hunan.gov.cn
网　　址：www.hn315.gov.cn

单位名称：云南省质量技术监督局
地　　址：云南省昆明市东风东路 76 号质监大厦 1507，1508，1509 室
邮　　编：650000
电　　话：0871-3215656
网　　址：www.ynqi.gov.cn

单位名称：陕西省质量技术监督局
地　　址：西安市新城大院省政府大楼 8 层
邮　　编：710006
电　　话：029-7292244
邮　　箱：shaanxizhijianju@163.com
网　　址：www.snqi.gov.cn

单位名称：甘肃省质量技术监督局
地　　址：甘肃省兰州市金昌路 208 号
邮　　编：730030
电　　话：0931-8840746
网　　址：www.gszl.gov.cn

单位名称：新疆质量技术监督局
地　　址：新疆乌鲁木齐市新华南路 167 号
邮　　编：830000
电　　话：0991-2818352
网　　址：www.xjnewqi.gov.cn

单位名称：国家化学建筑材料测试中心(建工测试部)
地　　址：北京北三环东路 30 号
邮　　编：100013
电　　话：010-64517000
网　　址：www.cabr-betc.com

单位名称：北京市建筑材料质量监督检验站
地　　址：北京市石景山区金顶北路69号院
邮　　编：100041
电　　话：010-88724984
网　　址：www.bbmtc.org

单位名称：国家建筑材料测试中心
地　　址：北京市朝阳区管庄中国建筑材料科学研究院南楼
邮　　编：100024
电　　话：010-51167681
传　　真：010-65715991
网　　址：www.cbmtc.com

单位名称：建筑材料工业环境监测中心
地　　址：北京市朝阳区管庄东里1号
邮　　编：100024
电　　话：010-51167172
传　　真：010-65718269
网　　址：www.315jc.net

单位名称：国家室内环境与室内环保产品质量监督检验中心
地　　址：北京市宣武区广安门内广义街4号
邮　　编：100053
电　　话：010-83122117 83123794
传　　真：010-83122852
网　　址：www.cietc.com

单位名称：天津市质量监督检验站第30站；天津市合成材料工业研究所
地　　址：天津市河西区陈塘庄洞庭路29号
邮　　编：300220
电　　话：022-28341651
传　　真：022-28340113
邮　　箱：zj30z@yahoo.com.cn

单位名称：河北省环境监测中心站
地　　址：河北省石家庄市裕华西路448号
邮　　编：050051
电　　话：0311-89253309
网　　址：www.hbemc.net

单位名称：河北省环保产品质量监督检验部
地　　址：河北省石家庄市中华南大街537号
邮　　编：050091
电　　话：0311-67568313
传　　真：0311-67568312
网　　址：hebfqs.nepp.com.cn

单位名称：内蒙古自治区产品质量检验所
地　　址：内蒙古呼和浩特市乌兰察布西路281号
邮　　编：010010
电　　话：0471-4962180
传　　真：0471-4967254
邮　　箱：nmcpjys@263.net
网　　址：www.nmzj.com.cn

单位名称：鞍山市产品质量监督检验所
地　　址：辽宁省鞍山市铁东区新营路7号
邮　　编：114004
电　　话：0412-5887977
网　　址：www.astbt.com/zjs

单位名称：大连市产品质量监督检验所
地　　址：辽宁省大连市沙河口区万岁街68-2号
邮　　编：116021
电　　话：0411-84643675 84621993
传　　真：0411-84603289

单位名称：辽宁省建材产品质量监督检验站；辽宁省建筑材料科学研究所
地　　址：辽宁省沈阳市皇姑区崇山东路61号
邮　　编：110032
电　　话：024-86610662
传　　真：024-86612721
邮　　箱：yan357@163.net
网　　址：www.lnzjy.com.cn

单位名称：沈阳市产品质量监督检验院
地　　址：辽宁省沈阳市铁西区滑翔路26号
邮　　编：110021
电　　话：024-25898968
传　　真：024-25898718

单位名称：吉林省产品质量监督检验院
地　　址：吉林省长春市东南湖大路1088号（金土地酒店旁，五十六中对面）
邮　　编：130000
电　　话：0431-85374718
传　　真：0431-85237252
网　　址：www.jlqi.gov.cn

单位名称：黑龙江省哈尔滨产品质量监督检验所
地　　址：黑龙江省哈尔滨市香坊区珠江路5号
邮　　编：150036
电　　话：0451-82318953
传　　真：0451-82314447
网　　址：www.hrbtsb.org

单位名称：黑龙江省精细化工产品质量监督检验站；黑龙江省石油化学研究院
地　　址：黑龙江省哈尔滨市动力区中山路164号
邮　　编：150040
电　　话：0451-2640540
传　　真：0451-2623650

单位名称：黑龙江省石油产品质量监督检验站；黑龙江省分析测试中心
地　　址：黑龙江省哈尔滨市道外区南通大街25号
邮　　编：150050
电　　话：0451-82513412
传　　真：0451-86087366
邮　　箱：fxcs2005@sina.com

单位名称：化学工业胶粘剂质量监督检验中心；上海橡胶制品研究所
地　　址：上海市番禺路381号1号楼
邮　　编：200052
电　　话：021-62834243
传　　真：021-62816790

单位名称：上海市化工产品质量监督检测中心涂料颜料站；上海市涂料研究所
地　　址：上海市云岭东
邮　　编：200062
电　　话：021-52802348-13
传　　真：021-52806562

单位名称：上海市环境保护产品质量监督检验总站；上海市计量测试技术研究院
地　　址：上海市宜山路716号
邮　　编：200233
电　　话：021-64848701
传　　真：021-64848701
网　　址：www.simt.com.cn

单位名称：上海市建筑材料及构件质量监督检验站；上海市建筑科学研究院
地　　址：上海市宛平南路75号
邮　　编：200032
电　　话：021-64689194
网　　址：www.jk.sh.cn

单位名称：国家涂料质量监督检验中心
地　　址：江苏省常州市机场路北港路口
邮　　编：213016
电　　话：0519-83295116 83299370
传　　真：0431-83299560
邮　　箱：tljc@chinacoat.org.cn
网　　址：www.chinacoat.org.cn

单位名称：江苏省产品质量监督检验研究院
地　　址：江苏省南京市光华东街5号/石鼓路227号
邮　　编：210029
电　　话：025-84470236 86608929
传　　真：025-86608929

单位名称：江苏省室内装饰材料有害物质检测中心
地　　址：江苏省南京市珠江路700号
邮　　编：210018
电　　话：025-84804280
传　　真：025-84804280

单位名称：南通市产品质量监督检验所
地　　址：江苏省南通市港闸区国强路119号
邮　　编：226000
电　　话：0513-51008611
传　　真：0513-51008606
网　　址：ntzjs.ntzj.gov.cn

单位名称：无锡市产品质量监督检验所
地　　址：江苏省无锡东亭春新东路8号
邮　　编：214100
电　　话：0510-88202376
传　　真：0510-88204261
网　　址：www.wxzjs.com

单位名称：徐州市产品质量监督检验所
地　　址：江苏省徐州市湖北路（体育中心对面）
邮　　编：221006
电　　话：0516-83641966
传　　真：0516-85711011
网　　址：www.xzzjs.com

单位名称：盐城市产品质量监督检验所
地　　址：江苏省盐城市解放南路112号
邮　　编：224001

电　　话：0515-8411611
传　　真：0515-8412557
网　　址：www.yczj.com

单位名称：浙江省方圆检测股份有限公司
地　　址：浙江省杭州市天目山路 222 号
邮　　编：310013
电　　话：0571-85021382 85121927
传　　真：0571-85022906
网　　址：www.fyteft.com

单位名称：杭州市质量技术监督检测院
地　　址：浙江省杭州市九环路 50 号
邮　　编：310019
电　　话：0571-81995005
传　　真：0571-85372618
邮　　箱：hzzjzx@mail.hz.zj.cn
网　　址：www.hzzjy.net

单位名称：绍兴市质量技术监督检测研究院
地　　址：浙江省绍兴市解放南路 85 号
邮　　编：312000
电　　话：0575-88132742
网　　址：www.stiq.org

单位名称：台州市质量技术监督检测研究院
地　　址：浙江省台州市经济开发区纬二路 93 号
邮　　编：318000
电　　话：0576-8320922-9922
传　　真：0576-8320900
网　　址：www.tz12365.com

单位名称：温州市质量技术监督检测研究院
地　　址：浙江省温州市双峪中国鞋都 31 号地块综合质检大楼 905
邮　　编：325027
电　　话：0577-88915423
传　　真：0577-88914421

单位名称：安徽省产品质量监督检验所
地　　址：安徽省合肥市靶场路 15 号
邮　　编：230022
电　　话：0551-3412823
传　　真：0551-3412941
邮　　箱：ahzjs@yahoo.com.cn

单位名称：福建省中心检验所
地　　址：福建省福州市杨桥西路山头角 121 号
邮　　编：350002
电　　话：0591-83735378
传　　真：0591-83774785

单位名称：江西省产品质量监督检验所
地　　址：江西省南昌市江大南路 9 号
邮　　编：330029
电　　话：0791-8310907 8331341
传　　真：0791-8321215

单位名称：化学工业海洋涂料质量监督检验中心
地　　址：山东省青岛市金湖路 4 号
邮　　编：266071
电　　话：0532-85816254
传　　真：0532-85816254
邮　　箱：hytl@qingdaonews.com
网　　址：www.mcqst.cn

单位名称：青岛市产品质量监督检验所
地　　址：山东省青岛市崂山区深圳路 173 号
邮　　编：266000
电　　话：0532-88918033
传　　真：0532-88918001

单位名称：国家建筑装修材料质量监督检验中心
地　　址：河南省郑州市东明路北 17 号
邮　　编：450004
电　　话：0371-6329646
传　　真：0371-6325987
网　　址：www.cdmqi.com

单位名称：武汉产品质量监督检验所
地　　址：湖北省武汉市江岸区台北路 70 号
邮　　编：430015
电　　话：027-85795691
传　　真：027-85795691
网　　址：www.whzj.org.cn

单位名称：湖北省产品质量监督检验所
地　　址：湖北省武汉市公平路 6 号
邮　　编：430061
电　　话：027-88228477
传　　真：027-88219972

单位名称：湖南省化工产品质量监督检验站
地　　址：湖南省长沙市雨花区长沙大道 550 号
邮　　编：410014
电　　话：0731-85533512
传　　真：0731-85357841

单位名称：湖南省化工涂料质量监督检验授权站
地　　址：长沙德雅路 478 号
邮　　编：410003
电　　话：0731-84223070

单位名称：张家界市有害物质检测中心
地　　址：湖南省张家界市南庄坪永定区种子公司办公楼一楼
邮　　编：427000
电　　话：0744-8292512

单位名称：东莞市产品质量监督检测中心
地　　址：广东省东莞市松山湖北部工业园区工业南路 2 号
邮　　编：523120
电　　话：0769-23071111

单位名称：广东省涂料产品质量监督检验站；广州合成材料研究院
地　　址：广州市天河区车陂西路 396 号(广园东快速路往广州方向车陂路出口处)
邮　　编：510665
电　　话：020-32373245
传　　真：020-32373773
邮　　箱：yb@cmar.cn(院办) zhc@cmar.cn(综合处)
网　　址：www.cmar.cn

单位名称：广州市产品质量监督检验所
地　　址：广州市八旗二马路 38 号
邮　　编：510110
电　　话：020-83390271
传　　真：020-83367910

单位名称：汕头市产品质量监督检验所
地　　址：广东省汕头市金砂路 64 号
邮　　编：515041
电　　话：0754-88300885 88605184
传　　真：0754-88300885
邮　　箱：stszjs@163.net

单位名称：深圳市计量质量检测研究院
地　　址：深圳市南山区龙珠大道中段计量质检研究院大楼
邮　　编：518055
电　　话：0755-26941616 26941618
传　　真：0755-26941615
邮　　箱：kfzx@smq.com.cn
网　　址：www.smq.com.cnhome

单位名称：广东省产品质量监督检验研究院顺德基地
地　　址：广东省佛山市顺德新城区德胜东路
邮　　编：528312
电　　话：0757-22808888 22802660
网　　址：www.sdcest.cn

单位名称：广东省湛江市质量计量监督检测所质检部
地　　址：广东省湛江市椹川大道北 9 号楼
邮　　编：524044
电　　话：0759-3285571
传　　真：0759-3285897

单位名称：成都市产品质量监督检验所
地　　址：四川省成都市武侯区永丰路 16 号
邮　　编：610041
电　　话：028-85183820
传　　真：028-85189854
邮　　箱：cqi@cqi.org
网　　址：www.cqi.org

单位名称：国家防火建筑材料质量监督检验中心
地　　址：四川省都江堰市学府路中段国家防火建材质检中心
邮　　编：611830
电　　话：028-87132037 87122187 87125991
传　　真：028-87123813
邮　　箱：nftc@fire-testing.net
网　　址：www.fire-testing.net

单位名称：乐山市产品质量监督检验所
地　　址：四川省乐山市中区龙游路北段 269 号 2 栋
邮　　编：614000
电　　话：0833-2131232
传　　真：0833-2102660
邮　　箱：15zj@vip163.com

单位名称：四川省建材产品质量监督检验中心；四川省建材工业科学研究院

地　　址：四川省成都市马鞍西路 15 号
邮　　编：610081
电　　话：028-83328698
传　　真：028-83323582

1.5 科研单位

单位名称：北京市化学工业研究院
地　　址：北京海淀区中关村北大街 123 号华腾科技大厦五层
邮　　编：100084
电　　话：010-62567814
传　　真：010-62567814
网　　址：www.bciri.com.cn

单位名称：中国建筑科学研究院
地　　址：北京市北三环东路 30 号
邮　　编：100013
电　　话：010-64517000
网　　址：www.cabr.com.cn

单位名称：北京市建筑材料科学研究总院
地　　址：北京石景山区金顶北路 69 号
邮　　编：100041
电　　话：010-88751857 88721857
传　　真：010-88715332
邮　　箱：webmaster@bbma.com.cn
网　　址：www.bbma.com.cn

单位名称：北京矿冶研究总院
地　　址：北京南四环西路 188 号总部基地十八区 23 号楼
邮　　编：100070
电　　话：010 -63299399 63299395 63299396 63299397 63299398
传　　真：010-68364361
邮　　箱：gx969@public3.bta.net.cn
网　　址：www.bgrimm.com

单位名称：北京中科纳洁环保科学研究院
地　　址：北京市石景山区古城西街 19 号科技基地研发 2 号楼 226 室
邮　　编：100043
电　　话：010-68816599 88929283
传　　真：010-88929283
邮　　箱：hezuo@zknj.com
网　　址：www.zknj.com

单位名称：北京中科轻化化工技术研究所
地　　址：北京市复兴路 83 号专修楼 4 层 414
邮　　编：100856
电　　话：010-66706846 66706371
传　　真：010-66706371

单位名称：北京中科拓创化工技术研究所（北京四方圆建筑材料研究所）
地　　址：北京市丰台区西四环南路 19 号
邮　　编：100071
电　　话：010-63821395
主要产品：各类建筑涂料，建筑胶，轻质隔墙板，彩瓦，彩砖，建筑生产设备

单位名称：海军装备技术研究所
地　　址：北京市 7228 信箱
邮　　编：100072
电　　话：010-66975429
传　　真：010-66975566

单位名称：中国建筑材料科学研究总院
地　　址：北京朝阳区管庄东里 1 号
邮　　编：100024
电　　话：010-65723161 51167602
传　　真：010-65723161

单位名称：中国建筑科研院建筑工程材料及制品研究所
地　　址：北京市北三环东路 30 号
邮　　编：100013
电　　话：010-84280413
传　　真：010-84276512

单位名称：中国科学院理化技术研究所
地　　址：北京市海淀区中关村北一条 2 号
邮　　编：100190
电　　话：010-82543625
传　　真：010-62554670
网　　址：www.ipc.ac.cn

单位名称：中国石油和化学工业规划院
地　　址：北京东城区和平里七区 16 号楼
邮　　编：100013
电　　话：010-64211117
网　　址：www.ciccc.com

单位名称：天津化工研究设计院
地　　址：天津市红桥区丁字沽 3 号路 85 号
邮　　编：300131
电　　话：022-26689070 26689067 26689009 26689089
传　　真：022-26370175 26647736
邮　　箱：trici@trici.cn
网　　址：www.trici.com.cn

单位名称：天津市建筑科学研究院
地　　址：天津市南开区灵隐道兴泰里 30 号
邮　　编：300193
电　　话：022-27410471
传　　真：022-27411945
邮　　箱：tribs@public.tpt.tj.cn
网　　址：www.tribs.com.cn

单位名称：山西省化工研究院
地　　址：山西省太原市义井
邮　　编：030021
电　　话：0351-6071372
传　　真：0351-6071741

单位名称：中国科学院金属研究所
地　　址：沈阳市沈河区文化路 72 号
邮　　编：110016
电　　话：024-23971759
传　　真：024-23891320
邮　　箱：webmaster@imr.ac.cn
网　　址：www.imr.ac.cn

单位名称：大连市建筑科学研究设计院
地　　址：大连市沙区太原街 369 号
邮　　编：116021
电　　话：0411-84312419
邮　　箱：mgsxcm@mail.dlptt.ln.cn
网　　址：www.dljky.com

单位名称：大连市新兴优选涂料研究所
地　　址：大连市甘井子区华东路 94 号
邮　　编：116035
电　　话：0411-84029390
传　　真：0411-86419522

单位名称：哈尔滨化工研究所
地　　址：哈尔滨市道外区南马路 132 号
邮　　编：150020
电　　话：0451-88324839
传　　真：0451-88308489

单位名称：上海建筑科学研究院
地　　址：上海市宛平南路 75 号
邮　　编：200032
电　　话：021-64390809
传　　真：021-64382537
网　　址：www.jk.sh.cn

单位名称：上海市合成树脂研究所
地　　址：上海市漕宝路 36 号
邮　　编：200235
电　　话：021-64363641
传　　真：021-64820285
网　　址：www.chem-syn.com

单位名称：上海市涂料研究所
地　　址：上海市云岭东路 345 号
邮　　编：200062
电　　话：021-52802348 52819497
传　　真：021-52806562
邮　　箱：tls@shcoating.com
网　　址：www.shcoating.com

单位名称：国家建材局苏州非金属矿工业设计研究院
地　　址：苏州市三香路 179 号
邮　　编：215004
电　　话：0512-68601732
传　　真：0512-68657232
邮　　箱：uufash@public1.sz.js.cn
网　　址：www.chinabw.com

单位名称：江苏省化工机械研究所
地　　址：南京市北京西路 17 号
邮　　编：210024
电　　话：025-86634231 86634130
传　　真：025-83316107
网　　址：jscmi.com.cn

单位名称：江苏省建筑科学研究院有限公司
地　　址：南京市北京西路 12 号
邮　　编：210008
电　　话：025-83278678
网　　址：www.jsjky.com

单位名称：中海油常州涂料化工研究院
地　　址：江苏省常州市龙江中路 22 号
邮　　编：213016
电　　话：0519-83270095
传　　真：0519-83270027
网　　址：www.cpciri.com

单位名称：浙江省化工研究院
地　　址：浙江省杭州市天目山路 387 号（西溪路 926 号）
邮　　编：310023
电　　话：0571-85226855
传　　真：0571-85229858
网　　址：www.zciri.com

单位名称：中国新型建筑材料工业杭州设计研究院
地　　址：杭州市中山北路 450 号
邮　　编：310003
电　　话：0571-85066550
传　　真：0571-85161716
网　　址：www.cnhdi.com

单位名称：安庆市川海化工研究所
地　　址：安徽省安庆市菱湖南路 163 号
邮　　编：246003
电　　话：0556-5546386
传　　真：0556-5546386
网　　址：www.ch-chem.net

单位名称：东华工程科技股份有限公司（原化学工业部第三设计院）
地　　址：合肥望江东路 70 号
邮　　编：230024
电　　话：0551-3626324
传　　真：0551-3631706
邮　　箱：liuxiaolin@chinaecec.com
网　　址：www.chinaecec.com

单位名称：福建省化工研究所
地　　址：福建省福州市水头路 18 号石化楼
邮　　编：350013
电　　话：0591-7584753

单位名称：海洋化工研究院
地　　址：山东省青岛市金湖路 4 号
邮　　编：266071
电　　话：0532-85845879
传　　真：0532-85841055
主要产品：舰船防污涂料，防锈涂料，水性防腐涂料，阻尼涂料，食品涂料，防火涂料，耐高温涂料，工业用涂料，功能材料，特种涂料，胶黏剂

单位名称：山东科技大学表面工程研究所
地　　址：山东省泰安市岱宗大街 223 号
邮　　编：271019
电　　话：0538-6226158 6226898
邮　　箱：SUN@sdust.edu.cn
网　　址：cmee.sdkd.net.cn

单位名称：山东省建筑科学研究院
地　　址：山东省济南市无影山路 29 号
邮　　编：250031
电　　话：0531-85595183
邮　　箱：sdjky@sina.com
网　　址：www.sdjky.cn

单位名称：山东省科学院新材料研究所
地　　址：山东省济南市科院路 19 号
邮　　编：250014
电　　话：0531-82605379
传　　真：0531-85599178

单位名称：河南省化工设计院
地　　址：河南省郑州市建设东路 37 号
邮　　编：450052
电　　话：0371-67713925

单位名称：河南省建筑科学研究院
地　　址：河南省郑州市丰乐路 4 号
邮　　编：450053
电　　话：0371-63900334
传　　真：0371-63833039
邮　　箱：hnjky@126.com
网　　址：www.hnjky.com.cn

单位名称：河南信阳大华专利科学研究所
地　　址：信阳市南湾南湖路西段 13 号
邮　　编：464000
电　　话：0376-6335888
传　　真：0376-6337817
网　　址：www.xinyangdahua.cn

单位名称：中国船舶重工集团公司第七二五研究所
地　　址：河南省洛阳市涧西区西苑路 21 号
邮　　编：471039
电　　话：0379-67256326
传　　真：0379-64913642 67256678
邮　　箱：725@725.com.cn
网　　址：www.725.com.cn

单位名称：湖北省化学研究院
地　　址：武汉市洪山区关山路 30 号
邮　　编：430074
电　　话：027-87422223
传　　真：027-87422223

单位名称：武汉现代工业技术研究院
地　　址：武汉市武昌武汉大学校内武汉大学校内湖滨路
邮　　编：430072
电　　话：027-59713668 59713669
传　　真：027-59713665
邮　　箱：xctic@public.wh.hb.cn
网　　址：www. 21 -century -material. com

单位名称：武汉材料保护研究所
地　　址：武汉市硚口区宝丰二路 126 号
邮　　编：430030
电　　话：027-83640412 83637647
传　　真：027-83637647
网　　址：www.rimp.com.cn

单位名称：常德市新型装饰材料研究所
地　　址：常德市光荣路宏宇山庄
邮　　编：415000
电　　话：0736-7226239
传　　真：0736-7269712

单位名称：长沙市化工研究所
地　　址：湖南省长沙市劳动西路 108 号（侯家塘梓园路口）
邮　　编：410007
电　　话：0731-85553360
传　　真：0731-85535726
邮　　箱：chemcs@hi2000.com
网　　址：www.chemcs.com

单位名称：广东省建筑科学研究院
地　　址：广东省广州市先烈东路 121 号
邮　　编：510500
电　　话：020-87250096
传　　真：020-87256379
邮　　箱：bgs@gdjky.com
网　　址：www.gdjky.com

单位名称：广州合成材料研究院
地　　址：广州市天河区车坡西路 396 号
邮　　编：510665
电　　话：020-32373245
传　　真：020-32373773
邮　　箱：huipeng@126.com
网　　址：www.cmar.com

单位名称：星恒涂料研究所
地　　址：广东省廉江市廉江大道南
邮　　编：524400
电　　话：0759-85699334
传　　真：0759-85698844

单位名称：中华人民共和国建设部建筑涂料工程研究中心
地　　址：广东省深圳市福田区车公庙天安数码城 F3.8 栋 7 楼
邮　　编：518040
电　　话：0755-831869516
传　　真：0755 -83300726 83300727 83300728
邮　　箱：coatingol@163.com
网　　址：www.ercac.com

单位名称：广州市化学工业研究所
地　　址：广州市石井石潭路潭村桥东
邮　　编：510430
电　　话：020-84777595

单位名称：广州市二轻工业研究所
地　　址：广州高新技术产业开发区科学城科研路 6 号
邮　　编：510663
电　　话：020-61302538 61302569 61302528
传　　真：020-61302548
邮　　编：marketing@etsingplating.com.cn
网　　址：www.etsingplating.com.cn

单位名称：广西化工研究院
地　　址：广西省南宁市望州路北二里 7 号
邮　　编：530001
电　　话：0771-3331770
传　　真：0771-3315527
邮　　编：gxhgyjy2008@163.com
网　　址：www.gxchem.com

单位名称：重庆市建筑科学研究院
地　　址：重庆市江北区建东二村 50 号
邮　　编：400020
电　　话：023-61880200 61880238
传　　真：023-61880201
邮　　箱：cqsjky@cta.cq.cn
网　　址：www.cqsjky.com

单位名称：四川省建筑科学研究院
地　　址：成都市一环路北三段 55 号
邮　　编：610081
电　　话：028-83371320
邮　　编：jbing@scjky.com.cn
网　　址：www.scjky.com.cn

单位名称：四川省明仿化工研究所
地　　址：四川省成都市高新区三环路南五段美洲花园
邮　　编：610000
电　　话：0830-85153449
邮　　箱：85885148@qq.com
网　　址：www.mfchem.com

单位名称：西安生漆涂料研究所
地　　址：陕西省西安市天坛路 1 号
邮　　编：710061
电　　话：029-85392039
传　　真：029-85572502
网　　址：www.sqyjs.cn

单位名称：北方涂料工业研究设计院
地　　址：甘肃省兰州市东岗东路 1477 号
邮　　编：730020
电　　话：0931-8497521
传　　真：0931-8493307
邮　　箱：bftly@163.com
网　　址：www.bftly.com

1.6 报刊及网站

报刊

报刊名称：《中国涂料》
地　　址：北京市丰台区成寿寺 158 号办公楼四层西侧
邮　　编：100079
电　　话：010-62252368 62253830 62252420
传　　真：010-62252368 62253830
邮　　箱：chinacoatingnet@vip.163.com
网　　址：www.chinacoatingnet.com

报刊名称：《中国建筑装饰》
地　　址：北京市海淀区三里河路 21 号甘家口大厦南楼 10 层
邮　　编：100037
电　　话：010-88389178
传　　真：010-88382788

报刊名称：《化工环保》
地　　址：北京市朝阳区北三环东路 14 号
邮　　编：100013
电　　话：010-64201560
传　　真：010-64211381
邮　　箱：hghb.bjhy@sinopec.com
网　　址：hghb.chinajournal.net.cn

报刊名称：《建材产品与应用》
地　　址：北京市海淀区甘家口建设部大院南附楼
邮　　编：100831
电　　话：010-68362300
传　　真：010-68362300

报刊名称：《建筑装饰材料世界》
地　　址：北京市西城区黄寺大街 23 号 A-1-202 室
邮　　编：100041
电　　话：010-81677647
传　　真：010-88715263
邮　　箱：dmwm@sina.com
网　　址：www.cnw21.com

报刊名称：《新材料产业》
地　　址：北京市北京市海淀区学院路 30 号方兴大厦五层
邮　　编：100083
电　　话：010-62341486
传　　真：010-62328870
网　　址：www.materials.net.cn/magazine.asp

报刊名称：《中国表面工程》
地　　址：北京长辛店杜家坎 21 号
邮　　编：100072
电　　话：010-66719325/584
邮　　箱：cse1988@263.net
邮　　箱：www.csejournal.com/zgbmgc/ch

报刊名称：《中国化工》
地　　址：北京市海淀区中关村南大街 17 号韦伯时代中心 3 号楼 C 座 802
邮　　编：100081
电　　话：010-88579791
传　　真：010-88579790
网　　址：www.chchin.com

报刊名称：《化学工业》
地　　址：北京市和平里七区十六楼
邮　　编：100013
电　　话：010-64282869 64282834
传　　真：010-64283650
邮　　箱：hjj@ciccc.com

报刊名称：《中国化工信息》
地　　址：北京市安外小关街 53 号
邮　　编：100029
电　　话：010-64444032
传　　真：010-64437125
邮　　箱：ccn@cheminfo.gov.cn
网　　址：www.chemnews.com.cn

报刊名称：《中国非金属矿工业导刊》
地　　址：北京市朝阳区望京西路甲 50 号-1 卷石天地大厦 A 座五层
邮　　编：100102
电　　话：010-64795861
传　　真：010-64795620
邮　　箱：zfdaokan@163.com
网　　址：www.cnma.com.cn

报刊名称：《慧聪商情广告》
地　　址：北京市海淀区大钟寺东路 9 号京仪科技大厦 B 座
邮　　编：100098
电　　话：010-82297299
传　　真：010-82297206
邮　　箱：coatings@hc360.com
网　　址：www.coatings.hc360.com

报刊名称：《中国染料》
地　　址：北京东城区安定门外大街 189 号宝景大厦 1606 室
邮　　编：100011
电　　话：010-6440 0105 转 607
传　　真：010-6440 0107
邮　　箱：pengyouling@dyechina.com
网　　址：www.dyechina.com

报刊名称：《丙烯酸化工与应用》
地　　址：北京通州区滨河路 143 号
邮　　编：101149
电　　话：010-61564901-6376
传　　真：010-61561804
邮　　箱：dongfang1988@sohu.com

报刊名称：《装饰名品》
地　　址：北京市西城区德胜里 1 区 11 号楼 3 层 303-316 室
邮　　编：100088
电　　话：010-82028006 82028005 62361518 62361497
传　　真：010-82028006 62361518
邮　　箱：zsmp@ccdinfo.com
网　　址：www.ccd.com.cn

报刊名称：《住宅产业》
地　　址：北京市海淀区三里河路 9 号住房和城乡建设部内
邮　　编：100835
电　　话：010-58934597 68360135
传　　真：010-68324496
邮　　箱：zzcy13579868@vip.sina.com

报刊名称：《电镀与精饰》
地　　址：天津市河东区新开路美福园 2-1-102 号
邮　　编：300011
电　　话：022-24410599
传　　真：022-24410599
邮　　箱：ddyjs@126.com
网　　址：pfoc.org.cn

报刊名称：《中国腐蚀与防护学报》
地　　址：沈阳市文化路 72 号中科院金属研究所院内
邮　　编：110016
电　　话：024-23971819
传　　真：024-83978710
邮　　箱：jcscp@imr.ac.cn
网　　址：www.jcscp.org

报刊名称：《腐蚀科学与防护技术》
地　　址：沈阳市文化路 72 号
邮　　编：110016
电　　话：024-23971818
传　　真：024-23894149
邮　　箱：cspt@imr.ac.cn
网　　址：www.cspt.org.cn/CN/volumn/current.shtml

报刊名称：《上海涂料》
地　　址：上海市云岭东路 345 号
邮　　编：200062
电　　话：021-52820086 52808959
传　　真：021-52820086 52808959
邮　　箱：shtl@shcoating.com
网　　址：www.shcoatings.com

报刊名称：《上海化工》
地　　址：上海市斜土路 2421 号
邮　　编：200030
电　　话：021-64383389
传　　真：021-64383287
邮　　箱：shhg1972@126.com
网　　址：www.shchemmag.com

报刊名称：《涂料工业》
地　　址：江苏省常州市外环西路北港路口
邮　　编：213016
电　　话：0519-83299376 83274974
传　　真：0519-83273017
邮　　箱：pci@coatchina.com
网　　址：www.cn-pci.com

报刊名称：《涂料技术与文摘》
地　　址：江苏省常州市龙江中路 22 号
邮　　编：213016
电　　话：0519-83970509
传　　真：0519-83273017
邮　　箱：info@coatchina.com
网　　址：www.asiacoat.com

报刊名称：《颜料》
地　　址：江苏省常州市龙江中路 22 号
邮　　编：213016
电　　话：0519-83299527
传　　真：0519-83299525
邮　　箱：pigment@asiacoat.com
网　　址：www.pigmentchina.net

报刊名称：《非金属矿》
地　　址：苏州市三香路 179 号
邮　　编：215004
电　　话：0512-68272696 68701080
传　　真：0512-68272696
邮　　箱：szfjsk@163.com
网　　址：szfjsk.com

报刊名称：《聚氨酯工业》
地　　址：南京市北京西路 72 号 11 楼
邮　　编：210024
电　　话：025-83755190
传　　真：025-85664648
邮　　箱：puinj@yahoo.com.cn
网　　址：www.puline.com

报刊名称：《浙江涂料》
地　　址：浙江省杭州市莫干山路 569 号（省石化招待所二号楼 209 室）
邮　　编：310005
电　　话：0571-85105387
传　　真：0571-56277127
邮　　箱：zjtlxh@163.com
网　　址：www.zjcoating.com

报刊名称：《宁波涂料与涂装》
地　　址：宁波市江东桑田路 722 弄 16 号 207 室
邮　　编：315040
电　　话：0574-87806294
传　　真：0574-87806294
邮　　箱：nbtlxh@qq.com
网　　址：www.nbtltz.com

报刊名称：《浙江化工》
地　　址：杭州市天目山路 387 号
邮　　编：310023
电　　话：0571-85226855-3905
传　　真：0571-85229858

报刊名称：《河南化工》
地　　址：河南省郑州市建设东路 37 号
邮　　编：450052
电　　话：0371-67712879
传　　真：0371-67446573
邮　　箱：bjb@hncic.com
网　　址：www.hncic.com

报刊名称：《表面工程资讯》
地　　址：武汉市汉口宝丰二路 126 号
邮　　编：430030
电　　话：027-83330037 83641679
传　　真：027-83638752
邮　　箱：bmgczx@126.com abc430030@126.com
网　　址：www.mat-info.com/bmgczx

报刊名称：《材料保护》
地　　址：湖北省武汉市宝丰二路 126 号
邮　　编：430030
电　　话：027-83615846
传　　真：027-83638752
网　　址：www.mat-pro.com

报刊名称：《电镀与涂饰》
地　　址：广州市科学城科研路 6 号
邮　　编：510663
电　　话：020-61302516
传　　真：020-61302598
邮　　箱：epandc@plating.org
网　　址：www.plating.org

报刊名称：《广东化工》
地　　址：广州市越华路 116 号广东省重化工业厅信息中心
邮　　编：510034
电　　话：020-83336009
传　　真：020-83380392

报刊名称：《南方涂饰》
地　　址：广州市越华路 116 号石化大楼 3409 室
邮　　编：510030
电　　话：020-36243367
传　　真：020-36240160
邮　　箱：coatings020@126.com
网　　址：www.coatingb2b.cn

报刊名称：《应用化工》
地　　址：西安市西延路 61 号
邮　　编：710054
电　　话：029-85561216
传　　真：029-85542621
邮　　箱：yyhg@vip.163.com
网　　址：www.zgyyhg.cn

报刊名称：《涂装与电镀》
地　　址：四川省成都市 237 信箱
邮　　编：610041
电　　话：028-68599719
传　　真：028-68332017
邮　　箱：ttydd@126.com

报刊名称：《有机硅材料》
地　　址：成都市人民南路四段 30 号
邮　　编：610041
电　　话：028-85553231
传　　真：028-85586512
邮　　箱：office@siliconemat.com
网　　址：www.siliconemat.com

报刊名称：《化工机械》
地　　址：甘肃省兰州市西固合水北路 3 号
邮　　编：730060
电　　话：0931-7311073
传　　真：0931-7311073
邮　　箱：hgjx@chemach.com
网　　址：www.hgjx.chinagournal.net.cn

报刊名称：《现代涂料与涂装》
地　　址：兰州市东岗东路 1477 号
邮　　编：730020
电　　话：0931-8496343
传　　真：0931-8662104
邮　　箱：a8496343@foxmail.com
网　　址：www.mpf.com.cn

报刊名称：《石油化工应用》
地　　址：宁夏银川市凤凰北街 172 号
邮　　编：750001
电　　话：0951-5016467
传　　真：0951-5016467
邮　　箱：syhgyy@vip.163.com
网　　址：www. syhgyy.com

报刊名称：《涂料与油墨》
地　　址：香港上环永乐街 93-103 号树福商业大厦 4 字楼 401-5 室
电　　话：852-23698788
传　　真：852-28695919
网　　址：www.industrysourcing.com

报刊名称：《涂料与涂装技术》杂志社
地　　址：台湾省台中市西区西屯路一段 230-7 号
电　　话：00886-04-22020303
传　　真：00886-04-22020101
邮　　箱：coating-mag@coating-mag.com.tw
网　　址：www.coating-mag.com.tw

报刊名称：《中华建筑报》
地　　址：北京海淀区北洼路 12 号东方红叶大厦 4 层
邮　　编：100089
电　　话：010-68476211
邮　　箱：jzbs@public.bta.net.cn

报刊名称：《中国建材报》
地　　址：北京海淀区三里河路 11 号中国建材报社
邮　　编：100831
电　　话：010-68317368
传　　真：010-68394537
网　　址：www.chinabmb.com/cbmdaily

报刊名称：《中国化工报》
地　　址：北京市西城区六铺炕北小街甲 2 号
邮　　编：100120
电　　话：010-82030524
传　　真：010-82030072
邮　　箱：zbs@ccin.com.cn
网　　址：www.ccin.com.cn

网站

网站名称：hc360 慧聪网涂料
网　　址：www.coatings.hc360.com

网站名称：国际标准化组织（ISO）
网　　址：www.iso.ch

网站名称：化工热线网
网　　址：www.chemol.com.cn

网站名称：贝茨聚氨酯网
网　　址：www.chinapu.com

网站名称：隆众石化商城网
网　　址：www.pcbi.net

网站名称：世界建筑建材总网
网　　址：www.cnworld.net

网站名称：涂料涂装资讯网
网　　址：www.asiacoat.com

网站名称：涂料与涂装网
网　　址：www.mpf.com.cn

网站名称：涂料在线
网　　址：www.coatingol.com

网站名称：我要油漆网
网　　址：www.5197.com.cn

网站名称：现代涂料与涂装网
网　　址：www.mpf.com.cn

网站名称：有机硅热线
网　　址：www.siliconeol.com

网站名称：中国标准服务网
网　　址：www.cssn.net.cn

网站名称：中国表面工程信息网
网　　址：www.csec-mp.com

网站名称：中国表面工程信息网
网　　址：www.csec-mp.com

网站名称：中国电泳网
网　　址：www.cndianyong.com

网站名称：中国防腐网
网　　址：www.china-anticorrosion.com

网站名称：中国分析仪器网
网　　址：www.54pc.com

网站名称：中国粉体网
网　　址：www.cnpowder.com.cn

网站名称：中国化工设备网
网　　址：www.ccen.net

网站名称：中国化工网
网　　址：www.chemnet.com.cn

网站名称：中国化工信息网
网　　址：www.cheminfo.gov.cn

网站名称：中国化工在线
网　　址：www.chemsino.com

网站名称：中国化工招聘网
网　　址：www.hgjob.com

网站名称：中国化工资讯网
网　　址：www.chchin.com

网站名称：国家石油和化工网
网　　址：www.sinocnet.com

网站名称：中国环保化工填料网
网　　址：www.chinachemicalonline.com

网站名称：中国环氧树脂行业在线
网　　址：www.epoxy-e.cn

网站名称：中国计量网
网　　址：www.chinajl.com.cn

网站名称：中国建材第一网
网　　址：www.jc001.cn

网站名称：中国建设资讯网
网　　址：www.cnjjl.com

网站名称：中国精细化工网
网　　址：www.china-finechem.com.cn

网站名称：中国聚氨酯商务网
网　　址：www.ldpu.com

网站名称：中国聚氨酯网
网　　址：www.puchina.com

网站名称：中国开门化工商务网
网　　址：www.chemn.com

网站名称：中国商务网
网　　址：www.chinaccm.com

网站名称：中国石油和化工网
网　　址：www.chemall.com.cn

网站名称：中国树脂网
网　　址：www.resin.cn

网站名称：中国涂料（油墨、胶粘剂）原材料交易中心网
网　　址：www.51kk7.com

网站名称：中国涂料商务网
网　　址：www.u735.com

网站名称：中国涂料网
网　　址：www.chinacoatingnet.com

网站名称：中国涂料信息网
网　　址：tlw.cbminfo.com

网站名称：中国涂装网
网　　址：www.china-painting.net

网站名称：中国油墨资讯网
网　　址：www.finechemic.com

网站名称：中国油漆网
网　　址：www.sinopaint.com

网站名称：中国建材网
网　　址：www.bmlink.com

网站名称：中化网
网　　址：www.chembb.com

网站名称：勤加缘化工在线
网　　址：chem.qjy168.com

网站名称：福建涂料网
网　　址：www.fjtlw.com

2 涂料工业生产企业(按省市划分)

北京市

公司名称：HIS新型涂料（北京）有限公司
地　　址：北京市昌平科技园区超前路6号400室
邮　　编：102200
电　　话：010-64746415
网　　址：www.hischina.com.cn
主要产品：内外墙装饰涂料，防水涂料

公司名称：阿克苏诺贝尔油漆（中国）有限公司北京分公司
地　　址：北京市海淀区北三环西路11号
邮　　编：100088
电　　话：010-82091002
传　　真：010-82091005
邮　　箱：levispaint @ sha. akzonobel.com

公司名称：阿童木（廊坊）涂料有限公司
地　　址：北京市朝阳区建国路88号SOHO现代D座2009室;河北省廊坊市经济技术开发区花园道(总厂)
邮　　编：100022；065001（总厂）
电　　话：010-85802604 85802461 0316-6083111 6079098 96 6088978（总厂）
传　　真：010-85802634；0316-6088977（总厂）
网　　址：www.atompaint.com
主要产品：冷漆，底漆，坚固标线水性涂料，坚固色彩EPO，滚筒式扫除机，手推式冷漆划线机，底漆散步机，斑马线划线机，热融划线机

公司名称：埃尔伊建筑工程材料(北京)有限公司
地　　址：北京市朝阳区东土城路8号林达大厦A-16B
邮　　编：100013
电　　话：010-84290816
传　　真：010-84290836
主要产品：内外墙涂料，工程涂装

公司名称：澳美驰（北京）涂料有限公司
地　　址：北京市丰台万丰路552号
邮　　编：100086
电　　话：010-63815216
主要产品：内外墙涂料

公司名称：北京安顺达装饰材料有限公司
地　　址：北京市朝阳区北苑东路滨河路甲1号
邮　　编：100012
电　　话：010-84955301/2/3 84911861 84592913
传　　真：010-84955301 84950766
邮　　箱：ASD@anshuna.com.cn
网　　址：www.anshunda.com.

公司名称：北京安特克防腐科技发展有限公司
地　　址：北京市昌平区立水桥北方明珠大厦1号1602
邮　　编：102218
电　　话：010-58607861
传　　真：010-58607862
邮　　箱：office@china-anticorr.com
网　　址：www.china-anticorr.com
主要产品：内外浸塑防腐管道及管件，水处理产品，HCPE防腐涂料，钢砂钢丸，锈转化剂，防腐检测仪器

公司名称：北京奥通涂料有限公司
地　　址：北京市通州区梨园镇大稿村
邮　　编：101101
电　　话：010-81567999
主要产品：外墙涂料

公司名称：北京宝威乳胶有限公司
地　　址：北京通州区张家湾镇张辛庄
邮　　编：101113
电　　话：010-61568236 61568237 61568239
传　　真：010-61568238 61503114
邮　　箱：Polywell@Polywell.com.cn
网　　址：www.ssbaowei.com

公司名称：北京北科双元涂料科技有限公司
地　　址：北京市西城区德外大街11号美江大厦B座607室
邮　　编：100088
电　　话：010-62369379
传　　真：010-62380873
主要产品：防腐涂料

公司名称：北京碧海舟防腐涂料有限公司
地　　址：北京市朝阳区安苑路20号世纪兴源大厦14层
邮　　编：100029
电　　话：010-84898700
传　　真：010-84898757
邮　　箱：coating@bss.com.cn
网　　址：www.bss.com.cn

公司名称：北京博瑞涂料厂
地　　址：北京市延庆县四海黑汉岭
邮　　编：101100
电　　话：010-61562451
传　　真：010-61562451

公司名称：北京英达克建材有限公司
地　　址：北京市朝阳区南磨房路37号华腾北搪商务大厦1511室
邮　　编：100021
电　　话：010-51908392 51908393
传　　真：010-51908679
邮　　箱：iccaat@yahoo.com.cn

公司名称：北京彩云涂料厂
地　　址：北京市顺义区高丽营镇七村东门路1号
邮　　编：101303
电　　话：010-69455617
传　　真：010-69455617
主要产品：内外墙涂料

公司名称：北京昌大圣鑫涂料厂
地　　址：北京市顺义区前进花园47号楼4门201室
邮　　编：101300
电　　话：010-69476797

公司名称：北京昌皓胜油漆厂
地　　址：北京市丰台区长辛店辛庄太平岭6号
邮　　编：100074
电　　话：010-83385251 83386175
传　　真：010-68338617/8
网　　址：www.changhaosheng.com
主要产品：特种涂料，汽车涂料，中涂漆，修补涂料

公司名称：北京长河特种涂料厂
地　　址：北京市大兴区兴政东里18号602
邮　　编：102600
电　　话：010-69203338
传　　真：010-69203338
主要产品：建筑涂料

公司名称：北京长润发涂料有限公司
地　　址：北京市通州区永乐经济开发区B区
邮　　编：101105
电　　话：010-69568701 69564712
传　　真：010-80572206
邮　　箱：changrunfa@163.com
网　　址：www.changrunfa.com
主要产品：家具涂料，乐器涂料，聚酯涂料，乳胶漆

公司名称：北京辰兴环宇高新技术发展有限公司
地　　址：北京市海淀区紫竹院路31号华澳中心1号楼20E
邮　　编：100089
电　　话：010-86837213 13522571804
传　　真：010-68450046
网　　址：chenxing-pla.51pla.com
主要产品：建筑涂料

公司名称：北京川谷新型防火材料厂
地　　址：北京市朝阳区百子湾16号路后现代城C座603
邮　　编：10022
电　　话：010-87748462/3
传　　真：010-87748462-601
邮　　箱：chuanggu8998@vip.sina.com
网　　址：www.bjcgfh.com
主要产品：防火涂料

公司名称：北京大井黏合剂厂
地　　址：北京市丰台区卢沟桥乡大井田各庄村45号
邮　　编：100071
电　　话：010-63831065
主要产品：内外墙涂料

公司名称：北京德辉新型建筑材料有限公司
地　　址：北京市通州区工业开发区
邮　　编：101113
电　　话：010-61564069
网　　址：www.chinadehui.com
主要产品：地坪涂料

公司名称：北京顶业工贸有限公司
地　　址：北京市朝阳区黑庄户乡万子营西村村委会西侧
邮　　编：100021
电　　话：010-85360577 658913685 13701197193
传　　真：010-85360575
邮　　箱：lzx@clcn.cn.net sale@dingye-hg.com
网　　址：www.bjdingye.com.cn

公司名称：北京东方冠兰科技发展有限公司
地　　址：北京市海淀区北三环中路甲43号1号院1309室
邮　　编：100088
电　　话：010-83863092
主要产品：冠钧涂料

公司名称：北京东宇新材料技术有限公司
地　　址：北京昌平区北七家镇曹碾村
邮　　编：102209
电　　话：010-62443511
主要产品：工业涂料

公司名称：北京都仕林科技有限公司
地　　址：北京市通州亦庄马驹桥景盛南四街15号联东U谷12A区
邮　　编：101102
电　　话：010-52350186
传　　真：010-52350182
邮　　箱：dashlin@dashlin.com
网　　址：www.dashlin.com
主要产品：建筑涂料，木器涂料

公司名称：北京法贝格涂料有限公司
地　　址：北京市大兴芦城工业开发区187号
邮　　编：102612
电　　话：010-61233932
传　　真：010-61233936
主要产品：水性工业涂料

公司名称：北京方金涂料有限责任公司
地　　址：北京海淀区洋坊店19号1号楼503
邮　　编：100038
电　　话：010-63982845
传　　真：010-83870544
主要产品：建筑涂料

公司名称：北京富佳涂料厂
地　　址：北京市平谷县应城乡果各庄村
邮　　编：101204
电　　话：010-60996158 13910073669
邮　　箱：fj@fujiapaint.com

公司名称：北京富亚涂料有限公司
地　　址：北京市东城区安德路甲10号3-101
邮　　编：100011
电　　话：010-64511810 64511810
邮　　箱：fuya@fuya.com.cn
网　　址：www.fuyapaint.com
主要产品：内外墙涂料，纯丙外墙涂料，弹性外墙涂料

公司名称：北京高渡美涂料有限公司
地　　址：北京市海淀区西三旗建材城中路19号
邮　　编：100096
电　　话：010-82935357 82935830
传　　真：010-82937998
邮　　箱：bjkrt@163.com
网　　址：www.krt.com.cn
主要产品：内外墙环保型号乳胶漆，仿石涂料，复层涂料

公司名称：北京关西涂料有限公司
地　　址：北京市大兴区旧宫科技路47-49号
邮　　编：100076
电　　话：010-87973218 87973228 87973208
传　　真：010-87973218 87973228 87973208
邮　　箱：bjkansai@public.bta.net.cn
网　　址：www.gxtl.com
主要产品：建筑涂料，汽车涂料，防腐蚀涂料

公司名称：北京光华热化材料厂
地　　址：北京市南三环马家堡西路未来明珠D座301
邮　　编：100067
电　　话：010-67538363
传　　真：010-67576054
邮　　箱：gh686@126.com
网　　址：www.ghrh.com.cn

公司名称：北京海鸿洋建材有限责任公司
地　　址：北京市大兴区嘉隆雅苑小区3号楼409室
邮　　编：102621
电　　话：010-69230761
传　　真：010-69230761
邮　　箱：haihongyang@sohu.com
网　　址：www.haihongyang.com

公司名称：北京航润科技发展有限公司
地　　址：北京大兴区经济技术开发区万源商务中心114
邮　　编：100176
电　　话：010-80214372
传　　真：010-88521881
主要产品：汽车内饰件涂料，汽车密封条涂料，汽车保险杠底漆，色漆

公司名称：北京航特表面技术工程有限责任公司
地　　址：北京市海淀区四季青路8号808（销售）；北京市海淀区温泉镇杨家庄村南（生产）
邮　　编：100195；100095
电　　话：010-51906941/42/43（销售）；010-62464712（生产）
传　　真：010-51906918
邮　　箱：info@hunterbj.com
网　　址：www.hunterbj.com
主要产品：环氧地坪涂料，运动场专用地坪涂料

公司名称：北京好世联合涂料有限公司
地　　址：北京市崇文区金鱼池中区12楼1门5室
邮　　编：100050
电　　话：010-51293027
主要产品：木器涂料

公司名称：北京禾邦人科技有限公司
地　　址：北京市丰台区大成路11号院12号楼4层
邮　　编：100039
电　　话：010-68675988 68679539
传　　真：010-68674546
邮　　箱：hbrkj@sina.com
网　　址：www.hbr.com.cn
主要产品：内外墙涂料，彩石涂料，纳米涂料，金属涂料，氟碳涂料

公司名称：北京和平涂料有限责任公司
地　　址：北京市朝阳区金展乡张万坟
邮　　编：100018
电　　话：010-84563752
主要产品：外墙涂料

公司名称：北京红海建筑材料厂
地　　址：北京市丰台区大红门久敬庄齿轮厂南侧
邮　　编：100075
电　　话：010-67986811
传　　真：010-67992865

公司名称：北京红联涂料有限公司
地　　址：北京市丰台区南苑三营门公所胡同1号
邮　　编：100076
电　　话：010-67995482
传　　真：010-67996277

公司名称：北京红狮天宇制漆有限公司
地　　址：北京通州马驹桥镇小周易村；北京市丰台区永外苇子坑2号兴东南大厦105室
邮　　编：101102
电　　话：010-67871297（通州区）
主要产品：涂料

公司名称：北京虹迪化工公司
地　　址：北京丰台区嘉园一里27号楼北院
邮　　编：100068
电　　话：010-67563470
主要产品：环氧树脂地坪，耐磨地坪，水性聚氨酯地坪

公司名称：北京虹霞正升涂料厂
地　　址：北京市房山区城关街道马各庄工业区70号
邮　　编：102400
电　　话：010-89345778 89345370

89346395
传　　真：010-89345627
邮　　箱：hxzs@zspaint.com
网　　址：www.zspaint.com
主要产品：外墙乳胶漆

公司名称：北京华美盛涂料有限公司
地　　址：北京市大兴区魏善庄镇南田各庄村委会东 300 米
邮　　编：102611
电　　话：010-89235952
传　　真：010-89235952
主要产品：建筑涂料

公司名称：北京华清清水科技发展有限公司
地　　址：北京市清华大学土建工程承包总公司一层
邮　　编：100084
电　　话：010-62794333
传　　真：010-62794334
主要产品：外墙水性乳胶漆

公司名称：北京华斯防腐工程有限公司
地　　址：北京市昌平区南口 9416 厂内
邮　　编：102202
电　　话：010-69783217
主要产品：环氧地坪涂料

公司名称：北京华泰兴源科技有限公司
地　　址：北京市丰台区南四环西路 188 号总部基地 11 区 10 号楼
邮　　编：100070
电　　话：010-63705800 63072107
传　　真：010-63705800-815
网　　址：www.htxykj.com
主要产品：建筑涂料，船舶涂料，工业涂料

公司名称：北京幻彩壁图科技发展有限公司
地　　址：北京市丰台区东铁匠营横一条 31 号 6 号楼 5016 号
邮　　编：100078
电　　话：010-51185757 13031149694
传　　真：010-67675422
网　　址：www.bjhcbt.cn
主要产品：墙贴，液体壁纸

公司名称：北京吉人漆业有限公司
地　　址：北京市通州区张家湾镇前青北
邮　　编：101113
电　　话：010-69589208
传　　真：010-69589228
主要产品：装修涂料，乳胶漆，家具涂料，氟碳涂料

公司名称：北京佳丽美涂料有限责任公司
地　　址：北京市昌平区北七家八仙庄村东
邮　　编：102218
电　　话：010-81772877 81778420
传　　真：010-81772877
邮　　箱：Enquiry@jialimei.com
网　　址：www.jialimei.com
主要产品：内外墙涂料

公司名称：北京佳莹漆业有限公司
地　　址：北京市房山区良乡长虹西路翠柳东街 1 号
邮　　编：102400
电　　话：010-69385369

公司名称：北京佳悦涂料有限责任公司
地　　址：北京市房山区良乡 298 信箱
邮　　编：102488
电　　话：010-69374380
传　　真：010-86136868
主要产品：建筑用涂料

公司名称：北京家施宝建筑材料有限公司
地　　址：北京市大兴区黄村狼垡亿发工业园 25 号
邮　　编：102613
电　　话：010-61226586
传　　真：010-61226086
邮　　箱：cttv_pd@126.com
网　　址：www.bjjsb.com
主要产品：内外墙乳胶漆，腻子粉，氟碳涂料，金属涂料，弹性涂料，真石漆，木器涂料，UV 涂料

公司名称：北京建工万盛涂料有限公司
地　　址：北京市朝阳区安慧北里雅园 1 号
邮　　编：100101
电　　话：010-64985999
主要产品：内外墙乳胶漆，硅丙水，溶性涂料，复合型硅化涂料

公司名称：北京金盾建材有限公司
地　　址：北京市丰台区兆丰园三区 4 号楼
邮　　编：100040
电　　话：010-68631657 68681118 13901122793 13810708080
传　　真：010-68531657
邮　　箱：niumail@qq.com
网　　址：www.zjjdfs.com.cn
主要产品：防水涂料

公司名称：北京金刚化工有限公司
地　　址：北京市顺义区仁和镇顺通路 51 号
邮　　编：101300
电　　话：010-89498181
传　　真：010-89498144
邮　　箱：beijingkccc@126.com
主要产品：汽车涂料，PCM 涂料

公司名称：北京金化新瑞化工科技有限公司
地　　址：北京市丰台区芳菲路 88 号院 2 号楼 2 单元 602 室
邮　　编：100071
电　　话：010-83683485
主要产品：水性涂料

公司名称：北京金诺金建筑材料有限公司
地　　址：北京市海淀区永丰产业基地西玉河村东甲 37 号
邮　　编：100094
电　　话：010-51392561
主要产品：彩瓦涂料，围栏涂料，艺术围栏涂料

公司名称：北京金汤蓝天防水工程有限公司
地　　址：北京市丰台区科学城海鹰路 9 号金汤大厦
邮　　编：100070
电　　话：010-63784488
邮　　箱：jtfs0618@126.com
网　　址：www.jtfs.com.cn
主要产品：防水涂料，复合防水涂料

公司名称：北京金隅涂料有限责任公司
地　　址：北京市海淀区西三旗东高新建材城 2 号工业区
邮　　编：100096
电　　话：010-51664499
传　　真：010-82911204
网　　址：www.nanomei.com
主要产品：防火涂料，建筑涂料，模板涂料，艺术涂料

公司名称：北京金之鼎化学建材科技有限责任公司
地　　址：北京石景山区石景山区金顶北路 69 号
邮　　编：100041
电　　话：010-88752041

公司名称：北京京安固特化工有限责任公司
地　　址：北京市宣武区佑安门内万博苑 5 号楼 102 室
邮　　编：100054
电　　话：010-63584017/44 83511752
传　　真：010-63562662
邮　　箱：jeangood@jeangood.com
网　　址：www.jeangood.com
主要产品：外墙涂料，太阳热反射涂料

公司名称：北京京昌盛涂料厂
地　　址：北京市昌平区昌平镇西关村西关大队
邮　　编：102200
电　　话：010-89747904
主要产品：内外墙涂料

公司名称：北京京达旺建筑材料有限公司
地　　址：北京市安定门外立水桥北方明珠大厦 2006 室
邮　　编：102218
电　　话：010-58607358
网　　址：www.jingdawang.com
主要产品：内外墙涂料，保温涂料

公司名称：北京京齐漆业有限公司
地　　址：北京市丰台区南三环东路 6 号嘉业大厦 A 座 901 室
邮　　编：100078
电　　话：010-87673872
传　　真：010-87673873
邮　　箱：cnjingqi@126.com
网　　址：www.cnjingqi.com
主要产品：建筑涂料

公司名称：北京九龙聚化工有限公司
地　　址：北京市通州区永乐店镇德仁务村北
邮　　编：101105
电　　话：010-69560016
传　　真：010-69560016
主要产品：汽车涂料，建筑涂料，木器涂料，特种涂料，金属涂料，工业原材料

公司名称：北京巨恒漆业有限公司
地　　址：北京市朝阳区首图东路 5 号新御景 2 号楼 16D
邮　　编：100122
电　　话：010-87361960
传　　真：010-87361796
邮　　箱：Beijing@juheng.com.cn
网　　址：www.juheng.com.cn
主要产品：具有空气净化功能的内墙涂料，高耐候抗污染外墙涂料，防水抗压涂

料，装饰防火涂料，水性环氧地坪涂料，透水景观地面材料

公司名称：北京军辉涂料有限公司
地　　址：北京市朝阳区东坝三岔河村东苇路48号
邮　　编：100018
电　　话：010-84311873
传　　真：010-84329377
邮　　箱：srj800@163.com
网　　址：www.bjjunhui.com
主要产品：内外墙涂料

公司名称：北京君子兰涂料有限公司
地　　址：北京市通州区永乐店镇小务村东
邮　　编：101105
电　　话：010-87961655 13910080167
主要产品：木器涂料

公司名称：北京科美新防腐技术有限公司
地　　址：北京市德胜门外北沙滩1号38号
邮　　编：100083
电　　话：010-64882541
传　　真：010-64882542
邮　　箱：caamsc@sina.com
网　　址：www.caamsc.com
主要产品：特种涂料，工业涂料，建筑涂料

公司名称：北京科普创新实用技术研究所
地　　址：北京市海淀区上地三街9号C306
邮　　编：100085
电　　话：010-62963202
传　　真：010-62963201
主要产品：新型聚氨酯胶，新型环保万能胶

公司名称：北京莱恩斯漆业有限公司
地　　址：北京市朝阳区十八里店1216号
邮　　编：100023
电　　话：010-67471393 67471394
传　　真：010-67471383
主要产品：建筑用涂料，腻子

公司名称：北京蓝通涂料有限公司
地　　址：北京市海淀区中关村科技园大觉寺路48号
邮　　编：100095
电　　话：010-62455132
主要产品：建筑涂料

公司名称：北京朗诺环保科技有限公司
地　　址：北京经济技术开发区西环南路18号B座156室
邮　　编：100176
电　　话：010-68040107 68054207
传　　真：010-68054207
邮　　箱：purity@longknow.com
网　　址：www.longknow.com

公司名称：北京理工华泰工贸有限责任公司
地　　址：北京市房山区石楼镇吉羊村西
邮　　编：102422
电　　话：010-89308943
传　　真：010-89308943
主要产品：军用氟碳迷彩涂料，头盔用的高光丰满清漆

公司名称：北京立达欣科技发展有限公司
地　　址：北京市朝阳区五里桥一街一号院4号楼201室
邮　　编：100024
电　　话：010-59621122
传　　真：010-59621095
邮　　箱：ldxkj@163.com
网　　址：www.bjldx.com
主要产品：防水涂料

公司名称：北京利民新型建筑材料有限责任公司
地　　址：北京市延庆县沈家营冯庄路口东20米路南
邮　　编：102100
电　　话：010-69101537
传　　真：010-69182045
主要产品：内外墙建筑涂料

公司名称：北京林氏精化新材料有限公司
地　　址：北京市大兴区长子营工业区1号
邮　　编：102615
电　　话：010-80261880
传　　真：010-80261880
邮　　箱：bjls@inshichem.com
网　　址：www.inshichem.com
主要产品：水性聚氨酯黏合剂，部分原材料

公司名称：北京凌鹰科技发展有限公司
地　　址：北京市大兴区榆垡镇榆昌路19号
邮　　编：102602
电　　话：010-89218430
传　　真：010-89214946
邮　　箱：lingying818@sohu.com
网　　址：www.lingyng.net.cn
主要产品：防火涂料

公司名称：北京凌兹涂料化工公司
地　　址：北京市海淀区学院路20号石油大院北教楼二层
邮　　编：100083
电　　话：010-62311163
传　　真：010-62311163
邮　　箱：bjlztl@263.net
网　　址：www.lzpaint.com

公司名称：北京麦可士化工有限公司
地　　址：北京市丰台区西四环南路48号
邮　　编：100073
电　　话：010-68577979
传　　真：010-63898523
主要产品：水性木器涂料，汽车涂料，卫生间专用防水涂料

公司名称：北京美巢装饰材料有限责任公司
地　　址：北京市朝阳区龙爪树四街甲5号；北京市大兴区瀛海镇瀛元街6号
邮　　编：100164
电　　话：010-87690181
网　　址：www.meichao.com
主要产品：腻子

公司名称：北京美讯涂料有限公司
地　　址：北京市通州区永乐店镇东河村委会西500米
邮　　编：101105
电　　话：010-80553756
传　　真：010-80553878
网　　址：www.changwenhou.com
主要产品：建筑涂料

公司名称：北京摩天涂料有限公司
地　　址：北京市大兴区魏善庄镇龙海园开发区
邮　　编：102611
电　　话：010-89204777
主要产品：木器涂料，轻工涂料，船舶涂料

公司名称：北京纳美化工有限公司
地　　址：北京市朝阳区京顺路孙河307号
邮　　编：100103
电　　话：010-84593353
传　　真：010-84593353
网　　址：www.qis-web.com/lilynm
主要产品：纳米复合乳胶漆

公司名称：北京纳美科技发展有限责任公司
地　　址：北京市海淀区西三旗建材城东路8号
邮　　编：100096
电　　话：010-82906636
传　　真：010-82924540
邮　　箱：info@nanomei.com
网　　址：www.nanomei.com

公司名称：北京诺格涂料有限公司
地　　址：北京市朝阳区东大桥路8号尚都国际中心A座12层1212室
邮　　编：100020
电　　话：010-58700667 58700668 58700669
传　　真：010-58700677
网　　址：www.rock-paint.com
主要产品：外墙建筑涂料

公司名称：北京欧雅森彩虹涂料有限责任公司
地　　址：北京市顺义区高丽营镇高下路3-1号
邮　　编：100029
电　　话：010-64813875
传　　真：010-64893442
邮　　箱：ouyasen@163.com
网　　址：www.oys.cn
主要产品：菲迪科尔墙衣

公司名称：北京平安天宇防火涂料有限公司
地　　址：北京市丰台区警备东路6号9区
邮　　编：100076
电　　话：010-63750068 67997974 67941496
传　　真：010-63780068
邮　　箱：bj-taty@163.com
主要产品：防腐清漆，防火涂料，环氧煤沥青防腐涂料

公司名称：北京普龙涂料有限公司
地　　址：北京市大兴区魏善庄镇西芦垡
邮　　编：102611
电　　话：010-89203082
传　　真：010-89203083
主要产品：水性木器涂料，弹性涂料，地坪涂料，内外墙涂料

公司名称：北京确必治坤达科技发展有限公司
地　　址：北京市丰台区永合庄 3 号
邮　　编：100070
电　　话：4006160966
传　　真：010-83655148
邮　　箱：quebizhi@quebizhi.com
网　　址：www.quebizhi.com
主要产品：防水涂料

公司名称：北京瑞天兴涂料厂
地　　址：北京市大兴区西红门镇致远庄工业区
邮　　编：100076
电　　话：010-61286698 13001919788
传　　真：010-61286698
主要产品：内外墙乳胶漆，界面剂，各种建筑胶，耐水腻子，粉刷石膏

公司名称：北京瑞祥涂料有限责任公司
地　　址：北京市丰台区南岗洼 81 号
邮　　编：100072
电　　话：010-83884695
传　　真：010-83871675-17
网　　址：www.bj-rx.com
主要产品：高中低档内外墙涂料，真石漆，仿石涂料

公司名称：北京赛德丽科技有限公司
地　　址：北京市丰台区莱户营 58 号财富西环大厦 25A 层 1 号
邮　　编：100054
电　　话：010-63385356/19/28/78/18/58
传　　真：010-63385322
邮　　箱：sdl@sdl.com.cn
网　　址：www.sdl.com.cn
主要产品：建筑涂料，水性丙烯酸涂料，功能性涂料，木器涂料

公司名称：北京航天三发高科技实业总公司
地　　址：北京市丰台区云岗北区
邮　　编：100074
电　　话：010-83395378/79
传　　真：010-68741073
邮　　箱：sanfa@htsanfa.cn
网　　址：www.htsanfa.com

公司名称：北京三峡防水涂料厂
地　　址：北京市丰台区小井村 544 号铁路工程招待所院内
邮　　编：100073
电　　话：010-63838241
主要产品：防水涂料

公司名称：北京森玛装饰材料有限公司
地　　址：北京市丰台区纪家庙亿朋苑小区 7 号楼 1 单元 401 室
邮　　编：100054
电　　话：010-83512519
主要产品：艺术地坪涂料，水泥地坪涂料，马路划线涂料

公司名称：北京生态家园科技发展有限公司
地　　址：北京市大兴区埝坛开发区
邮　　编：102600
电　　话：010-61252145
传　　真：010-61251311
网　　址：www.bjstjy.com
主要产品：白乳胶，聚酯涂料

公司名称：北京市邦钧建筑涂料厂
地　　址：北京市海淀区四季青闽庄路 4 号
邮　　编：100080
电　　话：010-62858455
传　　真：010-62858455

公司名称：北京市宝丽美新型装饰材料厂
地　　址：北京市亚运村北苑路 68 号
邮　　编：100101
电　　话：010-64916747 64984728
传　　真：010-64974728
邮　　箱：sumei@sumeipaint.com
网　　址：www.sumeipaint.com

公司名称：北京市豹房福利粘合剂厂
地　　址：北京市顺义区赵全营镇豹房村长新路 23
邮　　编：101301
电　　话：010-60432538
传　　真：010-60432538
邮　　箱：chaibaoyouxiang@sina.com.cn
主要产品：黏合剂，内外墙涂料

公司名称：北京市朝阳超力装饰材料厂
地　　址：北京市朝阳区金盏乡马各庄东 88 号
邮　　编：100024
电　　话：010-65419663
传　　真：010-65419665
网　　址：www.bjchaoli.cn
主要产品：耐水腻子粉，外墙腻子，耐水腻子，外墙抗裂保温砂浆

公司名称：北京市东方博达建筑涂料有限公司
地　　址：北京市顺义区西杜兰村委会
邮　　编：101300
电　　话：010-68680890
主要产品：建筑涂料

公司名称：北京市东小口振辉涂料厂
地　　址：北京市昌平区天通苑西一区西侧
邮　　编：100101
电　　话：010-84826420
传　　真：010-84821006
邮　　箱：sumei@sumeipaint.com
网　　址：www.sumeipaint.com
主要产品：丙烯酸系统高、中档乳胶漆，天然真石漆

公司名称：北京市红星广厦建筑涂料有限责任公司
地　　址：北京市大兴区旧宫镇迎宾路 2 号
邮　　编：100076
电　　话：010-87964788
主要产品：建筑涂料

公司名称：北京市建新装饰涂料厂
地　　址：北京市石景山区吴家村 1 号路北
邮　　编：100040
电　　话：010-83485255
主要产品：中高档内外墙纯丙，硅丙乳胶漆，复层浮雕漆

公司名称：北京市金隅涂料有限公司
地　　址：北京市海淀区西三旗东高新建材城 2 号工业区
邮　　编：100096
电　　话：13401017322
传　　真：010-82911204
主要产品：特种涂建筑涂料，横版漆

公司名称：北京市京西涂料厂
地　　址：北京海淀区苏家坨镇凤凰岭路 22 号
邮　　编：100094
电　　话：010-62459252
传　　真：010-62484312
主要产品：黏合剂，涂料，粉剂

公司名称：北京市卡利特精细化工公司
地　　址：北京市通州区于家务
邮　　编：101105
电　　话：010-80532998
传　　真：010-80531930
邮　　箱：bjkalite@sina.com
网　　址：www.kalite.com.cn
主要产品：建筑涂料，丙烯酸磁漆

公司名称：北京市开斯工贸有限公司
地　　址：北京市大兴区魏善庄镇西枣林工业区 2 号
邮　　编：102611
电　　话：010-89241466
传　　真：010-89241466
主要产品：塑造涂料

公司名称：北京市蓝宝新技术有限公司
地　　址：北京市海淀区龙翔路 30 号
邮　　编：100191
电　　话：010-62024452 62016067 15711323921
传　　真：010-62024452
邮　　箱：lanbaojxp@126.com
网　　址：www.bjlanbao.com
主要产品：内外墙涂料，弹性乳胶漆，金属涂料，氟碳涂料，木器涂料

公司名称：北京市丽泽建筑材料厂
地　　址：北京市大兴区新建工业区 A 区八号
邮　　编：100076
电　　话：010-81285003
传　　真：010-81285007
主要产品：建筑浆，内外墙涂料，腻子

公司名称：北京市良山涂料厂
地　　址：北京市石景山区北辛安北岔 2 号
邮　　编：100041
电　　话：010-68872794
主要产品：内外墙涂料

公司名称：北京市良乡永定铸造辅料厂
地　　址：北京市房山区良乡卫星城凯旋大街 2 号南门外果园内
邮　　编：102488
电　　话：010-69353729
主要产品：铸件涂料

公司名称：北京市茂源防火材料厂
地　　址：北京市顺义区李桥镇
邮　　编：101304
电　　话：010-81473293 13901170803
传　　真：010-81473837
邮　　箱：maoyx_1986@126.com
主要产品：防火涂料

公司名称：北京市全兴涂料有限责任公司

地　　址：北京市西红门镇团和工业东区
邮　　编：102600
电　　话：010-67992218 83686966
传　　真：010-61285017

公司名称：北京市圣隆达科贸有限责任公司
地　　址：北京市丰台区西局南街 21 号蓝源公寓楼 A 门 102 室
邮　　编：100073
电　　话：010-63869397
主要产品：防水涂料

公司名称：北京市顺义潮东涂料厂
地　　址：北京市顺义区北小营镇府西路 3 号
邮　　编：101305
电　　话：010-60487899
传　　真：010-60487899
邮　　箱：shensunliang@sina.com
网　　址：sunkai666.b2b.hc360.com
主要产品：环氧树脂地坪涂料

公司名称：北京市通乔装饰材料厂
地　　址：北京市通州区于家务回族乡于家务村
邮　　编：101105
电　　话：010-80531054
主要产品：黏合剂，内外墙涂料，腻子

公司名称：北京市通州利强涂料厂
地　　址：北京市通州马驹桥中关村科技园金桥产业基地景盛中街 8 号
邮　　编：101102
电　　话：010-60507776 60592469
网　　址：www.liqiang.com.cn
主要产品：内外墙涂料

公司名称：北京市通州区永兴化工厂
地　　址：北京市通州区火县开发区
邮　　编：101109
电　　话：010-80589988 13911069850
传　　真：010-80583202
网　　址：www.bjyxhg.com
主要产品：丙烯酸涂料，地坪涂料，聚氨酯涂料，底漆

公司名称：北京市亚光油漆厂
地　　址：北京市朝阳区黎各庄村
邮　　编：100018
电　　话：010-84317739
传　　真：010-84390493
主要产品：铸造涂料

公司名称：北京首创纳米科技有限公司
地　　址：北京市海淀区上地信息路 2 号创业园 D 栋 701 室
邮　　编：100085
电　　话：010-82893627 82893677
传　　真：010-82893123
邮　　箱：nanosokang@126.com
网　　址：www.sokang.com.cn
主要产品：建筑涂料，防水涂料，防腐涂料，保温腻子，防护液

公司名称：北京首建恒纪建筑工程有限公司
地　　址：北京市石景山区老古城首钢总公司院内
邮　　编：100043
电　　话：010-68872391
主要产品：建筑工程，建筑涂料

公司名称：北京双弛同达科技发展有限公司
地　　址：北京市丰台永外苇子坑 2 号兴东南大厦 816 室
邮　　编：100079
电　　话：010-67620704 83440691 13051066009
传　　真：010-67620704
邮　　箱：root@shuangchikeji.com
网　　址：www.shuangchikeji.com
主要产品：木蜡油

公司名称：北京四方化工涂料有限公司
地　　址：北京市大兴区西红门镇团河北
邮　　编：102600
电　　话：010-61286768
主要产品：道路涂料

公司名称：北京泰辰建筑材料有限公司
地　　址：北京市大兴区采育镇
邮　　编：102606
电　　话：010-80273281
主要产品：氟碳涂料，硅丙涂料，内外墙涂料，防火涂料

公司名称：北京天格丰涂料有限责任公司
地　　址：北京市通州区漷县镇工业开发区
邮　　编：101109
电　　话：010-80587912
传　　真：010-80586846
主要产品：粉末涂料

公司名称：北京通友精化涂料有限公司
地　　址：北京通州区光机电基地高古庄工业区
邮　　编：101111
电　　话：010-69500090
传　　真：010-69500093
邮　　箱：yangjing1979@163.com

公司名称：北京统一化学科技有限公司
地　　址：北京南苑旧宫镇
邮　　编：100076
电　　话：010-87965906
传　　真：010-7963944
主要产品：木器涂料，工业涂料

公司名称：北京西城双龙建筑装饰工程有限公司
地　　址：北京市宣武区椿树园 15 号楼 1-402号
邮　　编：100052
电　　话：010-63102061
传　　真：010-63102061
邮　　箱：jinyc@jh902.com
网　　址：www. jinyc. com www. jh902. com
主要产品：902 涂料

公司名称：北京仙峰工贸有限公司
地　　址：北京市海淀区苏家坨乡
邮　　编：100095
电　　话：010-62483707
主要产品：内外墙乳胶漆

公司名称：北京新威化工有限公司
地　　址：北京市大兴区西红门镇团河路
邮　　编：100076
电　　话：010-61288954
传　　真：010-61289188

公司名称：北京鑫龙海防火器材有限公司
地　　址：北京市西城区北三环中路甲 29 号华龙大厦 B 座 10 层
邮　　编：100029
电　　话：010-62341187 62330983
传　　真：010-62341187
邮　　箱：info@xinlonghai.com
网　　址：www.xinlonghai.com
主要产品：电缆涂料，透明防火涂料

公司名称：北京兴达通化工制品有限公司
地　　址：北京市丰台区鑫宝苑小区 2-2-201
邮　　编：100075
电　　话：010-87879787 13581589609
传　　真：010-87879787
网　　址：www.bj-xdt.cn
主要产品：金箔涂料，金属涂料，氟碳金属涂料，丙烯酸金属涂料

公司名称：北京星牌建材有限责任公司（北京市建材制品总厂）
地　　址：北京市朝阳区高井 2 号
邮　　编：100025
电　　话：010-85765544-3113/3008
传　　真：010-85760213
邮　　箱：star@bsbm.cc
主要产品：内外墙乳胶漆，内墙腻子，天然彩石漆，凹凸复合涂料，弹性防水涂料

公司名称：北京秀珀化工有限公司
地　　址：北京市通州区通胡大街 78 号京贸中心 8002 室
邮　　编：101110
电　　话：010-89524789 89523722
邮　　箱：Bjsupe@supe.com.cn
网　　址：www.bj-supe.com
主要产品：环氧地坪涂料系列，墙面涂料系列，防腐涂料系列，耐磨骨料系列

公司名称：北京雪莲涂料厂
地　　址：北京市海淀区清河小营西路
邮　　编：100085
电　　话：010-62943670
传　　真：010-62944895
邮　　箱：webwiner@china.com
网　　址：www.tlhgw.com
主要产品：建筑涂料，亚光乳胶漆，内外墙涂料

公司名称：北京延庆长城福利纸箱厂
地　　址：北京市延庆县妫水南街 42 号
邮　　编：102100
电　　话：010-81196594
主要产品：内外墙涂料，黏合剂

公司名称：北京冶建新技术公司新型建材厂
地　　址：北京市海淀区西土城路 33 号
邮　　编：100088
电　　话：010-82227224
传　　真：010-62226068
主要产品：防水涂料，保温系列材料，外添加剂

公司名称：北京益利达建筑涂料厂
地　　址：北京市丰台区南岗洼 447 号
邮　　编：100072
电　　话：010-83885787 13801366382
邮　　箱：cm-yld@cm-paint.com
网　　址：www.cm-paint.com

主要产品：丙烯酸系列内外墙涂料，环保内墙涂料，各种内外墙腻子，801 胶，界面剂

公司名称：北京意华祥涂料厂
地　　址：北京市丰台区北岗洼 60 号
邮　　编：100072
电　　话：010-83870147
传　　真：010-83870147
主要产品：铸造涂料

公司名称：北京因美信有限公司
地　　址：北京市海淀区海淀路 19-2 号科城大厦八层
邮　　编：100080
电　　话：010-51282161（中短线）
传　　真：010-62644230
网　　址：www.ymxgroup.com

公司名称：北京宇通天地科技发展有限公司
地　　址：北京市海淀区西三环北路 105 号首师大科技园 219 室
邮　　编：100037
电　　话：010-68900439 68900143 68900195
传　　真：010-68900195
邮　　编：qllead_yutong@126.com
主要产品：防腐涂料，功能墙体涂料，纳米粉体，功能填料

公司名称：北京钰林化工有限公司
地　　址：北京市大兴区魏善庄崔二村西 100 米
邮　　编：102611
电　　话：010-89245331
主要产品：高中档涂料，中涂涂料，罩光漆

公司名称：北京月月丰万彩涂料有限公司
地　　址：北京市朝阳区大洋坊路十八里店乡人民政府以西约 50 米路北
邮　　编：100023
电　　话：010-67326636
传　　真：010-67326556
邮　　箱：sale@yueyuefeng.com

公司名称：北京跃丰华涂料有限公司
地　　址：北京市大兴区旧宫镇南街西里 32 号
邮　　编：100076
电　　话：010-67963806
传　　真：010-67963795
主要产品：建筑涂料

公司名称：北京展辰化工有限公司
地　　址：北京市通州区永乐经济开发区
邮　　编：101105
电　　话：010-61565858
传　　真：010-69568535
主要产品：涂料

公司名称：北京占海防水装饰有限公司
地　　址：北京市大兴区庞各庄
邮　　编：102601
电　　话：010-89288983/7300/7038
传　　真：010-89287184
网　　址：www.zhanhai.com
主要产品：GS 复合防水涂料，防水涂料

公司名称：北京振利高新技术公司
地　　址：北京市朝阳区东四环中路 82 号金长安大厦 B1 座 1006、1007 室
邮　　编：10022
电　　话：010-83832226 63811212
传　　真：010-63826971
网　　址：www.zhenli.com.cn
主要产品：内外墙涂料，保温材料

公司名称：北京正方粉末涂料有限公司
地　　址：北京市通州区西集镇车屯村
邮　　编：101106
电　　话：0136-6659007-008
传　　真：010-61576017-1336

公司名称：北京中环晋荣防水材料开发有限公司
地　　址：北京市朝阳区北苑航空二号院 3 单元 3 号楼 307
邮　　编：100012
电　　话：010-84963573
邮　　箱：shuqianxi@163.com
主要产品：PVC 防水涂料

公司名称：北京中科纳洁环保科技研究所
地　　址：北京市石景山区古城西街 19 号科技企业基地研发楼
邮　　编：100043
电　　话：010-68816599
主要产品：建筑涂料

公司名称：北京中全水性漆有限公司
地　　址：北京市大兴区西红门镇寿宝庄工业园
邮　　编：100076
电　　话：010-61284087
主要产品：建筑涂料，工业涂料，各种水性涂料

公司名称：北京中兴盛商贸有限公司（原振兴涂料厂）
地　　址：北京市丰台区南港洼 61 号
邮　　编：100072
电　　话：010-83884217
主要产品：建筑涂料

公司名称：北京专威特化学建材有限公司
地　　址：北京市顺义区天竺空港工业区 B 区裕华路 28 号 7 号楼 1 层
邮　　编：101300
电　　话：010-80495199
主要产品：保温涂料，外墙保温材料

公司名称：北京紫禁城漆业有限公司
地　　址：北京市通州区干棠镇侉子店村东
邮　　编：101107
电　　话：010-61529833
主要产品：民用涂料，工业涂料

公司名称：北京自然涂化工有限公司
地　　址：北京市丰台区太平桥中路华源一里 10 号楼 1810 室
邮　　编：100075
电　　话：010-58052151
主要产品：质感涂料，真石漆，马来漆

公司名称：北新集团股份有限公司北京涂料分公司
地　　址：北京市海淀区西三旗建材城中路
邮　　编：100096
电　　话：010-82913831
主要产品：建筑乳胶涂料

公司名称：北京市大运防水材料厂
地　　址：北京市通州区永顺地区范庄路西
邮　　编：101100
电　　话：010-69556882
传　　真：010-69555434
主要产品：SBS 改性沥青卷材,963A 堵漏王(无机材料), 963B 复合防水王涂料(聚合物-水泥,963R 防水王涂料(丙烯酸),963D 水乳型聚氯乙烯防水涂料

公司名称：杜邦红狮（北京）涂料有限公司
地　　址：北京市丰台区科学城海鹰路 5 号第 4 层
邮　　编：100070
电　　话：010-87684617
传　　真：63710570
主要产品：各种汽车涂料,辅料

公司名称：富思特制漆北京有限公司
地　　址：北京市亦庄经济技术开发区地盛中路 3 号中辉世纪传媒大厦 B 座 3 层
邮　　编：100176
电　　话：010-67623218 67655538 67671260
传　　真：010-67623268
网　　址：www.firstpaint.com.cn
主要产品：内外墙装饰涂料，真石漆，氟碳涂料，金属涂料，防火涂料，地坪涂料，标线涂料，外保温系列产品

公司名称：北京关公诚信涂料有限公司
地　　址：北京市大兴区西红门工业园
邮　　编：100076
电　　话：010-60221759
传　　真：010-60221087

公司名称：核工业北京地质研究院
地　　址：北京市朝阳区安定门外小关东里十号院
邮　　编：100029
电　　话：010-64914829
传　　真：010-64917143
邮　　箱：bring@public3.bta.net.cn

公司名称：红狮涂料国际有限公司
地　　址：北京市通州区台湖镇次渠工业开发区
邮　　编：101111
电　　话：010-81508525
邮　　箱：zlumail@163.com

公司名称：北京华成防火涂料有限公司
地　　址：北京市通州区漷县镇政府西 200 米
邮　　编：101109
电　　话：010-80588051 13011021902
传　　真：010-80588051

公司名称：梅菲特（北京）涂料有限公司
地　　址：北京朝阳区和平街十三区 35 号煤炭大厦 7 层
电　　话：010-6445047
传　　真：010-64450469
网　　址：www.dufang.com.cn

公司名称：纳尔特漆业(北京)有限公司

地　　址：北京市通州区马驹桥国家环保产业园区 168 号
邮　　编：100078
电　　话：010-60502222 60599888 60599777
传　　真：010-60504444
邮　　箱：hotmail@naret.com.cn
主要产品：涂料

公司名称：北京市漆彩鹏程化工商贸有限公司
地　　址：北京市昌平区南庄工业区
邮　　编：102211
电　　话：010-61722281 13910037390
邮　　箱：qicaipengcheng@sina.com
主要产品：108 胶，界面剂，内墙涂料，白乳胶，腻子粉

公司名称：生命柒环保科技（北京）有限公司
地　　址：北京市市石景山区万商大厦 23 层
邮　　编：100043
电　　话：010-68686093
传　　真：010-68686162

公司名称：北京市世纪龙涂料厂
地　　址：北京市平谷区夏各庄镇纪太务村南街 101 号
邮　　编：101213
电　　话：010-60916150
主要产品：涂料

天津市

公司名称：阿克苏诺贝尔涂料（天津）有限公司
地　　址：天津塘沽区泰华路 110 室
邮　　编：300457
电　　话：022-25293001 25293002
网　　址：www.akzonobel.com
主要产品：木器涂料，卷材涂料，塑胶涂料，木器黏合剂

公司名称：杜伦斯（天津）涂料有限公司
地　　址：天津市塘沽区海洋开发区云山道 1148 号
邮　　编：300459
电　　话：022-25215337
传　　真：022-25215339
邮　　箱：chinasales@durrans.com.cn
网　　址：www.durrans.com.cn
主要产品：醇基涂料，水基涂料，修补膏，粉状涂料

公司名称：海丰（天津）精细化工有限公司
地　　址：天津北辰区宜兴埠镇周于庄农工商院内
邮　　编：300400
电　　话：022-26565195
传　　真：26844961

公司名称：三友（天津）高分子技术有限公司
地　　址：天津市河西区泰山路六号
邮　　编：300211
电　　话：022-28261570
传　　真：022-28261570
主要产品：电子绝缘漆，汽车胶黏剂，密封胶

公司名称：虎威化工涂料有限公司
地　　址：天津北辰区西堤头镇
邮　　编：300408
电　　话：022-86849969

公司名称：天津可喜化工有限公司
地　　址：天津市津南区泰达（津南）微电子工业区科达三路 8 号
邮　　编：300400
电　　话：022-26153446
传　　真：022-28559366
邮　　箱：sale@kcchem.cn
网　　址：kcchem.cn
主要产品：内外墙涂料，地面涂料，腻子

公司名称：天津金聚丰化工涂料有限公司
地　　址：天津滨海新区（塘沽）胡家园街
电　　话：022-25365167
传　　真：022-25362028
邮　　箱：binhai009@126.com
主要产品：环氧底漆，环氧煤沥青漆，环氧云铁中层漆，环氧磁漆，红丹环氧防锈漆；厚膜环氧富锌底漆，沥青清漆，各色醇酸磁漆，各色氯化橡胶磁，云母氧化铁醇酸磁漆各色硝基外用磁漆，各色醇酸调合漆，各色丙烯酸聚氨酯磁漆，醇酸防锈漆，汽车修补漆

公司名称：联碳涂料（天津）有限公司
地　　址：天津市津南区北闸口镇义和庄工业园区
邮　　编：300352
电　　话：022-88612333
传　　真：022-88610930

公司名称：天津爱静涂料有限公司
地　　址：天津市武清开发区泉兴路 16 号
邮　　编：301700
电　　话：022-82102225
传　　真：022-82191960
网　　址：www.akpaint.com.cn
主要产品：紫外线光固化涂料

公司名称：天津邦威涂料有限公司
地　　址：天津市汉沽区化工西街 38 号
邮　　编：300480
电　　话：13920134067

公司名称：天津滨新涂料有限公司
地　　址：天津经济技术开发区第五大街
主要产品：室内涂料，室外涂料，防腐涂料

公司名称：天津博苑高新材料有限公司
地　　址：天津华苑产业园区鑫茂科技园 C1 座五、六层 AB 单元
邮　　编：300384
电　　话：022-83711383 83711384 83711385
传　　真：022-83711387
邮　　箱：boyuan@boyuanmaterials.com
网　　址：www.boyuanmaterials.com

公司名称：天津渤海望亚涂料有限公司
地　　址：天津武清区泗村店镇旧县
邮　　编：301709
电　　话：022-29428036
主要产品：涂料

公司名称：天津储盛科技开发有限公司
地　　址：天津市静海县良王庄乡胡家村
邮　　编：300384
电　　话：4006512889 15302118578
传　　真：022-23738076
网　　址：www.cs88888.net.cn
主要产品：色浆，地坪涂料

公司名称：天津大港油田浦海化工有限公司
地　　址：天津市大港区海滨街道
邮　　编：300280
电　　话：022-25918400
主要产品：轻烃，天然气，涂料

公司名称：天津大荣涂料有限公司
地　　址：天津津南区
邮　　编：300350
电　　话：022-88634411
传　　真：022-88634445
网　　址：jinming460.b2b.hc360.com

公司名称：天津市德邦化工有限公司
地　　址：天津市津南区小站镇大站工业区
邮　　编：300353
电　　话：022-88625086
传　　真：022-88620715
网　　址：dbhg. cn. gongchang. com www.tj-debang.com

公司名称：天津德威涂料化工有限公司
地　　址：天津市经济技术开发区第四大街 57 号
电　　话：022-59815337

公司名称：天津灯标化工涂料有限公司
地　　址：天津武清天津市武清区富民经济区
邮　　编：301700
主要产品：涂料

公司名称：天津灯塔涂料工业发展有限公司
地　　址：天津市北辰区南仓道
邮　　编：300400
电　　话：022-26340236
邮　　箱：gjl6661@126.com
主要产品：航空航天涂料，汽车涂料，海洋船舶涂料，地坪涂料，桥梁防腐涂料，重防腐涂料，家居装饰涂料，建筑涂料，树脂，高温涂料

公司名称：天津港信防火材料有限责任公司
地　　址：天津大港开发区港塘公路 888 号
邮　　编：300270
电　　话：022-59715128 59715125 59715127 59715122
传　　真：022-59715127

公司名称：天津市国华化工涂料有限公司
地　　址：天津市北辰区西堤头镇化工经济开发区
邮　　编：301800
传　　真：022-86841973
网　　址：www.tj-guohua.com

公司名称：天津禾洋伟业化工贸易有限公司
地　　址：天津市河西区友谊路
邮　　编：300074
电　　话：022-28371689
邮　　箱：hjgh.jh8@sohu.com
主要产品：涂料，油墨

公司名称：天津佳丽涂料厂
地　　址：天津津南区小站索子地村委会对过涂料厂
电　　话：022-88630886
邮　　箱：tjjl@163.com
网　　址：www.zgtlyj.com
主要产品：乳胶漆，腻子粉

公司名称：天津开发区银塔实业有限公司
地　　址：天津河西区体院北道
邮　　编：300060
电　　话：022-23384355
主要产品：涂料

公司名称：天津科瑞达涂料化工有限公司
地　　址：天津经济技术开发区第十一大街 51 号
邮　　编：300457
电　　话：022-26231681
主要产品：电泳漆，汽车涂料，防腐涂料，船舶涂料，机车桥梁涂料，建筑涂料，工业涂料，工程涂料，家装涂料

公司名称：天津鎏虹科技发展有限公司
地　　址：天津华苑产业园区物华道 2 号海泰火炬创业园
电　　话：022-85685151

公司名称：天津禄川科技开发有限公司
地　　址：天津市河北区新大路 189 号
电　　话：022-26246060
网　　址：jz.qincai.net/corp-27624.html
主要产品：防腐涂料

公司名称：天津绿屋涂料有限公司
地　　址：天津市津南区经济开发区宝源路
电　　话：0527-8380908
传　　真：0527-8380908
邮　　箱：394101500@qq.com
主要产品：建筑涂料，工程涂料，食品包装涂料，家用电器涂料，水性木器涂料

公司名称：天津美麒防腐技术有限公司
地　　址：天津市华苑产业园区兰苑路 5 号 C 座 329 室
邮　　编：300192
电　　话：13821278587
传　　真：022-83712746
网　　址：www. tjmeiqi. com. cn www. tjmeiqi.com
主要产品：烟囱内衬专用胶黏剂，电力用涂料，市政桥梁和道路用涂料，化工用涂料，石油天然气用涂料，环氧树脂涂料，氯化橡胶涂料，聚氨酯系列涂料，高氯化聚乙烯防腐涂料

公司名称：天津奇威建筑装饰材料有限公司
地　　址：天津市南开区渭水道 2 号
邮　　编：300110
电　　话：022-27640901
传　　真：27640901
网　　址：chainway-litex.com
主要产品：装饰涂料，建筑涂料

公司名称：天津市荣新建筑装饰涂料有限公司
地　　址：天津市宁河县芦台镇王前村工业园
邮　　编：301500
电　　话：022-69160102
主要产品：建筑涂料

公司名称：天津瑞驰雷德涂料有限公司(总公司)
地　　址：天津市北辰科技园区
电　　话：022-26246357 26990029
传　　真：022-26246357 26990029
主要产品：烤烟机专用涂料（环保型），工业耐高温防腐涂料，绝缘类耐高温涂料，民用耐高温涂料，耐高温涂料，消音器专用涂料

公司名称：三成化工（天津）有限公司
地　　址：天津市津南区北闸口镇
邮　　编：300350
电　　话：022-88731067
网　　址：3914465.71ab.com

公司名称：天津盛达粉末涂料有限公司
地　　址：天津市西青区杨柳青工业园津静公路 106 号
邮　　编：300380
电　　话：022-27973984 27978555
邮　　箱：sd@sheng-da.com.cn

公司名称：天津盛得卡芙涂料有限公司
地　　址：天津市武清区大王古庄镇政府西侧
邮　　编：301712
电　　话：22191249
网　　址：4018871.71ab.com

公司名称：天津盛林化工有限公司
地　　址：天津市北辰区小淀镇小淀村
邮　　编：300400
电　　话：022-26990983
主要产品：涂料

公司名称：天津市艾百迪漆业有限公司
地　　址：天津市河东区万新村沙柳北路 10 号
邮　　编：300000
电　　话：022-24728897
传　　真：022-24783889
邮　　箱：lkx-1558@163.com
网　　址：www.aibaidi.cn
主要产品：胶带，稀料，自喷漆，原子灰，环通油涂料，氨基涂料，家具涂料，灯塔涂料

公司名称：天津澳美化工涂料有限公司
地　　址：天津市武清区陈嘴镇万兴工业园区
邮　　编：301741
电　　话：022-22140787 022-22140757
传　　真：022-22140333
网　　址：www.tjamhg.cn

主要产品：醇酸类涂料，硝基类涂料，氨基类涂料，丙烯酸聚氨酯类涂料，环氧类涂料，重防腐类涂料，钢管专用涂料，氟碳类涂料，乳胶类涂料，过氯乙烯涂料，腻子，树脂

公司名称：天津市邦益化工涂料有限公司
地　　址：天津市西青区王稳庄镇杨科庄西
电　　话：022-23997105
传　　真：022-23997169

公司名称：天津宝利鑫涂料有限公司
地　　址：天津市津南区咸水沽镇五登房工业区
电　　话：022-88712277
传　　真：022-88712989

公司名称：天津市保罗化工油漆有限公司
地　　址：天津市北辰区天穆镇
电　　话：022-26397800

公司名称：天津市宏光伟业化工涂料有限公司
地　　址：天津市北辰区西堤头工业区
邮　　编：300408
电　　话：022-86849131
传　　真：022-86843238

公司名称：天津市北辰区顺发化工厂
地　　址：天津市北辰区西堤头镇西堤头村
邮　　编：300408
电　　话：022-86841182
传　　真：022-86841182
主要产品：醇酸涂料

公司名称：天津天钟化工有限公司
地　　址：天津市北辰区西堤头镇刘快庄村
邮　　编：300402
电　　话：022-86840249
网　　址：4396497.71ab.com

公司名称：天津市北极化工新技术有限公司
地　　址：西青区西青道西横堤西养路费征稽所旁
邮　　编：300112
电　　话：022-27328516
传　　真：022-27328516

公司名称：天津彩绫涂料有限公司
地　　址：天津市东丽区张贵庄路吉安道
邮　　编：300163
电　　话：022-24710155
传　　真：022-24711822
主要产品：涂料，助剂，五金交电，化工原料，建筑材料，化学试剂

公司名称：天津市朝晖化工有限公司
地　　址：天津市北辰区小淀工业区
邮　　编：300400
电　　话：022-26304351 26304787
传　　真：022-26728048
网　　址：www. fangfuqi. com. cn www. zhaohuihuagong.com
主要产品：特种涂料，防腐涂料，金属涂料，地坪涂料，耐高温涂料，防锈涂料，防腐涂料，防火涂料，橡胶涂料，船舶涂料

公司名称：天津市辰光化工涂料有限公司
地　　址：天津市北辰区屈店工业园区
邮　　编：300400
电　　话：022-86872099 86872195 26910931
传　　真：022-26910931
邮　　箱：tjchenguang@163.com
网　　址：www. tuliao1. com www. tuliao2.com
主要产品：超亮洁乳胶漆，丝绸乳胶漆，培涂墙面涂料，内墙乳胶漆，亚光墙面涂料，自洁乳胶漆

公司名称：天津市储盛工业建筑装饰有限公司
地　　址：天津市南开区华苑新城瑞泽园2-2-101
邮　　编：300384
电　　话：022-23735078
传　　真：022-24735076
网　　址：tjchusheng.com
主要产品：地坪涂料

公司名称：天津市大港区洪发油墨厂
地　　址：天津市大港区港西街沙井子一村
邮　　编：300283
电　　话：022-63191394
传　　真：022-63191394

公司名称：天津市大邱庄津姿涂料有限公司
地　　址：天津市静海县大邱庄镇珠峰路1号
邮　　编：301606
电　　话：13352006978 022-28897885
传　　真：022-28899075
主要产品：木器涂料，烘烤涂料，普通型防锈涂料，面漆，筑内外墙涂料，防火涂料，船舶涂料，工业地坪涂料，特种涂料，热固性粉末涂料，TDC 助强剂，彩钢涂料，重防腐型系列产品

公司名称：天津德邦化工有限公司
地　　址：天津市津南区小站镇大站工业区
邮　　编：300000
电　　话：022-88625086
传　　真：022-88620715
邮　　箱：db@tj-debang.com
网　　址：www.tjdebang.com
主要产品：耐磨地坪，涂装型环氧树脂薄涂地坪，外墙涂料，工程涂料

公司名称：天津市德实化工涂料有限公司
地　　址：天津市北辰区西堤头工业区
邮　　编：300408
电　　话：022-86845888 86842472 86849004
传　　真：022-86849888
网　　址：www.tjdsgh.com

公司名称：天津市德田漆业化工有限公司
地　　址：天津市北辰区刘家码头工业园
电　　话：022-86803092
邮　　箱：yanwang19850405@163.com
主要产品：氟碳涂料，铁红防锈涂料，调和漆，荧光涂料

公司名称：天津市登发辰光化工涂料经营部
地　　址：天津市河东区天津市登发辰光
邮　　编：300400
电　　话：022-86872098 86872099 60460351
传　　真：022-26910931
网　　址：www.dfcg2.cn dfcg2.cn.alibaba.com
主要产品：标线涂料，修补涂料，汽车涂料，防腐涂料，环氧涂料，地坪涂料，汽车涂料，船舶涂料，木器涂料，特种涂料，防火涂料，金属涂料

公司名称：天津市北辰区东成化工厂
地　　址：天津市北辰区西堤头镇刘快庄村
邮　　编：300402
电　　话：022-86843868
传　　真：022-86844371
网　　址：742211.atobo.com.cn

公司名称：天津市东光特种涂料有限公司
地　　址：天津河东区卫国道 128 号
邮　　编：300161
电　　话：022-24341866 24341571 24341762
传　　真：022-24341823

公司名称：天津市东丽区津军化工厂
地　　址：天津市东丽区军粮城镇杨台小学西
邮　　编：300301
电　　话：022-24361857
传　　真：022-84968223

公司名称：天津市东丽区申源涂料厂
地　　址：天津东丽区么六桥乡中心庄村
邮　　编：300300
电　　话：022-84892883
主要产品：涂料

公司名称：天津市防火涂料厂
地　　址：天津市河北区王串场六号路73号
邮　　编：300150
电　　话：022-26431919 26454688
邮　　箱：tj_fhtl@eyou.com
网　　址：www.dadun.com
主要产品：B60-171 饰面型防火涂料，DLT-1 电缆防火涂料，FRZ-8 防火阻燃剂，G60-95 饰面型防火涂料，SB（B）-1 室内薄型钢结构防火涂料，SG-60 有机防火堵料，SG-70 无机防火堵料，SG-80 防火包，STB 室内超薄型钢结构防火涂料，SWH 室外厚型钢结构防火涂料

公司名称：天津市港马防水材料工程有限公司
地　　址：天津大港区太平镇六间房村
邮　　编：300282
电　　话：022-63146949
网　　址：gangmafs.b2b.hc360.com

公司名称：天津市广厦装饰涂料有限公司
地　　址：天津泰达汉沽现代产业园区
邮　　编：300480
电　　话：022-67162277
传　　真：022-67161860
网　　址：www.tjgszstl.com.cn
主要产品：特级精品乳胶漆，赛恩漆，赛恩内墙乳胶漆，赛恩高级腻子膏

公司名称：天津国华化工涂料有限公司
地　　址：天津市北辰区西堤头镇西地头村
邮　　编：301800
电　　话：022-86849360
传　　真：022-86849360
网　　址：15844. mingqiye. com www. guohua.chembb.com www.tj-guohua.com

公司名称：天津合和涂料有限公司
地　　址：天津市东丽区程林庄道家俱十厂院内
邮　　编：300163
电　　话：022-27637562
网　　址：4047099.71ab.com

公司名称：天津市红桥区贝林油漆涂料经营部
地　　址：天津红桥区登发装饰大世界 III 区前A-133 号
邮　　编：300000
电　　话：022-27735508
邮　　箱：tjbeilin@yahoo.com.cn
主要产品：脱漆剂，涂料，地坪涂料

公司名称：天津市宏铸涂料有限公司
地　　址：天津市武清区汉沽港工业园
邮　　编：301721
电　　话：022-29490288 15522142588
主要产品：涂料

公司名称：天津市鸿瑞发化工涂料有限公司
地　　址：天津市北辰区双发温泉花园十号楼 3 门 102 室
邮　　编：300400
电　　话：022-26399562
主要产品：丙烯酸涂料，氟碳涂料，地坪涂料，真石漆

公司名称：天津市环球特种涂料有限公司
地　　址：天津市北辰区
邮　　编：300400
电　　话：022-86871897
传　　真：022-26910767
网　　址：www. huanqiupaint. com. cn tjhqlyh.cn.alibaba.com
主要产品：防锈涂料

公司名称：天津市汇隆化工材料有限公司
地　　址：天津市西青经济开发区大寺工业园
邮　　编：300385
电　　话：022-23962589
传　　真：022-23975225
邮　　箱：hl@tjhuilong.com
网　　址：www.tjhuilong.com
主要产品：TH-SDP 系列水性环氧地坪涂料，TH-ZDP 系列无溶剂环氧自流平地坪涂料，TH-F 水性环氧防腐面漆，TH-FT 水性环氧铁红防腐底漆，TH-FX 水性环氧富锌防腐底漆，TH-EP 系列水性环氧树脂乳液，TH-HG 系列水性环氧固化剂

公司名称：天津市蓟县天台化工厂
地　　址：天津市蓟县孙各庄乡马庄
邮　　编：301909
电　　话：29739965

公司名称：天津市建筑装饰涂料实业公司
地　　址：天津市西青区李七庄南
邮　　编：300381
电　　话：022-23382288 23381174

传　　真：23381496
网　　址：7731.mingqiye.com
主要产品：涂料

公司名称：天津市金磊化工涂料有限公司
地　　址：天津武清区南蔡村镇南菜村镇南菜村
邮　　编：301709
电　　话：022-29413703
主要产品：涂料

公司名称：天津市金钰来涂料有限公司
地　　址：天津市宁河县造甲城镇造甲村工业区
邮　　编：301510
电　　话：13820109268
传　　真：022-28213712
网　　址：jinyulai.b2b.hc360.com
主要产品：建筑涂料，道路标志涂料，船底防锈涂料，底漆，电子元器件涂料

公司名称：天津市金正昌涂料有限公司
地　　址：天津津南区双桥河镇韩家圈村村东
邮　　编：300350
电　　话：022-28566363
主要产品：水溶性涂料

公司名称：天津市金钟化工厂
地　　址：天津北辰区西堤头镇刘快庄村南金钟河大桥 300 米
邮　　编：300408
电　　话：022-86840249
传　　真：022-26991284
网　　址：cntjjz. b2b. hc360. com www.cntjjz.com

公司名称：天津市津鸽化工有限公司
地　　址：天津市北辰区刘快庄工业园区
邮　　编：300402
电　　话：022-86842176
传　　真：022-86841053
网　　址：www.jingechem.com.cn

公司名称：天津市津海特种涂料装饰有限公司
地　　址：天津市北辰区京津公路大通绿岛 57-7
邮　　编：300400
电　　话：022-60415909 60415908 60415906
传　　真：022-60415901
网　　址：www.jhpaint.net.cn www.tj-jhpaint.com jhpaint.cn.alibaba.com
主要产品：环氧防腐涂料，丙烯酸防腐涂料，聚氨酯防腐涂料，丙烯酸聚氨酯涂料，地坪涂料，氯化橡胶涂料，高氯化聚乙烯涂料，氯磺化聚乙烯涂料，醇酸涂料，氟碳涂料，车间底漆

公司名称：天津市津南区长城化工厂
地　　址：天津津南小站幸福村
邮　　编：300353
电　　话：022-28611129
网　　址：tjjinnan01753.11467.com

公司名称：天津市津南区光华涂料厂
地　　址：天津市津南区小站镇迎新村
邮　　编：300353
电　　话：022-28619224
主营范围：化工产品，涂料

公司名称：天津市津宁三和化学有限公司
地　　址：天津市河东区万新村 23 区松风东里 23 号楼 2 门 101-102 室
邮　　编：300162
电　　话：022-24681230 24670102 24670010
邮　　箱：jalyn.wei@tjjnsh.com
网　　址：www.tjjnsh.com
主要产品：T31 系列环氧树脂固化剂，聚酰胺树脂固化剂，环氧固化剂 593，环氧低温固化剂 YH-82

公司名称：天津精达涂料有限公司
地　　址：天津市武清区徐官屯街京塘高速公路立交桥北侧院内
邮　　编：301700
电　　话：022-29337133
网　　址：jhyqtl.b2b.hc360.com

公司名称：天津市精细涂料化工厂
地　　址：天津市西青区王稳庄镇小张庄村
邮　　编：300383
电　　话：022-23996177
传　　真：022-23992590
网　　址：740140.atobo.com.cn

公司名称：天津市聚祥永发粉末涂料有限公司
地　　址：津南区咸水沽镇（第五电表厂院内）
邮　　编：300350
电　　话：022-88510546
网　　址：4438954.71ab.com

公司名称：天津市康保涂料厂
地　　址：天津静海县蔡公庄镇四党口东村
邮　　编：301646
电　　话：022-6857512
主要产品：涂料

公司名称：天津市康仕达化工涂料有限公司
地　　址：天津市北辰区屈店工业园
邮　　编：300400
电　　话：022-86876171 60460353 86876181
传　　真：022-86871798
网　　址：www.kangshida2.cn kangshida2.cn.alibaba.com
主要产品：标线涂料，防腐涂料，环氧涂料，地坪涂料，工业用清洗剂，汽车涂料，船舶涂料，木器涂料，特种涂料，防火涂料，金属涂料

公司名称：天津市科文化工有限公司
地　　址：天津市南开区延安路 39 号
邮　　编：300112
电　　话：022-27513648
传　　真：022-27517239
邮　　箱：tjkwhg@bf2000.net
网　　址：tjkwhg.china315.com
主要产品：丙烯酸乳液为基料的内外墙乳胶漆

公司名称：天津市朗威漆制造有限公司
地　　址：天津市蓟县经济技术开发区八一路 18 号
邮　　编：301914
电　　话：022-29896120

主要产品：涂料

公司名称：天津市绿达涂料厂
地　　址：天津西青区南河镇大南河村
邮　　编：300382
电　　话：022-23982787

公司名称：天津市美嘉美涂料有限公司
地　　址：天津市北辰区小淀镇小淀工业园
邮　　编：300402
电　　话：022-26993058 15822035290
网　　址：www.mjmtl. com. cn tjmjm. cn.alibaba.com
主要产品：橡胶涂料，塑料涂料，金属涂料，稀料，清洗剂

公司名称：天津市美麒科技开发有限公司
地　　址：天津市南开区鞍山西道 275 号
邮　　编：300192
电　　话：022-27382982
主要产品：防腐涂料

公司名称：天津市铭越建筑材料有限公司
地　　址：天津市武清区东马圈工业区
邮　　编：301717
电　　话：022-29471182
传　　真：022-29479990
邮　　箱：tjmingyue@tjmingyue.com
主要产品：防腐涂料，防锈涂料，特种涂料，涂料，氟碳涂料，耐高温涂料

公司名称：天津市欧力涂料有限公司
地　　址：北辰区青光镇红光农场
邮　　编：300401
网　　址：4512886.71ab.com

公司名称：天津市鹏达金属喷涂有限公司
地　　址：天津静海县
邮　　编：301636
电　　话：139220230903

公司名称：天津市瑞宝绿色纳米涂料有限公司
地　　址：天津市北辰区津围公路东北辰科技园景远路
邮　　编：300410
电　　话：022-86996585
传　　真：022-86996575
网　　址：www. tjruibao. cn www. tjrainbow. com tjruibao. cn. alibaba.com
主要产品：塑料涂料，木器涂料，特种涂料，防腐涂料，玻璃涂料

公司名称：天津市润滕涂料有限公司
地　　址：天津市津南区北闸口镇工业园区政和路 35 号
邮　　编：300350
电　　话：022-28393001 88514198
传　　真：022-28523001
主要产品：粉末涂料，涂料浸塑加工，粉末涂料，化工原料

公司名称：天津市三鸿专用涂料有限公司
地　　址：武清区梅厂镇福源经济区通源路 3 号
邮　　编：301701
电　　话：022-29450440
传　　真：022-29531855
网　　址：tjshtl. b2b. hc360. com www.sanhongtuliao. com www.

tjshtl.cn
主要产品：防腐涂料，耐高温涂料，特种涂料，地坪涂料，金属涂料，防锈涂料，专用埋地管道及设施涂料，道路标志涂料，建筑涂料，船底防锈涂料，桥梁涂料，甲板涂料，铁路公路涂料，船壳及上层建筑物涂料，修补漆，汽车涂料，丙烯酸涂料，UV 涂料

公司名称：天津市森基涂料发展有限公司
地　　址：天津市西青经济开发区侯台科技园 B 区 6-2 号
邮　　编：300381
电　　话：022-23079082
网　　址：3976262.71ab.com

公司名称：天津市盛德特种涂料有限公司
地　　址：天津市北辰区西堤头工业区
邮　　编：300402
电　　话：022-86845518 868445
传　　真：022-86845566
网　　址：bmlink57097.bmlink.com www.tjsdtl.com

公司名称：天津市顺建水性涂料有限公司
地　　址：天津市津南区北闸口镇经济园区
邮　　编：300386
电　　话：022-88731298
传　　真：022-88731656
主要产品：自行车涂料，金属涂料，氨基烤漆

公司名称：天津市思尔得涂料有限公司
地　　址：天津市北辰区京宝工业园三纬路 1 号
邮　　编：300387
电　　话：022-26916531
传　　真：022-26919191
网　　址：www.tjsed.net tjsierde2.cn.alibaba.com
主要产品：标线涂料，防水涂料，金属涂料，外墙涂料，内墙涂料，保温涂料，防腐涂料，原子灰，环氧涂料，地坪涂料

公司名称：天津市思丽奇建筑装饰涂料有限公司
地　　址：天津市大港区世纪大道 92 号
邮　　编：300270
电　　话：022-63382818
主要产品：水性内外墙涂料，木器涂料，涂料色浆，防水涂料，建筑胶

公司名称：天津四海特种涂料有限公司
地　　址：天津市北辰区西堤头工业区
邮　　编：300402
电　　话：022-86848966
传　　真：022-86842401

公司名称：天津市松田水性漆厂
地　　址：天津市北辰区小淀工业区
电　　话：022-26313158

公司名称：天津市塘沽区凌花涂料有限公司
地　　址：天津塘沽区塘汉公路 4 号
邮　　编：300451
电　　话：022-25214123
传　　真：022-25214123
主要产品：建筑涂料

公司名称：天津市塘沽区天虹化工涂料装饰有限公司
地　　址：天津市塘沽区海洋高新技术开发区衡山道 199 号
邮　　编：300453
电　　话：022-25213615
传　　真：022-25213151
主要产品：环保型高级内墙乳胶漆，苯丙外墙涂料，真石漆，丙烯酸外墙乳胶漆，高档丙烯酸外墙有光面漆，环保型高黏 108 胶，外墙腻子，外墙砂浆，界面剂，水性氟碳涂料，浮雕漆，拉毛漆

公司名称：天津市天立制漆厂
地　　址：天津市宝坻县八门城乡
邮　　编：301803
电　　话：022-82567500
主要产品：涂料

公司名称：天津市天元伟业涂料有限公司
地　　址：天津市北辰经济开发区
邮　　编：300300
电　　话：400-608-8685
传　　真：022-86848579
网　　址：www.tianyuanweiye.com.cn tjtywy.cn.alibaba.com

公司名称：天津市外星化工涂料有限公司
地　　址：天津市北辰区屈店工业园
邮　　编：300400
电　　话：022-86870286 86870285 86871697 86871677 86871605 8687114
传　　真：022-86872657
邮　　箱：waixinghuagong@126.com waixing7@yahoo.com.cn
网　　址：www.waixinghuagong.com

公司名称：天津市万荣化工工业公司
地　　址：天津市红桥区光荣道 147 号
邮　　编：300131
电　　话：022-26561303 26568303
传　　真：022-26372775
邮　　箱：wr@tjwrhg.com

公司名称：天津市五洲涂料有限公司
地　　址：天津市北辰区西堤头工业区
邮　　编：300408
电　　话：022-86848979
传　　真：022-86849938
网　　址：tj-wuzhou.china315.com
主要产品：硝基涂料，醇酸涂料，氨基涂料，丙改汽车涂料，高级装饰聚酸清漆，色漆

公司名称：天津市武清区腾龙防火涂料有限公司
地　　址：天津市武清区富民经济区 B 区
邮　　编：301700
电　　话：022-29347153
传　　真：022-29324986
网　　址：www.tjteng.com tjtenglong.cn.alibaba.com

公司名称：天津市新丽华色材有限责任公司
地　　址：天津市西青开发区王稳庄工业园
邮　　编：300383
电　　话：022-23994440
传　　真：022-23993654
邮　　箱：nbc_cm@yahoo.cn
网　　址：www.xinlihuajituan.com
主要产品：玻璃涂料，聚氨酯清漆，镜背保护涂料

公司名称：天津市新桥化工有限公司
地　　址：天津市津南区新桥工业区
邮　　编：300350
电　　话：022-28589237
传　　真：022-28585161
邮　　箱：jinqiao9237@sina.com
网　　址：www.xinqiao.com
主要产品：黏合剂，绝缘涂料

公司名称：天津市新宇彩板有限公司涂镀部
地　　址：天津市西青区南河镇南河工业园
邮　　编：300382
电　　话：022－23811468
传　　真：022-23811448
网　　址：www.sycb.com
主要产品：涂料

公司名称：天津市友顺合发涂料有限公司
地　　址：天津北辰区大张庄镇大杨庄工业园区
邮　　编：300230
电　　话：022-86853665
传　　真：022-86854044
网　　址：www.tjjunbang.com
主要产品：防腐涂料，地坪涂料，高温涂料，氨基涂料，环氧涂料，醇酸涂料，聚氨酯涂料，汽车涂料，丙烯酸涂料，卷材涂料

公司名称：天津市玉彬福造漆有限公司
地　　址：天津市北辰区西堤头工业园
邮　　编：300408
电　　话：022-86844360 86846100
传　　真：022-86844360 86844885

公司名称：天津市悦欣涂料厂
地　　址：天津市北辰区西堤头镇西堤头村
邮　　编：300408
电　　话：022-86840938
传　　真：022-86840938
主要产品：醇酸涂料

公司名称：天津市振东涂料有限公司
地　　址：津南区咸水沽镇南环路 98 号
邮　　编：300350
电　　话：022-28539010
传　　真：022-28510253
网　　址：zhendongtuliao.b2b.hc360.com www.zd-paint.com
主要产品：金属涂料，工业涂料，建筑涂料，工业涂料

公司名称：天津市中海科技实业总公司
地　　址：天津市南开区科研东路 1 号
邮　　编：300192
电　　话：022-87898137
传　　真：022-87893743
邮　　箱：tjzhic3927@163.com
网　　址：zh-coatings.pinsou.com
主要产品：防腐材料

公司名称：天津天女化工集团股份有限公司
地　　址：天津东丽区程林庄工业区津赤路9号
邮　　编：300300
电　　话：022-84783830
传　　真：022-84783658
邮　　箱：postmaster@angelchem.com
网　　址：www.angelchem.com
主要产品：涂料，颜料，油脂，合成洗涤剂，有机化工原料

公司名称：天津市翔盛粉末涂料有限公司
地　　址：天津市外环线14号桥向东500米
邮　　编：300381
电　　话：022-23928989
传　　真：022-23915361
邮　　箱：xsh@tjxsh.com
网　　址：tjxsh.pinsou.com

公司名称：天津新颜油漆厂
地　　址：天津北辰区小淀工业区
邮　　编：300402
电　　话：022-26852148
传　　真：022-26852148

公司名称：天津延安化工厂
地　　址：天津东丽区程林庄工业区
邮　　编：300163
电　　话：022-24373201
主要产品：低分子聚酰胺树脂，711环氧涂料

公司名称：天津阳光集团公司
地　　址：天津河东区卫国道128号
邮　　编：300161
电　　话：022-24342380

公司名称：天津裕北涂料有限公司
地　　址：天津市北辰区津围公路北辰科技园区高新大道
邮　　编：300409
电　　话：022-26991990 26998115

网　　址：www.yuepakpaint.com
主要产品：PE系列溶剂型涂料，聚氨酯涂料，硝化纤维素涂料，紫外光固化涂料，户外产品

公司名称：天津中远关西涂料化工有限公司
地　　址：天津市经济技术开发区第五大街42号
邮　　编：300457
电　　话：022-25292009
传　　真：022-25320902
邮　　箱：kansai@kansai.com.cn

公司名称：天津众成永盛科技发展有限公司
地　　址：天津港保税区国贸路18号
邮　　编：300456
电　　话：022-24414629-801
传　　真：022-24414629-808
主要产品：地坪涂料

河北省

公司名称：廊坊阿克苏诺贝尔长城涂料有限公司
地　　址：河北省廊坊市
邮　　编：065001
电　　话：0316-5918118
传　　真：0316-5918118

公司名称：阿童木（廊坊）涂料有限公司
地　　址：廊坊开发区花园道28号
邮　　编：65001
电　　话：0316-6083111-1020
传　　真：0316-6084577
主要产品：道路划线涂料，划线机器

公司名称：霸州市利达涂料厂
地　　址：河北省霸州市华鑫道889号
邮　　编：065700
电　　话：0316-7860890 5988313
传　　真：0316-7860879
邮　　箱：bzxiaohuo@163.com
网　　址：www.bzlida.com
主要产品：外墙荷叶漆，水性防火涂料，硅丙外墙水泥涂料，纯丙外墙工程涂料，苯丙外墙工程涂料，水性封闭底漆，弹性外墙水泥涂料，浮雕骨料

公司名称：霸州市美诺涂料有限公司
地　　址：河北省霸州市杨芬港寨上村
邮　　编：065700
电　　话：0316-7555666
主要产品：金属涂料

公司名称：霸州市胜芳镇路通粉末厂
地　　址：河北省霸州市胜芳镇崔庄子
邮　　编：065701
电　　话：0316-7636302

公司名称：霸州市胜芳镇向阳曙光粉末涂料厂
地　　址：河北省霸州市东段乡
邮　　编：065701
电　　话：0316-7620185
传　　真：0316-7620185
主要产品：粉末涂料

公司名称：霸州市五岳涂料有限公司
地　　址：河北省霸州市褚河港西村
邮　　编：065702
电　　话：0316-7553869
传　　真：0316-7553289

公司名称：霸洲镇粉末厂
地　　址：河北省霸州市霸州镇老堤
邮　　编：065700
电　　话：0316-7355188
主要产品：户内外粉末涂料

公司名称：保定保立化工涂料有限公司
地　　址：河北省保定市博野县保立工业区
邮　　编：070000
电　　话：0312-8367747
传　　真：0312-8367939
邮　　箱：bdblhg@163.com
网　　址：www.bdblhg.com
主要产品：涂料

公司名称：保定豹赛尔涂料有限公司
地　　址：河北省保定市博野县小店村
邮　　编：071300
电　　话：0312-8367785
主要产品：工业涂料

公司名称：保定博野县新兴化工涂料有限公司
地　　址：河北省保定市
邮　　编：071300
电　　话：010-67269888
传　　真：010-67257896

公司名称：保定晨光化工涂料有限公司
地　　址：河北省保定市博野县小店镇
邮　　编：071300
电　　话：0312-8367119
传　　真：0312-8367119

公司名称：保定晨虹润彩涂料有限公司
地　　址：河北省保定市博野县小店镇
邮　　编：071300
电　　话：0312-8367096

传　　真：0312-8428096

公司名称：保定建达油漆厂
地　　址：河北省保定市唐县罗庄乡北伏成村
邮　　编：072350
电　　话：0312-6460237
传　　真：0312-6460237

公司名称：保定金诺信化工涂料有限公司
地　　址：河北省保定市博野县小店工业区
邮　　编：071300
电　　话：0312-8363111
传　　真：00351-6696877

公司名称：保定津大化工涂料有限公司
地　　址：保定市博野县小店镇
邮　　编：071300
电　　话：0312-8367575
传　　真：0312-8367575

公司名称：保定津鹰化工涂料有限公司
地　　址：河北省保定市
邮　　编：071300
电　　话：0312-8367096
传　　真：0312-8428096

公司名称：保定普雷尔涂料有限公司
地　　址：河北省保定市
邮　　编：071000
电　　话：0312-7980126
传　　真：0312-2052312

公司名称：保定晟虹涂料有限公司
地　　址：河北省博野县小店
邮　　编：071300
电　　话：0312-8360178
网　　址：bdsh.coatyp.com
主要产品：各种调和漆，防锈涂料，防腐涂料，磁漆，丙烯酸涂料，环氧涂料

公司名称：保定昊虹化工涂料有限公司
地　　址：河北保定博野县小店工业区
邮　　编：071300

电　　话：0312-8368816 8428999
传　　真：0312-8369060

公司名称：保定市星火化工涂料厂
地　　址：河北省保定市康庄路 432 号
邮　　编：071051
电　　话：0312-3212977
传　　真：0312-3212977
主要产品：内外墙保温涂料

公司名称：保定新凯化工实业有限公司
地　　址：河北省保定市博野县小店镇
邮　　编：071300
电　　话：0312-8367777
传　　真：0312-8369666
主要产品：道路标线涂料

公司名称：保定新星道路涂料有限公司
地　　址：河北省保定市博野县程委镇程委
邮　　编：071300
电　　话：0312-8387613
主要产品：道路涂料

公司名称：保定星光银浆涂料厂
地　　址：河北保定 107 国道徐水 117 公里处路东
邮　　编：072550
电　　话：0312-8559669 8552929
邮　　箱：BDXGYJTLC@163.COM
主要产品：银粉，银浆涂料，醇酸涂料

公司名称：必多利造漆厂
地　　址：河北省衡水市桃城区红旗南大街 128 号
邮　　编：053000
电　　话：0318-2109417
传　　真：0318-2164126

公司名称：碧海舟廊坊防腐涂料有限公司
地　　址：河北省廊坊市经济技术开发区翔云道
邮　　编：065001
电　　话：00316-5919867/5919850
传　　真：00316-5919851

公司名称：衡水博信彩钢涂料有限公司
地　　址：河北省衡水市裕华东路三号
邮　　编：053000
电　　话：0318-6693208
传　　真：0318-2032229

公司名称：河北省博野县津生油漆厂
地　　址：河北省博野县城北工业区
邮　　编：071300
电　　话：0312-8367575
传　　真：0312-8367575
邮　　箱：wys@hbjsyq.com

公司名称：博野县五星涂料有限公司
地　　址：河北省保定市博野县小店镇北祝村
邮　　编：071300
电　　话：0312-8360481
传　　真：0312-8360481

公司名称：沧州丰源油墨颜料有限公司
地　　址：河北沧州汪家铺乡张牛庄村
邮　　编：061025
电　　话：0317-4755211
网　　址：cangzhou06260.11467.com

公司名称：沧州美佳涂料有限公司
地　　址：河北省泊头市西环
邮　　编：062150
电　　话：0317-8299277
传　　真：0317-8299277

公司名称：沧州市德昌环保乳胶涂料厂
地　　址：沧州市北环路电业局西 800 米十字路口北 2 号
邮　　编：061000
电　　话：0317-2065863
传　　真：0317-2065863
邮　　箱：2065863@czqiangl.com
网　　址：184186.cn.99114.com

公司名称：沧州市三宝涂料厂
地　　址：河北省沧州市运河区小王庄镇常砖河
邮　　编：061001
电　　话：0317-2063391
主要产品：内外墙涂料，乳胶漆

公司名称：沧州市涂鸦涂料厂
地　　址：河北省沧州市沧南开发区
邮　　编：062658
电　　话：0317-8569868
传　　真：0317-8569969

公司名称：沧州市新华区涂料厂
地　　址：河北省沧州市新华区解放东路 11 号
邮　　编：061000
电　　话：0317-3567073

公司名称：沧州兴海纳米环保涂料有限公司
地　　址：河北省沧州市黄骅市
邮　　编：061026
电　　话：0317-4953101
传　　真：0317-4953285

公司名称：超尔固涂料（廊坊）有限公司
地　　址：河北省廊坊市
邮　　编：065001
电　　话：0316-6085101
传　　真：0316-6083138
邮　　箱：hotline@selfcotepaint.com

公司名称：粉末涂料河北立东树脂涂料有限公司
地　　址：河北省廊坊市银河北路 368 号
邮　　编：065000
电　　话：0316-2166669
传　　真：0316-2162300
邮　　箱：lidong2@heinfo.net
网　　址：www.willeast.com
主要产品：涂料

公司名称：邯郸电业防污涂料厂
地　　址：河北省邯郸市丛台区中华北大街 19 号
邮　　编：056035
电　　话：0310-3072392
传　　真：310-3072392
主要产品：防污涂料

公司名称：邯郸市爱特工业涂料有限公司
地　　址：河北省邯郸市建设大街 149 号
邮　　编：56003
电　　话：0310-4066080
传　　真：0310-4066080

公司名称：邯郸市百立尔化工建材有限公司
地　　址：河北省邯郸市 107 国道马庄工业小区
邮　　编：056001
电　　话：0310-6093328
传　　真：0310-5500928

公司名称：邯郸市东升黏合剂厂
地　　址：河北省邯郸市展览路东头路北
邮　　编：056002
电　　话：0310-3018254
主要产品：黏合剂，内外墙乳胶漆，外墙保温产品

公司名称：邯郸市正邦化工有限公司
地　　址：邯郸市成安高环工业区
邮　　编：056700
电　　话：0310-7366928
传　　真：0310-8088006 7366350
网　　址：www.hdzbhg.com
主要产品：醇酸涂料，汽车涂料，硝基涂料，丙烯酸涂料，锤纹漆，乳胶漆，建筑胶，调和漆，建筑涂料，树脂涂料，速干银浆磁漆

公司名称：冀州市同兴静电塑粉厂
地　　址：河北省冀州市南午村镇前庄工业区
邮　　编：053203
电　　话：0318-8735224
传　　真：0318-8736028
网　　址：www.hstxsf.com
主要产品：金属防腐涂料

公司名称：河北晨虹油漆集团有限公司
地　　址：河北省冀州市前庄工业区
邮　　编：053000
电　　话：0312-7938397
传　　真：0312-7938397
网　　址：www.chenhongqi.com.cn

公司名称：河北晨阳工贸集团有限公司
地　　址：河北省保定市徐水县晨阳大街 1 号
邮　　编：072550
电　　话：0312-8687666
传　　真：0312-8761888
邮　　箱：shuiqi@chenyang.com
主要产品：水性内外墙建筑涂料，水性工业涂料，水性柳编漆，水性木器涂料，水性树脂

公司名称：河北衡水聚华保温防腐工程有限公司
地　　址：河北衡水市裕华路 218 号
邮　　编：053000
电　　话：0318-7013999
主要产品：保温材料

公司名称：河北衡水铅北漆股份有限公司
地　　址：河北省衡水市大庆东路 49 号
邮　　编：053000
电　　话：0318-2683701
传　　真：0318-2123673
主要产品：硝基铅笔涂料

公司名称：河北华光化工有限公司
地　　址：河北威县梨园屯镇陈古工业区
邮　　编：054703
电　　话：0319-6017216
传　　真：0319-6018716

网　　址：www.huaguangyq.cn
主要产品：涂料，钢结构涂料，机械涂料

公司名称：河北江山涂料有限公司
地　　址：河北省石家庄市
邮　　编：050000
电　　话：0311-85202270
传　　真：0311-85202270

公司名称：河北廊坊立邦涂料有限公司
地　　址：河北省廊坊经济技术开发区富中路48号
邮　　编：065001
电　　话：0316-6088535
传　　真：0316-6087000
网　　址：www.nipponpaint.com.cn
主要产品：内外墙涂料，木器家具用涂料，汽车涂料，卷钢涂料，工业涂料

公司名称：河北欧特涂料有限公司
地　　址：河北廊坊永清燃气园区益田东路
邮　　编：065600
电　　话：0316-6691168
邮　　箱：service@outrecoatings.cn
网　　址：www.outrecoatings.com
主要产品：涂料

公司名称：河北省邯郸市鑫马涂料股份合作公司建筑涂料分厂
地　　址：河北省邯郸市油漆厂路
邮　　编：056004
电　　话：0310-7102174
传　　真：0310-2123673
主要产品：高级内外墙乳胶漆，水性木器装饰涂料

公司名称：河北省冀州月季油墨有限公司
地　　址：河北省衡水市冀州码头李镇
邮　　编：053202
电　　话：0318-8817361
传　　真：0318-8817361

公司名称：河北省晋州市海宏涂料有限公司
地　　址：河北省石家庄市晋州市
邮　　编：052260
电　　话：0311-84400418
传　　真：0311-84400418

公司名称：河北省威县油漆厂
地　　址：威县北郊西草厂
邮　　编：054700
电　　话：0319-6182148
传　　真：0319-6182078

公司名称：河北省邢台市澳德化工涂料有限公司
地　　址：河北省邢台市平乡县平乡镇柴口
邮　　编：054500
电　　话：0319-7895248
传　　真：0319-7896999

公司名称：河北省邢台市华星涂料厂
地　　址：河北省邢台市平乡县城东田禾开发区
邮　　编：054500
电　　话：0319-7939083
传　　真：0319-7939083

公司名称：河北省徐水县白玉化工涂料有限公司
地　　址：徐水县俣庄装饰基地
邮　　编：072557
电　　话：0312-8970888 3289671
传　　真：0312-3289671
邮　　箱：byhuagong@126.com
主要产品：内墙系列，外墙系列

公司名称：河北省玉田县南洋油墨厂
地　　址：河北省唐山市玉田县唐自头镇西三乐台村
邮　　编：064107
电　　话：0315-6487430
网　　址：767280.atobo.com.cn

公司名称：河北圣春氟涂料有限公司
地　　址：河北省冀州
邮　　编：053200
电　　话：0310-8613482
传　　真：0318-8611373

公司名称：河北天兴油墨有限公司
地　　址：河北省任丘市苟各庄镇任召工业区
邮　　编：062563
电　　话：0317-2935019
传　　真：0317-2936126

公司名称：河北万事兴耐火保温材料厂
地　　址：河北省河间市
邮　　编：062453
电　　话：0317-3807555
传　　真：0317-3807555
邮　　箱：sale@hjwanshixing.com
网　　址：www.hjwanshixing.com
主要产品：高温黏合剂，硅酸盐涂料，水性结构防火涂料，防火堵料

公司名称：河北信迪克涂料有限公司
地　　址：河北石家庄石栾路鱼鹰工业园区
邮　　编：050024
电　　话：0311-85896544
主要产品：内墙涂料，外墙涂料，其他墙地面涂料

公司名称：河间市先行涂料有限公司
地　　址：河北省河间市东环路
邮　　编：062450
电　　话：0317-3653311
传　　真：0317-3226060
邮　　箱：xianxing_cb@163.com
网　　址：www.xxtl.com

公司名称：黑马油漆有限公司
地　　址：河北省枣强县门桩工业区
邮　　编：053100
电　　话：0318-8280220
主要产品：醇酸调和漆，聚酯涂料

公司名称：衡水丰源粉末有限公司
地　　址：桃城区人民西路
邮　　编：053000
电　　话：0318-2398598
传　　真：0318-2398599
邮　　箱：hsfengyuan@126.com
网　　址：www.hsfengyuan.cn

公司名称：衡水建达涂料厂
地　　址：河北省衡水市
邮　　编：5412650
电　　话：0318-2197989
传　　真：0318-2197989

公司名称：衡水神华油漆有限公司
地　　址：河北衡水市利民路1068号
邮　　编：053000
电　　话：0318-2105889
传　　真：0318-2105889

公司名称：衡水圣伯莱涂料有限公司
地　　址：衡水市榕花北大街1089号
邮　　编：053000
电　　话：0318-7602199

公司名称：衡水市万丰油漆厂
地　　址：河北衡水市人民西路西段78号
邮　　编：053000
电　　话：0318-2046683
传　　真：0318-2040396
网　　址：www.hswanfengyouqi.cn hswanfengyouqi.cn.alibaba.com
主要产品：硝基涂料，氨基涂料，树脂，丙烯酸涂料

公司名称：衡水新华油漆有限公司
地　　址：河北省衡水市赵圈桥头
邮　　编：053000
电　　话：0318-2149456
传　　真：0318-2149375

公司名称：衡水天祥环保漆业有限公司
地　　址：河北省衡水市故城县
邮　　编：053800
电　　话：0318-5687282

公司名称：衡水银河造漆有限公司
地　　址：河北省衡水市桃城区赵圈镇桥头村
邮　　编：053000
电　　话：0318-2140018
主要产品：硝基涂料

公司名称：黄骅市瑞晨防腐材料有限公司
地　　址：河北省黄骅市开发区七号路
邮　　编：061100
电　　话：0317-5331690
传　　真：0317-5235822

公司名称：鸡泽县诺思化工有限公司
地　　址：河北省邯郸市鸡泽县大韩古工业区
邮　　编：057350
电　　话：0310-7568005
传　　真：0310-7568005
邮　　箱：liyabo005@126.com
主要产品：氨基涂料，醇酸涂料

公司名称：冀州市荣光涂料厂
地　　址：河北省衡水市南午村镇后辛店村
邮　　编：053200
电　　话：0318-8716837
主要产品：水性涂料

公司名称：杰中杰涂料厂
地　　址：河北省秦皇岛昌黎五街南关39号地道桥北口西侧
邮　　编：066600
电　　话：0335-2988563
主要产品：内外墙涂料，仿瓷涂料，钢化涂料，彩砂涂料

公司名称：金事成塑业有限公司
地　　址：河北省霸洲市华新工业区
邮　　编：065700
电　　话：0316-5988359
传　　真：0316-7860576
主要产品：静电粉末涂料

公司名称：金业涂料有限公司
地　　址：河北省平乡县柴口工业园区
邮　　编：054500
电　　话：0319-7896988
传　　真：0319-7897111
邮　　箱：jinyehuagong@126.com

公司名称：金鱼集团石家庄市油漆厂
地　　址：河北石家庄市中山西路433号
邮　　编：050051
电　　话：0311-85233800
传　　真：0311-83035061
邮　　箱：goldenfish@goldenfish.com.cn
网　　址：www.goldenfish.com.cn
主要产品：涂料

公司名称：河北省津生漆业有限公司
地　　址：河北省保定市博野县城北工业区
邮　　编：071300
电　　话：0312-8367885
传　　真：0312-8367885

公司名称：晋州市海泽化工有限公司
地　　址：河北省石家庄市晋州市经济开发区
邮　　编：052260
电　　话：0311-84317509
传　　真：0311-84317509
主要产品：特种涂料，地坪涂料，底漆，耐高温涂料，防腐涂料，船底防锈涂料，其他船舶涂料，化工设备配件，导电涂料，船壳及上层建筑物涂料

公司名称：廊坊瑞华石化有限公司
地　　址：河北廊坊经济技术开发区华祥路75号
邮　　编：065001
电　　话：0316-5918118
传　　真：0316-5918125/111
邮　　箱：marketing@rhchina.com

公司名称：廊坊市东化防腐工程有限公司
地　　址：河北省廊坊市建设南路288号
邮　　编：065000
电　　话：0316-2662908
传　　真：0316-2663196
网　　址：www.tj008.com.cn
主要产品：防腐涂料，涂料溶剂，底漆

公司名称：廊坊福特制漆有限公司
地　　址：廊坊市大城建设大街11号
邮　　编：065900
电　　话：0316-5512888

公司名称：廊坊市光耀油漆厂
地　　址：河北省廊坊市文安县围河工业区
邮　　编：065804
电　　话：0316-5366497 5367999 5368999
传　　真：0316-5367586
邮　　箱：gyyq@langfanggy.com
网　　址：www.langfanggy.com

公司名称：廊坊市新立粉末涂料有限公司
地　　址：河北省廊坊市光明东道116号
邮　　编：065000
电　　话：0316-2054254 2037708 2051930
传　　真：0316-2611502
网　　址：www.xlpowder.com

公司名称：廊坊兴达新型保温材料有限公司
地　　址：河北大城县广安开发区
邮　　编：065900
电　　话：0316-5950179
传　　真：0316-5951499
邮　　箱：xd@lfxd.com
主要产品：保温材料

公司名称：廊坊燕翔化工有限公司
地　　址：河北省廊坊市和平路1号
邮　　编：065000
电　　话：0316-2053795
传　　真：0316-2021954
主要产品：内外墙涂料，涂料

公司名称：栾城县铸造福利辅料厂
地　　址：河北省石家庄市栾城县永安村
邮　　编：051430
电　　话：0311-86996586 13131130486
主要产品：铸造涂料，建筑涂料

公司名称：河北南洋化工建材有限公司
地　　址：河北省廊坊市大城县广安发区
邮　　编：065900
电　　话：0316-6838037
传　　真：0316-5522852
网　　址：www.lfnanyang.com

公司名称：秦皇岛多伦达化工有限责任公司
地　　址：河北省秦皇岛开发区长江东道66号M座301
邮　　编：066004
电　　话：0335-8079335
传　　真：0335-8078885
主要产品：乳胶漆，腻子

公司名称：秦皇岛市科瑞尔树脂有限公司
地　　址：河北秦皇岛市秦山公路中段
邮　　编：066003
电　　话：0335-3018565 3166737
传　　真：0335-8078885
邮　　箱：highly_sun@sohu.com
网　　址：www.highlyresin.com

公司名称：任丘市华北石油华晨涂料化工有限公司
地　　址：河北省任丘市会战道器材供应处学校往东500米
邮　　编：062552
电　　话：0317-2722713 2724098 2728537
传　　真：0317-2752537

公司名称：廊坊市荣昌制漆有限公司
地　　址：河北省廊坊市香河县蒋辛屯工业园区
邮　　编：065400
电　　话：0316-8316929
传　　真：0316-8316929

公司名称：三河市来金涂料工程有限公司
地　　址：河北省三河市李旗庄镇李旗庄
邮　　编：065206
电　　话：0316-3450175
传　　真：0316-3450175
邮　　箱：huagongchang@yahoo.com.cn

公司名称：涉县东巷装饰涂料厂
地　　址：河北省涉县更乐镇东巷村
邮　　编：056404
电　　话：0310-3785206
传　　真：0310-3785206
主要产品：内外墙涂料

公司名称：晋州市长宏化工有限责任公司
地　　址：河北省晋州市总十庄经济开发区
邮　　编：052260
电　　话：0311-84301299
传　　真：0311-84302063
邮　　箱：changhongchem@126.com

公司名称：石家庄北方工程材料有限公司
地　　址：河北省石家庄市北城路35号D1-4-401
邮　　编：050061
电　　话：0311-7730222
传　　真：0311-7737890

公司名称：石家庄方大包装材料有限公司
地　　址：石家庄市胜利南街321号
邮　　编：050000
电　　话：0311-86122326
传　　真：0311-86122325
邮　　箱：shujing@hbfd.cn
网　　址：www.hbfd.cn

公司名称：石家庄惠利化工贸易有限公司
地　　址：石家庄新华区大郭村
邮　　编：050081
电　　话：0311-3653568
传　　真：0311-3601241
主要产品：涂料，环氧树脂，固化剂，助剂

公司名称：石家庄京元粉末材料有限责任公司
地　　址：河北省石家庄元氏县
邮　　编：051130
电　　话：0311-4622103
传　　真：0311-4624435

公司名称：石家庄骏博商贸有限公司
地　　址：石家庄市建设北大街228号
邮　　编：050026
电　　话：0311-86987672
主要产品：防腐涂料，汽车涂料

公司名称：石家庄市弗斯特涂料有限公司
地　　址：河北石家庄市桥西区槐安西路377号
邮　　编：050091
电　　话：0311-83833708
传　　真：0311-83021853
网　　址：www.sjzfst.com.cn sjzpco.cn.alibaba.com
主要产品：防腐涂料，工业涂料，建筑外墙涂料，塑胶涂料，地坪涂料，玻璃钢涂料，航空标线漆，特种涂料，助剂，食品级容器内壁涂料

公司名称：石家庄市恒日化工有限公司
地　　址：石家庄市裕华区西仰陵

邮　　编：050035
电　　话：0311-85322971 85322972 85322973
传　　真：0311-85322951
主要产品：HR

公司名称：石家庄市鸿业粉末涂料有限公司
地　　址：河北省石家庄市高邑县
邮　　编：051330
电　　话：0311-84021630
传　　真：0311-84021416

公司名称：石家庄市华夏涂料化工有限公司
地　　址：河北省石家庄市槐安路高架桥路南(原桥头街 30 号)
邮　　编：050021
电　　话：0311-86014455
传　　真：0311-86014455

公司名称：石家庄市建华涂浆厂
地　　址：河北省石家庄市仓丰路 64 号
邮　　编：050021
电　　话：0311-86118031
传　　真：0311-86127479
主要产品：印花浆料

公司名称：石家庄市金达特种涂料有限公司
地　　址：河北省石家庄市高新技术开发区西区新石北路 368 号
邮　　编：050091
电　　话：0311-83801608
传　　真：0311-83801758
主要产品：环氧类防腐涂料，耐热涂料，耐高温涂料，富锌底漆，聚氨酯类防腐涂料，丙烯酸类防腐涂料，氟碳类防腐涂料，乙烯橡胶类防腐涂料，工业地坪涂料，专用防腐涂料

公司名称：石家庄市黏合剂厂
地　　址：河北省石家庄市四中路 50 号
邮　　编：050011
电　　话：0311-86036393
传　　真：0311-86036393
邮　　箱：nhjc@ths18.com

公司名称：石家庄市欧康化工建材有限公司
地　　址：河北省石家庄正定县 107 国道 266 公里东行 1 千米
邮　　编：050802
电　　话：0311-88279421
传　　真：0311-88279421
主要产品：外墙乳胶漆，内墙无菌保鲜涂料

公司名称：石家庄市桥西区新华建筑防水材料厂
地　　址：河北省石家庄市桥西区新华西路南简良工业区
邮　　编：050081
电　　话：0311-83610767
传　　真：0311-83610767

公司名称：石家庄市双龙涂料有限公司
地　　址：河北省石家庄市
邮　　编：051430
电　　话：0311-88030105
传　　真：0311-88039229
主要产品：建筑涂料，防水涂料，特种建材，建筑材料，木工胶，工程装饰材料，防腐防锈系列

公司名称：石家庄市鱼鹰油漆厂
地　　址：河北省石家庄市石栾路
邮　　编：050024
电　　话：0311-85803742
主要产品：醇酸类涂料，聚酯类涂料，丙烯酸类涂料

公司名称：石家庄市云峰涂料有限公司
地　　址：河北省石家庄市栾城县 308 国道 10 号
邮　　编：051430
电　　话：0311-88031818 85689633
传　　真：0311-88031818

公司名称：石家庄市振华涂料厂
地　　址：河北省石家庄市新华区南高基村
邮　　编：050061
电　　话：0311-87753092
主要产品：内外墙涂料

公司名称：石家庄市正定油漆厂
地　　址：河北省石家庄市衡山涂料市场 72 号
邮　　编：050801
电　　话：0311-88785046
主要产品：PE 中漆，PE 白底漆，聚酯涂料

公司名称：石家庄新星黏合剂厂
地　　址：河北省石家庄市行唐县执阳村西
邮　　编：050600
电　　话：0311-2986751
传　　真：0311-2986751

公司名称：石家庄鑫森源涂料厂
地　　址：河北省石家庄市正定县曲阳桥
邮　　编：050800
电　　话：0311-88291188
传　　真：0311-88290866

公司名称：石家庄筑城科技开发有限公司
地　　址：河北省石家庄市学苑路 98 号
邮　　编：050011
电　　话：0311-86067116 86067117
传　　真：0311-86219018
网　　址：www.kjzcw.com
主营产品：壁纸涂料，涂料

公司名称：唐山长虹涂料有限公司
地　　址：河北省唐山市路北区建华东道 22 号
邮　　编：063020
电　　话：0315-2034022 7870256
传　　真：0315-7870268
邮　　箱：ch@ch-paint.com
主要产品：内墙产品，外墙产品

公司名称：唐山市丰润区中和油漆厂
地　　址：唐山市丰润区银河路北口南行 1 公里
邮　　编：063000
电　　话：0315-3121718 13933309379
传　　真：0315-3121728
主营产品：各种涂料

公司名称：武邑灯塔防腐涂料有限责任公司
地　　址：河北省武邑县清凉店镇
邮　　编：053400
电　　话：0318-5815219 5815390
传　　真：0318-5816517
邮　　箱：wydt@03188.net
网　　址：www.wuyidengta.com
主要产品：沥青，氯磺化橡胶涂料，高氯化聚乙烯涂料，氯化橡胶涂料，环氧材料，聚氨酯涂料，辅助材料

公司名称：辛集市亚通油墨厂
地　　址：河北省辛集市沧辛路北段
邮　　编：052360
电　　话：0311-83202308
传　　真：0311-83202308

公司名称：邢台贝德漆业有限公司
地　　址：河北邢台市高新技术开发区富强路中段
邮　　编：054001
电　　话：0319-3978218
传　　真：0319-3978252
网　　址：www.xtbdqy.cn xtbdqy.cn.alibaba.com
主要产品：涂料，标线涂料，防腐涂料，环氧涂料，墙地面涂料，特种涂料，防火涂料，金属涂料，腻子，外墙涂料

公司名称：河北莱龙化工科技有限公司
地　　址：河北省邢台市高开区
邮　　编：054000
电　　话：0319-3112928
传　　真：0319-3112928
邮　　箱：11@hblalo.com
网　　址：www.hblalo.com
主要产品：浮雕漆，弹性拉毛漆，水性金属涂料

公司名称：邢台隆泰防火涂料有限公司
地　　址：邢台市新兴东大街 528 号
邮　　编：054001
电　　话：0319-3196728
邮　　箱：longtaifanghuo@163.com
主要产品：阻燃剂，饰面型防火材料，钢结构防火涂料，防火堵料，防火板

公司名称：邢台市民建钢化涂料厂
地　　址：河北省邢台市桥西区建设西路葛庄村北
邮　　编：054000
电　　话：0319-2678895
传　　真：0319-2626188
主要产品：钢化涂料，乳胶漆

公司名称：徐水京都制漆有限公司
地　　址：河北省徐水县釜山东街
邮　　编：072558
电　　话：0312-8991035
主要产品：变压器专用涂料，钢构专用涂料，农机具专用涂料，环保型工业专用涂料

公司名称：青县段庄子漆厂
地　　址：河北省沧州市青县流河镇段庄子
邮　　编：062650
电　　话：0317-4271028
主要产品：变压器专用涂料，农机具专用涂料

公司名称：张家口涿鹿装饰材料有限公司
地　　址：张家口涿鹿柳巷大街 45 号

邮　　编：075600
电　　话：0313-6522943

公司名称：正定县大樱花涂料厂
地　　址：河北省石家庄市正定县西关
邮　　编：050000
电　　话：0311-88023698
传　　真：0311-88023698
主要产品：建筑涂料

山西省

公司名称：山西东方红制漆有限公司
地　　址：太原市双塔北路 198 号
邮　　编：030045
电　　话：0351-4372927
传　　真：0351-4372927

公司名称：长治市奥得翔有限公司
地　　址：山西省长治市太行南路 18 号
邮　　编：046000
电　　话：0355-2083632
主要产品：乳胶漆，108 胶

公司名称：长治市高新区四方涂料厂
地　　址：山西省长治市高新区北环中路 45 号
邮　　编：046000
电　　话：0355-2044954
传　　真：0355-2044954

公司名称：山西新举涂料有限公司
地　　址：山西长治市南郊
邮　　编：046012
电　　话：0355-5860039

公司名称：大同煤矿同煤集团煤气厂实业公司油漆涂料厂
地　　址：山西省大同市矿区泉落路南
邮　　编：037003
电　　话：0352-7035765
主要产品：内外墙涂料

公司名称：大同市南郊区夏阳实业有限责任公司
地　　址：大同市南郊区新旺乡新旺村
邮　　编：037007
电　　话：0352-5122303 5069117
主要产品：涂料

公司名称：山西省华信涂料公司
地　　址：山西灵石县灵石翠峰镇
邮　　编：031300
电　　话：0354-7650310

公司名称：晋城市京联化工有限公司
地　　址：山西省晋城市经济技术开发区经一路中段
邮　　编：048000
电　　话：0356-3032324

公司名称：晋中市榆次东升涂料厂
地　　址：山西省晋中市榆次区华广巷 78 号
邮　　编：030600
电　　话：0354-3285418
主要产品：内外墙涂料

公司名称：黎城县民政福利东风化工厂
地　　址：长治市黎城县黎侯镇南关村
邮　　编：047600
电　　话：0355-6564964
主要产品：乳胶，涂料

公司名称：临猗县龙鑫涂料有限公司
地　　址：山西省运城市临猗县新建北路 8 号
邮　　编：044100
电　　话：0359-4024211
主要产品：内外墙涂料

公司名称：桥口汾水涂料厂
地　　址：山西省运城市稷山县桥口工业园
邮　　编：043200
电　　话：0359-5562698
主要产品：丙烯酸涂料，保温涂料，内外墙涂料，高效净水剂，内外墙乳胶漆

公司名称：山西北辰涂料有限公司
地　　址：山西运城黄河大道 279 号
邮　　编：044000
电　　话：0359-2167167
传　　真：0359-2163568
邮　　箱：bctl@beichencoating.com
网　　址：www.beichencoating.com

公司名称：山西长庆化工有限公司
地　　址：山西省太原市桃园南路 28 号
邮　　编：030001
电　　话：0351-4050417
传　　真：0351-4168444

公司名称：山西大禹防水堵漏工程公司防水涂料厂
地　　址：山西省太原市腐东街山佑巷南口
邮　　编：030001
电　　话：0351-4165618
传　　真：0351-4178741

公司名称：山西东方红制漆有限公司
地　　址：山西省太原市朝阳街 76 号
邮　　编：030045
电　　话：0351-4685170
传　　真：0351-4370119

公司名称：山西航富科技涂料开发有限公司
地　　址：山西省忻州市定襄县西关财神庙街 10 号
邮　　编：035400
电　　话：0350-6025598
传　　真：0350-6025598

公司名称：山西豪瑞涂料实业有限公司
地　　址：山西省太原市小店区平阳路 137 号
邮　　编：030006
电　　话：0351-7028928
传　　真：0351-7027694

公司名称：山西好世漆业有限公司
地　　址：山西省运城市盐湖区吕儒村北
邮　　编：044000
电　　话：0359-2184198
传　　真：0359-2184198

公司名称：山西华豹涂料有限公司
地　　址：山西省太原市小店区汾东南路 61 号
邮　　编：030032
电　　话：0351-7193977

公司名称：山西华新纳米材料有限公司
地　　址：芮城县东大街 100 号
邮　　编：044600
电　　话：0359-3286414
传　　真：0359-8869704

公司名称：山西明亮建筑装饰有限公司
地　　址：山西省长治市长治县
邮　　编：035400
电　　话：0354-2428783
传　　真：0354-2428783

公司名称：山西摩天实业有限公司
地　　址：山西国家级太原经济技术开发区
邮　　编：030001
电　　话：0351-7562777 7560789
网　　址：www.motianpaint.com
主要产品：内外墙乳胶漆，建筑涂料，工业涂料，保温材料

公司名称：山西省交城县天和耐火化工厂
地　　址：山西省吕梁市交城县瓦窑村西
邮　　编：030500
电　　话：0358-3527149
传　　真：0358-3526484

公司名称：山西省临汾市新华油漆厂
地　　址：山西省临汾市莲花池五巷 23-8 号
邮　　编：041000
电　　话：0357-2311353
传　　真：0357-2314393
邮　　箱：lfdjian@163.com

公司名称：山西省寿阳县富邦涂料有限公司
地　　址：山西省晋中地区寿阳县
邮　　编：030600
电　　话：0354-4630020

公司名称：山西省太原市龙彩涂料有限公司
地　　址：太原市杏花岭区凯旋路 3 号
邮　　编：030013
电　　话：0351-4650908 4650353
传　　真：0351-4650075
主要产品：内外墙乳胶漆，防磁腻子

公司名称：山西省襄汾县油漆厂
地　　址：临汾市邓庄镇张礼村
邮　　编：041509
电　　话：0357-3639278
传　　真：0357-3639278
产品介绍：内外墙乳胶漆，双组分水性聚酯涂料，氯磺化聚乙烯防腐涂料，环氧沥青防腐涂料，各种耐高温防腐涂料，环氧富锌底漆，各种醇酸涂料，沥青涂料，硝

基涂料，各种锤纹漆，美术漆

公司名称：山西省运城新奥涂料科技开发中心
地　　址：山西省运城市八一西路 206 号
邮　　编：044000
电　　话：0359-2088659
主要产品：乳胶漆

公司名称：山西天宁漆油有限公司
地　　址：山西交城县连家工业区
邮　　编：030508
电　　话：0358-3920777 3920333

公司名称：山西新世纪粉末有限公司
地　　址：山西省太原市杏花岭区敦化南路 80 号
邮　　编：030013
电　　话：0351-4965531
主要产品：粉末涂料

公司名称：首创化工集团（山西）涂料有限公司
地　　址：山西省运城市南环东路 207 号
邮　　编：044000
电　　话：0359-2085666
传　　真：0359-2217528
邮　　箱：sct@schgtl.com
网　　址：www.schgtl.com

公司名称：太原化学工业集团公司油漆厂
地　　址：太原市朝阳街 76 号
邮　　编：030045
电　　话：0351-4371819
传　　真：0351-4377578
主要产品：各类涂料，水性涂料

公司名称：太原黄河特种涂料有限公司
地　　址：太原市和平南路 584 号
邮　　编：030012
电　　话：0351-6925595
传　　真：0351-6925585
邮　　箱：huanghe@126.com

公司名称：太原欧莱美纳涂料厂
地　　址：山西省太原市小店区农科南路
邮　　编：030032
电　　话：0351-7137026
主要产品：建筑涂料

公司名称：太原赛思利精细化工有限公司
地　　址：山西省太原市晋源区太古路 2 号
邮　　编：030031
电　　话：0351-8810408 6945507 6945501
传　　真：0351-6945450 6945507
邮　　箱：youtyssslgs@163.com

公司名称：太原市华晋化工涂料有限公司
地　　址：山西省太原市尖草坪区向阳镇横渠道北街
邮　　编：030041
电　　话：0351-3926001
主要产品：粉末涂料

公司名称：太原市晋龙涂料有限公司
地　　址：山西省太原市兴华街商务广场 C 座 6 层
邮　　编：030027
电　　话：0351-6992508
传　　真：0351-6650139

公司名称：太原市晋天涂料有限公司
地　　址：山西省太原市小店区坞城中路 40 号
邮　　编：030006
电　　话：0351-7050223
主要产品：仿瓷涂料，107 胶，108 胶

公司名称：太原市日鑫油漆涂料有限公司
地　　址：山西省太原市尖草坪区大同路古城口 13 号
邮　　编：030003
电　　话：0351-3551118
传　　真：0351-3550001
主要产品：涂料

公司名称：太原市新科源水墨开发公司
地　　址：山西省太原市晋源区西峪东街 10 号
邮　　编：030021
电　　话：0351-6072190
传　　真：0351-6072190
邮　　箱：mqw63@yahoo.com.cn
主要产品：水性油墨，汽车涂料

公司名称：太原涂料总厂
地　　址：山西太原市职工新村北河湾路 6 号
邮　　编：030013
电　　话：0351-4424378
传　　真：0351-4423283
主要产品：内外墙建筑涂料，黏合剂

公司名称：太原亚东制漆有限公司
地　　址：太原市双塔南巷 73 号
邮　　编：030045
电　　话：0351-4689823 8905584
传　　真：0351-4627111

公司名称：太原万佳防水材料有限公司
地　　址：山西太原市太原乱石滩
邮　　编：030000
电　　话：0351-6945489
传　　真：0351-6945489

公司名称：阳城县获泽涂料有限公司
地　　址：山西省晋中市平遥县南政乡南政村杜庄东街 10 号
邮　　编：031100
电　　话：0354-5712345

公司名称：阳泉市澳丽丝科技涂料有限公司
地　　址：山西省阳泉市城区阳泉市
邮　　编：045000
电　　话：0353-2136096

公司名称：永济市同发油漆制造有限公司
地　　址：山西省建设南路 422 号
邮　　编：044000
电　　话：0351-7089520
传　　真：0351-7181339
主要产品：汽车涂料

公司名称：中航山西防水工程化工有限公司
地　　址：山西省运城市盐湖区
邮　　编：044000
电　　话：0357-6958741

内蒙古自治区

公司名称：宜家装饰
地　　址：内蒙古赤峰市巴林右旗大板涂料厂楼下 5 号大厅
邮　　编：025167
电　　话：0476-6234840
主要产品：乳胶漆，涂料

公司名称：巴林左旗顺达涂料有限责任公司
地　　址：内蒙古自治区赤峰市巴林左旗上京小区
邮　　编：025450
电　　话：0476-7889897 7883310
主要产品：内外墙涂料，涂料

公司名称：内蒙古巴彦淖尔市昆龙涂料装饰有限公司
地　　址：内蒙古巴彦淖尔市临河区解放西街 36 号
邮　　编：015000
电　　话：0478-8310086
传　　真：0478-8314488
邮　　箱：kunlongtl@163.com
主要产品：涂料

公司名称：包头市碧禾鹏化工有限公司
地　　址：内蒙古自治区包头市包头铁西区哈屯高勒路汇通钢材市场南门西 200 米
邮　　编：014060
电　　话：0472-5423830

公司名称：包头市蒙豹王涂料有限责任公司
地　　址：包头市东河区
邮　　编：014040
电　　话：0472-4365848

公司名称：赤峰轻体材料厂
地　　址：内蒙古赤峰市桥西大街西段桥西松山三中对过
邮　　编：024005
电　　话：0476-8420934
传　　真：0476-8420934
主要产品：特种隔热涂料，保温材料

公司名称：鄂尔多斯市东方远景交通设施有限责任公司
地　　址：内蒙古自治区鄂尔多斯市东胜区伊煤路 22 号
邮　　编：017000
电　　话：0477-8564888
传　　真：0477-8564888

公司名称：红山区助剂涂料厂
地　　址：内蒙石赤峰市红山区解放街
邮　　编：024000
电　　话：0476-8802994
传　　真：0476-8802994
主要产品：乳胶漆

公司名称：呼和浩特市雪邦涂料有限责任公司
地　　址：内蒙古自治区呼和浩特市新城区
邮　　编：010010
电　　话：0471-6528312
传　　真：0471-6528312

公司名称：开鲁县新元建安公司涂料厂
地　　址：内蒙古通辽市开鲁县新元建安公司涂料厂
邮　　编：028400
电　　话：0475-6211374
邮　　箱：jianan@163.com
网　　址：www.zgtlyj.com/co.asp? id=947

公司名称：内蒙古奥特莱斯涂料有限公司
地　　址：内蒙古呼和浩特市回民区新华西街金海工业园区
邮　　编：010030
电　　话：0471-2276382 2276418
传　　真：0471-2276382 2276418
主要产品：奥特莱斯氟碳专用底漆，奥特莱斯精密聚合弹性氟碳涂料

公司名称：内蒙古天第化工有限公司
地　　址：包头稀土高新区科技路西校园路南
邮　　编：014010
电　　话：0472-5312838-8020

公司名称：乌兰浩特市石油化工有限责任公司
地　　址：内蒙古自治区乌兰浩特市
邮　　编：137400
电　　话：0482-8217205
传　　真：0482-8217205

公司名称：通辽市尚美涂料建材有限公司
地　　址：内蒙古自治区通辽市扎鲁特旗爱民路
邮　　编：029115
电　　话：0475-7233779

公司名称：乌海市光大新型建筑装饰材料有限责任公司
地　　址：乌兰北路51号
邮　　编：016000
电　　话：0473-2032910

辽宁省

公司名称：鞍山广鑫油墨厂
地　　址：辽宁省海城市王石镇西艾村
邮　　编：114200
电　　话：0412-3134888
传　　真：0412-3134567

公司名称：鞍山美来防水涂料有限公司
地　　址：辽宁省鞍山市海城市铁西区自治街37委2组
邮　　编：114000
电　　话：0412-8554188
传　　真：0412-8554188

公司名称：鞍山润德化工有限公司
地　　址：立山区沙河镇陈家台
邮　　编：114031
电　　话：0412-8938572
传　　真：0412-6960898
邮　　箱：rundehuagong@sina.com
网　　址：www.runde.com.cn

公司名称：鞍山市华新化工涂料厂
地　　址：辽宁省鞍山市千山区大孤山镇滕家房身村
邮　　编：114046
电　　话：0412-5824369
传　　真：0412-5824399
主要产品：内外墙涂料，汽车涂料，工业防腐涂料

公司名称：鞍山市千山高分子特种防腐涂料厂
地　　址：辽宁省鞍山市千山区大孤山镇崔家屯村民委员会
邮　　编：114000
电　　话：0412-5558228

公司名称：鞍山威特隆化工有限公司
地　　址：鞍山市腾鳌特区工业新村
邮　　编：114050
电　　话：0412-8315133 8311033
传　　真：0412-8314268
邮　　箱：wtl@wtlhg.com
网　　址：www.weiytelong.com

公司名称：本溪市碧海涂料厂
地　　址：辽宁省本溪市明山区
邮　　编：117000
电　　话：0414-2170698
传　　真：0414-2170698

公司名称：本溪市宏伟涂料有限公司
地　　址：辽宁省本溪市解放南路23号
邮　　编：117000
电　　话：0414-2853331
主要产品：建筑涂料

公司名称：本溪市志远涂料厂
地　　址：辽宁省本溪市明山区胜利路102号
邮　　编：117000
电　　话：0414-3152758
主要产品：建筑涂料

公司名称：大化集团大连油漆厂
地　　址：大连市甘井子区工兴路10号
邮　　编：116032
电　　话：0411-86893717-3760
主要产品：聚酯王封闭底漆
邮　　箱：dllp2004@126.com

公司名称：大连奥佳建筑防水工程有限公司
地　　址：辽宁省大连市甘井子区亲亲家园72号
邮　　编：116021
电　　话：0411-84216794
传　　真：0411-84244677
主要产品：防水涂料

公司名称：大连德克涂料厂
地　　址：大连市甘井子区华北路429号(轮胎市场西院)
邮　　编：116033
电　　话：0411-86582138
传　　真：0411-86559891

公司名称：大连东之杰修缮工程有限公司
地　　址：辽宁省大连市西岗区三元街林阴巷4号
邮　　编：116011
电　　话：0411-83680988
传　　真：0411-83687988
邮　　箱：info@dzjcoating.com
网　　址：www.dzjcoating.com
主要产品：保温涂料

公司名称：大连福嘉防火建筑材料有限公司
地　　址：大连市甘井子区南关岭西街
邮　　编：116037
电　　话：0411-86870818
主要产品：FJ阻燃清剂，SS-1高效阻燃剂，负离子抗菌内墙乳胶漆

公司名称：大连高邦涂料有限公司
地　　址：辽宁省大连市经济技术开发区双兴路24号
邮　　编：116100
电　　话：0411-87662777
传　　真：0411-87662777
主要产品：涂料

公司名称：大连广源化工有限公司
地　　址：大连高新园区七贤岭火炬路26号
邮　　编：116024
电　　话：0411-84790447
传　　真：0411-84793366
主要产品：建筑涂料

公司名称：大连国光溶剂厂
地　　址：辽宁省瓦房店市
邮　　编：116300
电　　话：0411-85690020
传　　真：0411-85690134

公司名称：大连和信涂料有限公司
地　　址：辽宁省大连市金州区金东路252号
邮　　编：116100
电　　话：0411-87858225
传　　真：0411-87858227
邮　　箱：hx@washin.cn

公司名称：大连华虹化工涂料有限公司
地　　址：大连市甘井子区锦泉源A38号1-1-1
邮　　编：016037
电　　话：0411-82110038
传　　真：0411-82110039

邮　　箱：huahong333333@163.com
网　　址：dlhuahong.b2b.hc360.com

公司名称：大连华裕涂料工程有限公司
地　　址：大连市沙河口区迎春街 45 号人才大厦 10 楼 C 座
邮　　编：116021
电　　话：0411-84321274
传　　真：0411-84321126
邮　　箱：dlhydp@263.net
网　　址：dl6699.b2b.cn bonway.com.cn
主要产品：混凝土地坪，压模艺术地坪，幻彩艺术地坪，滚印艺术地坪，纸模艺术地坪，自硬化耐磨地坪，环氧地坪

公司名称：大连加百列氟碳涂料有限公司
地　　址：辽宁省大连市甘井子区
邮　　编：016037
电　　话：0411-82782815
传　　真：0411-82781931

公司名称：大连佳秀百隆化工有限公司
地　　址：大连市金州区工业配套园有泉路 9 号
邮　　编：116100
电　　话：0411-39336706 39336707
传　　真：0411-39336708
邮　　箱：cashew@cashew.com.cn
主要产品：聚氨酯色面漆，面漆，TXL 稀释剂，TXL 涂料，自然涂料，水性涂料，腻子，底中漆，UV 系列固化型涂料

公司名称：大连金川华日化工有限公司
地　　址：大连市金川区北小里
邮　　编：116100
电　　话：0411-87803568
传　　真：0411-87815490
邮　　箱：dlhrhg@sina.com
主要产品：建筑涂料，木器涂料

公司名称：大连金川涂料装饰工程有限公司
地　　址：辽宁省大连市金州区胜利路 29 号
邮　　编：116100
电　　话：0411-87848555
主要产品：高级乳胶漆，建筑涂料

公司名称：大连金利漆业有限公司
地　　址：辽宁省大连市黄河路 520 号
邮　　编：116000
电　　话：0411-84549399
传　　真：0411-84549399

公司名称：大连金石山化工有限公司
地　　址：大连开发区 27 号小区
邮　　编：116600
电　　话：0411-86837811
传　　真：0411-86821139
邮　　箱：jinshi497@163.com

公司名称：大连金星涂料装饰有限公司
地　　址：辽宁省大连经济技术开发区黄海西路 160-1 号
邮　　编：116600
电　　话：0411-87641586
主要产品：涂料

公司名称：大连市金州区江美涂料厂
地　　址：大连市金州区五一路 578 号身后
邮　　编：116100
电　　话：0411-97703677
传　　真：0411-87851365

公司名称：大连金川涂料装饰工程有限公司
地　　址：辽宁省大连市金州区胜利路 29 号
邮　　编：116100
电　　话：0411-87848555
主要产品：高级乳胶漆，建筑涂料

公司名称：大连久丽涂料有限公司
地　　址：辽宁省大连市西港区康平街 53 号 4-3
邮　　编：116021
电　　话：0411-86300238
传　　真：0411-86300238
主要产品：环氧涂料，醇酸涂料

公司名称：大连凯飞化学股份有限公司
地　　址：大连经济技术开发区东北大街 488 号
邮　　编：116600
电　　话：0411-87517111(转)8021
邮　　箱：customer@chemphy.com
网　　址：www.chemphy.com

公司名称：大连凯利达涂料有限公司
地　　址：大连炮台经济技术开发区
邮　　编：116308
电　　话：0411-39109777 39109888 85261717
传　　真：0411-85260900
网　　址：www.dlkld.com

公司名称：丽美顺涂料树脂（大连）有限公司
地　　址：辽宁省大连市甘井子区大连湾镇苏家
邮　　编：116113
电　　话：0411-87678998
传　　真：0411-87828499
网　　址：lu-max.com

公司名称：大连璐琨化工涂料有限公司
地　　址：大连市金州区拥政街道金宏全工业区
邮　　编：116100
电　　话：0411-87835662 87835766 转（供销部）87835661
传　　真：0411-87835766
邮　　箱：market@dllukun.com
网　　址：www.dllukvn.com

公司名称：大连润邦涂料有限公司
地　　址：辽宁省大连市甘井子区秀水路 47 号
邮　　编：116031
电　　话：13889583872
传　　真：0411-86869615

公司名称：大连润虹涂料有限公司
地　　址：辽宁省大连市
邮　　编：116600
电　　话：0411-87180966
传　　真：0411-87300097

公司名称：大连实利德漆业有限公司
地　　址：大连旅顺盐场新村 599 号
邮　　编：116044
电　　话：0411-86290999

公司名称：大连市一品涂料有限公司
地　　址：辽宁省大连市甘井子区革镇堡镇中革街 58 号
邮　　编：116035
电　　话：0411-86452518
传　　真：0411-86452517
网　　址：www.dlyptl.cn
主要产品：建筑涂料，家具涂料

公司名称：大连振邦氟涂料股份有限公司
地　　址：大连市甘井子区营泰路 8 号（营城子金龙寺沟）
邮　　编：116036
电　　话：0411-85807777
邮　　箱：dlzebon@zebon.com
主要产品：氟树脂，建筑工程涂料，防腐工程涂料，车辆涂料，副化工产品，特种涂料

公司名称：大连振华涂料厂
地　　址：辽宁省大连市甘井子区东海路 37-5
邮　　编：116000
电　　话：0411-86594719 86609306
传　　真：0411-86583628
邮　　箱：dlzyohenhua@126.com

公司名称：丹东同达涂料有限公司
地　　址：辽宁省丹东市振安区同兴工业园 62 号
邮　　编：118011
电　　话：0415-6135559
传　　真：0415-6133388

公司名称：东港市红旗涂料厂
地　　址：辽宁省东港市土房南
邮　　编：118300
电　　话：0415-7103037
传　　真：0415-7103037
主要产品：内外墙涂料

公司名称：抚顺哥俩好化学有限公司
地　　址：辽宁省抚顺市南杂木镇哥俩好工业园区
邮　　编：113217
电　　话：0413-5260481
传　　真：0413-5260282

公司名称：抚顺市顺前造漆厂
地　　址：抚顺市顺城区双阳北路 25 号
邮　　编：113006
电　　话：0413-7642807 7646353
传　　真：0413-7656245
邮　　箱：sqsyc@sqsyc.com

公司名称：葫芦岛现代化学工业有限公司
地　　址：辽宁省葫芦岛市
邮　　编：125001
电　　话：0429-2179449
传　　真：0429-2179449
主要产品：钢结构防火涂料，内外墙涂料，道路涂料，防腐涂料，防锈底漆

公司名称：锦州市金陵特种涂料有限公司
地　　址：锦州市凌河区北山里 48 号
邮　　编：112002

电　　话：0416-4681148
传　　真：0416-4682423
邮　　箱：jzjinglitt@yahoo.com.cn
网　　址：www.jztztl.com

公司名称：莱恩涂料（沈阳）有限公司
地　　址：沈阳市于洪区东民
邮　　编：110141
电　　话：024-89363777
传　　真：024-89363088
邮　　箱：lance@sylance.com
网　　址：www.sylance.com
主要产品：汽车涂料

公司名称：辽宁113集团化工有限责任公司
地　　址：辽宁省本溪市本溪满族自治县小市镇黄山路29号
邮　　编：117100
电　　话：0414-6853666
传　　真：0414-6853113
主要产品：工业涂料

公司名称：辽宁沈阳中科防腐蚀工程技术有限公司
地　　址：辽宁省沈阳市东陵区文萃路83号418室
邮　　编：110016
电　　话：024-24501236
传　　真：024-24501935
邮　　箱：ckffcyx@126.com
网　　址：www.ckff.com
主要产品：防腐涂料，建筑涂料，防火涂料

公司名称：辽阳油漆有限责任公司
地　　址：辽宁省辽阳市太子河东437号
邮　　编：111000
电　　话：0419-3152235
传　　真：0419-3152235

公司名称：盘锦金峰涂料装饰有限公司
地　　址：辽宁省盘锦市大洼县职教中心路西
邮　　编：124200
电　　话：0427-6963909
传　　真：0427-6789555
主要产品：内外墙涂料

公司名称：盘锦辽河油田汇彩涂料有限公司
地　　址：辽宁省盘锦市
邮　　编：121207
电　　话：0427-7644124
传　　真：0427-7645619

公司名称：沈阳船牌化工有限公司
地　　址：沈阳市于洪区黄海路46-7号2门
邮　　编：110114
电　　话：024-25608288 25834222 25836222
传　　真：024-25646499
邮　　箱：chuanpaichem@163.com
主要产品：溶剂，助剂，树脂，合成材料，颜料，填料，油脂

公司名称：沈阳东船涂料有限公司
地　　址：沈阳市皇姑区昆山西路138号
邮　　编：110035
电　　话：024-86730152

公司名称：沈阳格林涂料有限公司
地　　址：沈阳市于洪区红旗台
邮　　编：110141
电　　话：024-25359281 25359743 13840230533
传　　真：024-25359840
网　　址：www.gelincoating.com

公司名称：沈阳关西涂料有限公司
地　　址：沈阳市皇姑区昆山西路7段69号
邮　　编：110035
电　　话：024-86022070
传　　真：024-86730068
主要产品：阴极电泳漆

公司名称：沈阳海天涂料有限公司
地　　址：辽宁省新民市兴隆堡镇兴隆堡村
邮　　编：110316
电　　话：024-87460579
邮　　箱：haitian@163.com
网　　址：www.zgtlyj.com

公司名称：沈阳华特化学有限公司
地　　址：辽宁省沈阳市皇姑区北部工业园方溪湖
邮　　编：110034
电　　话：024-89281696
传　　真：024-89281696
主要产品：不饱和聚酯树脂，酯类，增塑剂，原子灰，化工用催化剂，固化剂

公司名称：沈阳氯黄化聚乙烯防腐漆厂
地　　址：沈阳市皇姑区宁山中路98-1号
邮　　编：110036
电　　话：024-86216369
传　　真：024-86863038
主要产品：防腐涂料

公司名称：沈阳神逸特种涂料有限公司
地　　址：辽宁省辽阳市
邮　　编：110035
电　　话：0419-86870158
传　　真：0419-86740758

公司名称：沈阳金飞马制漆有限公司
地　　址：沈阳市东陵区榆林大街2号
邮　　编：110172
电　　话：024-88217977
传　　真：024-88211717
网　　址：www.jinfeima.com.cn
主要产品：涂料，防腐涂料，建筑涂料，特种涂料，磁漆

公司名称：沈阳美佳丽涂料厂
地　　址：辽宁省沈阳市大东区东望街2号
邮　　编：110044
电　　话：024-88202659
传　　真：024-88207572
网　　址：www.jjandzb.com/jianjie.asp

公司名称：沈阳市木氏涂料厂
地　　址：沈阳市东陵区英达乡后陵村19号
邮　　编：110044
电　　话：024-88471960
传　　真：024-88474168
邮　　箱：paint@mushitl.com
网　　址：www.mushitl.com
主要产品：木氏涂料

公司名称：沈阳天迈新型建材厂
地　　址：沈阳市大东区大二台子观泉路铸玻巷10号
邮　　编：110044
电　　话：024-88322397
传　　真：024-88322397
网　　址：www.tmzzy.com

公司名称：沈阳特种涂料厂
地　　址：沈阳市和平区和平北大街94号星光大厦208
邮　　编：110001
电　　话：024-23264670

公司名称：沈阳亚东装饰工程有限公司
地　　址：沈阳市大东区文官街19号
邮　　编：110045
电　　话：024-88262619
传　　真：024-88262619
主要产品：内外墙乳胶漆

公司名称：沈阳正泰防腐材料有限公司
地　　址：沈阳市沈河区五爱街19号
邮　　编：110015
电　　话：024-23895059
传　　真：024-62507070
邮　　箱：zhaogang100100@163.com
网　　址：www.syztff.com

公司名称：沈阳中科防腐蚀工程技术有限公司
地　　址：沈阳文萃路83号
邮　　编：110016
电　　话：024-24500530
传　　真：024-24500514

公司名称：营口三兴百合涂料有限公司
地　　址：西市区金牛山大街风光里5-6号
邮　　编：115004
电　　话：0417-4838381
传　　真：0417-4838382

公司名称：营口新创涂料科技有限公司
地　　址：辽宁省营口市鲅鱼圈区红旗镇
邮　　编：115102
电　　话：0417-7264700
邮　　箱：ykhailan@126.com

公司名称：营口新力化工涂料有限公司
地　　址：营口市站前区东亮里71号
邮　　编：115002
电　　话：0417-3849445

公司名称：裕祥化工（大连）有限公司
地　　址：辽宁省大连市甘井子区张前路666号
邮　　编：116033
电　　话：0411-86734999
传　　真：0411-86735066
网　　址：www.yaxiang-gronf.com
主要产品：树脂,工业防护涂料，船舶海洋涂料，纳米航空涂料，建筑工程涂料

吉林省

公司名称：安图美佳粉末涂料有限公司
地　　址：吉林省安图县明月镇龙安路9号
邮　　编：133600
电　　话：0433-5822762
传　　真：0433-5825659

公司名称：吉林省索田涂料有限公司
地　　址：吉林省白城市长庆南街46号-1
邮　　编：137000
电　　话：0436-5098448
传　　真：0436-5018448
主要产品：内墙乳胶漆，各种涂料

公司名称：白山市八道江区福嘉涂料厂
地　　址：吉林省白山市八道江区浑江大街346-7号
邮　　编：134300
电　　话：0439-3225662
主要产品：内外墙涂料

公司名称：长春市壁承装饰涂料有限公司
地　　址：吉林省长春市绿园区城西四季青建材区
邮　　编：130062
电　　话：0431-7982210 13904309420
传　　真：0431-7982210

公司名称：长春贝诺海涂料有限公司
地　　址：吉林长春市绿园区宽平大路铭仁大厦7栋2单元808室
邮　　编：130000
电　　话：0431-88788780/81/82
传　　真：0431-88788781
网　　址：www.jlsbestnow.com.cn jls-bestnow.cn.alibaba.com
主要产品：粉末涂料，艺术涂料，壁纸，墙贴，防水涂料

公司名称：长春龙拓有限公司
地　　址：吉林省长春市宽城区辽宁路春铁大厦A座2307室
邮　　编：130051
电　　话：0431-86112365
主要产品：纤维涂料

公司名称：长春市八一化工厂
地　　址：吉林省长春市长乐公路四公里处
邮　　编：130115
电　　话：0431-5388519
传　　真：0431-5309850

公司名称：长春市朝阳一汽配套化工厂
地　　址：吉林省长春市朝阳区
邮　　编：130011
电　　话：0431-5998680
主要产品：涂料

公司名称：长春市宏泰涂料有限公司
地　　址：吉林省长春市
邮　　编：130062
电　　话：0431-6158886
传　　真：0431-6158886

公司名称：长春市辉煌建材有限公司
地　　址：长春市大经路2270号丽都宾馆209室
邮　　编：130041
电　　话：0431-8696418
传　　真：0431-8638389

公司名称：长春市吉达化工厂
地　　址：吉林省长春市经济技术开发区四小区23栋1门601室
邮　　编：130033
电　　话：0431-84659534
主要产品：双组分涂底漆，水性丙烯酸环氧防腐涂料，清漆

公司名称：长春市双发涂料有限责任公司
地　　址：长春市绿园区青年路2084号
邮　　编：130000
电　　话：0431-7903254
传　　真：0431-7903578

公司名称：长春市旺达工贸有限公司
地　　址：吉林省长春市绿园区皓月大路6238号
邮　　编：130062
电　　话：0431-7983876
传　　真：0431-7968832

公司名称：东盛涂料厂
地　　址：吉林省白城市镇赉县
邮　　编：137000
电　　话：0436-7237576

公司名称：珲春彩虹装饰涂料有限公司
地　　址：吉林省珲春市英安镇302国道检测站对面
邮　　编：133300
电　　话：0433-7511118
传　　真：0433-7511118

公司名称：吉化集团吉林市江南研究院有限责任公司
地　　址：吉林省吉林市满区恒山西路7号
邮　　编：132013
电　　话：0432-4661921
传　　真：0432-4661922

公司名称：吉林科龙装饰公司
地　　址：长春市亚泰大街4906号南岭商务中心B座九层
邮　　编：130220
电　　话：0431-88676111 88676333
传　　真：0431-88679000

公司名称：吉林省安图县安图化工涂料有限公司
地　　址：吉林省安图县明月镇河南路37号
邮　　编：133600
电　　话：0433-5822762
传　　真：0433-5822734
主要产品：粉末涂料

公司名称：吉林省地质矿产局通化天然矿物涂料厂
地　　址：吉林省通化市吉林省通化市光明路民安南胡洞27号
邮　　编：134001
电　　话：0435-3213665
主要产品：内外墙涂料，钢窗涂料

公司名称：吉林省汉林涂料有限公司
地　　址：长春市远达大街8号
邮　　编：130000
电　　话：0431-4739538
传　　真：0431-4739538

公司名称：吉林省吉林市巨龙装潢材料厂
地　　址：吉林省吉林市北极街49号
邮　　编：132011
电　　话：0432-2127653
传　　真：0432-2034588

公司名称：吉林省磐石市鑫明环保涂料厂
地　　址：吉林省吉林市磐石市河南街海河路165号
邮　　编：132300
电　　话：0432-6103576
传　　真：0432-5235388

公司名称：吉林省通化市油墨厂
地　　址：吉林省通化市新华大街285号
邮　　编：134001
电　　话：0435-3312303
传　　真：0435-3313258

公司名称：吉林省涂仕博涂料有限责任公司
地　　址：吉林省长春市经济开发区浦东路898号300室
邮　　编：130000
电　　话：0431-85808395
传　　真：0431-84807769
邮　　箱：jlcctsb@126.com
网　　址：www.jltsb.com

公司名称：吉林省新润防水涂料有限公司
地　　址：吉林省长春市
邮　　编：130000
电　　话：0431-82641000
传　　真：0431-82621000

公司名称：吉林省正大防腐有限公司
地　　址：吉林市船营区春光经济开发区
邮　　编：132011
电　　话：0432-62044166
传　　真：0432-2044188
邮　　箱：jlszcy@163.com

公司名称：吉林市长城新型涂料有限公司
地　　址：吉林大街113号3-18号
邮　　编：132013
电　　话：0432-4683009
传　　真：0432-4683009
邮　　箱：u100021607@ufo007.com

公司名称：吉林市鸿博涂料有限责任公司
地　　址：黄旗街通百胡同10号
邮　　编：132011
电　　话：0432-4874265

公司名称：吉林市民主化工厂
地　　址：吉林市吉林省吉林市昌邑区吉林大街运河路理想胡同46号
邮　　编：132001

电　　话：0432-2555828

公司名称：吉林市欧吉龙涂料厂
地　　址：吉林省吉林市西安路 647-1 号
邮　　编：132012
电　　话：0432-2127653
主要产品：内外墙乳胶漆

公司名称：吉林市三羊宝虹涂料有限公司
地　　址：吉林市丰满经济开发区
邮　　编：132013
电　　话：00432-64812388

公司名称：吉林市西关涂料厂
地　　址：吉林市农林街 39 号（1 路、46 路终点站）
邮　　编：132012
电　　话：0432-64851009
传　　真：0432-64822886
网　　址：www.jlxgtl.cn

公司名称：吉林市新生新型建筑材料厂
地　　址：吉林省吉林市
邮　　编：132106
电　　话：0432-4814717

公司名称：吉林市新宜化工厂
地　　址：吉林省舒兰市
邮　　编：132619
电　　话：0432-0089623
主要产品：涂料

公司名称：吉林金惠实业有限公司
地　　址：吉林市昌邑珲春北街 8 号
邮　　编：132065
电　　话：0432-62736688
传　　真：0432-62735288
邮　　箱：jinhui-007@163.com
网　　址：www.jljhsy.cn
主要产品：汽车涂料，马路涂料，树脂，防冻液

公司名称：九台市吉成化工厂
地　　址：吉林省长春市九台市卡伦镇
邮　　编：130507
电　　话：0431-82553353
主要产品：涂料纤维素，内墙涂料，外墙涂料

公司名称：临江市宏达涂料加工厂
地　　址：吉林省临江市临江大街 44 号
邮　　编：134600
电　　话：0439-6939252
主要产品：内外墙涂料

公司名称：临江市兴辉助滤剂有限公司
地　　址：吉林临江市新市街站前路 2-1 号
邮　　编：134600
电　　话：0439-5221197 6938067
传　　真：0439-5238300 5806687
网　　址：www.ljxinghui.cn www.china-diatomite. com. cn xing-huigongsi.cn

公司名称：舒兰市蓝天涂料厂
地　　址：吉林省吉林市舒兰市舒兰大街 571 号
邮　　编：132600
电　　话：0432-8224316
主要产品：建筑涂料

公司名称：四平市建新漆业有限公司
地　　址：吉林省四平市公主岭市铁东区黄土坑街 298 号
邮　　编：136001
电　　话：0434-3332300

公司名称：松原市建工涂料化工有限公司
地　　址：吉林省松原经济技术开发区高科技园内厦门街 767 号
邮　　编：138000
电　　话：0438-2162150 2162190
传　　真：0438-2162180
邮　　箱：jiangongtuliao@sohu.com
网　　址：www.syjgyq.com

公司名称：通化市东昌区沈通装饰装潢涂料厂
地　　址：吉林省通化市东昌区胜利路 17 号
邮　　编：134001
电　　话：0435-3635387
邮　　箱：jiangongtuliao@sohu.com
网　　址：www.syjgyq.com
主要产品：内外墙涂料

公司名称：优立实业股份有限公司吉林公司
地　　址：吉林省吉林市船营区搜登站镇
邮　　编：132012
电　　话：0432-4189766
传　　真：0432-4651926

公司名称：紫荆花制漆(吉林)有限公司
地　　址：吉林省长春市二道区八里堡金钱堡
邮　　编：130042
电　　话：0431-4723385
传　　真：0431-4710373

黑龙江省

公司名称：大庆市萨尔图区福利发达化工厂
地　　址：大庆市胜利二村
邮　　编：163462
电　　话：0459-6090180
传　　真：0459-6099170
主要产品：涂料

公司名称：大庆广源涂料制造有限公司
地　　址：黑龙江省大庆市萨尔图区友谊大街
邮　　编：163000
电　　话：0459-5881456
传　　真：0459-5881456

公司名称：大庆海坤化工有限公司
地　　址：黑龙江省大庆市龙凤区兴化园区
邮　　编：163714
电　　话：0459-6762371
主要产品：润滑油

公司名称：大庆明昌涂料有限公司
地　　址：大庆市龙凤区龙泳路 57 号老雅美家具
邮　　编：163711
电　　话：0459-6210677 5218918 5231727
网　　址：www.mtxtl.com
主要产品：高级内墙乳胶漆，高级外强乳胶漆，高级纳米墙面漆，超级耐水腻子粉，超白内墙墙面漆，高级外墙真石漆，建筑胶

公司名称：大庆明日科技开发有限公司
地　　址：黑龙江省大庆市开发区
邮　　编：163316
电　　话：0459-6280995

公司名称：大庆市海峰涂料厂
地　　址：黑龙江省哈尔滨市红旗大街 68 号 3F
邮　　编：150090
电　　话：0451-82281496
传　　真：0451-82281496

公司名称：大庆雪豹涂料制造有限公司
地　　址：黑龙江省大庆市高新区新航路 14 号
邮　　编：163316
电　　话：0459-8987780
传　　真：0459-8987790
邮　　箱：bdexuebaoqi@163.com
网　　址：www.xuebaoqi.cn

公司名称：大庆油田奥维涂料有限公司
地　　址：黑龙江省大庆市红岗区图强西街
邮　　编：163414
电　　话：0459-5795496
传　　真：0459-5795496

公司名称：佳木斯市东方制漆厂
地　　址：佳木斯市四丰路 4 号
邮　　编：154002
电　　话：0454-8232067 13512666684
网　　址：www.jms0454.com
主要产品：弹性内外墙乳胶漆，有机无机复合系列外墙水质水泥涂料，绿色环保墙漆王，超级内墙装饰涂料

公司名称：哈尔滨市呼兰区东直路涂料厂
地　　址：黑龙江省哈尔滨市呼兰区呼兰镇
邮　　编：150500
电　　话：0451-57320726
主要产品：外墙涂料，内墙涂料

公司名称：福瑞尔（大庆）涂料有限公司
地　　址：大庆市高新技术产业开发区产业三区创业大厦办公楼六楼
邮　　编：163316
电　　话：0459-8972662 8972663
传　　真：0459-8972661
网　　址：www.fraer.com.cn/contact.asp
主要产品：美世明珠涂料，金太阳涂料，七彩贝贝涂料，爱贝涂料，XPS 外墙保温材料，外墙保温材料

公司名称：哈尔滨澳涂宝实业有限公司

地　　址：哈尔滨市道里区哈双北路四公里处（查家）
邮　　编：150070
电　　话：0451-84315345 84305784 84305783
传　　真：0451-84363822
邮　　箱：aotubaojzh@163.com
网　　址：www.aotubao.com
主要产品：溶剂型涂料，水性环保涂料，树脂涂料

公司名称：哈尔滨斑马油漆研究所
地　　址：黑龙江省哈尔滨市
邮　　编：150056
电　　话：0451-82431728
传　　真：0451-82431224

公司名称：哈尔滨德顺包装材料有限公司
地　　址：黑龙江省哈尔滨市道外区南直路352号
邮　　编：150056
电　　话：0451-82421591
传　　真：0451-82421591

公司名称：哈尔滨好通涂料有限公司
地　　址：工程力学研究所社区居委会
邮　　编：150080
电　　话：0451-86676278
主要产品：外墙乳胶漆，耐水腻子，外保温粘接剂

公司名称：哈尔滨市华奇制漆有限公司
地　　址：黑龙江省哈尔滨市南岗区红旗满族乡东升村
邮　　编：150089
电　　话：0451-86700880
网　　址：usvutd.rsstop.com
主要产品：涂料

公司名称：哈尔滨市长河特种涂料厂有限责任公司
地　　址：黑龙江省哈尔滨市南岗区文化街26号
邮　　编：150040
电　　话：0451-86200449
传　　真：0451-86204448
邮　　箱：chtztl@chtztl.com
网　　址：www.hrbchanghe.com
主要产品：防腐涂料，耐热涂料，环氧涂料，氟碳涂料

公司名称：哈尔滨市鸿远精细化工有限责任公司
地　　址：黑龙江省哈尔滨市道里区河松小区301栋1单元702
邮　　编：150016
电　　话：0451-55176111
主要产品：水性建筑涂料

公司名称：哈尔滨市北龙涂料厂
地　　址：黑龙江省哈尔滨市道外区南15号178-4，5楼1
邮　　编：150030
电　　话：13945147721

公司名称：哈尔滨高世玉石涂料经销部
地　　址：黑龙江哈尔滨市南岗区文明街44-4号
邮　　编：150001
电　　话：15134554158
传　　真：0451-83105610

公司名称：哈尔滨市同济涂料有限公司
地　　址：黑龙江省哈尔滨市道里区机场路1332号
邮　　编：150078
电　　话：0451-84138355
传　　真：0451-84138378

公司名称：哈尔滨市新发粉末材料有限公司
地　　址：黑龙江省哈尔滨市道里区机场路七公里新企路34号
邮　　编：150078
电　　话：0451-84103660
传　　真：0451-84103690

公司名称：哈尔滨市新胜涂料厂
地　　址：黑龙江省哈尔滨市平房区平新镇韩祯村
邮　　编：150066
电　　话：0451-86517862
主要产品：内外墙涂料

公司名称：哈尔滨市振北涂料有限责任公司
地　　址：哈尔滨市宾州花园路16号
邮　　编：150000
电　　话：0451-57983203
传　　真：0451-57989770
邮　　箱：chuhongwei5555@163.com
网　　址：zbtl.b2b.cn
主要产品：内墙面漆，外墙面漆，外墙腻子，外墙底漆，乳白胶，外墙保温

公司名称：哈尔滨天通新型墙体材料有限公司
地　　址：黑龙江省哈尔滨市
邮　　编：150090
电　　话：0451-86090742
传　　真：0451-86090743

公司名称：哈尔滨威尔化工漆业有限公司
地　　址：黑龙江省哈尔滨市松北哈尔滨高新技术产业区
邮　　编：150028
电　　话：0451-89181907
传　　真：0451-89181907

公司名称：哈尔滨鑫科纳米技术发展有限公司
地　　址：哈尔滨市开发区迎宾路集中区太行路1号
邮　　编：150078
电　　话：0451-84306979
传　　真：0451-84306690
邮　　箱：xk@tinano.com
网　　址：www.tinano.com

公司名称：鹤岗市鹤起涂料厂
地　　址：黑龙江鹤岗工农区南大营起重路11号
邮　　编：154101
电　　话：0468-3345376
传　　真：0468-3345376

公司名称：黑龙江绿岛涂料制造有限公司
地　　址：黑龙江省哈尔滨市松北区光明村
邮　　编：150027
电　　话：0451-88085271
主要产品：防腐涂料

公司名称：黑龙江大庆龙仁新实业总公司雪龙涂料厂
地　　址：黑龙江省大庆市龙凤区乙烯环南路
邮　　编：163714
电　　话：0459-6743578
邮　　箱：xuolongtl@163.com
传　　真：0459-6743578
网　　址：www.dqxl.net
主要产品：涂料，乳胶漆

公司名称：黑龙江省萝北县环亚涂料厂
地　　址：黑龙江省萝北县南二道街23号
邮　　编：154200
电　　话：0468-6828523

公司名称：新桥涂料有限公司
地　　址：黑龙江省牡丹江市西安区西三条路233号
邮　　编：157703
电　　话：0453-6234258

公司名称：哈尔滨市环宇防火涂料厂
地　　址：哈尔滨市道里区工农大街195号
邮　　编：150070
电　　话：0451-84305266 84307675
传　　真：0451-84305266
邮　　箱：hyfhtl.@163.com

公司名称：佳木斯市哈北星涂料厂
地　　址：黑龙江省佳木斯市
邮　　编：154004
电　　话：0454-8591552
传　　真：0454-8591552

公司名称：哈尔滨金士源科技有限公司
地　　址：黑龙江省哈尔滨市红旗大街
邮　　编：150030
电　　话：0451-87006477 87002679
传　　真：0451-87006477
邮　　箱：jsyjt@sohu.com
网　　址：www.jsyjt.com
主要产品：建筑涂料，其他涂料溶剂，环氧树脂，脱模剂，特种涂料，清洗剂，其他聚合物

公司名称：牡丹江双兴化工有限公司
地　　址：牡丹江市江南开发区11号
邮　　编：157021
电　　话：0453-6482933
传　　真：0453-6481489
邮　　箱：fmtl2000@263.net
网　　址：www.mdjsxhg.com

公司名称：牡丹江油漆化工厂
地　　址：黑龙江省牡丹江市阳明区铁岭镇镇南大街134号
邮　　编：157014
电　　话：0453-6395018
传　　真：0453-6395018

公司名称：齐齐哈尔北方集团北方化学工业有限责任公司
地　　址：黑龙江省齐齐哈尔市铁锋区树新路10号
邮　　编：161002
电　　话：0452-2635643
传　　真：0452-2634830

公司名称：齐翔建工集团齐霞涂料有限公司

地　　址：黑龙江省齐齐哈尔市富拉尔基区交通街 48 号
邮　　编：161041
电　　话：0452-6721391
传　　真：0452-6720933
主要产品：涂料

公司名称：绥化市城建涂料厂
地　　址：绥化北四西路原建委楼下
邮　　编：152054
电　　话：0455-8262564
主要产品：涂料，乳胶漆，腻子粉

上海市

公司名称：I.R.E.公司
地　　址：上海市延安西路 550 号
邮　　编：200050
电　　话：021-62126252
传　　真：021-62136833
邮　　箱：chinacenter@ire.com.cn

公司名称：阿克苏诺贝尔管理（中国）有限公司
地　　址：上海市静安区铜仁路 299 号
邮　　编：200040
电　　话：021-54050909
传　　真：021-54051511
网　　址：www.akzonobal.com.cn

公司名称：阿克苏诺贝尔油漆（中国）有限公司上海分公司
地　　址：上海市徐汇区宜山路 199 号
邮　　编：200030
电　　话：021-64680228
传　　真：021-64681061

公司名称：汉高乐泰（中国）有限公司
地　　址：上海浦东张江高科技园区张衡路 928 号
邮　　编：201203
电　　话：021-28915813

公司名称：艾思斯（上海）化工有限公司
地　　址：上海市青浦工业园区崧泽大道 9502 号
邮　　编：201700
电　　话：021-69210368
传　　真：021-69211892
邮　　箱：accshanghaiqp@126.com
主要产品：内外墙涂料，防水涂料，外保温系统

公司名称：宝美施化工（上海）有限公司
地　　址：上海市松江新桥镇华磊路 108 号闵申工业园区 C-1 号
邮　　编：202016
电　　话：021-57684772
传　　真：021-57684473
网　　址：www.bomexchem.com
主要产品：聚氨酯模内涂料

公司名称：贝科工业涂料（上海）有限公司
地　　址：上海市松江工业区江田东路 100 号
邮　　编：201600
电　　话：021-57743788-856
传　　真：021-57746581
网　　址：www.beckers-bic.com
主要产品：卷钢涂料，手机涂料

公司名称：大邦化工防腐有限公司
地　　址：上海市东新路 355 号 8 座 6F
邮　　编：200063
电　　话：021-62053636/3737
传　　真：021-62053939
邮　　箱：dabang@online.sh.cn
网　　址：www.dabang.com.cn
主要产品：地坪涂料，防霉涂料

公司名称：大金氟涂料（上海）有限公司
地　　址：上海市莘庄工业区春光路 388 号
邮　　编：201108
电　　话：021-54421840
传　　真：021-54421835
主要产品：不粘涂料、氟涂料、特氟龙

公司名称：得彩上海涂料有限公司
地　　址：上海市青浦工业园区香花桥新团路 199 号
邮　　编：200020
电　　话：021-59705869
主要产品：建筑涂料

公司名称：杜邦中国集团有限公司
地　　址：上海市浦东区张江高科技园蔡伦路 600 号
邮　　编：201203
电　　话：021-28921000
传　　真：021-28921234
主要产品：汽车涂料

公司名称：鳄鱼制漆（上海）有限公司
地　　址：上海市青浦区沪青平公路 3966 号
邮　　编：201703
电　　话：021-59758688
传　　真：021-59758680
网　　址：www.alligator.cn
主要产品：建筑涂料

公司名称：富邦涂料有限公司
地　　址：上海市普陀区中潭路 99 弄 95 号 3001 室
邮　　编：200061
电　　话：021-52952199
传　　真：021-52952199
主要产品：工业涂料，地板涂料，家具涂料

公司名称：高架涂料有限公司
地　　址：上海市南汇区沪南公路 4518 号
邮　　编：201317
电　　话：021-58144709/5215
传　　真：021-58144409
邮　　箱：ligongye588@163.com
网　　址：www.gaojiatuliao.com
主要产品：电器涂料，家具涂料，塑料涂料，美术涂料，砂纹涂料

公司名称：海林合成涂料厂
地　　址：上海市宝山区沪太路 6273 弄 10 号
邮　　编：201908
电　　话：021-56011344
传　　真：021-66018188
主要产品：重防腐涂料

公司名称：海普科技实业有限公司
地　　址：上海市上海市沪太路 9088 号
邮　　编：200949
电　　话：021-66295001

公司名称：和盈国际贸易上海有限公司
地　　址：上海市天山路 18 号东楼 601
邮　　编：200050
电　　话：021-62107899
传　　真：021-62250474
网　　址：www.unionchemical.com.cn
主要产品：木器涂料

公司名称：华东理工大学华昌聚合物有限公司
地　　址：上海市梅陇路 130 号 352 信箱
邮　　编：200237
电　　话：021-64253377-8068
传　　真：021-64250084
邮　　箱：huachang@hchp.com.cn
网　　址：www.goye.com.cn

公司名称：皇冠涂料（上海）有限公司
地　　址：上海市南汇区六灶镇鹿园工业区鹿兴路 8 号
邮　　编：201322
电　　话：021-58161616
主要产品：地板涂料

公司名称：辉旭微粉技术（上海）有限公司
地　　址：上海市松江区车墩镇泖亭公路 1132 号
邮　　编：201611
电　　话：021-57775761/6262
传　　真：021-57775995/5761
邮　　箱：china@fineshinetech.com
网　　址：www.fineshine.com.cn
主要产品：粉末涂料

公司名称：吉耐特制漆（上海）有限公司
地　　址：上海市嘉定区沪宜公路 2825 号
邮　　编：201801
电　　话：021-59980836
主要产品：涂料

公司名称：卡勒特纳米材料上海有限公司
地　　址：上海市希望城双丁路 200 号
邮　　编：201801
电　　话：021-59101030
传　　真：021-59101711
邮　　箱：market@karlet.com
网　　址：www.karlet.com
主要产品：纳米材料

公司名称：凯美涂料上海有限公司
地　　址：上海市松江区九亭沧盛工业区盛富路 33 号
邮　　编：201615
电　　话：021-67690011/99
传　　真：021-67690278
邮　　箱：ak.paint@yahoo.com.cn
网　　址：www.ak-paint.com

主要产品：建筑涂料

公司名称：蓝宝涂料（上海）有限公司
地　　址：上海松江区浦亭路177号
邮　　编：201608
电　　话：021-57886177
传　　真：0021-57887108
邮　　箱：lb@shlanbao.com qianxianliang98@163.com
网　　址：www.shlanbao.com
主要产品：底漆，外墙保护涂料

公司名称：乐意涂料（上海）有限公司
地　　址：上海市青浦区徐泾镇明珠路528号
邮　　编：201702
电　　话：021-59766212
传　　真：021-59766210
邮　　箱：dovepaint@dovepaint.com.cn
网　　址：www.dovepaint.com.cn
主要产品：内外墙乳胶漆

公司名称：立邦涂料(中国)有限公司
地　　址：上海市浦东王桥开发区创业路287号
邮　　编：201201
电　　话：021-58381687
传　　真：021-83380053
主要产品：内外墙涂料，木器家具用涂料，汽车涂料，卷钢涂料，工业涂料

公司名称：丽利工业（上海）涂料有限公司
地　　址：上海市嘉定区马陆镇嘉新公路838号
邮　　编：200003
电　　话：021-59901345
传　　真：021-39510170
主要产品：工业涂料，卷材涂料，木器涂料，粉末涂料

公司名称：邻乐涂料上海运营总部
地　　址：上海市普陀区富平路399弄13号203
邮　　编：200333
电　　话：021-66091466
传　　真：021-66091455
网　　址：www.hknina.com
主要产品：建筑涂料

公司名称：美国固瑞克公司上海代表处
地　　址：上海市漕宝路509号新园大厦2号楼118室
邮　　编：200233
电　　话：021-64950088-232
传　　真：021-64950077
邮　　箱：robin_zhao@graco.com
网　　址：www.graco.com.cn
主要产品：高性能涂料，泡沫

公司名称：密顿涂料（上海）有限公司
地　　址：上海市南汇区六灶镇鹿川路198号
邮　　编：201322
电　　话：021-58169333
邮　　箱：mitonfactory@126.com
网　　址：www.miton-paint.com
主要产品：外墙涂料

公司名称：明建路桥（上海）有限公司
地　　址：上海市浦东区博华路971弄45号
邮　　编：201204
电　　话：021-33783269
传　　真：021-33783269
网　　址：www.shmingjian.com.cn
主要产品：地坪涂料

公司名称：欧区爱铸造化工（上海）有限公司
地　　址：上海市嘉定区马陆镇希望路558号
邮　　编：201801
电　　话：021-59104190/1507
传　　真：021-59100300
邮　　箱：sales@ha-china.com import@ha-china.com
网　　址：www.wujinha.com
主要产品：水基锆英粉涂料，水基棕刚玉涂料

公司名称：庞贝捷漆油贸易（上海）有限公司
地　　址：上海市淮阴路489号
邮　　编：200336
电　　话：021-62913500
传　　真：021-62912100
邮　　箱：biz@ppgrefinish.com.cn
网　　址：www.ppgrefinish.com.cn
主要产品：汽车修补涂料

公司名称：佩特涂料（上海）有限公司
地　　址：上海市浦东康桥东路1365弄19号
邮　　编：201319
电　　话：021-68183102
主要产品：汽车涂料

公司名称：普锐涂料（上海）有限公司
地　　址：上海市嘉定区徐行镇宝凤路655号
邮　　编：201803
电　　话：021-39978111-315
传　　真：021-39978222
网　　址：spraylat.cn.alibaba.com
主要产品：工业涂料

公司名称：青浦沈巷先锋星星涂料厂
地　　址：上海市青浦区朱家角镇朱枫公路1130号
邮　　编：201714
电　　话：021-59836252
传　　真：021-39830079
主要产品：水性涂料

公司名称：上海阿帝兰化学有限公司
地　　址：上海伊犁南路34弄4号楼1
邮　　编：201103
电　　话：021-54779999
传　　真：021-54772266
主要产品：内外墙杀虫涂料

公司名称：上海阿帝兰实业发展有限公司
地　　址：上海市闵行区华漕镇纪高路1316号
邮　　编：201103
电　　话：021-51082517-1689
传　　真：021-62965527
网　　址：www.artilin.net.cn
主要产品：建筑涂料

公司名称：上海爱森德涂料有限公司
地　　址：上海市金山区朱行镇长卫路189号
邮　　编：201506
电　　话：021-57276728
主要产品：建筑涂料

公司名称：上海安保设备材料厂
地　　址：上海市浦东新区大中西路76号
邮　　编：201201
电　　话：021-58552858
传　　真：021-68909137
主要产品：防火涂料

公司名称：上海安大实业有限公司
地　　址：上海市宝山区月罗公路1116号3幢3A
邮　　编：201908
电　　话：021-51805318
主要产品：建筑涂料，船舶涂料，轻工涂料

公司名称：上海安乐涂料有限责任公司
地　　址：上海市宝山区陆陈路478号
邮　　编：200120
电　　话：021-69120823
主要产品：内外墙涂料，木器涂料

公司名称：上海奥格化工有限公司
地　　址：上海市浦东金港路333号1236室
邮　　编：201206
电　　话：021-58995648
主要产品：重防腐涂料

公司名称：上海奥杰涂料有限公司
地　　址：上海市奉贤区环城东路977号
邮　　编：201400
电　　话：021-57420556
主要产品：硝基涂料

公司名称：上海奥宇涂料有限公司
地　　址：上海市唐行镇东霜竹路1251号
邮　　编：201816
电　　话：021-59951859
主要产品：自干型丙烯酸锤纹漆，烘干型丙烯酸锤纹漆，罩光涂料，底漆

公司名称：上海奥泽化工有限公司
地　　址：上海市松江洞泾工业二区洞凯路87号
邮　　编：201619
电　　话：021-57670103
传　　真：021-57670995
邮　　箱：shaojoy@163.com
网　　址：shaojoy.com
主要产品：内外墙涂料，硝基涂料，木器涂料，汽车涂料，万能胶

公司名称：上海白猫正冠化工有限公司
地　　址：上海市普陀区宁夏路201号9楼H座
邮　　编：200063
电　　话：021-52355058
传　　真：021-52352806
邮　　箱：webmaster@whitecat-zg.com
网　　址：www.whitecat-zg.com
主要产品：高级环保内外墙涂料

公司名称：上海百辰涂料有限公司
地　　址：上海市奉贤区莘奉公路189号
邮　　编：201401
电　　话：021-57158113

传　　真：021-57158228
网　　址：www.shbaichenzhiqi.com
主要产品：汽车修补涂料，工业涂料，塑胶涂料

公司名称：上海百威化工材料制造有限公司
地　　址：上海市嘉定区（南翔工业园区）嘉绣路178号
邮　　编：201802
电　　话：021-69173777
传　　真：021-69173737
网　　址：www.weipaint.com
主要产品：内外墙涂料，水性涂料，溶剂型木器涂料

公司名称：上海柏瑞涂料有限公司
地　　址：上海市普陀区武宁路19号701室
邮　　编：200042
电　　话：021-62311611-617
传　　真：021-62309706
网　　址：para.bmlink.com
主要产品：涂料

公司名称：上海拜科庭化工科技有限公司
地　　址：上海市奉贤区南桥镇莘奉公路1985号北六-28
邮　　编：201400
电　　话：021-67184055
主要产品：各种涂料原料

公司名称：上海拜伦化工有限公司
地　　址：上海市闵行区瓶北路150弄117号
邮　　编：201100
电　　话：021-64904396
传　　真：021-54570061
邮　　箱：sales@shbyron.com
网　　址：www.shbyron.com
主要产品：建筑涂料

公司名称：上海邦正涂料有限公司
地　　址：上海市嘉定区外冈工业园一区吴桥河东北侧
邮　　编：214235
电　　话：021-59587698
传　　真：021-59586036
邮　　箱：info@bangzheng.com
网　　址：www.bangzheng.com

公司名称：上海宝得丽涂料有限公司
地　　址：上海市宝山区月罗路2481号
邮　　编：201908
电　　话：021-56861646
传　　真：021-56861646
主要产品：内外墙乳胶漆，珍珠漆，凸级漆，金属涂料，腻子，白胶

公司名称：上海宝鼎涂料有限公司
地　　址：上海市闵行区浦江勤劳路8号
邮　　编：201114
电　　话：021-64296189
主要产品：建筑涂料，船舶用涂料，道路桥梁钢结构用防腐涂料

公司名称：上海宝盾涂料厂
地　　址：上海市嘉定区黄渡镇东港路111号
邮　　编：201804
电　　话：021-59595381
传　　真：021-59596571
主要产品：建筑防水涂料

公司名称：上海宝灵包装材料厂
地　　址：上海市宝山区南陈路82弄127号
邮　　编：200436
电　　话：021-56135046
传　　真：021-59597664
主要产品：密封涂料

公司名称：上海宝特环保新材料有限公司
地　　址：上海市浦东张江高科技园内松涛路563号1号楼209室
邮　　编：201203
电　　话：021-50806319
主要产品：建筑涂料

公司名称：上海宝翔仪表设备厂新型材料分厂
地　　址：上海市沪太路9276弄2号
邮　　编：201900
电　　话：021-56114658
传　　真：021-56160434
主要产品：防腐涂料，防火涂料

公司名称：上海宝洋涂料厂
地　　址：上海市宝山区江杨南路白杨宅107号
邮　　编：200439
电　　话：021-66831180
传　　真：021-66831180
网　　址：www.baoyang8.com.cn
主要产品：水性建筑涂料

公司名称：上海宝月涂料厂
地　　址：上海市宝山区月罗路455号
邮　　编：200941
电　　话：021-56197105
网　　址：www.sh-baoyue.com
主要产品：重防腐涂料，特种涂料，工业涂料，家具涂料，内外墙涂料

公司名称：上海贝突装饰材料有限公司
地　　址：上海市南汇区书院镇四灶村二十组
邮　　编：201304
电　　话：021-58190957
主要产品：内外墙涂料

公司名称：上海倍诺涂料有限公司
地　　址：上海市杨浦区江浦路989弄5号203室
邮　　编：200082
电　　话：021-58582671
主要产品：内外墙乳胶漆

公司名称：上海比花丽涂料实业有限公司
地　　址：上海松江区泗泾镇高技路176号
邮　　编：201500
电　　话：021-57629030
传　　真：021-57629284
邮　　箱：bihuali@126.com
网　　址：www.shbihuali.com
主要产品：建筑涂料，船舶涂料，其他涂料

公司名称：上海比沃德涂料有限公司
地　　址：上海市南汇县康桥工业区沪南路2502号108-6室
邮　　编：201300
电　　话：021-63035758
主要产品：建筑涂料

公司名称：上海碧宝涂料有限公司
地　　址：上海市松江区化工路15号
邮　　编：201600
电　　话：021-57742955
主要产品：内墙涂料

公司名称：上海波什尔涂料有限公司
地　　址：上海市嘉定区南翔高科园区永乐村翔乐路220弄内200号
邮　　编：201802
电　　话：021-69890325
传　　真：021-59128747
邮　　箱：qdfpzh@hotmail.com
网　　址：www.bosser.net.cn
主要产品：UV涂料

公司名称：上海博泛涂料有限公司
地　　址：上海市青浦上海新城经济区二区
邮　　编：201703
电　　话：021-59753888
主要产品：建筑涂料，工业涂料

公司名称：上海博泰氟材料有限公司
地　　址：上海市北京西路355弄2号1202室
邮　　编：200003
电　　话：021-64024010
传　　真：021-53750003
邮　　箱：botaiflon@163.com
网　　址：shop.ebdoor.com
主要产品：专用氟碳涂料，航空专用氟碳涂料

公司名称：上海采颜丰涂料装饰有限公司
地　　址：上海市北翟路2000弄9号102室
邮　　编：201106
电　　话：021-52211213
邮　　箱：caiyanfeng-sh@163.com
网　　址：www.caiyanfeng.net
主要产品：涂料，涂料装饰

公司名称：上海彩奇亮粉末涂料有限公司
地　　址：上海市青浦工业园区天盈路98号
邮　　编：201700
电　　话：021-69225429
传　　真：021-69225429
网　　址：www.sh-cql.cn
主要产品：粉末涂料

公司名称：上海彩霞涂料有限公司
地　　址：上海市青浦区青昆路79号后面
邮　　编：201700
电　　话：021-27598199
传　　真：021-59856083
主要产品：粉末涂料

公司名称：上海彩韵粉末涂料有限公司
地　　址：上海市青浦区华新镇加松中路1685号
邮　　编：201708
电　　话：021-69790808
传　　真：021-69791005
网　　址：www.caiyun.com.cn
主要产品：粉末涂料

公司名称：上海灿达建材科技有限公司

地　　址：上海市松江区叶榭叶发路28号
邮　　编：201608
电　　话：021-57881072
传　　真：021-57881172
主要产品：地坪涂料

公司名称：上海长润发涂料有限公司
地　　址：上海市金山区第二工业区夏盛路578号
邮　　编：201500
电　　话：021-37285877
传　　真：021-37285977
网　　址：www.changrunfa.com
主要产品：木器涂料

公司名称：上海长润化工有限公司
地　　址：上海市嘉定区外冈工业区恒飞路158号
邮　　编：201806
电　　话：021-59589893
传　　真：021-59588841
邮　　箱：changruncoating@126.com
网　　址：www.changrun.cn
主要产品：工程机械涂料，塑胶涂料，重防腐涂料，工业地坪涂料

公司名称：上海长悦涂料有限公司
地　　址：上海市青浦区新区路崧华路1388号
邮　　编：201700
电　　话：021-59868198
传　　真：021-59868258
主要产品：紫外光固化涂料

公司名称：上海常江化学有限公司
地　　址：上海市松江区新浜工业区后港路599号
邮　　编：201605
电　　话：021-57899588/57899589
传　　真：021-57899587
邮　　箱：scj@scj-chemicals.com
网　　址：www.scj-chemicals.com

公司名称：上海承泓涂料有限公司
地　　址：上海市闵行区罗阳路800弄219号门面
邮　　编：201102
电　　话：021-54801857
传　　真：021-54991161
主要产品：溶剂型涂料

公司名称：上海创科尼建筑材料有限公司
地　　址：上海市浦东新区金桥路1398号金台大厦503室
邮　　编：200136
电　　话：021-50759728
主要产品：永凝涂料

公司名称：上海春风建筑涂料厂
地　　址：上海市闸北区共和新路3421号
邮　　编：200072
电　　话：021-56888976
传　　真：021-56888976
主要产品：建筑涂料

公司名称：上海达尔诺化工有限公司
地　　址：上海市松江区叶新公路3208号
邮　　编：200070
电　　话：021-57860851 57863756
网　　址：www.dinochemical.com
主要产品：室外涂料，防水涂料

公司名称：上海达和化工有限公司
地　　址：上海嘉定区黄渡镇春归路318号
邮　　编：201804
电　　话：021-69590069
主要产品：弹性橡胶涂料，仿电镀银涂料，UV塑胶机壳涂料

公司名称：上海大光涂料有限公司
地　　址：上海市闵行区华漕镇红卫路108号
邮　　编：201107
电　　话：021-52961122
主要产品：地坪涂料

公司名称：上海大桥化工有限公司
地　　址：上海市嘉定区马陆镇亚钢路288号
邮　　编：201801
电　　话：021-59155228
传　　真：021-5910 7956
网　　址：www.ohashi.com.cn
主要产品：汽车涂料

公司名称：上海大通高科技材料有限公司
地　　址：上海市闵行区金都路4289号
邮　　编：201108
电　　话：021-54423274
传　　真：021-54170157
邮　　箱：marketing@dt-paint.com
网　　址：www.dt-paint.com
主要产品：工业涂料，防腐涂料，特种涂料，导静电涂料

公司名称：上海大西洋漆业有限公司
地　　址：上海市凯旋路3500号1栋18F
邮　　编：200030
电　　话：021-64874917/27
传　　真：021-64874907
邮　　箱：sale@sh-atlantic.cn
网　　址：www.sh-atlantic.com
主要产品：建筑涂料

公司名称：上海大享涂料化工有限公司
地　　址：上海市嘉定区外岗工业一区
邮　　编：214235
电　　话：021-59597698-88
主要产品：硝基涂料，乳胶漆

公司名称：上海德福制漆有限公司
地　　址：上海沪清平公路3319号
邮　　编：201703
电　　话：021-59751311
主要产品：工业涂料

公司名称：上海德昆涂料有限公司
地　　址：上海市松江区松江镇乐都路510号
邮　　编：201600
电　　话：021-57714708
主要产品：内外墙建筑涂料

公司名称：上海德龙涂料有限公司
地　　址：上海市青浦区青赵路1801号
邮　　编：201700
电　　话：021-69202237
传　　真：021-69202177
主要产品：防腐涂料

公司名称：上海德品漆业有限公司
地　　址：上海市青浦区赵屯镇腾北工业区腾北路97号
邮　　编：201711
电　　话：021-39821816
传　　真：021-39821591
网　　址：www.depin.com
主要产品：木器涂料，内外墙涂料

公司名称：上海迪威汽车涂料有限公司
地　　址：上海市古浪路65号
邮　　编：200331
电　　话：021-62504321
主要产品：汽车涂料

公司名称：上海迪信化工有限公司
地　　址：上海市金山区漕泾镇致富街16号4栋G区
邮　　编：201507
电　　话：021-57255961
主要产品：木器涂料

公司名称：上海丁晟涂料有限公司
地　　址：上海市南汇区祝桥镇工业城甲一区二号
邮　　编：201323
电　　话：021-58103767
主要产品：粉末涂料

公司名称：上海东晨化工涂料有限公司
地　　址：上海市南汇区盐仓镇盐曹公路113号
邮　　编：201324
电　　话：021-58093882
传　　真：021-58093882-601
主要产品：建筑涂料，内外墙乳胶漆

公司名称：上海东方罗门哈斯有限公司（SERHC）
地　　址：上海市松江工业园区锦昔路21号
邮　　编：201600
电　　话：021-57740800
传　　真：021-57742350
主要产品：建筑涂料

公司名称：上海东方雨虹防水技术工程有限公司
地　　址：上海市新村路681号颐正大厦9F
邮　　编：200065
电　　话：021-60832076
网　　址：www.yuhong.com.cn
主要产品：防水涂料

公司名称：上海东升新材料有限公司
地　　址：上海市钦州路100号二号楼1107室
邮　　编：200235
电　　话：021-64518499
传　　真：021-64883750
主要产品：造纸涂料

公司名称：上海东由装饰材料有限公司
地　　址：上海宝山区宝山区华灵路1910号
邮　　编：200436
电　　话：021-66379982
传　　真：021-56682563
邮　　箱：webmaster@shobl.com
主要产品：涂料，玻璃涂料

公司名称：上海杜光化工有限公司
地　　址：上海市虬江路 1228 号 202 室
邮　　编：200124
电　　话：021-62716623
传　　真：021-52210728
主要产品：地坪涂料

公司名称：上海杜仑涂料有限公司
地　　址：上海市嘉定区新勤路 338 号
邮　　编：201802
电　　话：021-39127113
传　　真：021-39125132
邮　　箱：durongpaint@homail.com
网　　址：www.dulun-sh.com
主要产品：水性内外墙涂料

公司名称：上海多森化工有限公司
地　　址：上海市松江区泖巷镇新宾路 9 号
邮　　编：201607
电　　话：021-57862908
主要产品：木器涂料

公司名称：上海凡瑞得新型建材有限公司
地　　址：上海天目西路 511 号外贸锦程大厦 701 室
邮　　编：200070
电　　话：021-64401120
传　　真：021-64401120-26
网　　址：www.shvaried.com
主要产品：内外墙涂料

公司名称：上海泛亚涂料化工有限公司
地　　址：上海市南汇区朱浦镇横桥路 99 号
邮　　编：201318
电　　话：021-68189550
主要产品：金属涂料，汽车涂料，机车涂料，铝合金轮毂涂料

公司名称：上海丰隆装潢材料厂
地　　址：上海市嘉定区沪宜公路 5958 号
邮　　编：201806
电　　话：021-59585081
网　　址：usvvtv.rsstop.com
主要产品：溶剂型涂料

公司名称：上海峰达建筑装潢材料厂
地　　址：上海市宝山区七宝中春路 7039 弄 38 号
邮　　编：201700
电　　话：021-54886339
传　　真：021-34151261
邮　　箱：shfdtl@hotsales.net
主要产品：内外墙涂料

公司名称：上海奉贤霞宇涂料厂
地　　址：上海市奉贤区青村镇海边村
邮　　编：201407
电　　话：021-57597433
主要产品：水性涂料

公司名称：上海奉星涂料有限公司
地　　址：上海市奉贤区奉城镇经济园区城中路 5 号
邮　　编：201411
电　　话：021-57525739
主要产品：汽车涂料，金属涂料，树脂涂料，乒乓台专用涂料

公司名称：上海扶桑涂料有限公司
地　　址：上海市南丹路 189 号南虹公寓 A601
邮　　编：200030
电　　话：021-59752002
主要产品：建筑涂料

公司名称：上海福全氟碳材料有限公司
地　　址：上海市闵行区闵城路 199 弄 3 号 1503
邮　　编：201100
电　　话：021-64608276/306
传　　真：021-64608296
网　　址：www.shfuquan.com
主要产品：氟碳涂料

公司名称：上海复旦安佳信功能材料有限公司
地　　址：上海市闸北区广中西路 777 弄多媒体大厦 2 号楼 A 栋 3 层 B 座
邮　　编：200072
电　　话：021-66315586-7-1
传　　真：021-66315586-87-26
邮　　箱：fudananjiaxin@126.com
网　　址：www.fdargosy.com
主要产品：保温干粉砂浆

公司名称：上海富臣化工有限公司
地　　址：上海市青浦区崧泽大道 8555 号
邮　　编：201707
电　　话：021-69212811
传　　真：021-69212600
网　　址：zhanchenda.com
主要产品：家具涂料，建筑涂料，装修涂料

公司名称：上海富晨化工有限公司
地　　址：上海市漕溪路 251 号 5-21B 室
邮　　编：200233
电　　话：021-64759140 54484960 54484961
传　　真：021-54484962
邮　　箱：fuchem@mail2.online.sh.cn
网　　址：www.fuchem.com

公司名称：上海富莱达高分子材料有限公司
地　　址：上海市松江区北松公路 6206 弄 100 号
邮　　编：201611
电　　话：021-57775391
传　　真：021-57774252 62764940
邮　　箱：FS-YAN@CNBWP.COM
网　　址：www.yzhcch.com
主要产品：防水涂料

公司名称：上海高方汽车油漆有限公司
地　　址：上海市普陀区真北路 2001 号
邮　　编：200333
电　　话：021-52793785
邮　　箱：2008@yzw.cc
主要产品：汽车涂料

公司名称：上海高杰化工有限公司
地　　址：上海俞泾港路 54 号 905 室
邮　　编：200070
电　　话：021-66600130-31
传　　真：021-56328805
邮　　箱：chemical@china.com

公司名称：上海高科建筑防水涂料厂
地　　址：上海市嘉定区星华公路 2051 号
邮　　编：201812
电　　话：021-59137887
传　　真：021-59132687
邮　　箱：wf7114@126.com
网　　址：www.shgaoke.com
主要产品：内外墙涂料，黏结剂

公司名称：上海高霆玻璃材料有限公司
地　　址：上海市沪太路 1856 弄 669 号
邮　　编：200436
电　　话：021-56683236
传　　真：021-66363184
邮　　箱：BLUE-crown@163.com
网　　址：www.gaotingglass.com
主要产品：彩绘涂料，晶彩涂料，冰花涂料

公司名称：上海古堡涂料有限公司
地　　址：上海市松江区叶榭镇兴达村大浜队
邮　　编：201609
电　　话：021-57804881
主要产品：建筑涂料

公司名称：上海古雷马化轻有限公司
地　　址：上海市安亭宝安公路 5063 号
邮　　编：201805
电　　话：021-59564000
主要产品：印花油墨，硝基涂料

公司名称：上海光耀特种涂料有限公司
地　　址：上海市黄浦区方浜中路诒庆街 51 号
邮　　编：200010
电　　话：021-63286969
传　　真：021-63284207
邮　　箱：shgy@gy-primer.com
网　　址：www.gy-primer.com
主要产品：防锈涂料

公司名称：上海广顺涂料科技有限公司
地　　址：上海市浦东新区乳山路 506 弄 42 号 202 室
邮　　编：200135
电　　话：021-58217999
传　　真：021-50281426
邮　　箱：fullcolour @ fullcolour paint.com
网　　址：www.fullcolour-paint.com

公司名称：上海广毅涂料有限公司
地　　址：上海市普陀区白兰路绿洲广场 A 幢 2510 室
邮　　编：200063
电　　话：021-63166572
主要产品：墙面涂料，建筑保温涂料，水性建筑涂料

公司名称：上海贵友机械制造有限公司
地　　址：上海市普陀区常和路 100 号 2 号厂房
邮　　编：200331
电　　话：021-62848527
传　　真：021-62848553
主要产品：防渗碳涂料

公司名称：上海国际油漆有限公司
地　　址：上海市浦东新金桥路 1515 号
邮　　编：201206
电　　话：021-58993845-558
传　　真：021-50314745
主要产品：重防腐涂料，船舶涂料

公司名称：上海国丽粉体涂料有限公司

地　　址：上海嘉定上海市嘉定区马陆镇浏翔路 3035 号
邮　　编：201818
电　　话：021-59516122
主要产品：运动器材用粉末涂料，家电用粉末涂料

公司名称：上海哈佳涂料有限公司
地　　址：上海市浦东新区南汇镇新场工业区
邮　　编：201300
电　　话：021-22817923
传　　真：021-67700807-8088
主要产品：地坪涂料，水性木器涂料，内外墙涂料

公司名称：上海海林合成涂料厂
地　　址：上海市宝山区沪太路 6273 弄 10 号
邮　　编：201908
电　　话：021-66018188
主要产品：船舶涂料，防锈涂料

公司名称：上海海隆赛能新材料有限公司
地　　址：上海市宝山区工业园区罗东路 1825 号
邮　　编：200949
电　　话：021-33851880
传　　真：021-33851885
邮　　箱：shine@hilonggroup.com
网　　址：www.hilonggroup.com
主要产品：管道特种涂料

公司名称：上海韩彩实业有限公司
地　　址：上海市闵行区中春路 4755 弄 188 号
邮　　编：201100
电　　话：021-64145599-55
传　　真：021-64935770-6851
网　　址：www.hancai.com.cn
主要产品：建筑涂料，保温涂料

公司名称：上海韩盛化工涂料有限公司
地　　址：上海市青浦区盈秀路 338 号
邮　　编：201700
电　　话：021-69206903
主要产品：塑胶涂料

公司名称：上海汉邦化工有限公司
地　　址：上海市浦东南汇盐仓工业园区盐朝路 71 号
邮　　编：201324
电　　话：021-58097532
传　　真：021-58093398
主要产品：建筑涂料，木器涂料，地坪涂料，汽车涂料

公司名称：上海汉中涂料有限公司
地　　址：上海市金山石化金一东路 7 号锦宏大楼 201
邮　　编：200540
电　　话：021-57931858
传　　真：021-57952700
邮　　箱：service@hi-zone.cn
网　　址：www.hi-zone.cn
主要产品：地坪涂料，水性环氧防腐涂料

公司名称：上海豪立涂料有限公司
地　　址：上海青浦区华新镇华志路 1295 弄 95 号
邮　　编：201708
电　　话：021-69790672
网　　址：dipingone.vlongbiz.com
主要产品：防腐涂料，工业涂料

公司名称：上海豪使涂料有限公司
地　　址：上海市崇明县堡镇大通路 251 号
邮　　编：202157
电　　话：021-59413856
邮　　箱：webmaster@sh-hstl.com
网　　址：www.sh-hstl.com.cn
主要产品：水性建筑涂料

公司名称：上海浩力森涂料有限公司
地　　址：上海市嘉定区南翔镇惠平路 158 号
邮　　编：201802
电　　话：021-39199213 39199221
传　　真：021-69122952 39199226
邮　　箱：hls@haolisen.com MKTG@haolisen.com
网　　址：www.haolisen.com
主要产品：电泳涂料，彩色阴极电泳涂料

公司名称：上海禾普化工有限公司
地　　址：上海市长宁区镇宁路 545 弄 7 号 103 室
邮　　编：200050
电　　话：021-52396231
传　　真：021-52396237
邮　　箱：webmaster@pearlchemsh.com
网　　址：www.p-chem.com
主要产品：道路路标涂料，防水涂料，黏结剂

公司名称：上海恒康新型墙体材料发展有限公司
地　　址：上海市宝山区锦秋路 809 弄 16 号 2-3F
邮　　编：200000
电　　话：021-56135612
传　　真：021-56135488
邮　　箱：shhk@hk-fgc.com
网　　址：www.hk-fgc.com
主要产品：水性裂纹漆，薄浆型艺术涂料，厚浆型艺术涂料，幻彩壁纸涂料

公司名称：上海衡峰氟碳材料有限公司
地　　址：上海市赤峰路 63 号设计大楼 11 楼 1101 室
邮　　编：200092
电　　话：021-65976727
传　　真：021-65979303
网　　址：www.fc1998.com
主要产品：氟碳涂料

公司名称：上海宏蓓涂料有限公司
地　　址：上海市嘉定区唐行高石公路 2799 号
邮　　编：201816
电　　话：021-59951240
传　　真：021-39950110
主要产品：XYB10丙烯酸锤纹漆，XYB16丙烯酸环氧桔纹漆

公司名称：上海宏珏涂料化工有限公司
地　　址：上海市嘉定区沪宜公路 5021 号
邮　　编：201800
电　　话：021-69168848
主要产品：内外墙涂料

公司名称：上海鸿科化工有限公司
地　　址：上海市徐汇区漕溪北路宏汇大厦 5 楼 A 座
邮　　编：200030
电　　话：021-664285209 64410628 64410627
传　　真：021-64285709
邮　　箱：hongke@hk-chem.com
网　　址：www.hk-chem.com
主要产品：汽车涂料，木器涂料，船舶涂料

公司名称：上海沪凯涂装工程有限公司
地　　址：上海市虹口区广灵四路 26 号甲 1006 室
邮　　编：200083
电　　话：021-55388929
传　　真：021-65365889
主要产品：特种涂料，建筑涂料

公司名称：上海沪正纳米公司
地　　址：上海市浦东莲溪路 1151 号
邮　　编：201204
电　　话：021-50428367
传　　真：021-50428369
邮　　箱：huzhengnano@vip.163.com
网　　址：www.hznano.com
主要产品：玻璃自洁涂料，抗菌自洁涂料，隔热涂料

公司名称：上海花桥涂料有限公司
地　　址：上海市武进路 456 号永生大楼七楼 A 座
邮　　编：200071
电　　话：021-69220760
主要产品：内外墙涂料

公司名称：上海华安防火材料工程设备有限公司
地　　址：上海市中山南二路 555 号 2208
邮　　编：200232
电　　话：021-64381793
传　　真：021-64047210
主要产品：G60-GD 防火涂料，SFT-1 防火涂料

公司名称：上海华邦涂料有限公司
地　　址：上海市奉贤县奉浦开发区环城东路 977 号
邮　　编：201400
电　　话：021-51272460
传　　真：021-51272460
主要产品：外墙乳胶漆

公司名称：上海华杜粉末涂料有限公司
地　　址：上海市闵行区华漕镇纪西村联友路 2099 号
邮　　编：201107
电　　话：021-62965345
主要产品：粉末涂料

公司名称：上海华斐防水涂料有限公司
地　　址：上海奉贤区青村镇于庄路 501 号
邮　　编：201400
电　　话：021-57585009-3342
主要产品：PVC 防水涂料

公司名称：上海华崛粉末新材料有限公司
地　　址：上海市松江区洞泾镇长兴路 98 弄海欣新世纪花园 13 号 202 室
邮　　编：200012
电　　话：021-57673569

传　　真：021-57673192
邮　　箱：lhp@huajuechem.com
网　　址：www.huajuechem.com

公司名称：上海华生化工公司
地　　址：上海市黄浦区上海九江路69号
邮　　编：200002
电　　话：021-63218444
传　　真：021-63218444
主要产品：家具涂料

公司名称：上海华亭铝银粉漆厂
地　　址：上海嘉定区华亭镇联五村
邮　　编：201811
电　　话：021-39195042
传　　真：021-39195506
主要产品：铝银粉漆，金属涂料，闪光漆

公司名称：上海华渊防水材料厂
地　　址：上海市南汇区六灶镇砖桥村
邮　　编：201322
电　　话：021-58162613
主要产品：聚氨酯防水涂料，氯丁胶沥青防水涂料，PVC 防水涂料

公司名称：上海幻影涂料有限公司
地　　址：上海市嘉定区马陆镇陈宝路58弄8号
邮　　编：201801
电　　话：021-69152306
传　　真：021-69152309
邮　　箱：rhf@hy-tl.com
网　　址：www.hy-tl.com
主要产品：粉末涂料，腻子

公司名称：上海汇邦涂料厂
地　　址：上海市青浦区朱家角镇张巷村童南1号
邮　　编：201714
电　　话：021-59833685
主要产品：建筑涂料

公司名称：上海汇浩工业涂料有限公司
地　　址：上海浦东周浦沈西
邮　　编：201318
电　　话：021-58117352
传　　真：021-58119954
邮　　箱：webmaster@sh-hlhh.com
网　　址：www.sh-hlhh.com

公司名称：上海汇精亚纳米新材料有限公司
地　　址：上海市闵行区放鹤路1500号
邮　　编：201109
电　　话：021-34306661 34306640 34307063
传　　真：021-34307094
邮　　箱：liutao@shhuijing.com
网　　址：www.shhuijing.com
主要产品：防火涂料

公司名称：上海汇丽(集团)公司
地　　址：上海市横桥路406号
邮　　编：201318
电　　话：021-68189966
传　　真：021-68189448
邮　　箱：admin@huili.com
网　　址：www.huili.com
主要产品：内外墙涂料，防水涂料，地面涂料，仿磁涂料，防腐涂料

公司名称：上海汇丽涂料公司
地　　址：上海市南汇县周浦镇横桥路406号
邮　　编：201318
电　　话：021-68189966
传　　真：021-68189030
邮　　箱：huili-paint@huili.com
网　　址：www.huili-paint.com
主要产品：建筑涂料

公司名称：上海汇宇精细化工有限公司
地　　址：上海市南汇区周浦镇周祝公路45号
邮　　编：201318
电　　话：021-58112089 58113846 58112756 58110746 58110743 58113879
邮　　箱：hyz@huiyu.com.cn
网　　址：www.huiyu.com.cn
主要产品：PU 涂料，跑道涂料，球场涂料，防水涂料

公司名称：上海惠邦特种涂料有限公司
地　　址：上海市东宝兴路157号16A座
邮　　编：200080
电　　话：021-63939940
传　　真：021-63254214

公司名称：上海基成达申防水材料有限公司
地　　址：上海市闵行区华漕镇北青公路699弄58号
邮　　编：201107
电　　话：021-62219819
传　　真：021-62219812
主要产品：防水涂料，水泥涂料，弹性涂料，建筑涂料

公司名称：上海吉威涂料有限公司
地　　址：上海市宝山区锦宏路179号
邮　　编：201901
电　　话：021-56390412
主要产品：内外墙涂料

公司名称：上海集泰化工有限公司
地　　址：上海市奉贤区平安镇老四平公路835号
邮　　编：201413
电　　话：021-57546387
主要产品：木器涂料

公司名称：上海纪新粉末涂料有限公司
地　　址：上海嘉定区沪宜公路5058弄20号
邮　　编：201800
电　　话：021-69968656
传　　真：021-69968656
主要产品：粉末涂料

公司名称：上海加格涂料有限公司
地　　址：上海富民旧金经济开发区蒸昌路81号
邮　　编：201717
电　　话：021-59821777
传　　真：021-59823777

公司名称：上海佳裕涂料有限公司
地　　址：上海市松江区九里亭工业园区28号
邮　　编：201615
电　　话：021-57638267
传　　真：021-57638425

邮　　箱：sunyong@jiayu-paint.com
网　　址：jiayu-paint.qianyan.biz
主要产品：氨基酸烘漆，烘漆，木器涂料

公司名称：上海家具涂料厂
地　　址：上海浦东新区东沟东高路166号(东靖路328号)
邮　　编：201208
传　　真：021-68460776
传　　真：021-68460776

公司名称：上海嘉定飞宇涂料厂
地　　址：上海市嘉定区唐行镇毛桥村霜竹路251号
邮　　编：201816
电　　话：021-59549859

公司名称：上海嘉定申嘉涂料厂
地　　址：上海市嘉定区嘉唐公路1343号
邮　　编：201807
电　　话：021-59543103
主要产品：建筑涂料，外墙乳胶漆，黏合剂，内墙乳胶漆

公司名称：上海嘉定时佳涂料厂
地　　址：上海市嘉定区唐行镇(张店村)
邮　　编：201816
电　　话：021-59951305
主要产品：汽车涂料

公司名称：上海嘉定兴达涂料厂
地　　址：上海市嘉定区唐行镇唐窑路25号南侧
邮　　编：201816
电　　话：021-59951784
主要产品：建筑涂料

公司名称：上海坚弗特种涂料有限公司
地　　址：上海市嘉定工业区北区北和路1299号
邮　　编：201821
电　　话：021-51651818
主要产品：地板 UV 涂料，木材印刷涂料

公司名称：上海建托实业有限公司
地　　址：上海市杨浦区黄兴路120号
邮　　编：200093
电　　话：021-65801126 65669991
传　　真：021-65801919
邮　　箱：shanghaijiantuo@163.com
网　　址：www.shanghaijiantuo.com
主要产品：室外涂料，建筑涂料

公司名称：上海江湾开林油漆实业公司
地　　址：上海市场中路300号
邮　　编：200434
电　　话：021-65420670
传　　真：021-65440093
主要产品：船舶涂料，家具涂料，重防腐涂料

公司名称：上海姜源新型墙面钢化涂料厂
地　　址：上海市浦东新区赵高路1758号
邮　　编：201208
电　　话：021-68481018 58482261
网　　址：www.jyxxqmghtl.com
主要产品：钢化涂料

公司名称：上海杰东粉末涂料有限公司
地　　址：上海市嘉定区江桥宝园9路168号
邮　　编：201812

电　　话：021-69132905
主要产品：粉末涂料

公司名称：上海杰斯贝壳涂料有限公司
地　　址：上海市闸北区场中路 3386 弄 9 号 101 室
邮　　编：200436
电　　话：021-56686309
传　　真：021-56686309
主要产品：建筑涂料

公司名称：上海金辰涂料有限公司
地　　址：上海市闵行区华翔路 3759 弄 527 号
邮　　编：200331
电　　话：021-52263567
传　　真：021-52263566
网　　址：www.goldtimepaint.com.cn
主要产品：室内外墙面涂料，地板涂料，家具涂料

公司名称：上海金得丽涂料有限公司
地　　址：上海市奉贤区青村镇南丰公路 385 号
邮　　编：201414
电　　话：021-57565888
传　　真：021-57562888
邮　　箱：jindeli@163.com
网　　址：www.sh-jindeli.com
主要产品：内外墙涂料

公司名称：上海金康粉末材料有限公司
地　　址：上海市奉贤区南桥镇秀南中心路 1029 号
邮　　编：201400
电　　话：021-57108991
传　　真：021-37110906

公司名称：上海金壳树脂涂料有限公司
地　　址：上海市龙华路 1833 号 3005 室
邮　　编：200032
电　　话：021-54520686
主要产品：工业涂料

公司名称：上海金力泰化工股份有限公司
地　　址：上海奉贤区沿钱公路 2888 号
邮　　编：201414
电　　话：021-57563999
传　　真：021-57563996
邮　　箱：hr@knt.cn zhouwb@knt.cn
网　　址：www.knt.cn
主要产品：汽车涂料

公司名称：上海金山吕巷云母防火涂料厂
地　　址：上海市金山区吕巷镇吕青路 585 号
邮　　编：201517
电　　话：021-57371455
传　　真：021-57371323
主要产品：防火涂料

公司名称：上海金山区朱行淡金水涂料厂
地　　址：上海市金山区朱行镇立新村横泾 3026 号
邮　　编：201506
电　　话：021-57270057
主要产品：特种淡金水涂料

公司名称：上海金遂防水材料有限公司
地　　址：上海市北青公路 18 号
邮　　编：201107
电　　话：021-52210002
传　　真：021-52210002
网　　址：www.shjinsui.com
主要产品：防水涂料

公司名称：上海金元技工贸有限公司
地　　址：上海市闸北区闻喜路 555 弄 3 号楼 601 室
邮　　编：200070
电　　话：021-56329374
传　　真：021-56984042
主要产品：涂料专用膨润土

公司名称：上海锦鸣涂料有限公司
地　　址：上海市闵行区联农路 118 号
邮　　编：201108
电　　话：021-54429016
主要产品：粉末涂料

公司名称：上海景江化工有限公司
地　　址：上海市青浦区赵巷崧泽工业区崧春路 339 号 A 栋
邮　　编：201200
电　　话：021-59758935
传　　真：021-59758933
邮　　箱：sshhkingcom@163.com
网　　址：www.kingcom.com.cn
主要产品：环氧地坪涂料，水泥地坪涂料，球场涂料，地坪涂料

公司名称：上海景星实业有限公司
地　　址：上海市周家嘴路 1220 号 1511 室
邮　　编：200082
电　　话：021-65464963 65841824
传　　真：021-65843948-8153
网　　址：yqcao188.diytrade.com
主要产品：建筑装潢材料，化工原料，涂料

公司名称：上海久丽涂料有限公司
地　　址：上海市南汇区康沈路 1892 号
邮　　编：201318
电　　话：021-68117170
主要产品：内外墙乳胶漆

公司名称：上海巨峰化工有限公司
地　　址：上海市宝山区沪太路 9088 号陈川西路 9 号
邮　　编：200949
电　　话：021-56871717 66871777
传　　真：021-56874167
邮　　箱：sales @ jufenghuagong. com office@jufenghuagong.com
网　　址：www.jufenghuagong.com
主要产品：建筑涂料

公司名称：上海聚骄水基高分子材料有限公司
地　　址：上海市嘉定区澄浏路 859 号
邮　　编：201808
电　　话：021-59909266
传　　真：021-59909166
主要产品：水性聚氨酯材料，建筑涂料

公司名称：上海卡西龙涂料有限公司
地　　址：上海市嘉定区马陆工业区丰饶路 855 号
邮　　编：201801
电　　话：021-59903717
传　　真：021-59903877
邮　　箱：kxl@sh-ccr.com
网　　址：www.sh-ccr.com
主要产品：水性涂料

公司名称：上海开林造漆厂
地　　址：上海市青浦区崧泽大道 8388 号
邮　　编：201707
电　　话：021-69212287
传　　真：021-69212283
主要产品：船舶涂料，防火涂料，绝缘涂料，耐高温涂料

公司名称：上海凯东装饰材料有限公司
地　　址：上海市奉贤区四团镇平安工业园区安逸路 48 号
邮　　编：201413
电　　话：021-57545241
传　　真：021-57545241
主要产品：氟碳涂料，水性涂料，保温材料

公司名称：上海凯甲化工有限公司
地　　址：上海市闵行区丽江路 6 弄 6 号
邮　　编：201705
电　　话：021-26306933
传　　真：021-64625700-807
邮　　箱：kaijiatl@163.com
网　　址：www.kaijiatl.com
主要产品：内外墙乳胶漆，弹性乳胶漆，马来漆

公司名称：上海凯利达实业有限公司
地　　址：上海市市辖区青浦区新城经济区 1 区 02-6
邮　　编：201703
电　　话：021-59752975
主要产品：塑料专用涂料，金属专用涂料，木器用涂料

公司名称：上海凯钛建材有限公司
地　　址：上海市闵行区恒南路 1515 号
邮　　编：201114
电　　话：021-54335601
主要产品：外墙涂料

公司名称：上海科凝防水防腐工程有限公司
地　　址：上海市真南路 3435 弄 3 号楼 202 室
邮　　编：200331
电　　话：021-61481636
传　　真：021-61481636
主要产品：防水卷材涂料，耐酸防腐地坪涂料

公司名称：上海科瑞集美精细化工有限公司
地　　址：上海市宝山区铁力路 290 号
邮　　编：200940
电　　话：021-33793078
传　　真：021-33795036
主要产品：建筑涂料，防腐涂料，地坪涂料

公司名称：上海科斯莱建材有限公司
地　　址：上海市奉浦大街 97 号绿地智尊 A 座 6 楼
邮　　编：201424
电　　话：021-37565999
传　　真：021-37565911
邮　　箱：ksl@pgksl.com
网　　址：www.pgksl.com
主要产品：地坪涂料

公司名称：上海蓝宝涂料有限公司
地　　址：上海松江张泽工业区浦亭路

177号
邮　　编：201608
电　　话：021-57886177
传　　真：021-57887108
邮　　箱：lb@shlanbao.com
网　　址：www.shlanbao.com
主要产品：涂料

公司名称：上海劳格化工涂料有限公司
地　　址：上海奉贤奉浦航谊路2号
邮　　编：201400
电　　话：021-67109289
传　　真：021-67102255
主要产品：建筑涂料，木器涂料，汽车涂料

公司名称：上海乐恒实业有限公司
地　　址：上海市陕西北路1438号财富时代大厦A427室
邮　　编：200060
电　　话：021-62986009-9979
传　　真：021-62988660
邮　　箱：shanghaileheng@163.com
网　　址：www.shleheng.cn
主要产品：耐高温涂料，防露点涂料，工业用特种涂料

公司名称：上海立施涂料有限公司
地　　址：上海市嘉定区南翔镇新裕村裕南215号
邮　　编：201802
电　　话：021-69176230
主要产品：综合性涂料

公司名称：上海丽邦地坪材料有限公司
地　　址：上海市嘉定区徐行新建二路328号
邮　　编：201808
电　　话：021-59559999
传　　真：021-59556620
邮　　箱：shlb9999@163.com
网　　址：www.shlb.cn
主要产品：地坪涂料

公司名称：上海丽晨化工有限公司
地　　址：上海市嘉定区宝钱公路1928号
邮　　编：201816
电　　话：021-59953187
传　　真：021-59950999
邮　　箱：info@lichenpaint.com
网　　址：www.lichenpaint.com
主要产品：木器家具涂料，装饰涂料，高级内外墙乳胶漆

公司名称：上海丽装化学涂地板有限公司
地　　址：上海市浦东新区东方路7B-7C
邮　　编：200127
电　　话：021-68736907-5606
68195295-5296
传　　真：021-68732161
邮　　箱：lead-strong@163.com
网　　址：www.lead-strong.com
主要产品：环氧树脂涂层面漆，水性环氧地坪涂料，环氧树脂自流平面漆，新型建筑涂料

公司名称：上海亮迪涂料有限公司
地　　址：上海市嘉定区马路镇龙盘路1269号
邮　　编：200436
电　　话：021-62508289
主要产品：建筑涂料

公司名称：上海凌大防水涂装技术工程有限公司
地　　址：上海浦东新区浦电路489号
邮　　编：200122
电　　话：021-58308466
传　　真：021-58304391
主要产品：涂膜防水材

公司名称：上海龙辉涂料厂
地　　址：上海奉贤新寺镇南宅村680号
邮　　编：201416
电　　话：021-57490332
传　　真：021-57490332

公司名称：上海龙太涂料制造有限公司
地　　址：上海奉贤区南桥镇红专村660号
邮　　编：201404
电　　话：021-57170382
主要产品：防腐涂料，高空标志涂料

公司名称：上海龙威化学工业有限公司
地　　址：上海市金山区朱行镇胥浦4062号
邮　　编：201506
电　　话：021-57272133
传　　真：021-57273923
网　　址：www.shengyidi.com

公司名称：上海绿嘉水性涂料有限公司
地　　址：上海市宝山区共富路富成园138号601
邮　　编：201906
电　　话：021-56180380
主要产品：水性环氧树脂涂料

公司名称：上海罗巴鲁富锌涂料有限公司
地　　址：上海嘉定区马陆丰功路393号
邮　　编：201801
电　　话：021-69156584
传　　真：021-69152081
网　　址：www.roval.cn
主要产品：特种涂料

公司名称：上海洛美装潢材料有限公司
地　　址：上海市兰溪路10弄3号2905室
邮　　编：200062
电　　话：021-62162521
传　　真：021-62162521
主要产品：装饰涂料，配套封底漆，沙壁状涂料，罩面漆

公司名称：上海马士达实业有限公司
地　　址：上海市嘉定区马陆工业区浏翔公路2166号
邮　　编：201801
电　　话：021-39922757
传　　真：021-39922757
邮　　箱：sh-msd@163.com
网　　址：www.shmsd.com
主要产品：涂料，彩瓦涂料

公司名称：上海麦加涂料有限公司
地　　址：上海市嘉定区马陆镇思诚路1515号
邮　　编：201801
电　　话：021-59100888-688
传　　真：021-59150001
主要产品：涂料

公司名称：上海美加灵油墨涂料厂
地　　址：上海市杨浦区军工路911号
邮　　编：200093
电　　话：021-55832448
传　　真：021-65486474
主要产品：油墨，印花涂料

公司名称：上海美可涂料有限公司
地　　址：上海市嘉定区徐行镇大安路2700号
邮　　编：201808
电　　话：021-39979746
传　　真：021-39979086
网　　址：www.megus.cn
主要产品：聚酯二度底漆，NC透明面漆，NC透明底漆，内外墙涂料

公司名称：上海美轩涂料有限公司
地　　址：上海市金山区廊下镇漕廊公路6900号
邮　　编：201516
电　　话：021-57391010
主要产品：水性涂料

公司名称：上海门普来新材料实业有限公司
地　　址：上海市浦东区金桥出口加工区宁桥路549号
邮　　编：201206
电　　话：021-58994526-8
传　　真：021-58994529
邮　　箱：mail@mample.com
网　　址：www.mample.com
主要产品：水性钢结构防腐涂料

公司名称：上海密丽舒防水材料制造有限公司
地　　址：上海市奉贤县沪杭公路2296号
邮　　编：201400
电　　话：021-57108004
主要产品：防水涂料

公司名称：上海民荣涂料有限公司
地　　址：上海市金山区亭枫公路2398号
邮　　编：201503
电　　话：021-57345557
传　　真：021-57346778
主要产品：工业涂料

公司名称：上海名彩化工有限公司
地　　址：上海闵行区莘松路958弄山林道86号1401室
邮　　编：201100
电　　话：021-51875519
主要产品：建筑涂料

公司名称：上海明峰塑粉制造厂
地　　址：上海市奉贤区光明镇牌楼村
邮　　编：201400
电　　话：021-57472178
主要产品：热固性粉末涂料

公司名称：上海明燕涂料有限公司
地　　址：上海嘉定区华亭高石路2568号
邮　　编：201816
电　　话：021-59952359
主要产品：外墙涂料

公司名称：上海纳美涂料有限公司
地　　址：上海市南汇区祝桥镇星光村七组
邮　　编：201323
电　　话：021-58102210
传　　真：021-58104485

主要产品：建筑涂料

公司名称：上海南极涂料厂二分厂上海南汇盐仓助剂厂
地　　址：上海市浦东南汇区惠南镇北首
邮　　编：201324
电　　话：021-58096258
主要产品：内外墙丙烯酸乳胶漆

公司名称：上海诺格涂料有限公司
地　　址：上海市长宁区天山路600弄2号23楼c室
邮　　编：201802
电　　话：021-52063578 62296389
传　　真：021-62296326
网　　址：www.rock-paint.com
主要产品：建筑涂料

公司名称：上海欧德化工有限公司
地　　址：上海市松江区松汇西路1110号
邮　　编：201600
电　　话：021-57721476
传　　真：021-57721476
主要产品：涂料

公司名称：上海欧利生东邦涂料有限公司
地　　址：上海市南汇祝桥镇金闻路12号D
邮　　编：201323
电　　话：021-58104170
传　　真：021-68102221
主要产品：塑胶涂料

公司名称：上海磐彩建筑涂料有限公司
地　　址：上海市闵行区龙茗路2121弄12号401室
邮　　编：201803
电　　话：021-33583496
传　　真：021-33589975
主要产品：花岗涂料，水性环保乳胶漆

公司名称：上海沛琅涂料有限公司
地　　址：上海市浦东新区华夏三路430号
邮　　编：201200
电　　话：021-50925272
传　　真：021-50925272
主要产品：工业涂料，建筑涂料

公司名称：上海浦东彩凤涂料厂
地　　址：上海市浦东新区合庆镇永红村一队
邮　　编：201201
电　　话：021-58971569
主要产品：乳胶漆，胶水

公司名称：上海浦东建筑涂料厂
地　　址：上海市浦东新区合庆镇前哨路1号
邮　　编：201201
电　　话：021-58971162
邮　　箱：xiangmei@xiangmei.com.cn
主要产品：内外墙乳胶漆，弹性乳胶漆，各类工程涂料，功能性涂料

公司名称：上海浦东新区东门涂料厂
地　　址：上海市浦东新区川沙镇新川路16号
邮　　编：201200
电　　话：021-58981926
传　　真：021-58989930
主要产品：水性涂料

公司名称：上海绮色佳粉体涂料有限公司
地　　址：上海市嘉定区外冈镇沪宜公路6008号
邮　　编：201806
电　　话：021-69575626
传　　真：021-69575860
邮　　箱：csc@cscpowder.com
网　　址：www.cscpowder.com
主要产品：粉末涂料

公司名称：上海前伟化工油漆有限公司
地　　址：上海市宝山区沪太路2853号255室
邮　　编：200436
电　　话：021-56689575
主要产品：涂料

公司名称：上海侨茂建筑防水材料有限公司
地　　址：上海市金山区山阳镇山通路88号
邮　　编：201508
电　　话：021-57248990
传　　真：021-57248830
邮　　箱：wyfqmqs@126.com
网　　址：www.qmqs.com
主要产品：外墙装饰涂料

公司名称：上海青浦飞浦树脂厂
地　　址：上海青浦区小蒸镇唐夏村2号
邮　　编：201716
电　　话：021-59818387
传　　真：021-59818308
邮　　箱：webmaster@shfeipu.com

公司名称：上海青浦沪新防腐涂料厂
地　　址：上海市青浦区青昆路79号后面
邮　　编：201700
电　　话：021-59856097
传　　真：021-59856083

公司名称：上海青浦金裕涂料厂
地　　址：上海市青浦区大营镇姚泾243号
邮　　编：201722
电　　话：021-59223875
传　　真：021-59223879
主要产品：木器涂料

公司名称：上海青浦双岭装潢材料厂
地　　址：上海市青浦区青赵路1692号
邮　　编：201700
电　　话：021-59208832
传　　真：021-69205052
主要产品：胶水，内外墙涂料

公司名称：上海青浦中星多彩涂料厂
地　　址：上海市青浦区青浦镇金家村267号
邮　　编：201700
电　　话：021-59722044
主要产品：内外墙涂料

公司名称：上海全美汽车涂料有限公司
地　　址：上海市嘉定工业区竹桥609号
邮　　编：201807
电　　话：021-27835247
传　　真：021-27835247
主要产品：涂料

公司名称：上海泉华化工有限公司
地　　址：上海市嘉定区江桥镇匡巷路388号
邮　　编：201803
电　　话：021-69139917 69130878
传　　真：021-69130369
网　　址：www.qhuvb.cn
主要产品：硝基涂料，内墙乳胶漆，外墙乳胶漆，家具涂料

公司名称：上海日清化工有限公司
地　　址：上海市松江区泗泾镇东部开发区B座望东中路58号
邮　　编：201601
电　　话：021-57619558
传　　真：021-57619390
邮　　箱：dx20071101@163.com
主要产品：建筑涂料

公司名称：上海锐伟油墨涂料有限公司
地　　址：上海市青浦区赵屯镇蔡家工业区666号
邮　　编：201711
电　　话：021-59213689
传　　真：021-59212828
邮　　箱：ruiwei@ruiweiink.com
网　　址：www.ruiweiink.com
主要产品：丝印，移印，喷涂油墨，弹性涂料

公司名称：上海瑞鹏化工材料科技有限公司
地　　址：上海市三门路497号3D苑2#楼611-612室
邮　　编：201714
电　　话：021-65918102-5
传　　真：021-65918070
邮　　箱：rpkeji@sohu.com
网　　址：www.rpkeji.com
主要产品：聚脲防腐涂料

公司名称：上海润绩化工涂料有限公司
地　　址：上海市嘉定区外冈工业一区西冈身路98号
邮　　编：201823
电　　话：021-59588779
传　　真：021-59588736
邮　　箱：runchik@126.com
网　　址：runchik.com.cn
主要产品：汽车涂料

公司名称：上海塞波涂料有限公司
地　　址：上海市普陀区真南路675弄万盛花苑75号
邮　　编：200002
电　　话：021-60510795
传　　真：021-52840921
主要产品：耐候木器涂料，斯维普水封涂料

公司名称：上海赛格涂料有限公司
地　　址：上海市金山兴塔工业区建贡路51号
邮　　编：201717
电　　话：021-67361103-8012
传　　真：021-67361102
主要产品：建筑涂料，家具涂料

公司名称：上海赛华氟涂料有限公司
地　　址：上海市邯郸路50弄30号1002室
邮　　编：200437
电　　话：021-35052249

传　　真：021-35052249
主要产品：氟碳涂料

公司名称：上海赛诺化工有限公司
地　　址：上海市青浦区华新镇华益758号
邮　　编：201700
电　　话：021-69799308 69799309
传　　真：021-69799315
网　　址：www.sunochem.com
主要产品：氟碳涂料，塑胶涂料，中高温烤漆，耐高温涂料

公司名称：上海三欧涂料有限公司
地　　址：上海市嘉定区徐行经济城新建一路90号
邮　　编：201808
电　　话：021-59559723
传　　真：021-59554262
主要产品：防静电涂料

公司名称：上海三森汉诺威涂料有限公司
地　　址：上海市闵行区银都路2988号33栋5501室
邮　　编：201108
电　　话：021-64829033
邮　　箱：yzy129@tom.com
网　　址：www.sansenpaint.net
主要产品：内外墙涂料

公司名称：上海三银制漆有限公司
地　　址：上海市青浦区徐泾镇华徐路685号
邮　　编：201702
电　　话：021-59883377-236
传　　真：021－59884001
邮　　箱：sy@san-yin.com
网　　址：www.san-yin.com
主要产品：建筑涂料，木器涂料

公司名称：上海森普实业有限公司
地　　址：上海市斜土路2601号嘉汇广场T1幢26楼GH座
邮　　编：200030
电　　话：021-64283355
传　　真：021-64260346

公司名称：上海申得欧有限公司
地　　址：上海市北京东路689号东银大厦10楼Q-T座
邮　　编：200001
电　　话：021-63525268
传　　真：021-63507090
网　　址：www.sto.com.cn
主要产品：外墙外保温涂料

公司名称：上海申华造漆厂
地　　址：上海市浦东新区合庆镇海塘村六队小蔡家宅63号
邮　　编：201201
电　　话：021-68903257
传　　真：021-68903257
主要产品：调和漆

公司名称：上海申真阿里佳托涂料有限公司
地　　址：上海市青浦港赵崧泽科技园99号
邮　　编：201703
电　　话：021-89895623
传　　真：021-89895623
邮　　箱：sh_zhan2000@yahoo.com.cn

主要产品：水泥墙面漆，外墙面漆，内墙漆

公司名称：上海圣丹化工涂料有限公司
地　　址：上海奉贤塘外工业园区
邮　　编：201408
电　　话：021-57172506
传　　真：021-57172813

公司名称：上海市道尔科技有限公司
地　　址：上海市普陀区真南路708号416室
邮　　编：200331
电　　话：021-66082679
传　　真：021-66082679
主要产品：玻璃涂料

公司名称：上海市闸北区华义欣建材厂
地　　址：上海市曹安路2300弄内
邮　　编：201803
电　　话：021-59112046-271
传　　真：021-59112046
邮　　箱：webmaster@hyxpaint.com

公司名称：上海市嘉定塑料粉末厂
地　　址：上海市嘉定区外冈镇巨门村
邮　　编：201806
电　　话：021-59937167
邮　　箱：jdsl@163.com
网　　址：www.zgtlyj.com
主要产品：粉末涂料

公司名称：上海市建好装饰材料有限公司
地　　址：上海市闵行区北翟路5088弄3号502室
邮　　编：201107
电　　话：021-52633356
传　　真：021-52633356-12
主要产品：腻子，地坪涂料，内外墙涂料，外保温涂料

公司名称：上海市丽德化工有限公司
地　　址：上海市松江区泗泾镇东部经济开发区望东中路68号
邮　　编：201601
电　　话：021-57619866 57619279
传　　真：021-57619878
主要产品：印花涂料

公司名称：上海式玛卡龙涂料有限公司
地　　址：上海市嘉定区马陆镇东宝公路485号
邮　　编：201801
电　　话：021-63912441
传　　真：021-59154771
主要产品：内外墙涂料

公司名称：上海书诺纳米涂料有限公司
地　　址：上海市南汇区书院镇芸香路10号
邮　　编：201305
电　　话：021-58128456
传　　真：021-68192123
主要产品：涂料

公司名称：上海水木化工科技有限公司
地　　址：上海市金山区金山卫镇永联村2058号
邮　　编：201512
电　　话：021-57266725
邮　　箱：zxg_301@tom.com
网　　址：zxg_301.sellgreat.com

主要产品：中高档木器涂料

公司名称：上海水中花制漆责任有限公司
地　　址：上海市青浦区纪鹤公路3689号
邮　　编：201708
电　　话：021-59798173
传　　真：021-59798063
网　　址：www.florapaint.com
主要产品：烤漆，塑胶涂料，木器涂料，氟碳涂料

公司名称：上海思锦涂料有限公司
地　　址：上海嘉定工业区叶城路925号
邮　　编：201800
电　　话：021-61026113
传　　真：021-61026326
邮　　箱：shsjtl@126.com
网　　址：www.shsjtl.com
主要产品：船底防锈涂料，防水涂料，防腐涂料，地坪涂料，内外墙涂料

公司名称：上海思贤涂料有限公司
地　　址：上海市松江区沙岗工业园区岗业路18号
邮　　编：201600
电　　话：021-57852025
传　　真：021-57852035
主要产品：乳胶漆

公司名称：上海斯安涂料厂
地　　址：上海市闵行区许泾村九组
邮　　编：201100
电　　话：021-33504458
传　　真：021-54404458
主要产品：建筑涂料，工业涂料，汽车涂料

公司名称：上海斯普莱得涂料有限公司
地　　址：上海市周家嘴路3255号1505室
邮　　编：200093
电　　话：021-65730347
传　　真：021-65730464
邮　　箱：sales@shinechem.com

公司名称：上海斯泰安涂料有限公司
地　　址：上海浦东新区顾高路1195号
邮　　编：201208
电　　话：021-68485559
传　　真：021-68480739
主要产品：涂料

公司名称：上海松江茸康涂料厂
地　　址：上海市松江区仓桥镇玉秀路28号
邮　　编：201600
电　　话：021-67726322
传　　真：021-67728537
网　　址：www.shec.gov.cn
主要产品：丙烯酸涂料

公司名称：上海隧道建筑防水材料有限公司
地　　址：上海市南汇区康沈路2403号
邮　　编：201318
电　　话：021-68128490-518
传　　真：021-68128083
主要产品：建筑防水涂料

公司名称：上海台安防水工程有限公司
地　　址：上海市嘉定区外冈镇外钱公路301号

邮　　编：201823
电　　话：021-59936372-9520
传　　真：021-39930057
邮　　箱：tasy@taian-sh.com
网　　址：www.taian-sh.com
主要产品：静电涂料，地坪涂料

公司名称：上海泰仕涂料装材料厂
地　　址：上海市闵行区马桥镇昆阳路1768号
邮　　编：201111
电　　话：021-64098859
传　　真：021-64098682
主要产品：粉末涂料

公司名称：上海涂料有限公司
地　　址：上海陕西南路345号
邮　　编：200020
电　　话：021-64314588
传　　真：021-64318172
邮　　箱：scc@chinascc.com
网　　址：www.chinascc.com
主要产品：卷材涂料，汽车涂料，重防腐涂料，船舶涂料，轻工装饰涂料，建筑涂料，特种涂料，树脂，颜料，染料，助剂

公司名称：上海威德沃涂料有限公司
地　　址：上海市上中西路135弄6号
邮　　编：200237
电　　话：021-54305999 54306777
传　　真：021-64552981
网　　址：www.wodew.com
主要产品：中高档环保型建筑涂料

公司名称：上海威罗涂料有限公司
地　　址：上海市曲阳路800号商务中心2705
邮　　编：200437
电　　话：021-55886711-807
传　　真：021-65528600
主要产品：建筑涂料

公司名称：上海为丽涂料厂
地　　址：上海市青浦区华新镇华益村335号
邮　　编：201708
电　　话：021-69799139
主要产品：水性涂料

公司名称：上海维凯化学品有限公司
地　　址：上海市闵行区昆阳路2055号
邮　　编：201111
电　　话：021-64093465
传　　真：021-64099658
网　　址：www.weikaicn.com
主要产品：普通转移类涂料，转移镭射类涂料，直镀纸类涂料，水性类转移涂料，水性涂料

公司名称：上海伟高防腐工程有限公司
地　　址：上海市江宁路420号和一大厦23H
邮　　编：200041
电　　话：021-62184666
传　　真：021-62184777
邮　　箱：weigao@vip.163.com shweigao@sh163.net
网　　址：www.weigao.net
主要产品：防腐涂料，地坪涂料

公司名称：上海吴泾建筑装潢涂料厂
地　　址：上海市闵行区吴泾通海路285号
邮　　编：200241
电　　话：021-64505710
传　　真：021-64505710
主要产品：内外墙乳胶漆

公司名称：上海禧南漆业有限公司
地　　址：上海市宝山区江杨南路779-559号
邮　　编：200439
电　　话：021-56835460
传　　真：021-56835460
主要产品：工业涂料

公司名称：上海祥美装潢材料有限公司上海浦东建筑涂料厂
地　　址：上海市浦东新区合庆前哨路1号
邮　　编：201201
电　　话：021-58971291
传　　真：021-58976737
主要产品：建筑涂料，内墙乳胶漆，外墙乳胶漆，弹性墙面涂料

公司名称：上海新东周涂料工业有限公司
地　　址：上海市青浦区沪青平公路2863号
邮　　编：201704
电　　话：021-59756851-2-3
传　　真：021-59756858
邮　　箱：sales@xdzpaint.com
网　　址：xdzpaint.cn.chemnet.com

公司名称：上海新华阻燃剂总厂
地　　址：上海浦东新区行南路300号
邮　　编：200137
电　　话：021-58679141 58618446 58673752
传　　真：021-58679141 58618446
邮　　箱：qiudun@qiudun.com
网　　址：www.qiudun.com

公司名称：上海新利涂料有限公司
地　　址：上海市奉贤区奉城镇经济园区成中路5号
邮　　编：201411
电　　话：021-57522081-1128
传　　真：021-37551199
邮　　箱：webmaster@xinlipaint.com
网　　址：www.xinlipaint.com
主要产品：建筑涂料，涂料，胶水，真石漆

公司名称：上海鑫潮涂料有限公司
地　　址：上海市江桥镇工业园区南区
邮　　编：200436
电　　话：021-39528233
传　　真：021-39528233
邮　　箱：webmaster@shxinchao.cn
网　　址：www.shxinchao.cn
主要产品：建筑涂料

公司名称：上海鑫美涂料有限公司
地　　址：上海市奉贤青村镇湾张村湾工路522号
邮　　编：201406
电　　话：021-57473512 57473213
传　　真：021-57473512
邮　　箱：webmaster@sh-xmtl.com
网　　址：www.sh-xmtl.com
主要产品：涂料，内墙涂料，外墙涂料

公司名称：上海兴新防水防腐装饰有限公司
地　　址：上海市广灵四路26号甲102室(开隆公寓)
邮　　编：200083
电　　话：021-65608866
主要产品：环氧系列墙面，地坪涂料

公司名称：上海行欣涂料化工有限公司
地　　址：上海浦南青港工业开发区725号
邮　　编：201405
电　　话：021-57562581
传　　真：021-57561581
网　　址：www.shxinli.cn
主要产品：内外墙涂料

公司名称：上海雄耐建筑材料有限公司
地　　址：上海市杨浦区沪太路3100号
邮　　编：200438
电　　话：021-28511506
传　　真：021-66517136
网　　址：www.xiongnai.com
主要产品：内外墙涂料，丙烯酸防水胶，纳米防水剂，纳米外墙乳胶漆

公司名称：上海雄狮粉末涂装有限公司
地　　址：上海市嘉定区安亭大众工业高科技园区金昌路255号
邮　　编：201814
电　　话：021-39508811 39508869
传　　真：021-39508822
网　　址：www.shxiongshi.com
主要产品：粉末涂料

公司名称：上海秀珀化工有限公司
地　　址：上海市浦东龙东大道唐圳工业园上丰路659号
邮　　编：201201
电　　话：021-58583404
网　　址：www.supe-sh.com
主要产品：地坪涂料，建筑涂料，环氧树脂地坪涂料

公司名称：上海雅达特种涂料有限公司
地　　址：上海市浦东沪南公路8615号
邮　　编：201314
电　　话：021-58180101
传　　真：021-58182697
邮　　箱：market@adash.com.cn
网　　址：www.adash.com.cn
主要产品：内外墙乳胶漆，建筑涂料

公司名称：上海雅达涂料有限公司
地　　址：上海浦东南路855号世界广场34楼A座
邮　　编：200120
电　　话：021-58369950
传　　真：021-58369951
主要产品：涂料

公司名称：上海雅蒂欧涂料有限公司
地　　址：上海市嘉定黄渡工业区春意路138号
邮　　编：201804
电　　话：021-69592345
主要产品：水性涂料

公司名称：上海雅都涂料有限公司
地　　址：上海市嘉定区宝安公路2485号
邮　　编：201801
电　　话：021-59154739

传　　真：021-59154771
主要产品：内外墙乳胶漆

公司名称：上海亚星科技有限公司
地　　址：上海市沪太路 655 弄 2 号 5F01 座
邮　　编：200070
电　　话：021-56528953
传　　真：021-56099592
邮　　箱：ya_xing@163.com
主要产品：地坪涂料，防水涂料

公司名称：上海依多科化工有限公司
地　　址：上海市闵行区光华路 521 号
邮　　编：201108
电　　话：021-64891122-689
传　　真：021-64891199
主要产品：涂料

公司名称：上海沂泰涂料有限公司
地　　址：上海市嘉定区黄渡镇联西开发区曹联路 43 号
邮　　编：201804
电　　话：021-69590777
传　　真：021-69590877
主要产品：汽车涂料

公司名称：上海易路工贸有限公司
地　　址：上海市龙吴路 1500 号
邮　　编：200231
电　　话：021-54356336-8004
传　　真：021-54356336-8007
邮　　箱：sales@isway.net

公司名称：上海益邦涂料公司
地　　址：上海市共和新路 5308 弄 68 支弄 19 号 101
邮　　编：200435
电　　话：021-27675831
邮　　箱：www_yibang@yahoo.com.cn
网　　址：www-yibang.anyp.cn
主要产品：水性环保缝纫机专用底漆

公司名称：上海银辉涂料厂
地　　址：上海青浦小蒸现代工业园区
邮　　编：201716
电　　话：021-59811482 54390081
传　　真：021-59811475 64535537
邮　　箱：webmaster@sh-yinhui.com
网　　址：www.sh-yinhui.com
主要产品：食品级、防腐级及耐候型热塑性粉末涂料

公司名称：上海英柯化工有限公司
地　　址：上海市闵行区江川路 2199 弄 25 号
邮　　编：201111
电　　话：021-54721569
传　　真：021-54721404-1569
邮　　箱：yingke@yingkechem.com
网　　址：www.yingkechem.com
主要产品：油墨，防锈底漆，地坪涂料

公司名称：上海永大石油化工有限公司
地　　址：上海市江苏路 40 号
邮　　编：200050
电　　话：021-63525555 62138989
传　　真：021-63523399 62131515
邮　　箱：aplliu@apl-chem.com
网　　址：www.apl-chem.com
主要产品：UV 光固化，塑胶，烤漆涂料

公司名称：上海永宁化工有限公司
地　　址：上海市青浦区华新镇纪鹤路 2358 号
邮　　编：201708
电　　话：021-59796102
传　　真：021-59796103
主要产品：弹性涂料，高级塑胶电脑涂料，电脑烤漆

公司名称：上海永凝防水涂料工程有限公司
地　　址：上海市浦东南路 1085 号 1505 座
邮　　编：200120
电　　话：021-58356050
传　　真：021-58356173
邮　　箱：shxiuli555@163.com
网　　址：www.eversolid.com
主要产品：防水涂料

公司名称：上海宇友商贸有限公司
地　　址：上海市武威东路 479 弄 140 号 102
邮　　编：200333
电　　话：021-56076542
传　　真：021-56370711
邮　　箱：yuyou@163.com
主要产品：射光玻璃涂料，变色玻璃涂料，冰花玻璃涂料

公司名称：上海玉清涂料有限公司
地　　址：上海市青浦区华新镇纪鹤公路 3615 号
邮　　编：201708
电　　话：021-59789329
传　　真：021-59789329
主要产品：家具涂料

公司名称：上海远东化工厂
地　　址：上海市奉贤区平安镇红庄村
邮　　编：201413
电　　话：021-57540731
主要产品：涂料

公司名称：上海悦秀化工有限公司
地　　址：上海市浦东新区南桥路 988 弄 17 号二楼
邮　　编：201200
电　　话：021-68396979 68396980
传　　真：021-58928509
邮　　箱：yeciel@sh-yeciel.com
网　　址：www.sh-yeciel.com
主要产品：地坪涂料

公司名称：上海云梦涂料制造有限公司
地　　址：上海市嘉定区春归 399 号
邮　　编：201804
电　　话：021-69590671
传　　真：021-69590670
网　　址：www.shanghaiyunmeng.com.cn
主要产品：内外墙涂料

公司名称：上海造漆厂
地　　址：上海市闵行区颛桥镇光华路 521 号
邮　　编：201108
电　　话：021-64895770
传　　真：021-64897523
邮　　箱：sales@shanghaipaint.com
网　　址：www.shanghaipaint.com
主要产品：丙烯酸类涂料，硝基类涂料，过氯乙烯类涂料和辅料

公司名称：上海泽尔化工有限公司
地　　址：上海市嘉定区外冈镇外钱公路 548 号
邮　　编：201806
电　　话：021-59938159/59937959
传　　真：021-59937545
邮　　箱：huangyu1882002@yahoo.com.cn
主要产品：工业涂料

公司名称：上海真丽化工有限公司
地　　址：上海市松江区新桥镇闵申路 688 弄 5 号
邮　　编：201612
电　　话：021-57684578
传　　真：021-57684577
主要产品：粉末涂料

公司名称：上海臻威复合材料有限公司
地　　址：上海市昌平路 428 弄 10 号 1006 室
邮　　编：200040
电　　话：021-62728513
传　　真：021-62677254
主要产品：尼龙粉末涂料

公司名称：上海振华造漆厂
地　　址：上海市桃浦古浪路 1167 号
邮　　编：200331
电　　话：021-62507250
传　　真：021-62506535
网　　址：www.flytigercoatings.com
主要产品：卷材涂料

公司名称：上海振华造漆厂涂料技术开发部
地　　址：上海市普陀区中江路 1031 号
邮　　编：200333
电　　话：021-52811878
传　　真：021-52500068
主要产品：工业涂料，建筑涂料

公司名称：上海振荣化工涂料有限公司
地　　址：上海市路家浜路 413 弄 5 号 604 室
邮　　编：200011
电　　话：021-63774412
传　　真：021-63774412
主要产品：印花涂料

公司名称：上海正臣防腐科技有限公司
地　　址：上海市浦东区金桥出口加工区金沪路 58 号
邮　　编：201206
电　　话：021-58992081 50328198
传　　真：021-50328598
邮　　箱：zcff@zcfftech.com
网　　址：www.zcfftech.com
主要产品：防腐涂料

公司名称：上海正欧地坪材料有限公司
地　　址：上海市嘉定区宝钱公路 1958 号
邮　　编：201816
电　　话：021-59951567
传　　真：021-59951582
网　　址：www.zheng.cc
主要产品：乳胶漆，地坪涂料

公司名称：上海志邦涂料有限公司
地　　址：上海市金山区亭枫公路 5050 号
邮　　编：201500
电　　话：021-57323469 57323679

传　　真：021-57323679
邮　　箱：yyd65991819@126.com
网　　址：www.shzbtl.com
主要产品：内墙乳胶漆

公司名称：上海中惠新材料公司
地　　址：上海市中山北路 470 号 5F/A
邮　　编：200071
电　　话：021-67696063
传　　真：021-67696516
邮　　箱：yyd65991819@126.com
网　　址：www.shzbtl.com
主要产品：丙烯酸酯乳液，防水涂料，内外墙乳胶漆

公司名称：上海中南建筑材料公司
地　　址：上海市凯旋路 3001 号
邮　　编：200030
电　　话：021-67696063
传　　真：021-67696516
主要产品：建筑涂料，黏合剂

公司名称：尚允涂料(上海)有限公司
地　　址：上海市嘉定区外冈镇甘柏村恒冠路 8 号
邮　　编：201806
电　　话：021-69575871
传　　真：021-69575865
主要产品：环氧地坪涂料

公司名称：四国化研上海有限公司
地　　址：上海仙霞路 319 号远东国际广场 A 幢 2503-2507
邮　　编：200051
电　　话：021-62099169-1023
传　　真：021-62099189
邮　　箱：yyd65991819@126.com
网　　址：www.skk.com.cn
主要产品：建筑涂料

公司名称：台聚涂料(上海)有限公司
地　　址：上海市嘉定区外冈镇宝钱公路 4696 号
邮　　编：201806
电　　话：021-69575299-11
传　　真：021-59585800-19
主要产品：地板涂料

公司名称：祥和涂料磷化(上海)有限公司
地　　址：上海市浦东区桃林路 18 号环球广场 A 座 1006-1007 室
邮　　编：200135
电　　话：021-58219899
传　　真：021-58216964
网　　址：www.shxhlh.com
主要产品：重防腐涂料

公司名称：新欧宝化工(上海)有限公司
地　　址：上海市嘉定区金园一路 766 号
邮　　编：201812
电　　话：021-39550000
传　　真：021-39551666
网　　址：www.opelpaint.com
主要产品：建筑涂料，木器涂料，特种涂料，其他涂料

公司名称：中美合资上海卡伯油漆有限公司
地　　址：上海市嘉定马陆开发区亚钢路
邮　　编：201801
电　　话：021-59152444
传　　真：021-59154555
主要产品：建筑涂料，工业涂料

公司名称：中外合资上海珊德涂料有限公司
地　　址：上海市吴中路 1102 号
邮　　编：201103
电　　话：021-64064750
传　　真：021-64064750
主要产品：汽车涂料

公司名称：中远关西涂料化工(上海)有限公司
地　　址：上海市沪太路 5589-5689 号
邮　　编：201907
电　　话：021-56023388
传　　真：021-56020852
邮　　箱：kansai@kansai.com.cn
网　　址：www.kansai.com.cn

公司名称：中远佐敦船舶涂料(青岛)有限公司
地　　址：上海市中山南路 28 号久事大厦 20 层
邮　　编：200020
电　　话：021-63330800-22
传　　真：021-63269686
主要产品：船舶涂料，重防腐涂料

江苏省

公司名称：PPG 航空材料(苏州)有限公司
地　　址：江苏省苏州市新区华山路 155 号
邮　　编：215129
电　　话：0512-66615858
主要产品：密封胶，航空涂料

公司名称：阿克苏诺贝尔长城涂料苏州有限公司
地　　址：江苏省苏州市苏州新区向阳路 125 号
邮　　编：215011
电　　话：0512-68073734
主要产品：粉末涂料

公司名称：阿童木(无锡)涂料有限公司
地　　址：江苏省无锡市无锡新区 121 号-D 号地块(锡锦路)
邮　　编：214000
电　　话：0510-85323008
传　　真：0510-85320018
主要产品：透水性景观涂料，水性地坪涂料

公司名称：宝应涂料化工厂
地　　址：宝应叶挺东路 1 号
邮　　编：225800
电　　话：0514-8221319
主要产品：内外墙乳胶漆，内外墙专用色浆

公司名称：宝应县飞彩涂料厂
地　　址：江苏省扬州市宝应县沿河镇刘堡村朱马闸
邮　　编：225815
电　　话：0514-88305958
主要产品：防水涂料

公司名称：常进化工(苏州)有限公司
地　　址：江苏省苏州市用直镇鸿达路 21 号
邮　　编：215127
电　　话：0512-65010921
传　　真：0512-65012647
主要产品：工业涂料

公司名称：常熟市洞泾化工厂
地　　址：江苏省常熟市杨园镇洞泾村
邮　　编：215562
电　　话：0512-52471153
传　　真：0512-52471153
主要产品：防腐蚀涂料

公司名称：常熟市方塔涂料化工厂
地　　址：江苏省常熟市支塘镇何市工业园岳南路 30 号
邮　　编：215531
电　　话：0512-52551480
传　　真：0512-52550288
网　　址：www.fang-ta.com
主要产品：溶剂型红丹防锈涂料，防腐涂料

公司名称：常熟市江南特种涂料厂
地　　址：江苏省常熟市虞山镇大义管理区
邮　　编：215557
电　　话：0512-52391272
主要产品：内外墙涂料

公司名称：常熟市涂料化工厂
地　　址：江苏省常熟市支塘镇东
邮　　编：215531
电　　话：0512-52551480
传　　真：0512-52550288
邮　　箱：master@fang-ta.com
网　　址：www.fang-ta.com
主要产品：工业涂料，建筑涂料

公司名称：常熟市万象涂料有限公司
地　　址：江苏省常熟市董浜镇支王路 44 号
邮　　编：215534
电　　话：0512-52681449
主要产品：建筑涂料，黏合剂

公司名称：常熟市兴隆粉末材料厂
地　　址：江苏省常熟市虞山镇高新技术产业园四新路
邮　　编：215557
电　　话：0512-52362118
传　　真：0512-52362228
主要产品：粉末涂料

公司名称：常熟市优德爱涂料有限公司
地　　址：江苏省常熟市练塘练东工业区
邮　　编：215551
电　　话：0512-52442644
传　　真：0512-52445248
主要产品：建筑涂料

公司名称：常熟市张桥卫浜建筑涂料厂

地　　址：江苏省常熟市张桥镇卫家塘村钓渚渡桥堍
邮　　编：215552
电　　话：0512-52418595
传　　真：0512-52418551
网　　址：www.cs-zqwbjztl.com
主要产品：粉末涂料

公司名称：常州邦迪涂料有限公司
地　　址：江苏省常州市新北区小河董家工业园
邮　　编：213138
电　　话：0519-83241962
传　　真：0519-85088308
主要产品：塑料涂料，电镀涂料，金属烤漆

公司名称：佳尔利装饰材料有限公司
地　　址：江苏省常州市钟楼开发区新闸镇新庆路555号
邮　　编：213012
电　　话：0519-83258811 83258822
传　　真：0519-83258833
邮　　箱：17sell@jiaerli.com
网　　址：www.jiaerli.com
主要产品：工程用涂料

公司名称：常州崔桥五金夹具有限公司
地　　址：江苏常州崔桥崔横南路56号
邮　　编：213103
电　　话：0519-88501338
网　　址：www.czwjjj.cn
主要产品：粉末涂料

公司名称：常州东邦涂料有限公司
地　　址：江苏省常州市五星街道勤业路320号
邮　　编：213016
电　　话：0519-83972288
主要产品：内外墙乳胶漆，氟碳涂料

公司名称：常州光辉化工有限公司
地　　址：江苏省常州市三堡街505号
邮　　编：213016
电　　话：0519-86892061 86601688
传　　真：0519-86852408
网　　址：www.ghpaint.com
主要产品：综合性涂料

公司名称：常州国松彩钢特种涂料有限公司
地　　址：江苏省常州市武进区郑陆镇三皇庙村
邮　　编：213111
电　　话：0519-88736188
主要产品：彩钢涂料，彩铝涂料，防腐涂料

公司名称：常州虹波涂料有限公司
地　　址：江苏省常州洛阳镇
邮　　编：213105
电　　话：0519-88552128
传　　真：0519-88552668
邮　　箱：admin@hong-bo.com
主要产品：聚酯涂料

公司名称：常州华狮化工有限公司
地　　址：江苏省常州市新北区泰山路217号
邮　　编：213022
电　　话：0519-85158068
传　　真：0519-85158066

邮　　箱：info@czhuashi.com
主要产品：丙烯酸系列工业涂料

公司名称：常州科瑞东亚涂料厂
地　　址：江苏省常州市武进区郑陆镇东青街28号
邮　　编：213114
电　　话：0519-88966709
网　　址：fs.qincai.net
主要产品：防腐涂料，防火涂料

公司名称：常州拉特涂料有限公司
地　　址：江苏常州市新北区
邮　　编：213133
电　　话：0519-83153666
传　　真：0519-83208666
邮　　箱：latetl@163.com
网　　址：www.cncjyq.com
主要产品：船舶涂料，重防腐涂料

公司名称：常州平岗涂料有限公司
地　　址：常州市新闸新福路15号
邮　　编：213012
电　　话：0519-83268088
邮　　箱：sales@dibang.com.cn
网　　址：www.dibang.com.cn
主要产品：工业涂料

公司名称：常州普利化工科技有限公司
地　　址：江苏省常州市圩塘工业园新民东路6号
邮　　编：213033
电　　话：0519-85777170
主要产品：涂料

公司名称：常州汽车涂料厂
地　　址：江苏省常州市新北区春江镇百丈
邮　　编：213034
电　　话：0519-85861026
传　　真：0519-85861250
邮　　箱：paint@zj-paint.cn
主要产品："足迹牌"涂料

公司名称：常州圣安涂料(漆业)有限公司
地　　址：江苏常州市横山桥金家塘32号
邮　　编：213119
电　　话：0519-88601815
传　　真：0519-88603116
主要产品：内外墙涂料，高性能防火及耐高温涂料

公司名称：常州市柏鹤涂料有限公司
地　　址：江苏省常州市新北区通江大道396号时代广场5号楼7楼
邮　　编：213022
电　　话：0519-89880988
传　　真：0519-88785640
邮　　箱：market@baihecn.com
网　　址：www.cncoatings.com
主要产品：汽车涂料，特种涂料

公司名称：常州市宝新防腐材料有限公司
地　　址：江苏省常州横山桥镇夏墅村
邮　　编：213117
电　　话：0519-88662092
传　　真：0519-88664507
邮　　箱：cnbaoxin@163.com
网　　址：www.cnbaoxin.com
主要产品：卷钢涂料

公司名称：常州市博强金属涂料有限公司
地　　址：江苏省常州市武进区洛阳镇马鞍
邮　　编：213104
电　　话：0519-88781097
主要产品：金属涂料

公司名称：常州市长发装饰材料有限公司
地　　址：常州市新区河海西路185号
邮　　编：213022
电　　话：0519-85130968
传　　真：0519-85106888
邮　　箱：sales@cfzscl.com
网　　址：www.cnchangfa.com
主要产品：工业涂料

公司名称：江苏朝晖化工有限公司
地　　址：江苏省常州市东郊横山桥镇韩地村
邮　　编：213117
电　　话：0519-88899186
传　　真：0519-88666566
邮　　箱：czzhhg@126.com
主要产品：氯化橡胶系列涂料，环氧系列涂料，聚氨酯丙烯酸系列涂料

公司名称：常州市城西塑料机械厂
地　　址：江苏省常州市西林乡凌家村
邮　　编：213024
电　　话：0519-83880374
主要产品：热固性粉末涂料

公司名称：常州市大使涂料有限公司
地　　址：江苏省常州市青洋北路158号-1
邮　　编：213000
电　　话：0519-85505577
传　　真：0519-85505557
邮　　箱：amb888@ambpaint.com
网　　址：www.amb-paint.com
主要产品：防腐涂料，水性涂料，氟碳涂料

公司名称：常州市第二工业涂料厂
地　　址：江苏省常州市机场路花园桥宣庄村21号
邮　　编：213016
电　　话：0519-83273076
主要产品：防腐涂料，汽车涂料

公司名称：常州市飞豹涂料厂
地　　址：江苏常州市武进横山桥镇前巷村
邮　　编：213117
电　　话：0519-88662407
主要产品：工业涂料

公司名称：常州市芙蓉宇通涂料有限公司
地　　址：江苏省武进市芙蓉镇
邮　　编：213118
电　　话：0519-88763161
传　　真：0519-88763161
邮　　箱：webmaster@yutong-china.com
网　　址：www.yutong-china.com
主要产品：金属涂料，汽车涂料

公司名称：常州市芙新勤源涂料有限公司
地　　址：江苏省常州市东门外芙蓉镇梁家村委
邮　　编：213118
电　　话：0519-88651096
传　　真：0519-88651096

主要产品：玻璃涂料

公司名称：常州市福莱姆汽车涂料有限公司
地　　址：常州市国家高新技术产业开发区太湖西路 23 号
邮　　编：213022
电　　话：0519-85103281
传　　真：0519-85117232
邮　　箱：public@prime-chinese.com
主要产品：汽车修补漆，汽车 OEM 涂料，高装饰高耐久建筑外墙涂料，水性路标涂料，工业涂料

公司名称：常州市汉光涂料有限公司
地　　址：江苏省常州市武进区芙蓉镇工业园区
邮　　编：213118
电　　话：0519-88763170
传　　真：0519-88651813
主要产品：丙烯酸树脂，涂料

公司名称：常州市恒辉涂料厂
地　　址：江苏省常州市南门外南宅镇蒋庄路 9 号
邮　　编：213178
电　　话：0519-86201133
主要产品：印铁涂料，上光油

公司名称：常州市恒泰化工有限公司
地　　址：江苏省常州市新北区西夏墅镇
邮　　编：213135
电　　话：0519-83431226
网　　址：www.ht-ci.com
主要产品：绝缘涂料

公司名称：常州市鸿腾化工有限公司
地　　址：江苏省常州市武进区横山桥镇
邮　　编：213119
电　　话：0519-88601185
传　　真：0519-88604306
主要产品：塑料涂料，家具涂料，聚酯涂料，防腐涂料

公司名称：常州市华东涂料有限公司
地　　址：江苏省常州市武进区横山桥镇星城村
邮　　编：213119
电　　话：0519-88605419
主要产品：钢结构涂料，防腐涂料

公司名称：常州市华芳涂装粉末有限公司
地　　址：江苏省常州市武进区横林镇镇西工业区常虹东路南侧
邮　　编：213011
电　　话：0519-88463338
传　　真：0519-88463389
主要产品：粉末涂料

公司名称：常州市华星防腐材料有限公司
地　　址：常州市东门外新安镇新芙路 10 号
邮　　编：213117
电　　话：0519-88662616
传　　真：0519-88662782
邮　　箱：webmaster@xing-lu.com
网　　址：www.xing-lu.com
主要产品：防腐涂料

公司名称：常州市环宇化工助剂厂
地　　址：江苏省常州市新北区罗溪镇高巷村
邮　　编：213133
电　　话：0519-83206205
传　　真：0519-83202813
邮　　箱：153432449@qq.com
主要产品：电镀用涂料

公司名称：常州市金恒涂料有限公司
地　　址：江苏省常州市芙蓉镇(沪宁高速从玉祁或横山道口出至本公司)
邮　　编：213118
电　　话：0519-88761283
传　　真：0519-88768333
主要产品：建筑涂料

公司名称：常州市金兔防腐涂料有限公司
地　　址：江苏省常州市武进区芙蓉镇芙蓉村
邮　　编：213118
电　　话：0519-88766623
传　　真：0519-88761452
主要产品：丙烯酸树脂涂料

公司名称：常州市聚氟高分子涂料有限公司
地　　址：江苏省常州市东门横山桥镇山北奚巷村
邮　　编：213119
电　　话：0519-88608555
传　　真：0519-88601615
主要产品：氟树脂涂料，汽车涂料，摩托车涂料

公司名称：常州市凯星涂料有限公司
地　　址：江苏省常州市东郊横山桥镇
邮　　编：213119
电　　话：0519-88602517
传　　真：0519-88602518
邮　　箱：master@kixine.com
网　　址：www.kixine.com
主要产品：防腐涂料

公司名称：常州市康宝油脂化工有限公司
地　　址：江苏省常州市新北区罗溪镇龙珠山勤丰路 1 号
邮　　编：213133
电　　话：0519-83207050
传　　真：0519-83202720
主要产品：汽车底面漆，塑料底面漆，玻璃涂料

公司名称：常州市康佳涂料厂
地　　址：江苏省常州市新北区浦后镇
邮　　编：213135
电　　话：0519-83461626
主要产品：丙烯酸涂料，聚丙烯涂料

公司名称：常州市科达涂料有限公司
地　　址：江苏省常州市潞城工业区
邮　　编：213025
电　　话：0519-88403988
传　　真：0519-88405388
邮　　箱：xqx@keda.com.cn
主要产品：防腐涂料，工业地坪涂料，耐高温涂料

公司名称：常州市克瑞特建材有限公司
地　　址：江苏常州横山桥镇大桥头工业园区
邮　　编：213118
电　　话：0519-88760053
传　　真：0519-88760300
邮　　箱：creyder@creyder.com
主要产品：弹性底涂

公司名称：常州市莱顿制漆有限公司
地　　址：江苏省常州市青龙西路 65 号
邮　　编：213021
电　　话：0519-85325919
主要产品：建筑涂料

公司名称：常州市礼河防腐材料厂
地　　址：江苏省常州市武进区邹区镇河头村
邮　　编：213145
电　　话：0519-83661787
传　　真：0519-83665235
主要产品：防腐涂料

公司名称：常州市凌龙涂料有限公司
地　　址：江苏常州市怀德中路 350 号
邮　　编：213016
电　　话：0519-83272529
传　　真：0519-83270473
邮　　箱：lealong@pub.cz.jsinfo.net
主要产品：防腐涂料，特种涂料，汽车涂料

公司名称：常州市明昊涂料有限公司
地　　址：江苏省常州市常锡路印庄桥
邮　　编：213011
电　　话：0519-88773597
主要产品：粉末涂料

公司名称：常州市明泓防腐涂料厂
地　　址：江苏省常州郑陆镇武城村
邮　　编：213114
电　　话：0519-88966693
主要产品：防腐涂料

公司名称：常州市普兰纳涂料有限公司
地　　址：江苏常州市新北区华山路西
邮　　编：213000
电　　话：0519-85129677
传　　真：0519-85129777
邮　　箱：support@lipaipaint.com
网　　址：www.pulanna.cn
主要产品：汽车涂料

公司名称：常州市锐康涂料有限公司
地　　址：江苏省常州市东郊郑陆镇三河口蔡岐
邮　　编：213115
电　　话：0519-88672088
传　　真：0519-88671086
主要产品：工业涂料，特种涂料，建筑涂料

公司名称：常州市申达化工厂
地　　址：江苏省常州市戚墅堰区潞城镇彭家塘 100 号
邮　　编：213025
电　　话：0519-88772427
主要产品：防腐涂料

公司名称：常州市神仪化工有限公司
地　　址：江苏省常州市横山桥镇新安韩地村
邮　　编：213117
电　　话：0519-88663288
传　　真：0519-88662050
主要产品：防腐涂料，船舶涂料，专用涂料

公司名称：常州市盛邦氟碳涂料有限公司

地　　址：江苏省常州市新冶路58号
邮　　编：213012
电　　话：0519-83260353
传　　真：0519-83268987
主要产品：氟碳涂料

公司名称：常州市时空化工防腐材料厂
地　　址：常州市东门外东青
邮　　编：213114
电　　话：0519-88966157
传　　真：0519-88969002
邮　　箱：busi@sk-paint.com
主要产品：防腐涂料

公司名称：常州市双华涂料有限公司
地　　址：江苏省常州市武进区横山桥镇金家塘村
邮　　编：213119
电　　话：0519-88602670
主要产品：耐高温涂料，酸型涂料，氯磺化聚乙烯型涂料

公司名称：常州市特丰涂料有限公司
地　　址：江苏省常州市东郊横山桥镇金丰工业园
邮　　编：213111
电　　话：0519-88608182
邮　　箱：cztuliao@163.com
主要产品：氯化橡胶涂料，环氧树脂涂料，聚氨酯涂料

公司名称：常州市特种涂料有限公司
地　　址：江苏省常州市戚墅堰横山桥镇金丰村
邮　　编：213119
电　　话：0519-88601757
传　　真：0519-88601613
主要产品：防腐涂料

公司名称：常州市同丰涂料有限公司
地　　址：江苏省常州市新闸龙城大道2069号
邮　　编：213012
电　　话：0519-83262192
传　　真：0519-83264669
主要产品：汽车涂料

公司名称：常州市万辉化工有限公司
地　　址：江苏省常州市武进区洛阳镇工业园区
邮　　编：213104
电　　话：0519-88522298
主要产品：工业涂料

公司名称：常州市武进晨光金属涂料有限公司
地　　址：江苏省常州市武进区芙蓉镇蓉湖路54号
邮　　编：213118
电　　话：0519-88761265
传　　真：0519-88767589
邮　　箱：admin@chenguangcn.com
网　　址：www.chenguangcn.com
主要产品：汽车涂料，工业特种涂料

公司名称：常州市武进东方造漆有限公司
地　　址：江苏省常州市武进区焦溪镇三河口开发区
邮　　编：213115
电　　话：0519-88675078
传　　真：0519-88675135
邮　　箱：info@xinyingtuliao.com
网　　址：www.xinyingtuliao.com
主要产品：工业涂料

公司名称：常州市武进虹灵化工厂
地　　址：江苏省常州市横山桥镇星辰村
邮　　编：213119
电　　话：0519-88601697
传　　真：0519-88600685
邮　　箱：hongling@czhongling.cn
网　　址：www.hongling-chemical.com
主要产品：高温涂料，防腐涂料，装饰涂料

公司名称：常州市武进华宇涂料厂
地　　址：江苏省常州市洛阳镇天井工业园2号
邮　　编：213105
电　　话：0519-86851159
传　　真：0519-86851851
主要产品：绝缘涂料

公司名称：常州市武进湟里海鼎造漆厂
地　　址：江苏省常州市武进区西郊湟里镇村前路
邮　　编：213154
电　　话：0519-83764618
传　　真：0519-83764686
邮　　箱：zhangjingnan@czcpzl.cn
主要产品：工业涂料，民用涂料，特种涂料

公司名称：常州市武进湟里神州涂料厂
地　　址：江苏常州武进湟里新渎路72号
邮　　编：213154
电　　话：0519-83761281
主要产品：防腐涂料，建筑涂料

公司名称：常州市武进康利达涂料厂
地　　址：江苏省常州市武进区雪堰镇新建雪城路9号
邮　　编：213169
电　　话：0519-86161262
传　　真：0519-86157153
主要产品：印铁涂料

公司名称：常州市武进区蓝阳化工涂料有限公司
地　　址：江苏省常州市武进区郑陆镇西街村
邮　　编：213111
电　　话：0519-88733699
主要产品：防腐涂料

公司名称：常州市武进永红涂料有限公司
地　　址：江苏省常州市武进区东安镇东丰路68号
邮　　编：213155
电　　话：0519-83731041
传　　真：0519-83739265
主要产品：防锈涂料

公司名称：常州市希柯涂料有限公司
地　　址：江苏省常州市新北区薛家镇漕河工业园庆阳路168号
邮　　编：213125
电　　话：0519-85133689
主要产品：氟碳涂料

公司名称：常州市鑫发涂料厂
地　　址：江苏省常州市武进区芙蓉镇蓉湖路77号
邮　　编：213118
电　　话：0519-88765473
主要产品：有机硅耐高温涂料，丙烯酸类涂料

公司名称：常州市星宇化工厂
地　　址：江苏省常州市武进区横山桥镇夏墅村
邮　　编：213117
电　　话：0519-88662136
主要产品：防腐涂料

公司名称：常州市亚明涂料有限公司
地　　址：江苏省常州市武进区横山桥镇星辰村
邮　　编：213119
电　　话：0519-88606920
传　　真：0519-88601292
主要产品：工业涂料

公司名称：常州市宇鹰涂料装饰厂
地　　址：江苏省常州横林镇312国道南横洛路14号
邮　　编：213101
电　　话：0519-88781333
主要产品：阴极电泳涂料

公司名称：常州市正光涂装粉末有限公司
地　　址：江苏省常州市戚墅堰东首前杨工业区81号
邮　　编：213011
电　　话：0519-88775643
传　　真：0519-88389795
主要产品：粉末涂料

公司名称：常州市之友梦琦涂料有限公司
地　　址：江苏省常州市新百区薛家中巷工业园区庆阳路10号
邮　　编：213125
电　　话：0519-85950988
传　　真：0519-85955777
主要产品：工业涂料

公司名称：常州市中邦集团有限公司
地　　址：江苏省常州市横山桥镇江南路
邮　　编：213119
电　　话：0519-88611509
传　　真：0519-88601772
主要产品：防腐涂料，防火涂料

公司名称：常州武进江南防腐材料公司
地　　址：江苏省常州市市东郊横山桥镇
邮　　编：213119
电　　话：0519-88602464
传　　真：0519-88604755
邮　　箱：root@jnfangfu.com
主要产品：防腐涂料

公司名称：常州羡阳防水防腐材料有限公司
地　　址：江苏省常州市郑陆镇东青白茅村
邮　　编：213114
电　　话：0519-88969897
主要产品：建筑涂料，防腐涂料，防火涂料

公司名称：常州向往装饰材料有限公司
地　　址：江苏省常州市钟楼区三堡街
邮　　编：213016
电　　话：0519-86859506
邮　　箱：sales@xwzs.com

主要产品：建筑涂料

公司名称：常州新区华发油漆油墨制造有限公司
地　　址：江苏省常州新北区罗西镇彭家村 17 房 1 号
邮　　编：213136
电　　话：0519-85112751
主要产品：工业涂料

公司名称：常州新区之友涂料有限公司
地　　址：江苏省常州市外环路红塔村
邮　　编：213022
电　　话：0519-85950988
传　　真：0519-85953000
邮　　箱：master@51u7.com
网　　址：www.51u7.com
主要产品：工业涂料

公司名称：常州亚光艾德涂料有限公司
地　　址：江苏省常州市罗溪镇汤庄卢家桥 48 号
邮　　编：213133
电　　话：0519-83206049 销售部 83200168
主要产品：汽车涂料，船舶涂料，特种涂料

公司名称：常州裕源涂料有限公司
地　　址：江苏省常州市武进区卜弋镇侨裕工业园区
邮　　编：213147
电　　话：0519-83561315
传　　真：0519-83567905
主要产品：建筑涂料

公司名称：常州市智通树脂有限公司
地　　址：常州市新北区春江镇圩塘
邮　　编：213033
电　　话：0519-85770049
传　　真：0519-85770134
邮　　箱：hzg@czzt.com
网　　址：www.czzt.com
主要产品：漆包线涂料

公司名称：大阪涂料(江阴)有限公司
地　　址：江苏江阴顾山镇朱家巷
邮　　编：214413
电　　话：0515-86321359
传　　真：0515-86324000
邮　　箱：zblhx84@hotmail.com
网　　址：www.osakapaint.com
主要产品：工业涂料，工业地坪涂料，重防腐涂料

公司名称：大丰市大中镇红花特种涂料厂
地　　址：江苏省盐城大丰市大中镇红花村五组
邮　　编：224100
电　　话：0515-83814313
主要产品：建筑涂料

公司名称：大丰市康民涂料有限公司
地　　址：江苏省盐城大丰市万盈镇富民路 30 号
邮　　编：224128
电　　话：0515-83762088
传　　真：0515-83762088
主要产品：建筑涂料

公司名称：大华涂料(中国)有限公司
地　　址：江苏省昆山市周市镇青阳北路 599 号
邮　　编：215314
电　　话：0512-57626999
传　　真：0512-57626996
邮　　箱：dahua@dpc.net.cn
主要产品：汽车修补涂料

公司名称：丹阳市白洋涂料厂
地　　址：江苏省丹阳市里庄镇白庙村
邮　　编：212363
电　　话：0511-86671093
主要产品：建筑涂料

公司名称：丹阳市东方涂料有限公司
地　　址：江苏丹阳市吕城镇
邮　　编：212351
电　　话：0511-86476332
传　　真：0511-86120026
主要产品：汽车涂料，重防腐涂料

公司名称：丹阳市宏铸涂料有限公司
地　　址：江苏省丹阳市蒋墅镇滨河北路粮库北侧
邮　　编：212364
电　　话：0511-86612088
传　　真：0511-86612313
邮　　箱：hsz@hongzhu-cn.com
主要产品：玻璃涂料，家电涂料，自行车涂料

公司名称：丹阳市嘉华化工厂
地　　址：江苏省丹阳市吕城镇吕纺路 19 号
邮　　编：212351
电　　话：0511-86476686
传　　真：0511-86479686
主要产品：工业涂料

公司名称：丹阳市金龙涂料有限公司
地　　址：江苏省丹阳市吕城镇吕导路
邮　　编：212351
电　　话：0511-86479917
传　　真：0511-86822038
主要产品：汽车涂料，ABS 塑料涂料，光固化金油，PP 涂料，家电涂料，工业用涂料

公司名称：丹阳市金三元造漆厂
地　　址：江苏省丹阳市云阳镇永兴村
邮　　编：212324
电　　话：0511-86235777
传　　真：0511-86238883
主要产品：工业涂料

公司名称：丹阳市锦富达漆业有限公司
地　　址：江苏省丹阳市导墅镇正丹路
邮　　编：212361
电　　话：0511-86682591
传　　真：0511-86655177
邮　　箱：jfdfujun@163.com
主要产品：家电涂料，汽车涂料

公司名称：丹阳市骏马建材厂
地　　址：江苏省丹阳市导墅镇振丹路东
邮　　编：212361
电　　话：0511-86683388
传　　真：0511-86655038
主要产品：粉末涂料

公司名称：丹阳市凯林化工有限公司
地　　址：江苏省丹阳市吕城镇西环路
邮　　编：212351
电　　话：0511-86479786
传　　真：0511-86478998
主要产品：汽车涂料

公司名称：丹阳市科达涂料有限公司
地　　址：江苏省丹阳市吕城镇西环路
邮　　编：212351
电　　话：0511-86476791
主要产品：汽车涂料，电动车涂料，摩托车涂料

公司名称：丹阳市练湖涂料化工有限公司
地　　址：江苏省丹阳市练湖工业园
邮　　编：212334
电　　话：0511-86586728
主要产品：工业涂料

公司名称：丹阳市启迪化工有限公司
地　　址：江苏省丹阳市吕城镇纺工东路
邮　　编：212351
电　　话：0511-86479638
传　　真：0511-86477668
邮　　箱：info@cn-qidi.com
主要产品：家电涂料，汽车涂料

公司名称：丹阳市日月漆业有限公司
地　　址：江苏省丹阳市运河镇留庄村
邮　　编：212352
电　　话：0511-86455015
传　　真：0511-86453923
邮　　箱：paint@china-liwang.com
主要产品：汽车涂料，电动车涂料，摩托车涂料

公司名称：丹阳市润驰涂料有限公司
地　　址：江苏省丹阳市横塘韩资工业园
邮　　编：212355
电　　话：0511-86645288
传　　真：0511-86645028
邮　　箱：dyrunchi@163.com
网　　址：www.dyrunchi.com
主要产品：电化铝涂料，耐高温镭射包装膜涂料

公司名称：丹阳市三冠化工涂料有限公司
地　　址：江苏省丹阳市吕城镇圣旨西路 188 号
邮　　编：212351
电　　话：0511-86476581
传　　真：0511-86477917
邮　　箱：info@cn-sanguan.com
网　　址：www.cn-sanguan.com
主要产品：汽车涂料，摩托车涂料，自行车涂料，家电涂料

公司名称：丹阳市三兴涂料有限公司
地　　址：江苏省丹阳市吕城镇工业园区
邮　　编：212351
电　　话：0511-86478127
主要产品：工业涂料，建筑涂料，木器涂料

公司名称：丹阳市伟能达涂料有限公司
地　　址：江苏省丹阳市陵口镇陵口村工业园区
邮　　编：212353
电　　话：0511-86662692
主要产品：水性涂料

公司名称：丹阳市现代化工涂料实业公司
地　　址：江苏省镇江市丹阳市吕城镇东市行政村

邮　　编：212351
电　　话：0511-86476828
主要产品：工业涂料

公司名称：丹阳市新科涂料有限公司
地　　址：江苏省丹阳市导墅镇小华村吕蒋公路旁
邮　　编：212361
电　　话：0511-86687570
主要产品：汽车涂料

公司名称：丹阳市永达化工有限公司
地　　址：江苏省丹阳市导墅镇小华村312国道207公里处
邮　　编：212361
电　　话：0511-86476008
传　　真：0511-86477786
主要产品：工业涂料

公司名称：丹阳市远中金属助剂有限公司
地　　址：江苏省丹阳市运河镇中心村
邮　　编：212352
电　　话：0511-86452305
传　　真：0511-86451388
主要产品：工业涂料

公司名称：登王化学工业(昆山)有限公司
地　　址：江苏省昆山市蓬朗镇西街
邮　　编：215333
电　　话：0512-57611910
传　　真：0512-57611912
主要产品：工业涂料

公司名称：东昌涂料有限公司
地　　址：江苏省张家港市东沙镇
邮　　编：215661
电　　话：0512-58630195
传　　真：0512-58631535
网　　址：www.dong-chang.com
主要产品：防腐涂料

公司名称：东台市台东化工二厂
地　　址：江苏省盐城市东台市台东镇人民路南首
邮　　编：224215
电　　话：0515-85440096
主要产品：粉末涂料

公司名称：东台唐辰化建有限公司
地　　址：江苏省东台市唐洋镇黄海街6号
邮　　编：224233
电　　话：0515-85651205
主要产品：防水涂料

公司名称：东周化学工业(昆山)有限公司
地　　址：江苏省昆山市周市镇青阳北路532号
邮　　编：215314
电　　话：0512-57625880
主要产品：建筑涂料

公司名称：阜宁县双鹤涂料有限公司
地　　址：江苏省盐城市阜宁县城北工业区北环路18号
邮　　编：224200
电　　话：0515-87398889
传　　真：0515-87398989
邮　　箱：fnshuanghe@163.com
主要产品：建筑涂料，工业涂料

公司名称：阜宁县双鹰涂料有限公司
地　　址：江苏省盐城市阜宁县阜城镇条河路3号
邮　　编：224400
电　　话：0515-87212083
主要产品：建筑涂料

公司名称：阜宁县益林旭日涂料厂
地　　址：江苏省盐城市阜宁县益林镇阜淮路13号
邮　　编：224421
电　　话：0515-87797728
主要产品：建筑涂料

公司名称：富士化研(昆山)有限公司
地　　址：江苏省昆山市张浦镇滨江南路3号
邮　　编：215321
电　　话：0512-57455799
传　　真：0512-57455775
主要产品：水性涂料，木器涂料

公司名称：高邮市三联涂料有限公司
地　　址：江苏省高邮市卸甲镇南龙村
邮　　编：225644
电　　话：0514-84732022
主要产品：丙烯酸类涂料

公司名称：高邮市振春建材厂
地　　址：江苏省高邮市天山镇殷河村周庄组
邮　　编：225653
电　　话：0514-84223894
传　　真：0514-84223894
邮　　箱：yz114@yz114.net
主要产品：建筑涂料

公司名称：古罗马涂业有限公司
地　　址：苏州吴江市经济开发区清树湾D座
邮　　编：215200
电　　话：0512-63409088
传　　真：0512-63409800
邮　　箱：rome@romepaint.com
主要产品：建筑涂料

公司名称：淮安市国安消防器材制造有限公司
地　　址：江苏省淮安市经济开发区厦门路196号
邮　　编：223005
电　　话：0517-83716588
邮　　箱：guoanxiaofang@126.com
网　　址：gaxf.99dq.com
主要产品：防火涂料

公司名称：江苏河海纳米科技股份有限公司
地　　址：江苏省泰兴市济川北路88号河海集团工业园
邮　　编：225401
电　　话：0523-87694808
邮　　箱：qingtang_cheng@txnm.com.cn
主要产品：纳米涂料

公司名称：苏州恒成涂料有限公司
地　　址：江苏省吴江市松陵镇友谊工业区联华路
邮　　编：215200
电　　话：0512-63361199
传　　真：0512-63361133
主要产品：建筑涂料

公司名称：恒丰涂料(太仓)有限公司
地　　址：江苏省太仓市陆渡镇中市东路
邮　　编：215412
电　　话：0512-53450215
传　　真：0512-53450636
主要产品：塑胶涂料，UV涂料，丝印油墨，金属烤漆

公司名称：江苏盛联油墨涂料有限公司
地　　址：江苏省淮安市洪泽县西顺河镇顺达路48号
邮　　编：223114
电　　话：0517-87302000
传　　真：0512-87302686
主要产品：油墨，烤漆

公司名称：华邦化工科技(镇江)有限公司
地　　址：江苏省镇江市润州区民营开发区蒋家门工业园8号
邮　　编：212111
电　　话：0511-85523598
传　　真：0511-85523528
主要产品：粉末涂料

公司名称：淮安市华威涂料有限公司
地　　址：江苏省盱眙县马坝镇陵园路
邮　　编：211751
电　　话：0517-88410587
主要产品：建筑涂料

公司名称：淮安市蓝天涂料有限公司
地　　址：江苏省淮安市楚州区经济开发区边寿民路1号
邮　　编：223200
电　　话：0517-85968782
主要产品：建筑涂料，木器涂料，建筑胶黏剂

公司名称：淮安市龙泉涂料有限公司
地　　址：江苏省淮安市楚州工业园区华西路2号
邮　　编：223200
电　　话：0517-85208777
传　　真：0517-85370977
主要产品：工业涂料，木器涂料，建筑涂料

公司名称：淮安市欧莱涂料有限公司
地　　址：江苏省淮安市西安路18号
邮　　编：223001
电　　话：0517-83386603
主要产品：建筑涂料

公司名称：淮安市造漆厂有限公司
地　　址：淮安市清浦区淮三路11号
邮　　编：223002
电　　话：0517-83982591
传　　真：0517-83963958
邮　　箱：hyszqc@pub.hy.jsinfo.net
主要产品：水性涂料，各类涂料

公司名称：苏州嘉乐威企业发展有限公司
地　　址：苏州市相城区东桥工业开发区长平路83号
邮　　编：215152
电　　话：0512-65379868
传　　真：0517-65379978
主要产品：各类涂料

公司名称：常熟市嘉美涂料有限公司
地　　址：江苏省常熟市海虞北路41-27号(客运站对面)

邮　　编：215500
电　　话：0512-55679302
传　　真：0512-52844166
邮　　箱：jmtl@sina.com sanjia@cs-sanjia.com
网　　址：www.cs-sanjia.com
主要产品：建筑涂料，防腐涂料

公司名称：建湖苏东化工有限公司
地　　址：江苏省盐城市建湖县冈东镇解放路1号
邮　　编：224732
电　　话：0515-86489888
传　　真：0515-86489999
主要产品：防火防腐涂料，内外墙涂料

公司名称：建湖县正东涂料有限公司
地　　址：江苏省盐城市建湖县建阳镇建南
邮　　编：224751
电　　话：0515-86313432
主要产品：建筑涂料

公司名称：江都市柏立涂装粉末有限公司
地　　址：江苏省江都市小纪镇华西路18号
邮　　编：225241
电　　话：0514-86141186
传　　真：0514-86144302
主要产品：粉末涂料

公司名称：江都市华联粉末涂料有限公司
地　　址：江苏省江都市吴堡镇邮电路
邮　　编：225243
电　　话：0514-86775988
主要产品：热固性粉末涂料

公司名称：江都市华阳粉末涂料厂
地　　址：江苏省江都市小纪镇华阳工业区振华路168号
邮　　编：225242
电　　话：0514-86141825
主要产品：粉末涂料

公司名称：江都市华阳富山塑粉厂
地　　址：江苏省江都市华阳镇华阳路20号
邮　　编：225242
电　　话：0514-86141032
传　　真：0514-86142788
邮　　箱：lmf@yzfushan.com
主要产品：粉末涂料

公司名称：江都市九天化工涂料有限公司
地　　址：江苏省江都市麾村镇麾东村
邮　　编：225200
电　　话：0514-86020515
传　　真：0514-82690021
主要产品：工业涂料

公司名称：江都市新维装饰材料厂
地　　址：江苏省江都市郭村镇郭华村杨家组22号
邮　　编：225239
电　　话：0514-86394320
传　　真：0514-86390318
主要产品：建筑涂料

公司名称：江都市一洲涂料化工有限公司
地　　址：江苏省江都市仙女镇民和村
邮　　编：225200
电　　话：0514-86846056
传　　真：0514-86844877
主要产品：工业涂料，建筑涂料

公司名称：江都市中宝化工有限公司
地　　址：江苏省江都市小纪工业园金晨路3号
邮　　编：225241
电　　话：0514-86596688
传　　真：0514-86595566
主要产品：粉末涂料

公司名称：江都市裕邦粉末涂料厂
地　　址：江苏省江都市小纪镇华阳开发区南首
邮　　编：225200
电　　话：0514-86142309
传　　真：0514-86145818
主要产品：粉末涂料

公司名称：江苏柏鹤涂料有限公司
地　　址：江苏省常州市新北区通江大道396号时代广场5号楼七层
邮　　编：213022
电　　话：0519-83401133
传　　真：0519-88785640
主要产品：汽车系列涂料

公司名称：江苏长江涂料有限公司
地　　址：江苏省南京化学工业园园区西路157号
邮　　编：210047
电　　话：025-58394880
传　　真：025-58394891
主要产品：木器涂料，建筑涂料，工业涂料，通用涂料，特种涂料

公司名称：江苏晨光涂料有限公司
地　　址：江苏省常州市武进市常州市湟里工业园区
邮　　编：213151
电　　话：0519-83762618
传　　真：0519-83761015
邮　　箱：seals@cgpaint.com.cn
主要产品：涂料，外墙涂料

公司名称：江苏大象东亚制漆有限公司
地　　址：江苏省吴江市吴江经济开发区瓜泾路1号
邮　　编：215200
电　　话：0512-63127801
传　　真：0512-63455777
邮　　箱：ccxx11520@tom.com
主要产品：家具涂料，建筑涂料

公司名称：江苏大中制漆有限公司
地　　址：江苏省无锡市玉祁镇黄泥坝村
邮　　编：214184
电　　话：0510-83332580
传　　真：0510-83330056
主要产品：工业涂料，建筑涂料，家具涂料

公司名称：江苏丹阳市飞鹿涂料厂
地　　址：江苏省丹阳市界牌镇中心校工业园北大街河对面
邮　　编：212323
电　　话：0511-86387580
主要产品：丙烯酸涂料

公司名称：江苏丹阳市龙泉化工涂料有限公司
地　　址：江苏丹阳市新桥镇
邮　　编：212322
电　　话：0511-86357777
传　　真：0511-86350999
邮　　箱：web@longquanchem.com
网　　址：www.longquanchem.com
主要产品：汽车系列涂料

公司名称：江苏飞翔涂料实业总公司
地　　址：江苏省丹阳市吕城镇纺工东路2号
邮　　编：212351
电　　话：0511-86826072
传　　真：0511-86826056
主要产品：摩托车涂料

公司名称：江苏丰彩新型建材有限公司
地　　址：江苏省南京市江宁科学园湖山路777号
邮　　编：211100
电　　话：025-52172777
主要产品：建筑涂料

公司名称：江苏福瑞达塑粉有限公司
地　　址：江苏省姜堰市曙光工业园区
邮　　编：225532
电　　话：0523-88686808
传　　真：0523-88098148
邮　　箱：cx@jsfrd.cn
网　　址：www.jsfrd.cn
主要产品：粉末涂料

公司名称：江苏海霸化工有限公司
地　　址：江苏省常州市横山桥镇开发区北区(戚月线10.5 km处)
邮　　编：213117
电　　话：0519-88661199
传　　真：0519-88661188
邮　　箱：info@haiba.com.cn
主要产品：彩钢涂料，聚酯树脂

公司名称：江苏海晟涂料有限公司
地　　址：江苏省扬中市西来桥镇工业园区
邮　　编：212221
电　　话：0511-88565288
主要产品：工业涂料，防腐涂料，船舶涂料

公司名称：江苏鸿业涂料科技产业有限公司
地　　址：常州市龙江中路22号
邮　　编：213016
电　　话：0519-83282371
传　　真：0519-83976775
邮　　箱：info@hongyecoatings.com
主要产品：卷材涂料，汽车涂料

公司名称：江苏华奥涂料化工有限公司
地　　址：江苏省仪征经济开发区大庆北路129
邮　　编：211400
电　　话：0514-83437008
传　　真：0514-83418713
邮　　箱：haoao2000@sina.com
网　　址：www.haoao.com
主要产品：船舶涂料，汽车涂料，桥梁涂料

公司名称：江苏华光粉末有限公司
地　　址：常州市武进区遥观镇建农村
邮　　编：213102
电　　话：0519-88701296

传　　真：0519-88702718
邮　　箱：sales@hgfmtl.com
网　　址：www.hgfmtl.com
主要产品：粉末涂料

公司名称：江苏江阴华理防腐涂料有限公司
地　　址：江苏省江阴市璜土镇镇立路157号
邮　　编：214445
电　　话：0510-86651278
传　　真：0510-86657700
邮　　箱：sales@hlabc.com
网　　址：www.hlabc.com
主要产品：船舶涂料，防腐涂料，建筑涂料

公司名称：江苏金宇化学建材实业公司
地　　址：徐州市黄河北路18路
邮　　编：221002
电　　话：0516-85659181
传　　真：0516-85555481
主要产品：装饰涂料，功能涂料，防水涂料，表面处理剂，防腐剂，防霉剂

公司名称：江苏句容金梅涂料有限公司(句容市第二化工厂)
地　　址：句容市华阳镇宁杭北路81号
邮　　编：212400
电　　话：0511-87270808
主要产品：建筑涂料

公司名称：江苏科特涂饰有限公司
地　　址：江苏省丹阳市吕城镇吕导公路40号
邮　　编：212351
电　　话：0511-86476547
传　　真：0511-86476921
主要产品：聚氨酯涂料，丙烯酸塑料涂料，丙烯酸金属涂料

公司名称：江苏兰陵化工集团有限公司
地　　址：江苏省常州市东郊横山桥镇
邮　　编：213119
电　　话：0519-88601528
传　　真：0519-88601785
邮　　箱：lanling@cnlanling.com
网　　址：www.cnlanling.com
主要产品：粉末涂料，彩钢涂料，防腐涂料

公司名称：江苏力丰集团常州市特种涂料厂
地　　址：江苏省武进市横桥镇
邮　　编：213119
电　　话：0519-88601757
传　　真：0519-88601613
主要产品：船舶涂料，工业涂料，建筑涂料

公司名称：南宝树脂(中国)有限公司
地　　址：江苏省昆山开发区昆嘉路600号
邮　　编：215334
电　　话：0512-57708888
传　　真：0512-57719888
邮　　箱：cnp@nanpao.net
网　　址：www.nanpao.net
主要产品：内外墙涂料，地坪涂料，木器用涂料,建筑装饰用涂料，工业涂料，特殊涂料

公司名称：江苏省宝应县涂料化工厂
地　　址：江苏省宝应县城叶挺东路1号
邮　　编：225800
电　　话：0514-88221319
主要产品：建筑涂料

公司名称：江苏省丹阳市日月漆业有限公司
地　　址：江苏省丹阳市运河镇留庄村
邮　　编：212352
电　　话：0511-86455015
主要产品：氨基烘干涂料，丙烯酸烘干类涂料，聚氨酯类涂料，硝基类涂料

公司名称：江苏省丹阳市振邦涂料有限公司
地　　址：江苏省丹阳市导墅镇大华村华士路
邮　　编：212361
电　　话：0511-86687379
传　　真：0511-86655187
主要产品：工业涂料，集装箱涂料，耐高温涂料，不粘锅涂料

公司名称：江苏省东台市长青涂料厂
地　　址：江苏省东台市东台镇长青工业区
邮　　编：224221
电　　话：0515-85883691
传　　真：0515-85565285
主要产品：建筑涂料

公司名称：江苏省东裕化工有限公司
地　　址：江苏省昆山市周市镇青阳北路35号
邮　　编：215314
电　　话：0512-57626700
传　　真：0512-57623909
主要产品：粉末涂料

公司名称：江苏省江都市莱克化工有限公司
地　　址：江苏省江都市小纪镇华阳经济开发区
邮　　编：225242
电　　话：0514-86141108
传　　真：0514-86141688
主要产品：粉末涂料

公司名称：江苏省姜堰市亚美涂料厂
地　　址：江苏省姜堰市经济开发区双寿路77号
邮　　编：225500
电　　话：0523-88018977
传　　真：0523-88018077
主要产品：建筑涂料

公司名称：江苏省开喜爱化工涂料有限公司
地　　址：江苏省昆山市淀山湖镇双和路97号
邮　　编：215345
电　　话：0512-57492272
主要产品：建筑用涂料，工业用涂料，木工用涂料，粉末涂料

公司名称：江苏省溧阳市冶建防腐材料厂
地　　址：江苏省溧阳市溧城镇东升路189号
邮　　编：213300
电　　话：0519-87322168
传　　真：0519-87320175

邮　　箱：sales@youliangchina.com
网　　址：www.youliangchina.com

公司名称：江苏省泰州市雅饰涂料有限公司
地　　址：苏陈工业北园区
邮　　编：225300
电　　话：0523-80636185 89650286
传　　真：0523-89650286
邮　　箱：web@ystl.net
网　　址：www.ystl.net
主要产品：丙烯酸内外墙乳胶漆

公司名称：江苏省宜兴市古石化工厂
地　　址：江苏省宜兴市万石镇工业开发区
邮　　编：214212
电　　话：0510-87841788
邮　　箱：gushi@163.com
网　　址：www.zgtlyj.com
主要产品：建筑涂料，机械涂料

公司名称：江苏沭阳凤凰美术颜料有限公司
地　　址：江苏省宿迁市沭阳县经济开发区北工业园区金华路
邮　　编：223600
电　　话：0527-83968399
传　　真：0527-83513980
主要产品：艺术涂料

公司名称：江苏双普化工科技有限公司
地　　址：江苏省无锡市宜兴市新街街道陆平村
邮　　编：214239
电　　话：0510-87358777
传　　真：0510-87358999
网　　址：zitengqiye.cn.gongchang.com
主要产品：聚酯涂料，聚氨酯涂料，硝基涂料

公司名称：江苏宿迁源丰漆业有限公司
地　　址：江苏省宿迁市陆集工业园区
邮　　编：223800
电　　话：0527-4751688
传　　真：0527-4750688

公司名称：江苏太仓市兰燕甲板敷料涂料有限公司
地　　址：江苏省太仓市璜泾镇
邮　　编：215427
电　　话：0512-53815126
传　　真：0512-53811534
网　　址：www.lanyan.cn
主要产品：甲板涂料

公司名称：江苏泰州五行涂料有限公司
地　　址：江苏省姜堰市通扬西路73号
邮　　编：225500
电　　话：0523-88817755
传　　真：0523-88818855
主要产品：建筑涂料，防火涂料

公司名称：江苏威斯特装饰材料有限公司
地　　址：江苏省沭阳市经济开发区湖洲路11号
邮　　编：223600
电　　话：0527-83968020
传　　真：0527-83968021
邮　　箱：wb@vast11.com
网　　址：www.vast11.com
主要产品：内外墙涂料

公司名称：江苏苏州美亚美建筑涂料有限公司
地　　址：江苏省吴江市莘塔镇府时路工业区
邮　　编：215213
电　　话：0512-63291237
传　　真：0512-63291237
主要产品：涂料原材料

公司名称：江苏徐州佳丽涂料厂
地　　址：江苏省徐州市九里区拾新路2号
邮　　编：221000
电　　话：0516-87326888
传　　真：0516-87326888
主要产品：建筑用涂料

公司名称：江苏亚邦集团公司
地　　址：江苏省常州市南门外牛塘镇
邮　　编：213163
电　　话：0519-86391038/6703
传　　真：0519-86395888
邮　　箱：webmaster@yabang.com
网　　址：www.yabang.com

公司名称：江苏仪征大巷涂料厂
地　　址：江苏省仪征市大庆北路188号圆技研公司
邮　　编：211400
电　　话：0514-83434670
主要产品：聚酯涂料

公司名称：江苏宜兴恒达涂料有限公司
地　　址：江苏省宜兴市万石北开发区人民路2号
邮　　编：214200
电　　话：0510-87851504
传　　真：0510-87853648
邮　　箱：mail@hdtl.cn
网　　址：www.hdtl.cn

公司名称：江苏怡成屏障科技有限公司
地　　址：江苏省张家港市中兴路14号
邮　　编：215600
电　　话：0512-58678688
传　　真：0512-58678688
邮　　箱：barrier@barrier.com.cn jdlyr@barrier.com.cn ycff@barrier.com.cn
网　　址：www.barrier.com.cn
主要产品：内外墙涂料，防火涂料，粉末涂料

公司名称：江苏易人涂料有限公司
地　　址：江苏省宜兴市阳羡西路2002号
邮　　编：214200
电　　话：0510-7207582
传　　真：0510-7207582

公司名称：江苏裕丰化工有限公司
地　　址：江苏泰州靖江市东郊
邮　　编：214511
电　　话：0523-84598891
传　　真：0523-84598891
邮　　箱：zh@js-yf.com.cn
网　　址：www.js-yf.com.cn
主要产品：防堵涂料，防腐涂料，外墙乳胶漆，木器装饰涂料

公司名称：江苏云松防腐材料有限公司
地　　址：江苏省常州市东青镇
邮　　编：213114
电　　话：0519-8896/6088
邮　　箱：js-ys@js-ys.com
网　　址：www.js-ys.com
主要产品：防锈底漆，中间涂料，车间底漆

公司名称：江苏张家港市飞宇化工有限公司
地　　址：江苏省张家港市乐余镇经济开发区
邮　　编：215621
电　　话：0512-58603060
主要产品：耐高温涂料，钢结构防腐涂料，环氧地坪涂料

公司名称：江苏智泰科技发展有限公司
地　　址：江苏省常熟市黄河路275号城市之星701室
邮　　编：215500
电　　话：0512-52221928
主要产品：建筑涂料，防腐涂料，特种涂料，隔热涂料

公司名称：江苏中宝化工有限公司
地　　址：江苏省小纪镇华阳村华西组
邮　　编：225241
电　　话：0514-6144188 13905258631
传　　真：0514-6144818
邮　　箱：js-zd@etang.com
网　　址：www.jszhongbao.com

公司名称：江苏足迹涂料有限公司
地　　址：江苏省常州市春江镇百丈工业园创业东路2号
邮　　编：213034
电　　话：0519-85861026 85861250
传　　真：0519-85861250
邮　　箱：paint@zj-paint.cn
网　　址：www.zj-paint.cn
主要产品：汽车涂料，塑料五金涂料

公司名称：江阴华理防腐涂料有限公司
地　　址：江苏省江阴市璜土镇立新路157号
邮　　编：214445
电　　话：0510-86651278 86657818 86654788
传　　真：0510-86657700
邮　　箱：sales@hlabc.com
网　　址：www.hlabc.com
主要产品：丙烯酸涂料，氨基涂料，环氧涂料，聚氨酯涂料，聚酯涂料

公司名称：江阴九华集团有限公司
地　　址：江苏省江阴市君巫路19号
邮　　编：214431
电　　话：0510-86806458 86806464 86804048
邮　　箱：info@jiuhuachina.com
网　　址：www.jiuhuachina.com

公司名称：江阴市北国新型建筑涂料厂
地　　址：江苏省江阴市顾山镇国东村老桥圩1号
邮　　编：214414
电　　话：0510-86351532
主要产品：内外墙乳胶漆，建筑胶水

公司名称：江阴市长泾汇丰涂料厂
地　　址：江苏省无锡市江阴市长泾镇云顾县大桥堍
邮　　编：214411
电　　话：0510-86313877
主要产品：乳胶漆，胶水，腻子粉，建筑涂料，涂料

公司名称：江阴市长寿化学助剂厂
地　　址：江苏省江阴市周庄镇陆道头巷
邮　　编：214424
电　　话：0510-86361912
传　　真：0510-86961588
主要产品：印花涂料

公司名称：江阴市恒源涂料有限公司
地　　址：江苏省江阴市南闸镇西路2号
邮　　编：214405
电　　话：0510-86171717 86181820
传　　真：0510-86180388
网　　址：www.jy-hy.com
主要产品：印铁制罐涂料

公司名称：江阴市华翔涂料厂
地　　址：江苏省江阴市华西十三村
邮　　编：214425
电　　话：0510-86378966
传　　真：0510-86378966
主要产品：涂料

公司名称：江阴市汇昌涂料有限公司
地　　址：江苏省江阴市长泾镇长东经济开发区
邮　　编：214411
电　　话：0510-86308155
主要产品：工业涂料，船舶涂料

公司名称：江阴市临港涂料有限公司
地　　址：江苏省江阴市江苏省江阴市镇澄路878号
邮　　编：214400
电　　话：0510-86167189 86795170
传　　真：0510-86032589
邮　　箱：sales@paint.js.cn
网　　址：www.paint.js.cn
主要产品：天然真石漆，极品水性外墙涂料，弹性涂料，彩砂涂料，内墙乳胶漆

公司名称：江阴市谢氏涂料化工公司
地　　址：江苏省无锡市江阴市华士镇华西工业区西区
邮　　编：214421
电　　话：0510-86373612
传　　真：0510-86378444
主要产品：工业涂料，粉末涂料

公司名称：江阴市新鑫特种涂料助剂有限公司
地　　址：江苏省江阴市顾山镇工业园区
邮　　编：214413
电　　话：0510-86925868
传　　真：0510-86329217
主要产品：防水涂料，防火涂料，防腐涂料，乳化剂

公司名称：江阴市兴国食品包装涂料有限公司
地　　址：江苏省江阴市顾山镇鉴青村
邮　　编：214414
电　　话：0510-86351220
传　　真：0510-86359220
主要产品：食品包装涂料

公司名称：江阴市宇维高分子化工有限公司

地　　址：江苏省江阴市月城工业园5号
邮　　编：214404
电　　话：0510-86985208 86985100
邮　　箱：sales@yuway.com
网　　址：www.yuway.com
主要产品：UV罩光清漆，双组分涂料

公司名称：江阴市志强涂料有限公司
地　　址：江苏省江阴市夏港镇朝阳
邮　　编：214442
电　　话：0510-6167189
传　　真：0510-6032589
网　　址：www.hengfatl.com

公司名称：江阴新大陆化工涂料有限公司
地　　址：江苏省江阴市月城镇月山路
邮　　编：214404
电　　话：0510-86589798
传　　真：0510-6589798
主要产品：工艺涂料

公司名称：姜堰市汇邦建材厂
地　　址：江苏省姜堰市(官庄)东华工业区
邮　　编：225229
电　　话：0523-88665908
传　　真：0523-8231959
主要产品：建筑涂料

公司名称：姜堰市三江达涂装材料有限公司
地　　址：江苏省姜堰市溱潼镇江溱北路14号
邮　　编：225508
电　　话：0523-88616892
主要产品：静电喷涂

公司名称：姜堰市三江塑粉有限公司
地　　址：江苏省姜堰市华港镇野马村
邮　　编：225516
电　　话：0523-88756116
传　　真：0523-86652528
主要产品：粉末涂料

公司名称：姜堰市中泰涂料有限公司
地　　址：江苏姜堰市顾高镇工业园区
邮　　编：225502
电　　话：0523-88393535
传　　真：0523-88392300
主要产品：工业涂料

公司名称：金刚化工(昆山)有限公司
地　　址：江苏省昆山市千灯镇吴淞江路1号
邮　　编：215341
电　　话：0512-57471133
传　　真：0512-57469009
主要产品：彩色卷钢涂料，船舶涂料，汽车涂料，建筑材料

公司名称：金高丽化工有限公司
地　　址：江苏省姜堰市大伦工业区
邮　　编：225533
电　　话：0523-88369222
传　　真：0523-88365000
主要产品：工业涂料

公司名称：金湖县金辉特种涂料制造有限公司
地　　址：江苏省淮安市金湖县黎城镇金湖路66号
邮　　编：211600
电　　话：0517-86886451
传　　真：0517-86886402
主要产品：乳胶漆，水泥涂料

公司名称：金陵帝斯曼树脂有限公司
地　　址：南京市龙蟠中路216号金城大厦18楼
邮　　编：210002
电　　话：025-85493888
传　　真：025-85564848 85561724
网　　址：www.jdr.com.cn

公司名称：晋伟化学工业有限公司
地　　址：江苏省苏州市唯亭镇至和西路6号
邮　　编：215122
电　　话：0512-62860860
主要产品：UV上光油，水性上光油

公司名称：靖江市合兴制漆有限公司
地　　址：江苏省靖江市孤山镇勇进路1号
邮　　编：214522
电　　话：0523-84551958
传　　真：0523-84551968
主要产品：汽车涂料，塑料涂料

公司名称：靖江威廉姆化工有限公司
地　　址：江苏省靖江市斜桥镇大觉北路红星桥
邮　　编：214512
电　　话：0523-84169300
传　　真：0523-84244200
主要产品：塑胶涂料

公司名称：昆山超优粉末涂料有限公司
地　　址：江苏省昆山市蓬朗徐家村路3号
邮　　编：215333
电　　话：0512-57615858-120
传　　真：0512-57615656
主要产品：粉末涂料

公司名称：昆山登益复合建材有限公司
地　　址：江苏省昆山市千灯镇善浦路北侧
邮　　编：215341
电　　话：0512-57472040
传　　真：0512-57472043
邮　　箱：sunstone@dowyi.com
网　　址：www.dowyi.com
主要产品：仿石材涂料

公司名称：昆山恒丰造漆有限公司
地　　址：江苏省昆山市经济开发区花桥工业配套区天丰路58号
邮　　编：215332
电　　话：0512-57691328
传　　真：0512-57695099
邮　　箱：dgh@ks-hf.com
网　　址：www.ks-hf.com
主要产品：车间底漆，防锈涂料，氯化橡胶涂料，重防腐涂料

公司名称：昆山泉盛涂料有限公司
地　　址：江苏省昆山市千灯镇化工园区善浦路北
邮　　编：215341
电　　话：0512-57469210
传　　真：0512-57469213
主要产品：工业涂料，稀释剂，自行车烤漆

公司名称：昆山三越油墨有限公司
地　　址：江苏省昆山市千灯镇汶蒲中路85号
邮　　编：215341
电　　话：0512-57469171-3
传　　真：0512-57469170
邮　　箱：SANYUEINK@163.COM
网　　址：www.sanyueink.com
主要产品：艺品涂料，玻璃涂料，五金涂料

公司名称：昆山市力帮装潢材料厂
地　　址：江苏省昆山市淀山湖镇马安村
邮　　编：215345
电　　话：0512-66052013
传　　真：0512-57481869
主要产品：白胶，内外墙涂料，平板胶

公司名称：昆山市南祥涂料有限公司
地　　址：江苏省昆山市陆家镇312国道47公里
邮　　编：215331
电　　话：0512-57874672
传　　真：0512-57671760
主要产品：涂料

公司名称：昆山市荣生粉末材料有限公司
地　　址：江苏省昆山市正仪镇晨淞路375号
邮　　编：215347
电　　话：0512-57897101
传　　真：00512-57863937
主要产品：粉末涂料

公司名称：昆山市樱花涂料制造有限公司
地　　址：江苏省昆山淀山湖工业区钱华路8号
邮　　编：215345
电　　话：0512-57485364 57492912 57051222
邮　　箱：sakurapaint988@126.com
网　　址：www.sakurapaint.com
主要产品：内外墙涂料

公司名称：昆山台瀛涂料有限公司
地　　址：江苏省昆山市玉山镇江浦路88号
邮　　编：215300
电　　话：0512-66693990
传　　真：0512-66693990
主要产品：工业用涂料

公司名称：昆山一辉涂料有限公司
地　　址：江苏省昆山市陆家镇车塘金属热处理厂院内
邮　　编：215300
电　　话：0512-1590626-8412
传　　真：0512-55080758
主要产品：工业涂料

公司名称：昆山永隆涂料有限公司
地　　址：江苏省昆山市周市镇青阳北路897号
邮　　编：215314
电　　话：0512-57626219
传　　真：0512-57625829
主要产品：PU涂料，丙烯酸涂料

公司名称：昆山珍实复合材料有限公司
地　　址：江苏省昆山市蓬朗镇耀马路7号
邮　　编：215333

电　　话：0512-57618772
传　　真：0512-57616499

公司名称：蓝天装饰材料有限公司
地　　址：江苏省如皋市下原工业园区
邮　　编：226543
电　　话：0513-87712900
传　　真：0513-87712901
主要产品：内外墙涂料

公司名称：老虎粉末涂料制造(太仓)有限公司
地　　址：江苏省太仓市朝阳路68号
邮　　编：215400
电　　话：0512-53737999
传　　真：0512-53737708
邮　　箱：office.cn@tiger-coatings.com
网　　址：www.tiger-coatings.com

公司名称：力得涂料有限公司
地　　址：江苏省徐州市沛县沛城镇冯楼
邮　　编：221600
电　　话：0516-89811462
主要产品：建筑涂料

公司名称：溧阳市大海电器防火材料厂
地　　址：江苏省溧阳市花园工业区兴业路7号
邮　　编：213300
电　　话：0519-87219994
传　　真：0519-87262799
主要产品：超薄型钢结构防火涂料

公司名称：连云港灌云银河涂料厂
地　　址：江苏省灌云伊山镇工业园
邮　　编：222200
电　　话：0518-8812312
传　　真：0518-8801160
主要产品：水泥涂料，乳胶漆，防水胶

公司名称：连云港力玖涂料有限公司
地　　址：江苏省连云港市灌南经济开发区
邮　　编：222000
电　　话：0518-83886088
传　　真：0518-83886077
邮　　箱：lijiutl@126.com
网　　址：www.lijiutl.com
主要产品：水性建筑涂料

公司名称：连云港市泰格油墨化学有限公司
地　　址：江苏省连云港市海州开发区纬一路10号
邮　　编：222062
电　　话：0518-85915982
传　　真：0518-85910688
网　　址：www.tiger-kj.com
主要产品：油墨，水乳型外墙涂料，乳胶漆，耐候性涂料

公司名称：连云港市新浦华兴涂料厂
地　　址：江苏省连云港市新浦区河西居委会1号
邮　　编：222003
电　　话：0518-85406401
主要产品：内外墙涂料，腻子粉

公司名称：连云港树人科创化工有限公司
地　　址：江苏省连云港市新牛公路东首六号
邮　　编：222023
电　　话：0518-85281611/0569
传　　真：0518-85280952
邮　　箱：sales@great-chem.com
网　　址：www.great-chem.com
主要产品：水性木器底漆，水性封油脂涂料，胶黏剂

公司名称：连云港腾跃涂料厂
地　　址：江苏省连云港灌云县仲集开发区
邮　　编：222000
电　　话：0518-88498233
传　　真：0518-88498233
主要产品：乳胶漆

公司名称：美丽雅漆业有限公司
地　　址：江苏省盐城市建湖县滨河北路36号
邮　　编：224700
电　　话：0515-86262511
传　　真：0515-86271538
主要产品：内墙涂料，耐高温涂料，防腐涂料

公司名称：南京博云悦邦工贸实业有限公司
地　　址：江苏省南京市沧波门名人岛5号
邮　　编：210000
电　　话：025-84190001
传　　真：025-84190098
邮　　箱：njbyyb168@163.com
网　　址：www.njbyyb.com
主要产品：水性涂料，内外墙防水腻子

公司名称：南京彩帝涂料有限公司
地　　址：江苏省南京市江宁区禄口江苏华商科技园
邮　　编：211113
电　　话：025-52775753
传　　真：025-52775542
主要产品：内外墙乳胶漆，地坪涂料，封固底漆，建筑胶

公司名称：南京大桥漆业有限责任公司
地　　址：江苏省南京浦口区浦珠中路201号
邮　　编：210031
电　　话：025-58868363
传　　真：025-58854813
主要产品：醇酸树脂涂料，酚醛树脂类涂料，氨基涂料

公司名称：南京大也复合材料有限公司
地　　址：江苏省南京市雨花台区板桥镇雄风路80号-1
邮　　编：210006
电　　话：027-52801059
传　　真：027-52801059
主要产品：家具用乳胶漆，聚酯涂料

公司名称：南京德辰涂料有限公司
地　　址：江苏省南京市江宁区东山后马场128号
邮　　编：211100
电　　话：025-84299779
传　　真：025-52608466
主要产品：建筑涂料

公司名称：南京东顶化工有限公司
地　　址：江苏省南京市溧水县永阳镇中山路13-6
邮　　编：211200
电　　话：025-57201133
传　　真：0510-57207582
主要产品：有机硅耐高温涂料，环氧防腐涂料，环氧地坪涂料

公司名称：南京法宁格挤塑保温隔热板有限公司
地　　址：江苏省南京市汉中门大街1号金鹰汉中新城31层D座
邮　　编：210029
电　　话：025-52326128

公司名称：南京飞龙漆业有限公司
地　　址：江苏省南京市溧水县洪蓝镇蒲塘
邮　　编：211221
电　　话：025-57430355
网　　址：www.njflqy.com
主要产品：涂料，氟碳涂料

公司名称：江苏冠军涂料科技集团
地　　址：南京市溧水县洪兰镇工业园平安西路777号
邮　　编：211219
电　　话：025-57233777 57234777 57235777
传　　真：025-57234808 57234803
邮　　箱：champion7777@126.com
网　　址：www.championpaint.com.cn
主要产品：工业涂料，木器涂料，建筑涂料，CAMPON天然漆

公司名称：南京广博粉末涂料有限公司
地　　址：江苏省南京市溧水县东屏镇工业园区
邮　　编：211212
电　　话：025-57493278
传　　真：025-57493378
主要产品：热固性粉末涂料

公司名称：南京广夏涂料有限公司
地　　址：江苏省南京市云南北路82号
邮　　编：210009
电　　话：025-83375899
邮　　箱：manager@lx77.com
网　　址：www.lx77.com
主要产品：内外墙涂料

公司名称：南京弘创涂料厂
地　　址：江苏省南京市栖霞区柳塘小岗下109号
邮　　编：210038
电　　话：025-85566077
传　　真：025-85568579
主要产品：粉末涂料

公司名称：南京华丰涂料厂
地　　址：南京市栖霞区尧化门尧胜村下曹西100号
邮　　编：210046
电　　话：025-85570989 66912001
传　　真：025-85571989
邮　　箱：hftl@hftuliao.com
网　　址：www.hftuliao.com
主要产品：建筑涂料

公司名称：南京华丽化工涂料有限公司
地　　址：江苏省南京市江东200号5楼
邮　　编：210036
电　　话：025-86535144
传　　真：025-86533439

主要产品：内外墙乳胶漆

公司名称：南京环佳新材料科技有限公司
地　　址：南京国家高新技术产业开发区15号楼
邮　　编：210032
电　　话：025-58746444/1
传　　真：025-58742905
网　　址：www.hjcn.com

公司名称：南京聚酯材料厂
地　　址：江苏省南京市黑龙江路2巷5号
邮　　编：210037
电　　话：025-83420455
传　　真：025-83437876
主要产品：粉末涂料

公司名称：南京林丹涂料有限责任公司
地　　址：江苏省南京市安德门大街28号
邮　　编：210012
电　　话：025-52354623
传　　真：025-52354623
主要产品：内外墙乳胶漆

公司名称：南京凌云化工涂料厂
地　　址：江苏省南京市江宁区东山镇步行街11栋205
邮　　编：211100
电　　话：025-52167991
传　　真：025-52167991
主要产品：建筑涂料

公司名称：南京龙华汽车涂料有限公司
地　　址：江苏省南京市六合区化学工业园园区西路157号
邮　　编：210047
电　　话：025-58394917
传　　真：025-58394890
主要产品：汽车涂料

公司名称：南京梦佳化工有限公司
地　　址：江苏省南京市理工大学科技园C座008号
邮　　编：210014
电　　话：025-86057237
传　　真：025-84438113
主要产品：外墙雨刷涂料，外墙荷叶涂料，外墙亚光涂料

公司名称：南京欧驰科技有限公司
地　　址：江苏省南京市长虹路281号
邮　　编：210009
电　　话：025-86461130
传　　真：025-86461130
主要产品：乳胶漆

公司名称：南京圣好涂料有限公司
地　　址：江苏省南京市秦淮区广洋村金家圩58号
邮　　编：210036
电　　话：025-52645565
传　　真：025-52645575
网　　址：www.ngshenghao.com
主要产品：外墙乳胶漆，氟碳金属涂料

公司名称：南京盛花涂料工程有限公司
地　　址：江苏省南京市雨花台区铁心桥定坊工业园盛花路1号
邮　　编：210012
电　　话：025-52892031
传　　真：025-52892031
主要产品：路标涂料，特种防腐涂料，高温涂料，抗静电涂料

公司名称：南京市德辰涂料有限公司
地　　址：南京市秦淮区宏光路118号
邮　　编：210012
电　　话：025-52600708
传　　真：025-52608466
主要产品：各种涂料

公司名称：南京市溧水金宏漆业有限公司
地　　址：江苏省南京市溧水县洪蓝镇双尖工业区
邮　　编：211219
电　　话：025-56227949
传　　真：025-57232202
主要产品：建筑涂料，船舶涂料，防腐材料，地坪涂料

公司名称：南京市溧水天龙化工有限公司
地　　址：江苏省南京市溧水县永阳镇工业园交通路111号
邮　　编：211200
电　　话：025-57208999
传　　真：025-57208578
网　　址：www.jsjxtz.com
主要产品：酚醛涂料，调和漆，高档涂料

公司名称：南京市溧水县鑫龙涂料有限公司
地　　址：江苏省溧水县永阳镇沙河村
邮　　编：211212
电　　话：025-57231927
主要产品：高档丙烯酸系列涂料，闪光金属涂料，锤纹漆

公司名称：南京市祥和鑫化工有限公司
地　　址：南京市公园路体育大厦9楼
邮　　编：210001
电　　话：025-84489701 84868247
传　　真：025-84868251
邮　　箱：jsnjxhx@yahoo.com.cn
网　　址：www.njxhx.com
主要产品：UV涂料

公司名称：南京市消防工程有限公司溧水分公司
地　　址：江苏省溧水县大西门外凤凰井
邮　　编：211200
电　　话：025-57213939
传　　真：025-57206432
主要产品：防火涂料

公司名称：南京双菱涂料实业有限公司
地　　址：江苏省南京市鼓楼街83-1
邮　　编：210008
电　　话：025-83302076
传　　真：025-83307171
主要产品：内外墙涂料，道面标志涂料，地面涂料

公司名称：南京天云龙涂料有限公司
地　　址：江苏省南京市雨花经济开发区
邮　　编：210036
电　　话：025-86288393
传　　真：025-86289716
网　　址：www.njtyltl.cn
主要产品：工业工程防腐涂料

公司名称：南京新美菊精细化工有限公司
地　　址：江苏省南京市六合横梁开发区
邮　　编：211515
电　　话：025-57601762
传　　真：025-57601762
邮　　箱：xmjhg2008@163.com
主要产品：粉末涂料

公司名称：南京新洲化工厂
地　　址：江苏省南京市江宁区新洲工业园1号
邮　　编：211161
电　　话：025-86535439
传　　真：025-86507446
网　　址：www.xinzhouchem08.com
主要产品：内外墙乳胶漆，氟碳涂料，环氧自流地坪涂料，内外墙腻子

公司名称：南京扬子伊士曼化工有限公司
地　　址：南京高新技术产业开发区研发大厦B座5楼
邮　　编：210061
电　　话：025-66609287
传　　真：025-66609288
邮　　箱：sales@njyec.com
网　　址：www.njyec.com

公司名称：南京禹王建材有限公司
地　　址：江苏省南京市江宁区汤山镇汤泉西路
邮　　编：211131
电　　话：025-84100888
传　　真：025-84108666
邮　　箱：ngcw001@163.com
网　　址：www.yuwang.com.cn
主要产品：防水涂料，卷材涂料

公司名称：南京中马实业有限公司
地　　址：江苏省南京市南京下关区新河一村148号
邮　　编：210036
电　　话：025-86223980
传　　真：025-86284049
主要产品：防水涂料

公司名称：南通宝绿涂料有限公司
地　　址：江苏省南通市通州经济开发区金通大道1389号
邮　　编：226300
电　　话：0513-6191998
传　　真：0513-6192298
主要产品：建筑乳胶漆

公司名称：南通福特涂料有限责任公司
地　　址：江苏省南通市横桥路光明南村
邮　　编：226006
电　　话：0513-85082393
主要产品：建筑涂料

公司名称：南通河海化工有限公司
地　　址：江苏省启东市吕四镇人民路153号
邮　　编：226241
电　　话：0513-83417989
传　　真：0510-87853648
主要产品：防锈涂料

公司名称：南通华大漆业有限公司
地　　址：江苏省如皋市东城工业园
邮　　编：226571
电　　话：0513-87548086
传　　真：0513-87540986
主要产品：工业金属涂料，家用木具涂料

公司名称：南通皇邦涂料有限公司
地　　址：江苏省通州市石江公路金江工业园区
邮　　编：236547
电　　话：0513-86212088
传　　真：0513-86212081
主要产品：内外墙涂料

公司名称：南通市三塔涂料公司
地　　址：江苏省南通市姚港路 39 号附 1 号
邮　　编：226006
电　　话：0513-83556099
传　　真：0513-83536203
邮　　箱：santatuliao@163.com
网　　址：www.st-tl.com
主要产品：工业涂料

公司名称：南通市兴宇涂业有限责任公司
地　　址：江苏省南通市海安县大公镇工业园区
邮　　编：226600
电　　话：0513-88750777
传　　真：0513-88750777
主要产品：金属氟碳涂料，彩瓦漆，环氧地坪涂料，特种工业涂料，船用涂料

公司名称：南通威鹏化工有限公司
地　　址：江苏省南通市如东马塘工业园区
邮　　编：226401
电　　话：0513-80150136
传　　真：0513-80150136
主要产品：乳胶漆，建筑涂料，氟碳涂料，高级木器涂料

公司名称：南通雄鹰涂料有限公司
地　　址：江苏省如东县马塘镇马丰南路 12 号
邮　　编：226412
电　　话：0513-84412918 84412538
传　　真：0513-84412568
邮　　箱：xy@ntxiongying.com
网　　址：www.ntxiongying.com
主要产品：无苯全能水晶地板漆，内墙乳胶漆，特级硝基涂料，快干胶玉磁漆

公司名称：南通振中涂料有限公司
地　　址：江苏省南通市外环北路 303 号
邮　　编：226014
电　　话：0513-85671386
传　　真：0513-85671002
主要产品：胶水，乳胶漆

公司名称：启东市鑫鑫黏合剂有限公司
地　　址：江苏省启东市北新工业园区 1 号
邮　　编：226221
电　　话：0513-83886960 83888204
传　　真：0513-83886028
邮　　箱：carbin.yu@xxhg.net xinxin-adhesive@xxhg.net
网　　址：www.xinxin-adhesive.com
主要产品：衬布用热熔胶

公司名称：上海睿睿防水材料有限公司(江苏生产基地)
地　　址：江苏省南通市海安县李堡镇工业园区
邮　　编：226631
电　　话：0513-88211288
传　　真：0513-88226248
网　　址：www.haflw.com
主要产品：防水涂料

公司名称：上海振华港机集团常州油漆公司 常州进华船舶造漆厂
地　　址：江苏省常州市武进区东安光明南路 37 号
邮　　编：213155
电　　话：0519-83733551

公司名称：尚利派涂料(无锡)有限公司
地　　址：江苏无锡新区梅村工业集中区 1 号标房新都路 15 号
邮　　编：214112
电　　话：0510-88152121-8103
传　　真：0510-88155018
邮　　箱：chan@celliose-paint.com.cn hr@celliose-paint.com.cn
网　　址：www.celliose-paint.com.cn
主要产品：塑料涂料，重防腐涂料，工业涂料

公司名称：尚志造漆(昆山)有限公司
地　　址：江苏省昆山市新镇青阳北路 227 号
邮　　编：215337
电　　话：0512-57667573
传　　真：0512-57663108
主要产品：工业涂料

公司名称：射阳县华锋涂料厂
地　　址：射阳合德工业园区大兴路 5 号
邮　　编：224300
电　　话：0515-82357074
传　　真：0515-82376902
邮　　箱：huafeng@sbs-tuliao.com djj@sbs-tuliao.com
网　　址：www.sbs-tuliao.com
主要产品：水性涂料

公司名称：苏州 PPG 包装涂料有限公司
地　　址：江苏省苏州新区向阳路 66 号
邮　　编：215011
电　　话：0512-68251299
传　　真：0512-68253900
主要产品：金属罐等包装涂料

公司名称：苏州百氏高涂料有限公司
地　　址：江苏省常熟经济开发区高新技术产业园
邮　　编：215500
电　　话：0512-52848999
传　　真：0512-52848990
邮　　箱：office@basico-paint.com
网　　址：www.basico-paint.com
主要产品：内外墙涂料，地坪涂料，封固底漆，乳胶漆

公司名称：苏州多乐彩涂料有限公司
地　　址：江苏省太仓市城厢镇太丰工业区
邮　　编：215400
电　　话：0512-53518388
传　　真：0510-87853648
邮　　箱：dlc111999@sina.com
网　　址：www.dlccezanne.com
主要产品：乳胶漆

公司名称：苏州非金属矿工业设计研究院防水材料设计研究所
地　　址：江苏省苏州市三香路 999 号 101 房间
邮　　编：215004
电　　话：0512-68657232 68601732
传　　真：0512-68657232
邮　　箱：SCL1217@126.com
网　　址：www.chinabw.com
主要产品：防水涂料

公司名称：苏州吉人漆业有限公司
地　　址：江苏省苏州市相城区潘阳工业园春旺路
邮　　编：215143
电　　话：0512-66722670 66722056
传　　真：0512-66721657
邮　　箱：jirenqi@126.com
网　　址：www.jilenqi.com
主要产品：工业涂料，汽车专用涂料建筑涂料，家具涂料，高档专用涂料

公司名称：苏州嘉乐威企业发展有限公司
地　　址：江苏省苏州市相城区东桥工业开发区长平路 83 号
邮　　编：215152
电　　话：0512-65379868 65370797
传　　真：0512-65379978
网　　址：www.colour-way.com
主要产品：乳胶漆，氨基涂料，丙烯酸涂料

公司名称：苏州立邦涂料有限公司
地　　址：江苏省苏州市葑门外觅渡桥堍
邮　　编：215006
电　　话：0512-67255196 67253564
传　　真：0512-67241930
主要产品：内外墙乳胶漆

公司名称：苏州美亚建筑涂料有限公司
地　　址：江苏省吴江市汾湖经济开发区如虚友东路
邮　　编：215211
电　　话：0512-63291237
传　　真：0512-63295997
邮　　箱：cao4855@163.com
网　　址：www.scmym.com
主要产品：各种涂料，外墙保温

公司名称：苏州明轩地坪涂料有限公司
地　　址：苏州市吴中区角直镇迎宾西路 42-2 号
邮　　编：215000
电　　话：0512-65026331
传　　真：0512-65049921
网　　址：www.szmingxuan.com

公司名称：苏州平平佳化工涂料有限公司
地　　址：江苏省苏州相城区渭塘镇
邮　　编：215134
电　　话：0512-65407000 65407700
传　　真：0512-65405710

公司名称：苏州普强导电涂料有限公司
地　　址：江苏省苏州市吴中区旺吴路 53 号
邮　　编：215008
电　　话：0512-68056020
传　　真：0512-68056021
邮　　箱：pq@sz-pq.com
网　　址：www.sz-pq.com
主要产品：导电涂料

公司名称：苏州绮联粉体涂料有限公司
地　　址：江苏省苏州市相城区元和镇富元路 1188 号

邮　　编：215131
电　　话：0512-65786036-98
传　　真：0512-65786230
网　　址：www.clpowder.com
主要产品：粉体涂料

公司名称：苏州青叶涂料有限公司
地　　址：江苏省苏州市吴中区甪直镇合兴西路 18 号
邮　　编：215127
电　　话：0512-65045625
传　　真：0512-65042832
主要产品：内外墙水性乳胶漆

公司名称：苏州市城市公共安全重点实验室
地　　址：江苏省苏州市工业园独墅湖高教区仁爱路 166 号
邮　　编：215123
电　　话：0512-87161366
传　　真：0512-87161366
主要产品：防火涂料，特种涂料

公司名称：苏州市丛岭胶黏剂有限公司
地　　址：江苏省苏州市北桥镇灵峰村锦峰工业园
邮　　编：215144
电　　话：0512-65999536
传　　真：0512-65996337
主要产品：组装胶，高强快干胶，集成材拼板胶，指接胶

公司名称：苏州市富达化纤印染有限公司
地　　址：苏州西郊木渎镇大观桥堍
邮　　编：215101
电　　话：0512-66262310
传　　真：0512-66262310

公司名称：苏州市明大高分子科技材料有限公司
地　　址：江苏省苏州市吴江七都临浙经济区明大路 18 号
邮　　编：215234
电　　话：0512-63822328
主要产品：UV 木器涂料，塑胶 UV 涂料

公司名称：苏州市欧典彩涂料有限公司
地　　址：苏州市浒墅关黄花泾
邮　　编：215151
电　　话：0512-66713288
主要产品：涂料

公司名称：苏州天地防水涂料有限公司
地　　址：江苏省苏州市吴江区七都镇
邮　　编：215234
电　　话：0512-63811306
主要产品：纳米防水涂料

公司名称：苏州天意达化工有限公司
地　　址：江苏省苏州市吴中经济开发区迎春南路 96-3 号
邮　　编：215128
电　　话：0512-65650088
传　　真：0512-65650099
邮　　箱：info@techlead.com.cn
网　　址：www.techlead.com.cn
主要产品：涂料，墙体保温

公司名称：苏州同信涂料有限公司
地　　址：江苏省吴江市汾湖经济技术开发区高树路
邮　　编：215211
电　　话：0512-63275016
传　　真：0512-63275029
主要产品：PCN涂料，家电涂料，船舶涂料

公司名称：苏州威尔涂料有限公司
地　　址：江苏常熟市虞山镇
邮　　编：210552
电　　话：0512-51310916
主要产品：粉末涂料，聚酯装修涂料，环保水性装修涂料

公司名称：苏州新澳特新型防水建材有限公司
地　　址：江苏省苏州市吴中开发区上庄路 20 号
邮　　编：215104
电　　话：0512-66208628
传　　真：0510-67207582
主要产品：内外墙涂料，外墙外保温材料，防水涂料

公司名称：苏州新型建筑涂料厂
地　　址：江苏省苏州市沧浪区葑门外觅渡桥 64 号信箱
邮　　编：215006
电　　话：0512-67248930
主要产品：乳液

公司名称：苏州永华涂料有限公司
地　　址：江苏省苏州市木椟花苑路 80 号
邮　　编：215101
电　　话：0512-66516561
传　　真：0512-66516570
主要产品：建筑涂料

公司名称：苏州泽宇建材有限公司
地　　址：苏州市石湖东路 76 号锦都大厦 801/802 室
邮　　编：215011
电　　话：0512-65254690
传　　真：0512-65641036
邮　　箱：zypvc@126.com
网　　址：www.zy-pvc.com

公司名称：宿迁虹辉涂料厂
地　　址：江苏省宿迁市宿豫区松花江 116 号
邮　　编：223800
电　　话：0527-84459436
传　　真：0527-88062077
主要产品：乳胶漆

公司名称：台湾独资比特丽油墨涂料(苏州)有限公司
地　　址：江苏省苏州直镇蒋浦村佳马路
邮　　编：215127
电　　话：0512-65046075
传　　真：0512-65046078
主要产品：涂料

公司名称：太仓市陆公特种涂料厂
地　　址：江苏省苏州市太仓市浏家港协鑫路 10 号
邮　　编：215434
电　　话：0512-53706120 53702202
传　　真：0512-53706120
网　　址：www.ymtl.net
主要产品：建筑涂料

公司名称：太平洋化工(昆山)有限公司
地　　址：江苏省昆山市长江南路 42 号
邮　　编：215321
电　　话：0512-57360281
传　　真：0512-57360279
网　　址：pacific-chemical-ks.com
主要产品：金属涂料，室外涂料

公司名称：泰兴市长江密封材料有限公司
地　　址：江苏泰兴市滨江镇仁寿村
邮　　编：225442
电　　话：0523-87512118
传　　真：0523-87512118
网　　址：www.taiqiangcn.com.cn
主要产品：胶黏剂，涂料，滤清器，黏合剂

公司名称：泰州市江太粉末涂料有限公司
地　　址：江苏省泰州市春兰工业园
邮　　编：225300
电　　话：0523-86666118
传　　真：0523-6664205
主要产品：粉末涂料

公司名称：泰州市日邦耐温涂料有限公司
地　　址：江苏省泰州市任景西路 120 号
邮　　编：225300
电　　话：0523-86574729
传　　真：0523-86574003
主要产品：特种耐高温涂料，重防腐涂料，高级内外墙涂料

公司名称：泰州市润达粉末涂料有限公司
地　　址：江苏省泰州市海陵区西郊森南工业区
邮　　编：225300
电　　话：0523-86555800
主要产品：木器涂料

公司名称：泰州市四联化工有限公司
地　　址：江苏省泰州市九龙台商工业园区
邮　　编：225300
电　　话：0523-86261577 86269306
传　　真：0523-86461828
邮　　箱：tzslhg@sina.com
网　　址：www.tzslhg.com
主要产品：耐高温特种涂料

公司名称：泰州市铁猫涂料有限公司
地　　址：江苏省泰州市扬州路 227 号西侧向南 160 米
邮　　编：225300
电　　话：0523-86558191
传　　真：0523-86574660
邮　　箱：tiemaook@alibaba.com.cn
网　　址：www.tiemaook.com
主要产品：耐高温涂料，银粉漆

公司名称：泰州市中山涂料有限公司
地　　址：江苏省泰州市九龙镇台商工业园马楼路
邮　　编：225312
电　　话：0523-86266241
传　　真：0523-86266241
主要产品：腻子，乳胶漆，腻子粉

公司名称：通威特殊涂料(苏州)有限公司
地　　址：江苏省苏州市吴中区胥口镇胥香路 12 号
邮　　编：215164
电　　话：0512-66210085-7
传　　真：0512-66210081

主要产品：UV涂料，各种涂料，导电涂料

公司名称：通州市金西华兴涂料色染厂
地 址：江苏省通州市金沙镇狮子桥村
邮 编：226300
电 话：0513-86552158
传 真：0513-86552158
主要产品：印花涂料

公司名称：万筑涂料(昆山)有限公司
地 址：江苏省昆山市经济开发区周市荣晖路81号
邮 编：215300
电 话：0512-57066125/1
传 真：0512-57066124
邮 箱：webmaster@vokor.com
网 址：www.VOKOR.com

公司名称：威利建筑涂料公司
地 址：江苏省苏州市横塘镇金屋工业区
邮 编：215100
电 话：0512-68239913
传 真：0512-68239973
主要产品：内外墙涂料

公司名称：无锡奥科涂装工程有限公司
地 址：江苏省无锡市新区梅村新南南路18号
邮 编：214112
电 话：0510-88157292
传 真：0510-88157719
邮 箱：tfx13771400147@163.com
网 址：www.wuxiaoke.com
主要产品：防腐涂料

公司名称：无锡邦德粉末涂料有限公司
地 址：江苏省无锡市锡山区锡北镇石村工业园
邮 编：214194
电 话：0510-83796677
传 真：0510-83790012
主要产品：铝合金材专用金属粉末涂料

公司名称：无锡东宇科技有限公司
地 址：江苏省无锡市锡沪路360号东5F501-512
邮 编：214100
电 话：0510-2452916 2456895
传 真：0510-2452916 2456895-222
主要产品：腻子

公司名称：无锡福斯特涂料有限公司
地 址：江苏省无锡东湖塘东升工业区
邮 编：214198
电 话：0510-88795957
传 真：0510-88795945
邮 箱：sales@fsttl.com
网 址：www.fsttl.com
主要产品：防腐涂料，工业用地坪耐磨涂料

公司名称：无锡富信涂料有限公司
地 址：江苏省无锡市东亭镇长流路12号
邮 编：214101
电 话：0510-88703475
传 真：0510-88200547
主要产品：碳膜电阻涂料，高装饰性工业涂料

公司名称：无锡国兴涂料有限公司
地 址：江苏省宜兴太华工业园
邮 编：214235
电 话：0510-7382866
传 真：0510-7382877

公司名称：无锡卡秀堡辉有限公司
地 址：江苏省无锡市鹅湖镇通园大道99号
邮 编：214116
电 话：0510-88746888
传 真：0510-88746898
主要产品：粉末涂料，金属涂料，制罐涂料，紫外光固化涂料

公司名称：无锡立德涂料有限公司
地 址：江苏省无锡市丁蜀镇西望村
邮 编：214221
电 话：0510-87436508
传 真：0510-87436501
主要产品：内外墙涂料

公司名称：无锡普丽泰化学有限公司
地 址：江苏省宜兴市万石镇南漕申兴东路41号
邮 编：214217
电 话：0510-87851041
传 真：0510-7853666
主要产品：氟碳涂料，防腐涂料

公司名称：无锡三协粉末涂料有限公司
地 址：江苏省无锡市江海西路80号
邮 编：214045
电 话：0510-83122745
传 真：0510-83117584
邮 箱：juntong.net
网 址：www.wxsanxie.com.cn
主要产品：纯聚酯粉体涂料，纯环氧粉体涂料，环氧聚酯粉体涂料

公司名称：无锡市奥奇涂料厂
地 址：江苏省无锡市上里东新村102号201室
邮 编：214062
电 话：0510-85863465
传 真：0510-5863465
主要产品：内墙涂料

公司名称：无锡市宾王化工厂
地 址：江苏宜兴市丰义工业园区
邮 编：214252
电 话：0510-87293019/7666
传 真：0510-87298789
邮 箱：jwxbw@vip.sina.com
网 址：www.wxbinwang.com
主要产品：内墙乳胶涂料，外墙乳胶涂料

公司名称：无锡市彩虹漆业有限公司
地 址：江苏省宜兴市新街镇夏差
邮 编：214204
电 话：021-33190946
主要产品：聚氨酯涂料

公司名称：无锡市古森漆业有限公司
地 址：江苏省宜兴市太华镇工业小区
邮 编：214000
电 话：0510-87381555
传 真：0510-87386966
主要产品：民用涂料

公司名称：无锡市浩华氟涂料有限公司
地 址：无锡市官林镇新官东路63号
邮 编：214251
电 话：0510-7201751
传 真：0510-87201807
邮 箱：wuxishihaohua@163.com
网 址：www.wxhaohua.com

公司名称：无锡市恒诚涂料厂
地 址：江苏省无锡市无锡东湖塘镇亚光村日晖桥
邮 编：214196
电 话：0510-88791950
传 真：0510-88796892
主要产品：硝基涂料

公司名称：无锡市恒达涂料有限公司
地 址：江苏省宜兴市万石北开发区人民路2号
邮 编：214200
电 话：0510-87851504
传 真：0510-87853648
邮 箱：mail@hdtl.cn
网 址：www.hdtl.cn
主要产品：内外墙乳胶漆，聚酯涂料

公司名称：无锡市鸿翔印铁涂料厂
地 址：无锡市滨湖区胡埭镇鸿翔村
邮 编：214161
电 话：0510-5590047 5590643
传 真：0510-5590643

公司名称：无锡市虎皇漆业有限公司
地 址：江苏省无锡市芳桥工业区虎皇大道888号
邮 编：214265
电 话：0510-87541658 87542877
传 真：0510-87541877
邮 箱：huhuang@huhuang.com.cn
网 址：www.huhuang.com.cn
主要产品：水性木器涂料，家具涂料

公司名称：无锡市华伦涂料厂
地 址：江苏省无锡市惠山区钱桥镇溪南工业园锦溢北路7号
邮 编：214151
电 话：0510-83216833 83216866
传 真：0510-83216966
主要产品：粉末涂料，金属防腐涂料，设备涂料

公司名称：无锡市华栖化工涂料厂
地 址：江苏省宜兴市西渚镇教育路7号
邮 编：2142378
电 话：0510-87362779
主要产品：聚酯涂料，乳胶漆

公司名称：无锡市华天装饰材料厂
地 址：江苏省无锡市滨湖区板桥新村85号
邮 编：214125
电 话：0510-85182379
传 真：0510-85182379
主要产品：乳胶漆

公司名称：无锡市惠山树脂涂料厂
地 址：江苏省无锡市锡澄一号桥民丰路19号
邮 编：214045
电 话：0510-3107968
传 真：0523-3139691
主要产品：涂料，中涂漆

公司名称：无锡市金虹制漆有限公司

地　　址：江苏省宜兴市太华镇振兴路7号
邮　　编：214000
电　　话：0510-87382318
传　　真：0510-87385531
主要产品：管道涂料

公司名称：无锡市金箭造漆有限公司
地　　址：江苏省无锡市张泾镇泾石路7号
邮　　编：214194
电　　话：0510-3792777-8088
主要产品：汽车涂料，摩托车涂料，家电专用涂料，塑胶涂料

公司名称：无锡市联邦涂料有限公司
地　　址：江苏无锡市梅园徐巷5号
邮　　编：214064
电　　话：0510-85516904
传　　真：0510-85516906
邮　　箱：sales@tztuliao.com
网　　址：www.tztuliao.com
主要产品：汽车涂料，经济型原子灰，特种原子灰，填眼灰

公司名称：无锡市林辉制漆有限公司
地　　址：江苏省无锡市新街镇
邮　　编：214204
电　　话：0510-87353936 87353937
传　　真：0510-87353023
邮　　箱：xlz@wxlinhui.com
网　　址：www.wxlinhui.com
主要产品：木器涂料，健康装修涂料，环保乳胶漆，高级不黄变家具涂料

公司名称：无锡市绿源化工有限公司
地　　址：无锡市宜兴边庄工业区
邮　　编：214200
电　　话：0510-7122999 7121510 7125128
传　　真：0510-7122185

公司名称：无锡市南雅化工有限公司
地　　址：江苏省宜兴市官林工业区A区(义庄)
邮　　编：214251
电　　话：0510-87210860
传　　真：0510-87202868
邮　　箱：web@wxnyhg.com
网　　址：www.wxnyhg.com
主要产品：地坪涂料，防火涂料，防水涂料

公司名称：无锡市诺亚防水材料有限公司
地　　址：江苏省宜兴经济开发区黄沙渎89号
邮　　编：214266
电　　话：0510-87821298
传　　真：0510-87598022
邮　　箱：web@wxnyfs.com
网　　址：www.wxnyfs.com
主要产品：防水涂料

公司名称：无锡市欧邦涂料涂装厂
地　　址：江苏省无锡市锡山区安镇镇胶山林果场
邮　　编：214105
电　　话：0510-88530597
传　　真：0510-88530597
主要产品：UV光固化涂料

公司名称：无锡市千威漆业有限公司
地　　址：江苏省宜兴市太华镇工业B区
邮　　编：214235
电　　话：0510-87380669
主要产品：硝基涂料，木器涂料，木工涂料，建筑涂料

公司名称：无锡市山力高温涂料有限公司
地　　址：江苏省宜兴市官林镇
邮　　编：214258
电　　话：0510-87234588
传　　真：0510-87231790
邮　　箱：sl@jsshanli.com
网　　址：www.jsshanli.com
主要产品：高温涂料，防腐涂料

公司名称：无锡市神峰漆业有限公司
地　　址：江苏省宜兴市太华镇振兴路137号
邮　　编：214235
电　　话：0510-87382999
传　　真：0510-87382999
主要产品：家具涂料

公司名称：无锡市顺一德漆业有限公司
地　　址：江苏省宜兴市西渚镇横山村
邮　　编：214236
电　　话：0510-87373111
传　　真：0510-87373111
主要产品：工业涂料，装修材料

公司名称：无锡市太湖油漆厂有限公司
地　　址：无锡市惠山区洛社镇中兴东路
邮　　编：214187
电　　话：0510-83311788/446
传　　真：0510-83311447
邮　　箱：sales@wxtaihuyouqi.com
网　　址：www.wxtaihuyouqi.com
主要产品：装饰涂料

公司名称：无锡市天丰涂装工程公司
地　　址：无锡市扬名高新技术产业园B区012号
邮　　编：214024
电　　话：0510-85425763 85438147
传　　真：0510-85440415
邮　　箱：tftz@tftz.com
网　　址：www.tftz.com

公司名称：无锡市新景涂料有限公司
地　　址：江苏省无锡市惠山开发区长安金惠路501号
邮　　编：214178
电　　话：0510-83763355
传　　真：0510-83763358
邮　　箱：sungen@sungenius.com
网　　址：www.sungenius.com
主要产品：溶剂型塑胶喷涂油墨，模内涂料，UV涂料

公司名称：无锡市新区硕放特种防水建材厂
地　　址：江苏省无锡市新区新梅路村四岔路口
邮　　编：214142
电　　话：0510-85320709
传　　真：0510-85323882
网　　址：www.tzfsjc.com
主要产品：防水涂料

公司名称：无锡市新万利化工有限公司
地　　址：江苏省无锡市滨湖区硕放镇娄金村
邮　　编：214143
电　　话：0510-85305884
传　　真：0510-85250920
邮　　箱：tql@wx-xinwanli.com
网　　址：www.wx-xinwanli.com
主要产品：过氯乙烯涂料

公司名称：无锡市新英汽车涂料有限公司
地　　址：江苏省宜兴市张渚镇犊山村
邮　　编：214251
电　　话：0510-87319000
传　　真：0510-87319111
主要产品：汽车修补涂料，汽车原厂涂料，工业涂料，卷钢涂料

公司名称：无锡市旭日涂料有限公司
地　　址：江苏省无锡惠山区洛社镇双庙
邮　　编：214187
电　　话：0510-83320058
传　　真：0510-83321579
邮　　箱：sales@cn-coating.cn
网　　址：www.cn-coating.cn
主要产品：工业涂料，地坪涂料，耐高温涂料

公司名称：无锡市堰桥化工涂料厂
地　　址：江苏省无锡市堰桥工业园新塔路1号
邮　　编：214000
电　　话：0510-83741645
传　　真：0510-83740910
主要产品：防水涂料，防腐涂料

公司名称：无锡市一本化工有限公司
地　　址：江苏省宜兴市湖父镇银湖东路1号
邮　　编：214223
电　　话：0510-87471406
传　　真：0512-87474890
主要产品：水性建筑涂料

公司名称：无锡市艺博涂料有限公司
地　　址：江苏省宜兴官林镇工业园A区
邮　　编：214251
电　　话：0510-87201501
邮　　箱：ybtl@yb-tl.com
网　　址：jsyb-tl.cn
主要产品：地坪涂料，防腐涂料，防水涂料

公司名称：无锡市禹泰化工有限公司
地　　址：江苏省无锡市惠山区玉祁镇蓉东村
邮　　编：214183
电　　话：0510-83585477
传　　真：0510-83587553
主要产品：塑料涂料，家电涂料

公司名称：无锡市中竹漆业有限公司
地　　址：江苏省宜兴市太华镇振兴路132号
邮　　编：214235
电　　话：0510-87383818 87381117
传　　真：0510-87381117
邮　　箱：info@wxzzqy.com
网　　址：wxzzqy.com
主要产品：氨基涂料，底漆，乳胶漆

公司名称：无锡市庄周工业涂料有限公司
地　　址：江苏省宜兴市官林工业园B区
邮　　编：214251
电　　话：0510-87205555

传　　真：0510-87207777
邮　　箱：wxzz@wxzhuangzhou.com
网　　址：www.wxzhuangzhou.com
主要产品：工业地坪，重防腐涂料，防腐防水涂料

公司名称：无锡翔宇化工有限公司
地　　址：江苏省宜兴市范道工业开发区
邮　　编：214200
电　　话：0510-81715000
传　　真：0510-81715001
邮　　箱：wxxyhg@126.com
网　　址：www.wxxyhg.com
主要产品：地坪耐磨涂料，防腐涂料

公司名称：无锡新汇利涂料厂
地　　址：江苏省无锡市钱桥镇溪南锦溢路23号
邮　　编：214151
电　　话：0510-83201496
传　　真：0510-87201496
主要产品：内外墙乳胶漆

公司名称：无锡紫藤漆业有限公司
地　　址：江苏省宜兴市环科园西(新街)
邮　　编：214239
电　　话：0510-87358999
传　　真：0510-87358999
主要产品：聚酯涂料

公司名称：吴江瑞红涂料厂
地　　址：江苏省吴江市同里镇屯溪村
邮　　编：215216
电　　话：0512-63378136
传　　真：0512-63378549
主要产品：塑胶涂料

公司名称：吴江市古罗马涂业有限公司
地　　址：江苏省苏州吴江市经济开发区清树湾D座
邮　　编：215200
电　　话：0512-63409088 63431377
传　　真：0510-7207582
邮　　箱：rome@romepaint.com
网　　址：www.romepaint.com
主要产品：真石漆，艺术地坪，外墙腻子，艺术肌理涂料

公司名称：吴江市巨峰漆业有限公司
地　　址：江苏省吴江市临沪经济区(北库)
邮　　编：215214
电　　话：0512-63240778
传　　真：0512-63240778

公司名称：吴江市太湖绝缘涂料厂
地　　址：江苏省吴江市北库镇育才路36号
邮　　编：215214
电　　话：0512-63240058 63245310 63241860
传　　真：0512-63241334
主要产品：绝缘涂料，表面涂料，绝缘材料

公司名称：武藏涂料(昆山)有限公司
地　　址：江苏省昆山经济技术开发华杨科学工业园区
邮　　编：215313
电　　话：0512-57646975/6/7
传　　真：0512-57646978
主要产品：亚克力树脂涂料，聚氨酯类涂料

公司名称：江苏时空涂料有限公司
地　　址：江苏省常州市东门外东青镇
邮　　编：213114
电　　话：0519-8966157 8965927
传　　真：0519-8969002
网　　址：www.sk-paint.com

公司名称：武进市华源油漆厂
地　　址：江苏省常州市西门外卜弋镇
邮　　编：213141
电　　话：0519-83317379
传　　真：0519-83312000

公司名称：武进市凯星涂料厂
地　　址：江苏省常州市东郊横山桥镇
邮　　编：213119
电　　话：0519-88602517
传　　真：0519-88602518
邮　　箱：master@kixine.com
网　　址：www.kixine.com

公司名称：新城粉末涂料有限公司
地　　址：江苏常熟私营经济城204国道旁
邮　　编：215500
电　　话：0512-52347582
传　　真：0512-52347582

公司名称：徐州华恒化工公司
地　　址：江苏省徐州市王场南巷3号1-202室
邮　　编：221000
电　　话：0516-87830357
传　　真：0516-87830357
主要产品：特种涂料

公司名称：徐州市景泰漆业有限公司
地　　址：江苏省徐州市经济开发区徐海公路777号
邮　　编：221131
电　　话：0516-87792616
传　　真：0516-83553099
主要产品：汽车涂料，工程机械用涂料，丙烯酸涂料，重防腐涂料，建筑涂料

公司名称：徐州市九州建筑涂料有限公司
地　　址：江苏省徐州市东三环路(104国道)广山段
邮　　编：221007
电　　话：0516-87773074
传　　真：0523-84598891
主要产品：内外墙涂料

公司名称：徐州市丽装化学工业有限公司
地　　址：江苏省徐州市九里山经济技术开发区
邮　　编：221140
电　　话：0516-85776889
传　　真：0516-85775757
网　　址：www.lead-strong.com
主要产品：环氧地坪涂料，氟碳树脂涂料，乳胶漆

公司名称：徐州市企鹅环保涂料厂
地　　址：江苏省徐州市健康花园2-1-302
邮　　编：221000
电　　话：0516-85552907
传　　真：0516-85552907

公司名称：徐州市水性漆厂
地　　址：徐州市高新技术创业中心3楼311室
邮　　编：221007
电　　话：0516-83898189
传　　真：0516-83898185
邮　　箱：xzsxq@hotmail.com
网　　址：www.xzsxq.com

公司名称：徐州市云华漆业有限公司
地　　址：江苏省徐州市南长山工业园区
邮　　编：221004
电　　话：0516-83161126
传　　真：0516-83161126
主要产品：丙烯酸底漆，氨基烘干底漆

公司名称：徐州造漆厂
地　　址：江苏省徐州市北郊八里屯
邮　　编：221007
电　　话：0516-87767034
传　　真：0516-87760118
主要产品：丙烯酸涂料，聚氨酯涂料，水性涂料，聚酰亚胺

公司名称：扬州都达化工有限公司
地　　址：江苏省江都市宜陵镇国泰路8号
邮　　编：225231
电　　话：0514-86561843 86562246

公司名称：扬州美涂士金陵特种涂料有限公司
地　　址：江苏省扬州市江都镇9号桥
邮　　编：225212
电　　话：0514-86801888 86801698
传　　真：0514-86801681 86804698
邮　　箱：info@jlpaint.com
网　　址：www.jlpaint.com
主要产品：带锈涂料，耐高温防腐涂料，防火涂料，地坪涂料，氟涂料

公司名称：宜兴市亨达化工有限公司
地　　址：江苏省宜兴西渚振元南路33号
邮　　编：214237
电　　话：0510-87361528
传　　真：0523-84598891
主要产品：聚酯涂料，硝基涂料

公司名称：宜兴市华晶化工厂
地　　址：江苏省宜兴市官林镇
邮　　编：214251
电　　话：0510-87206358
传　　真：0510-87209358

公司名称：宜兴市华夏化工材料厂
地　　址：江苏省宜兴市官林镇新官西路133号
邮　　编：221002
电　　话：0510-87205000 87205001
传　　真：0510-87201601
邮　　箱：sales@yxhuaxia.com
网　　址：www.yxhuaxia.com

公司名称：宜兴市坚纳斯涂料厂
地　　址：江苏省无锡市宜兴市官林工业园新官西路119-1号
邮　　编：214251
电　　话：0510-87203077
传　　真：0523-84208248
主要产品：地坪用涂料，墙面用涂料

公司名称：宜兴市洋溪宏达化工厂
地　　址：江苏省宜兴市洋溪镇沙塘村
邮　　编：214261
电　　话：0510-87571027
主要产品：乳胶漆

公司名称：宜兴市造漆厂
地　　址：江苏省宜兴市新建镇新庄林村472号
邮　　编：214253
电　　话：0510-87281991
传　　真：0510-87381118

公司名称：永记造漆工业(昆山)有限公司
地　　址：江苏省昆山市张浦镇永记路1号
邮　　编：215321
电　　话：0512-57442298
传　　真：0512-57449816
网　　址：www.rainbowpaint.cn
主要产品：建筑涂料，地坪涂料，木器涂料

公司名称：云霄涂料有限公司
地　　址：吴江市绿水地坪涂料工程公司
邮　　编：215214
电　　话：024-87322889
传　　真：024-87322889
邮　　箱：nyx1999@163.com
网　　址：www.yxtl.com

公司名称：张家港宝利化工有限公司
地　　址：江苏省张家港市通运路87-91号
邮　　编：215600
电　　话：0512-58674995
传　　真：0512-58681991
网　　址：baoli1.w263.bizcn.com
主要产品：万能胶，内外墙面涂料，白乳胶，玻璃胶

公司名称：张家港飞航实业有限公司
地　　址：江苏省张家港市凤凰镇西张栏杆桥
邮　　编：215614
电　　话：0512-58458258
传　　真：0512-58452577
邮　　箱：uutaowx@pub.sz.jsinfo.net
网　　址：www.yxtl.com
主要产品：内外墙涂料，乳胶漆，腻子

公司名称：张家港市东昌涂料有限公司
地　　址：江苏省张家港市东沙镇
邮　　编：215661
电　　话：0512-53630195
传　　真：0512-58631535
邮　　箱：service@dong-chang.com
网　　址：www.dong-chang.com
主要产品：聚氨酯聚丙烯互穿网络涂料，输水管防腐涂料

公司名称：张家港市飞宇化工有限公司
地　　址：江苏省张家港市乐余镇
邮　　编：215621
电　　话：0512-58603060 58966083
传　　真：0512-58603863
邮　　箱：fy-company@netease.com
网　　址：www.js-feiyu.com

公司名称：张家港市永泰防腐涂料有限公司
地　　址：江苏省张家港市南丰开发区
邮　　编：215600
电　　话：0512-58629938 58611895
传　　真：0512-81627800
邮　　箱：zjgyt888@yahoo.cn yongtaico@yeah.net
网　　址：zjgyt.com
主要产品：防腐涂料

公司名称：镇江柏穗化工有限责任公司
地　　址：江苏镇江丹徒区辛丰镇黄泥村
邮　　编：212141
电　　话：0511-83321917 85916206
传　　真：0511-83321917
邮　　箱：hy_chemicai@163.com
网　　址：www.bs-hg.com.cn

公司名称：镇江方源化学有限公司
地　　址：江苏省镇江市学府路178号
邮　　编：212016
电　　话：0511-88783057
传　　真：0511-88783057
主要产品：内外墙乳胶漆

公司名称：镇江汇兴汽车涂料有限公司
地　　址：江苏省镇江市塔山路8号-1幢2号门
邮　　编：212003
电　　话：0511-84431493
传　　真：0511-88783057
主要产品：汽车涂料，工业涂料，装饰涂料

公司名称：镇江龙鑫化工有限公司
地　　址：江苏省镇江市运河路101号
邮　　编：212003
电　　话：0511-84448588
传　　真：0511-84407179
主要产品：建筑涂料，汽车涂料

公司名称：镇江市华晨科技开发有限公司
地　　址：江苏省镇江市大西路296号3楼
邮　　编：212000
电　　话：0511-85981555
邮　　箱：hckj@kjhc.com
主要产品：艺术涂料，液体壁纸，墙纸涂料，仿壁纸涂料，壁纸涂料

公司名称：镇江市杰威尔墙艺有限公司
地　　址：江苏省镇江市丁卯开发区经十二路高新技术创业园217号
邮　　编：212009
电　　话：0511-88893812
传　　真：0511-88893827
邮　　箱：jvr@jvr.cn
网　　址：www.jvr.cn
主要产品：墙艺涂料，涂料

公司名称：镇江市润州德意丽涂料厂
地　　址：江苏省镇江市润州区七里甸镇光星村朱家湾
邮　　编：212021
电　　话：0511-85725536
主要产品：内外墙涂料，胶水

公司名称：镇江市润州巨龙涂料厂
地　　址：江苏省镇江市润州区镇江润州
邮　　编：212000
电　　话：0511-58032428
主要产品：弹性涂料，内墙涂料，乳胶漆，外墙涂料

公司名称：镇江市永大涂料有限公司
地　　址：江苏省镇江市花山湾8区21号
邮　　编：212004
电　　话：0511-88821218
传　　真：0511-88821218
主要产品：胶水，内墙涂料，乳胶漆，外墙涂料

公司名称：正丹化工厂
地　　址：江苏省金坛市朱林镇朱林大街12号
邮　　编：213241
电　　话：0519-82620151 82625076
传　　真：0519-82624099
主要产品：木器涂料

公司名称：中外合资亚菲化工有限公司
地　　址：扬州市施井路40号
邮　　编：225000
电　　话：0514-87226588 87221828 87218199 87217627
传　　真：0514-87231667
邮　　箱：hongfan3135@sina.com
网　　址：www.cn-qj.com

公司名称：佐敦涂料(张家港)有限公司
地　　址：江苏省张家港市保税区长江路15号
邮　　编：215634
电　　话：0512-58937988
传　　真：0512-58678688
网　　址：www.jotun.com.cn
主要产品：船舶涂料

公司名称：东沪胶黏剂有限公司
地　　址：江苏省苏州市吴中区临湖镇浦庄联东路118号
邮　　编：215105
电　　话：0512-66538732
主要产品：胶黏剂，建筑涂料

公司名称：江都市腾飞涂料有限公司
地　　址：江苏省江都市郭村镇郭华村杨家组22号
邮　　编：225239
电　　话：0514-86394320
传　　真：0514-86393318
主要产品：乳胶漆，弹性外墙漆，丝光乳胶漆，弹性腻子

浙江省

公司名称：阿克苏诺贝尔粉末涂料(宁波)有限公司
地　　址：浙江省宁波市五乡镇宁穿路168号
邮　　编：315111
电　　话：0574-88328345

主要产品：粉末涂料

公司名称：阿克苏诺贝尔涂料(嘉兴)有限公司
地　　址：浙江省嘉兴市嘉善经济技术开发区东升路 1 号
邮　　编：314100
电　　话：0573-84252001
主要产品：木器涂料，金属涂料，塑料卷材涂料

公司名称：埃德拉(杭州)涂料有限公司
地　　址：浙江省杭州市拱墅区教工路 221 号
邮　　编：310011
电　　话：0571-88180740
传　　真：0571-88180740

公司名称：安吉县澳星油漆厂
地　　址：浙江省安吉县阳光工业园区
邮　　编：313300
电　　话：0572-5302274
主要产品：汽车涂料，木器涂料

公司名称：奥力士制漆有限公司
地　　址：浙江省舟山市定海三江科技工业园区
邮　　编：316015
电　　话：0580-8082355
主要产品：工业用涂料

公司名称：奥林化工有限公司
地　　址：浙江省温州市车站大道诚信大厦 3 栋 601
邮　　编：325000
电　　话：0577-86068250
主要产品：金属锘漆

公司名称：巴斯夫建材系统(中国)有限公司
地　　址：浙江省苏州市平江区
邮　　编：215000
电　　话：0512-67570923
主要产品：建筑涂料，黏合剂，地坪材料

公司名称：邦尼涂料有限公司
地　　址：浙江省义乌市保联西街 79 号
邮　　编：322000
电　　话：0579-85710063
主要产品：机壳涂料，皱纹涂料，五金烤漆

公司名称：长兴金丰建材有限公司
地　　址：浙江省湖州市长兴县雉城镇新兴工业园区
邮　　编：313100
电　　话：0572-6217580
主要产品：内外墙涂料

公司名称：长兴无奇涂料有限公司
地　　址：浙江省湖州市长兴县煤山工业园区
邮　　编：313117
电　　话：0572-6709805
主要产品：纳米涂料，建筑涂料

公司名称：长兴县李家巷沈湾村涂料厂
地　　址：浙江省湖州市长兴县沈湾村
邮　　编：313102
电　　话：0572-6061143
主要产品：墙饰涂料

公司名称：朝辉涂料厂
地　　址：浙江省安吉县溪龙乡凉亭岗
邮　　编：313307
电　　话：0572-5901997
网　　址：www.ajzhtl.com.cn
主要产品：内外墙涂料，彩瓦涂料

公司名称：春灵乳胶有限公司
地　　址：浙江省兰溪市上华街道皂洞口
邮　　编：321109
电　　话：0579-8275138
主要产品：乳胶漆

公司名称：春意乳胶涂料厂
地　　址：浙江省台州市玉环县沙门镇五门工业区长兰山
邮　　编：317600
电　　话：0576-87162938
网　　址：tzcyrjtlc.cn.makepolo.com
主要产品：乳胶涂料

公司名称：慈溪三北蓬山涂料厂
地　　址：慈溪市三北镇施公山
邮　　编：315331
电　　话：0574-63733323

公司名称：慈溪市邦德涂料有限公司
地　　址：浙江省慈溪市宗汉街道金堂村
邮　　编：315301
电　　话：0574-63217088
网　　址：bangdei.cn.china.cn
主要产品：家电表面涂料

公司名称：慈溪市彩得隆喷涂材料有限公司
地　　址：浙江慈溪市周巷镇企业路东
邮　　编：315324
电　　话：0574-63301744
传　　真：0574-63300733
邮　　箱：xgx@caidelong.com
网　　址：www.caidelong.com

公司名称：慈溪市慈燕涂料有限公司
地　　址：浙江省慈溪市横河镇乌玉桥工业区
邮　　编：315318
电　　话：0574-63978377
网　　址：www.atobo.com.cn
主要产品：特种涂料

公司名称：慈溪市嘉迪塑粉有限公司
地　　址：浙江省慈溪市胜山工业区
邮　　编：315323
电　　话：0574-63529670
主要产品：热固性粉末涂料

公司名称：慈溪市三北发达涂料调色厂
地　　址：浙江省慈溪市三北镇双马村双家
邮　　编：315331
电　　话：0574-63733591
主要产品：塑胶涂料

公司名称：慈溪市三北镇海甸粉末涂料厂
地　　址：浙江省慈溪市三北镇沿河西路 1 号
邮　　编：315331
电　　话：0574-63735233
主要产品：粉末涂料

公司名称：慈溪市石堰建筑油化厂
地　　址：浙江省慈溪市横河镇石堰村
邮　　编：315318
电　　话：0574-63257586
主要产品：防火涂料

公司名称：慈溪市新胜涂料有限公司
地　　址：浙江省慈溪市周巷镇周郘村
邮　　编：315335
电　　话：0574-63495718
主要产品：丙烯酸涂料，烤漆，塑胶涂料，绒毛涂料，电镀涂料

公司名称：慈溪市甬塔涂料有限公司
地　　址：慈溪新浦镇市场路往北 100 米
邮　　编：315322
电　　话：0574-63580697

公司名称：慈溪市中一涂料有限公司
地　　址：浙江宁波市周巷镇东工业区
邮　　编：315324
电　　话：0574-63316222
网　　址：www.shengyidi.com
主要产品：UV 涂料，弹性涂料

公司名称：慈溪威普涂料有限公司
地　　址：浙江省慈溪市新浦双桥工业区利济塘路 52 号
邮　　编：315322
电　　话：0574-63599338
传　　真：0754-63599338
主要产品：塑胶涂料

公司名称：慈溪永新涂料厂
地　　址：慈溪桥头镇桥三路
邮　　编：315317
电　　话：0574-63551125

公司名称：大翔油漆有限公司
地　　址：浙江省义乌市佛堂镇佛堂镇渡磬南路 180 号
邮　　编：322000
电　　话：0579-57250912
网　　址：www.atobo.com.cn
主要产品：特殊涂料

公司名称：德邦化工涂料厂
地　　址：浙江省台州市路桥路南张李工业区
邮　　编：318050
电　　话：0576-82515108 82505848
网　　址：www.qincai.net
主要产品：汽车涂料，摩托车涂料

公司名称：德莱涂料有限公司
地　　址：浙江省杭州市富阳市高桥工业园区
邮　　编：311401
电　　话：0571-23208777
网　　址：www.dlpaint.com
主要产品：无苯聚酯涂料，内外墙乳胶漆

公司名称：德清国泰耐火保温材料厂
地　　址：浙江省德清县干山集镇振兴南路 66 号
邮　　编：313223
电　　话：0572-8495262 8498200 8497558
网　　址：china.toocle.com
主要产品：防火涂料，硅酸盐涂料，高温黏合剂，高温胶水

公司名称：德清乐声化塑有限公司
地　　址：浙江省德清县武康镇英溪北路

邮　　编：313200
电　　话：0572-8082838
主要产品：粉末涂料，耐候防腐涂料

公司名称：德清森邦涂料厂
地　　址：浙江省湖州市德清县雷甸镇和平村
邮　　编：313219
电　　话：0572-8248666
主要产品：建筑涂料

公司名称：德清县德顺涂料厂
地　　址：浙江省德清县武康镇对河口村沈中坞1号
邮　　编：313200
电　　话：0572-8015998
主要产品：木器涂料，高级聚酯涂料

公司名称：德清县怀化涂料厂
地　　址：浙江省德清县米世村
邮　　编：313211
电　　话：0572-8473555
主要产品：乳胶漆

公司名称：德清县路友交通涂料有限公司
地　　址：浙江省德清县洛舍镇杨树湾
邮　　编：313218
电　　话：0572-8407228
主要产品：交通路标涂料，地坪高级耐磨涂料，振动涂料

公司名称：德清县明泉安邦化工有限公司
地　　址：浙江省德清县上柏镇开发小区
邮　　编：313200
电　　话：0572-8013477
主要产品：丙烯酸涂料，玻璃涂料

公司名称：东阳美臣涂料有限公司
地　　址：浙江省东阳南市街道办事处
邮　　编：322121
电　　话：0579-6213298
主要产品：木器涂料

公司名称：东阳市惠泽化工涂料有限公司
地　　址：浙江省东阳市经济开发区白云大道杨大村口
邮　　编：322100
电　　话：0579-6361977
主要产品：软胶涂料，弹性涂料

公司名称：东阳市正昌粉末涂料有限公司
地　　址：浙江省东阳市湖溪镇江南工业区
邮　　编：322117
电　　话：0579-86619444
网　　址：www.zc-coating.com
主要产品：热固粉末涂料，热塑粉末涂料

公司名称：东阳涂料公司宁波分公司
地　　址：江北洪塘洋市
邮　　编：315200
电　　话：0574-87587275

公司名称：东阳自然环彩涂料厂
地　　址：浙江省东阳市巍山镇茶场工业区
邮　　编：322109
电　　话：0579-86970666
主要产品：乳胶漆，外墙涂料，真石漆，喷刷漆

公司名称：洞头县特种涂料厂
地　　址：浙江省洞头县北岙镇东沙村二龙坑
邮　　编：325700
电　　话：0577-63477229

公司名称：方立涂料厂
地　　址：浙江省台州市仙居县黄坦树
邮　　编：317300
电　　话：0576-7775262
主要产品：水性工艺品涂料

公司名称：菲尔卡斯(杭州)化工涂料有限公司
地　　址：浙江省杭州市余杭区彭公石濑
邮　　编：311115
电　　话：0571-88520700
网　　址：www.cnywq.com
主要产品：内外墙涂料

公司名称：粉末涂料宁波志华化学有限公司
地　　址：浙江宁波象山县爵溪城北工业区
邮　　编：315708
电　　话：0574-65604678 65750220
传　　真：0574-65750220
邮　　箱：zhihua.ningbo@yahoo.com.cn
网　　址：www.zhihua.com

公司名称：奉化求是建筑涂料厂
地　　址：浙江省宁波市奉化市江口镇前胡村
邮　　编：315504
电　　话：0574-88558921

公司名称：奉化市诚海塑粉厂
地　　址：浙江省宁波奉化金海路77号
邮　　编：315528
电　　话：0574-88902507
主要产品：粉末涂料

公司名称：奉化市天艳塑粉有限公司
地　　址：浙江省宁波市奉化市下陈马夹岙村
邮　　编：315538
电　　话：0574-88763618
主要产品：粉末涂料

公司名称：福禄(宁波)粉末涂料有限公司
地　　址：浙江省宁波市宁穿路五乡镇
邮　　编：315111
电　　话：0574-88485698
传　　真：0574-88485029
主要产品：环氧粉末涂料，聚酯粉末涂料

公司名称：富阳丽泰装潢涂料厂
地　　址：浙江省富阳市高桥镇观前村
邮　　编：311402
电　　话：0571-63432592
主要产品：金属涂料，乳胶漆，真石漆

公司名称：富阳市昌东建筑材料厂
地　　址：浙江省富阳市新登镇昌东村桃园新村40号
邮　　编：311404
电　　话：0571-63209955
主要产品：腻子粉

公司名称：富阳市华达造纸涂料厂
地　　址：浙江省富阳市华共村
邮　　编：311421
电　　话：0571-63585019
主要产品：造纸涂料

公司名称：富阳市金宝涂料有限公司
地　　址：浙江省富阳市金宝涂料有限公司
邮　　编：310000
电　　话：0571-63284776
主要产品：工业涂料

公司名称：戈得纳米涂料有限公司
地　　址：宁波市科技园区江南路599号
邮　　编：315040
电　　话：0574-87904405
传　　真：0574-87904405
邮　　箱：goodypaint@163.com

公司名称：勾里建林涂料厂
地　　址：浙江省湖州市德清县新安镇勾里镇勾里村
邮　　编：313200
电　　话：0572-8461918
主要产品：工业涂料

公司名称：海宁辉煌塑粉有限公司
地　　址：浙江省海宁市长安镇新民村东何家埭10号
邮　　编：314408
电　　话：0573-87403881
主要产品：塑胶涂料，粉末涂料

公司名称：海宁神州漆业有限公司
地　　址：浙江省海宁市由拳路209号
邮　　编：314400
电　　话：0573-87278333 87279922
网　　址：www.hnshenzhou.com
主要产品：家具涂料，内外墙涂料，钢结构涂料，工业涂料，特种涂料

公司名称：海宁市海龙化学有限责任公司
地　　址：浙江省海宁市硖石街道新海公路周家弄
邮　　编：314421
电　　话：0573-87072263 87071799
邮　　箱：sdcnet@163.com
网　　址：www.terylon.com
主要产品：环氧树脂，热固型丙烯酸树脂，涂料，表面装饰保护，建筑用内外墙乳胶漆

公司名称：海宁硖石长虹涂料厂
地　　址：浙江省海宁市白石桥
邮　　编：314421
电　　话：0573-7127525
主要产品：内墙涂料，801胶

公司名称：海宁新农化工厂
地　　址：浙江省海宁市斜桥镇新农村红卫组
邮　　编：314406
电　　话：0573-7711510
主要产品：沥青类船底漆，醇酸类防锈涂料

公司名称：海盐华达油墨化学有限公司
地　　址：浙江省海盐县六里集镇环北路
邮　　编：314301
电　　话：0573-86562688
主要产品：机器设备涂料，家具涂料

公司名称：海盐六里涂料厂
地　　址：浙江省嘉兴市海盐县六里长河
邮　　编：314301

电　　话：0573-6560502
传　　真：0573-6561502
邮　　箱：jxm2000@mail.jxptt.zj.cn

公司名称：海盐乳胶涂料厂
地　　址：浙江省嘉兴市海盐县澉浦镇六里集
邮　　编：314301
电　　话：0573-86561726
主要产品：内外墙乳胶漆

公司名称：海盐顺威高分子材料有限公司
地　　址：浙江省海盐县桑德兰路2号
邮　　编：314300
电　　话：0573-86160555
主要产品：粉末涂料

公司名称：杭州爱佳涂料有限公司
地　　址：浙江省杭州市半山镇方家桥23-1号
邮　　编：311122
电　　话：0571-88891151
传　　真：0571-88891153
主要产品：内外墙乳胶漆，真石漆，弹性涂料，建筑胶水，腻子粉

公司名称：杭州百代涂料有限公司
地　　址：浙江省杭州市萧山区
邮　　编：311254
电　　话：0571-82774988
主要产品：建筑涂料

公司名称：杭州佰丽涂料有限公司
地　　址：浙江省杭州市储鑫路53号
邮　　编：310015
电　　话：0571-88281765
主要产品：水性建筑涂料

公司名称：杭州邦吉化工涂料有限公司
地　　址：浙江省杭州秋涛南路望江家园东园37-1-601号
邮　　编：310016
电　　话：0571-81606501
主要产品：建筑涂料，内外墙乳胶漆，内墙抗菌涂料，外墙防藻涂料

公司名称：杭州宝佳丽实业有限公司
地　　址：浙江省杭州市西湖区三墩工业园区
邮　　编：310015
电　　话：0571-88996315 88996332
邮　　箱：hzbjl@126.com bjl@hz-bjl.com
网　　址：www.hz-bjl.com
主要产品：建筑涂料

公司名称：杭州北大化工防腐公司
地　　址：浙江省杭州市拱墅区莫干山路470号
邮　　编：310011
电　　话：0571-8803243
主要产品：防腐涂料

公司名称：杭州滨江区美达涂料厂
地　　址：浙江省杭州市滨江开发区
邮　　编：310053
电　　话：0571-86616002
主要产品：建筑涂料

公司名称：杭州波磊实业有限公司
地　　址：浙江省杭州萧山区衙前镇衙前路668号
邮　　编：311229
电　　话：0571-22873781
主要产品：建筑涂料

公司名称：杭州搏潮建材有限公司
地　　址：浙江省杭州市萧山区靖江雷东村
邮　　编：311227
电　　话：0571-81834656 82996698
主要产品：乳胶漆，真石漆，粉末涂料，丙烯酸烘漆

公司名称：杭州彩贝化工有限公司
地　　址：浙江桐庐县旧县街道宁国寺路87号
邮　　编：311500
电　　话：0571-64641077
传　　真：0571-64641858
主要产品：工业涂料，丙烯酸涂料，橡胶涂料，乳胶漆

公司名称：杭州长城精细化工有限公司
地　　址：浙江省杭州建德市青龙头
邮　　编：311607
电　　话：0571-64742206
传　　真：0571-64742206
主要产品：梦尔牌PUQ高级聚氨酯水性涂料

公司名称：杭州潮头建材有限公司
地　　址：浙江省杭州国际机场南坎山镇三岔路村
邮　　编：311243
电　　话：0571-82589389
主要产品：乳胶漆，真石漆，腻子

公司名称：杭州传化涂料有限公司
地　　址：浙江萧山经济技术开发区鸿达路125号传化科技工业园
邮　　编：311231
电　　话：0571-82695588
网　　址：www.transfarpaint.com
主要产品：弹性涂料专用底漆，聚酯涂料，乳胶漆

公司名称：杭州淳安千岛湖造漆厂
地　　址：浙江杭州淳安县新安南路172号
邮　　编：311700
电　　话：0571-64821069
主要产品：玩具涂料，木器涂料

公司名称：杭州德尔福涂料有限公司
地　　址：浙江省杭州市萧山经济技术开发区桥南区春江路8号
邮　　编：310000
电　　话：0571-82731717 82863783 82863659
邮　　箱：delft@delft.com.cn
网　　址：www.delft.com.cn
主要产品：建筑涂料

公司名称：杭州德纳涂料有限公司
地　　址：浙江省杭州乔司工业园石塘东路6号
邮　　编：311101
电　　话：0571-89193293
主要产品：水性建筑涂料

公司名称：杭州灯塔涂料玻璃有限公司
地　　址：浙江省杭州市萧山区临浦镇灯塔路1号
邮　　编：311251
电　　话：0571-82489833
主要产品：防腐涂料，丙烯酸聚氨酯涂料，家具涂料

公司名称：杭州法莱利化工涂料有限公司
地　　址：浙江省杭州市下沙开发区军区农场近江工业园区
邮　　编：310018
电　　话：0571-87854236
主要产品：建筑涂料，木器涂料，工业涂料

公司名称：杭州福思特地面工程有限公司
地　　址：浙江省杭州市之江路965号11楼
邮　　编：310016
电　　话：0571-85865033 85865036 85865247 85865346
网　　址：www.first-china2001.cn
主要产品：环氧地坪涂料

公司名称：杭州富阳华氏化工有限公司
地　　址：浙江省杭州富阳市富春街道
邮　　编：311400
电　　话：0571-63475818
主要产品：内外墙乳胶漆，胶水

公司名称：杭州富阳莱华士涂料有限公司
地　　址：浙江省杭州市富阳市富春街道横山下
邮　　编：311403
电　　话：0571-63478788
主要产品：内外墙涂料，乳胶漆

公司名称：杭州富阳时空涂料有限公司
地　　址：浙江省杭州富阳市金桥工业区
邮　　编：311403
电　　话：0571-63470321
主要产品：乳胶漆，建筑涂料

公司名称：杭州富阳市晨华涂料厂
地　　址：浙江省杭州市富阳高桥开发区上陈路8号
邮　　编：311400
电　　话：0571-63422368
主要产品：醇酸铁红底漆，丙烯酸磁漆，丙烯酸聚氨酯涂料

公司名称：杭州富阳云龙造型材料有限公司
地　　址：浙江省杭州富阳市常安镇横溪村
邮　　编：311409
电　　话：0571-63564261 68565777
网　　址：www.hzyunlong.com
主要产品：铸造涂料

公司名称：杭州高雅化工涂料有限公司
地　　址：浙江省杭州市绍兴路168和平大厦518
邮　　编：310019
电　　话：0571-86797106 86797130 86907985 13357102518
网　　址：www.hzgaoya.com
主要产品：聚酯涂料，家具涂料

公司名称：杭州观潮化工涂料有限公司
地　　址：浙江省杭州萧山区杜家塘村
邮　　编：311201
电　　话：0571-82362868
主要产品：塑料涂料，烤漆

公司名称：杭州国泰涂料有限公司
地　　址：浙江省杭州市西湖区袁浦镇86号
邮　　编：310024
电　　话：0571-87647696
主要产品：内外墙涂料，功能性涂料

公司名称：杭州汉邦涂料厂
地　　址：浙江省杭州市萧山区义桥镇郎彭村
邮　　编：311256
电　　话：0571-82409918
主要产品：内外墙乳胶漆，弹性拉毛涂料，真石漆

公司名称：杭州杭飞涂料厂(杭州顺达涂料厂)
地　　址：浙江省杭州市拱陈桥台州路150号
邮　　编：310015
电　　话：0571-88016466
主要产品：内外墙乳胶漆

公司名称：杭州和信化工有限公司
地　　址：浙江省杭州文二西路511号
邮　　编：310012
电　　话：0571-88970421
0769-85874428
主要产品：橡胶涂料，塑料涂料，多种工业涂料

公司名称：杭州华顺化工防腐有限公司
地　　址：浙江省杭州市萧山区义蓬镇外六工段
邮　　编：310000
电　　话：0571-82989111 82989222
网　　址：www.hzhshg.com
主要产品：重防腐涂料

公司名称：杭州华仙涂料有限公司
地　　址：杭州市余杭区塘栖镇经济开发区
邮　　编：311106
电　　话：0571-86321965 86324553
网　　址：www.zjjunhui.com
主要产品：涂料

公司名称：杭州汇润涂料有限公司
地　　址：浙江省杭州市余杭区瓶窑镇凤都工业区
邮　　编：311115
电　　话：0571-86688517
网　　址：www.huiruncoating.com
主要产品：建筑涂料

公司名称：杭州佳宝涂料有限公司
地　　址：浙江省杭州市西湖区留下镇东穆坞
邮　　编：310002
电　　话：0571-85227358
主要产品：交通涂料

公司名称：杭州建邦涂料联营厂
地　　址：浙江省杭州市萧山区闻堰镇黄山村桥北
邮　　编：311258
电　　话：0571-82313697
主要产品：内墙涂料

公司名称：杭州建恒地坪工程有限公司
地　　址：浙江省杭州市石祥路368号
邮　　编：310000
电　　话：0571-86894722
主要产品：地坪，地坪涂料

公司名称：杭州江滨化工涂料厂
地　　址：浙江省杭州市江干区卸道东区216号
邮　　编：310017
电　　话：0571-86985762
主要产品：建筑涂料，胶水

公司名称：杭州金成粉末涂料有限公司
地　　址：浙江省杭州市江干区笕桥镇俞章村3组
邮　　编：310021
电　　话：0571-88136575
主要产品：热固性粉末涂料

公司名称：杭州金诺涂料有限公司
地　　址：浙江省杭州市萧山区义蓬工业园区
邮　　编：311225
电　　话：0571-82188397 13666647388
13375711178
网　　址：www.4f2c.com
主要产品：不粘涂料

公司名称：杭州金鹰塑粉有限公司
地　　址：浙江省杭州市五堡工业园区渡口路110号
邮　　编：310021
电　　话：0571-86046808
网　　址：www.yenkar.com
主要产品：热固性粉末涂料

公司名称：杭州锦澜化工有限公司
地　　址：浙江省杭州市江城路887号
邮　　编：310009
电　　话：0571-87177281
主要产品：印铁涂料

公司名称：杭州近江化工有限公司
地　　址：浙江杭州市浙江省杭州市下沙经济开发区军区农场近江工业园区
邮　　编：310018
电　　话：0571-86793303
主要产品：醇酸类涂料，酚醛类涂料，水晶耐磨涂料

公司名称：杭州九堡勤丰建筑防水材料厂
地　　址：浙江省杭州市江干区九堡镇宣家埠村一区48号
邮　　编：310019
电　　话：0571-86901814
主要产品：防水涂料，建筑防水材料，乳胶漆

公司名称：杭州科达涂料厂
地　　址：浙江省杭州市西湖区周浦乡下杨村
邮　　编：310024
电　　话：0571-87601068
主要产品：工业涂料

公司名称：杭州克莱克涂料技术有限公司
地　　址：浙江省杭州市文三路555号浙江省地方工业产品检测中心大楼311-316室
邮　　编：310012
电　　话：0571-88480058
网　　址：www.zjcrack.com
主要产品：涂料，防腐涂料，金属涂料

公司名称：杭州蓝天建筑防水有限公司
地　　址：浙江省杭州市杭印路49号
邮　　编：310011
电　　话：0571-88181581
主要产品：防水涂料

公司名称：杭州力天世纪粉末涂料有限公司
地　　址：浙江杭州市杭州江干区笕桥镇黄家村
邮　　编：310021
电　　话：0571-85142671
主要产品：粉末涂料

公司名称：杭州临安万邦油墨有限公司
地　　址：浙江省临安市环城北路东
邮　　编：311300
电　　话：0571-63746168
主要产品：装饰纸印刷涂料，水性油墨

公司名称：杭州临安万晶涂料有限公司
地　　址：浙江省临安市石山村
邮　　编：311301
电　　话：0571-63960890
主要产品：内外墙乳胶漆

公司名称：杭州临安五星涂料有限公司
地　　址：浙江省杭州市临安市钱王大街1255-1号
邮　　编：311300
电　　话：0571-63965318
网　　址：www.hzwxtl.cn
主要产品：内墙涂料，外墙乳胶漆，外墙涂料

公司名称：杭州龙达涂料厂
地　　址：浙江省杭州市康桥路12号
邮　　编：310015
电　　话：0571-88151727
邮　　箱：web@hzldtl.com
网　　址：www.hzldtl.com
主要产品：高中档内外墙涂料，建筑胶水

公司名称：杭州绿晨涂料油墨有限公司
地　　址：浙江省杭州市良渚2号
邮　　编：310013
电　　话：0571-88776818
主要产品：水性涂料，油墨

公司名称：杭州绿岛化工建材有限公司
地　　址：浙江省杭州市学院路102号后四楼206
邮　　编：310012
电　　话：0571-88053105
主要产品：建筑涂料

公司名称：杭州绿色星球涂料科技有限公司
地　　址：浙江省杭州市萧山区
邮　　编：311200
电　　话：0571-83529777
邮　　箱：lsxq@hc360.com.cn
主要产品：涂料，水性涂料

公司名称：杭州美格伦涂料有限公司
地　　址：浙江省杭州市下城区凤起路334号(同方财富大厦410室)
邮　　编：310009
电　　话：0571-88044696
主要产品：水性内外墙涂料

公司名称：杭州明光涂料有限公司

地　　址：浙江省杭州市五常经济开发区
邮　　编：310023
电　　话：0571-88733450
主要产品：水性建筑涂料

公司名称：杭州盼达涂料有限公司
地　　址：浙江省杭州市萧山区所前镇所市路
邮　　编：311254
电　　话：0571-82447085
主要产品：内墙涂料，中高档环保型涂料，真石漆

公司名称：杭州求是实业有限公司
地　　址：浙江省杭州西湖区转塘凌家桥
邮　　编：310024
电　　话：0571-87090499 87091208
网　　址：www.qiushi.cn
主要产品：保温一体化板，保温装饰板，建筑涂料，外墙保温材料

公司名称：杭州日月化工有限公司
地　　址：浙江省杭州市余杭区良渚镇大陆路 2 号
邮　　编：311113
电　　话：0571-88761189
邮　　箱：sales@rychem.cn
网　　址：www.rychem.cn
主要产品：热固型粉末涂料

公司名称：杭州日月涂料有限公司
地　　址：浙江省杭州市周浦乡
邮　　编：310000
电　　话：0571-87611053
传　　真：0571-87611612
网　　址：www.hzrytl.com
主要产品：氨基烘干涂料，丙烯酸烘干涂料

公司名称：杭州赛诺华烫印材料有限公司
地　　址：浙江省杭州市江干区
邮　　编：310016
电　　话：0571-86268888
主要产品：电化铝涂料，黏合剂

公司名称：杭州三豹涂料有限公司
地　　址：浙江省杭州萧山所前镇董家桥
邮　　编：311254
电　　话：0571-82774536
主要产品：乳胶漆

公司名称：杭州三禾粉体涂料有限公司
地　　址：浙江省杭州市余杭区闲林镇横板桥村
邮　　编：310023
电　　话：0571-88739396
主要产品：粉体涂料

公司名称：杭州三山涂装有限公司
地　　址：浙江省杭州市萧山区金城路 411 号天汇园商务楼 3-1-702
邮　　编：311200
电　　话：0571-22918988
主要产品：建筑涂料，内外墙涂料

公司名称：杭州三鹰化工有限公司
地　　址：浙江省杭州市萧山区所前工业园三鹰路 36 号
邮　　编：311254
电　　话：0571-82776777 82776888
网　　址：www.sanyingchem.com
主要产品：外墙装饰涂料，家具木器装饰涂料

公司名称：杭州森乐士涂料有限公司
地　　址：浙江杭州市国家级杭州机电化工配套园区(A 区)
邮　　编：311257
电　　话：0571-82452777
主要产品：建筑涂料

公司名称：杭州申华防水材料厂
地　　址：浙江省杭州市三墩镇方山
邮　　编：310030
电　　话：0571-88969332
主要产品：防水涂料

公司名称：杭州神驹涂料有限公司
地　　址：浙江省杭州市萧山区萧绍路 605 号
邮　　编：311200
电　　话：0571-82737312
主要产品：内外墙涂料，防腐涂料

公司名称：杭州神圣涂装工程有限公司
地　　址：浙江省杭州市萧山区坎山镇三岔路
邮　　编：311243
电　　话：0571-82519887
传　　真：0571-82519608
邮　　箱：237804547@qq.com
主要产品：内外中高挡乳胶漆，真石漆

公司名称：杭州盛宇涂料有限公司
地　　址：浙江省杭州所前镇来苏周村
邮　　编：311250
电　　话：0571-82776078
网　　址：www.hongshunqi.com
主要产品：高档涂料，涂料

公司名称：杭州世爵涂料有限公司
地　　址：浙江省杭州市丰潭路 368 号芳满庭
邮　　编：310002
电　　话：0571-86735358
网　　址：www.chsjtl.com
主要产品：内外墙涂料

公司名称：杭州市临安仙女涂料厂
地　　址：浙江省杭州临安西天目沈村
邮　　编：311311
电　　话：0571-63980137
主要产品：调和漆

公司名称：杭州市临安亿佳涂料有限公司
地　　址：浙江省杭州临安市玲珑街道卦反路 62 号
邮　　编：311301
电　　话：0571-63755892
主要产品：内外墙涂料

公司名称：杭州市马良特种涂料有限公司
地　　址：浙江省杭州市余杭区良诸镇新港村
邮　　编：311113
电　　话：0571-88795991
主要产品：工业涂料，高级装饰涂料，车用涂料，家用电器涂料

公司名称：杭州市萧山科杰涂料厂
地　　址：浙江省杭州市萧山临浦镇临东村
邮　　编：311251
电　　话：0571-82474517
主要产品：有机硅耐高温不粘涂料

公司名称：杭州市一韦涂料化学有限公司
地　　址：浙江省杭州市余杭区仁和镇洛阳村
邮　　编：311107
电　　话：0571-86391339
主要产品：丙烯酸涂料，专用稀释剂

公司名称：杭州斯宝化工有限公司
地　　址：浙江省杭州市萧山新塘街道桥南沈村
邮　　编：311201
电　　话：0571-82779119
主要产品：玻璃涂料

公司名称：杭州天松集团有限公司
地　　址：浙江省临安市苕溪北路 198 号
邮　　编：311300
电　　话：0571-63738888
主要产品：粉末涂料

公司名称：杭州天旭塑粉有限公司
地　　址：浙江省杭州市机场路笕桥镇白石村
邮　　编：310021
电　　话：0571-85148061
传　　真：0571-85148061
主要产品：热固性粉末涂料

公司名称：杭州涂料有限公司
地　　址：浙江省杭州市上塘路 657 号
邮　　编：310015
电　　话：0571-88012773
传　　真：0571-88014694
主要产品：建筑涂料，建筑胶黏剂

公司名称：杭州威士新型建材有限公司
地　　址：浙江省杭州市朝晖路 182 号国都发展大厦 13 楼 B-3 座
邮　　编：310014
电　　话：0571-85509962
主要产品：建筑涂料，防火涂料，防水材料

公司名称：杭州五菱涂料有限公司
地　　址：浙江省杭州市瓶窑镇长命村
邮　　编：311115
电　　话：0571-88531537
主要产品：金属涂料，特种涂料，塑胶涂料

公司名称：杭州西子防火材料有限公司
地　　址：浙江省杭州经济技术开发区中心路 1 号
邮　　编：310018
电　　话：0571-87871248
主要产品：防火涂料

公司名称：杭州下沙油漆厂
地　　址：浙江省杭州市下沙经济技术开发区 1 号大街 309 号
邮　　编：310018
电　　话：0571-86923984
邮　　箱：web@hz-xsyqc.com
网　　址：www.hz-xsyqc.com
主要产品：工业涂料

公司名称：杭州萧山乐园涂料厂
地　　址：浙江省杭州萧山义蓬镇乐园长红桥东 28 米
邮　　编：311225
电　　话：0571-82164153
主要产品：防水涂料，防锈涂料

公司名称：杭州萧山南阳镇樱花涂料厂
地　　址：浙江省杭州市萧山南阳镇长远村
邮　　编：311227
电　　话：0571-82170199
主要产品：内外墙涂料

公司名称：杭州萧山阳光涂料有限公司
地　　址：浙江省杭州市萧山新湾工业区
邮　　编：311228
电　　话：0571-82901777
主要产品：防腐涂料，防锈涂料

公司名称：杭州新欧化工有限公司
地　　址：浙江省杭州市西湖区新生村
邮　　编：310053
电　　话：0571-86617000
传　　真：0571-86631464

公司名称：杭州新桥化工有限公司
地　　址：浙江省杭州市莫干山路 698 号
邮　　编：310011
电　　话：0571-88184469
主要产品：粉末涂料

公司名称：杭州亚东新型材料有限公司
地　　址：浙江杭州秋涛路静怡花苑 1-108
邮　　编：310016
电　　话：0571-86092860
主要产品：有机硅耐高温涂料，黏合剂，有机氟等有机材料，防腐涂料

公司名称：杭州亚士油漆有限公司
地　　址：杭州市东新路新西路 28 号
邮　　编：310004
电　　话：0571-85353188
传　　真：0571-85353977
网　　址：www.asia-paint.com

公司名称：杭州宜美思环保科技有限公司
地　　址：浙江省杭州市西湖区袁浦轮渡路 17-1 号
邮　　编：310024
电　　话：0571-86981699
主要产品：木蜡油，植物涂料，环保木器涂料

公司名称：杭州逸峰化工涂料有限公司
地　　址：浙江省杭州九堡高新工业开发区
邮　　编：310019
电　　话：0571-86700814
主要产品：建筑涂料

公司名称：杭州油漆有限公司
地　　址：浙江省杭州登云路 555 号
邮　　编：310011
电　　话：0571-88091450
主要产品：工业涂料，防腐涂料

公司名称：杭州宇辰涂料装饰有限公司
地　　址：杭州市四季青水湘三组 55 号
邮　　编：310020
电　　话：0571-86960908 86985908
传　　真：0571-86960908
邮　　箱：lolan@163.com

公司名称：杭州中法化学有限公司
地　　址：浙江省杭州市北大桥化工区
邮　　编：310011
电　　话：0571-88093306
网　　址：zhongfahuaxue.cn.gongchang.com
主要产品：粉末涂料

公司名称：湖州湖杰漆业有限公司
地　　址：浙江省湖州市练市花林工业区
邮　　编：313013
电　　话：0572-3605177 3601969
网　　址：shop.ebdoor.com
主要产品：酚醛清漆，各色醇酸调和漆，水性内外墙乳胶漆

公司名称：湖州升宝涂料有限公司
地　　址：浙江省湖州钟管工业区
邮　　编：313220
电　　话：0572-8260399 8260398 8260099
网　　址：www.sen-bao.com
主要产品：建筑涂料

公司名称：湖州市南浔百胜涂料厂
地　　址：浙江省湖州市南浔镇柏树村
邮　　编：313009
电　　话：0572-3052716
主要产品：内外墙建筑涂料

公司名称：湖州天阁黏合剂有限公司
地　　址：浙江省湖州市练市镇湖盐东路 24 号
邮　　编：310013
电　　话：0572-3956085
主要产品：内外墙涂料

公司名称：华峰集团水性聚氨酯推广小组
地　　址：浙江省瑞安市莘塍工业园区
邮　　编：325206
电　　话：0577-65178888
主要产品：水性聚氨酯涂料

公司名称：华日涂料化工有限公司
地　　址：浙江省东阳市歌山镇工业区
邮　　编：322105
电　　话：0579-6732717
主要产品：聚酯木器涂料，硝基木器涂料，无毒型酸硬化木器涂料，涂料

公司名称：骅盛涂料厂
地　　址：浙江省温州市鹿城区鹿城路 185 弄 1-1 号
邮　　编：325000
电　　话：0577-86362698
主要产品：建筑涂料

公司名称：黄岩东昌涂料油墨厂
地　　址：浙江省台州市黄岩区江口村
邮　　编：318020
电　　话：0576-84177348
主要产品：工艺品涂料

公司名称：黄岩合诚聚氨酯厂
地　　址：浙江省黄岩区王西路 180 号
邮　　编：318020
电　　话：0576-84057188
主要产品：聚氨酯涂料，PU 聚酯涂料，鞋漆，油墨

公司名称：黄岩丽光涂料厂
地　　址：浙江省台州市黄岩区王西路 168 号
邮　　编：318020
电　　话：0576-84273609
主要产品：汽车涂料，摩托车涂料

公司名称：黄岩特种涂料厂
地　　址：浙江省黄岩区绿汀路 230 号
邮　　编：318020
电　　话：0576-84224993
传　　真：0576-84226362

公司名称：黄岩造漆厂
地　　址：浙江省台州市黄岩区王东
邮　　编：318020
电　　话：0576-84195729
主要产品：聚酯涂料

公司名称：加拿枫叶涂料(嘉兴)有限公司
地　　址：浙江嘉兴市桐乡同福工业区
邮　　编：314500
电　　话：0573-88482988 88483277
传　　真：0573-88483522
邮　　箱：mail@jnfyq.com
网　　址：www.jnfyq.com

公司名称：嘉善华生化工涂料厂
地　　址：浙江省嘉善县干窑镇范兴路 228 号
邮　　编：314115
电　　话：0573-84518028
传　　真：0573-84519428
主要产品：涂料，烤漆

公司名称：嘉善正大建筑涂料厂
地　　址：浙江省嘉兴市嘉善县惠民镇工业园区
邮　　编：314119
电　　话：0573-84699016
主要产品：水性建筑涂料

公司名称：嘉兴绝缘材料厂
地　　址：浙江省嘉兴市经济开发区东方路昌盛路口
邮　　编：314001
电　　话：0573-82212000 82200189
传　　真：0573-82217400 82210288
邮　　箱：jximf@mail.jxptt.zj.cn insula@mail.jxptt.zj.cn

公司名称：嘉兴美来涂料有限公司
地　　址：浙江省嘉兴新塍开发区兴新路 6 号
邮　　编：314015
电　　话：0573-83528768
主要产品：手机涂料

公司名称：嘉兴南湖造漆厂
地　　址：浙江省嘉兴市城南路四号桥
邮　　编：314001
电　　话：0573-82612468
主要产品：过氯乙烯类涂料，氨基类涂料，硝基类涂料，聚氨酯类涂料，铁红环氧底漆

公司名称：嘉兴市大邦电器有限责任公司
地　　址：浙江省嘉兴市余新镇开发区
邮　　编：314009
电　　话：0573-83169798
传　　真：0573-83169814
主要产品：涂料

公司名称：嘉兴市港区德瑞斯化工有限公司
地　　址：浙江省平湖市乍浦镇乍浦商城建材市场
邮　　编：314201
电　　话：0573-5532280

主要产品：工业涂料

公司名称：嘉兴市豪邦大名化工有限公司
地　　址：浙江省嘉兴市秀洲区王江泾镇沈家桥村
邮　　编：314001
电　　话：0573-82280678
主要产品：塑胶涂料，家具涂料，环氧地坪涂料，内外墙乳胶漆

公司名称：嘉兴市清河高力绝缘有限公司
地　　址：浙江省嘉兴市秀洲工业区信达路42号
邮　　编：314031
电　　话：0573-82792001
主要产品：绝缘涂料

公司名称：嘉兴市新塍中达塑粉厂
地　　址：浙江省嘉兴市秀洲区新塍镇北栅东街3号
邮　　编：314015
电　　话：0573-83400229
主要产品：热固性粉末涂料

公司名称：嘉兴市亚卓涂料科技有限公司
地　　址：浙江省嘉兴市秀洲区秀圣路167号
邮　　编：314000
电　　话：0573-82289828
邮　　箱：694374163@qq.com
主要产品：弹性涂料，金属涂料，质感涂料，真石漆

公司名称：嘉兴小鸟油漆有限公司
地　　址：浙江省嘉善县魏塘镇晋亿大道38号
邮　　编：314100
电　　话：0573-84183892
主要产品：工业涂料

公司名称：嘉兴欣奇化工有限公司
地　　址：浙江省嘉善县西塘镇翠南村
邮　　编：314102
电　　话：0573-84562688
主要产品：油墨，汽车涂料，木器涂料

公司名称：江山市漆业有限公司
地　　址：浙江省江山市贺村镇丰益
邮　　编：324100
电　　话：0570-4550177
传　　真：0570-4550576

公司名称：金冠化工(乐清)贸易有限公司
地　　址：浙江省乐清市牛鼻洞望峰路58-60号
邮　　编：325600
电　　话：0577-62504777
主要产品：工业涂料，民用装饰涂料，专业聚丙烯涂料

公司名称：金华大荣涂料有限公司
地　　址：浙江省金华市秋滨工业区
邮　　编：321000
电　　话：0579-82256500
主要产品：工业涂料

公司名称：金华恒鑫塑粉有限公司
地　　址：浙江省金华市金东区多湖街道飞机场
邮　　编：321000
电　　话：0579-82823098
主要产品：粉末涂料

公司名称：金华市白云制漆有限公司
地　　址：浙江省金华市金东经济开发区鞋塘
邮　　编：321035
电　　话：0579-83258816
主要产品：饰品涂料

公司名称：金华市惠丰汽车涂料有限公司
地　　址：浙江省金华市金东区赤松路239号
邮　　编：321000
电　　话：0579-82103173
主要产品：汽车涂料

公司名称：金华市佳振涂料有限公司
地　　址：浙江省金华市金东区塘雅工业园
邮　　编：321032
电　　话：0579-82863877
主要产品：电泳涂料，各类热固性粉末涂料，水性涂料

公司名称：金华市科华涂料有限公司
地　　址：浙江省金华婺城区三路口
邮　　编：321017
电　　话：0579-82469402
主要产品：建筑涂料，内外墙乳胶漆

公司名称：金华市科美塑粉厂
地　　址：浙江省金华市白龙桥镇白龙桥洞溪工业区
邮　　编：321025
电　　话：0579-82207369
主要产品：粉末涂料

公司名称：金华市三川涂料有限公司
地　　址：浙江省金华市白龙桥镇白龙桥镇洞溪村
邮　　编：321025
电　　话：0579-82206736
主要产品：不粘涂料，耐高温涂料，防腐涂料

公司名称：金华市裕兴涂料厂
地　　址：浙江省金华市金东经济开发区
邮　　编：321037
电　　话：0579-83908188
传　　真：0579-83908189
邮　　箱：sales@yuxingpaint.com
网　　址：www.yuxingpaint.com

公司名称：金华市远大粉体材料有限公司
地　　址：浙江市金华市澧浦工业区
邮　　编：321000
电　　话：0579-82824008
主要产品：粉末涂料

公司名称：金华星星水性涂料厂
地　　址：浙江省金华市婺城区雅畈镇三村
邮　　编：321051
电　　话：0579-82791078
主要产品：水性电泳涂料

公司名称：金琪涂料有限公司
地　　址：浙江省瑞安市飞云镇阁巷
邮　　编：325207
电　　话：0577-65558688
主要产品：汽车涂料，船舶涂料，其他涂料

公司名称：金洲涂料实业有限公司
地　　址：浙江省温州市新桥镇西宁街1弄4号
邮　　编：325000
电　　话：0577-86066659
主要产品：硝基涂料，地板涂料，聚酯树脂涂料，聚氨酯涂料，锤纹漆，水晶家具涂料

公司名称：金总防水材料有限公司
地　　址：浙江省义乌市机场路2038号
邮　　编：322000
电　　话：0579-85680879
主要产品：防水涂料

公司名称：缙云县佰鑫涂料有限公司
地　　址：浙江省缙云县舒洪镇螺蛳岩村
邮　　编：321407
电　　话：0578-3197299
主要产品：水性涂料

公司名称：巨化集团技术中心(高分子材料研究所)
地　　址：浙江省衢州市
邮　　编：324004
电　　话：0570-3096296
主要产品：含氟涂料

公司名称：坤杰涂料有限责任公司
地　　址：浙江省海宁市海狮路19号
邮　　编：314400
电　　话：0573-87363406
主要产品：内外墙涂料，防水涂料

公司名称：兰溪市三鑫黏合剂有限公司
地　　址：浙江省兰溪市马涧工业区
邮　　编：321100
电　　话：0579-88806658
主要产品：黏合剂，热塑性丙烯酸树脂彩瓦涂料

公司名称：兰溪市新建涂料厂
地　　址：浙江省兰溪市新建村
邮　　编：321100
电　　话：0579-88290076
主要产品：建筑胶水

公司名称：乐清市寰宇建材有限公司
地　　址：浙江省乐清市柳市镇三里一路仁和大厦3-6号
邮　　编：325604
电　　话：0577-61721876
传　　真：0577-61728776
主要产品：建筑涂料，工业涂料

公司名称：乐清市金日油墨有限公司
地　　址：浙江省乐清市南岳镇临港工业区
邮　　编：325609
电　　话：0577-62209077 62209088
网　　址：www.jinripaint.com
主要产品：热塑型丙烯酸涂料，静电喷涂漆，铝箔油墨

公司名称：乐清市金星粉末涂料厂
地　　址：浙江省温州市乐清市天成乡巨光村委会
邮　　编：325609
电　　话：0577-62110338
主要产品：工艺品涂料

公司名称：乐清市科源涂料有限公司
地　　址：浙江省乐清市黄华镇沪屿工区

邮　　编：325604
电　　话：0577-62655848
主要产品：建筑涂料

公司名称：乐清市乐意塑粉有限公司
地　　址：浙江乐清市柳市镇智广工业区榕凌路 31 号
邮　　编：325600
电　　话：0577-27875667
传　　真：0577-27875665
主要产品：热固性粉末涂料

公司名称：力保捷(杭州)涂料有限公司
地　　址：浙江省杭州市杭海路 620 号
邮　　编：310002
电　　话：0571-86805548-803
主要产品：建筑涂料

公司名称：临安华隆涂料有限公司
地　　址：浙江省临安市龙岗镇龙岗街 88 号
邮　　编：311322
电　　话：0571-63631171
主要产品：硝基涂料，防盗门涂料，汽车涂料

公司名称：临安市悉奥涂料有限公司
地　　址：浙江省临安市临天路 108 号
邮　　编：311300
电　　话：0571-63739928
传　　真：0571-63813189
主要产品：内外墙乳胶漆

公司名称：临安市正海涂料厂
地　　址：浙江省杭州市临安锦城街道长桥村
邮　　编：311300
电　　话：0571-88952870
主要产品：防腐涂料，水性内外墙涂料

公司名称：临海市绿茵科技有限公司
地　　址：浙江临海市江南工业区
邮　　编：318025
电　　话：0576-85196916
主要产品：水性内外墙涂料

公司名称：龙游县南江造漆厂
地　　址：浙江龙游小南海光明路 46 号
邮　　编：324000
电　　话：0570-7052808/8885179
主要产品：硝基色漆，聚氨酯涂料

公司名称：龙游新迪高分子材料有限公司
地　　址：浙江省龙游县城南开发区城南西路 6 号
邮　　编：324400
电　　话：0570-7855028
主要产品：光固化涂料，热固化涂料

公司名称：龙游永安防火材料有限公司
地　　址：浙江省衢州市龙游县衢龙西路 22 号
邮　　编：324400
电　　话：0570-7020522
主要产品：电缆防火涂料

公司名称：美涂化工(杭州)有限公司
地　　址：浙江省杭州市余杭区良渚镇良渚小洋坝
邮　　编：310000
电　　话：0571-87709522
主要产品：建筑涂料

公司名称：宁波宝丽来有限公司
地　　址：浙江省宁波开发区
邮　　编：315300
电　　话：0574-63210668
网　　址：www.nbbll.com
主要产品：粉末涂料

公司名称：宁波标兵涂料有限公司
地　　址：浙江省宁波市开发区大港工业城崂山路 15 号
邮　　编：315800
电　　话：0574-86805375
主要产品：耐候木器涂料，航海木器涂料，花园木器涂料

公司名称：宁波伯爵油漆有限公司
地　　址：浙江省宁波北仑小港石桥经 7 路 17 号
邮　　编：315821
电　　话：0574-86173010
主要产品：工业用涂料

公司名称：宁波大达化学有限公司
地　　址：浙江省宁波化学工业区(蟹浦)中浦路 368 号
邮　　编：315204
电　　话：0574-86505135
传　　真：0574-86505136
网　　址：www.ningbodada.com
主要产品：建筑涂料，船用涂料，重防腐涂料，环氧地坪涂料

公司名称：宁波大桥化工有限公司
地　　址：浙江省宁波市余姚市泗门镇湖北村
邮　　编：315472
电　　话：0574-62169650
主要产品：工业涂料

公司名称：宁波飞轮造漆有限责任公司
地　　址：浙江省宁波市北仑石桥化工区经七路 15 号
邮　　编：315821
电　　话：0574-86178232
传　　真：0574-86178231
网　　址：www.nbfeilun.com
主要产品：船舶涂料、重防腐涂料、工业涂料

公司名称：宁波福明制漆有限公司
地　　址：江东宁波江东区邵家村
邮　　编：315040
电　　话：0574-87927065

公司名称：宁波黑鸟涂料有限公司
地　　址：浙江省宁波市江东区科兴路 28 号
邮　　编：315040
电　　话：0574-87908837
网　　址：www.nbheiniao.com
主要产品：装饰性粉末涂料，重防腐粉末涂料

公司名称：宁波华夏涂料技术发展有限公司
地　　址：浙江省宁波市鄞州区戚家村工业园
邮　　编：315074
电　　话：0574-88448806 88448206
传　　真：0574-88018826
邮　　箱：Huaxia@huaxiatl.com
网　　址：www.huaxiatl.com

公司名称：宁波嘉诚化工有限公司
地　　址：浙江省宁波宁穿路美化油漆市场五金街十号门
邮　　编：315040
电　　话：0574-87810026
网　　址：www.nbjchg.com

公司名称：宁波江北甬江宁临涂料厂
地　　址：宁波江北压赛村乌隘 141 号(老牧场桥边)
邮　　编：315021
电　　话：0574-87639719

公司名称：宁波江北甬镇化工涂料公司
地　　址：宁波市江北人民路 597-599 号
邮　　编：315020
电　　话：0574-87664679
传　　真：0574-87664509
主营产品：工业涂料

公司名称：宁波九龙涂料厂
地　　址：浙江省宁波市镇海区九龙湖镇田顾工业区
邮　　编：315205
电　　话：0574-86530154

公司名称：宁波康曼丝涂料公司
地　　址：浙江省宁波市鄞州区齐心村
邮　　编：315105
电　　话：0574-88238366
主要产品：弹性涂料，内外墙乳胶漆，彩真石漆，封墙底漆

公司名称：宁波康威涂料有限公司
地　　址：浙江省宁波市象山昌国南门
邮　　编：315732
电　　话：0574-65990059 65990769
传　　真：0574-65990059
邮　　箱：sjhx2001@163.com

公司名称：宁波柯力高分子材料公司
地　　址：宁波市鄞州区五乡镇项隘村
邮　　编：315111
电　　话：0574-88385785

公司名称：宁波肯特涂料公司
地　　址：浙江省宁波市鄞奉路 518 号
邮　　编：315010
电　　话：0574-87499323
传　　真：0574-87499314
邮　　箱：kente@cnkente.com
网　　址：www.cnkente.com

公司名称：宁波美仕涂料有限公司
地　　址：浙江省慈溪市周巷镇周西工业区马家路 322 号
邮　　编：315324
电　　话：0574-63317777 63317888
网　　址：nbmeishi.com
主要产品：汽车涂料

公司名称：宁波潘火涂料公司
地　　址：浙江省宁波市鄞州区下应镇齐心工业园区
邮　　编：315105
电　　话：0574-88495192
传　　真：0574-88495854
网　　址：www.chonex.com
主要产品：水性涂料

公司名称：宁波荣山新型建材有限公司
地　　址：宁波市高新区翔云路 100 号科

贸中心东塔楼 12 层
邮　　编：315040
电　　话：0574-27785309 27785302
网　　址：www.longsan.com

公司名称：宁波诗冬涂料有限公司
地　　址：浙江省宁波市镇海区甬骆路西105号
邮　　编：315202
电　　话：0574-86585111

公司名称：宁波市飞轿造漆有限公司
地　　址：浙江省宁波市宁海城关跃龙山路 11 号
邮　　编：315600
电　　话：0574-25552182
网　　址：www.feiqiao139.cn
主要产品：涂料，乳胶漆，水性醇酸涂料

公司名称：宁波市汇虹化工有限公司
地　　址：浙江省宁波市镇海区骆驼工业园区盛兴路
邮　　编：315202
电　　话：0574-86583999

公司名称：宁波市江北佳友聚酯涂料厂
地　　址：浙江省宁波市江北区慈城镇雷家巷 8 号
邮　　编：315031
电　　话：0574-87591936
主要产品：聚酯涂料，乳胶漆

公司名称：宁波市江东东海涂料厂
地　　址：宁波市江南路 242 号(市科技园区)
邮　　编：310000
电　　话：0574-87773707

公司名称：宁波市科技园区东升科技发展有限公司
地　　址：浙江省宁波市科技园区梅墟工业区
邮　　编：315103
电　　话：0574-88482700
主要产品：常温固化氟碳，无机富锌底漆，环氧富锌底漆，环氧云铁中间漆，环氧封底漆

公司名称：宁波市派特勒粉末涂料有限公司
地　　址：浙江省宁波市鄞州区滨海投资创业中心联胜路
邮　　编：315145
电　　话：0574-83026621
网　　址：www.partnerfm.com
主要产品：粉末涂料

公司名称：宁波市青华漆业有限公司
地　　址：江东区宁波市美化油漆涂料市场 42、43 号
邮　　编：315000
电　　话：0574-88418590
传　　真：0574-88410908

公司名称：宁波市鄞州中马彩瓦配色厂
地　　址：浙江省宁波市鄞州五乡镇龙一工业园区
邮　　编：315111
电　　话：0574-88364830 88415224
网　　址：www.cncwq.com.cn
主要产品：彩瓦漆

公司名称：宁波市鄞州中洲粉末涂料有限公司
地　　址：浙江宁波市五乡镇工业园区
邮　　编：315111
电　　话：0574-88335637 88384836
主要产品：粉末涂料

公司名称：宁波市镇海泰欣涂料有限公司
地　　址：浙江省宁波市镇海区俞范东路188号
邮　　编：315200
电　　话：0574-86260133 86260132
网　　址：www.cnzhongzi.com
主要产品：建筑涂料

公司名称：宁波市镇海造漆厂
地　　址：浙江省宁波市镇海区甬骆路103号
邮　　编：315202
电　　话：0574-86580544
主要产品：工业烤漆，环保型水性烤漆，环保型涂料，塑料涂料

公司名称：宁波万兴涂料有限公司
地　　址：宁波市鄞州集士港元禾村
邮　　编：315171
电　　话：0574-88021508

公司名称：宁波翔神化工有限公司
地　　址：浙江省宁波市象山县墙头镇海山路 1 号
邮　　编：315716
电　　话：0574-65754381
网　　址：www.chengxiangchem.com
主要产品：微生物防霉涂料，防水涂料，超薄型钢结构防火涂料

公司名称：宁波新安涂料有限公司
地　　址：浙江宁波北仑区大碶新安
邮　　编：315200
电　　话：0574-86135091
主要产品：真石漆系列，弹性涂料，内外墙乳胶涂料

公司名称：宁波亚东化工有限公司
地　　址：浙江省奉化市滕头工业园区园中路 101 号
邮　　编：315500
电　　话：0574-88926867 88958168
传　　真：0574-88932296
主营产品：塑料涂料，四氟系列产品

公司名称：宁波鄞州古林万兴涂料厂
地　　址：浙江省宁波市宁波鄞州区古林镇鹅中村
邮　　编：315177
电　　话：0574-88290218
主要产品：内外墙涂料

公司名称：宁波鄞州永兴涂料厂
地　　址：浙江省宁波市鄞州区小花园
邮　　编：315105
电　　话：0574-88236301

公司名称：宁波鄞洲康乐涂料有限公司
地　　址：浙江省宁波市雅戈尔大道843号
邮　　编：315154
电　　话：0574-88259088
主要产品：建筑涂料

公司名称：宁波造漆二厂
地　　址：宁波鄞州区邱隘镇白文路
邮　　编：315101
电　　话：0574-88412499

公司名称：宁波镇海美迪士装饰材料厂
地　　址：浙江省宁波市镇海区联兴村
邮　　编：315201
电　　话：0574-86690778
主要产品：水性建筑涂料，乳胶漆

公司名称：宁波镇海泰兴新型材料厂
地　　址：浙江省宁波市镇海区余范路188号
邮　　编：315200
电　　话：0574-86260133
传　　真：0574-86266438
主要产品：水性涂料

公司名称：宁波镇海造漆厂
地　　址：浙江省宁波市镇海区骆驼慈海南路 1320
邮　　编：315202
电　　话：0574-86580544
传　　真：0574-86583044
主要产品：工业烤漆

公司名称：宁波正良涂料实业有限公司
地　　址：浙江省宁波慈溪市庵东工业园区沿江路 168 号
邮　　编：315327
电　　话：0574-63477753
主要产品：预涂卷材涂料

公司名称：宁海蓝天涂料公司
地　　址：浙江省宁波市宁海茶院乡东南溪村
邮　　编：315600
电　　话：0574-65125555

公司名称：宁海甬宁造漆有限公司
地　　址：浙江省宁波市宁海城关跃龙山路 11 号
邮　　编：315600
电　　话：0574-65527265-8031

公司名称：浦江华福涂料厂
地　　址：浙江省浦江市普阳镇和平北路104号
邮　　编：322200
电　　话：0579-84188298
主要产品：建筑涂料，黏合剂

公司名称：庆元县新正大漆业有限公司
地　　址：浙江省丽水市庆元县黄田工业区
邮　　编：323809
电　　话：0578-6141518
主要产品：硝基涂料

公司名称：衢州巨飞化建有限公司
地　　址：衢州市下张开发区(经三路1-7号)
邮　　编：324000
电　　话：0570-3855577
传　　真：0570-3855816

公司名称：衢州神鸟化工有限公司
地　　址：浙江省衢州市常山县沈家开发区新衢南路 5 号
邮　　编：324022
电　　话：0570-2932864
主要产品：聚酯涂料，水性内外墙乳胶漆

公司名称：衢州市威立化工有限公司
地　　址：浙江省衢州市沈家工业园区南山路
邮　　编：324022
电　　话：0570-3375169
主要产品：汽车涂料，家用电器涂料，船舶涂料，重防腐涂料

公司名称：瑞安市美达化工材料有限公司
地　　址：浙江省瑞安市潘岱街道办事处芦浦工业区
邮　　编：325216
电　　话：0577-65092818
网　　址：www.meidachem.com
主要产品：反光涂料

公司名称：瑞安市星光涂料厂
地　　址：浙江省瑞安市东山经济发展区
邮　　编：325206
电　　话：577-65000155
网　　址：www.xgcoat.com
主要产品：反光涂料

公司名称：上虞市聪锐化工有限公司
地　　址：浙江省上虞市杭州湾上虞工业园区纬九东路1号
邮　　编：312369
电　　话：0575-82739196 82739197
网　　址：www.cr08.com
主要产品：高档汽车修补漆，汽车用高温涂料，塑胶涂料，户外高级广告牌用涂料，金属、非金属及玻璃钢表面用高级涂料

公司名称：上虞市立本墙面漆有限公司
地　　址：浙江省上虞市上虞东关五里牌
邮　　编：312352
电　　话：0575-82571115
传　　真：0575-82571115

公司名称：绍兴县越虹涂料厂
地　　址：浙江省绍兴市山阴路141号
邮　　编：312045
电　　话：0575-88315898
主要产品：水乳胶涂料

公司名称：嵊州市防火涂料厂
地　　址：浙江省嵊州市城关镇阮庙
邮　　编：312459
电　　话：0575-83040610 83344156 13705850763
传　　真：0575-83344155
邮　　箱：info@cnfhtl.com
网　　址：www.cnfhtl.com

公司名称：台州山水造漆工业有限公司
地　　址：浙江省台州市路桥区横街工业区
邮　　编：318056
电　　话：0576-82621789 82621788
邮　　箱：shanshuizq@163.com
网　　址：www.tzsszq.com
主要产品：弹性涂料，弹性手感涂料，工业涂料，塑胶涂料

公司名称：台州市华润制漆有限公司
地　　址：浙江省台州市路桥区桐屿坝头工业园区
邮　　编：318050
电　　话：0576-82335533
主要产品：丙烯酸-氨基烤漆，彩色钢卷涂料

公司名称：台州市椒江新光涂料厂
地　　址：浙江省台州市椒江区乌石工业区
邮　　编：318000
电　　话：0576-88311501 88311551
网　　址：www.zj-xg.com
主要产品：水性木器涂料

公司名称：台州市泰基涂料有限公司
地　　址：浙江省台州市台州经济开发区
邮　　编：318000
电　　话：0576-88651058 88652056
网　　址：www.tjpaint.com
主要产品：天然真石漆，乳胶漆

公司名称：台州市厦光涂料有限公司
地　　址：浙江省台州市椒江经济开发区
邮　　编：318000
电　　话：0576-88505909
主要产品：水性、溶剂型内外墙涂料，地坪涂料，丙烯酸涂料，丙烯酸罩光漆

公司名称：天台昌明化学制品有限公司
地　　址：浙江省天台县平桥镇友谊西路
邮　　编：317203
电　　话：0576-83661858
邮　　箱：zmh@changming.com.cn
网　　址：www.changming.com.cn
主要产品：热固性粉末涂料，原料药及中间体，化工助剂，CM68消光剂，CM503流平剂，CM701光亮剂

公司名称：天台塑粉总厂
地　　址：天台县高新技术产业园区
邮　　编：317200
电　　话：0576-83889291

公司名称：桐乡市曼得丽涂料有限公司
地　　址：浙江省桐乡市屠甸工业园区同丰路
邮　　编：314503
电　　话：0573-88862777
网　　址：www.maidenly.cn
主要产品：内外墙乳胶漆，地坪涂料，浮雕漆，金属涂料，真石漆，氟碳涂料

公司名称：桐乡市正大涂料有限公司
地　　址：浙江省桐乡市河山镇张褚大桥
邮　　编：314512
电　　话：0573-88677163
传　　真：0573-88671008
网　　址：www.tx-zhengda.com

公司名称：浙江鱼童发达造漆有限公司
地　　址：浙江省温岭市松门镇礁山北路78号
邮　　编：317511
电　　话：0576-86628888 86628028 86628022
传　　真：0576-86628026
邮　　箱：fadayouqi@vip.163.com
网　　址：www.yutongpaint.com
主要产品：船舶涂料，防腐涂料，工业涂料，地坪涂料，水性涂料

公司名称：温州大千化工涂料有限公司
地　　址：浙江省温州市江滨路永楠公寓103-104室
邮　　编：325000
电　　话：0577-88811572
主要产品：建筑涂料

公司名称：温州富邦化工公司
地　　址：温州瓯海南海白象鹅湖工业区
邮　　编：325015
电　　话：0577-86716156 86718365
传　　真：0577-86715365
邮　　箱：fubang@mail.wzptt.zj.cn
网　　址：www.fubang-paint.com

公司名称：温州格美特建材有限公司
地　　址：浙江省温州市
邮　　编：325005
电　　话：0577-86117077
主要产品：内外墙乳胶漆，腻子粉

公司名称：温州立邦塑粉有限公司
地　　址：温州市高新技术产业园区大维路1号
邮　　编：325006
电　　话：0577-86180681 86180682
网　　址：www.nipponpaint.com.cn
主要产品：粉末涂料

公司名称：温州罗浮塔涂料有限公司
地　　址：浙江省温州市瓯北挂彩村
邮　　编：325102
电　　话：0577-67305678 67305738
主要产品：建筑涂料

公司名称：温州市飞扬皮革化工
地　　址：浙江省温州市鹿城区仰义大厦407室
邮　　编：325000
电　　话：0577-88798360
主要产品：水性亮光油

公司名称：温州市金龙化工有限公司
地　　址：浙江省温州市平阳县水头镇金顺路8-8号
邮　　编：325405
电　　话：0577-81879163
主要产品：皮革涂料，塑料涂料

公司名称：温州市凯达实业有限公司
地　　址：浙江省温州市四达大楼
邮　　编：325000
电　　话：0577-88218766 88218733
网　　址：www.0577kaida.com
主要产品：弹性涂料

公司名称：温州市龙湾立得达防腐蚀材料厂
地　　址：温州市龙湾区瑶溪工业区
邮　　编：325013
电　　话：0577-86610389 86610965
传　　真：0577-86610389
邮　　箱：master@lideda.com
网　　址：www.lideda.com

公司名称：温州市鹿城安达建筑防水材料厂
地　　址：温州牛山西路478号
邮　　编：325000
电　　话：0577-88835745
主要产品：防水涂料，干性防水材料，建筑防水材料，柔性防水材料

公司名称：温州市米多涂料有限公司
地　　址：浙江省温州市龙霞中路88号
邮　　编：325014
电　　话：0577-86363928
主要产品：木器涂料，建筑涂料

公司名称：温州市诺亚包装材料公司
地　　址：浙江省温州市苍南县金乡镇球商新村21号
邮　　编：325805
电　　话：0577-83765208
传　　真：0577-64586861
主要产品：轻工涂料

公司名称：温州市瓯海三垟雅特涂料厂
地　　址：浙江省温州市瓯海三垟大道东垟路53-1号
邮　　编：325014
电　　话：0577-86770881
网　　址：www.yatetl.com
主要产品：内外墙涂料

公司名称：温州市瑞丰实业有限公司
地　　址：温州市龙方工业区纺织路瑞丰大楼
邮　　编：325000
电　　话：0577-88576337
传　　真：0577-88607018
网　　址：www.rephone.com.cn

公司名称：温州市造漆厂
地　　址：浙江省温州市
邮　　编：325008
电　　话：0577-88792505
主要产品：涂料

公司名称：武义博莱特漆业有限公司
地　　址：浙江省金华市武义县泉溪镇金岩山工业区
邮　　编：321210
电　　话：0579-87726707
网　　址：brought777.cn.gongchang.com
主要产品：醇酸涂料，氨基涂料，丙烯酸涂料

公司名称：新昌县共利新颖建材有限公司
地　　址：浙江省新昌县城关镇南岩省级高新技术产业园区
邮　　编：312500
电　　话：0575-86225058
网　　址：www.44zy.com
主要产品：阻燃防水涂料，环保乳胶漆，超级雨刷涂料

公司名称：新照涂料有限公司
地　　址：浙江省义乌市佛堂镇王宅登峰养殖场内
邮　　编：322002
电　　话：0579-85323692
主要产品：水性工艺品涂料，装饰涂料，相框涂料，溶剂型涂料

公司名称：义乌市鼎诚涂料有限公司
地　　址：浙江省义乌市稠诚开发区1-1
邮　　编：322000
电　　话：0579-85083029
主要产品：紫外光固化涂料，UV固化油墨

公司名称：鄞州方华涂料厂
地　　址：浙江省宁波市鄞州区布政中学对面
邮　　编：315176
电　　话：0574-88438237
传　　真：0574-88438251
主要产品：内外墙乳胶漆，真石漆

公司名称：鄞州东港粉末涂料厂
地　　址：浙江省宁波市鄞州区云龙镇上李家村
邮　　编：315135
电　　话：0574-88473519

公司名称：鄞州东海粉末涂料有限公司
地　　址：宁波鄞州区高江东路289号
邮　　编：315104
电　　话：0574-88232968-8006
网　　址：www.nbdoh.com
主要产品：粉末涂料

公司名称：鄞州富斯特涂料厂
地　　址：宁波市鄞州区塘溪镇管江
邮　　编：315142
电　　话：0574-88312972

公司名称：鄞州鸿泰化工涂料厂
地　　址：宁波市鄞州洞桥镇树桥村
邮　　编：315157
电　　话：0574-88439277
传　　真：0574-88043015
邮　　箱：hongtai_nb@126.com
网　　址：hongtai-nb.com
主要产品：化工涂料

公司名称：鄞州新林建筑防水涂料厂
地　　址：宁波市鄞州区高桥镇岐阳村
邮　　编：315192
电　　话：0574-88462327 88142327
网　　址：www.nb-yongling.com

公司名称：永发涂料公司
地　　址：浙江省嘉兴市秀洲区王店镇建设龙源西路59号
邮　　编：314000
电　　话：0573-83324568
主要产品：内外墙乳胶漆，环保胶水，粉体膨胀涂料

公司名称：永康市鑫光塑粉有限公司
地　　址：浙江省永康市
邮　　编：321300
电　　话：0579-87283328
主要产品：热固性粉末涂料

公司名称：佑谦特种材料有限公司
地　　址：浙江省上虞市小越镇新宅工业区
邮　　编：312367
电　　话：0575-82038998
邮　　箱：sale3@uvchem.com.cn
网　　址：www.uvchem.com.cn

公司名称：余姚赫马涂料有限公司
地　　址：余姚临山工业区西区
邮　　编：315460
电　　话：0574-62057780
传　　真：0574-62057780

公司名称：余姚市特种防腐材料厂
地　　址：浙江省余姚市小曹娥镇
邮　　编：315400
电　　话：0574-62100898
网　　址：www.nbfangfu.com
主要产品：防腐涂料

公司名称：余姚市特种涂料厂
地　　址：余姚市东北街道冶山路模具城内
邮　　编：315400
电　　话：0574-62633861

公司名称：玉环密得邦粘合材料有限公司
地　　址：浙江玉环县滨港工业城
邮　　编：317600
电　　话：0576-7217888
传　　真：0576-7223069
网　　址：www.cn-mdb.com

公司名称：浙江安邦新材料发展有限公司
地　　址：海宁对外综合开发区新二路
邮　　编：314400
电　　话：0573-87966887 87966676
传　　真：0573-87966883 87966882
邮　　编：zjab123@126.com
网　　址：www.zjab.cn

公司名称：浙江百云涂料有限公司
地　　址：浙江省南浔科技工业园区金斗路东侧
邮　　编：313009
电　　话：0572-3070222
主要产品：建筑涂料

公司名称：浙江贝利德涂料有限公司
地　　址：浙江省衢州市廿里工业区
邮　　编：324000
电　　话：0570-3864772 3864798
网　　址：www.bld168.cn
主要产品：建筑涂料，内外墙涂料，真石漆

公司名称：浙江博星化工涂料有限公司
地　　址：浙江省温岭市万昌中路558号
邮　　编：317500
电　　话：0576-86152222
网　　址：www.chinaboxing.com.cn
主要产品：溶剂型涂料，金属涂料，底漆，罩光漆

公司名称：浙江昌明化学制品有限公司
地　　址：浙江省天台县平桥镇友谊西路
邮　　编：317203
电　　话：0576-83661858
网　　址：www.changming.com.cn
主要产品：热固性粉末涂料

公司名称：浙江大瑞漆业科技有限公司
地　　址：浙江省嘉兴市嘉兴工业园区永叙路258号
邮　　编：314006
电　　话：0573-83116666 83115666 83115777 83115888 83115999
网　　址：www.zjsansheng.cn
主要产品：弹性橡胶涂料，PU摩托车涂料，闪光金属涂料

公司名称：浙江大学凯得丽化工有限公司
地　　址：浙江省杭州市文三路508号天苑大厦11楼AB座
邮　　编：310013
电　　话：0571-88225318
邮　　箱：kintny@kintny.com
网　　址：www.kintny.com
主要产品：建筑涂料，内外墙乳胶漆

公司名称：浙江德清华彩化工有限公司
地　　址：浙江省德清莫干山经济开发区工业园区长虹街
邮　　编：313200
电　　话：0572-8080666 8083200
主要产品：热固性粉末涂料

公司名称：浙江德清乐声化工有限公司

地　　址：浙江省德清县乾元镇东郊路1号
邮　　编：313200
电　　话：0572-8429107
传　　真：0572-8422128
邮　　箱：info@ls-chem.com
网　　址：www.ls-chem.com

公司名称：浙江德清县圆正粉末厂
地　　址：浙江省德清县洛舍镇城南开发区(砂村)
邮　　编：313218
电　　话：0572-8816606 8817606
传　　真：0572-8011606 8022606
邮　　箱：sale@yzfm.com
网　　址：www.yzfm.com

公司名称：浙江飞鲸漆业有限公司
地　　址：浙江省舟山市普陀海洋工业园
邮　　编：316102
电　　话：0580-3095551
传　　真：0580-3095713
主要产品：溶剂型涂料，酚醛涂料，沥青涂料，醇酸涂料，氨基涂料

公司名称：浙江菲达中科精细化学品有限公司
地　　址：浙江省杭州古翠路80号浙江科技大厦8楼
邮　　编：310012
电　　话：0579-87396195
网　　址：www.tangdie.com
主要产品：建筑涂料，木器涂料

公司名称：浙江衡顺造漆厂
地　　址：浙江省浙江湖州光明路121号
邮　　编：310027
电　　话：0572-5823365
传　　真：0572-5823365

公司名称：浙江华彩化工有限公司
地　　址：浙江省德清县莫干山经济开发区长虹中街46号
邮　　编：313200
电　　话：0572-8083909
传　　真：0572-8080778

公司名称：浙江华特集团华特化工有限公司
地　　址：浙江临安市兰巾工业区
邮　　编：311300
电　　话：0571-63754888
传　　真：0571-63754887
主要产品：聚氨酯涂料，聚酯木器涂料，金属涂料，乳胶漆，助剂

公司名称：浙江环球制漆集团股份有限公司
地　　址：浙江省金华市南二环西路2788号
邮　　编：321016
电　　话：0579-82117888
网　　址：www.huanqiu.com.cn
主要产品：民用涂料，工业涂料，家具涂料，地坪涂料，内外墙涂料

公司名称：浙江黄岩旭亿涂料化工厂
地　　址：浙江省黄岩区澄江街道临古苗圃开发区
邮　　编：318026
电　　话：0576-84998187
主要产品：无毒水性玩具涂料

公司名称：浙江吉华集团有限公司
地　　址：浙江省杭州市郊红山农场
邮　　编：311234
电　　话：0571-83017230
主要产品：耐高温涂料，不粘涂料

公司名称：浙江简呈涂料有限公司
地　　址：浙江省金华市丰亭西路175号
邮　　编：321000
电　　话：0579-82433456
主要产品：建筑涂料

公司名称：惠尔美涂料(中国)有限公司
地　　址：浙江省·衢州市沈家经济开发区南山路西18号
邮　　编：324022
电　　话：0570-3375166
传　　真：0570-3375166
主要产品：乳胶漆

公司名称：浙江金华市超浪塑粉有限公司
地　　址：浙江金华市环城北路710号
邮　　编：321000
电　　话：0579-82411085 82411046
传　　真：0579-82410391
邮　　箱：chaolangvip@163.com
网　　址：www.jhchaolang.com
主要产品：环氧粉末涂料，聚酯粉末涂料，混合型粉末涂料

公司名称：浙江兰歌化学工业有限公司
地　　址：浙江永康市长城工业区永东东路22号
邮　　编：321301
电　　话：0579-7110001
传　　真：0579-7110001

公司名称：浙江蓝天环保高科技股份有限公司
地　　址：杭州市文二路391号西湖国际科技大厦A座23、24层
邮　　编：310012
电　　话：0571-88079855
传　　真：0571-88904005
网　　址：www.fltco.com

公司名称：浙江龙游环达漆业有限公司
地　　址：浙江省龙游县湖镇镇新星西路46号
邮　　编：324401
电　　话：0570-7063996 7063370
传　　真：0570-7063996
邮　　箱：hdqy@hdqy.com.cn
网　　址：www.hdqy.com.cn

公司名称：浙江龙游三余造漆厂
地　　址：浙江省龙游县塔石镇西山边村
邮　　编：324405
电　　话：0570-7600333
主要产品：氨基烘漆，丙烯酸烘漆，特种工业涂料

公司名称：浙江南方涂料工业有限公司
地　　址：浙江省东阳市经济开发区东义路168号
邮　　编：322100
电　　话：0579-6815861
主要产品：木器涂料，建筑涂料

公司名称：浙江品冠涂料科技有限公司
地　　址：浙江省嘉兴市嘉善县惠民镇惠新大道108号
邮　　编：314112
电　　话：0573-84648302
主要产品：工程涂料，地坪涂料，外墙涂料

公司名称：浙江衢州市闻天化工有限公司
地　　址：浙江衢州衢州市龙化路530号
邮　　编：324000
电　　话：0570-3680646
传　　真：0570-3680646
邮　　箱：hwplfrhh@163.com
网　　址：www.hwpft.cn

公司名称：浙江荣泰科技企业有限公司
地　　址：浙江省嘉兴市南湖区凤桥镇凤飞路1号
邮　　编：314007
电　　话：0573-83188500
主要产品：浸渍绝缘涂料，沉浸涂料，快干涂料

公司名称：浙江上虞永立涂料有限公司
地　　址：浙江省上虞市东关朱家嵝芝山
邮　　编：312352
电　　话：0575-2570617 2570619
传　　真：0575-2570619

公司名称：浙江省东阳化学工贸有限公司涂料厂
地　　址：浙江省东阳市吴宁东七里
邮　　编：322100
电　　话：0579-86686047
传　　真：0579-86686402
主要产品：苯丙乳液，苯丙乳胶漆，苯丙仿真石漆

公司名称：浙江省杭州袁氏实业有限公司
地　　址：浙江省杭州市萧山区萧杭路79号
邮　　编：311202
电　　话：0571-83715123
主要产品：丙烯酸涂料，环氧涂料，醇酸涂料，氨基烤漆

公司名称：浙江省黄岩造漆厂
地　　址：浙江省台州市黄岩区
邮　　编：318000
电　　话：0576-84115716
主要产品：水性涂料

公司名称：浙江省江山市漆业有限公司
地　　址：浙江省江山市贺村丰益
邮　　编：324109
电　　话：0570-4550177

公司名称：浙江省金华市双金粉末涂料有限公司
地　　址：浙江省金华市秋滨工业城
邮　　编：310009
电　　话：0579-82270256
传　　真：0579-82270193

公司名称：浙江省乐清市金日油墨有限公司
地　　址：浙江省乐清市南岳镇临港工业区
邮　　编：325609
电　　话：0577-62209077 62209088
传　　真：0577-62207608
网　　址：www.jinripaint.com

公司名称：浙江省临海市龙岭化工有限

公司
地　　址：浙江省临海市尤溪镇
邮　　编：317025
电　　话：0576-85930168 85930133
网　　址：www.longhuatuliao.com
主要产品：防腐涂料

公司名称：浙江省瑞安市东昌涂料厂
地　　址：浙江省瑞安市潘岱白莲工业区
邮　　编：325200
电　　话：0577-65090935
网　　址：www.leke.com
主要产品：建筑涂料，工业涂料，家具聚酯涂料

公司名称：浙江省瑞安市美达化工材料有限公司
地　　址：浙江省瑞安市潘岱街道办事处芦浦工业区
邮　　编：325200
电　　话：0577-65092818
传　　真：0577-65091819
邮　　箱：meidachem@126.com
网　　址：www.meidachem.com

公司名称：浙江省嵊州市电缆防火附件厂
地　　址：浙江省嵊州市嵊州大道318号
邮　　编：312400
电　　话：0575-83188173 83187336 83183709
传　　真：0575-83188173 83187336
邮　　箱：szdlfh@126.com
网　　址：www.szdlfh.com

公司名称：浙江省嵊州市防火涂料厂
地　　址：浙江省嵊州市城关镇阮庙
邮　　编：312459
电　　话：0575-83040610 83344156
网　　址：www.cnfhtl.com
主要产品：过氯乙烯防火涂料，超薄型钢结构防火涂料

公司名称：浙江省温岭市博星化工涂料有限公司
地　　址：浙江省温岭市太平镇东湖工业开发区
邮　　编：317500
电　　话：0576-86159718
主要产品：建筑涂料

公司名称：浙江省温岭市申岭漆业有限公司
地　　址：浙江省台州温岭市
邮　　编：317500
电　　话：0576-86114423
主要产品：工业涂料

公司名称：浙江省温州市天宇特种漆化工有限公司
地　　址：浙江省温州市炬光园工业区炬新路28号
邮　　编：325029
电　　话：0577-88609086
传　　真：0577-88609085
网　　址：www.tianyuwz.cn
主要产品：建筑涂料，特种涂料

公司名称：浙江省永康市金闪漆业有限公司
地　　址：浙江省永康市下园朱199号
邮　　编：321300
电　　话：0579-7181047
传　　真：0579-7171347

公司名称：浙江省舟山市普陀造漆厂
地　　址：浙江省舟山市普陀区勾山浦西开发区
邮　　编：316102
电　　话：0580-3080923
传　　真：0580-3095713

公司名称：浙江思利科精细化工有限公司
地　　址：浙江省建德市新安江街道东洲商务公寓2301室
邮　　编：311600
电　　话：0571-64091821
传　　真：0571-64091822
邮　　箱：sales@chinasilicone.com
网　　址：www.chinasilicone.com

公司名称：浙江天阁黏合剂有限公司
地　　址：浙江省湖州练市湖盐东路24号
邮　　编：313013
电　　话：0572-3951335 3953076
传　　真：0572-3956085 2672886
主要产品：涂料

公司名称：浙江天女集团制漆有限公司
地　　址：浙江省桐乡市凤鸣街道永兴路1号
邮　　编：314505
电　　话：0573-88361624 88362789
网　　址：www.tiannucoating.com
主要产品：酚醛涂料，醇酸涂料，氨基涂料，环氧涂料

公司名称：浙江天松集团
地　　址：浙江省杭州市临安市苕溪北路198号
邮　　编：311300
电　　话：0571-63738888
传　　真：0571-63721379

公司名称：浙江温州华星涂料有限公司
地　　址：浙江温州龙湾区蒲州
邮　　编：325011
电　　话：0577-86554157 86554142
传　　真：0577-86554142
主要产品：建筑涂料，胶黏剂，纸用pc-01乳液

公司名称：浙江悉奥涂料有限公司
地　　址：浙江省临安市临天路108号
邮　　编：311300
电　　话：0571-63739928
网　　址：www.china-xiao.com
主要产品：建筑涂料，外墙保温系统工程

公司名称：浙江兄弟路标涂料有限公司
地　　址：浙江省长兴县虹星桥工业园
邮　　编：313104
电　　话：0572-6903738
网　　址：www.xdlb.com.cn
主要产品：路标涂料，划线机

公司名称：浙江亚多乐涂料有限公司
地　　址：金华市江南工业区后山村
邮　　编：321000
电　　话：0579-82479197
主要产品：内外墙涂料

公司名称：浙江虞申防火材料有限公司
地　　址：浙江省绍兴市上虞市浙江省上虞市
邮　　编：312300
电　　话：0575-82729718
主要产品：超薄型钢结构防火涂料，厚型钢结构防火涂料

公司名称：浙江玉石塑粉有限公司
地　　址：乐清市经济开发区新区经纬路
邮　　编：325600
电　　话：0577-62052138 62056138 62051000
网　　址：www.china-yushi.com

公司名称：浙江志强涂料有限公司
地　　址：浙江临海市东塍大房工业区
邮　　编：317005
电　　话：0576-85906666
网　　址：www.zhiqiangpaint.com
主要产品：乳胶漆，建筑胶水

公司名称：镇海灵海涂料厂
地　　址：宁波镇海俞范临海路399号
邮　　编：315200
电　　话：0574-86261434
网　　址：www.nbhltl.com

公司名称：镇海蟹浦天云涂料厂
地　　址：镇海区镇海蟹浦
邮　　编：315000
电　　话：0574-86506108

公司名称：中外合资杭州彩贝化工有限公司
地　　址：浙江桐庐县旧县街道宁国寺路87号
邮　　编：311500
电　　话：0571-64641077 64641099
传　　真：0571-64641858
邮　　箱：sales@caibeichemical.com
网　　址：www.caibeichemical.com

公司名称：舟山市定海嘉盟涂料有限公司
地　　址：浙江省舟山市
邮　　编：316000
电　　话：0580-8802018
主要产品：内外墙乳胶漆，弹性涂料，胶水，建筑涂料，真石漆

安徽省

公司名称：意尔涂料制造有限公司
地　　址：马鞍山市濮塘工业区
邮　　编：243031
电　　话：0555-3151090 3152368
传　　真：0555-3151117
邮　　箱：yr@yier-paint.com

网　　址：www.yier-paint.com
主要产品：船舶专用涂料，汽车专用涂料，重防腐涂料，粉末涂料

公司名称：怡龙化工涂料厂
地　　址：安徽省濉溪县王桥西 200 米
邮　　编：235100
电　　话：0561-6062022
传　　真：0561-6062022
主要产品：内外墙涂料，乳胶漆

公司名称：芜湖市四捍粉末涂料有限公司
地　　址：芜湖市桥北工业区
邮　　编：241008
电　　话：0553-5311328
传　　真：0553-5312368
主要产品：粉末涂料

公司名称：威信装饰设计公司
地　　址：安徽省池州市皖太和县
邮　　编：236633
电　　话：0558-8375233
主要产品：内外墙乳胶漆

公司名称：桐城华润化工有限公司
地　　址：安徽省桐城市棋盘经济开发区
邮　　编：231400
电　　话：0556-6020986
传　　真：0556-6020985
邮　　箱：tchyhg@126.cm
网　　址：www.tchyhg.com
主要产品：内外墙乳胶漆，聚酯类木器涂料

公司名称：铜陵市绿冉环保涂料有限责任公司
地　　址：安徽省铜陵市西湖开发区汽车检测中心后 150 米
邮　　编：244000
电　　话：0562-6866869
传　　真：0562-6866778
主要产品：彩瓦涂料

公司名称：铜陵市商贸有限责任公司宝山涂料厂
地　　址：安徽省铜陵市郊区桥南办铜山
邮　　编：244000
电　　话：0562-5819252
传　　真：0562-5819252
主要产品：防水涂料，内外墙涂料

公司名称：双龙涂料有限责任公司
地　　址：安徽省池州市青阳县朱备镇
邮　　编：242800
电　　话：0566-5450048
传　　真：0566-5450048
主要产品：内外墙乳胶漆，水性涂料

公司名称：青阳县真信化工涂料公司
地　　址：安徽省池州市青阳县新河镇新河工业园区
邮　　编：242700
电　　话：0566-5754909
传　　真：0566-5753138
邮　　箱：zxtl@0566.com
网　　址：www.zhenxintl.com
主要产品：内外墙涂料

公司名称：马鞍山市天狼涂料有限公司
地　　址：安徽省马鞍山市花山路南段
邮　　编：243011
电　　话：0555-2367404
传　　真：0555-2367409
主要产品：汽车涂料

公司名称：马钢江东企业公司造漆厂
地　　址：安徽省马鞍山市雨山东路南侧
邮　　编：243000
电　　话：0555-2880107
传　　真：0555-2880107

公司名称：科大创新股份有限公司辐化分公司
地　　址：合肥市长江西路 669 号高新开发区内天智路
邮　　编：230088
电　　话：0551-5320426
传　　真：0551-5320512
邮　　箱：kdchxg@anhui.net.cn
主要产品：环保涂料，内墙乳胶漆

公司名称：金韩涂料制造有限公司
地　　址：安徽省马鞍山市金家庄区慈湖工业园北庙路
邮　　编：243000
电　　话：0555-3506168
传　　真：0555-3506178
主要产品：民用涂料，工业涂料，热熔型道路标线涂料，汽车涂料

公司名称：淮安市康宝特种涂料有限公司
地　　址：安徽省淮安市西安路工业园 13 号
邮　　编：233001
电　　话：0517-3936388
传　　真：0517-3936388
主要产品：水性乳胶漆

公司名称：淮南市奥丽思涂饰厂
地　　址：安徽省淮南市田家庵区
邮　　编：232007
电　　话：0554-3633243
传　　真：0554-3633243
主要产品：建筑涂料，乳胶漆

公司名称：桓台县新城镇万乐家涂料厂
地　　址：山东省淄博市桓台县新城镇
邮　　编：256403
电　　话：0533-8882023
传　　真：0533-8886442
主要产品：乳胶漆

公司名称：皇廷(桐城)工贸有限公司
地　　址：安徽省安庆桐城市经济开发区兴隆路
邮　　编：231400
电　　话：0556-6567733
传　　真：0556-6568666
主要产品：透明隔热玻璃涂料，内外墙乳胶漆

公司名称：黄山佳美奇粉体涂料制造有限公司
地　　址：安徽省黄山市屯溪区新潭镇华鑫大道 18-16 号
邮　　编：245000
电　　话：0559-2524831
传　　真：0559-2537170
主要产品：粉末涂料

公司名称：黄山永佳安大创新中心有限公司
地　　址：安徽省黄山市徽州区永佳大道 168 号
邮　　编：245061
电　　话：0559-3515655
传　　真：0559-3514891
主要产品：乳胶漆，木器涂料

公司名称：安徽爱迪尔涂料有限公司
地　　址：安徽省合肥市高新技术产业开发区红枫路 25 号
邮　　编：230088
电　　话：0551-5329877
传　　真：0551-5328677
邮　　箱：ideal@ahideal.com
网　　址：ahideal.cn.chemnet.com
主要产品：建筑涂料，外保温涂料

公司名称：安徽本雅明涂料有限公司
地　　址：安徽省合肥市百花大厦 B 座 2102 室
邮　　编：230001
电　　话：0551-2666595-806
传　　真：0551-2666599
网　　址：benjiamin.com
主要产品：建筑涂料，水性内外墙涂料

公司名称：安徽飞箭集团
地　　址：安徽省合肥市瑶海工业区窦桥路
邮　　编：230011
电　　话：0551-4395777 4395677
邮　　箱：feijian@feijian.net
网　　址：www.feijian.net
主要产品：建筑涂料，木器涂料，乳胶漆

公司名称：安徽宏翔化工有限公司
地　　址：安徽省天长市秦栏镇官桥社区
邮　　编：239353
电　　话：0550-7931948
传　　真：0550-7322826
邮　　箱：web@ahhongxiang.com
网　　址：ahhongxiang.cn.chemnet.com
主要产品：船用涂料，酚醛涂料

公司名称：安徽省金盾涂料有限责任公司
地　　址：安徽省天长市秦栏镇官桥工业园区
邮　　编：239353
电　　话：0550-7933742
主要产品：船舶涂料，工业钢结构涂料，重防腐涂料，汽车涂料，耐高温涂料

公司名称：安徽嘉年华涂料有限公司
地　　址：无城金塔路 77 号
邮　　编：238300
电　　话：0565-6337439
传　　真：0565-6332903
邮　　箱：root@jnh-china.com
网　　址：www.jnh-china.com
主要产品：内外墙乳胶漆

公司名称：安徽快乐防水装饰工程有限公司
地　　址：安徽省滁州市滁定路 8 号
邮　　编：239000
电　　话：0550-3119966
邮　　箱：ygying@hotmail.com
网　　址：xwang.pinsou.com
主要产品：防水涂料

公司名称：广德大地制漆有限公司
地　　址：安徽省宣城市广德县新杭镇
邮　　编：242234

电　　话：0563-6087688
主要产品：装修涂料，内外墙涂料

公司名称：安徽龙吟商贸有限公司
地　　址：安徽省合肥市马鞍山南路创智广场 6 栋 B 单元 1619 室
邮　　编：230001
电　　话：0551-3671534
传　　真：0551-3618820
邮　　箱：ahlongyin@126.com
网　　址：www.ahlongyin.cn
主要产品：金属结构用涂料，仪器仪表

公司名称：安徽庐江华丽涂料开发有限公司
地　　址：安徽省庐江县经济技术开发区
邮　　编：231500
电　　话：0565-7302264
传　　真：0565-7302264
邮　　箱：web@shengliah.com
网　　址：www.shengliah.com
主要产品：建筑涂料

公司名称：安徽祈明钢结构防火涂料有限公司
地　　址：安徽省合肥市新站区凤阳路恒丰国际大厦 1206-1207 号
邮　　编：230041
电　　话：0551-4256047
传　　真：0551-4256047
邮　　箱：fsc@chinaqiming.com
网　　址：www.chinaqiming.com
主要产品：防火涂料

公司名称：安徽神剑新材料有限公司
地　　址：芜湖市桥北工业区
邮　　编：241008
电　　话：0553-5316331 5316333 5316335
传　　真：0553-5316330
邮　　箱：wang@shen-jian.com.cn
网　　址：www.shen-jian.com.cn

公司名称：安徽省池州新赛德化工有限公司
地　　址：安徽省池州市经济技术开发区金安工业园区
邮　　编：247000
电　　话：0566-2419220
传　　真：0566-2039165
邮　　箱：sincerity@mail.chz.ah163.net
网　　址：www.sincereitychem.com
主要产品：电泳涂料

公司名称：安徽省鳄鱼涂料有限公司
地　　址：安徽省天长市城东新华街 71 号
邮　　编：239334
电　　话：0550-7852100
传　　真：0550-7851982
邮　　箱：slier@cn-cro.com
网　　址：www.cn-cro.com
主要产品：外墙涂料，防水涂料，防腐涂料

公司名称：安徽省根源光大节能建材公司
地　　址：安徽省合肥市双凤工业区双凤大道 175 号
邮　　编：231131
电　　话：0551-6370037 6396957
传　　真：0551-6394777
邮　　箱：genyuan.2007@163.com

网　　址：www.ahgy.cn
主要产品：建筑涂料，保温涂料

公司名称：安徽省好思家涂料有限公司
地　　址：安徽省蚌埠市秦集秦仁路中段
邮　　编：233010
电　　话：0552-2872378
传　　真：0552-2871754
网　　址：www.haosijia.com
主要产品：建筑涂料，艺术涂料

公司名称：安徽省临泉县涂料厂
地　　址：安徽省林泉县城关镇同阳一巷内
邮　　编：236400
电　　话：0558-6515395
主要产品：建筑涂料

公司名称：安徽省美力佳涂料有限公司
地　　址：安徽省涡阳市涡阳县东安路地税局对面
邮　　编：233360
电　　话：0558-7215096
主要产品：内外墙乳胶漆

公司名称：安徽省潜山县天仕丽建筑装饰涂料有限公司
地　　址：安徽省潜山县黄铺开发区
邮　　编：246306
电　　话：0556-8258788
传　　真：0556-8256608
邮　　箱：tshlijt@126.com
网　　址：www.tshli.cn
主要产品：内外墙乳胶漆，真石漆，氟碳涂料(金属涂料)，浮雕涂料

公司名称：安徽省铜陵市麒麟涂料有限公司
地　　址：安徽省铜陵市鸿读大道魏营工业园
邮　　编：244000
电　　话：0562-5816844
传　　真：0562-5816844

公司名称：安徽省中状元涂料厂
地　　址：安徽省庐江县城关镇中状元涂料厂
邮　　编：231500
电　　话：0565-7361348
主要产品：乳胶漆，胶水

公司名称：安徽天雁辐化有限公司
地　　址：安徽省合肥市庐阳区长江中路 365 号 CBD 中央广场 2 座 1712 室
邮　　编：230061
电　　话：0551-5226136
传　　真：0551-5226139
网　　址：tyfh66.b2b.hc360.com
主要产品：增稠剂，乳胶漆，光触媒涂料，内墙涂料，外墙涂料

公司名称：安徽意尔涂料制造有限公司
地　　址：马鞍山市濮塘工业区
邮　　编：243031
电　　话：0555-3152368 3151090
传　　真：0555-3151117
邮　　箱：yr@yier-paint.com
网　　址：www.yier-paint.com
主要产品：丙烯酸聚氨酯面漆，船舶涂料，防锈底漆，防火涂料

公司名称：安徽中元涂料制造有限公司
地　　址：安徽省马鞍山市向山镇锁库村原锁库小学
邮　　编：243000
电　　话：0555-3105677
传　　真：0555-3105086
主要产品：水性涂料

公司名称：安庆菱湖漆业有限公司
地　　址：安徽省安庆市大观经济开发区集协工业园
邮　　编：246003
电　　话：0556-5208239
传　　真：0556-5207484
主要产品：涂料，氧化锌

公司名称：安庆市长江建筑涂料厂
地　　址：安徽省安庆菱湖南路 241 号
邮　　编：246001
电　　话：0556-5331214
主要产品：内外墙涂料

公司名称：安庆先锋建材有限公司
地　　址：安徽省安庆市宿松县长铺镇兴河工业区
邮　　编：246521
电　　话：0556-7667428
主要产品：室内外涂料，建筑涂料

公司名称：蚌埠市华育粉末材料厂
地　　址：安徽省蚌埠市三十三中北侧
邮　　编：233020
电　　话：0552-2821890
传　　真：0552-2821890
主要产品：静电喷涂粉末涂料

公司名称：蚌埠市金涂山化工有限公司
地　　址：安徽省蚌埠市江淮路 181 号
邮　　编：233010
电　　话：0552-4926688
传　　真：0552-2873098
主要产品：电泳漆，汽车涂料，工业涂料

公司名称：蚌埠市前进涂料化工厂
地　　址：安徽省蚌埠市光彩大市场一区 7 栋 29 号
邮　　编：233000
电　　话：0552-4073513
主要产品：乳胶漆，弹性外墙涂料

公司名称：蚌埠市阳光粉末涂料有限责任公司
地　　址：安徽省蚌埠市淮上区小蚌埠镇高庵村
邮　　编：233020
电　　话：0552-2825118
传　　真：0552-2825382
主要产品：粉末涂料

公司名称：滁州市久远化工涂料有限公司
地　　址：安徽省滁州市凤阳路 908 号
邮　　编：239000
电　　话：0550-3950156
主要产品：内外墙建筑涂料，装修涂料，汽车涂料

公司名称：滁州市泰美化建厂
地　　址：安徽省来安经济开发区西路 5 号
邮　　编：239002
电　　话：0550-3051268
传　　真：0550-3051268

邮　　箱：cctaimei@163.com
网　　址：www.cctaimei.com
主要产品：乳胶漆，路线路标涂料，真石漆

公司名称：滁州市扬天粉体有限公司
地　　址：安徽省滁州市市西方寺路78号
邮　　编：239000
电　　话：0550-3164543
传　　真：0550-3163767
邮　　箱：ytym@ytym.com
网　　址：www.ytym.com
主要产品：涂料

公司名称：阜阳市同仁油漆有限责任公司
地　　址：安徽省阜阳市经济技术开发区105国道13号
邮　　编：236112
电　　话：0588-2211336 2210866
传　　真：0588-2215050 2218255
网　　址：www.fytryq.com
主要产品：涂料

公司名称：杜邦华佳化工有限公司
地　　址：安徽省黄山市徽州区永佳大道169号
邮　　编：245900
电　　话：0559-3515170 3513755
传　　真：0559-3511660
邮　　箱：hjchem@hjchem.com
网　　址：www.hjchem.com
主要产品：涂料和热塑性粉末涂料

公司名称：广德县恒丽涂料厂
地　　址：安徽省宣城市广德县祠山岗开发区
邮　　编：242200
电　　话：0563-6095098
传　　真：0563-6822768
主要产品：内外墙涂料

公司名称：广德县华林造漆厂
地　　址：安徽省广德县桃州镇西郊山关
邮　　编：242200
电　　话：0563-6050979
主要产品：电泳涂料

公司名称：合肥诚雷工贸有限公司
地　　址：合肥市徽州大道与太湖路交叉口恒生阳光城8号写字楼303室
邮　　编：230051
电　　话：0551-7193696 7193698
网　　址：www.gooday168.com.cn
主要产品：环氧地坪涂料

公司名称：合肥晶碧装饰涂料工程有限公司
地　　址：安徽省合肥市胜利路秀珍大厦C座1310
邮　　编：230001
电　　话：0551-4452288 4293378
传　　真：0551-4295778
邮　　箱：hfjingbi@yahoo.com.cn
网　　址：www.hfjingbi.net.cn
主要产品：建筑涂料，保温涂料

公司名称：合肥乐千年涂料有限公司
地　　址：安徽省合肥市水湖工业园长准南路
邮　　编：230001
电　　话：0551-6674649 6682623
传　　真：0551-6681715
邮　　箱：jhlqn@163.com
网　　址：www.hflqn.com
主要产品：内外墙涂料

公司名称：合肥双凤制漆有限责任公司
地　　址：安徽省合肥市南七里站望江东路
邮　　编：230022
电　　话：0551-3634806
传　　真：0551-3651469
主要产品：涂料

公司名称：合肥万向建材有限公司
地　　址：安徽省合肥市瑶海工业园新海大道11号
邮　　编：230041
电　　话：0551-4314618
传　　真：0551-4214935
网　　址：www.hfwxjc.cn
主要产品：云丝漆，马来漆

公司名称：合肥益民化工有限责任公司
地　　址：安徽省合肥市龙岗开发区B区
邮　　编：231633
电　　话：0551-7673178
传　　真：0551-7671201
邮　　箱：caiyong@ymhg.com ymhg@163.com
网　　址：www.ymhg.com
主要产品：防腐涂料

福建省

公司名称：漳州三德利油漆涂料有限公司
地　　址：福建省漳州市南靖县靖城镇高科技工业园区
邮　　编：363500
电　　话：0596-7662705 7662805
传　　真：0596-7661205
邮　　箱：zzsdlzb2008@163.com
网　　址：www.zzsdl.com
主要产品：汽车涂料，摩托车涂料，工程机械涂料，木器家具涂料，塑胶涂料，水性涂料，粉末涂料，氟碳涂料

公司名称：漳州万顺塑料粉末有限公司
地　　址：福建漳州金峰工业区北斗工业园
邮　　编：363000
电　　话：0596-2552350 2672088
传　　真：0596-2552925
邮　　箱：rengui87@public.zzptt.fj.cn
网　　址：www.rengui.com
主要产品：粉末涂料

公司名称：益而丽化工有限公司
地　　址：厦门经济特区杏林后埔工业区
邮　　编：361012
电　　话：0592-5148666
传　　真：0592-5239140
网　　址：www.ele7.com
主要产品：涂料，保温胶粉，抗裂砂浆

公司名称：厦门格美粉末涂料有限公司
地　　址：厦门枋湖工业小区23号厂房
邮　　编：361009
电　　话：0592-5771899 5772899
传　　真：0592-5775969
邮　　箱：gamay@public.xm.fj.cn
网　　址：www. china -powdercoatings.com
主要产品：粉末涂料

公司名称：厦门海戈科技发展有限公司
地　　址：厦门市思明区嘉禾路337号中关委大厦18楼1单元
邮　　编：361012
电　　话：0592-5208370 5208380
传　　真：0592-5208390
邮　　箱：higoal@higoal.biz
网　　址：www.higoal.biz
主要产品：机硅产品，涂料

公司名称：厦门环信达化工有限公司
地　　址：厦门市海沧阳光南路6号
邮　　编：361022
电　　话：0592-6531555/666
传　　真：0592-6530999
主要产品：建筑涂料，木器涂料

公司名称：厦门京湘特种工程有限公司
地　　址：厦门市思明区必利达大厦26层
邮　　编：361009
电　　话：0592-5554650
传　　真：0592-5038792
邮　　箱：xmfsb@jxtz.sina.com
网　　址：www.jxtz.com
主要产品：FSB防水涂料

公司名称：厦门居正化工有限公司
地　　址：福建省厦门市嘉禾路295号侨旺大厦9F
邮　　编：361022
电　　话：0592-5203951 5203952
传　　真：0592-5092771
邮　　箱：fabopaint@yahoo.com.cn
网　　址：www.fabopaint.com
主要产品：真石漆，氟碳涂料，金属氟碳涂料，防水涂料

公司名称：厦门摩天彩工贸有限公司
地　　址：福建省厦门市金榜路65号凯旋广场2号楼11A
邮　　编：361012
电　　话：0592-3189958 5177099
传　　真：0592-3189968
邮　　箱：motiancai@motiancai.com
网　　址：www.motiancai.com
主要产品：内外墙涂料

公司名称：厦门潘特涂料工业有限公司
地　　址：厦门市同安区马巷镇舫阳工业区
邮　　编：361101
电　　话：0592-7169799
传　　真：0592-7169789

公司名称：厦门市建田漆业有限公司

地　　址：福建省厦门市思明区槟榔路1号联谊广场12楼
邮　　编：362100
电　　话：0592-5128613 5115226
传　　真：0592-5143289
邮　　箱：xmjtgy@163.com
网　　址：www.yuweishi.com
主要产品：内外墙涂料

公司名称：厦门市思明区汇康涂料厂
地　　址：曾厝垵上李社7号房
邮　　编：361005
电　　话：0592-2517106
主要产品：纳米涂料，水泥涂料，乳胶漆，白乳胶

公司名称：厦门市旺坤顺科技有限公司
地　　址：福建省厦门市国家高新技术创业中心创业大厦203
邮　　编：350001
电　　话：0592-5119916 5119936
传　　真：0592-5119916
邮　　箱：xmta_888@hotmail.com lili1688@hotmail.com
网　　址：www.xmwks.com.cn
主要产品：建筑涂料，工程材料

公司名称：厦门双瑞船舶涂料有限公司
地　　址：厦门火炬高新区翔安产业区内垵中路168号
邮　　编：361101
电　　话：0592-7257751
邮　　箱：xmsunrui98@163.com
网　　址：www.XMsunrui.com
主要产品：船舶涂料，防腐涂料，功能涂料，特种涂料

公司名称：厦门彤鑫商贸有限公司
地　　址：福建省厦门市香莲里33号莲花广场6D
邮　　编：361009
电　　话：0592-5567373
传　　真：0592-5567755
主要产品：溶剂型涂料

公司名称：厦门万孚工贸有限公司
地　　址：福建省厦门市湖里区嘉园路293号301室
邮　　编：361006
电　　话：0592-5228812
传　　真：0592-5228821
主要产品：工业涂料

公司名称：厦门油漆化工厂
地　　址：福建省厦门市思明区梧村东坪山路30号
邮　　编：361004
电　　话：0592-5813299 5812975
传　　真：0592-5812964
主要产品：涂料

公司名称：台福化工涂料有限公司
地　　址：福建省漳州市芗城区多金峰工业园
邮　　编：363000
电　　话：0596-2600195
传　　真：0596-2600171
主要产品：化工涂料

公司名称：三棵树涂料股份有限公司
地　　址：福建省莆田市荔园北大道518号
邮　　编：351100
电　　话：0594-2789388
传　　真：0594-2789088
网　　址：www.skshu.com.cn
主要产品：涂料,建筑涂料，家具涂料，胶黏剂

公司名称：三明市光明涂料有限公司
地　　址：福建省三明市梅列区崇桂新村87栋
邮　　编：365001
电　　话：0598-8221113
主要产品：建筑涂料

公司名称：泉港厦日防水涂料有限公司
地　　址：福建省泉州市泉港区驿峰路
邮　　编：362111
电　　话：0595-87066729
主要产品：建筑防水涂料

公司名称：泉州美家涂料制造有限公司
地　　址：福建省泉州市惠安县洛阳镇杏田工业区
邮　　编：362000
电　　话：0595-87491271/2
传　　真：0595-87491273
网　　址：qzmjtlzz.china315.com
主要产品：PU涂料，PE涂料，NC涂料，AC涂料，UV涂料

公司名称：泉州三立漆有限公司
地　　址：福建省晋江市磁灶笑口三友集团大厦
邮　　编：362214
电　　话：0595-85952999
传　　真：0595-85887755
邮　　箱：salle@salle.com.cn
网　　址：www.salle.com.cn
主要产品：乳胶漆，木器涂料

公司名称：泉州市龙华化工涂料有限公司
地　　址：福建省泉州市清蒙园区崇仁街一号
邮　　编：362000
电　　话：0595-22488777
传　　真：0595-22489777
邮　　箱：qzlhchem2005@163.com
网　　址：www.qzfair.com
主要产品：化工涂料

公司名称：泉州市泉港区金圣化工有限公司
地　　址：福建省泉州市泉港区海滨工业区
邮　　编：362111
电　　话：0595-87966666
传　　真：0595-87965288
主要产品：内墙装饰涂料，腻子粉，外墙装饰涂料

公司名称：泉州市泉港雅丽涂料有限公司
地　　址：福建省泉州市泉港区涂岭镇
邮　　编：362116
电　　话：0595-87065231
传　　真：0595-87065231
主要产品：工业涂料

公司名称：泉州市信和涂料有限公司
地　　址：福建泉州市洛江区万虹公路塘西工业区
邮　　编：362010
电　　话：0595-22631777 转各部
传　　真：0595-22635777 22636777
邮　　箱：xh@xinhepaint.com
网　　址：www.xinhepaint.com
主要产品：涂料,工程机械涂料,重防腐涂料，建筑涂料，木器家装涂料

公司名称：泉州亚利特建材有限公司
地　　址：福建省泉州市晋江市安海镇西边工业小区31号
邮　　编：362261
电　　话：0595-22524580
传　　真：0595-22500680
邮　　箱：zlx@china-yalite.com
网　　址：www.china-yalite.com
主要产品：建筑涂料，腻子粉

公司名称：莆田涵江区洋华化工涂料厂
地　　址：福建省莆田市涵江区三江口镇洋山路
邮　　编：351111
电　　话：0594-3804613
传　　真：0594-3804613
主要产品：建筑涂料，胶水

公司名称：莆田市三江化学工业有限公司
地　　址：莆田市莆田市荔城区畅林工业区28号
邮　　编：351100
电　　话：0594-2789388 2781928
传　　真：0594-2789088
主要产品：涂料

公司名称：南靖国建涂料有限公司
地　　址：福建省漳州市南靖县山城镇大埔崎工业区
邮　　编：363600
电　　话：0596-7861691
传　　真：0596-7861690
主要产品：工业涂料

公司名称：龙海市角美冀闽涂料厂
地　　址：福建省龙海市角美镇杨厝村
邮　　编：363107
电　　话：0596-6780224
主要产品：水性涂料

公司名称：立晖实业福建有限公司
地　　址：福建省石狮市石湖工业开发区
邮　　编：362700
电　　话：0595-83928699
传　　真：0595-83928799
邮　　箱：lihui@lihuipaint.cn
网　　址：www.lihuipaint.cn
主要产品：立晖漆，涂料，乳胶漆

公司名称：金海峡化工(厦门)有限公司
地　　址：厦门市台湾街薛岭北里7-201
邮　　编：361009
电　　话：0592-5590412
传　　真：0592-5590413
主要产品：家具涂料，汽车涂料，工业涂料，油墨

公司名称：福建省华强涂料工业公司
地　　址：福建省泉州市温陵路福华商厦21楼
邮　　编：362000
电　　话：0595-22104199
传　　真：0595-22104599
邮　　箱：dmd@dmd.cn
网　　址：www.dmd.cn
主要产品：防火涂料，内外墙涂料，装饰

涂料，防水涂料

公司名称：建阳市裕沣化工有限公司
地　　址：福建省建阳市西门外 44 号
邮　　编：354200
电　　话：0599-5827086
传　　真：0599-5826589
主要产品：NC 木器涂料，PU 木器涂料

公司名称：安溪尚卿明辉粉末厂
地　　址：福建省泉州市安溪县尚卿乡翰苑村 58 号
邮　　编：362432
电　　话：0595-23489898
主要产品：粉末涂料

公司名称：奥丽美制漆有限公司
地　　址：福建省福州市仓山区湖边工业区
邮　　编：350008
电　　话：0591-83598398
传　　真：0591-83598866
主要产品：工业涂料

公司名称：典雅(福州)精细化工有限公司
地　　址：福安城北洋边新路 139 号
邮　　编：350018
电　　话：0593-6563582
网　　址：fa1156.china315.com
主要产品：工业涂料

公司名称：福川化学有限公司
地　　址：福建省福州市福兴投资区化工路 127 号
邮　　编：350014
电　　话：0591-83622143
邮　　箱：haixia7@126.com
网　　址：www.haixia7.com
主要产品：工程涂料，内外墙乳胶漆，防水涂料，封闭底漆，木器涂料

公司名称：福建长乐宝迪威涂料有限公司
地　　址：福建省长乐市空港工业区
邮　　编：350022
电　　话：0591-28903000
主要产品：地板涂料，外墙乳胶漆，腻子胶，木器涂料

公司名称：福建长泰燕南乳胶涂料厂
地　　址：福建省漳州市长泰南乳胶涂料厂(溪东角泰公路边)
邮　　编：363900
电　　话：0596-8315984
传　　真：0596-8316951
邮　　箱：trade@yannanct.com
网　　址：www.yannanct.com

公司名称：福建福安市鸿森漆业
地　　址：福建福安市城北荷塘苑 7 号
邮　　编：355003
电　　话：0593-6261999
传　　真：0593-6869186
主要产品：船舶涂料

公司名称：福建红叶建筑涂料厂
地　　址：惠安螺城北关街楼脚口
邮　　编：362100
电　　话：0595-7329377
传　　真：0595-7326377
邮　　箱：hongye@hongyepaint.com
网　　址：www.hongyepaint.com

公司名称：福建嘉豪化工有限公司
地　　址：福建泉州市惠安县玉溪工业区
邮　　编：362103
电　　话：0595-87251888 87251999
传　　真：0595-87261385
邮　　箱：paint@carhare.com
网　　址：www.carhare.com
主要产品：家具涂料，软胶涂料，塑胶涂料，工业烤漆

公司名称：福建龙岩闽中远新型建材有限公司
地　　址：福建省龙岩市南城后盂南坂路新芳工业区 1 号
邮　　编：364000
电　　话：0597-2390688 2390588
传　　真：0597-2396988
邮　　箱：zy@fjmzy.com
网　　址：www.fjmzy.com
主要产品：涂料

公司名称：福建莆田忠门嘉新涂料厂
地　　址：福建省莆田市湄州湾北岸忠门镇忠门街东
邮　　编：351152
电　　话：0594-5996157
传　　真：0594-5996157
主要产品：乳胶漆

公司名称：福建泉州美佳涂料制造有限公司
地　　址：福建省泉州市惠安县洛阳镇塘头村
邮　　编：362121
电　　话：0595-87491271
传　　真：0595-87491273
主要产品：工业涂料

公司名称：福建升大涂料有限公司
地　　址：福建省漳州市长泰县兴泰工业区
邮　　编：363900
电　　话：0596-8310794
主要产品：工业涂料

公司名称：福建省德化威隆化工有限公司
地　　址：福建省德化县金锁新村
邮　　编：362500
电　　话：0595-23527999
传　　真：0595-23553777
网　　址：www.weilongchem.net.cn
主要产品：硝基涂料，氨基涂料，聚酯涂料，乳胶漆，丙烯酸路标涂料

公司名称：福建省福安市万兴建材有限公司
地　　址：福建省福安市王基岭 3 号
邮　　编：355000
电　　话：0593-6582648
主要产品：乳胶漆，腻子粉，防水涂料

公司名称：福建省福鼎市奥诺涂料有限公司
地　　址：福建省福鼎市秦屿镇水井头工业区
邮　　编：355209
电　　话：0593-7265088
主要产品：水性涂料，黏胶剂

公司名称：福建省豪迪涂料科技股份有限公司
地　　址：福建省龙岩市工业西路 68 号(龙州工业园高新区)
邮　　编：364000
电　　话：0597-2521717 2531717
邮　　箱：odoke@163.com
网　　址：www.haodiqi.net
主要产品：丙烯酸汽车面漆，环氧云铁防锈涂料

公司名称：福建省惠安惠兴工贸有限公司
地　　址：福建省泉州市惠安县螺阳镇霞光村
邮　　编：362100
电　　话：0595-27667575 87327578
传　　真：0595-22562666
邮　　箱：fjhx786@163.com
网　　址：www.fjhuixing.cn
主要产品：工业涂料，内外墙乳胶漆，腻子粉，防水涂料

公司名称：福建省晋江华强防火涂料厂
地　　址：泉州市福华商厦 21 楼
邮　　编：362214
电　　话：0595-22104399
传　　真：0595-22104599
邮　　箱：yangzhiyong1688@126.com
网　　址：www.dmd.cn
主要产品：钢结构防火涂料，饰面型防火涂料，有机防火堵料，防火包，天然纤维织物阻燃液

公司名称：福建省南安市佳宝丽精细化工有限公司
地　　址：福建省泉州南安市梅山镇新蓝工业区
邮　　编：362321
电　　话：0595-86590275
主要产品：PA 涂料

公司名称：福建省泉州市鲤城刺桐涂料厂
地　　址：福建省泉州市浮桥街田中 6 号
邮　　编：362000
电　　话：0595-22422028
传　　真：0595-22422038
主要产品：木器涂料

公司名称：福建省沙县青州日化有限公司
地　　址：福建省沙县青州第一工业区
邮　　编：365507
电　　话：0598-5681037 5681796 5681896
传　　真：0598-5681606
邮　　箱：qinghua@fjsxqh.com.cn
网　　址：www.fjsxqh.com.cn
主要产品：松油醇，松油，轻质松油，松节油，松香，松香树脂

公司名称：福建省腾龙工业公司
地　　址：福建漳州林下
邮　　编：363111
电　　话：0596-6625766 2300103
网　　址：www.tlcoatings.com
主要产品：各类涂料，“瑞龙牌”聚酯涂料，聚氨酯涂料，高级乳胶漆，船舶涂料

公司名称：泉州超能涂料有限公司
地　　址：福建省泉州市永春达埔工业区
邮　　编：362612
电　　话：0595-23787688
传　　真：0595-23782578
邮　　箱：chaonengdope@126.com
网　　址：www.chaonengtl.com

主要产品：建筑涂料

公司名称：福建万顺粉末涂料有限公司
地　　址：福建省漳州市金峰工业区北斗工业园
邮　　编：363000
电　　话：0596-2672350
传　　真：0596-2672925
邮　　箱：rengui87@public.zzptt.fj.cn
网　　址：www.rengui.com
主要产品：粉末涂料

公司名称：福建鑫展旺化工有限公司
地　　址：福建省漳州市新华北路 33 号嘉华大厦三楼
邮　　编：363000
电　　话：0596-2066085 2066081 2069898
主要产品：汽车涂料，工业涂料，木器涂料，地坪涂料

公司名称：福建漳州万安实业有限公司
地　　址：福建漳州市芗城石亭南山景区工业园
邮　　编：363002
电　　话：0596-2573745
传　　真：0596-2573497
邮　　箱：master@fjwanan.com
网　　址：www.fjwanan.com

公司名称：福清景士兰涂料有限公司
地　　址：福清市龙田工业区
邮　　编：350315
电　　话：0591-85773018
传　　真：0591-85783678
网　　址：www.jensland.cn
主要产品：建筑涂料

公司名称：福清融兴化工涂料厂
地　　址：福建省福清市阳下镇高厝村
邮　　编：350300
电　　话：0591-85271543
传　　真：0591-85212960
主要产品：建筑涂料，内外墙涂料

公司名称：福清市华康静电粉末厂
地　　址：福建省福清市大真县往江镜方向中国石化对面
邮　　编：350315
电　　话：0591-85775266
主要产品：粉末涂料

公司名称：福州仓山财志涂料有限公司
地　　址：福建省福州市仓山区盖山照屿工业区 88 号
邮　　编：350008
电　　话：0591-83592816
主要产品：乳胶漆，涂料

公司名称：福州德贤化工有限公司
地　　址：福建省福州市马尾区保税区 24-3D
邮　　编：350000
电　　话：0591-83992152
传　　真：0591-83994076
邮　　箱：wzx@dexian.cn
网　　址：www.dexian.cn
主要产品：工艺涂料，金属涂料，丙烯酸烤漆，水泥涂料

公司名称：福州点石建材有限公司
地　　址：福建省福州市柳河路 87 号欣泰花园 3 座 606
邮　　编：350001
电　　话：0591-83706700
传　　真：0591-83706700
邮　　箱：497551583@99.com
网　　址：www.fzds.cn
主要产品：建筑涂料，自然喷涂漆

公司名称：福州福川化学有限公司
地　　址：福建省福州市鼓山横屿福兴投资区化工路 127 号
邮　　编：350014
电　　话：0591-83622137-38 83291038
传　　真：0591-83622104
邮　　箱：market@haixiapaint.com
主要产品：涂料

公司名称：福州福大环保建材有限公司
地　　址：福建省福州市工业路 525 号(福州大学东门口)
邮　　编：350002
电　　话：0591-83798458
传　　真：0591-87892717
传　　真：fdjc@fdjc.cn
网　　址：www.fdjc.cn
主要产品：干粉砂浆，矿粉质感涂料

公司名称：福州国美化工涂料有限公司
地　　址：福建省福州市金山浦上工业区凤高村 56 号
邮　　编：350100
电　　话：0591-87368977
传　　真：0591-83828517
主要产品：水泥涂料

公司名称：福州汉森漆业有限公司
地　　址：福建省福州市金山工业区橘园洲厂房 32 幢
邮　　编：350002
电　　话：0591-83747618
网　　址：www.fjpaint.com
主要产品：耐高温金属烤漆，硬质 UV 涂料，水性塑胶涂料

公司名称：福州鸿发涂料厂
地　　址：福建省福州市梅峰保福路 17 号
邮　　编：350001
电　　话：0591-87869940
传　　真：0591-87303839
主要产品：内墙建筑涂料，乳胶漆

公司名称：福州华临化工涂料有限公司
地　　址：福建省福州市福新中路 361 号靖安汽配市场第 2 楼 15/16 号
邮　　编：350011
电　　话：0591-83634088
传　　真：0591-83924699
主要产品：汽车涂料

公司名称：福州金顶装饰材料有限公司
地　　址：福建省福州市长乐中路集友名居 296 号 20 层 L
邮　　编：350001
电　　话：0591-87485087
主要产品：防水涂料

公司名称：福州金凤涂料有限公司
地　　址：福州市仓山北园科技园区
邮　　编：350007
电　　话：0591-83578178 83578327 83578317
传　　真：0591-83578484
邮　　箱：info@jf-paint.cn jfpaint@163.com
网　　址：www.jf-print.cn
主要产品：水性聚酯涂料，优质墙面涂料，高级水性水泥涂料，丝光墙面涂料

公司名称：福州金日涂料有限公司
地　　址：福州市盖山郭全投资区
邮　　编：350026
电　　话：0591-83431463
传　　真：0591-83424000
网　　址：www.jr-paint.com
主要产品：涂料

公司名称：福州美亚行建筑涂料工程有限公司
地　　址：福建福清河西
邮　　编：350001
电　　话：0591-87590666 87573077
传　　真：0591-87590666
邮　　箱：mypaint@mypaint.com.cn
网　　址：www.mypaint.com.cn
主要产品：建筑涂料

公司名称：福州市鼓楼区高新造漆厂
地　　址：福建省福州市梅峰路保福路 17 号
邮　　编：350003
电　　话：0591-87884259
传　　真：0591-87862952
主要产品：内墙涂料，外墙涂料，聚氨酸耐磨清漆，腻子粉

公司名称：福州市华昌涂料有限公司
地　　址：福建省福州市新店健康工业区 16 号
邮　　编：350012
电　　话：0591-87916066
主要产品：建筑涂料

江西省

公司名称：宜丰县金源漆业有限公司
地　　址：江西省宜丰县城东开发区
邮　　编：336300
电　　话：0795-2780766
传　　真：0795-2780677
主要产品：工业涂料

公司名称：上高闽星化工涂料厂
地　　址：江西省宜春市上高县东门工业园
邮　　编：336400
电　　话：0795-2525158

主要产品：涂料

公司名称：上饶市蓝汇装饰材料厂
地　　址：江西省上饶市民主村村委会
邮　　编：334000
电　　话：0793-8267395
主要产品：乳胶漆，建筑胶水

公司名称：上饶市欧莱化工涂料有限公司
地　　址：江西省上饶市横峰县320国道下曹
邮　　编：334300
电　　话：0793-5799298
传　　真：0793-5799312
主要产品：纳米雨刷漆，环保乳胶漆

公司名称：瑞兴建筑涂料有限公司
地　　址：江西省万载县环城东路71号
邮　　编：336100
电　　话：0795-8489788
传　　真：0795-8489788
主要产品：建筑涂料

公司名称：青原区建雅涂料厂
地　　址：江西省吉安市青原区河东街道赣江村委会
邮　　编：343009
电　　话：0796-8189208
主要产品：建材涂料

公司名称：南昌群力实业有限公司
地　　址：江西省南昌市新建县外商投资开发区工业五路79号
邮　　编：330100
电　　话：0791-3709778
传　　真：0791-3709768
主要产品：粉末涂料

公司名称：南昌市坤士力科技有限公司
地　　址：江西省南昌市昌东开发区昌东太大道胜外工业园D1
邮　　编：330000
电　　话：0791-8332682
邮　　箱：kunshili@vip.qq.com
网　　址：ww.kunsl.com
主要产品：内外墙乳胶漆，腻子

公司名称：南昌市真邦涂料有限公司
地　　址：江西省南昌市青云谱区南莲路46号
邮　　编：330001
电　　话：0791-5202565
传　　真：0791-5228816
主要产品：工业涂料

公司名称：南昌陶氏化工实业有限公司
地　　址：江西省南昌市青山湖区扬子洲镇林场路
邮　　编：330048
电　　话：0791-8671071
传　　真：0791-8671803
网　　址：www.nctshg.com
主要产品：内外墙乳胶漆，工业用涂料

公司名称：南康市金东门化工有限公司
地　　址：江西省南康市龙岭工业园
邮　　编：341000
电　　话：0797-6567099
传　　真：0797-6567097
主要产品：家具涂料，内外墙涂料

公司名称：南康市亚丁化工涂料有限公司
地　　址：江西省南康市龙岭镇李家山工业园东区
邮　　编：341401
电　　话：0797-6565130
传　　真：0797-6565130
主要产品：建筑涂料

公司名称：萍乡市威达化工涂料有限公司
地　　址：江西省萍乡市高新技术工业园西区纬二路
邮　　编：337000
电　　话：0799-6612668/768
传　　真：0799-6611568
邮　　箱：wdhgdeng@163.com
网　　址：www.pxwdhg.com.cn
主要产品：硝基外用磁漆，环氧酯底漆，氨基烘干磁漆

公司名称：乐平市家美涂料厂
地　　址：江西省乐平市童家山工业园B区6号
邮　　编：333300
电　　话：0798-6216681
传　　真：0798-6216681
主要产品：建筑涂料，木器涂料，黏合剂

公司名称：金雅丽涂料有限公司
地　　址：江西省赣州市经济技术开发区金坪工业大道13号
邮　　编：341000
电　　话：0797-8370048
传　　真：0797-8378986
主要产品：内外墙涂料，建筑胶水

公司名称：江西昌蓝化工涂料有限公司
地　　址：江西省南昌市青云谱区小兰工业园小兰二路洪城农机贸易有限公司
邮　　编：330024
电　　话：0791-5761989
主要产品：特种涂料，木工涂料，修补涂料，汽车涂料

公司名称：江西多宝化工涂料有限公司
地　　址：江西省上高县上高工业园芙蓉路3号
邮　　编：336400
电　　话：0795-2505722
传　　真：0795-2505721
主要产品：无毒硝基涂料，内外乳胶漆

公司名称：江西赣东化工有限责任公司
地　　址：江西省临川市抚北镇安塘路4号
邮　　编：344001
电　　话：0794-8352171
传　　真：0794-8352192
主要产品：普通过磷酸钙，精制硫酸铝，钛白粉

公司名称：江西广丰蒙莱特漆业有限公司
地　　址：江西广丰县芦林工业区
邮　　编：334600
电　　话：0793-2625189
传　　真：0793-2610022
网　　址：www.21sjzg.com
主要产品：丝光墙面涂料，外墙半光墙面涂料，内墙亚光涂料，封固底漆

公司名称：江西恒大高技术实业有限公司
地　　址：江西省南昌市高新开发区金庐北路88号
邮　　编：330096
电　　话：0791-8326554
传　　真：0791-8308145
邮　　箱：jxhdgs@263.net
主要产品：工业涂料

公司名称：江西华众科技有限公司
地　　址：江西省鹰潭市月湖区上桂村委会鱼塘村徐家83号
邮　　编：335000
电　　话：0701-7037594
传　　真：0701-7037593
主要产品：乳胶漆，建筑涂料，防锈涂料

公司名称：江西九江虹桥涂料厂
地　　址：江西省九江市南湖铁路新村8号
邮　　编：332000
电　　话：0792-8591586
邮　　箱：103395966@qq.com
网　　址：www.jxhqtl.com
主要产品：内外墙乳胶漆，金属涂料，彩瓦涂料，真石漆，外墙腻子

公司名称：江西骏峰化工实业有限公司
地　　址：南昌青山湖区蛟桥镇(南昌经济技术开发区)
邮　　编：330013
电　　话：0791-3873483
传　　真：0791-3873472
主要产品：建筑涂料，工业涂料

公司名称：江西美吉利涂料有限公司
地　　址：江西省南昌市小兰工业园
邮　　编：330052
电　　话：0791-5276662 5276180
传　　真：0791-5276180
主要产品：水性乳胶漆

公司名称：江西蒙莱特漆业有限公司
地　　址：江西省广丰县芦林工业区
邮　　编：334600
电　　话：0793-2625189
传　　真：0793-2625122
主要产品：内外墙环保乳胶漆，溶剂型外墙涂料，壁纸涂料

公司名称：江西青湖涂料厂
地　　址：江西省南昌市洪都南大道365号
邮　　编：330046
电　　话：0791-8504611 8317775
主要产品：建筑涂料

公司名称：江西容海涂料厂
地　　址：江西省广丰县八都镇
邮　　编：334621
电　　话：0793-2738371
传　　真：0793-2738371
主要产品：建筑涂料

公司名称：江西上饶波诗明化工有限公司
地　　址：江西省上饶市信州区沙溪镇向阳村镇东工业区
邮　　编：334008
电　　话：0793-8030777 8030877
传　　真：0793-8030377
邮　　箱：bsmgh@qq.com
网　　址：www.bsmhg.com
主要产品：醇酸氨基烤漆，丙烯酸氨基烤漆，聚氨酯木器涂料，稀释剂

公司名称：江西省赣州市建筑涂料厂
地　　址：江西省赣州市章贡区孟衙巷19号
邮　　编：341000
电　　话：0797-8222489
传　　真：0797-8137628
主要产品：建筑涂料

公司名称：江西省全南县国宝化工有限公司
地　　址：江西省全南县第二工业园区
邮　　编：3418000
电　　话：0797-2611296
传　　真：0797-2611299
主要产品：工业涂料

公司名称：江西省圣来恩化工有限公司
地　　址：江西省南昌市青山湖区扬子洲乡青阳路
邮　　编：330048
电　　话：0791-8671177
传　　真：0791-8636752
邮　　箱：631985474@qq.com
主要产品：墙面涂料

公司名称：江西省中信化工企业有限公司
地　　址：江西省南昌民和镇麻山路
邮　　编：331700
电　　话：0791-5666497
网　　址：nanchang081551.11467.com
主要产品：建筑涂料，金属防锈涂料

公司名称：江西特种涂料有限公司
地　　址：江西省九江前进西路浔海花园4栋2单元602室
邮　　编：332000
电　　话：0792-8152277
传　　真：0792-8152277
主要产品：环氧涂料，奥可斯涂料

公司名称：江西天人漆业有限责任公司
地　　址：江西省吉安市高新技术产业开发区
邮　　编：343100
电　　话：0796-8403777
传　　真：0796-8402585
主要产品：建筑涂料

公司名称：江西新余前卫化工有限公司
地　　址：江西省新余市仙来东大道18号
邮　　编：338004
电　　话：0790-6462886
传　　真：0790-6462819
邮　　箱：qianweichemicals@vip.163.com
主要产品：内外墙涂料

公司名称：江西樟树协和静电粉末有限公司
地　　址：江西省樟树市观上工业区
邮　　编：331207
电　　话：0795-7862888
传　　真：0795-7861084
主要产品：粉末涂料

公司名称：红鲨涂料有限公司
地　　址：江西省吉安市吉州区吉福路43号
邮　　编：343000
电　　话：0796-8334525
主要产品：内外墙涂料，乳胶漆，水性涂料

公司名称：吉水县新力化工有限公司
地　　址：江西省吉安市吉水县文山大道
邮　　编：331600
电　　话：0796-3511087
主要产品：水性乳胶漆

公司名称：吉水县兴中涂料厂
地　　址：江西省吉水县城工业区
邮　　编：331600
电　　话：0796-3512851
主要产品：乳胶漆

公司名称：赣州胜华涂料有限公司
地　　址：江西省赣州市经济技术开发区金坪工业大道16号
邮　　编：341000
电　　话：0797-8374373
传　　真：0797-8374373
主要产品：工业涂料

公司名称：豪邦漆业(江西)有限公司
地　　址：江西省南昌市昌北经济技术开发区富樱大道235号
邮　　编：330013
电　　话：0791-3891577
传　　真：0791-3890677
主要产品：水性内外墙涂料，溶剂型外墙涂料，氟碳涂料，弹性涂料

公司名称：工大纳维涂料厂
地　　址：江西省抚州市崇仁县江西
邮　　编：336000
电　　话：0795-3560778
传　　真：0795-3560778
主要产品：建筑涂料

公司名称：赣州市章贡区三江建筑涂料厂
地　　址：江西省赣州市章贡区三江建筑涂料厂
邮　　编：341000
电　　话：0797-8382151
主要产品：建筑涂料

公司名称：巴德士集团南康大澳涂料有限公司
地　　址：江西省南康市金鸡工业园蓝天加油站对面
邮　　编：341400
电　　话：0797-6630936
传　　真：0797-6632677
主要产品：内外墙墙面涂料，木器涂料

山东省

公司名称：德士力(东营)化工工业有限公司
地　　址：东营市西三路168号
邮　　编：257000
电　　话：0546-8910505 8788608 8558908
传　　真：0546-8910606
邮　　箱：deslead@263.net
网　　址：www.deslead.com

公司名称：奥特涂料厂
地　　址：山东省聊城市开发区长江西路
邮　　编：252000
电　　话：0635-8533071
网　　址：www.aotetuliao.com
主要产品：外墙涂料，内墙乳胶漆

公司名称：德州皇嘉丽涂料有限公司
地　　址：山东省德州市德城区天衢工业园育英路2529号
邮　　编：253000
电　　话：0534-2745366
传　　真：0534-2745366
主要产品：内墙环保乳胶漆，外墙环保乳胶漆，儿童专用涂料，通用工程涂料，中弹涂料，高弹涂料，浮雕涂料，氟碳涂料，内外墙抗碱封闭涂料，建筑涂料，防水涂料，室内涂料，室外涂料，防腐涂料，粉末涂料

公司名称：德州龙田化工有限公司
地　　址：山东省德州市经济开发区晶华路
邮　　编：253032
电　　话：0534-2561873
传　　真：0534-2561873
主要产品：防腐涂料

公司名称：德州中胜涂料有限公司
地　　址：山东省德州市德城区向阳南路182号
邮　　编：253000
电　　话：0534-2685678
传　　真：0534-2685678
邮　　箱：zhongsheng@163.com
网　　址：www.zhongshengtl.com
主要产品：醇酸涂料，硝基涂料，氨基涂料，丙烯酸涂料

公司名称：东港区涛雒镇七星化工厂
地　　址：山东省日照市东港区涛雒镇涛雒七村
邮　　编：276800
电　　话：0633-8651337
主要产品：乳胶漆

公司名称：东营利丰化工新材料有限公司
地　　址：山东省东营市北二路阜盛路10号
邮　　编：257096
电　　话：0546-8810771 8810957
传　　真：0546-8810889
邮　　箱：lfgs2000@163.com
网　　址：www.sllfhg.com
主要产品：涂料，油田助剂

公司名称：东营鲁能方大精细化学工业有限责任公司
地　　址：山东东营垦利县
邮　　编：257500
电　　话：0546-2522855
传　　真：0546-2525666
邮　　箱：xiaoshou@lunengfdhg.com

公司名称：东营市方圆实业有限责任公司
地　　址：山东省东营市垦利县胜坨镇
邮　　编：257506
电　　话：0546-2061328

传　　真：0546-2061888
邮　　箱：dengyunshang@21cn.com
网　　址：www.fy-chemical.com

公司名称：东营市广饶县汇丰防水材料厂
地　　址：山东省东营市广饶县稻庄工业园
邮　　编：257336
电　　话：0546-6500566
主要产品：彩色聚氨酯防水涂料

公司名称：东营市绿韵化工科技有限责任公司
地　　址：山东省东营市东营区普陀山路南首胜利油田三中东侧
邮　　编：257091
电　　话：0546-8364811
邮　　箱：huifeng@huifengfangshui.cn
网　　址：www.huifengfangshui.cn
主要产品：内外墙涂料

公司名称：东营市胜华涂料有限公司
地　　址：山东省东营市西二路北首
邮　　编：257061
电　　话：0546-8228309
主要产品：乳胶漆，涂料

公司名称：东营市银丰涂料厂
地　　址：山东省东营市东营区东营新村
邮　　编：257000
电　　话：0546-7785977
主要产品：乳胶漆，木器涂料

公司名称：肥城市双龙涂料厂
地　　址：山东省肥城市泰肥一级路北仪阳高新技术开发区
邮　　编：271602
电　　话：0538-3160556
主要产品：内外墙高档乳胶漆，腻子粉，高光仿瓷涂料

公司名称：高密广安凯可涂料有限公司
地　　址：山东省高密市利群路南首
邮　　编：261500
电　　话：0536-2348019
传　　真：0536-2350775
主要产品：内外墙乳胶漆，腻子

公司名称：高密市恒源涂料厂
地　　址：山东省高密市振兴街中段
邮　　编：261500
电　　话：0536-2329152
主要产品：内处墙涂料，道路划线涂料

公司名称：格瑞特漆业(梁山)有限公司
地　　址：山东省梁山县青年路40号
邮　　编：272600
电　　话：0537-7339877
传　　真：0537-7333138
邮　　箱：webmaster@sdgrt.com
网　　址：www.sdgrt.com
主要产品：工业涂料

公司名称：菏泽市科邦化工厂
地　　址：山东省菏泽市解放路99号
邮　　编：274000
电　　话：0530-5622060
传　　真：0530-5300182
主要产品：弹性涂料，乳胶漆，弹性腻子

公司名称：宏润纳米环保涂料有限公司
地　　址：山东省临沂市半城镇小集子村
邮　　编：276000
电　　话：0539-7321211
传　　真：0539-8019769
主要产品：纳米涂料

公司名称：华盛涂料化工厂
地　　址：山东省临沂市沂水县文昌路东段
邮　　编：276402
电　　话：0539-2501567
主要产品：乳胶漆，涂料

公司名称：即墨市金鑫化工厂
地　　址：山东省即墨市文化路东首
邮　　编：266200
电　　话：0532-87561307
传　　真：0532-87561266
邮　　箱：huanxiutuliao@tom.com
主要产品：内外墙乳胶漆，仿瓷腻子

公司名称：济南翠宝涂料有限公司
地　　址：山东省章丘市明水经济开发区东昊工业园
邮　　编：250200
电　　话：0531-83110169
网　　址：www.cuibao.com
主要产品：木器用聚酯涂料，建筑用乳胶漆

公司名称：济南芙仕多化工有限公司
地　　址：山东省济南市黄岗工业区三区黄岗路1988号
邮　　编：250032
电　　话：0531-5971898 5971398
传　　真：0531-5601712
邮　　箱：caiml2006@163.com
网　　址：www.cnfrp.net
主要产品：建筑涂料，木器涂料

公司名称：济南昊清化工有限公司
地　　址：山东省济南市华荣路399号新龙家园9号楼704
邮　　编：250100
电　　话：0531-88908733
主要产品：工业涂料

公司名称：济南槐荫化工总厂
地　　址：济南市丁字山东路125号
邮　　编：250022
电　　话：0531-87972224
传　　真：0531-87957308
邮　　箱：zc@hyhgzc.com
网　　址：www.hyhgzc.com
主要产品：无机化工品，建筑涂料

公司名称：济南嘉华新科涂料有限公司
地　　址：山东省济南市济阳崔寨
邮　　编：251401
电　　话：0531-84581899
传　　真：0531-84582658
邮　　箱：jiahua@jiahuapaint.com
网　　址：www.jiahuapaint.com
主要产品：民用涂料

公司名称：济南建邦达工贸有限公司
地　　址：山东省济南市槐荫区机场西路
邮　　编：250017
电　　话：0531-85983528
传　　真：0531-85983528
主要产品：乳胶漆

公司名称：济南金万隆工贸有限公司
地　　址：山东省济南市槐荫区吴家堡镇东赵村委会北临
邮　　编：250118
电　　话：0531-85981318
主要产品：粉末涂料

公司名称：济南精彩商贸有限公司
地　　址：山东省济南市市中区七贤镇井家沟287号
邮　　编：250000
电　　话：0531-87113075
传　　真：0531-87569598
网　　址：www.jnjcsm.com
主要产品：工业涂料

公司名称：济南玛博伦环保涂料有限公司
地　　址：山东省济南市黄台魏家庄1号
邮　　编：250010
电　　话：0531-88966093
传　　真：0531-88966085
邮　　箱：mail@marbelon.com
网　　址：www.marbelon.com
主要产品：涂料，汽车涂料

公司名称：济南市清泉胶黏剂厂
地　　址：山东省济南市经十路394号
邮　　编：250022
电　　话：0531-87956349
传　　真：0531-87965048
主要产品：多彩花纹内墙涂料，黏合剂，乳胶漆

公司名称：济南泰山金鹏涂料有限公司
地　　址：山东省济南市天桥区黄台山魏家庄1号
邮　　编：250100
电　　话：0531-88608860
传　　真：0531-88617108
主要产品：特制红丹防锈涂料，氨基烘干磁漆，锤纹漆，硝基磁漆

公司名称：济南万合涂料有限公司
地　　址：山东省济南市北外环丁太鲁庄工业园6号
邮　　编：250032
电　　话：0531-85707515
传　　真：0531-85703126
主要产品：汽车工业涂料，摩托车专用涂料；荧光涂料，反光涂料，家具涂料，特种涂料

公司名称：济南银宝再生资源有限公司
地　　址：山东省平阴市安城乡双井村
邮　　编：250409
电　　话：0531-87652878
主要产品：工业涂料

公司名称：济南油漆厂
地　　址：山东济南市黄台山魏家庄1号
邮　　编：250100
电　　话：0531-8962574
传　　真：0531-88617108
邮　　箱：jnyq@china315.com
网　　址：jnyq.china315.com
主要产品：各类涂料

公司名称：济宁市神州装饰材料有限公司
地　　址：山东省济宁市三里营路
邮　　编：272100
电　　话：0537-2352345
主要产品：乳胶漆

公司名称：济宁天狮涂料有限公司
地　　址：山东省济宁市鱼台高新区天狮工业园
邮　　编：272300
电　　话：0537-6213420
传　　真：0537-6087788
邮　　箱：jntstl@sina.com
网　　址：www.zgswq.com
主要产品：乳胶漆，水性木器涂料，工业涂料

公司名称：济宁天宇圣邦涂料有限公司
地　　址：山东省济宁市高新区王因镇工业园苏南路
邮　　编：272103
电　　话：0537-3768787
传　　真：0537-3760988
主要产品：纳米内外乳胶漆，弹性涂料，真石漆，氟碳涂料

公司名称：胶南市大龙化工有限公司
地　　址：山东省胶南市隐珠镇大荒村(东岭)
邮　　编：266432
电　　话：0532-3191092 3191090
传　　真：0532-3192807
主要产品：粉末涂料

公司名称：莱阳市春帆漆业有限责任公司
地　　址：莱阳市山前店镇南张夼村
邮　　编：265210
电　　话：0535-7788056 7788086
传　　真：0535-7788185
邮　　箱：webmaster@chunfanpaint.com lycfqy@tom.com
网　　址：www.chunfanpaint.com
主要产品：涂料，树脂

公司名称：莱阳市金易化工有限公司
地　　址：山东交警队汽车培训中心北
邮　　编：265200
电　　话：0535-7235257
传　　真：0535-7266318
邮　　箱：webmaster@jinyipaint.com
主要产品：电泳漆

公司名称：莱阳市梨花涂料有限公司
地　　址：山东省莱阳市大寺街128号
邮　　编：265200
电　　话：0535-7230868
传　　真：0535-7227168
主要产品：内外墙乳胶漆涂料

公司名称：莱阳市明玉涂料公司
地　　址：山东莱阳市龙门西路(盖家疃建筑公司南200米处)
邮　　编：265200
电　　话：0535-7261587
邮　　箱：webmaster@mingyutuliao.com
网　　址：www.mingyutuliao.com
主要产品：乳胶漆，涂料

公司名称：莱州市环绿涂料有限公司
地　　址：山东省莱州市南关南阳河以南500米路东
邮　　编：261400
电　　话：0535-2277939
传　　真：0535-2277939
网　　址：www.sdlzhl.com
主要产品：乳胶漆，防锈涂料，罩光漆

公司名称：莱州市沙河皓虹新型涂料厂
地　　址：山东省莱州市沙河镇岳里村
邮　　编：261423
电　　话：0535-2315977
主要产品：外墙涂料

公司名称：蓝天电器有限责任公司
地　　址：山东省菏泽市成武县郜顶南北大街中段
邮　　编：274200
电　　话：0530-8793886
主要产品：机械用涂料，防腐涂料，防水涂料，特种涂料

公司名称：力诺集团股份有限公司(总部)
地　　址：山东省济南市经十东路30099号
邮　　编：250103
电　　话：0531-88729999
传　　真：0531-88729010
邮　　箱：linuo@linuo.com
网　　址：www.linuo.com
主要产品：汽车涂料，建筑涂料，防腐涂料

公司名称：梁山兰天化工有限公司(山东梁山油漆厂)
地　　址：山东梁山县越山北路6号
邮　　编：272600
电　　话：0537-7321203 7323941
传　　真：0537-7321530
邮　　箱：lsltsg1203@163.com
主要产品：涂料，非那西丁，化工原料

公司名称：梁山县青龙化工有限公司
地　　址：山东省济宁市梁山县梁山镇西环路
邮　　编：272600
电　　话：0537-7320698
传　　真：0537-7361148
主要产品：工业涂料

公司名称：梁山县银河化工有限公司
地　　址：山东省济宁市梁山县梁山镇公明路商贸城西邻
邮　　编：272600
电　　话：0537-7365877
传　　真：0537-7365877
主要产品：工业涂料

公司名称：聊城市麦得尔化工有限公司
地　　址：山东省聊城市东昌府闫寺工业区1号
邮　　编：252036
电　　话：0635-8721215 8722926
传　　真：0635-8721574
主要产品：内外墙乳胶漆，木器涂料，建筑胶

公司名称：聊城市齐鲁特种涂料有限公司
地　　址：山东省聊城市闫寺工业园
邮　　编：252036
电　　话：0635-8721073
传　　真：0635-8722916
主要产品：丙烯酸磁漆，环氧涂料，汽车修补涂料，标线涂料

公司名称：临沂驰鹰防腐涂料有限公司
地　　址：山东省临沂市郯城县郯城镇工业园郯东路北首
邮　　编：276100
电　　话：0539-6126001
传　　真：0539-6229555
网　　址：www.sdcyff.com.cn
主要产品：LHB专用涂料，防腐涂料，防锈涂料

公司名称：临沂市汉姆化工涂料有限公司
地　　址：山东省临沂市临西十路与启阳路交叉路口宏达工业园
邮　　编：276000
电　　话：0539-3597177
传　　真：0539-3597277
邮　　箱：hanmuqi@126.com
网　　址：www.hanmu.net
主要产品：木器涂料，内外墙乳胶漆

公司名称：龙口华瑞新材料科技有限公司
地　　址：山东省龙口市黄城汽车站北五百米
邮　　编：265701
电　　话：0535-8529786
邮　　箱：yu13780948860@126.com
主要产品：二氧化钛纳米，防水涂料

公司名称：明川涂料厂
地　　址：山东省德州市宁津县城西谢集村
邮　　编：253400
电　　话：0534-5553388
主要产品：木器涂料，家具涂料

公司名称：欧亚集团制漆有限公司
地　　址：山东省阳信县幸福一路2号
邮　　编：251800
电　　话：0543-8222305
传　　真：0543-8222305
邮　　箱：sdyxouay@163.com
网　　址：www.zgtlyj.com
主要产品：硝基涂料，木器涂料，黏合剂

公司名称：青岛埃翡漆业有限公司
地　　址：青岛市308国道233号
邮　　编：266100
电　　话：0532-8723117 8723118
传　　真：0532-8723115
邮　　箱：sale@ainfe.com.cn
网　　址：www.ainfe.com.cn
主要产品：涂料

公司名称：青岛安达涂料化学材料有限公司
地　　址：山东省青岛市东海西路41号一单元802室
邮　　编：266071
电　　话：0532-85765715
传　　真：0532-85757532
网　　址：www.qingdaoanda.com
主要产品：高分子水性涂料

公司名称：青岛邦泽力建材厂
地　　址：山东省青岛市城阳区河套街道西河套村
邮　　编：266113
电　　话：0532-87823557
传　　真：0532-87823557
主要产品：107胶，内外墙涂料

公司名称：青岛朝光涂料有限公司
地　　址：山东省青岛市胶州
邮　　编：266300
电　　话：0532-7253586 7253093
传　　真：0532-7253499
主要产品：木器涂料

公司名称：青岛城阳天华油漆有限公司
地　　址：山东省青岛市城阳区仙家寨17号
邮　　编：266109
电　　话：0532-8869799 88697887
传　　真：0532-88697879
邮　　箱：info@tianhuapaint.com
网　　址：www.tianhuapaint.com
主要产品：船舶涂料，防腐涂料，地坪涂料，电子涂料

公司名称：青岛大洋涂料厂(青岛市建材一厂)
地　　址：青岛市辽阳西路186号
邮　　编：266034
电　　话：0532-85621387
传　　真：0532-85646811
邮　　箱：sales@dayangcoating.com
网　　址：www.dayangcoating.com
主要产品：花样涂料，真石涂料，亚光涂料，乳胶漆，弹性彩色防水涂料

公司名称：青岛釜州涂料有限公司
地　　址：山东省青岛胶州市胶东周家庄第二工业园
邮　　编：266317
电　　话：0532-88266901
传　　真：0532-88266904
主要产品：各种涂料

公司名称：青岛格尔美环保涂料有限公司
地　　址：山东省青岛市城阳区丹山工业园
邮　　编：266107
电　　话：0532-89657288
邮　　箱：gymtuliao@163.com
网　　址：www.grmtl.com
主要产品：建筑涂料

公司名称：青岛国海化工有限公司
地　　址：青岛市即墨闫家岭
邮　　编：266228
电　　话：0532-2519858 2518157
传　　真：0532-25642950
主要产品：涂料

公司名称：青岛合力嘉涂料有限公司
地　　址：山东省青岛市城阳区流亭街道双埔工业园润海路10号
邮　　编：266108
电　　话：0532-80922356
传　　真：0532-80922360
网　　址：www.helijia.com
主要产品：内墙乳胶漆，外墙乳胶漆，天然真石漆

公司名称：青岛开发区益群新型涂料公司
地　　址：山东省青岛市经济技术开发区黄河东路北
邮　　编：266510
电　　话：0532-6763235
传　　真：0532-6763336
主要产品：涂料

公司名称：青岛派超环保漆业有限公司
地　　址：青岛市市南区保尔村东工业园(台柳路296号)
邮　　编：266071
电　　话：0532-82775612 85032680
传　　真：0532-2802740
邮　　箱：info@cn-petrel.com
网　　址：www.cn-petrel.com
主要产品：环保涂料

公司名称：青岛谦好腾桥涂料有限公司
地　　址：山东省青岛市即墨烟青路347号
邮　　编：266200
电　　话：0532-8599290
传　　真：0532-8599419
主要产品：内外墙建筑涂料

公司名称：青岛日出涂料制造有限公司
地　　址：山东胶州扬州西路118号
邮　　编：266308
电　　话：0532-82210237
传　　真：0532-82210237
邮　　箱：unkown@unkown.com
主要产品：建筑涂料

公司名称：青岛润昊氟涂料有限公司
地　　址：山东省青岛市城阳区青大工业园
邮　　编：266109
电　　话：0532-80653202
传　　真：0532-80653203
网　　址：www.runhaofc.com
主要产品：氟碳涂料

公司名称：青岛市北海油漆厂
地　　址：山东省青岛市港联路12号
邮　　编：266011
电　　话：0532-83832847
传　　真：0532-83832847
网　　址：www.beihaiyouqi.com
主要产品：建筑涂料，工业涂料

公司名称：青岛市李沧区玉林化工涂料厂
地　　址：山东省青岛市李沧区西大村
邮　　编：266100
电　　话：0532-7650291
传　　真：0532-7650291
主要产品：涂料

公司名称：青岛欣丰制漆有限公司
地　　址：山东省青岛平度市经济技术开发区青岛东路22号-1
邮　　编：266700
电　　话：0532-88383586
传　　真：0532-88387772
主要产品：工业涂料

公司名称：青岛兴国涂料化工有限公司
地　　址：山东省胶南市青岛胶南灵山卫北门村外
邮　　编：266427
电　　话：0532-86616136
传　　真：0532-83185963
主要产品：水性高温涂料，建筑涂料，壁纸涂料，水性柳编涂料

公司名称：青岛兴业石墨有限公司
地　　址：青岛市沧口区南岭
邮　　编：266043
电　　话：0532-4814364
传　　真：0532-4833746

公司名称：青岛颐中星日股份有限公司
地　　址：青岛曹县路31号
邮　　编：266021
电　　话：0532-3831941
传　　真：0532-33831029
主要产品：涂料

公司名称：青岛益群美亚新型材料有限公司
地　　址：山东省青岛经济技术开发区龙岗山路18号
邮　　编：266555
电　　话：0532-86907778
邮　　箱：mail.yq888.com
网　　址：www.yq888.com
主要产品：涂料

公司名称：青岛振世漆业有限公司
地　　址：山东省青岛胶州市常州南路59号卫校门诊部对面
邮　　编：266300
电　　话：0532-2217238
传　　真：0532-2213914

公司名称：青岛智力涂料有限公司(原青岛光环科技实业总公司)
地　　址：青岛新型建材工业园内(流亭)
邮　　编：266108
电　　话：0532-84902256 87908800
传　　真：0532-84902257
邮　　箱：zhili@qdzhili.com
网　　址：www.qdzhili.com
主要产品：塑料涂料，玻璃涂料

公司名称：青岛中远汇丽干粉涂料有限公司
地　　址：山东省青岛市福州南路89号福林大厦B座403
邮　　编：266071
电　　话：0532-85970278/9
主要产品：干粉砂浆，内外墙涂料

公司名称：青岛众邦涂料厂
地　　址：山东省青岛市城阳流亭街道西后楼村
邮　　编：266108
电　　话：0532-4938199
传　　真：0532-4938199

公司名称：青岛尊龙涂料有限公司
地　　址：青岛市城阳区赵红路春雨工业园
邮　　编：266108
电　　话：0532-4902353 4902363
传　　真：0532-4902363
主要产品：涂料

公司名称：乳山市康爱漆业有限公司
地　　址：山东省乳山市胜利街东首(长庆路丁字路)
邮　　编：264500
电　　话：0631-6861518
传　　真：0632-6861517
主要产品：建筑涂料

公司名称：山东奔腾漆业有限公司
地　　址：山东省邹城市西外环路3268号
邮　　编：273500
电　　话：0537-3131666
邮　　箱：jishn@puntium.com
qhb@puntium.com
网　　址：www.puntium.com.cn
主要产品：涂料,内外墙乳胶漆，聚酯涂料，醇酸涂料，硝基涂料，工业涂料

公司名称：山东齐鲁漆业有限公司
地　　址：山东聊城闫寺工业区1号
邮　　编：252042
电　　话：0635-8721110 8721040

传　　真：0635-8721153
邮　　箱：qilupaint@yahoo.com.cn
网　　址：www.qilupaint.com
主要产品：涂料,工业涂料，醇酸涂料，乳胶漆，木器涂料

公司名称：山东东平格蒽泰乳胶漆有限公司
地　　址：山东省东平县工业园区
邮　　编：271500
电　　话：0538-6060567
邮　　箱：sdgreent@163.com
网　　址：www.sdgreent.com
主要产品：液体壁纸，儿童涂料，乳胶漆

公司名称：山东东营美宜佳涂料有限公司
地　　址：山东广饶经济开发区团结路
邮　　编：257300
电　　话：0546-6910888 6661888 6661999
传　　真：0546-6910999
邮　　箱：meiyijia@meiyjia.com sdmeiyijia@163.com
网　　址：www.meyija.com
主要产品：内外墙乳胶漆，外墙保温材料，建筑涂料

公司名称：山东高威化工有限公司
地　　址：山东宣高唐县东兴路 18 号
邮　　编：252800
电　　话：0635-3910666 3954698
传　　真：0635-3953022
主要产品：内外墙乳胶漆，地板涂料，防水涂料

公司名称：山东乐化集团
地　　址：山东省昌乐县红河镇乐化工业园
邮　　编：262412
电　　话：0536-6681127 6681676
传　　真：0536-6681151
邮　　箱：paint@lehuagroup.com
网　　址：www.lehua-china.com
主要产品：涂料,通用涂料，建筑涂料，工业涂料，特种涂料

公司名称：山东泺源集团有限公司
地　　址：济南市长清区归德镇经济开发区
邮　　编：250301
电　　话：0531-87351778
传　　真：0531-87352192
网　　址：www.luoyuanjituan.com
主要产品：氨基涂料，环氧涂料，醇酸涂料

公司名称：山东青岛国强节能科技有限公司
地　　址：山东省青岛市四方区德兴路 29 号
邮　　编：266000
电　　话：0532-84881990
传　　真：0532-84881990
主要产品：木蜡油

公司名称：山东省莒南县华鲁集团涂料厂
地　　址：山东省莒南县民族路 26 号
邮　　编：276600
电　　话：0532-7218446
传　　真：0532-7218446
主要产品：内外墙涂料，乳胶漆

公司名称：山东省莱阳油漆厂有限公司
地　　址：莱阳市龙门西路 79 号
邮　　编：265200
电　　话：0535-7225329 7214798 7211053
传　　真：0535-7214798
邮　　箱：webmaster@sanxianshan.com
网　　址：www.sanxianshan.com
主要产品：粉末涂料，涂料

公司名称：山东省梁山水泊精细化工厂
地　　址：山东省梁山县寿张集乡驻地
邮　　编：272606
电　　话：0537-7570026
传　　真：0537-7578777
主要产品：民用涂料，汽车涂料，氨基涂料，重防腐涂料

公司名称：山东省临沂巴德富化工涂料厂
地　　址：山东省临沂市兰山工贸开发区
邮　　编：276600
电　　话：0539-2917772
传　　真：0539-2917771
邮　　箱：badefu@tom.com
网　　址：www.badefu.com
主要产品：胶黏剂，乳胶漆，水性木器涂料

公司名称：山东省临沂市信诺涂料有限公司
地　　址：山东省临沂市临西九路工业园
邮　　编：276000
电　　话：0539-8357768 8642999 8880460
传　　真：0539-8642788
主要产品：汽车原车漆，轿车修补漆，丙烯酸改性卡车涂料，工程专用涂料，家具涂料，装修涂料

公司名称：山东省宁津县名川涂料有限公司
地　　址：山东省宁津县保店镇工业园区
邮　　编：253419
电　　话：0534-5553388
传　　真：0534-5553388

公司名称：山东省宁津县五湖涂料化工有限公司
地　　址：山东省德州市宁津县县城东环路北首路西
邮　　编：253400
电　　话：0534-5222145 7076889
传　　真：0534-5225558
主要产品：涂料，建筑涂料，乳胶漆

公司名称：山东省平邑县环球涂料有限公司
地　　址：山东省平邑县平邑镇浚河路西首
邮　　编：273300
电　　话：0539-4212688
传　　真：0539-4212688
主要产品：防水涂料

公司名称：山东省郯城县华晨涂料有限公司
地　　址：山东省郯城县高峰头镇贾庄村驻地
邮　　编：276117
电　　话：0539-6101777
传　　真：0539-6101787
主要产品：聚酯涂料，硝基涂料，水性木器涂料，柳编涂料

公司名称：山东省威海市三源涂料有限公司
地　　址：山东省威海市环翠区望岛
邮　　编：264200
电　　话：0631-5324385
传　　真：0631-5324385
主要产品：工程机械涂料，汽车涂料

公司名称：山东省威海市兴邦化工涂料有限公司
地　　址：威海市环翠区温泉镇柳林北
邮　　编：264200
电　　话：0631-5364131 5362259
传　　真：0631-5364133
邮　　箱：webmaster@xing-bang.com
网　　址：www.xing-bang.com
主要产品：中涂漆，金属闪光涂料，汽车涂料

公司名称：山东省淄博市桓台县齐乐黏合剂厂
地　　址：山东省淄博市桓台县车辆管理所西临
邮　　编：256400
电　　话：0533-8214155
传　　真：0533-8214155
网　　址：www.gtjf.net
主要产品：仿瓷涂料，固体胶粉

公司名称：山东省淄博正德建筑装饰材料有限公司
地　　址：山东省淄博市临淄区悟台工业区
邮　　编：255420
电　　话：0533-7661648
传　　真：0533-7663488
主要产品：石油树脂

公司名称：山东圣光化工集团
地　　址：山东广饶经济开发区圣光工业园
邮　　编：257300
电　　话：0546-6929866-6928666
传　　真：0546-6920967
邮　　箱：sg@chinasingal.com
网　　址：www.chinasingal.com
主要产品：建筑涂料，节能装饰，防火涂料，木器涂料，外墙保温体系

公司名称：山东斯泰普力高新建材有限公司
地　　址：山东省广饶经济开发区团结路 678 路
邮　　编：257300
电　　话：0546-7729779
传　　真：0546-7720091
主要产品：地坪涂料

公司名称：山东泰山史宾莎涂料有限公司
地　　址：山东省泰安市饭范镇工业园
邮　　编：271033
电　　话：0538-8260059 8681689
传　　真：0538-8260059
主要产品：建筑装饰涂料，工业防护涂料

公司名称：山东天宇圣邦涂料有限公司
地　　址：山东济宁高新区王因工业园苏南路
邮　　编：272100
电　　话：0537-3768787

传　　真：0537-3760988
邮　　箱：web@hktysb.com
网　　址：www.hktysb.com
主要产品：涂料，水性乳胶漆，水性木器涂料

公司名称：山东潍坊环宇油漆工业有限公司
地　　址：山东省诸城市相州工业园
邮　　编：262213
电　　话：0536-6309860
传　　真：0536-6309086
邮　　箱：wfhuany@163.com
网　　址：www.silvercitypaint.com
主要产品：氨酯涂料，硝基涂料，醇酸涂料

公司名称：山东潍坊天彩高分子分公司
地　　址：山东省高密市密水区枣行村后
邮　　编：261500
电　　话：0536-2345135
传　　真：0536-2626068
邮　　箱：qiweihuagong2008@alibaba.cn
主要产品：PVC涂料，TPR涂料，TPU涂料，PU涂料，ABS涂料

公司名称：山东潍坊云飞化工有限公司
地　　址：诸城市郭家屯镇驻地
邮　　编：262213
电　　话：0536-6309238 6309351
传　　真：0536-6309358
邮　　箱：yfhgylyq@public.wfptt.sd.cn
主要产品：化工涂料

公司名称：山东现代创新科技开发有限公司
地　　址：山东省济南市经十路71号山东科技园A座503室
邮　　编：250001
电　　话：0531-2661469
传　　真：0531-2928053
主要产品：防火化工建材，装饰材料

公司名称：山东新邦涂料厂
地　　址：山东省荣成市崖西镇
邮　　编：264325
电　　话：0631-7631076
传　　真：0631-7631076
主要产品：内外墙环保乳胶漆，仿石涂料，纳米改性自洁型乳胶漆

公司名称：山东烟台开发区鲁蒙防水防腐材料有限责任公司
地　　址：山东省烟台开发区长江路173号海鹰大厦1703室
邮　　编：264006
电　　话：0535-6375443
传　　真：0535-6382716
邮　　箱：ytlumeng@163.com
网　　址：www.lmwa.com
主要产品：纳米复合防水材料，防水涂料，防腐涂料

公司名称：山东淄博仿瓷涂料厂
地　　址：山东省淄博市淄川区昆仑镇西笠山
邮　　编：255129
电　　话：0533-5780417 5780517
传　　真：0533-5780417
邮　　箱：kunyu@cnkunyu.com
网　　址：www.cnkunyu.com
主要产品：涂料

公司名称：山东淄博晶钢王涂料有限公司
地　　址：山东省淄博市临淄区敬重镇东姬村
邮　　编：255400
电　　话：0533-7709172
传　　真：0533-7708068
主要产品：防磁涂料，钢化涂料，内外墙乳胶漆

公司名称：山东淄博绿环工程涂料有限公司
地　　址：山东博山财富大厦918室
邮　　编：255200
电　　话：0533-4511111
传　　真：0533-4183721
邮　　箱：lvhuan_tuliao@126.com
网　　址：www.lvhuantuliao.com
主要产品：乳胶漆，胶粉

公司名称：寿光市东茂防水建材厂
地　　址：山东省寿光市化龙镇北柴村
邮　　编：262721
电　　话：0536-5532308
传　　真：0536-5534799
主要产品：防水材料，氯丁胶沥青防水涂料

公司名称：寿光市永盛新型涂料厂
地　　址：山东省寿光市汽车站东1000米路南
邮　　编：262700
电　　话：0536-5255956
传　　真：0536-5108777
主要产品：外墙涂料，乳胶漆，腻子

公司名称：顺发建筑涂料厂
地　　址：山东省德州市河西商贸开发区钟新庄工业园
邮　　编：253000
电　　话：0534-2481700
主要产品：建筑涂料

公司名称：泰安爱洁世环保材料有限公司
地　　址：山东省泰安市高新技术创业服务中心4号楼508室
邮　　编：271000
电　　话：0538-6716769
主要产品：内外墙乳胶漆

公司名称：威海春恒特殊涂料有限公司
地　　址：山东省威海市环翠区
邮　　编：264203
电　　话：0631-5758117
传　　真：0631-5751118
主要产品：木器涂料

公司名称：威海市大象涂料有限公司
地　　址：山东省威海市环翠区羊亭镇大西庄工业园兴海路
邮　　编：264200
电　　话：0631-5767888
传　　真：0631-5767889
主要产品：工业涂料，木器涂料，黏合剂

公司名称：威海市韩美涂料有限公司
地　　址：山东省威海市环翠区张村镇桃园
邮　　编：264203
电　　话：0631-5752735/7
传　　真：0631-5752737
主要产品：稀料，工业涂料

公司名称：威海市瀚玉化纺有限公司
地　　址：山东省威海市阳亭西路666号
邮　　编：264204
电　　话：0631-5773366
传　　真：0631-5763988
邮　　箱：info@cnhanyu.com
网　　址：www.cnhanyu.com
主要产品：化工涂料

公司名称：威海市金盛实业有限公司
地　　址：山东省威海市青岛中路望岛村
邮　　编：264200
电　　话：0631-5325270 5329785
传　　真：0631-5328162
主要产品：汽车涂料

公司名称：威海杏花村涂料厂
地　　址：山东省威海市高新技术开发区天津街5号
邮　　编：264209
电　　话：0631-5625173
主要产品：建筑涂料

公司名称：潍坊客佳化工有限公司
地　　址：山东省诸城市郭家屯镇驻地
邮　　编：262213
电　　话：0536-6309056
传　　真：0536-6309083
主要产品：氧化铁红，醇酸调和漆，马路画线涂料

公司名称：潍坊蓝宝涂料有限公司
地　　址：山东省潍坊市昌乐县阿陀镇崖头工业园
邮　　编：262418
电　　话：0536-6946019
传　　真：0536-6946018
主要产品：乳胶漆，银粉漆，内外墙涂料，标线涂料

公司名称：潍坊市寒亭区开元国林涂料厂
地　　址：山东省潍坊市寒亭区开元小辛庄
邮　　编：261105
电　　话：0536-7397445
传　　真：0536-7397445
主要产品：建筑涂料

公司名称：潍坊市宏源防水材料有限公司
地　　址：山东省寿光市台头镇工业区
邮　　编：262735
电　　话：0536-5526918
传　　真：0536-5513268
邮　　箱：hongyuan@hongyuan.cn
网　　址：www.hongyuan.cn
主要产品：防水涂料

公司名称：潍坊市雅迪漆业科技有限公司
地　　址：山东省潍坊市高新区东明路与卧龙东街路口
邮　　编：261041
电　　话：0536-8882567
传　　真：0536-8889957
主要产品：乳胶漆，真石漆，环保防瓷涂料，弹性腻子

公司名称：潍坊鑫铭源建材有限公司
地　　址：山东省潍坊市潍城区姚家村工业园
邮　　编：261011

电　　话：0536-8915758
传　　真：0536-8915758
网　　址：www.wfxmy.cn
主要产品：建筑涂料

公司名称：潍坊亚贝涂料有限公司
地　　址：山东省昌邑市双台工业园
邮　　编：261300
电　　话：0536-7874293
传　　真：0536-7875293
邮　　箱：yabei@wfyabei.com
网　　址：www.wfyabei.com
主要产品：家具涂料，装饰涂料

公司名称：潍坊正本涂料有限公司
地　　址：山东省潍坊市经济开发区友谊路1721号
邮　　编：261031
电　　话：0536-8658358
传　　真：0536-8658358
主要产品：醇酸涂料，氨基涂料，环氧涂料，丙烯酸涂料

公司名称：文登市慧隆化工有限公司
地　　址：山东文登市环山路街道办事处西寨村333号
邮　　编：264400
电　　话：0631-8251389
传　　真：0631-8251389
邮　　箱：info@huilongchemical.com
网　　址：www.huilongchemical.com
主要产品：仿石漆，乳胶漆，墙外涂料

公司名称：香港瑞图企业发展集团龙口瑞图新型建材有限公司
地　　址：山东省龙口市龙港开发区中村
邮　　编：265703
电　　话：0535-8862271 8862288 8860058
传　　真：0535-8862289
邮　　箱：lkreit@163.com
网　　址：www.lkreit.com
主要产品：彩瓦专用涂料，外墙涂料

公司名称：亚力美涂料有限公司
地　　址：山东莱阳市海河路22号
邮　　编：265205
电　　话：0535-7802779 7802771
传　　真：0535-7802772
邮　　箱：yalimei3426@sina.com
网　　址：www.yalimei.cn
主要产品：涂料

公司名称：烟台高远塑粉有限公司
地　　址：烟台市莱山区迟家
邮　　编：264003
电　　话：0535-6888667
传　　真：0535-6883129 6883188
主要产品：热固性粉末涂料

公司名称：烟台好利洁水性涂料有限公司
地　　址：烟台莱山区莱山工业园翔宇路28号
邮　　编：264002
电　　话：0535-6919977 6792318 6792317
传　　真：0535-6919955
网　　址：www.haolijie.com
主要产品：水性涂料，水性木器涂料

公司名称：烟台环球漆业有限公司
地　　址：烟台APEC芝罘科技工业园兴宾路5号
邮　　编：264000
电　　话：0535-6876876
传　　真：0535-6876853
邮　　箱：hqqy@ythqqy.com
网　　址：www.ythqqy.com
主要产品：内外墙涂料，水性木器涂料，水性金属防护涂料

公司名称：烟台市福山云丽涂料厂
地　　址：山东省烟台市福山区南210省道15公里路西
邮　　编：265500
电　　话：0535-6369568
传　　真：0535-6369568
主要产品：内外墙涂料，高弹性涂料，仿壁纸，金丝彩缎涂料

公司名称：烟台同化防水保温工程有限公司
地　　址：山东省烟台市福山高新技术产业区永达街591号
邮　　编：264000
电　　话：0535-6302259
传　　真：0535-6303259
邮　　箱：web@yt-tonghua.com
网　　址：www.yt-tonghua.com
主要产品：保温材料，隔热材料，装饰建材

公司名称：怡水鲁南漆业有限公司
地　　址：山东省临沂市沂水县高桥镇
邮　　编：276411
电　　话：0539-2813888
传　　真：0539-2811978
主要产品：地坪涂料，防腐涂料

公司名称：颐中(青岛)实业有限公司
地　　址：山东青岛沾化路3号甲
邮　　编：266021
电　　话：0532-83833459
传　　真：0532-83810445
网　　址：www.etsong-sunrise.com
主要产品：木器涂料，乳胶漆，胶黏剂，环保胶，装修胶，建筑胶

公司名称：招远市互益涂料厂
地　　址：山东省烟台市招远市初山路东首
邮　　编：265400
电　　话：0535-8217288
主要产品：建筑涂料，内外墙涂料，乳胶漆

公司名称：招远市彭文涂料厂
地　　址：山东省招远市梦芝办事处考家村
邮　　编：265400
电　　话：13808910302
传　　真：0535-8133574
主要产品：建筑涂料，乳胶漆

公司名称：中亚涂料(石狮)有限公司
地　　址：福建省石狮市锦尚镇卢厝开发区
邮　　编：362700
电　　话：0595-88981616 13506085507
传　　真：0595-88981618
网　　址：www.cacpaint.com.cn
主要产品：水性外墙涂料，内墙防霉乳胶漆

公司名称：诸城市宝祥粉末涂料厂
地　　址：山东省潍坊市密州街道办事处丁家花园村
邮　　编：262200
电　　话：0536-6062772
主要产品：喷塑用粉末材料

公司名称：诸城市乐凯涂饰材料厂
地　　址：山东省潍坊市国家屯马家步村
邮　　编：262213
电　　话：0536-6309781
传　　真：0536-6309781
主要产品：装饰涂料，腻子

公司名称：诸城市鑫达防水有限公司
地　　址：山东省诸城市繁荣路东首253号
邮　　编：262200
电　　话：0536-6080888 6064750
主要产品：防水涂料

公司名称：淄博奥德美涂料有限公司
地　　址：山东桓台县淄博桓台张田路66号
邮　　编：256404
电　　话：0533-8556999
传　　真：0533-8550717
主要产品：涂料

公司名称：淄博贝林化工有限公司
地　　址：山东省淄博市张店区傅家镇工业区
邮　　编：255063
电　　话：0533-2903028
传　　真：0533-2908390
邮　　箱：billion@cnbillion.com
网　　址：www.billion-chem.com www.cnbillion.com
主要产品：钢结构涂料，建筑涂料

公司名称：淄博博山健宇涂料厂
地　　址：山东省淄博市博山区白塔工业园88号
邮　　编：250202
电　　话：0533-4691067
传　　真：0533-4681940
主要产品：涂料，防腐涂料

公司名称：淄博市临淄金网印刷材料厂
地　　址：山东省淄博市临淄区牛山路358号
邮　　编：255400
电　　话：0533-7188830
传　　真：0533-7188830
主要产品：陶瓷UV热转印涂层，陶瓷UV水晶七彩涂层，陶瓷UV金墨

公司名称：淄博万隆涂料有限公司
地　　址：山东淄博市博山域城镇博磁路中段阴柳
邮　　编：255213
电　　话：0533-5558432
传　　真：0533-4610338
邮　　箱：zb315@china315.com
主要产品：丙烯酸凹凸型锤纹漆，橘型漆，金属涂料，各色低温快干氨基烘干磁漆

公司名称：自立涂料厂
地　　址：山东省莱芜市口镇大冶村
邮　　编：271114
电　　话：0634-6757257

传　　真：0634-6757257
主要产品：涂料

公司名称：邹平县国峰静电粉末厂
地　　址：山东省邹平县黄山工业区腾达1路
邮　　编：256200
电　　话：0543-4330532
传　　真：0543-4330532
主要产品：静电粉末涂料

河南省

公司名称：安阳市佳美涂料有限责任公司
地　　址：河南省安阳市相三路聂村
邮　　编：455000
电　　话：0372-2981077
传　　真：0372-2918959
邮　　箱：aysjmtl@china315.com
网　　址：aysjmtl.china315.com
主要产品：塑料用涂料，聚氨酯清漆，导电涂料，抗静电涂料，氨基醇酸烤漆，醇酸树脂涂料，马路划线涂料，配套溶剂

公司名称：安阳市山水涂料有限公司
地　　址：河南省安阳市烟厂路南段
邮　　编：455000
电　　话：0372-3918958
传　　真：0372-2981371
主要产品：金属用涂料，塑料用涂料

公司名称：安阳市致美涂料厂
地　　址：河南省安阳市滑县工人路7号
邮　　编：456400
电　　话：0372-8116186
主要产品：钢化涂料

公司名称：长葛市长兴涂料厂
地　　址：河南省长葛市长兴区坡岳村
邮　　编：461500
电　　话：0374-6221688
主要产品：内墙涂料，外墙涂料，乳胶漆

公司名称：郑州市达昌漆业有限公司
地　　址：河南省邓州市穰城路8号
邮　　编：474150
电　　话：0377-66062000
传　　真：0377-66062000
主要产品：酚醛涂料，沥青涂料，醇酸涂料，环氧涂料，乳胶漆，硝基涂料，聚酯涂料，氨基涂料，机械制造用浸渍涂料，汽车底盘用氯化橡胶涂料，兵器工业用耐高温有机硅涂料

公司名称：扶沟县华星涂料厂
地　　址：河南省周口市扶沟县城关镇北关
邮　　编：461300
电　　话：0394-6305969
主要产品：内外墙涂料

公司名称：固始县汪棚乡联山村涂料地毯厂
地　　址：河南省信阳市固始县汪棚乡联山村
邮　　编：465243
电　　话：0376-4066681
主要产品：建筑涂料，水性涂料，乳胶漆

公司名称：河南安庆化工(集团)有限公司
地　　址：河南省新郑市庆安路189号
邮　　编：451150
电　　话：0371-62638988 62638999
传　　真：0371-62638877 62638955
邮　　箱：sales@qinganchem.com
网　　址：www.qinganchem.com
主要产品：高档聚酯涂料，聚氨酯涂料、乳胶漆、醇酸涂料，工业金属涂料

公司名称：河南大河油漆有限公司
地　　址：河南省新郑市龙湖镇后湖村107段
邮　　编：451191
电　　话：0371-62566909
传　　真：0371-62566909
主要产品：汽车修复涂料

公司名称：河南恒宇涂料有限公司
地　　址：河南省开封市金明区土城村168-4号
邮　　编：475000
电　　话：0378-5829655
传　　真：0378-5829655
主要产品：乳胶漆，腻子粉

公司名称：河南惠康实业总公司
地　　址：河南省郑州市中州大道天荣建材港向东500米
邮　　编：450008
电　　话：0371-60951041 60952913 60951146
传　　真：0371-60951127
邮　　箱：hui_kang@vip.163.com
网　　址：www.hnhkang.com

公司名称：河南纳宝涂料
地　　址：郑州经济技术开发区经北一路6号
邮　　编：450016
电　　话：0371-6783023
传　　真：0371-6728399

公司名称：河南平顶山海德化工有限公司
地　　址：河南省平顶山市叶宝路中段(新华区开发区西南)
邮　　编：467000
电　　话：0375-4971777
传　　真：0375-4946790
主要产品：装修涂料，马路画线涂料，防腐涂料

公司名称：河南省安阳市航天涂料化工有限责任公司
地　　址：河南省安阳市东郊小营
邮　　编：455000
电　　话：0372-2930220
传　　真：0372-2935027
主要产品：溶剂型涂料，水性涂料，木器涂料

公司名称：河南省安阳市日秀涂料有限公司
地　　址：河南省安阳市汤阴县北外环西段
邮　　编：455000
电　　话：0372-6227658/9
传　　真：0372-6227658/9
邮　　箱：rx@china315.com
网　　址：ayrx.ncooo.com
主要产品：塑料涂料，黏合剂

公司名称：河南省德嘉丽科技开发公司
地　　址：郑州市经济技术开发区第二大街南端
邮　　编：450016
电　　话：0371-65974161
传　　真：0371-65973413
邮　　箱：djl@dejiali.com
网　　址：www.dejiali.com
主要产品：内外墙乳胶漆，液体壁纸涂料，金属涂料，梦幻涂料，外墙保温，保温砂浆，腻子，质感涂料，夜光涂料，抹面砂浆，黏结砂浆，界面剂，氟碳涂料，真石漆，弹性涂料

公司名称：河南省巩义市孝义工业公司
地　　址：河南省巩义市新华路244号
邮　　编：451200
电　　话：0371-64390696
传　　真：0371-64390696
邮　　箱：cgsxs@eyou.com
网　　址：ershoushebei.21trader.com
主要产品：耐火涂料

公司名称：河南省滑县泰港涂料厂
地　　址：河南省安阳市滑县苗圃新区1号
邮　　编：456400
电　　话：0372-8112563
传　　真：0372-5508595
主要产品：塑料用涂料，金属涂料，聚氨酯家具涂料

公司名称：河南省金凤化工有限公司
地　　址：河南省郑州市管城区博爱街7号
邮　　编：450000
电　　话：0371-3789309
传　　真：0371-3789309
主要产品：丙烯酸涂料，聚酯涂料，聚氨酯涂料

公司名称：河南省新乡六通实业有限公司
地　　址：河南省新乡市小冀镇青年路北段
邮　　编：453731
电　　话：0373-5592019
传　　真：0373-5581207
主要产品：马路划线涂料

公司名称：河南省新郑市正信涂料有限公司
地　　址：河南省新郑市郭店镇107国道东侧居易国际工业园
邮　　编：451192
电　　话：0371-65697862
传　　真：0371-65697862
主要产品：内外墙涂料

公司名称：河南双建纳米涂料有限公司
地　　址：河南省郑州市高新区冬青街22号

邮　　编：450001
电　　话：0371-67993823
传　　真：0371-67993181
邮　　箱：zzsjnm777@qq.com
网　　址：www.shuangjian777.com
主要产品：建筑涂料，乳胶漆

公司名称：河南泰峰实业有限公司
地　　址：河南省南阳市宛城区河南省南阳市高新区
邮　　编：450000
电　　话：0377-62932199
主要产品：水性涂料

公司名称：河南五一涂料有限公司
地　　址：河南省开封市开发区豪德贸易广场东区13栋112号
邮　　编：475000
电　　话：0378-3871851/2851/3851
传　　真：0378-3853351
邮　　箱：support@51tl.com.cn
网　　址：www.51tl.com.cn
主要产品：汽车涂料，醇酸磁漆，调和漆，工业涂料，家装涂料，乳胶漆

公司名称：河南现代涂料有限公司
地　　址：河南省郑州市金水区金水路226号楷林国际808室
邮　　编：450002
电　　话：0371-63942999 63870777 63697370
传　　真：0371-63870777
邮　　箱：xiandaituliao@163.com
网　　址：www.xiandaituliao.com
主要产品：内外墙水性环保乳胶漆，木器涂料，封闭底漆，腻子

公司名称：河南新化涂料有限公司
地　　址：河南省民权县东环路北段
邮　　编：476800
电　　话：0370-8532777
传　　真：0370-8532777
网　　址：www.sqxinhua.com
主要产品：粉末涂料

公司名称：河南新力派科贸有限公司
地　　址：河南省郑州市花园路8号正道花园商厦1205室
邮　　编：450003
电　　话：0371-65971717 65559348
传　　真：0371-65559348
邮　　箱：hnxlp@126.com
网　　址：www.xlpcn.cn
主要产品：建筑涂料

公司名称：河南新乡市采迪涂料厂
地　　址：河南省新乡市幸福路36号
邮　　编：453000
电　　话：0373-2629875
传　　真：0373-2869957
主要产品：防瓷涂料，乳胶漆

公司名称：河南新乡市长陵防腐材料有限公司
地　　址：河南省新乡市长垣县友谊南路
邮　　编：453400
电　　话：0373-8893965
传　　真：0373-8896351
邮　　箱：changlingcy@126.com
网　　址：xxclff.11315.cn
主要产品：防腐材料

公司名称：河南新乡市友谊涂料厂
地　　址：河南省新乡市新延路加油站斜对过
邮　　编：453700
电　　话：0373-5028321
传　　真：0373-5028321
主要产品：内外墙涂料，乳胶漆

公司名称：河南一方建材有限公司
地　　址：郑州市郑汴路138号英协广场A座1408/1409
邮　　编：450000
电　　话：0371-66529108 66525616
传　　真：0371-66883598
网　　址：www.pznz.com/index.htm
主要产品：内外墙涂料

公司名称：鹤壁市方圆科技发展有限公司
地　　址：河南省鹤壁市开发区民营工业园方圆巷1号
邮　　编：458030
电　　话：0392-3355577
传　　真：0392-3355500
主要产品：内外墙乳胶漆，金属涂料，BF28系列塑料用涂料，机床涂料，木器涂料

公司名称：鹤壁市鹤鸣漆业有限公司
地　　址：河南省鹤壁市黎阳工业区永兴路
邮　　编：456250
电　　话：0392-5509506
邮　　箱：hemingqiyespf@163.com
网　　址：www.hemingqiye.com
主要产品：玉石漆，真石漆

公司名称：辉县市予辉油漆化工厂
地　　址：河南省辉县市孟庄镇高村
邮　　编：453621
电　　话：0373-6072735
主要产品：磁漆，烤漆，外墙涂料

公司名称：济源市南夫涂料厂
地　　址：河南省济源市双桥办事处南夫涂料厂
邮　　编：454650
电　　话：0391-6691307
传　　真：0391-6691307
主要产品：内外墙涂料

公司名称：济源市亚桥涂料厂
地　　址：河南省济源市亚桥乡玉泉办事处亚桥涂料厂
邮　　编：454652
电　　话：0391-6606299
传　　真：0391-6606299
主要产品：乳胶漆

公司名称：焦作电厂奥星化工公司
地　　址：河南省焦作市建设西路30号
邮　　编：454001
电　　话：0391-3522908 2618558
传　　真：0391-2620737
主要产品：聚酯树脂型粉末涂料，环氧树脂型高级粉末涂料

公司名称：今朝涂料厂
地　　址：河南省洛阳市宜阳县高桥工业区
邮　　编：471600
电　　话：0379-62717666
传　　真：0379-62717666
主要产品：水性乳胶漆，中高低档涂料

公司名称：金邦制漆(濮阳)有限公司
地　　址：河南省濮阳市解放大道北段
邮　　编：457100
电　　话：0393-3330777
传　　真：0393-3333469
主要产品：内外墙乳胶漆

公司名称：金凤化工有限公司
地　　址：河南省郑州市管城区博爱街7号
邮　　编：475312
电　　话：0371-66234432
传　　真：0371-66234432
主要产品：木器涂料，UV涂料

公司名称：浚县王庄乡牛庄天地涂料厂
地　　址：河南省鹤壁市浚县王庄乡牛李庄村
邮　　编：456250
电　　话：0392-5743128
传　　真：0392-5752128
邮　　箱：kiag.123456789@guo.cn
主要产品：建筑涂料，内外墙涂料

公司名称：开封市五一油漆厂
地　　址：河南省开封市五一路南段
邮　　编：475003
电　　话：0378-3920051
传　　真：0378-3922851 3922751
主要产品：涂料，汽车涂料，调和漆，磁漆，防锈涂料，锤纹漆

公司名称：科美树脂涂料厂
地　　址：河南省南阳市唐河县井楼西边
邮　　编：473400
电　　话：0377-63829935
传　　真：0377-63829935
主要产品：内外墙乳胶漆，腻子

公司名称：蓝天新一代涂料厂
地　　址：河南省郑州市兑周路与长江路交叉口向南500米路西
邮　　编：450015
电　　话：0371-68853022
主要产品：建筑涂料，涂料，乳胶漆

公司名称：洛阳宝生防火材料厂
地　　址：河南省洛阳市高新区孙旗屯派出所西100米
邮　　编：471031
电　　话：0379-64580265/6/7
传　　真：0379-64580267
邮　　箱：lybs002@163.com
网　　址：www.lybs.cn
主要产品：防火涂料

公司名称：洛阳大豫实业有限公司
地　　址：河南省洛阳市洛龙区关林庙村东100米
邮　　编：471023
电　　话：0379-65956818 65957159 68621198
传　　真：0379-65957159
邮　　箱：lydy_520@yahoo.cn
网　　址：www.lydayushiye.com
主要产品：防水涂料，内外墙乳胶漆

公司名称：洛阳佛尔达消防产品有限公司
地　　址：河南省洛阳市洛龙科技工业园区古城工业园12号

邮　　编：471023
电　　话：0379-63121887
传　　真：0379-63121887
主要产品：防火涂料，防火堵料

公司名称：洛阳晶钟塑料粉末有限公司
地　　址：河南省偃师市岳滩镇工业区
邮　　编：471921
电　　话：0379-67621621
传　　真：0379-67616715
邮　　箱：jz@jz-sf.com
网　　址：www.jz-sf.com
主要产品：粉末涂料

公司名称：洛阳鹏飞耐火材料有限公司
地　　址：河南省洛阳市洛龙区白马寺帽郭村北
邮　　编：471013
电　　话：0379-62615550 62615570
传　　真：0379-63715015 63715365
邮　　箱：lypf0379@sina.com
网　　址：www.lypf.cn
主要产品：防火涂料，耐磨涂料

公司名称：洛阳七维防腐工程材料有限公司
地　　址：河南省洛阳市023信箱七维公司
邮　　编：471039
电　　话：0379-67256227
传　　真：0379-67256258
邮　　箱：lyqw725@163.com
网　　址：www.lyqw725.com
主要产品：工业涂料聚氨酯，防腐涂料

公司名称：洛阳尚科涂料有限公司
地　　址：河南省洛阳市涧西区高新区东马沟工业园24号
邮　　编：471039
电　　话：0379-64295600
传　　真：0379-64295606
主要产品：防腐涂料

公司名称：洛阳市佳涂防腐材料有限公司
地　　址：河南省洛阳市涧西区西苑路1号
邮　　编：471000
电　　话：0379-64208555
传　　真：0379-64208555
邮　　箱：lyjiatu@163.com
网　　址：www.lyjtff.com
主要产品：防腐涂料，防火涂料

公司名称：洛阳市科隆涂料有限公司
地　　址：河南省洛阳市洛新工业区科隆路
邮　　编：471000
电　　话：0379-01234567
传　　真：0379-67312700
网　　址：www.yukelong.com
主要产品：内外墙涂料，胶黏剂

公司名称：洛阳市龙岑工贸有限公司
地　　址：河南省洛阳市洛龙区新区太康路和龙门大道口
邮　　编：471023
电　　话：0379-65631299
传　　真：0379-65631599
主要产品：内外墙涂料，木器涂料

公司名称：洛阳市圣君漆业制造厂
地　　址：河南省洛阳市伊川平等工业区
邮　　编：471332
电　　话：0379-68541777/1888
传　　真：0379-68541021
邮　　箱：root@lyshengjun.com
网　　址：www.lyshengjun.com
主要产品：汽车涂料，醇酸调和漆，防锈涂料，磁漆，道路标线涂料

公司名称：洛阳天府涂料厂
地　　址：河南省洛阳市廛河区
邮　　编：471000
电　　话：0379-2337807
传　　真：0379-3208648
主要产品：外墙乳胶漆

公司名称：洛阳万乐防腐涂料有限公司
地　　址：河南省偃师市庞村新区88号
邮　　编：471936
电　　话：0379-67508108 67509198
传　　真：0379-7509198
邮　　箱：luoyangwanle@163.com
网　　址：www.lyshengjun.com
主要产品：特种防腐涂料

公司名称：洛阳豫名建筑涂料有限公司(原洛阳农科所涂料厂)
地　　址：河南省洛阳市洛龙工业园区工业路5号
邮　　编：471023
电　　话：0379-65936677
传　　真：0379-65936088
主要产品：钢化涂料，建筑乳胶漆

公司名称：洛阳中伟涂料有限公司
地　　址：河南省孟津县城黄河路东段
邮　　编：471100
电　　话：0379-67918777
主要产品：乳胶漆

公司名称：茂源油漆
地　　址：河南省平顶山市湛河区光明路湛河区政府南100米
邮　　编：467000
电　　话：0375-4971977
主要产品：建筑涂料

公司名称：民权县新华造漆厂
地　　址：河南省商丘市民权县东环路北段
邮　　编：476800
电　　话：0370-8532777
传　　真：0370-8532777
主要产品：硝基喷漆，氨基烤漆，乳胶漆，粉末涂料

公司名称：南阳德润化工有限公司
地　　址：河南省内乡县湍东镇龙园路17号
邮　　编：474350
电　　话：0377-65333284
传　　真：0377-65315636
传　　真：0377-5315636

公司名称：南阳市黄岗涂料厂
地　　址：河南省南阳市麒麟路中段
邮　　编：473000
电　　话：0377-63555326
传　　真：0377-63555326
主要产品：水性涂料

公司名称：南阳新彩涂料厂
地　　址：河南省南阳市建设东路996巷
邮　　编：473001
电　　话：0377-63051658
主要产品：水性涂料

公司名称：平顶山市汇金泓特种涂料有限公司
地　　址：河南省平顶山市建设路开发路交叉口向南400米恒悦工业园
邮　　编：467013
电　　话：0375-3986508
传　　真：0375-3986938
邮　　箱：marshalma@sina.com
网　　址：www.huijinhong.com.cn
主要产品：不粘涂料

公司名称：平顶山市美而美不粘涂料有限公司
地　　址：河南省平顶山市湛河区荆山路7号院
邮　　编：467031
电　　话：0375-7189465
传　　真：0375-4951116
邮　　箱：meiermeizhige@163.com
网　　址：www.memgs.com
主要产品：不粘涂料

公司名称：濮阳市兴建防腐涂料有限公司
地　　址：河南省濮阳市化工一路南段
邮　　编：457000
电　　话：0393-8955718 8110623
传　　真：0393-8955718
邮　　箱：pyxingjian@163.com
网　　址：shanghaiyun.com
主要产品：防腐涂料

公司名称：濮阳益丰化工有限公司
地　　址：河南省濮阳市柳屯工贸区井下北路
邮　　编：457162
电　　话：0393-4870688
传　　真：0393-4870699
主要产品：防腐涂料

公司名称：商丘市三宝漆业有限公司
地　　址：河南省商丘市平原南路大修厂院内
邮　　编：476000
电　　话：0370-2931988
传　　真：0370-2930188
主要产品：调和漆，汽车涂料

公司名称：汤阴县忠武建筑涂料有限公司
地　　址：河南省汤阴县人民路东段路北
邮　　编：456150
电　　话：0372-6215473
传　　真：0372-6215473
主要产品：建筑涂料，水性内外墙涂料

公司名称：温县方圆装饰材料厂
地　　址：河南省温县温博路北冷水厂邻居
邮　　编：454862
电　　话：0391-6423855
主要产品：外墙纳米涂料

公司名称：项城市水寨镇绿环涂料胶粉厂
地　　址：河南省项城市商城南门50米路东
邮　　编：466200
电　　话：0394-6021869
传　　真：0394-4311619
主要产品：外墙腻子打底胶粉

公司名称：新乡市牧野区四通涂料化工厂
地　　址：河南省新乡市北干道西段西冀场工业区
邮　　编：453000
电　　话：0373-2677099
传　　真：0373-2677099
主要产品：内外墙乳胶漆

公司名称：新乡市永华油漆化工厂
地　　址：河南省新乡市原阳县师寨镇工业区
邮　　编：453510
电　　话：0373-7391016 7396828
传　　真：0373-7391995 7396737
邮　　箱：yhmailyy@sohu.com
网　　址：www.xxyhyq.com
主要产品：涂料，粉末涂料

公司名称：新乡市中盛涂料科技有限公司
地　　址：河南省新乡经济开发区(翟坡)中盛路
邮　　编：453700
电　　话：0373-5632968
传　　真：0373-5633900
邮　　箱：tbn7@qq.com
网　　址：www.tbn7.com
主要产品：建筑涂料，工业涂料

公司名称：新乡友邦化工涂料有限公司
地　　址：新乡市开发区新二街红旗工业区
邮　　编：453000
电　　话：0373-3591900
传　　真：0373-3591909
网　　址：www.xxyoubang.com
主要产品：醇酸树脂类涂料，氨基烘干类涂料，硝基类涂料

公司名称：镇平县星邦油漆有限公司
地　　址：河南省南阳市镇平县 312 国道西三里河
邮　　编：474250
电　　话：0377-65982832
传　　真：0377-65983008
邮　　箱：xingbangyouqi@sina.com
网　　址：www.xingbangyouqi.com
主要产品：木器涂料，铁器涂料，醇酸涂料

公司名称：郑州大清涂料制造有限公司
地　　址：河南省郑州市长江路与兑洲路向南 600 米
邮　　编：450005
电　　话：0371-68963088
主要产品：建筑涂料，乳胶漆

公司名称：郑州大学万力科工贸公司防腐涂料厂
地　　址：河南省巩义市米河镇半个店后村 28 号
邮　　编：451263
电　　话：0371-64339480
传　　真：0371-64339480
网　　址：oyst.cn.trustexporter.com
主要产品：HF重防腐涂料，防锈涂料

公司名称：郑州三一涂料有限公司
地　　址：河南省郑州市经济技术开发区第三大街北段
邮　　编：450047
电　　话：0371-6783531/2
传　　真：0371-6783511
邮　　箱：info@sanyituliao.com
网　　址：www.sanyituliao.com
主要产品：各类涂料

公司名称：郑州市博洋涂料有限公司(原河南省第一建筑工程公司装饰涂料厂)
地　　址：河南省郑州市航海路东路 49 号启航大厦 C 座 1407 号
邮　　编：450009
电　　话：0371-60228185
传　　真：0371-60228185
主要产品：水性涂料，乳胶漆

公司名称：郑州市二七特种化工厂
地　　址：河南省郑州市郑密路 168 号
邮　　编：450006
电　　话：0371-68884752
传　　真：0371-68860807
邮　　箱：sales@zztehua.com
网　　址：www.zztehua.com
主要产品：防腐蚀涂料

公司名称：郑州市金塔油漆有限公司
地　　址：河南省荥阳市金寨回族乡
邮　　编：450100
电　　话：0371-64959685
主要产品：涂料，机械涂料

公司名称：郑州市齐礼闫腾飞涂料厂
地　　址：河南省郑州市二七区齐礼闫村 15 队南街 47 号
邮　　编：450062
电　　话：0371-68871053
传　　真：0371-68871053
主要产品：仿瓷涂料，钢化涂料，乳胶漆

公司名称：郑州市中原区星火建材厂
地　　址：河南省郑州市二七区马寨镇东方路北 100 米路
邮　　编：450042
电　　话：0371-67811719
传　　真：0371-67811719
主要产品：内外墙乳胶漆，腻子

公司名称：郑州阳光涂料有限公司
地　　址：河南省郑州郑汴路商品大世界 B 区前排 7 号
邮　　编：450004
电　　话：0371-67991777
主要产品：内外墙乳胶漆

湖北省

公司名称：阿克苏诺贝尔不粘涂料(武汉)有限公司
地　　址：湖北省武汉市汉口区香港路 8 号
邮　　编：430015
电　　话：027-88705921
传　　真：027-88705970
网　　址：www.paint-holand.com
主要产品：工业涂料

公司名称：武汉鑫兴化工有限公司
地　　址：湖北省武汉市东西湖区泾河塔尔头；解放大道 509 号天行大厦 2 单元 503 室
邮　　编：430014
电　　话：027-83239182
传　　真：027-83239411
邮　　箱：yangjt@xxhg.com.cn
网　　址：www.xxhg.com.cn
主要产品：工业涂料，专用涂料，民用涂料

公司名称：安陆市俊德化工有限公司
地　　址：湖北省安陆市伏水镇车站村
邮　　编：432600
电　　话：0712-5863288
主要产品：工业涂料，机盖涂料，金属烤漆

公司名称：安陆市平翔化工公司
地　　址：湖北省安陆市北城赵河村
邮　　编：432600
电　　话：0712-5255933
传　　真：0712-5255933
主要产品：汽车涂料，工业涂料

公司名称：湖北博尔德化学股份有限公司
地　　址：湖北省沙市跃进路 12 号
邮　　编：434000
电　　话：0716-8313167 8315494
传　　真：0716-8313914

公司名称：湖北长颈鹿制漆有限公司
地　　址：湖北省鄂州市葛店经济开发区
邮　　编：436070
电　　话：0711-3812088-856
传　　真：0711-3812369
主要产品：建筑涂料，木器涂料，玩具涂料

公司名称：湖北昊为涂料涂装有限公司
地　　址：湖北省武汉市武昌区青菱乡张家湾
邮　　编：430065
电　　话：027-88110579
传　　真：027-88110579
主要产品：特种功能防腐涂料

公司名称：湖北宏图化工制品有限公司
地　　址：湖北省武汉市体育馆路 2 号
邮　　编：436000
电　　话：027-87457981
传　　真：027-87457981
邮　　箱：sale@hbhot.com
网　　址：www.hbhot.com

公司名称：湖北毛霸生漆公司
地　　址：湖北省利川市中山北路 5 号
邮　　编：445400
电　　话：0718-7284718

公司名称：湖北莫克涂料有限公司
地　　址：湖北省潜江江汉油田向阳彭河路 1 号
邮　　编：433123
电　　话：0728-6552582
传　　真：0728-6552582
主要产品：乳胶漆

公司名称：湖北强邦涂料有限公司
地　　址：湖北省咸宁市通城县九宫路23号
邮　　编：437400
电　　话：0715-4322047
传　　真：0715-4336536
主要产品：工业涂料

公司名称：湖北省黄梅县小池五星涂料有限公司
地　　址：湖北省黄梅县九江对岸小池口东港工业开发区
邮　　编：435501
电　　话：0713-3433749
传　　真：0713-3431008
主要产品：水性涂料

公司名称：湖北省荆州市天地化工有限公司
地　　址：湖北省荆州市公安县蔬菜一巷18号
邮　　编：434300
电　　话：0716-5200692
传　　真：0716-5200692
主要产品：防腐涂料，地板涂料，公路划线涂料，防腐涂料

公司名称：湖北省武汉三柯防腐科技工程有限公司
地　　址：湖北省武汉市汉口将军四路20号
邮　　编：430023
电　　话：027-83913679
主要产品：防腐涂料

公司名称：湖北天鹅涂料化工股份有限公司
地　　址：湖北省襄樊市高斯区汽车工业园上海路1号
邮　　编：441001
电　　话：0710-3403887
传　　真：0710-3403887
网　　址：www.tetl-ltd.com
主要产品：阳极电泳涂料，聚酯汽车面漆，阳极电泳涂料

公司名称：湖北武汉科利尔化工有限公司
地　　址：湖北省武汉市东西湖区六顺南路66号海峡两岸科技产业园
邮　　编：430040
电　　话：027-83087389 59308658
传　　真：027-83087377
邮　　箱：koleal@koleal.com
网　　址：www.koieal.com

公司名称：湖北中鄂制漆有限公司
地　　址：湖北省华容区鄂州市葛电开发区
邮　　编：436070
电　　话：0711-3812368
传　　真：0711-3812369
主要产品：家具用涂料

公司名称：华润涂料武汉爱的公司
地　　址：湖北省武汉市汉口青年路同成广场A座3单元22楼
邮　　编：430022
电　　话：027-59522814
传　　真：027-59522808
主要产品：建筑乳胶漆

公司名称：黄石市瑞祥隆工贸有限公司
地　　址：湖北省黄石市下陆大道79号
邮　　编：435004
电　　话：0714-5322299
邮　　箱：zw051388@126.com
主要产品：防腐涂料，钢结构磁漆，机电设备用涂料

公司名称：荆门市昱奎化工有限责任公司
地　　址：湖北省荆门市高新技术开发区
邮　　编：448124
电　　话：0724-2447118
传　　真：0724-2498888
主要产品：建筑涂料，内外墙涂料

公司名称：荆州市大明化工实业有限公司
地　　址：湖北省荆州市沙市区10号路中段
邮　　编：434000
电　　话：0716-8180502
主要产品：工业涂料

公司名称：骏贸汽车涂料(武汉)工业有限公司
地　　址：湖北省武汉市经济技术开发区民营科技工业园东区G栋
邮　　编：430056
电　　话：027-84298966
传　　真：027-84231066
主要产品：汽车用涂料

公司名称：邻乐涂料有限公司
地　　址：湖北省武汉市江岸区黄埔大街259-52号
邮　　编：430019
电　　话：027-82629088 82654970
网　　址：www.hknina.com
主要产品：内外墙涂料，聚酯木器涂料，防水防腐胶体辅材，地坪涂装系统

公司名称：马狮龙涂料(武汉)有限公司
地　　址：湖北省武汉市新华路231号阳光新天地商务大厦1901室
邮　　编：430022
电　　话：027-59526531
主要产品：建筑涂料

公司名称：美国海德天物新材料有限公司
地　　址：湖北省武汉市江下区经济开发区阳光一路
邮　　编：430074
电　　话：027-59811111
传　　真：027-59812166
主要产品：内墙涂料，防腐涂料，地坪涂料

公司名称：潜江市力业化工厂
地　　址：湖北省潜江市兴隆路一号
邮　　编：433100
电　　话：0728-6585018
传　　真：0728-6585018
主要产品：工业涂料，金属涂料

公司名称：强盛涂料有限公司
地　　址：武汉市汉阳区燎原工业园12号
邮　　编：430050
电　　话：027-84634740
传　　真：027-84614850

公司名称：邱氏(湖北)涂料有限公司
地　　址：湖北省武汉市解放大道686号2611室
邮　　编：430022
电　　话：027-85448518
传　　真：027-85448222
主要产品：水性建筑涂料，聚酯涂料，硝基木器涂料

公司名称：十堰慧日化学工程技术有限公司
地　　址：湖北省十堰市房县西城路5号
邮　　编：442000
电　　话：0719-8546818
传　　真：0719-8543418
主要产品：金属水性涂料，封火胶，铸造用水基涂料

公司名称：十堰市金凤化工实业有限公司
地　　址：湖北省十堰市郧西县观音镇
邮　　编：442628
电　　话：0719-6481264
传　　真：0719-6481264
主要产品：汽车涂料

公司名称：武汉艾立斯特种涂料有限责任公司
地　　址：湖北省武汉市汉口黄湖中路李家墩
邮　　编：430000
电　　话：027-83864387
网　　址：www.elese.com.cn
主要产品：高耐水性内墙涂料，丝绸漆，高耐候性外墙涂料，荷叶漆，真石漆

公司名称：武汉长城建筑涂料厂
地　　址：湖北省武汉市汉阳区磨山集团内山南湾8号
邮　　编：430050
电　　话：027-83636027
传　　真：83636027
主要产品：黏合剂，白乳胶，建筑涂料

公司名称：武汉驰龙科技发展有限公司
地　　址：湖北省武汉市洪山区红旗村长虹桥131号
邮　　编：430064
电　　话：027-88032131
主要产品：车船隔热涂料，室外防水涂料

公司名称：武汉春和工贸有限责任公司热塑粉末涂料厂
地　　址：湖北省武汉市汉阳区邹家湾32号
邮　　编：430051
电　　话：027-84881473
传　　真：027-84619659
邮　　箱：hr@hbchunhe.com
网　　址：www.hbchunhe.com
主要产品：管道热塑料性粉末涂料，热塑粉末涂料

公司名称：武汉鹤龟涂料有限公司
地　　址：湖北省武汉市武昌区临江大道335号
邮　　编：430209
电　　话：027-88217184
传　　真：027-88228975
邮　　箱：hegui@hegui.com
网　　址：www.hegui.com

主要产品：水性水泥涂料，聚酯涂料，防腐涂料，船用涂料

公司名称：武汉佳乐化学涂料有限公司
地　　址：武汉市汉口新华下路石桥特1号
邮　　编：430023
电　　话：027-85581981 85888115
传　　真：027-85879073
邮　　箱：webmaster@whjl.com.cn
网　　址：www.lihjl.com.cn

公司名称：武汉双虎涂料有限公司
地　　址：湖北省武汉市硚口区解放大道12号
邮　　编：430035
电　　话：027-83866859
传　　真：027-83831498
网　　址：www.linuottc.com
主要产品：涂料,防腐涂料，工业涂料，建筑涂料，汽车涂料

公司名称：武汉仕全兴装饰涂料有限公司
地　　址：湖北省武汉市东西湖区八方路8号
邮　　编：430040
电　　话：027-83252587
传　　真：027-83262285 83252557
网　　址：www.shiquanxing.com
主要产品：聚氨酯涂料，固化剂

公司名称：武汉市佳记涂料化工有限公司
地　　址：湖北省武汉市硚口区古田1路东风村特7号天湖产业园4楼
邮　　编：430035
电　　话：027-65152376
传　　真：027-65152376
主要产品：防腐涂料，特种涂料

公司名称：武汉市狮子山化工涂料有限责任公司
地　　址：武汉市武昌区中山路496号
邮　　编：430064
电　　话：027-68886459
传　　真：027-68886748

公司名称：武汉市新泰山化工有限公司
地　　址：湖北省武汉市蔡甸区蔡甸区太山村
邮　　编：430014
电　　话：027-69740781
主要产品：砂纸涂料

公司名称：武汉市荧光涂料有限公司
地　　址：湖北省武汉市东西湖区吴家山七支沟杨子江扬子仓库
邮　　编：430033
电　　话：027-83760993
传　　真：027-83760993
邮　　箱：834038014@qq.com
主要产品：民用涂料

公司名称：武汉市羽佳化工有限公司
地　　址：湖北省武汉市洪山区关山路20号
邮　　编：430074
电　　话：027-52101188
传　　真：027-52101188
主要产品：内外墙涂料

公司名称：武汉市煜昌化工涂料有限公司
地　　址：湖北省武汉市吴家山台商投资区
邮　　编：430040
电　　话：027-83892654
传　　真：027-83212117
主要产品：塑料涂料，家具涂料，汽车修补涂料，汽车原厂涂料，工业用涂料

公司名称：武汉天宇涂装技术公司
地　　址：武汉市汉口宝丰二路126号
邮　　编：430035
电　　话：027-83630819
传　　真：027-83611279
邮　　箱：xtsms@ty-tz.com

公司名称：武汉铁神化工有限公司
地　　址：湖北省武汉市东湖新技术开发区庙山小区华师园北路13号(原火炬路)
邮　　编：430223
电　　话：027-87923884 87925573
传　　真：027-87923885
邮　　箱：tieshen_wh@163.com
网　　址：www.tieshen.net.cn

公司名称：武汉武立涂料有限公司
地　　址：湖北省武汉市汉阳区鹦鹉大道洲头一路203号
邮　　编：430052
电　　话：027-84522261
传　　真：027-84513997
主要产品：乳胶漆

公司名称：武汉兴海消防材料有限公司
地　　址：湖北武汉市汉口航空路15号(王家墩)明珠大厦A座510室
邮　　编：430030
电　　话：027-83649980
传　　真：027-83649988
主要产品：防火涂料

公司名称：武汉雅美佳涂料有限公司
地　　址：湖北省武汉市天顺工业园八号楼
邮　　编：430000
电　　话：027-50339898
传　　真：027-50339898
主要产品：内外墙乳胶漆，封底漆，罩面漆，真石漆

公司名称：武汉怡兴化工有限公司
地　　址：湖北省武汉市东西湖海峡两岸经济技术开发区慈惠工业园
邮　　编：430040
电　　话：027-59403700
传　　真：027-83242505
主要产品：建筑外墙保温系统，汽车涂料，环氧系列底漆

公司名称：武汉银彩科技有限公司
地　　址：湖北省武汉市汉西北路205号
邮　　编：430023
电　　话：027-83558483 83533466
传　　真：027-83558485
邮　　箱：ooha@163.com
网　　址：www.ooha.com.cn

主要产品：工业涂料，粉末涂料

公司名称：武汉远城科技狮子山化工涂料厂
地　　址：湖北省武汉市武昌区中山路496号
邮　　编：430064
电　　话：027-68886459
网　　址：www.yuanchengdope.com
主要产品：建筑涂料，木器涂料，工业用涂料，粘接剂

公司名称：武汉钊旭化工涂料有限责任公司
地　　址：湖北省武汉市硚口区古田路14号
邮　　编：430035
电　　话：027-83858739 83851824 83848728
传　　真：027-83826205 83858739

公司名称：武汉中舜化工有限公司
地　　址：武汉市光华路三号
邮　　编：430010
电　　话：027-65699362
传　　真：027-82625985
主要产品：粉末涂料

公司名称：咸宁市安宏纳米涂料厂
地　　址：湖北省咸宁市咸安区大畈文乾路
邮　　编：437000
电　　话：0715-8347548
传　　真：0715-8299848
主要产品：纳米内外墙涂料，环保乳胶漆，真石环保涂料

公司名称：襄樊普力克化工防腐研究所
地　　址：湖北省襄樊市新华路熙特大厦B座507室
邮　　编：441000
电　　话：0710-3907227 3274849
传　　真：0710-3274849
邮　　箱：plk008@163.com
网　　址：www.plkhg.com
主要产品：防腐涂料

公司名称：宜昌赛格力纳米建材有限公司
地　　址：湖北省宜昌市东山大道409号
邮　　编：443000
电　　话：0717-6363129 8514139
传　　真：0717-6717650
主要产品：水性涂料

公司名称：十堰恐龙化工有限公司
地　　址：湖北省十堰市郧县城关镇朝阳路制品巷14号
邮　　编：442500
电　　话：0719-7223538
传　　真：0719-7229296
网　　址：www.syklhg.cn
主要产品：油墨，道路标线涂料

公司名称：枣阳市鸿远化工有限公司
地　　址：湖北省枣阳市南阳路47号
邮　　编：441200
电　　话：0710-6210638
主要产品：涂料

湖南省

公司名称：长沙安为实业有限公司
地　　址：湖南省长沙市蔡鄂南路 139 号鸿盛大厦 B2501 室
邮　　编：410012
电　　话：0731-4417756
主要产品：水性树脂涂料

公司名称：长沙东龙涂料化工有限公司
地　　址：湖南省长沙市芙蓉区东岸乡西龙村
邮　　编：410118
电　　话：0731-84612699
主要产品：工业聚酯涂料

公司名称：长沙华润涂料有限公司
地　　址：湖南省长沙县黄花镇黄花工业园 21 号
邮　　编：410137
电　　话：0731-86368888
传　　真：0731-86305958
邮　　箱：huarun@cshuarun.com
网　　址：www.cshuarun.com
主要产品：木质涂料，内墙涂料，外墙涂料，功能墙涂料，家具涂料

公司名称：长沙金佳旺科技开发有限公司
地　　址：湖南省长沙市雨花区井圭路 12 号
邮　　编：410004
电　　话：0731-85059716
传　　真：0731-85059716
主要产品：外墙保温材料，建筑涂料，涂料，防水材料

公司名称：长沙科星纳米工程技术有限公司
地　　址：湖南省长沙经济开发区东二路 8 号
邮　　编：410100
电　　话：0731-82958386
传　　真：0731-82958386
主要产品：建筑涂料，船舶涂料

公司名称：长沙民德消防工程涂料有限公司
地　　址：湖南省长沙市岳麓区金星中路玛依拉山庄一栋 16 楼
邮　　编：410205
电　　话：0731-85465368
传　　真：0731-85465468
邮　　箱：md988@qq.com
网　　址：www.md988.com
主要产品：隧道防火涂料，室内保温隔热涂料

公司名称：长沙清华涂料开发有限公司
地　　址：湖南省长沙市宁乡县菁华铺镇
邮　　编：410600
电　　话：0731-87931988
传　　真：0731-87932988
主要产品：涂料

公司名称：长沙市华良涂料有限公司
地　　址：湖南省长沙市宁乡县历经铺华良工业园
邮　　编：410600
电　　话：0731-87830009
传　　真：0731-87830236
主要产品：底涂，竹木专用涂料，汽车面漆，粉末涂料

公司名称：长沙市化工研究所
地　　址：湖南省长沙市劳动西路 403 号
邮　　编：410007
电　　话：0731-85540381
传　　真：0731-85535726
主要产品：研发涂料

公司名称：长沙市汇克涂料有限公司
地　　址：湖南省长沙市开福区杨家山立交东方之珠北栋 5 楼
邮　　编：410001
电　　话：0731-84697068
主要产品：内外墙涂料，氟碳涂料，地坪涂料

公司名称：长沙市凯德防水涂料有限公司
地　　址：湖南省长沙经济技术开发区漓湘路 98 号
邮　　编：410100
电　　话：0731-84067532
传　　真：0731-84069632
主要产品：水基高弹性纯丙烯酸涂料

公司名称：长沙市蓝凯精细化工有限公司
地　　址：湖南省长沙市芙蓉区湖南财富中心 2409
邮　　编：410000
电　　话：0731-86679586
传　　真：0731-86679586
主要产品：汽车涂料

公司名称：长沙市立波化工有限公司
地　　址：湖南省长沙市凌霄路 301 号
邮　　编：410001
电　　话：0731-84786498
传　　真：84720135
主要产品：水性涂料

公司名称：长沙双洲涂料化工厂
地　　址：湖南省长沙雨花区万家丽路高桥财富大厦 7 楼
邮　　编：410014
电　　话：0731-85982858
传　　真：0731-82925158
网　　址：www.hnyouqi.com
主要产品：工业涂料，特种涂料

公司名称：长沙维一化工涂料有限公司
地　　址：湖南省长沙市岳麓区坪塘工业区
邮　　编：410200
电　　话：0731-8506788
主要产品：工业涂料

公司名称：长沙湘江生力重防腐涂料有限公司
地　　址：湖南省长沙市开福区德雅路 790 号
邮　　编：410003
电　　话：0731-84213815
传　　真：0731-84213815
主要产品：重防腐涂料

公司名称：汉寿县湘浪油漆化工厂
地　　址：湖南省常德市汉寿县沧港镇七星村
邮　　编：415914
电　　话：0736-2111061
传　　真：0736-2111061
主要产品：工业涂料，水性涂料

公司名称：衡阳九宇涂料有限公司
地　　址：湖南省衡阳市衡祁路 30 号
邮　　编：421001
电　　话：0734-8218981
邮　　箱：1156181861@qq.com
主要产品：路标涂料，聚酯涂料

公司名称：衡阳市油漆厂
地　　址：湖南省省衡阳市衡祁路 30 号
邮　　编：421001
电　　话：0734-8227566
传　　真：0734-8227566
主要产品：防腐涂料，工业涂料，专用涂料

公司名称：衡阳雅佳斯涂料有限公司
地　　址：湖南省衡阳市大庆路 1 号
邮　　编：421001
电　　话：0734-8518888
传　　真：0734-8155289
主要产品：建筑涂料，木器涂料

公司名称：湖南白银新材料有限公司
地　　址：湖南省岳阳市经济技术开发区通海路
邮　　编：414000
电　　话：0730-8711099
传　　真：0730-8711702
邮　　箱：hnbyxcl@163.com
网　　址：www.hnbyhg.com
主要产品：水性涂料，内外墙涂料

公司名称：湖南长沙东升化工公司
地　　址：湖南省长沙市暮云工业园区中意二路 782 号
邮　　编：410118
电　　话：0731-86903982
传　　真：0731-86903984
主要产品：建筑涂料，木器涂料，成膜物质

公司名称：湖南福湘涂料化工科技有限公司
地　　址：湖南省湘阴市界头铺镇福湘工业园
邮　　编：414600
电　　话：0730-2510999
传　　真：0730-2150415
主要产品：水性儿童涂料，内外墙涂料

公司名称：湖南富亿帕杰建筑节能涂料有限公司
地　　址：湖南省湘潭市岳塘区荷塘乡滴水村 148 号
邮　　编：411100
电　　话：0731-55576853
传　　真：0731-55576853
主要产品：外墙涂料，内墙涂料

公司名称：湖南关西汽车涂料有限公司
地　　址：湖南省长沙市德雅路 478 号
邮　　编：410003
电　　话：0731-84220091
传　　真：0731-84220181
主要产品：汽车涂料

公司名称：湖南省汉寿县特种涂料厂
地　　址：湖南省汉寿县城南岳路
邮　　编：415900
电　　话：0736-2851143
主要产品：工业涂料，建筑涂料，防腐涂料

公司名称：湖南省汉寿县涂料化学有限公司
地　　址：湖南省汉寿县城关镇东镇街尾
邮　　编：415900
电　　话：0736-2862607
传　　真：0736-2866990
主要产品：水性涂料，水性 PU 树脂涂料，阳极电泳透明涂料，水溶性烘烤漆

公司名称：湖南省岳阳市白银化工厂
地　　址：岳阳市经济技术开发区八字门
邮　　编：414000
电　　话：0730-8711099
主要产品：建筑涂料

公司名称：湖南省岳阳市岳阳楼区名赛涂料厂
地　　址：湖南省长沙市奇家岭
邮　　编：414000
电　　话：0730-8644183
传　　真：0730-8644183
主要产品：防开裂粘接剂，内外墙涂料

公司名称：湖南省株洲市鑫盛特种工业涂料厂
地　　址：湖南省株洲醴陵市仙霞镇
邮　　编：412224
电　　话：0731-22628688
传　　真：0731-23662198
主要产品：防腐涂料，防水涂料，道路标线涂料

公司名称：湖南太子化工涂料有限公司
地　　址：湖南省常德市汉寿县太子庙镇太子庙工业园
邮　　编：415907
电　　话：0736-2745173
传　　真：0736-2743086
主要产品：工业涂料

公司名称：湖南涂喜乐新材料科技有限公司
地　　址：湖南省长沙市开福区湘江中路一段 6 号军粮大厦 4F
邮　　编：410011
电　　话：0731-82788002
传　　真：0731-82788058
主要产品：内外墙涂料，防水涂料，地坪涂料

公司名称：湖南伟邦汽车涂料有限公司
地　　址：湖南省长沙县江背镇朱桥工业园
邮　　编：410135
电　　话：0731-86292968
主要产品：汽车面漆，防腐底漆，阴极电泳涂料，聚脲弹性体涂料

公司名称：湖南湘江涂料集团有限公司
地　　址：湖南省长沙市开福区德雅路 790 号
邮　　编：410003
电　　话：0731-4218088
传　　真：0731-4218068
邮　　箱：SCYX@XJPAINT.COM
网　　址：www.xjpaint.com

公司名称：湖南湘潭市至诚涂料有限公司
地　　址：湖南省湘潭市羊牯塘陈家湾 74 号
邮　　编：411100
电　　话：0731-52380383
传　　真：0731-52862632
主要产品：聚酯型粉末涂料，无光环氧粉末涂料

公司名称：湖南雄鹰新科技建材有限公司
地　　址：湖南省长沙市雨花区湖南环保科技产业园振华路 97 号
邮　　编：410001
电　　话：0731-4713368
邮　　箱：xiongying@168.com
主要产品：建筑涂料

公司名称：湖南振邦涂料有限公司
地　　址：湖南省长沙市宁乡县城郊乡经济开发区
邮　　编：410600
电　　话：0731-87807977
传　　真：0731-87801311
主要产品：水性建筑涂料

公司名称：湖南中科本安新材料科技股份有限公司
地　　址：湖南省长沙市张公岭亚大路 1 号
邮　　编：410126
电　　话：0731-82797770
传　　真：0731-82797771
主要产品：UV光固化涂料，防腐涂料

公司名称：桃源县新科技应用研究所
地　　址：湖南省桃源县文星路 9-6 信箱
邮　　编：415700
电　　话：0736-6621964
传　　真：0736-6621964
主要产品：绿色环保涂料，防水材料，耐水腻子，胶黏剂

公司名称：先导（益阳）等离子粉末有限公司
地　　址：湖南省益阳市秀峰路 72 号
邮　　编：413000
电　　话：0737-4238388
传　　真：0737-4238388

公司名称：湘潭高新区华顺新材料技术有限公司
地　　址：湖南省湘潭市岳塘区宝塔街道聚富路 2 号 1-10
邮　　编：411104
电　　话：0731-58520631
主要产品：特种涂料，工业涂料

公司名称：湘潭市鹏飞化工有限公司
地　　址：湖南省湘潭市韶山西路贵豪公寓 A 栋 2 单元 301 室
邮　　编：411100
电　　话：0732-52321271
传　　真：0731-52321271
主要产品：水性涂料

公司名称：岳阳圣吉力高科技涂料有限公司
地　　址：湖南省岳阳市经济技术开发区白石岭路 141 号
邮　　编：414000
电　　话：0730-8711475 8712162
传　　真：0730-8712685
邮　　箱：shengjili@163.com
网　　址：shengjili.net
主要产品：防火涂料，地坪涂料，马路标线涂料

公司名称：株洲飞鹿油漆实业有限公司
地　　址：湖南株洲宋家桥
邮　　编：412003
电　　话：0731-22808438
主要产品：铁路货车厚浆涂料，丙烯酸工程涂料

公司名称：株洲时代电气绝缘有限责任公司
地　　址：湖南株洲市株洲县株洲渌口伏波大道 118 号
邮　　编：412002
电　　话：0731-27626871
传　　真：0731-27626862
主要产品：铁路用特种涂料

公司名称：株洲时代新材料科技股份有限公司
地　　址：湖南省株洲市天元区海天路 18 号
邮　　编：412100
电　　话：0731-22837853
传　　真：0731-22837735
主要产品：绝缘涂料

公司名称：株洲市华瑞化工厂
地　　址：湖南省株洲市石峰区
邮　　编：412000
电　　话：0731-28700386
传　　真：0731-28700386
主要产品：家具涂料

公司名称：株洲市万益涂料厂
地　　址：湖南株洲市株洲市纺织路 2 号黄家塘巷
邮　　编：412000
电　　话：0731-28453716
传　　真：0731-28453716
主要产品：汽车涂料，摩托车涂料

公司名称：株洲星炫宇化工建材有限公司
地　　址：株洲国家高新技术创业服务中心(天元区泰山路 43 号 A1 栋 6 层 611 号)
邮　　编：412007
电　　话：0731-22399287
传　　真：0731-22399287
邮　　箱：yym1958@163.com
网　　址：www.liangbeiqi.cn
主要产品：防锈防腐涂料

广东省

公司名称：(中奥合作)威尔达涂料有限公司
地　　址：中国广东省珠海市金湾区三灶定家湾工业园大门路 16 号
邮　　编：519040
电　　话：400-8828366
传　　真：0756-7789918
邮　　箱：wpaint@wpaint.com.cn
网　　址：www.wpaint.com.cn

公司名称：(中澳合作)深圳昊雪新材料科技股份有限公司
地　　址：广东深圳市南山区西丽镇沿河路天地工业厂房
邮　　编：518055
电　　话：0755-26795590 26795592 26793790
传　　真：0755-26795591
邮　　箱：haoxue2000@126.com
网　　址：www.21paint.com

公司名称：(中外合资)广东中山钟意制漆厂有限公司
地　　址：广东省中山市东升镇坦背工业区
邮　　编：528412
电　　话：0760-88505777
传　　真：0760-88502246
邮　　箱：dadi-paint@163.com
网　　址：www.dadi-paint.com

公司名称：阿克苏诺贝尔长城涂料(广东)有限公司
地　　址：广东省深圳市宝安区松岗镇燕川村罗田大道
邮　　编：518105
电　　话：0755-27148761
传　　真：0755-29936451
主要产品：粉末涂料

公司名称：爱地建筑材料有限公司
地　　址：广东省东莞市长安镇沙头东大五街 5 号
邮　　编：523000
电　　话：0769-86248861
主要产品：地坪涂料

公司名称：东莞市迪奥顺水墨涂料科技有限公司
地　　址：广东省东莞市黄江镇星光村新展工业区
邮　　编：516000
电　　话：0769-82026758
传　　真：0769-82026948
邮　　箱：zhangyuanping8888@163.com
网　　址：www.zhongsou.net
主要产品：塑胶涂料，五金涂料

公司名称：东莞市厚街台宝涂料厂
地　　址：广东省东莞市厚街镇桥头塘面村七蛇地工业区
邮　　编：523951
电　　话：0769-85938969
传　　真：0769-85912902
邮　　箱：info@taibaopaint.com taibao902@126.com
网　　址：www.taibaopaint.com
主要产品：网版印刷油墨，鞋材涂料，皮具边油

公司名称：东莞市英科水墨有限公司
地　　址：广东省东莞市茶山镇塘角村对塘工业区
邮　　编：523382
电　　话：0769-86644281
传　　真：0769-86414748
邮　　箱：ykyx@yahoo.cn
网　　址：www.yink.com.cn
主要产品：水性环保油墨，新型水性涂料，树脂产品

公司名称：东莞优立化工有限公司
地　　址：广东省东莞市塘厦镇横塘管理区新兴路 9 号
邮　　编：523713
电　　话：0769-87727642
传　　真：0769-87727657
邮　　箱：eed@chinaunires.com
网　　址：chinaunires.com
主要产品：水性电泳漆

公司名称：澳达时化工有限公司
地　　址：广东省揭阳市经济开发试验区渔湖仁和工业园
邮　　编：522000
电　　话：0663-8332670
传　　真：0663-8332672
主要产品：塑胶涂料

公司名称：澳达时制漆(惠州)有限公司
地　　址：广东省惠州市小金口四角楼管理区
邮　　编：516171
电　　话：0752-6832828
传　　真：0752-6892818
邮　　箱：aodasi@126.com
主要产品：机壳涂料，硬胶涂料，PU 涂料，金属烤漆，光固化 UV 涂料

公司名称：澳尔漆实业有限公司
地　　址：广东省潮州市潮安县凤塘镇凤岗工业区
邮　　编：515646
电　　话：0768-6859080
传　　真：0768-6559092
网　　址：www.aoerpaint.com
主要产品：外墙面涂料，内墙面涂料，防水涂料，真石漆

公司名称：澳瑞凯骆驼粉末涂料(东莞)有限公司
地　　址：广东省东莞市凤岗镇雁田管理区长塘大道 11 号
邮　　编：523701
电　　话：0769-87558778
传　　真：0769-87569336
主要产品：粉末涂料

公司名称：百川涂料制造有限公司
地　　址：广东省佛山市南海区狮山狮北开发区
邮　　编：528225
电　　话：0757-86681111
传　　真：0757-86680622
网　　址：www.bcpaint.com
主要产品：家具涂料，建筑涂料

公司名称：柏林(惠州)科技化工有限公司
地　　址：广东省惠州市博罗县石湾镇永石大道
邮　　编：516127
电　　话：0752-6919100
主要产品：运动器材涂料，重抗蚀涂料，高级涂料，特殊涂料

公司名称：宝丽达化工有限责任公司
地　　址：广东省江门市杜阮镇龙眠工业区
邮　　编：529163
电　　话：0750-3655518
主要产品：汽车涂料，工业涂料

公司名称：宝俪涂料有限公司
地　　址：广东省广州市增城石滩镇三江沙庄上塘工业区
邮　　编：511450
电　　话：020-32801308
主要产品：涂料

公司名称：宝业化工有限公司
地　　址：广东省惠州市惠阳区新圩约场红田小学对面
邮　　编：516223
电　　话：0752-3598196
主要产品：五金烤漆，木器涂料，塑胶涂料，家具涂料，裂纹漆

公司名称：贝格工业涂料(广州)有限公司
地　　址：广东省广州市永和经济区新庄五路 1 号
邮　　编：511356
电　　话：020-32221888
传　　真：020-32221288
主要产品：工业涂料，UV 涂料

公司名称：碧丽丝涂料(广州)有限公司
地　　址：广东省广州市新港东路 2519 号
邮　　编：510335
电　　话：020-34094953
传　　真：020-34094953
主要产品：水性涂料，内外墙涂料

公司名称：彬仲化工有限公司
地　　址：广东省四会市大沙镇南江工业园永盛路 7 号
邮　　编：526241
电　　话：0758-3855552
主要产品：电泳漆

公司名称：博罗县长宁远东行化工厂
地　　址：广东省惠州市博罗县长宁镇罗村开发区
邮　　编：516133
电　　话：0752-6309339
传　　真：0752-6309332
网　　址：wdh128@yeah.net
主要产品：王记涂料

公司名称：博罗县福田长福化工有限公司
地　　址：广东省惠州市博罗县福田镇依

岗村
邮　　编:516131
电　　话:0752-6883628
传　　真:0752-6885777
网　　址:changfu1314@126.com
主要产品:木器涂料

公司名称:博罗县根德化工鞋材有限公司
地　　址:广东省惠州市博罗县响水镇埔头工业区
邮　　编:516144
电　　话:0752-6320348
传　　真:0752-6320108
主要产品:鞋材涂料,胶黏剂

公司名称:博罗县美百灵涂料有限公司
地　　址:广东省惠州市博罗县龙溪小逢岗陈屋工业区
邮　　编:518161
电　　话:0752-6383336
传　　真:0752-6383339
网　　址:meibailin@163.com
主要产品:工业涂料,木器涂料

公司名称:博罗县石湾博盛复合材料有限公司
地　　址:广东省惠州市博罗县石湾镇窑吓村
邮　　编:516123
电　　话:0752-6928900
传　　真:0752-6928909
网　　址:www.blboc.com
主要产品:厌氧胶 UV 胶,磁环环保喷涂涂料

公司名称:博罗县石湾创一化工厂
地　　址:广东省惠州市博罗县石湾永石大道永宁段
邮　　编:516000
电　　话:0752-6922588
传　　真:0752-6922589
网　　址:gdcyhg@yahoo.cn
主要产品:汽车涂料,高中低档五金工业涂料,工业烤漆

公司名称:博罗县石湾镇东翔涂料有限公司
地　　址:广东省惠州市博罗县石湾镇铁厂工业区
邮　　编:516125
电　　话:0752-6918992
传　　真:0752-6918961
网　　址:dongxiangtl@126.com
主要产品:五金涂料,塑胶涂料

公司名称:博罗县真彩涂料有限公司
地　　址:广东省惠州市博罗县博新路
邮　　编:516100
电　　话:0752-6224433
传　　真:0752-6223633
网　　址:zhencaipaint@163.com
主要产品:木器涂料,建筑涂料,汽车涂料

公司名称:卜内门太古漆油(中国)有限公司
地　　址:广州市经济技术开发区北围工业区石英路 2 号
邮　　编:510730
电　　话:020-82217755
主要产品:内外墙乳胶漆

公司名称:彩虹实业有限公司
地　　址:广东省肇庆市鼎湖区莲花镇依坑工业区
邮　　编:526070
电　　话:0758-6132898
传　　真:0758-6132899
网　　址:ksych@126.com
主要产品:圣诞涂料,烘烤型涂料

公司名称:彩涛(清远)涂料有限公司
地　　址:广东省清远市清城区石角镇北江工业园
邮　　编:511545
电　　话:0763-3204129
传　　真:0763-3204089
主要产品:机壳喷漆,烤漆,聚氨酯涂料,紫外线固化涂料

公司名称:长兴(广州)精细涂料有限公司
地　　址:广东省广州市广州经济开发区东区骏达路 182 号
邮　　编:510530
电　　话:020-28207118-1210
主要产品:UV真空镀金涂料

公司名称:潮安县东风王厝致祥涂料厂
地　　址:广东省潮州市潮安县东风镇王厝陇
邮　　编:515634
电　　话:0768-5421880
传　　真:0768-5421800
主要产品:水性涂料,工艺彩绘涂料,水性罩光油

公司名称:潮安县东风镇韩江涂料厂
地　　址:广东省潮州市潮安县东风镇王厝陇村
邮　　编:515634
电　　话:0768-5421937
主要产品:建筑涂料

公司名称:潮州市湘桥区华明涂料厂
地　　址:广东省潮州市湘桥区中津村
邮　　编:521000
电　　话:0768-2328446
主要产品:硬胶涂料,软胶涂料,金属涂料,陶瓷涂料,水性涂料

公司名称:潮州市盈业涂料有限公司
地　　址:广东省潮州市潮安县磷溪镇安黄公路溪口工业区
邮　　编:515631
电　　话:0768-6701191
传　　真:0768-6701193
主要产品:工业涂料,建筑涂料

公司名称:潮州新雅特丽制漆有限公司
地　　址:广东省潮州市潮安县浮洋镇桥湖管理区
邮　　编:515645
电　　话:0768-6816665
传　　真:0768-6805962
主要产品:工业涂料

公司名称:澄海区金煌涂料有限公司
地　　址:广东省汕头市澄海区溪南镇仙门村
邮　　编:515832
电　　话:0754-85327770
传　　真:0754-85327778
主要产品:工业涂料

公司名称:楚航化工涂料厂
地　　址:广东省广州市罗岗区九龙镇金龙工业区
邮　　编:511363
电　　话:020-82872315
主要产品:音箱涂料,工艺品涂料,船舶涂料,高级家具涂料

公司名称:创美涂料有限公司
地　　址:广东省中山市横栏镇中横大道 82 号
邮　　编:528478
电　　话:0760-87618198
传　　真:0760-8768169
主要产品:凹版油墨,平版油墨,水性金属涂料

公司名称:大昌树脂惠州工业有限公司
地　　址:广东省惠阳市陈江镇陈甲路 129 号
邮　　编:516229
电　　话:0752-3226295
传　　真:0752-3329758
网　　址:www.dc-pdymer.com
主要产品:建筑涂料

公司名称:大明化工有限公司
地　　址:广东省中山市石岐华侨新村天湖上街 41 号 401
邮　　编:528400
电　　话:0760-88850217
邮　　箱:daming@zlcn.com
主要产品:高效防晒隔热涂料

公司名称:德正涂料(东莞)厂
地　　址:广东省东莞市虎门镇沙角江下村东晶公司 5 楼
邮　　编:523877
电　　话:0769-85446528
传　　真:0769-85446558
主要产品:塑胶涂料,五金烤漆,鞋材涂料,工业特殊涂料

公司名称:迪奥顺科技有限公司
地　　址:广东省东莞市黄江镇星光村新展工业区
邮　　编:511700
电　　话:0769-82026758
传　　真:0769-82026948
主要产品:水性涂料,及丝印油墨

公司名称:迪邦化工集团(顺德)有限公司
地　　址:广东省佛山市顺德区北滘镇水口工业区
邮　　编:528000
电　　话:0757-26671018
传　　真:0757-26667063
网　　址:dibon1993@163.com
主要产品:乳胶漆,墙面涂料,木器涂料,家具涂料

公司名称:鼎源实业有限公司
地　　址:广东省东莞市中堂镇袁家涌马洲工业区
邮　　编:523220
电　　话:0769-88883666 88123833
传　　真:0769-88411019
网　　址:www.wate_based.com
主要产品:水性装饰涂料,胶黏剂,水性木器涂料,乳胶漆

公司名称:东方科技有限公司

地　　址：广东省汕头市潮南区峡山金光南路东方工业城
邮　　编：515144
电　　话：0754-87902699
传　　真：0754-87901122
主要产品：铝灌内壁涂料

公司名称：东莞邦固化工贸易有限公司
地　　址：广东省东莞市东城区东宝路云彩美地 1-115 号 B
邮　　编：523000
电　　话：0769-22698700
传　　真：0769-22698722
主要产品：电镀涂料，TPU 镜面金油，PU 快干型金油

公司名称：南阳高新区泰锋环保涂料有限公司
地　　址：广东省东莞市红山路红山大厦 13 号
邮　　编：523007
电　　话：0769-2381179
传　　真：0769-2381179
主要产品：水性涂料

公司名称：东莞昌盛化工有限公司
地　　址：广东省东莞市常平镇沙湖口工业区
邮　　编：523557
电　　话：0769-83394031
传　　真：0769-83392841
主要产品：塑料涂料，金属烤漆，喷漆

公司名称：东莞大宝化工制品有限公司
地　　址：广东省东莞市大岭山镇大塘朗村湖畔工业园
邮　　编：523820
电　　话：0769-85786789
传　　真：0769-85650000
主要产品：涂料

公司名称：东莞鼎金涂料厂
地　　址：广东省东莞市大泥金玉村
邮　　编：523000
电　　话：0769-88808760/61/62
传　　真：0769-88808763
主要产品：内外墙涂料，仿古涂料，裂纹漆，烤漆，PU 涂料

公司名称：东莞东成发化工有限公司
地　　址：广东省东莞市沙田镇锦厦第四工业区
邮　　编：511768
电　　话：0769-5357153
传　　真：0769-5533082
主要产品：涂料

公司名称：东莞广通化工制品有限公司
地　　址：广东省东莞市东城区梨川水围路 5 号
邮　　编：523108
电　　话：0769-22261628-168
传　　真：0769-22269509
邮　　箱：jt@dgdh.cn
主要产品：汽车涂料，原子灰，环氧涂料，电泳涂料，环氧富锌涂料，面漆，水性涂料

公司名称：东莞恒汇化工有限公司
地　　址：广东省东莞市厚街镇桥头村七石地工业区
邮　　编：523950
电　　话：0769-85938969
主要产品：鞋材涂料

公司名称：东莞吉田化工有限公司
地　　址：广东省东莞市企石镇铁炉坑宇宙家具厂
邮　　编：523690
电　　话：0769-87772300
传　　真：0769-83106007
网　　址：www.jitianyouqi.com
主要产品：水性涂料

公司名称：东莞金田涂料厂
地　　址：广东省东莞黄江镇刁朗工业区 6 号
邮　　编：523751
电　　话：0769-83365608
传　　真：0769-83360258
主要产品：防酒精机壳涂料

公司名称：东莞进一制漆有限公司
地　　址：广东省东莞市大岭山镇颜屋工业区
邮　　编：523838
电　　话：0769-83358230
传　　真：0769-83358230
主要产品：汽车涂料，油墨，彩绘涂料，塑胶涂料，五金烤漆，聚酯涂料

公司名称：东莞龙盛化工有限公司
地　　址：广东省东莞市黄江镇大屽村
邮　　编：523766
电　　话：0769-83531833
传　　真：0769-83531822
主要产品：粉末涂料

公司名称：东莞美化工业有限公司
地　　址：广东省东莞市大岭山镇大片尾区
邮　　编：523832
电　　话：0769-83353270
传　　真：0769-83353254
主要产品：建筑涂料，工业涂料，塑胶涂料

公司名称：东莞鸥哈希化学涂料有限公司
地　　址：广东省东莞市大朗镇洋乌管理区
邮　　编：529003
电　　话：0769-83317997
传　　真：0769-83317996
网　　址：www.ohashi-chen.cn
主要产品：塑胶涂料

公司名称：东莞瑞联涂料有限公司
地　　址：广东省东莞市塘厦镇横塘管理区新兴路 16 号
邮　　编：523713
电　　话：0769-87812570
传　　真：0769-87812571
主要产品：工业涂料

公司名称：东莞石碣广达宏涂料厂
地　　址：广东省东莞市石碣镇桔洲第三工业区
邮　　编：523298
电　　话：0769-86301375
传　　真：0769-86301377
主要产品：工业涂料，水性涂料

公司名称：东莞世华化工有限公司
地　　址：广东省东莞市大岭山大沙管理区下虎山黄屋村
邮　　编：523821
电　　话：0769-85621922
传　　真：0769-85621921
主要产品：金属粉末涂料

公司名称：东莞市宝泰器材厂
地　　址：广东省东莞市长安镇新安工业区 358 号
邮　　编：523000
电　　话：0769-85646609
传　　真：0769-85541232
主要产品：汽车涂料

公司名称：东莞市贝特利新材料有限公司
地　　址：广东省东莞市麻涌镇东海大道大步工业园
邮　　编：523143
电　　话：0769-88283318
传　　真：0769-88283108
主要产品：硅胶塑胶，油墨，涂料，黏合剂

公司名称：东莞市茶山秀奇涂料厂
地　　址：广东省东莞市茶山镇横江工业管理区
邮　　编：523380
电　　话：0769-86418902
主要产品：工业涂料

公司名称：东莞市长虹涂料有限公司
地　　址：东莞市高步镇北联
邮　　编：523050
电　　话：0769-22702506
主要产品：鞋材涂料

公司名称：东莞市诚信达化工有限公司
地　　址：广东省东莞市桥头镇岭头三工业区
邮　　编：523538
电　　话：0769-83428238
传　　真：0769-83433183
主要产品：橡胶涂料，塑胶涂料，玻璃涂料，烤漆

公司名称：东莞市大朗润天涂料厂
地　　址：广东省东莞市大朗镇松木乡金菊工业园
邮　　编：523900
电　　话：0769-83187578
主要产品：美术效果涂料，蜡烛漆，五金烤漆，自干涂料

公司名称：东莞市大岭山春蕾五金油漆加工厂
地　　址：广东省东莞市大岭山镇大岭工业区
邮　　编：523835
电　　话：0769-85612260
主要产品：乳胶漆

公司名称：东莞市大岭山国信日用制品厂
地　　址：广东省东莞市大岭山镇下高田村委会
邮　　编：523827
电　　话：0769-85655769
主要产品：导电涂料，弹性涂料

公司名称：东莞市大岭山镇万润涂料厂
地　　址：广东省东莞市大岭山镇杨屋第一工业区
邮　　编：511700

电　　话：0769-85617000
主要产品：氨基烤漆，塑胶涂料

公司名称：东莞市大兴化工有限公司
地　　址：广东省东莞市谢岗镇南面金太阳工业城
邮　　编：523603
电　　话：0769-87766346
主要产品：UV涂料，美式涂装仿古涂料，环氧地坪涂料

公司名称：东莞市道滘晋丰装饰材料厂
地　　址：广东省东莞市道滘镇永庆第一工业区
邮　　编：523173
电　　话：0769-89820033
传　　真：0769-89820035
邮　　箱：jinfeng@jinfengpaint.com
主要产品：环氧地坪涂料，地坪涂料

公司名称：东莞市富康实业有限公司涂料厂
地　　址：广东省东莞市厚街镇双岗管理区官美厦村
邮　　编：523948
电　　话：0769-85597138
传　　真：0769-85597878
主要产品：聚酯家具涂料，装修涂料，NC硝基涂料，塑胶涂料，金属烤漆，乳胶漆，环氧地板涂料

公司名称：东莞市高埗镇瑞光涂料厂
地　　址：广东省东莞市高埗镇卢溪
邮　　编：523283
电　　话：0769-88734259
传　　真：0769-83731182
主要产品：UV光固化涂料

公司名称：东莞市冠盈涂料有限公司
地　　址：广东省东莞市清溪长山头管理区
邮　　编：523661
电　　话：0769-87317533
传　　真：0769-87387899
主要产品：地面涂料，橡胶涂料，塑胶涂料，五金烤漆，电镀银涂料，水性涂料

公司名称：东莞市亨顺建材有限公司
地　　址：广东省东莞市南城区丰硕广场807室
邮　　编：523000
电　　话：0769-22996900
主要产品：环氧防静电涂料，环氧树脂地板涂料

公司名称：东莞市横沥艺峰涂料有限公司
地　　址：广东省东莞市横沥镇石涌民营管理区
邮　　编：523460
电　　话：0769-83733101
传　　真：0769-83733109
主要产品：玻璃涂料，烤漆，塑胶涂料，橡胶涂料，机壳涂料

公司名称：东莞市宏诺(水性漆)化工有限公司(东莞市宏泰染料化工有限公司)
地　　址：广东省东莞市桥头镇岗头村
邮　　编：523460
电　　话：0769-81010266
主要产品：水性玻璃涂料，水性真空电镀面漆，水性金属涂料

公司名称：东莞市厚街利享涂料厂
地　　址：广东省东莞市厚街镇桥头管理区桥林工业区
邮　　编：523960
电　　话：0769-85913348
传　　真：0769-85980044
主要产品：家具，塑胶涂料

公司名称：东莞市厚街阳河粉末涂料厂
地　　址：广东省东莞市厚街镇沙塘管理区金盟工业园
邮　　编：523953
电　　话：0769-85922781
传　　真：0769-85922782
主要产品：粉末涂料

公司名称：东莞市虎门万山涂料厂
地　　址：广东省东莞市虎门镇赤岗村岗厦工业区
邮　　编：523921
电　　话：0769-85152298
传　　真：0769-85153398
主要产品：木器涂料

公司名称：东莞市华连冠化工有限公司
地　　址：广东省东莞市厚街镇沙塘工业区
邮　　编：523953
电　　话：0769-85922266
传　　真：0769-85921122
主要产品：玩具涂料，金属涂料，白乳漆，机壳涂料

公司名称：东莞市华龙涂料实业有限公司
地　　址：广东省东莞市道滘镇南丫工业区北丫村万金沙路
邮　　编：523187
电　　话：0769-88327665
传　　真：0769-88327661
主要产品：家具涂料，建筑涂料

公司名称：东莞市汇科涂料有限公司
地　　址：广东省东莞市道滘镇昌平扶屋水新兴路2号
邮　　编：523182
电　　话：0769-88389777
传　　真：0769-88389662
邮　　箱：huiketuliao@163.com
主要产品：不粘涂料，高温涂料

公司名称：东莞市慧智涂料有限公司
地　　址：广东省东莞市望牛墩镇金牛路66号
邮　　编：523200
电　　话：0769-88856868
主要产品：高档PVDF涂料

公司名称：东莞市嘉顺粉体涂料有限公司
地　　址：广东省东莞市高埗镇下江城第二工业区
邮　　编：523278
电　　话：0769-88875288
传　　真：0769-88875288
邮　　箱：jiashunpowel@126.com
主要产品：粉末涂料

公司名称：东莞市金叶涂料厂
地　　址：广东省东莞市万江区上甲工业区
邮　　编：523055
电　　话：0769-22172998
主要产品：水溶性涂料

公司名称：东莞市丽虹彩涂料有限公司
地　　址：广东省东莞市道滘镇永庆第二工业区
邮　　编：523173
电　　话：0769-88386960
传　　真：0769-88386920
主要产品：建筑涂料

公司名称：东莞市龙腾化工有限公司
地　　址：广州市白云区太和镇民营科技园863中心
邮　　编：510540
电　　话：020-62853761
主要产品：ABS硬胶涂料，玩具涂料，丙烯酸涂料

公司名称：东莞市美迪家具有限公司
地　　址：广东省东莞市洪梅镇黎洲角工业区华威大道
邮　　编：523160
电　　话：0769-88843128
传　　真：0769-88840208
主要产品：木器涂料

公司名称：东莞市美纪涂料有限公司
地　　址：广东省东莞市厚街镇白濠第三工业区
邮　　编：523957
电　　话：0769-85921705
网　　址：www.meijipaint.com
主要产品：水性涂料，溶剂型涂料，建筑专用涂料

公司名称：东莞市明兴涂料化工有限公司
地　　址：广东省东莞市常平镇岗梓工业区
邮　　编：523571
电　　话：0769-83399968
传　　真：0769-83399939
邮　　箱：dgmxing@126.com
主要产品：纳米陶瓷涂料，硅橡胶涂料，水性涂料，塑胶涂料

公司名称：东莞市明星实业有限公司
地　　址：广东省东莞市谢岗第一工业区
邮　　编：523590
电　　话：0769-85442888
主要产品：粉末涂料

公司名称：东莞市佩琦涂料有限公司
地　　址：广东省东莞塘厦镇平山188工业区
邮　　编：523728
电　　话：0769-87981333
传　　真：0769-87922788
主要产品：塑胶涂料

公司名称：东莞市清溪鑫美塑胶电子厂
地　　址：广东省东莞市清溪镇谢坑村
邮　　编：523652
电　　话：0769-87332168
传　　真：0769-87332328
网　　址：xinmei668@163.com
主要产品：工业涂料

公司名称：东莞市瑞盟涂料有限公司
地　　址：广东省东莞市大朗镇洋乌管理区大有园开发区
邮　　编：523789
电　　话：0769-83191297
传　　真：0769-83181994
网　　址：dongyang188@126.com

主要产品：工业涂料

公司名称：东莞市三友装饰涂料厂
地　　址：广东省东莞市虎门镇新联工业区
邮　　编：523917
电　　话：0769-85527218
主要产品：建筑涂料

公司名称：东莞市沙田顺生装饰材料厂
地　　址：广东省东莞市沙田镇齐沙工业区
邮　　编：523997
电　　话：0769-88689312
主要产品：内外墙乳胶漆

公司名称：东莞市晟邦油漆有限公司
地　　址：广东省东莞市万江区上甲大洲工业区
邮　　编：523055
电　　话：0769-22775250
传　　真：0769-22775253
主要产品：涂料

公司名称：东莞市顺隆涂料有限公司
地　　址：广东省东莞市寮步镇药勒工业区
邮　　编：523280
电　　话：0769-88739479
传　　真：0769-88739579
主要产品：橡胶涂料

公司名称：东莞市舜天工业材料有限公司
地　　址：广东省东莞市东城区东城南路39号美居中心A6栋605/616室
邮　　编：523007
电　　话：0769-23035626
传　　真：0769-23035625
主要产品：塑胶机壳UV光油，真空电镀金属UV涂料，橡胶涂料，导电涂料等高科技涂料

公司名称：东莞市协和化工有限公司
地　　址：广东省东莞市洪梅镇台盈工业园
邮　　编：523168
电　　话：0769-88431888
传　　真：0769-88431999
主要产品：汽车涂料，调色系统，涂料辅料

公司名称：东莞市谢岗星星有机硅材料厂
地　　址：广东省东莞市谢岗镇南面村金太阳工业城
邮　　编：523603
电　　话：0769-87688602
传　　真：0769-87688601
邮　　箱：xingxing@vip188.com
网　　址：www.dgxingxingsil.com
主要产品：手机涂料

公司名称：东莞市新创涂料有限公司
地　　址：广东省东莞市东莞市沙田镇大篬满丰西路
邮　　编：523980
电　　话：0769-88804438
传　　真：0769-88804428
主要产品：醇酸树脂涂料

公司名称：东莞市新格涂料有限公司
地　　址：广东省东莞市大朗镇洋乌管理区
邮　　编：523789
电　　话：0769-83113938
传　　真：0769-83197166
网　　址：www.xingepaint.com
主要产品：塑胶涂料，五金涂料

公司名称：东莞市新光粉体涂料有限公司
地　　址：广东省东莞市常平镇朗洲管理区
邮　　编：523589
电　　话：0769-83395878
传　　真：0769-83931376
主要产品：粉末涂料

公司名称：东莞市新鑫涂料有限公司/东莞市新鑫涂料调配厂
地　　址：广东省东莞市常平镇苏坑管理区靖海中路22号2楼
邮　　编：523571
电　　话：0769-81032429
传　　真：0769-81033598
主要产品：高温陶瓷涂料，橡胶涂料，绒毛涂料，PU涂料，塑胶机壳涂料

公司名称：东莞市雄达通实业有限公司
地　　址：广东省东莞市桥头镇田头角龙里工业区湖龙路96号
邮　　编：523526
电　　话：0769-83428001
传　　真：0769-83426898
主要产品：手机壳喷涂漆

公司名称：东莞市云长光固科技有限公司
地　　址：广东省东莞市大朗镇水平工业区金球士工业园
邮　　编：523788
电　　话：0769-81125720
传　　真：0769-83035501
主要产品：UV涂料

公司名称：东莞市正隆化工有限公司
地　　址：广东省东莞市石排镇福隆第三工业区
邮　　编：523330
电　　话：0769-86659717
传　　真：0769-86551442
主要产品：高档塑胶机壳涂料，仿电镀塑胶涂料，橡胶涂料

公司名称：东莞市至诚涂料有限公司
地　　址：广东省东莞市万江区严屋工业区
邮　　编：523050
电　　话：0769-22182252
传　　真：0769-22186001
主要产品：建筑涂料

公司名称：东莞天宝利涂料厂
地　　址：广东省东莞市中堂镇鹤田村
邮　　编：523228
电　　话：0769-8889338
主要产品：聚氨酯涂料，PE不饱和聚酯涂料，硝基涂料

公司名称：东莞万江华达制漆厂
地　　址：广东省东莞市万江区严屋村
邮　　编：523050
电　　话：0769-22173306
传　　真：0769-22273748
主要产品：家具涂料，金属用涂料，塑料用涂料

公司名称：东莞鑫丰亚涂料科技有限公司
地　　址：广东省东莞市樟木头镇旗岭工业区柏百顺工业园
邮　　编：523750
电　　话：0769-82051601
传　　真：0769-82051600
邮　　箱：xinfengya88@163.com
主要产品：UV光固化涂料，水性涂料，氟碳涂料

公司名称：东莞兴辉粉末涂料有限公司
地　　址：广东省东莞市塘厦镇振兴围布英路6号
邮　　编：523720
电　　话：0769-86252598
主要产品：粉末涂料

公司名称：东莞怡兴化工有限公司
地　　址：广东省东莞大岭山镇大岭管理区
邮　　编：523825
电　　话：0769-83354156
传　　真：0769-83354158
主要产品：塑胶涂料

公司名称：东莞易施宝建筑材料有限公司
地　　址：广东省东莞市沙田镇稔洲工业区
邮　　编：523999
电　　话：0769-88661482
传　　真：0769-88863618
邮　　箱：easyplas@163.com
网　　址：www.easyplas.com.cn
主要产品：防水砂浆，防水涂料，瓷砖黏结剂

公司名称：东莞永釉涂料有限公司
地　　址：广东省东莞市黄江镇田心管理区
邮　　编：523763
电　　话：0769-83638198
主要产品：烤漆，塑胶涂料

公司名称：东莞优立化工有限公司
地　　址：广东省东莞市塘厦镇横塘管理区新兴路9号
邮　　编：523713
电　　话：0769-87727642
传　　真：0769-87727657
主要产品：透明涂料，平光涂料，着色涂料，电泳涂料

公司名称：东莞友森化工制品厂
地　　址：广东省东莞市虎门镇路东工业区振兴路
邮　　编：523000
电　　话：0769-85564300
传　　真：0769-85562072
主要产品：金属表面前处理，涂料

公司名称：东兴化工有限公司
地　　址：广东省佛山市南海区罗村镇下柏工业区
邮　　编：528226
电　　话：0757-86441891
主要产品：内外墙涂料

公司名称：东星化工实业有限公司
地　　址：广东省佛山市南海区西樵显岗工业开发区南区一号

邮　　编：528211
电　　话：0757-86858516 86857838
传　　真：0757-86851605
邮　　箱：master@dx-chemical.com

公司名称：佛山华立隆精细化工厂
地　　址：广东省佛山市禅城区季华六路镇安工业园2号
邮　　编：528000
电　　话：0757-83266544
主要产品：水性涂料

公司名称：佛山市澳科化工有限公司
地　　址：广东省佛山市顺德区伦教鸡洲市良路西侧
邮　　编：528308
电　　话：0757-27833309
传　　真：0757-27833209
邮　　箱：master@aokecn.com
网　　址：www.aokecn.com
主要产品：工业涂料，工程墙面涂料，家具涂料，室内装修涂料

公司名称：佛山市高明金辉化工油墨有限公司
地　　址：广东省佛山市高明区荷香路212号
邮　　编：528500
电　　话：0757-88225642
主要产品：纺织印染胶浆，水性塑料涂料

公司名称：佛山市高明阳光逸采涂料有限公司
地　　址：广东省佛山市顺德区乐从镇龙威家具材料城首座
邮　　编：528513
电　　话：0757-28828096
主要产品：工业涂料，家具涂料

公司名称：佛山市嘉丽士化工有限公司
地　　址：广东佛山市顺德区伦教街道三洲工业区
邮　　编：528308
电　　话：0757-27332267
邮　　箱：market@calusy.com
主要产品：木质涂料，内外墙乳胶漆，胶黏剂，地坪涂料

公司名称：佛山市明泰化工有限公司
地　　址：广东佛山市顺德区伦教街道三洲工业区
邮　　编：528318
电　　话：0757-28617722
邮　　箱：yuhuan113win@163.com
网　　址：mingtai2009.b2b.hc360.com
主要产品：装修涂料，家具涂料，乳胶漆，木器涂料

公司名称：佛山市南海大华涂料厂
地　　址：广东省佛山市南海区桂城夏东三洲石洛工业区
邮　　编：528200
电　　话：0757-86794483
主要产品：隔热涂料

公司名称：佛山市南海千江粉末涂料科技有限公司
地　　址：广东省佛山市南海区和顺官和路38号金星工业园内
邮　　编：528231
电　　话：0757-85123451
主要产品：粉末涂料

公司名称：佛山市南海区松岗润科粉末涂料厂
地　　址：广东省佛山市南海区松岗镇龙头村
邮　　编：528234
电　　话：0757-85224087
主要产品：粉末涂料

公司名称：佛山市南海区西樵宝山树脂有限公司
地　　址：广东省佛山市南海区西樵镇新田开发区
邮　　编：528211
电　　话：0757-86823480
主要产品：工业涂料

公司名称：佛山市南海区西樵显岗永恒化工厂
地　　址：广东省佛山市南海区西樵显岗工业区东兴化工厂旁边
邮　　编：528211
电　　话：0757-86857861
主要产品：工业涂料

公司名称：佛山市南海区西樵镇显岗华仁化工厂
地　　址：广东省佛山市南海区西樵七星凤台工业区
邮　　编：528204
电　　话：0757-86851037
主要产品：涂料

公司名称：佛山市南海万磊建筑涂料有限公司
地　　址：广东省佛山市南海区松岗万石管理区
邮　　编：528234
电　　话：0757-85227712
传　　真：0757-85225962
主要产品：建筑涂料

公司名称：佛山市南海显业涂料有限公司
地　　址：广东省佛山市南海区金沙镇下滘开发区
邮　　编：528222
电　　话：0757-86616666
主要产品：建筑涂料

公司名称：佛山市南海昕威涂料实业有限公司
地　　址：广东省佛山市南海区罗村上柏工业区
邮　　编：528226
电　　话：0757-86441933
传　　真：0757-86443877
主要产品：工业涂料，建筑涂料

公司名称：佛山市欧奇涂料有限公司
地　　址：佛山市三水区中心科技工业区西南园B区22-2号
邮　　编：528100
电　　话：0757-87511498
传　　真：0757-87511468
网　　址：www.ouqi.com
主要产品：防水涂料，内外墙环保乳胶漆，防火涂料，环氧地坪涂料

公司名称：佛山市瑞迪涂料有限公司
地　　址：广东省佛山市南海区和顺逢涌文头岭工业区
邮　　编：528241
电　　话：0757-85118928
主要产品：加工聚晶石玻璃，自干型聚晶玻璃涂料，玻璃涂料

公司名称：佛山市润泰涂料实业有限公司
地　　址：广东省佛山市顺德区龙江镇坦东工业区
邮　　编：528319
电　　话：0757-23635111
传　　真：0757-23635110
主要产品：工业涂料

公司名称：佛山市三爱化工有限公司
地　　址：广东省佛山市顺德区伦教街道三洲工业区
邮　　编：528308
电　　话：0757-27339312
传　　真：0757-27332295
邮　　箱：3A@3apaint.com
网　　址：www.3apaint.com
主要产品：木器装修涂料，内墙涂料，外墙涂料，艺术涂料

公司名称：佛山市三水科隆化工有限公司
地　　址：广东省佛山市三水区西南镇南岸开发区
邮　　编：528100
电　　话：0757-87823033
主要产品：涂料

公司名称：佛山市三水联达化工涂料有限公司
地　　址：广东省佛山市三水区白坭镇工业开发区
邮　　编：528131
电　　话：0757-87565077
传　　真：0757-87565721
主要产品：金属烤漆

公司名称：佛山市立邦涂料有限公司
地　　址：广东省佛山市三水区乐平镇范湖经济开发区
邮　　编：528138
电　　话：0757-87366635
传　　真：0757-87366635
主要产品：粉末涂料

公司名称：佛山市顺德百丽池涂料有限公司
地　　址：广东省佛山市顺德区容桂镇华口工业区昌宝东路8号
邮　　编：528306
电　　话：0757-28383838
网　　址：www.doges.net
主要产品：粉末涂料，金属烤漆，塑胶涂料，家具涂料

公司名称：佛山市顺德金冠涂料集团有限公司
地　　址：广东省佛山市顺德区北滘工业区伟业路2号
邮　　编：528311
电　　话：0757-26671800
网　　址：www.517580.com
主要产品：金冠涂料，家具涂料，墙面涂料，硝基涂料

公司名称：佛山市顺德明邦化工实业有限公司

地　　址：广东省佛山市新塘工业区世龙大道
邮　　编：528306
电　　话：0757-28686888
传　　真：0757-28686887
主要产品：汽车涂料，工业涂料，装修涂料，家具涂料

公司名称：佛山市顺德区奥鹿涂料有限公司
地　　址：广东省佛山市顺德区勒流镇龙眼工业区龙连路15号
邮　　编：528322
电　　话：0757-25666866
传　　真：0757-22639883
主要产品：工业涂料，防火涂料，防腐涂料

公司名称：佛山市顺德区奥伦格水性漆业有限公司
地　　址：广东省佛山市顺德区大良街道大门安利工业区
邮　　编：528300
电　　话：0757-22338918
主要产品：水性防锈涂料，面漆

公司名称：佛山市顺德区法德化工有限公司
地　　址：广东省佛山市顺德区伦教镇新民大围工业区
邮　　编：528308
电　　话：0757-22818229
传　　真：0757-22818229
主要产品：水性建筑涂料，木器涂料

公司名称：佛山市顺德区广业粉末涂料实业有限公司
地　　址：广东省佛山市顺德区容桂高黎朝光路2号
邮　　编：528305
电　　话：0757-28306713
传　　真：0757-28395922
主要产品：粉末涂料

公司名称：佛山市顺德区汇新化学工业有限公司
地　　址：广东省佛山市顺德区大良新启工业区南国西路
邮　　编：528322
电　　话：0757-25632087
传　　真：0757-25630107
主要产品：涂料

公司名称：佛山市顺德区乐从镇科斯化工有限公司
地　　址：广东省佛山市顺德区乐从镇杨窖北沙工业区
邮　　编：528316
电　　话：0757-28919386
传　　真：0757-28919386
主要产品：装修涂料，家具涂料

公司名称：佛山市顺德区乐从镇名雅涂料厂
地　　址：广东省佛山市顺德区乐从镇道教工业区
邮　　编：528315
电　　话：0757-28854899
传　　真：0757-28917310
主要产品：家具涂料

公司名称：佛山市顺德区伦教绿德兰涂料厂
地　　址：广东省佛山市顺德区伦教永丰工业区
邮　　编：528308
电　　话：0757-27726036
主要产品：太阳热遮蔽涂料，隔热涂料

公司名称：佛山市顺德区名山化工实业有限公司
地　　址：广东省佛山市顺德区容桂马岗工业区骏马路4号
邮　　编：528301
电　　话：0757-23616735
主要产品：建筑涂料，工业涂料

公司名称：佛山市顺德区容桂容里美斯葆涂料厂
地　　址：广东省佛山市顺德区容里华昌工业区昌艺路10号
邮　　编：528303
电　　话：0757-28803277
主要产品：工业涂料

公司名称：佛山市顺德区粤港大地制漆有限公司
地　　址：广东省顺德市容桂区高黎工业区
邮　　编：528303
电　　话：0757-28303381
传　　真：0757-28309028
邮　　箱：dadi@dad.com.cn dadi@da-di.com
网　　址：www. da-di. com www. dad. com.cn

公司名称：广东彩达制漆厂
地　　址：广东省鹤山市沙坪镇桥工业区
邮　　编：516229
电　　话：0750-8807660
主要产品：汽车涂料，纯色涂料，底色涂料

公司名称：广东佛山雅润化工涂料有限公司
地　　址：广东佛山市南海区金沙东联十陈工业区
邮　　编：528222
电　　话：0757-86610537
传　　真：0757-86605299
主要产品：内外墙乳胶漆，白乳胶，白乳胶

公司名称：广东高科力新材料有限公司
地　　址：广州市天河区高唐工业园高科路1号
邮　　编：510520
电　　话：020-61088126
传　　真：020-61088106
产品介绍：内外墙涂料，木器涂料，道路涂料

公司名称：广东华隆涂料实业有限公司
地　　址：广东省佛山市顺德容桂南区工业区
邮　　编：528306
电　　话：0757-28303351
传　　真：0757-28305128
主要产品：木器装修涂料，内墙乳胶漆，水性涂料，工业涂料，家具涂料，建筑涂料

公司名称：广东江门华卜兹化工有限公司
地　　址：广东省江门市新会区沙堆镇那伏工业区
邮　　编：529095
电　　话：0750-6236928
主要产品：乳胶漆，内墙涂料，木器涂料，氟碳外墙涂料

公司名称：广东美涂士化工有限公司
地　　址：广东省佛山市顺德区伦教街道三洲工业区
邮　　编：528308
电　　话：0757-27339574
传　　真：0757-27332291
网　　址：www.maydos.cn
主要产品：内外墙乳胶漆，聚酯装修涂料，家具涂料，质感涂料，工业涂料，万能胶

公司名称：广东普特粉末涂料有限公司
地　　址：广州市沙湾镇古坝西大围工业区
邮　　编：510000
电　　话：020-84739340 84734040
传　　真：020-84739341
邮　　箱：chenkunpct@sohu.com
主要产品：粉末涂料

公司名称：广东赛特国际集团化学工业有限公司
地　　址：广东省佛山市南海区西樵稔岗工业区
邮　　编：528211
电　　话：0757-86823118 86823228
传　　真：0757-86828103
主要产品：防腐涂料，耐高温涂料，乳胶漆，木器涂料

公司名称：广东省必粤五一涂料厂
地　　址：广东省清远市清新县三塘镇
邮　　编：511500
电　　话：0763-5387358
传　　真：0763-5387358
主要产品：金属涂料，电镀涂料，工业涂料

公司名称：广东市天普化工有限公司
地　　址：广东省广州市广圆东路碧桂园凤凰城凤岭苑一街
邮　　编：510500
电　　话：020-82802853
主要产品：地板涂料

公司名称：广东雅图化工有限公司
地　　址：广东省鹤山市古劳镇三连工业区二区
邮　　编：529700
电　　话：0750-8778888 8776128 8776138
传　　真：0750-8773326
邮　　箱：yatu@yatupaint.com
网　　址：www.ytchem.com.cn

公司名称：广东肇庆市风华高新科技股份有限公司
地　　址：广东省肇庆市风华路18号101幢
邮　　编：526020
电　　话：0758-2865578
传　　真：0758-2865582
主要产品：电子涂料

公司名称：广州道顿粉末涂料有限公司

地　　址：广东省广州市白云区太和镇民营科技园
邮　　编：510540
电　　话：020-87467552
主要产品：粉末涂料

公司名称：广州歌莉斯化工科技有限公司
地　　址：广东省广州市天河区科韵路168号浩瀚商务中心H213A
邮　　编：510665
电　　话：020-82115843
传　　真：020-32053125
主要产品：金属涂料，机械涂料

公司名称：广州广盈化工有限公司
地　　址：广东省广州黄浦区夏圆南湾西成大街十三巷5号
邮　　编：510000
电　　话：020-82221156
传　　真：020-82221140
主要产品：耐高温涂料，特种涂料

公司名称：广州铠克液体表面防护材料有限公司
地　　址：广州经济技术开发区东区东鹏大道42号
邮　　编：510530
电　　话：020-82265855
传　　真：020-82265863
网　　址：www.kemper-systew.cn
邮　　箱：info@kemper-system.cn
主要产品：涂料

公司名称：广州名丰建材有限公司
地　　址：广州市白云区太和夏良永胜路永安西街一巷2号对面
邮　　编：510400
电　　话：020-86168292 86168209 86277069
传　　真：020-86168226
主要产品：环氧地坪涂料

公司名称：广州南泰化工技术开发有限公司［广州轩泰化工有限公司(中外合资)］
地　　址：广州天河东圃镇车陂沐陂亚洲工业区
邮　　编：510663
电　　话：020-82329771 82329772
传　　真：020-82329773
网　　址：www.gznantai.com

公司名称：广州飘彩油漆厂
地　　址：广东省广州市番禺区沙湾龙岐工业区长沙路4号
邮　　编：511485
电　　话：020-34739932
主要产品：工业涂料

公司名称：广州千江油漆化学有限公司
地　　址：广东省广州市花都区花东镇天和村
邮　　编：510890
电　　话：020-86761380
主要产品：五金机械涂料，塑胶家电涂料，木器工艺涂料，美术涂料

公司名称：广州擎天粉末涂料实业有限公司
地　　址：广州市花都区狮岭镇裕丰路16号
邮　　编：510860
电　　话：020-86985856
传　　真：020-86985855
邮　　箱：info@kintepowder.com
主要产品：粉末涂料

公司名称：广州市奥美特涂料厂有限公司
地　　址：广东省广州市花都区花山镇和郁大丰饶工业区
邮　　编：510880
电　　话：020-86952639
传　　真：020-86922636
邮　　箱：aomeite@126.com
主要产品：乳胶漆，家具涂料

公司名称：广州市奥翔涂料有限公司
地　　址：广东省广州市白云区白云大道北12号
邮　　编：510420
电　　话：020-86190776
传　　真：020-26095080
主要产品：汽车涂料，清漆，固漆剂，底漆

公司名称：广州市白云冠华树脂涂料厂
地　　址：广东省广州市白云区人和镇矮岗村18队
邮　　编：510400
电　　话：020-86037199
主要产品：水性涂料

公司名称：广州市白云区神山东洋立邦涂料厂
地　　址：广东省广州市白云区江高镇神山石龙旧墟街71号
邮　　编：510800
电　　话：020-36355706
传　　真：020-36355336
网　　址：www.aimengkeji.com
主要产品：建筑涂料

公司名称：广州市白云区瑞红涂料厂
地　　址：广东省广州市白云区竹料镇广从商业街
邮　　编：510545
电　　话：020-87443046
传　　真：020-62856339
主要产品：汽车涂料

公司名称：广州市栢诗涂料有限公司
地　　址：广东省广州市天河区院岭路120号金燕大厦209A
邮　　编：510610
电　　话：020-87292542
传　　真：020-37204304
主要产品：不粘涂料，UV光固化涂料，弹性橡胶涂料，丝印油墨，电镀银油

公司名称：广州市邦尼制漆有限公司
地　　址：广州市番禺区南村镇塘尔工业区
邮　　编：511442
电　　话：020-84767543
传　　真：020-84767543-108
邮　　箱：sale@boneye.com
网　　址：www.beneye.com
主要产品：汽车涂料

公司名称：广州市彩点涂料有限公司
地　　址：广东省广州市番禺区南村镇坑头村西线工业区22号
邮　　编：511442
电　　话：020-61955110 61955120
传　　真：020-61955130
邮　　箱：1176724077@qq.com
主要产品：水性建筑涂料，溶剂型涂料，特种涂料

公司名称：广州市东盛新威化工有限公司
地　　址：广东省广州市花都区新华镇九塘1404区28、29幢
邮　　编：510800
电　　话：020-36860219
主要产品：汽车涂料，工业涂料，水性涂料

公司名称：广州市番禺桥峰综合材料厂
地　　址：广东省广州市番禺区石基镇桥山村工业区草岗街1号
邮　　编：511450
电　　话：020-34554313
主要产品：塑胶涂料，五金涂料，水性涂料

公司名称：广州市番禺区钟村新地涂料厂
地　　址：广州市番禺区钟村镇钟四工业区一路九号
邮　　编：511495
电　　话：020-84775923
传　　真：020-34716798

公司名称：广州市光键化工有限公司
地　　址：广东省广州市天河区中山大道268号天河广场天德阁14D
邮　　编：510660
电　　话：020-82311276 82302761
网　　址：www.guangjian.com
主要产品：地坪涂料

公司名称：广州市花都双星涂料有限公司
地　　址：广东省广州市花都区花东镇华侨经济开发区
邮　　编：510805
电　　话：020-86791377
传　　真：020-22679960
网　　址：www.shuangxingpty.cn
邮　　箱：shuangxing@163.com
主要产品：建筑涂料，木器涂料

公司名称：广州市华邦化工科技有限公司
地　　址：广东省广州市花都区花东镇大东村砖厂旁
邮　　编：510890
电　　话：020-86760099
传　　真：020-86760033
主要产品：建筑涂料，白乳胶

公司名称：广州市华坚化工实业有限公司
地　　址：广东省广州市荔湾区周门路25号213室
邮　　编：510170
电　　话：020-84761848
主要产品：塑料涂料，水性塑胶涂料，玻璃涂料，各类玩具涂料

公司名称：广州市坚红化工厂
地　　址：广东省黄埔大道中路505号
邮　　编：510660
电　　话：020-85554031
传　　真：020-85554031
产品介绍：乳胶漆，增白剂，胶黏剂

公司名称：广州市江高镇南岗联兴化工厂
地　　址：广东省广州市白云区江高镇南岗村

邮　　编：510760
电　　话：020-86601731
主要产品：工业涂料

公司名称：广州市进畅贸易有限公司
地　　址：广东省广州市广园东路云泉直街2号海垦大厦510室
邮　　编：510500
电　　话：020-87201539
主要产品：环氧地坪涂料

公司名称：广州市凯洛斯化工有限公司
地　　址：广东省广州市白云区龙归工业区
邮　　编：510445
电　　话：020-35685225
传　　真：020-61395287
邮　　箱：kailesi111@163.com
主要产品：工业涂料

公司名称：广州市康美龙化工有限公司
地　　址：广东省广州市花都九塘房管处
邮　　编：510800
电　　话：020-36862083 61865133
主要产品：蓄电池黏合剂，环氧地坪涂料

公司名称：广州市朗峰建材有限公司
地　　址：广东省广州市黄浦区姬堂工业区
邮　　编：510425
f电　　话：020-26270151
主要产品：环氧地坪涂料，体育场地地坪涂料，车间地坪涂料

公司名称：广州市茂丰信羚化工有限公司
地　　址：广州市番禺区沙湾镇古坎西大围工业区
邮　　编：511487
电　　话：020-84749003
主要产品：树脂固化剂，万能胶，木器涂料，建筑涂料

公司名称：广州市耐迪涂料有限公司
地　　址：广东省广州市天河区燕岭路89号燕侨大厦2807室
邮　　编：510507
电　　话：020-87226872-805
传　　真：020-37213913
网　　址：www.nds333.com
邮　　箱：naidi-tl@126com
主要产品：环氧地坪涂料

公司名称：广州市捷耐涂料有限公司
地　　址：广州市天河区花都镇北兴工业街2号
邮　　编：510660
电　　话：020-86795651 86795978 86790537
传　　真：020-86799308
主要产品：各种涂料

公司名称：广州市三磊新材料有限公司
地　　址：广州市白云区太和镇白足桥
邮　　编：510000
电　　话：020-87420551 87425449
传　　真：020-87420336

公司名称：广州市实创化工有限公司
地　　址：广东省广州市萝岗区九龙镇金龙工业园
邮　　编：511363
电　　话：020-82878888
传　　真：020-82877717
主要产品：汽车涂料

公司名称：广州市帅博化工工业有限公司
地　　址：广东省广州市番禺区石龙岗路18号
邮　　编：511450
电　　话：020-61927076
传　　真：020-848555546
主要产品：工业涂料，家具涂料

公司名称：广州市天朗涂料化工有限公司
地　　址：广东省广州梅花园军修4所
邮　　编：510510
电　　话：020-37377780
传　　真：020-37377780
主要产品：汽车涂料，工业涂料，金属涂料，建筑涂料，船舶防腐涂料

公司名称：广州市天溢涂料有限公司
地　　址：广东省广州市增城仙村镇蓝山工业区
邮　　编：511335
电　　话：020-82931192
主要产品：氟碳涂料，多功能腻子，天然真石漆，乳胶漆

公司名称：广州市威健达塑料有限公司
地　　址：广东省广州市天河区柯木朗金葫工业区
邮　　编：510520
电　　话：020-87026263
传　　真：020-87026262
主要产品：粉末涂料

公司名称：广州市五羊油漆集团股份有限公司
地　　址：广东省广州市白云区黄园路123号
邮　　编：510425
电　　话：020-86297028 86294928 8629777
传　　真：020-86296432
邮　　箱：wyyq@wyyq.com
网　　址：www.wyyq.com
主要产品：汽车涂料，摩托车涂料，特种防腐涂料，高温涂料，印铁油墨

公司名称：广州市星冠化工涂料有限公司
地　　址：广东省广州市花都区新华工业区永祥街38号
邮　　编：510800
电　　话：020-36860707
主要产品：纳米涂料

公司名称：广州市业达热塑涂料有限公司
地　　址：广东省广州市罗岗区九佛镇佛田路243号
邮　　编：510555
电　　话：020-87494161
主要产品：粉末涂料，塑料涂料

公司名称：广州市一涂净油漆科技有限公司
地　　址：广东省广州市白云区机场路兵房街
邮　　编：510425
电　　话：020-33855410 33855410
传　　真：020-86051841
网　　址：www.yitujing.com.cn
主要产品：防粘贴涂料，清洗剂，汽车涂料，氟碳涂料，船舶涂料，工业涂料

公司名称：广州市壹捌叁化工涂料有限公司(广州市天河亿利城有限公司)
地　　址：广州市天河软件园禾田大厦北2楼
邮　　编：510665
电　　话：020-85555333 85550268
传　　真：020-85550268
主要产品：真空镀膜涂料

公司名称：广州天玉涂料科技有限公司(广州市永信诚建材有限公司)
地　　址：广东省广州市天河区东圃元下工业区
邮　　编：510660
电　　话：020-36011345 86409497 86409260(销售部直线)
传　　真：020-36011346
网　　址：www.typaint.com
主要产品：质感涂料，石头漆，内外墙平涂，JS防水涂料

公司名称：广州市哲铭油墨涂料有限公司
地　　址：广东省广州市番禺区鱼窝头镇鱼窝头村市鱼路93号
邮　　编：511475
电　　话：020-34901288
传　　真：020-34913780
网　　址：www.gzzmtl.com
主要产品：塑胶涂料，五金烤漆，汽车涂料

公司名称：广州市中铨水性漆科技有限公司
地　　址：广东省广州市中山大道38号加悦大厦308
邮　　编：510000
电　　话：020-82320289
主要产品：水性涂料

公司名称：广州天朗涂料化工有限公司
地　　址：广州市沙河同和东坑蟾蜍石北路17号
邮　　编：510515
电　　话：020-81824053 81834980
传　　真：020-37385685

公司名称：广州沃顿化工有限公司
地　　址：广州市番禺区南村镇兴南大道新基村新基大道2号利祥工业区
邮　　编：511442
电　　话：020-34825656
网　　址：www.wodunadhesive.com
主要产品：水性透明底漆，水性聚酯涂料，水性木器坚硬色涂料

公司名称：广州市立图油漆化工有限公司
地　　址：广州市黄浦区广州石化总厂西门对面
邮　　编：510725
电　　话：020-32399177
传　　真：020-82391018
邮　　箱：zb-xia@163.com
主营产品：船用涂料，钢结构用涂料

公司名称：广州新概念涂装有限公司
地　　址：广东省广州市海珠区聚德路聚德花园D21栋605室
邮　　编：510660
电　　话：020-82325050
传　　真：020-52323660

主要产品：内墙涂料，外墙涂料，艺术涂料，木器涂料，真石漆，氟碳涂料，腻子，地坪涂料

公司名称：广州新锐造漆有限公司
地　　址：广东省增城市经济技术开发区沙庄街光明东路2号
邮　　编：511328
电　　话：020-82902569 87957658
网　　址：www.binlangshu.com
主要产品：溶剂型木器涂料，水性内外墙乳胶漆，五金烤漆

公司名称：广州秀珀化工股份有限公司
地　　址：广东省广州市番禺区钟村镇谢石路72号秀珀工业园
邮　　编：511495
电　　话：020-34718388
传　　真：020-34711818
网　　址：www.supe.com.cn
主要产品：防腐涂料，地坪涂料，防水涂料

公司名称：广州珠江化工集团有限公司
地　　址：广州市荔湾123号
邮　　编：510170
电　　话：020-81037491
传　　真：020-81037210
网　　址：www.prci.com.cn
主要产品：工业涂料，内外墙涂料

公司名称：广州珠江化工集团有限公司红云涂料厂
地　　址：广州市白云区同和镇同宝路163号
邮　　编：510515
电　　话：020-87278793
网　　址：www.prci.com.cn
主要产品：环保硝基涂料，稀释剂，油墨

公司名称：广州市珠江化工集团有限公司广州制漆厂
地　　址：广东省广州市芳村区白鹤洞东塱新爵后马路2号
邮　　编：510385
电　　话：020-62752173
传　　真：020-62752174
网　　址：www.prci.com.cn
主要产品：不粘涂料，家用涂料，船防蚝污涂料，乳胶漆，印铁涂料，罩光油

公司名称：广州市珠江化工集团有限公司研究所
地　　址：广东省广州市芳村东朗新爵后马路2号
邮　　编：510380
电　　话：020-81679877-810
邮　　箱：Mankal@163.com
网　　址：www.vidici.cn
主要产品：船防蚝涂料，乳胶漆，船防污涂料，印铁涂料罩光油

公司名称：海丰县大邦漆业有限公司
地　　址：广东省海丰县梅陇工业区
邮　　编：516477
电　　话：0660-6659033
传　　真：0660-6652076
网　　址：www.dabangpaint.com
主要产品：隔热涂料，水性涂料，外墙涂料

公司名称：海丰县广华制漆涂料厂有限公司
地　　址：广东省汕尾市海丰县后门镇阎公工业区
邮　　编：516466
电　　话：0660-6791617
传　　真：0660-6791617
主要产品：船舶工业涂料

公司名称：海虹老人牌涂料（深圳）有限公司
地　　址：深圳市蛇口工业区工业五路
邮　　编：518067
电　　话：027-88705936
传　　真：027-88705970
网　　址：www.paint-danmark.com
主要产品：涂料，船舶涂料，建筑涂料

公司名称：浩尔达实业有限公司
地　　址：广东省惠州市惠城区潼湖镇永平工业区
邮　　编：516239
电　　话：0752-3891293 3891666 3891699 3891292 3891882
网　　址：www.hzhaoerda.com
主要产品：重防腐涂料，地坪涂料

公司名称：合众(佛山)化工有限公司
地　　址：广东省佛山市三水区乐平镇范湖经济开发区
邮　　编：528138
电　　话：0757-87367942 87360537
主要产品：内外墙涂料，木器涂料，家具涂料，工业涂料

公司名称：河源宏泰化工责任有限公司
地　　址：广东省河源市源城区埔前镇莲塘岭管理区
邮　　编：517025
电　　话：0762-3423198
邮　　箱：hongtai08@163.com
主要产品：化学试剂，天那水，PVC漆油

公司名称：鹤山东旭化学工业制造有限公司
地　　址：广东省鹤山市雅瑶朝阳工业区
邮　　编：529724
电　　话：020-39388770
传　　真：020-39388761
网　　址：www.hsdongxu.cn
主要产品：粉末涂料，工业塑胶涂料，金属烤漆，机电涂料

公司名称：鹤但山市千叶化工有限公司
地　　址：广东省江门市鹤山市共和镇工业西区
邮　　编：529728
电　　话：0765-2213811
传　　真：0757-22330819
主要产品：聚酯涂料

公司名称：鹤山市雅瑶华胜油漆化工厂
地　　址：广东省江门市鹤山市雅瑶镇黄洞村
邮　　编：529724
电　　话：0750-8289573
传　　真：0750-8289573
网　　址：www.huashenghi.com
主要产品：涂料

公司名称：鹤山市永德成涂料化工有限公司
地　　址：广东省鹤山市雅瑶镇那水村工业区
邮　　编：529700
电　　话：0750-8280000
网　　址：www.haoyouqi.cn
主要产品：PE塑胶涂料，PP涂料，HIPS涂料，ABS涂料

公司名称：恒彩辉粉末涂料（深圳）有限公司
地　　址：广东省深圳市宝安区公明镇将石村新围工业区
邮　　编：511700
电　　话：0755-27124559
传　　真：0755-27124667
主要产品：粉末涂料

公司名称：恒昌涂料(惠阳)有限公司
地　　址：广东省惠州市惠阳区新圩镇新联村
邮　　编：516223
电　　话：0752-3530000
传　　真：0752-3530000
网　　址：www.hc.com.hk
主要产品：硬胶涂料，软胶涂料，硝基涂料，聚酯涂料

公司名称：弘玮涂料有限公司
地　　址：惠州市惠阳区秋长镇白石管理区
邮　　编：516221
电　　话：0752-3535189 3535279
传　　真：0752-3535193
邮　　箱：hongweitl@126.com
网　　址：www.hongweitl.com
主要产品：PU-杏黄面漆，PU-黑红棕面漆，PU-红木面漆

公司名称：虹信化工涂料有限公司
地　　址：广东省深圳市宝安48区富通苑B栋16B
邮　　编：517000
电　　话：0755-27845659
传　　真：0755-27845465
主要产品：塑胶涂料

公司名称：华大涂料实业有限公司
地　　址：广东省顺德市桂洲镇红星聚胜工业区25号
邮　　编：528305
电　　话：0765-8895821 889736
传　　真：0765-8894688
网　　址：www.huadapaint.com
主要产品：建筑涂料，工业涂料

公司名称：华南理工大学化工所
地　　址：广东省广州市华南理工大学化学与化工学院
邮　　编：510640
电　　话：020-87113486
主要产品：建筑涂料，木器涂料，汽车涂料，防腐涂料

公司名称：华盛绿清漆(深圳)有限公司
地　　址：广东省深圳市宝安区龙华镇第十工业区工业东路86号
邮　　编：518109
电　　话：0755-28134938
主要产品：沥青涂料

公司名称：华特尔环保涂料（深圳）有限公司
地　　址：广东省深圳市福田区民田路新

华保险大厦 12 楼
邮　　编：518048
电　　话：0755-82931788
传　　真：0755-82931399
邮　　箱：postmaster@waratahpaint.com
网　　址：www.waratahpaint.com
主要产品：建筑涂料

公司名称：华星金属防腐材料厂
地　　址：广东省佛山市南海大沥广佛路高尔夫路段
邮　　编：528231
电　　话：0757-85550850
传　　真：0757-85536038
邮　　箱：master@huastar.com
网　　址：www.huastar.com
主要产品：防腐涂料

公司名称：惠阳钰城泰化工有限公司
地　　址：广东省惠州市惠阳区永湖镇鹊埔工业区
邮　　编：516267
电　　话：0752-3719002 3842228 3842226
传　　真：0752-3842223
邮　　箱：ycthg258@sina.com admin@young-star.cn
网　　址：www.young-star.cnintro.html
主要产品：家具涂料，仿古涂料，建筑内外墙涂料

公司名称：惠州丽宝涂料有限公司
地　　址：广东省惠州市博罗县圆州镇廖尾管理区坎头村
邮　　编：510075
电　　话：020-36098295
传　　真：020-26263180
网　　址：www.chanxie.net.cn
主要产品：手扫漆，磁漆，环保胶烯酸软漆

公司名称：惠州市贝能涂料技术有限公司
地　　址：广东省惠州市水口工业区
邮　　编：518104
电　　话：0752-2261061
传　　真：0752-2261061
主要产品：水性墙面涂料

公司名称：惠州市彩虹工业有限公司
地　　址：广东惠州市江北第六工业区蓝威龙大厦
邮　　编：516003
电　　话：0752-2811718 2812292
主要产品：内外墙涂料，汽车美容涂料

公司名称：惠州市长润发涂料有限公司
地　　址：广东省惠州市惠阳区秋长镇新塘工业区
邮　　编：516200
电　　话：0752-3806777 3806763
传　　真：0752-3806778
网　　址：www.changrunfa.com
主要产品：PU木器涂料，PE 不饱和聚酯涂料，NC 硝基涂料，特殊效果涂料

公司名称：惠州市宏柏化工有限公司
地　　址：广东省惠州市博罗县龙溪镇宫廷村龙桥大道
邮　　编：516121
电　　话：0752-6873651
传　　真：0752-6873960
邮　　箱：hongbo@hongbopaint.com
网　　址：hongbopaint.com
主要产品：涂料

公司名称：惠州市惠阳聚晟化工涂料有限公司
地　　址：广东省惠州市
邮　　编：516211
电　　话：0752-3535691
传　　真：0752-3535693
主要产品：外壳塑胶涂料，橡胶涂料，防屏蔽导电涂料，五金烤漆

公司名称：惠州市惠阳区秋长镇顺盛心化工有限公司
地　　址：广东省惠州市惠阳区秋长镇白石洞村
邮　　编：516221
电　　话：0752-3560498
主要产品：工业涂料，五金涂料

公司名称：惠州市三龙涂料有限公司
地　　址：广东省惠州市潼湖镇永平工业区
邮　　编：516032
电　　话：0752-3890963
主要产品：塑胶涂料，UV 涂料，PU 涂料，橡胶涂料

公司名称：惠州市伟宝兴涂料有限公司
地　　址：广东省惠州市惠城区沥林镇英光牛料岗工业区
邮　　编：523001
电　　话：0752-3851638
传　　真：0752-3851636
主要产品：普通塑胶涂料，防酒精机壳涂料

公司名称：惠州市一鑫化工厂
地　　址：广东省惠州市博罗县乡水镇东埔工业区
邮　　编：516144
电　　话：0752-6326501
传　　真：0752-6326597
主要产品：家具涂料，绝缘涂料，工业涂料，机壳涂料

公司名称：惠州市益冠化工有限公司
地　　址：广东省惠州市惠城区潼侨镇惠侨工业园
邮　　编：516232
电　　话：0752-3791240
传　　真：0752-3791310
邮　　箱：huizhouqingguang@sohu.com
主要产品：涂料

公司名称：惠州市展鹏化工有限公司
地　　址：广东省惠州市马安镇鹧鸪岗新湖工业区
邮　　编：516257
电　　话：0752-3260063
传　　真：0752-3260069
邮　　箱：zhanpeng_hg555@163.com
网　　址：www.zphg.com
主要产品：家具涂料，烤漆

公司名称：惠州市钟晖淞涂料有限公司
地　　址：广东省惠州市潼湖镇永平上村开发区
邮　　编：516239
电　　话：0752-3890036 3890039 3890096 3890716
传　　真：0752-3890306 3890236
网　　址：www.fxgzhs.cn
主要产品：塑胶机壳涂料，玩具涂料，弹性涂料，五金烤漆

公司名称：惠州信邦涂料有限公司
地　　址：广东省惠州市惠城区小金口金兴街 22 号
邮　　编：516023
电　　话：0752-2290773
传　　真：0752-2293669
网　　址：www.freewebs.comsinbo_coatings
主要产品：汽车涂料，防腐涂料，金属机械涂料，铝材涂料

公司名称：惠州友联化工有限公司
地　　址：广东省惠州市惠城区东江工业区
邮　　编：516005
电　　话：0752-2311621
传　　真：0752-2311623
主要产品：工业涂料

公司名称：惠州佑豪涂料有限公司
地　　址：广东省惠州市博罗县长宁镇第一工业区
邮　　编：516133
电　　话：0752-6893066 6893200
传　　真：0752-6893099
网　　址：www.gdyouhao.com
主要产品：乐器涂料，木器涂料

公司名称：佳丽化工有限公司
地　　址：广东省惠州市惠阳区新墟镇约场红田管理区
邮　　编：518116
电　　话：0752-3530960 3622888
传　　真：0752-3530963 3622529
邮　　箱：webmaster@perfectchem.com
网　　址：www.perfectchem.com www.jlhg929.cn
主要产品：工业涂料

公司名称：嘉美涂料有限公司
地　　址：广东省海丰县金园工业区
邮　　编：516411
电　　话：0660-6414986 6414638 6976402 6414622
传　　真：0660-6414638
邮　　箱：master@jm-paint.21sw.com juzhimei@21cn.com
网　　址：jm-paint.cn
主要产品：建筑涂料，助剂

公司名称：江门大宝化工有限公司
地　　址：广东省江门市蓬江区荷塘镇西江大桥工业区
邮　　编：529095
电　　话：0750-3755968 3708378 3708379
传　　真：0750-3701379
邮　　箱：info@gd-dabao.com
网　　址：www.gd-dabao.com
主要产品：家具涂料，金属涂料，乳胶漆

公司名称：江门市 PP7 化学有限公司
地　　址：广东鹤山市沙坪镇新航路新墟

3号
邮　　编：524600
电　　话：0189-29025090
传　　真：0189-29025090
主要产品：工业涂料，树脂

公司名称：江门市翰浩实业有限公司
地　　址：广东省开平市龙长沙镇人和东路17号8栋108
邮　　编：529300
电　　话：0750-2282303
主要产品：UV涂料

公司名称：江门市荷塘冠洋化工有限公司
地　　址：广东省江门市蓬江区荷塘镇塔岗工业区
邮　　编：529095
电　　话：0750-3737597
主要产品：建筑涂料，家具涂料，乳胶漆

公司名称：江门市嘉诚涂料有限公司
地　　址：广东省江门市蓬江区兴盛工业区B13号
邮　　编：529000
电　　话：0750-3563903
传　　真：0750-3563901
主要产品：建筑涂料，汽车涂料

公司名称：江门市嘉得乐涂料化工有限公司
地　　址：广东省江门市蓬江区荷塘镇唐溪工业区
邮　　编：529095
电　　话：0750-3736837 3736638
传　　真：0750-3736832
邮　　箱：JDL.TLGS@yahoo.com.cn
网　　址：www.gd-jdle.com
主要产品：家具涂料，乳胶漆，装饰涂料

公司名称：江门市凌丰涂料有限公司
地　　址：广东省江门市新会区司前镇石步工业区
邮　　编：529159
电　　话：0750-6563980
传　　真：0750-6563980
网　　址：www.jm-lingfeng.cn
主要产品：建筑涂料，工业涂料

公司名称：江门市龙邦化工有限公司
地　　址：广东省江门市荷塘镇篁湾工业区9号
邮　　编：528000
电　　话：0750-3736838
传　　真：0750-3736823
主要产品：建筑涂料，工业涂料

公司名称：江门市蓬江区杜阮德邦化工有限公司
地　　址：广东省江门市蓬江区杜阮镇瑶村
邮　　编：529075
电　　话：0750-3679216
传　　真：0750-3679216
主要产品：工业涂料，汽车涂料

公司名称：江门市蓬江区杜阮毅昌化工有限公司
地　　址：广东省江门市蓬江区杜阮镇松岭工业区
邮　　编：529750
电　　话：0750-3651568
传　　真：0750-3653598
主要产品：粉末涂料

公司名称：江门市蓬江区荷塘嘉乐士涂料厂
地　　址：广东省江门市蓬江区荷塘镇南村工业区
邮　　编：529095
电　　话：0750-3737303
传　　真：0750-3737302
主要产品：聚酯涂料

公司名称：江门市蓬江区荷塘镇荣昌化工涂料厂
地　　址：广东省江门市蓬江区荷塘镇南村东沙开发区
邮　　编：529095
电　　话：0750-3736566
传　　真：0750-3736195
主要产品：高温原子灰，玻璃胶，装修木器涂料

公司名称：江门市蓬江区金大陆化工有限公司
地　　址：广东省江门市杜阮镇松园工业区
邮　　编：529000
电　　话：0750-3323829
传　　真：0750-3669393
主要产品：汽车涂料，工业涂料

公司名称：江门市蓬江区施美特涂料有限公司
地　　址：广东省江门市蓬江区环市镇东风村
邮　　编：529000
电　　话：0750-3229228
传　　真：0750-3215468
主要产品：烤漆

公司名称：江门市苹果化工有限公司
地　　址：广东江门市蓬江区荷塘镇唐溪红庙西坊南二路2号
邮　　编：529095
电　　话：0750-3702828 3733328
传　　真：0750-3752777
邮　　箱：America@health-apple.com
网　　址：www.health-apple.com
主要产品：乳胶漆，木器涂料

公司名称：江门市普乐化工有限公司
地　　址：广东省江门市蓬江区杜阮镇木朗村那糍坑20号之一号
邮　　编：529000
电　　话：0750-3667210 3667215
传　　真：0750-3667231
主要产品：玻璃涂料

公司名称：江门市乔本化学工业有限公司
地　　址：广东省江门市荷塘镇南村工业区
邮　　编：528095
电　　话：0750-3738388
传　　真：0750-3738389
邮　　箱：qbon@qbon.com.cn
网　　址：www.qbon.com.cn
主要产品：内外墙涂料，乳胶漆，工业涂料，木器涂料

公司名称：江门市四方精细化工有限公司
地　　址：广东省江门市环市一路美光工业村11号
邮　　编：529000
电　　话：0750-3239247 3231315
传　　真：0750-3235863
网　　址：www.sfchem.com.cn

公司名称：江门市特耐涂化工有限公司
地　　址：广东省江门市蓬江区杜阮镇龙榜工业区
邮　　编：529075
电　　话：0750-3656001(8线)
传　　真：0750-3656008
邮　　箱：technoco@126.com
网　　址：www.technoco.cn
主要产品：建筑涂料，马来漆，艺术涂料，质感涂料，金属涂料

公司名称：江门市天皓化工涂料有限公司
地　　址：广东省江门市荷塘镇禾岗工业区
邮　　编：500100
电　　话：0750-3739516
传　　真：0750-3700356
网　　址：www.thcp.cn
主要产品：家具涂料，墙面涂料

公司名称：江门市新会区天源化工有限公司
地　　址：广东省江门市新会区双水镇小冈华兴工业园
邮　　编：529155
电　　话：0750-6409128
传　　真：0750-6403422
主要产品：塑胶涂料，金属烤漆，木器涂料

公司名称：江门市银帆化学有限公司
地　　址：广东省江门市礼乐新民工业区银帆路
邮　　编：529000
电　　话：0750-3631088
传　　真：0750-3633723
主要产品：塑胶涂料，摩托车涂料，机械涂料，汽车涂料

公司名称：江门市制漆厂有限公司
地　　址：广东省江门市杜阮镇北二路18号
邮　　编：529075
电　　话：0750-3657143
传　　真：0750-3365944
邮　　箱：jmpj@pub.jiangmen.gd.cn
网　　址：www.pj.com.cn
主要产品：塑料涂料，粉末涂料，木器装修涂料，耐高温涂料，墙面涂料，工业涂料

公司名称：江门四方威凯精细化工有限公司
地　　址：广东省江门市蓬江区棠下镇金桐二路8号
邮　　编：529085
电　　话：0750-3579385
传　　真：0750-3579386
邮　　箱：xsb@sfwk.com
网　　址：www.sfwk.com
主要产品：汽车涂料，摩托车涂料，金属涂料，塑胶涂料

公司名称：江门新会区杜阮保奇涂料厂
地　　址：广东省江门市新会区杜阮镇龙榜工业区
邮　　编：529163
电　　话：0750-3676370

传　　真：0750-3676808
邮　　箱：baoqipainps@163.com
主要产品：金属涂料

公司名称：揭阳市港信粘胶涂料厂
地　　址：广东省揭阳市磐东河中村
邮　　编：522071
电　　话：0663-8810797
主要产品：白乳胶，乳胶漆

公司名称：揭阳市天银化工实业有限公司
地　　址：广东省揭阳市揭东县开发区华安路南段
邮　　编：515500
电　　话：0663-3284222
传　　真：0663-3286444
邮　　箱：gdtianyin@21cn.net
网　　址：www.tianyin-chemical.com
主要产品：涂料，造纸化学品，涂料助剂，水性胶黏剂

公司名称：金甲化工企业(中山)有限公司
地　　址：广东省中山市港口镇穗安村第二工业区
邮　　编：528447
电　　话：0760-88404001(1-3) 88404005（5-9）
传　　真：0760-88406630
邮　　箱：zstj@kingfirst.cn
网　　址：www.kingfirst.cn
主要产品：CD光盘油墨，PUB 油墨，塑料涂料，恒温涂料

公司名称：金球士涂料(东莞)有限公司
地　　址：广东省东莞市大朗镇水平工业区
电　　话：0769-3120018 3120038 3120068
传　　真：0769-313354
主要产品：涂料

公司名称：金森源涂料制造有限公司
地　　址：广东省汕头市澄海区上华镇陇美村山家片工业区
邮　　编：515824
电　　话：0754-85871901
主要产品：涂料，树脂

公司名称：金英柏实业(深圳)有限公司
地　　址：广东省深圳市龙岗区坪地六联鹤鸣西路郎山工业区 2 号
邮　　编：518117
电　　话：0755-84087111
传　　真：0755-84087398
邮　　箱：jyb1168@hotmail.com
网　　址：www.jybhg.com
主要产品：UV光油，UV 底漆

公司名称：锦龙化工厂
地　　址：广东省东莞市大朗镇沙步工业区
邮　　编：523836
电　　话：0769-83188799
主要产品：电镀金油(封闭漆),拉链头用涂料

公司名称：九龙华润涂料有限公司
地　　址：广东省江门市蓬江区杜阮镇高科技工业园
邮　　编：528306
电　　话：0750-3660777
传　　真：0750-3660270
网　　址：www.jiulonghuarun.com
主要产品：乳胶漆，装修涂料，硝基涂料，家具涂料

公司名称：巨升实业有限公司
地　　址：广东深圳市福田区车公庙泰然六路 213 栋 3 楼 A 区
电　　话：0755-83897917
传　　真：0755-83876786
主要产品：商用橡胶地板，PVC 塑胶地板

公司名称：钧彩化工有限公司
地　　址：广东省深圳市龙岗区平湖镇辅城坳凤岐路 2-3 号
邮　　编：518111
电　　话：0755-84013402
邮　　箱：juncai1@163.com
主要产品：机壳涂料，橡胶涂料，软胶涂料，玩具涂料

公司名称：科帝涂料(深圳)有限公司
地　　址：广东省深圳市宝安区
邮　　编：518132
电　　话：0755-27175069
主要产品：氟碳涂料，耐热性涂料，耐磨性涂料

公司名称：来亿化工(深圳)有限公司
地　　址：广东省深圳市中港区罗田村
邮　　编：518105
电　　话：0755-27063266
传　　真：0755-27063066
主要产品：木器涂料，工业涂料

公司名称：立邦涂料(广东)有限公司广州分公司
地　　址：广东省广州市经济技术开发区风华 2 路 1 号
邮　　编：510203
电　　话：020-22301687 22301533
主要产品：木器涂料，乳胶漆汽车涂料，塑胶涂料，工业涂料

公司名称：立大化工有限公司
地　　址：广东省佛山市顺德区伦教镇荔村工业区
邮　　编：528000
电　　话：0757-27885388 27885391
传　　真：0757-27885396
邮　　箱：liu@lida88.com
网　　址：www.lida88.com
主要产品：防污闪涂料，防污涂料，RTV 涂料

公司名称：利光油墨有限公司
地　　址：广东省佛山市南海区罗村务庄荣兴工业区 3 路 3 号
邮　　编：528226
电　　话：0757-85551642 85517516
传　　真：0757-85526963
主要产品：丝网印刷油墨，涂料

公司名称：茂名市伟盛环保涂料有限公司
地　　址：广东省茂名市新福路新福装饰材料市场西区街 6A6B
邮　　编：525000
电　　话：0668-2830503
主要产品：墙面涂料

公司名称：梅州市正大金丽涂料化工有限公司
地　　址：广东省梅州市兴宁福兴开发区
邮　　编：514521
电　　话：0753-3299188
传　　真：0753-3299138
主要产品：乳胶漆

公司名称：美家化工(惠州)有限公司
地　　址：广东省惠阳市新墟镇东风管理区
邮　　编：516223
电　　话：0752-3525199
传　　真：0752-3339262
主要产品：PU涂料，PE 涂料，NC 涂料，AC 涂料，UV 涂料

公司名称：美家化工厂
地　　址：广东省深圳市布吉镇丹竹头新工业区恋珠东巷 9 号
邮　　编：5116223
电　　话：0752-3339260
传　　真：0752-3339262
邮　　箱：sales@megapaintsz.com
网　　址：www.szmega.cn
主要产品：PU涂料，PE 涂料，NC 涂料，AC 涂料，UV 涂料

公司名称：多美丽涂料有限公司
地　　址：广东省佛山市顺德区大良大门工业区
邮　　编：528300
电　　话：0757-22663481
传　　真：0757-22663480
主要产品：硬胶涂料，PVC 涂料，五金涂料，聚酯涂料，藤器涂料

公司名称：明泰化工实业有限公司
地　　址：广东省佛山市顺德区伦教镇龙洲路三洲工业区
邮　　编：528300
电　　话：0757-28617703 28617710
传　　真：0755-28617701
主要产品：内外墙乳胶漆，高档聚酯涂料，NC 硝基涂料，地板涂料，工业涂料

公司名称：南海澳美化工有限公司
地　　址：广东省佛山市南海单灶镇金沙西联工业区
邮　　编：528225
电　　话：0757-86618996
传　　真：0757-86618997
主要产品：汽车焗漆，摩托车系列涂料，特种涂料，耐高温涂料

公司名称：南海澳太实业有限公司
地　　址：广东省佛山市南海区金沙新安路 2 号
邮　　编：528223
电　　话：0757-86614383
传　　真：0757-86614788
主要产品：水性内外墙乳胶漆，通用色浆

公司名称：南海区大金宇涂料厂
地　　址：广东省佛山市南海区小塘镇洞边开发区
邮　　编：528222
电　　话：0757-86668698
传　　真：0757-86668698
主要产品：印铁罩光漆，白磁油底漆

公司名称：南海区金沙新安华鸿化工厂
地　　址：广东省佛山市南海区金沙东联拾陈化工工业园

邮　　编：528223
电　　话：0757-86619177
主要产品：内外墙乳胶漆

公司名称：南海区松岗伟海鸿粉末涂料厂
地　　址：广东省佛山市南海区松岗镇龙头村
邮　　编：528234
电　　话：0757-85226001
传　　真：0757-85226001
主要产品：粉末涂料

公司名称：南海市东联涂装有限公司(南海晓港粉末涂料有限公司)
地　　址：广东省佛山市南海区里水镇甘蕉上街村西线公路
电　　话：0757-85663036 85667086
传　　真：0757-85667086
主要产品：粉末涂料

公司名称：南海市松岗志华粉末涂料厂
地　　址：广东省佛山市南海区松岗镇龙头村
邮　　编：528234
电　　话：0757-85229258
主要产品：粉末涂料

公司名称：南雄市瑞丽康涂料有限公司
地　　址：广东省韶关市南雄市雄东路251号
邮　　编：510023
电　　话：0751-3873863
邮　　编：0751-3873863
主要产品：水性建筑涂料

公司名称：南雄市雄峰油漆厂有限责任公司
地　　址：广东省南雄市黎口镇雄江路一公里处
邮　　编：512400
电　　话：0751-3822579
传　　真：0751-3822579
主要产品：工业涂料，家具涂料，金属涂料

公司名称：磐兴涂料(惠州)有限公司
地　　址：广东省惠州市博罗县龙溪镇宫廷工业区
邮　　编：516121
电　　话：0752-6860080
传　　真：0752-6872389
主要产品：工业涂料，木器涂料

公司名称：琪创化工有限公司
地　　址：广东省东莞市黄江镇长龙金辉工业园
邮　　编：523750
电　　话：0769-83628537
传　　真：0769-83628537
主要产品：木器涂料，木塑涂料，塑胶涂料，POLY涂料等

公司名称：启迪(东莞)油漆有限公司
地　　址：广东省东莞市虎门镇陈村黄金山庄工业区
邮　　编：523923
电　　话：0769-85553070
主要产品：家具涂料

公司名称：青松(丰彩)涂料厂
地　　址：广东省东莞市寮步镇坑口红荔路91号3楼
邮　　编：523000
电　　话：0769-83662022
传　　真：0769-83662023
主要产品：机壳涂料，塑胶涂料，五金涂料，玻璃涂料

公司名称：清远汇强化工有限公司
地　　址：广东省清远市经济开发区阳光新城六号区
邮　　编：511517
电　　话：0763-3483506 3483681
传　　真：0763-3483773
邮　　箱：liuge1023@163.com
主要产品：涂料

公司名称：清远市长江银龙涂料有限公司
地　　址：广东省清远市龙塘镇陂坑华电工业区
邮　　编：511500
电　　话：0763-3682616
传　　真：0763-3682615
邮　　箱：cjyltl@cjyltl.com
网　　址：www.cjyltl.com
主要产品：导电涂料，电镀涂料，裂纹漆，塑胶涂料

公司名称：三彩化工有限公司
地　　址：广东省佛山市
邮　　编：528000
电　　话：0757-80303539
传　　真：0757-82206755
主要产品：工业涂料，机壳涂料

公司名称：三成宏基化工有限公司
地　　址：广东省惠州市惠阳区镇隆镇旱亚村工业区
邮　　编：516227
电　　话：0752-39580936
传　　真：0752-3958098
主要产品：塑胶涂料

公司名称：三龙涂料有限公司
地　　址：广东省广州市惠城区潼湖永平村工业区
邮　　编：516963
电　　话：0752-3890963
传　　真：0752-3891963
邮　　箱：sinlongtiang@163.com
主要产品：涂料，油墨

公司名称：森尼永昌实业有限公司
地　　址：广东省佛山市顺德区北滘镇坤洲工业区群力路
邮　　编：528312
电　　话：0757-26603396
传　　真：0757-26603352
邮　　箱：sales@dm-daco.com
网　　址：www.dm-daco.com
主要产品：粉末涂料，静电喷涂

公司名称：汕头市澄海区新长成涂料有限公司
地　　址：广东省汕头市澄海区上华镇渡头工业区
邮　　编：515824
电　　话：0754-85601298
传　　真：0754-85601688
邮　　箱：yabang@ybxcc.com
网　　址：hybxcc.com
主要产品：无毒塑胶玩具涂料，硝基涂料，PU聚酯涂料，金属烘漆

公司名称：上方(高登)化工有限公司
地　　址：广东省惠州市惠台工业区54号
邮　　编：518111
电　　话：0752-2603730
主要产品：塑胶涂料，标准防酒精涂料，PVC涂料，橡胶涂料，绝缘涂料

公司名称：深汇奇涂料(深圳)有限公司
地　　址：广东省深圳市宝安区观澜牛湖君子布村
邮　　编：518110
电　　话：0755-28085984
传　　真：0755-28085985
主要产品：五金烤漆，地坪涂料，建筑涂料

公司名称：深圳澳达涂料有限公司
地　　址：深圳市宝安福永镇白石厦东区村民工业区6栋
邮　　编：518103
电　　话：0755-27307717 27307787
传　　真：0755-27307373
邮　　箱：info@aoda-paint.com
网　　址：www.koala-paint.com
主要产品：涂料

公司名称：深圳比丽涂料有限公司
地　　址：广东省深圳市南山区蛇口公园南路海尚国际丰盛阁28B
邮　　编：518067
电　　话：0755-26683922
传　　真：0755-26683922
主要产品：醇酸涂料，氯化橡胶，环氧涂料，丙烯酸聚氨酯涂料

公司名称：深圳长润发涂料有限公司
地　　址：深圳市南山区海德兰道199号天利中央商务广场A座20楼
邮　　编：518054
电　　话：0755-26530390
传　　真：0755-26543874
网　　址：www.changrunfa.com
主要产品：涂料，树脂

公司名称：深圳德宝化工有限公司
地　　址：广东省深圳市龙岗区坪地镇坪西村香元排第一工业区
邮　　编：51811
电　　话：0755-89949666
传　　真：075589942688
邮　　箱：info@szdebao.com.cn
网　　址：www.szdebao.com.cn
主要产品：家具涂料

公司名称：深圳迪爱生化学有限公司(深圳高氏劳瑞油墨化学有限公司)
地　　址：广东省深圳市龙岗区中心城回龙路300号
邮　　编：518172
电　　话：0755-28941170
传　　真：0755-28941099
主要产品：耐蒸煮油墨

公司名称：深圳东明涂料有限公司
地　　址：广东省深圳市宝安区公明镇狮山工业区
邮　　编：518106
电　　话：0755-27436816 27436297
传　　真：0755-27436002
网　　址：www.szdongming.com
主要产品：五金烤漆，木器涂料，塑胶涂

料，建筑涂料，家具涂料

公司名称：深圳飞扬实业有限公司
地　　址：广东省深圳市沙井沙四村飞扬路1号
邮　　编：518104
电　　话：0755-27237252/5
主要产品：家具涂料，装修涂料，乳胶漆，水性涂料

公司名称：深圳冠月实业有限公司
地　　址：深圳市福华三路世纪中心广场B座182号
邮　　编：518078
电　　话：0755-82413513 82921210
传　　真：0755-82405466
邮　　箱：info@guanyue-cn.com
网　　址：www.guanyue-cn.com

公司名称：深圳海川新材料科技有限公司
地　　址：广东省深圳市福田区车公庙天安数码城F3.8栋C、D座八楼
邮　　编：518040
电　　话：0755-8330066
传　　真：0755-8330072 68330072
邮　　箱：pid@oceanpower.com benny@oceanpower.com
网　　址：www.oceanpower.com
主要产品：建筑涂料，工业涂料，特种涂料

公司名称：深圳汉龙科技开发有限公司
地　　址：广东省深圳市龙岗区龙城工业园留学生创业园
邮　　编：518000
电　　话：0755-28938215
传　　真：0755-28938298
主要产品：水溶性玻璃烘烤涂料，水溶性绝缘涂料，烘烤涂料

公司名称：深圳赫立斯实业有限公司
地　　址：广东省深圳市福田区益田花园豪园居叠彩轩206
邮　　编：518040
电　　话：0755-83470299
网　　址：www.sherras.com
主要产品：无机矿物涂料，氟碳涂料，建筑涂料，硅基乳胶漆

公司名称：深圳弘深精细化工有限公司
地　　址：广东省深圳市福田区林园东路10号弘深工业大厦3楼
邮　　编：518049
电　　话：0755-83128428
邮　　箱：zhumin.168@163.com
网　　址：www.szhongshen.com
主要产品：聚氨酯防水涂料，承接防水工程

公司名称：深圳佳德威油漆有限公司
地　　址：广东省深圳宝安西乡草围村佳德威工业园
电　　话：0755-27517328
传　　真：0755-27517698
网　　址：www.jiadewei.cn
主要产品：涂料，溶剂

公司名称：深圳嘉达化工有限公司
地　　址：广东省深圳市福田区上步中路1039号信托大厦东座6楼
邮　　编：518028
电　　话：0755-83363315 83241872
传　　真：0755-83241873
邮　　箱：szjiada@coloys.com
网　　址：www.szjiada.com
主要产品：涂料

公司名称：深圳礼尚亨涂料有限公司
地　　址：广东省肇庆市大旺高新科技园工业区
邮　　编：518067
电　　话：0755-26826875
传　　真：0755-26826873
网　　址：www.idopa.com
主要产品：工业涂料

公司名称：深圳瑞胜化工有限公司
地　　址：广东省深圳市龙岗区坪山江岭村赤坳工业区20号
邮　　编：518000
电　　话：0755-27714555
传　　真：0755-27715772
主要产品：金属涂料，工业涂料

公司名称：深圳三叶制漆有限公司
地　　址：深圳市宝安区福永镇桥头福山工业区
邮　　编：518103
电　　话：0755-27305198 27304668 27305346
传　　真：0755-27304298
邮　　箱：threeleaves @ threeleaves.com
网　　址：www.threeleaves.com

公司名称：深圳尚宏化工有限公司
地　　址：广东省深圳市龙岗区坪地镇六联村鹤鸣西路3号
邮　　编：518119
电　　话：0755-84088822 84048833 84048855 84048866
传　　真：0755-84087564
邮　　箱：shanghong_888@126.com
网　　址：www.szshanghong.com
主要产品：工业涂料，木器涂料

公司名称：深圳市安元信实业有限公司
地　　址：深圳市滨河大道5003号爱地大厦西座9C
邮　　编：518045
电　　话：0755-83555766
传　　真：0755-83555766
主要产品：涂料，橡胶

公司名称：深圳市宝光工业有限公司
地　　址：广东省深圳市宝安区沙井上南东路235号
邮　　编：518125
电　　话：0755-27420555 27420777 27427779 27420111
传　　真：0755-27420050
网　　址：www.baoguangpaint.com
主要产品：建筑涂料，家具涂料，工业烤漆，工业塑胶涂料

公司名称：深圳市彩韵装饰材料有限公司
地　　址：深圳市龙岗区坑梓镇沙田村彩田路20号
邮　　编：518118
电　　话：0755-89935468 89935478
传　　真：0755-89935488
网　　址：www.szcaiyun.com
主要产品：涂料

公司名称：深圳市长润发涂料有限公司
地　　址：广东省深圳市南山区海德三道199号天利中央商务广场A座20楼
邮　　编：518054
电　　话：0755-26530390
传　　真：0755-26453847
网　　址：www.changrunfa.com
主要产品：聚酯涂料，地板涂料，硝基涂料，内外墙乳胶漆

公司名称：深圳市长先科技实业有限公司
地　　址：广东省深圳市南山区龙城路104号圣达吉大厦七楼
邮　　编：518067
电　　话：0755-26689086 26852596
传　　真：0755-26689087
邮　　箱：szcxcy@public.szptt.net.cn
网　　址：www.changxian.com.cn
主要产品：自干型绝缘涂料

公司名称：深圳市大将涂料有限公司
地　　址：广东省深圳市龙岗区坑子镇大窝村龙窝工业区
邮　　编：518118
电　　话：0755-84112260 84112558
传　　真：0755-84112256
网　　址：www.szdajiang.com
主要产品：钢琴涂料，木盒涂料

公司名称：深圳市道尔化工涂料有限公司
地　　址：广东省深圳市龙岗区布吉镇坂田村第三工业区
邮　　编：518129
电　　话：0755-84168881
传　　真：0755-84168800
网　　址：www.daoer.cn
主要产品：环氧玻璃涂料，灯饰涂料，快干耐黄玻璃涂料，水性环保耐黄玻璃涂料，水性环保金属烤涂料

公司名称：深圳市东亚粉末涂料有限公司
地　　址：广东省深圳市南山区关口二路安乐第七工业区18栋
邮　　编：518052
电　　话：0755-26977738
传　　真：0755-26976938
主要产品：外墙涂料，热固性粉末涂料

公司名称：深圳市东亚升实业有限公司
地　　址：广东省深圳市宝安区丰港街道办罗田社区第三工业区广田路达丰科技园三栋
邮　　编：518055
电　　话：0755-26014321
传　　真：0755-26014303
主要产品：粉末涂料

公司名称：深圳市东溋化工实业有限公司
地　　址：广东省深圳市龙岗区同乐浪背工业区兴东街3号楼
邮　　编：518116
电　　话：0755-84290566
传　　真：0755-84806938
主要产品：ABS喷漆，烤漆，珠光粉，涂料

公司名称：深圳市动盈科技有限公司
地　　址：广东省深圳龙岗深惠路爱联段268号
邮　　编：518020
电　　话：0755-28998670 28956670

28955656
传　　真：0755-28954502 33609643
邮　　箱：specialcoating@yahoo.com.cn
网　　址：www.specialcoating.net
主要产品：金属涂料，双组分环氧玻璃烤漆

公司名称：深圳市多尼斯实业有限公司
地　　址：深圳大围新工业区2号
邮　　编：518101
电　　话：0755-27692181 27476756
传　　真：0755-27692181
邮　　箱：sales@dollens.com
主要产品：涂料

公司名称：深圳市飞扬实业有限责任公司
地　　址：深圳沙井沙四村飞扬路1号
邮　　编：518104
电　　话：0755-27237277 23727769
传　　真：0755-27237280
主要产品：涂料，树脂，特殊化学品

公司名称：深圳市富大众科技有限公司
地　　址：广东省深圳市宝安石岩创维工业区丽景园A三栋
邮　　编：518100
电　　话：0755-27621191
传　　真：0755-27350499
主要产品：包装材料，涂料，电镀材料

公司名称：深圳市富莱得科技发展有限公司
地　　址：广东省深圳市龙华民治大道汇宝江大厦A209
邮　　编：518131
电　　话：0755-83722755
传　　真：0755-83722700
邮　　箱：flat@szfldf.com
网　　址：www.szfldf.com
主要产品：环氧树脂地坪涂料

公司名称：深圳市富美琦实业有限公司
地　　址：广东省深圳市光明新区公明镇塘家村第一工业区十八栋
邮　　编：518106
电　　话：0755-27175305 27175309
传　　真：0755-27175317
邮　　箱：sales@szfmq.com
网　　址：www.szfmq.com
主要产品：热固性粉体涂料

公司名称：深圳市广田环保涂料有限公司
地　　址：广东省深圳市宝安区福永镇桥头桥塘路
邮　　编：518103
电　　话：0755-27305198 27304668
传　　真：0755-27304298
邮　　箱：gt317@163.com
网　　址：www.gt317.com www.three-leaves.com www.grandland-paint.com
主要产品：建筑涂料，家具涂料，装修涂料

公司名称：深圳市国力威涂料有限公司
地　　址：广东省深圳市罗湖区宝安北路国际商品交易大厦6楼C28
邮　　编：518023
电　　话：0755-82669772 82058130
传　　真：0755-82441486
邮　　箱：glw@szglw.com
网　　址：www.szglw.com
主要产品：工业涂料

公司名称：深圳市海润化工涂料有限公司
地　　址：广东省深圳市龙岗区坪地镇六联工业区
邮　　编：518100
电　　话：0755-84858082 84858109
邮　　箱：saledept@herocating.com.cn
网　　址：www.herocoating.com.cn
主要产品：塑胶UV涂料，真空电镀热固化涂料，真空电镀UV涂料

公司名称：深圳市豪虹涂料有限公司
地　　址：深圳市南山区创业路现代城华庭3栋18A
邮　　编：518054
电　　话：0755-86170926 86170936
传　　真：0755-86170906
邮　　箱：hoven@szhoven.com hoven@118.net
网　　址：www.szhoven.com

公司名称：深圳市昊雪新材料科技股份有限公司
地　　址：广东省深圳市南山区西丽镇沿河路天地工业厂房
邮　　编：518055
电　　话：0755-86238790
传　　真：0755-86238591
邮　　箱：sales@haoxue.com
网　　址：www.haoxue.com
主要产品：防火涂料，配套防腐面漆，钢结构防火涂料，配套防腐底漆

公司名称：深圳市汇丽彩漆业有限公司
地　　址：广东省深圳市宝安区福永镇和平村松发工业园B2栋4楼
邮　　编：518103
电　　话：0755-88822522
传　　真：0755-88855322
邮　　箱：sz_hlc999@163.com
网　　址：www.hlc-sz.com
主要产品：工业涂料，塑胶涂料，五金烤漆，PU系列烤漆

公司名称：深圳市基亚化工有限公司
地　　址：广东省深圳市南山区西丽路雅丽阁404号
邮　　编：518055
电　　话：0755-26622986
传　　真：0755-26622986
主要产品：水性内外墙涂料，氟碳涂料涂料，油性外墙涂料

公司名称：深圳市嘉卓成科技发展有限公司
地　　址：广东省深圳龙岗区坪山镇赤坳工业区99号
邮　　编：518111
电　　话：0755-89936526
传　　真：0755-89936000
网　　址：www.jzc.com.cn
主要产品：热塑性丙烯酸树脂涂料，丙烯酸烘漆

公司名称：深圳市金南化工有限公司
地　　址：广东省深圳市龙岗区坪山镇田心村金田路432号
邮　　编：518118
电　　话：0755-84631723
传　　真：0755-84631382
邮　　箱：jnhgzsk@163.com
网　　址：www.jnhg.com.cn
主要产品：水性建筑涂料，黏合剂

公司名称：深圳市金泳实业发展有限公司
地　　址：广东省深圳市光明新区公明街上村莲塘工业区
邮　　编：518106
电　　话：0755-27113998
网　　址：www.goldbrush.net
主要产品：硬胶涂料，ABS涂料，塑料涂料，机壳涂料，塑胶涂料，塑料涂料

公司名称：深圳市景江化工有限公司
地　　址：广东省深圳市佛田区梅林路开科大厦东5楼
邮　　编：518049
电　　话：0755-26519037
传　　真：0755-26519040
主要产品：工业地坪涂料

公司名称：深圳市康邦环保科技有限公司
地　　址：广东省深圳市平湖镇白泥坑良白路18号
邮　　编：518129
电　　话：0755-89698613 84661688
传　　真：0755-89698613
邮　　箱：Maeket@canbang.com
网　　址：www.canbang.com
主要产品：玻化涂料，防水隔热塑钢涂料，水性保封固底漆，负离子涂料

公司名称：深圳市康乐菲实业有限公司
地　　址：广东省深圳市福田农林路深南汽配市场三楼30-35号
邮　　编：518040
电　　话：0755-83543178 83543179 83543184
传　　真：0755-83543197
邮　　箱：kero@szkero.com
网　　址：www.szkero.com
主要产品：内外墙涂料

公司名称：深圳市科经纳涂料有限公司
地　　址：深圳市龙岗平湖镇平湖村高原路
邮　　编：518111
电　　话：0755-28840628
传　　真：0755-28841060
主要产品：涂料

公司名称：深圳市科隆化工制品有限公司
地　　址：深圳市龙华镇大浪村华发路塘窝工业区
邮　　编：5180109
电　　话：0755-28109866 28109633
传　　真：0755-28109766
邮　　箱：szkl@cacio.cn
网　　址：www.cacio.cn
主要产品：建筑涂料

公司名称：深圳市坤展实业有限公司
地　　址：广东省深圳市龙华东环一路南方明珠商业城B座5楼553室
邮　　编：518109
电　　话：0755-28062168 28062658
传　　真：0755-28062658
邮　　箱：xjy-2001@163.com
网　　址：www.szkz999.com
主要产品：地板涂料

公司名称：深圳市朗科化工有限公司
地　　址：广东省深圳市龙岗镇龙西工

业区
邮　　编：518112
电　　话：0755-84879224
传　　真：0755-84878950
主要产品：氟碳涂料，水性木器涂料，水性金属涂料

公司名称：深圳市立群科技有限公司
地　　址：广东省深圳市梅林关口梅龙公路西侧名卓大厦B座601室
邮　　编：518131
电　　话：0755-88856995
传　　真：0755-29738825
网　　址：www.liqunkeji.com
主要产品：环氧地坪涂料

公司名称：深圳市联碳化工有限公司
地　　址：深圳市福田工业区
邮　　编：518122
电　　话：0755-27933797
传　　真：0755-27932364
邮　　箱：web@szltqy.com
网　　址：www.szltqy.com
主要产品：涂料

公司名称：深圳市龙岗区横岗金恒富涂料厂
地　　址：广东省深圳市龙岗区横岗镇安良三角龙工业区安居路52号2楼
邮　　编：518115
电　　话：0755-28659808
传　　真：0755-84260444
主要产品：五金烤漆，内外墙涂料

公司名称：深圳市龙岗区坪地镇新恒昌涂料厂
地　　址：广东省深圳市龙岗区
邮　　编：518117
电　　话：0755-84084358
传　　真：0755-84084358
主要产品：家具涂料

公司名称：深圳市龙岗区永发化工涂料厂
地　　址：广东省深圳市龙岗区爱联乡嶂背工业区
邮　　编：518172
电　　话：0755-28946311
传　　真：0755-28946311
主要产品：溶剂型涂料，水性涂料

公司名称：深圳市龙岗区兆昌化工
地　　址：广东省深圳市龙岗区龙平东路新龙岗花园南1栋611室
邮　　编：518172
电　　话：0755-84891199
传　　真：0755-28935438
主要产品：橡胶涂料，电镀油，PU罩光油

公司名称：深圳市龙岗永丰化工有限公司
地　　址：广东省深圳市龙岗区同乐池屋村工业区
邮　　编：518116
电　　话：0755-84844898
传　　真：0755-84294012
主要产品：工业涂料

公司名称：深圳市美丽华油墨涂料有限公司
地　　址：广东省深圳市宝安区福永镇
邮　　编：518103
电　　话：0755-29969980
传　　真：0755-29969955
主要产品：丝印移印，喷墨油墨，水性涂料，油墨

公司名称：深圳市美日化工有限公司
地　　址：广东省广东省深圳市龙岗区布吉镇沙湾沙岭小区五巷8号301室
邮　　编：518114
电　　话：0755-28714018
传　　真：0755-84732351
主要产品：塑料涂料，UV光油，硬胶涂料，耐醇机壳涂料

公司名称：深圳市盟友化工有限公司
地　　址：广东省深圳市宝安区松岗镇楼岗村下碑工业区福进路18号
邮　　编：518028
电　　话：0755-27055275 27055277
传　　真：0755-27055578
网　　址：www.gdszally.com
主要产品：金属涂料，木器涂料，玻璃涂料

公司名称：深圳市明远氟涂料有限公司
地　　址：广东省深圳市龙岗区坪山镇汤坑工业区同富西路88号
邮　　编：518118
电　　话：0755-89935549
传　　真：0755-89935825
邮　　箱：my@mycoating.com
网　　址：www.mycoating.com
主要产品：氟碳涂料，建筑墙体涂料系列

公司名称：深圳市鸣初科技有限公司
地　　址：广东省深圳市宝安区龙华街道办同富裕工业村第一栋
邮　　编：518109
电　　话：0755-81781818
传　　真：0755-81781000
主要产品：UV固化涂料，电子UV涂料

公司名称：深圳市庞盛化工有限公司
地　　址：深圳市人民北路3131号水产大厦5楼C座
邮　　编：518001
电　　话：0755-82198778
传　　真：0755-82198778
邮　　箱：pangsheng888@sohu.com

公司名称：深圳市平湖镇龙高香港有限公司
地　　址：广东省深圳市平湖镇辅城坳新桥一路99号
邮　　编：518000
电　　话：0755-89684866
传　　真：0755-89684666
邮　　箱：longgao3@163.com
主要产品：无毒硬胶涂料，PVC油，波丽工艺，PVC

公司名称：深圳市漆宝化工有限公司
地　　址：深圳市松岗镇楼岗村大洋工业区
邮　　编：518116
电　　话：0755-27139096
传　　真：0755-27055761
主要产品：涂料

公司名称：深圳市千浪化工中国有限公司
地　　址：广东省深圳市龙港区坪山街道沙湖居委会黄二村
邮　　编：518132
电　　话：0755-27175470
传　　真：0755-84624379
主要产品：塑胶机壳涂料，UV涂料，导电涂料，硅胶涂料，PU涂料，橡胶涂料

公司名称：深圳市千木化工有限公司
地　　址：广东省深圳市深圳市龙岗区龙岗镇龙平路楚丰广场16-18号
邮　　编：518116
电　　话：0755-84613119
传　　真：0755-89759088
网　　址：www.szqmhg.com
主要产品：防腐涂料，氟碳涂料，内外墙乳胶漆

公司名称：深圳市群力新技术有限公司
地　　址：深圳市宝安区龙华镇东环二路第十工业区
邮　　编：518109
电　　话：0755-28172956 28172946
传　　真：0755-28172979
邮　　箱：sales@qunly.com
网　　址：www.qunly.com
主要产品：防腐涂料

公司名称：深圳市天健涂料科技开发有限公司
地　　址：深圳市龙岗区坑梓镇沙田下廖村天健工业区1-5栋
邮　　编：518122
电　　话：0755-84127578 84127676
传　　真：0755-84126554
邮　　箱：bgs@tjcoat.com
网　　址：www.tgcoat.com
主要产品：涂料

公司名称：深圳市天日禾实业有限公司
地　　址：深圳市松岗镇楼岗村大洋工业区
邮　　编：518105
电　　话：0755-27055506 27055507 27055508
传　　真：0755-27055505
邮　　箱：tanying@haisnli.com
网　　址：www.tianrihe.com
主要产品：涂料

公司名称：深圳市兴喜化工有限公司
地　　址：深圳市布吉镇布龙公路448号
邮　　编：518112
电　　话：0755-33212555 28535111 28535777
传　　真：0755-28534894
邮　　箱：lsy@szxingxi.com
网　　址：www.szxingxi.com
主要产品：涂料

公司名称：深圳市优业工业地板工程有限公司
地　　址：广东省深圳市华发南路金宝城大厦金银阁12楼C座
邮　　编：518031
电　　话：0755-83795136
传　　真：0755-83791634

公司名称：深圳市中天信涂料化工有限公司
地　　址：深圳市龙岗区龙平西路志达工业园7号
邮　　编：518105
电　　话：0755-84633001

传　　真：0755-284633009
邮　　箱：ztx@ztx-paint.com
网　　址：www.ztx-paint.com
主要产品：涂料

公司名称：深圳天虹化工实业有限公司
地　　址：深圳市宝安区福永镇和平同富裕工业区
邮　　编：518103
电　　话：0755-27314400
传　　真：0755-27314178
邮　　箱：zxwrainbow@yahoo.com.cn
网　　址：www.rainbowsz.com
主要产品：涂料

公司名称：深圳展辰达化工有限公司
地　　址：深圳市光明新区白花工业园区
邮　　编：518107
电　　话：0755-29089111 27403405
传　　真：0755-27403403
网　　址：www.zhanchenda.com
主要产品：乳胶漆，室内装修涂料，家具涂料

公司名称：胜玉高科国际集团有限公司
地　　址：广东省广州市花都区花山镇花城村新庄路
邮　　编：510070
电　　话：020-8695418
传　　真：020-86954588
网站地址：www.sygk.com
主要产品：家具涂料，木器涂料

公司名称：施美克化工有限公司
地　　址：广东省惠州市惠阳区新墟镇约场工业区
邮　　编：516225
电　　话：0752-3524788 3524688
传　　真：0752-3524799
邮　　箱：semeka@163.com
网　　址：www.semeka.cn
主要产品：汽车涂料

公司名称：实伟涂料油漆有限公司
地　　址：广东省佛山市南海区里水镇大冲展旗工业区
邮　　编：528244
电　　话：0757-85637558
传　　真：0757-85637518
主要产品：五金烤漆

公司名称：顺德百色富涂料有限公司
地　　址：广东顺德大良镇南国路飞鹅岗西侧
邮　　编：528300
电　　话：0757-25632935
传　　真：0757-22291935
主要产品：内、外墙涂料

公司名称：顺德北滘镇迪邦涂料实业有限公司
地　　址：广东省佛山市顺德区北滘镇水口工业区
邮　　编：528311
电　　话：0757-26671018
传　　真：0757-26667063
邮　　箱：dipon1993@163.com
网　　址：www.dipon.cn
主要产品：家具涂料，装修涂料，建筑涂料

公司名称：顺德创景实业有限公司
地　　址：广东省佛山市顺德区容桂镇幸福豪苑海旭阁402室
邮　　编：528305
电　　话：0757-28962637
传　　真：0757-28891367
主要产品：水性木器涂料，干粉砂浆，墙纸粉

公司名称：顺德德龙涂料有限公司
地　　址：广东省佛山市顺德区大良镇沙头工业区
邮　　编：528300
电　　话：0757-22259979
主要产品：家具涂料，装修涂料，建筑涂料

公司名称：顺德鸿昌(集团)有限公司
地　　址：广东省佛山市顺德区均安镇太平工业区
邮　　编：518035
电　　话：0757-25382333 25382369
传　　真：0757-25578383
邮　　箱：mark@hong-chang.com
网　　址：www.hong-chang.com
主要产品：装修涂料，家具涂料

公司名称：顺德华诚化工实业有限公司
地　　址：广东省佛山市顺德容桂镇华口天九围华天路5号
邮　　编：528303
电　　话：0757-28805610
传　　真：0757-28805610
主要产品：金属涂料，家具涂料

公司名称：顺德环宇实业有限公司
地　　址：广东省佛山市顺德区均安镇四埠工业区
邮　　编：528329
电　　话：0757-25578288 25578688 25593238
传　　真：0757-25597333
邮　　件：hy@sdhuanyu.net
网　　址：www.sdhuanyu.net
主要产品：塑料粉末涂料

公司名称：顺德科德化工实业有限公司
地　　址：广东省佛山市顺德区大良五沙工业区新辉路13号
邮　　编：528000
电　　话：0757-26382347 26382327
邮　　箱：Kodest@Kodest.com
网　　址：www.kodest.com
主要产品：阴极电泳涂料

公司名称：顺德科斯化工有限公司
地　　址：广东省顺德市乐从镇杨窖北沙工业区
邮　　编：528316
电　　话：0757-28919322
传　　真：0757-28820374

公司名称：顺德美侨化工有限公司
地　　址：广东省顺德均安镇沙浦工业开发区
邮　　编：528329
电　　话：0757-25386571-8
传　　真：0757-25587656

公司名称：顺德明邦化工实业有限公司
地　　址：广东顺德容桂镇容里华昌工业区
电　　话：0757-28686888
传　　真：0757-28686887
网　　址：www.mingbangpaint.com
主要产品：涂料，汽车涂料

公司名称：顺德区百色富涂料有限公司
地　　址：广东省佛山市顺德区飞鹅岗工业区
邮　　编：528300
电　　话：0757-25632935
传　　真：0757-22291935
主要产品：乳胶漆

公司名称：顺德区海骏化工有限公司
地　　址：广东省佛山市顺德区均安镇太平工业区
邮　　编：528329
电　　话：0757-25386228
传　　真：0757-25386220
主要产品：聚酯涂料

公司名称：顺德区华嘉实业有限公司
地　　址：广东省佛山市顺德区乐从镇沙边工业区
邮　　编：528316
电　　话：0757-28834838
传　　真：0757-28821606
主要产品：木器涂料，玻璃涂料，金属涂料，陶瓷涂料，水性涂料

公司名称：顺德区均安镇新彩时兴粉末厂
地　　址：广东省佛山市顺德区均安镇凌沿工业区
邮　　编：528329
电　　话：0757-25388982
传　　真：0757-25388980
主要产品：粉末涂料

公司名称：顺德区乐从镇名洋涂料厂
地　　址：广东省佛山市顺德区乐从镇劳村工业区
邮　　编：528315
电　　话：0757-28854166
传　　真：0757-28858811
主要产品：家具涂料

公司名称：顺德市花王涂料有限公司
地　　址：广东省顺德市容桂镇容里华昌工业区
邮　　编：528305
电　　话：0760-23135919
传　　真：0760-23135929
邮　　箱：product@hua-wang.com
网　　址：www.hua-wang.com
主要产品：聚酯涂料，固化剂，稀释剂

公司名称：顺德市华联涂料有限公司
地　　址：广东省顺德市北窖镇林头
邮　　编：528311
电　　话：0757-26652000
传　　真：0757-26658630
邮　　箱：hualiam@163.net
网　　址：www.hualianpaint.com
主要产品：家具涂料

公司名称：顺德市汇龙涂料实业有限公司
地　　址：广东省佛山市顺德区容桂容边天河大道8号
邮　　编：528305
电　　话：0757-28382068
传　　真：0757-28308811
邮　　箱：huilong@huilong.cn
网　　址：www.huilongpaint.com

主要产品：家具涂料

公司名称：顺德市嘉乐士化工企业有限公司
地　　址：广东省佛山市顺德区百安中路七窖大桥收费站侧
邮　　编：528329
电　　话：0757-25388777
传　　真：0757-25388770
主要产品：墙面涂料，氟碳涂料，地坪涂料，木器涂料，工业涂料

公司名称：顺德市勒流镇博高涂料厂
地　　址：广东顺德勒流镇江义工业区
邮　　编：528332
电　　话：0757-25665866 25664466
传　　真：0757-25332244
邮　　箱：shunde@bogao.com.cn
网　　址：www.bogao.com.cn
主要产品：涂料，固化剂，树脂，特殊化学品

公司名称：顺德市龙江镇长实化工有限公司
地　　址：广东省顺德市龙江镇龙洲路集北段西溪工业区
邮　　编：528318
电　　话：0757-23881312
传　　真：0757-23360259
邮　　箱：changshi@changshichem.com
网　　址：www.changshichem.com
主要产品：涂料

公司名称：顺德市顺时丽涂料有限公司
地　　址：广东省顺德市伦教镇仕版工业区
邮　　编：528308
电　　话：0757-27751271
传　　真：0757-27732943
主要产品：水性乳胶漆

公司名称：顺德雅丽(涂料样板)实业有限公司
地　　址：顺德容桂镇龙涌福龙路26号
邮　　编：528305
电　　话：0757-28981633 28987799
传　　真：0757-28983166
邮　　箱：sd-huli123@163.com
网　　址：www.sdyali.com
主要产品：涂料

公司名称：顺德镇万安涂料有限公司
地　　址：广东省佛山市顺德区龙江镇万安工业区
邮　　编：528318
电　　话：0757-23386938
传　　真：0757-23386938
主要产品：氨基烘漆，塑料涂料，玩具涂料

公司名称：四会市荣华涂料厂
地　　址：广东省肇庆市四会市下茆镇南塘村
邮　　编：526236
电　　话：0758-3526400
传　　真：0758-3526400
邮　　箱：ronghua101@163.com
主要产品：工业涂料

公司名称：天河联城粉末涂料厂
地　　址：广东省广州市罗岗区联和街天鹿南路
邮　　编：510520
电　　话：020-87090814
主要产品：粉末涂料

公司名称：涂耐可建筑涂料有限公司
地　　址：广东省广州市天河区黄埔大道西163号富星商贸大厦东塔16L
邮　　编：510620
电　　话：020-87582611 87503201
主要产品：涂料

公司名称：威臣(中国)涂料有限公司
地　　址：广东江门市杜远镇北二路18号
邮　　编：519000
电　　话：0750-3110456
传　　真：0750-3110456
邮　　箱：wason@1608.com
主要产品：涂料

公司名称：威思霸海虹涂料(深圳)有限公司
地　　址：深圳市宝安乡西乡宝源第二工业区
邮　　编：518052
电　　话：0755-27909777
传　　真：0755-27909797
主要产品：印铁包装涂料，油墨

公司名称：维新制漆(深圳)有限公司
地　　址：广东省深圳市龙岗区坪山镇碧岭第二工业区
邮　　编：518118
电　　话：0755-89932388
传　　真：0755-89932288
邮　　箱：vabc@vabc.cn
网　　址：www.vabc.cn
主要产品：汽车修补涂料，建筑涂料，防腐涂料

公司名称：伟丰油漆厂
地　　址：广东省惠州市博罗县园洲镇梁屋白耀前村
邮　　编：516325
电　　话：0752-6817139
传　　真：0752-6817189
主要产品：硝基涂料，烤漆

公司名称：西卡涂料贸易行
地　　址：广东省佛山市南海区九江镇下西工业区
邮　　编：528203
电　　话：0757-86501010 86503030
传　　真：0757-86504040
主要产品：建筑涂料

公司名称：香港启迪化工(深圳)仙人掌制漆有限公司
地　　址：深圳宝安西乡三围村第二工业区
邮　　编：518126
电　　话：0755-27476130
传　　真：0755-27476130
网　　址：cdhua.diytrade.com
主要产品：涂料

公司名称：心连化工(惠阳)有限公司
地　　址：广东省惠州市惠阳区秋长镇黄埔学校侧入500米
邮　　编：516200
电　　话：0752-3535931

主要产品：电镀绝缘涂料，水性玻璃涂料，五金涂料

公司名称：新达化工实业有限公司
地　　址：广东省四会市大沙镇岗美开发区
邮　　编：526241
电　　话：0758-3619623
传　　真：0758-3618686
主要产品：汽车涂料，塑料涂料，木器涂料，金属涂料，建筑涂料

公司名称：新会快涂美涂料有限公司
地　　址：广州市黄石路按华装饰城7街C20档
邮　　编：511640
电　　话：020-36313207
传　　真：020-36313207
主要产品：涂料

公司名称：新立胜装饰材料(深圳)有限公司
地　　址：深圳市平湖镇新厦工业城
邮　　编：518111
电　　话：0755-28452464 28452459 28453845
传　　真：0755-28455850
网　　址：www.xls.com.cn

公司名称：兴利涂料厂
地　　址：深圳市松岗镇沙浦围石龙头工业区
邮　　编：518105
电　　话：0755-7053318 27051746
传　　真：0755-7053328

公司名称：兴宁市雄鸡油漆化工有限公司
地　　址：广东省梅州兴宁市东风路65号
邮　　编：514500
电　　话：0753-3259817
传　　真：0753-3259817
主要产品：醇酸涂料，丙烯酸涂料，绝缘涂料

公司名称：怡彩化工涂料有限公司
地　　址：广东省江门市鹤山市雅瑶镇上南东山开发区
邮　　编：52724
电　　话：0750-8287998
传　　真：0750-8287379
主要产品：烤漆

公司名称：亿可化学工业有限公司
地　　址：广东省惠州市惠城区潼湖镇永平管理区
邮　　编：516239
电　　话：0752-3891826
传　　真：0752-3891896
邮　　箱：cadea @ cadeachemical. com yike@yikechemical.com
网　　址：www.yikechemical.com
主要产品：玻璃涂料，ABS塑胶涂料，摩托车涂料，PU汽车修补涂料

公司名称：银帆化学有限公司
地　　址：广东省江门市礼乐新民管理区银帆路
邮　　编：529060
电　　话：0750-3631088 3621066 3633573
传　　真：0750-3633723

网　　址：www.yfhx.cn
主要产品：汽车涂料

公司名称：樱花涂料有限公司
地　　址：江苏昆山淀山湖工业区钱华路8号
邮　　编：215345
电　　话：021-59229888 59229180
传　　真：021-59229688
邮　　箱：sakurapaint988@126.com
网　　址：www.sakurapaint.com
主要产品：建筑涂料，内外墙涂料

公司名称：盈华化工涂料厂
地　　址：广东省惠州市博罗县石湾镇铁场工业区
邮　　编：516127
电　　话：0752-6619363
传　　真：0752-6617532
网　　址：www.hzyinghua.com
主要产品：硬胶涂料，防酒精机壳涂料，橡胶涂料，PVC 软胶涂料

公司名称：盈通净化科技有限公司
地　　址：广东省东莞市樟木头百果洞工业区
邮　　编：523620
电　　话：0769-87195038
传　　真：0769-87196961
网　　址：www.dgepoxy.com
主要产品：环氧树脂地坪涂料

公司名称：永强化工涂料厂
地　　址：广东省惠州市博罗县石湾铁场工业区
邮　　编：523620
电　　话：0752-6916690
主要产品：塑胶机壳涂料，弹性橡胶手感涂料，五金烤漆

公司名称：云浮市致远工业工程材料厂
地　　址：广东省云浮市高峰镇
邮　　编：527343
电　　话：0766-8833795
邮　　箱：webmaster@yf-zhiyuan.com
网　　址：www.yf-zhiyuan.com
主要产品：高温红外辐射特种涂料

公司名称：湛江市双八漆业有限公司
地　　址：广东省湛江市坡头镇解放路198号
邮　　编：524059
电　　话：0759-3821358
传　　真：0759-3825378
主要产品：氨基烤漆

公司名称：中华制漆(深圳)有限公司
地　　址：深圳市宝安区沙井镇环镇路街边工业区
邮　　编：518104
电　　话：0755-33658888
传　　真：0755-33869560
邮　　箱：marketing.cn@chinapaint.com
网　　址：www.chinapaint.com.cn
主要产品：涂料,建筑涂料，木器涂料，工业涂料，重防腐涂料

公司名称：中全水性漆有限公司
地　　址：深圳市福田区彩田路彩福大厦汇福阁 16F
邮　　编：518029
电　　话：0755-25840875
网　　址：www.zontren.com
主要产品：水性高级防锈底漆，面漆，内外墙涂料

公司名称：中山爱迪利涂料化工有限公司
地　　址：广东省中山市黄圃镇团范工业区建兴路 6 号
邮　　编：528429
电　　话：0760-23219779
邮　　箱：sales@aidili.com.cn
网　　址：www.aidili.com.cn
主要产品：家装涂料，乳胶漆

公司名称：中山大桥化工集团有限公司
地　　址：广东省中山市中山六路 6 号
邮　　编：528403
电　　话：0760-88884388
传　　真：0762-88884366
网　　址：www.daoqum.com.cn
主要产品：汽车涂料，摩托车涂料，电子电器涂料，风能涂料，机车涂料，氟碳涂料

公司名称：中山大一涂料有限公司
地　　址：广东省中山市石岐南区曹边村牌坊工业大道 1 号
邮　　编：528455
电　　话：0760-23885523
传　　真：0760-23550527
网　　址：www.doit7.com
主要产品：聚酯涂料，改性硝基涂料，装修涂料，木器涂料

公司名称：中山海粤化工涂料有限公司
地　　址：广东省中山市城南一路 213-233 号海粤大厦
邮　　编：528455
电　　话：0760-8898888
传　　真：0760-8893288
主要产品：汽车涂料

公司名称：中山华兹卜化学工业有限公司
地　　址：广东省中山市火炬开发区得能西路华兹卜工业园
邮　　编：528437
电　　话：0760-22211707
传　　真：0760-22211708
主要产品：面漆，壁纸涂料，儿童涂料，防水涂料

公司名称：中山名扬化工有限公司
地　　址：广东省中山市南朗镇第六工业区
邮　　编：528451
电　　话：0760-5528193
主要产品：防水材料，内外墙涂料，弹性质感涂料

公司名称：中山南天涂料有限公司
地　　址：广东省中山市小榄永宁大华二工业村
邮　　编：515160
电　　话：0760-22275791
传　　真：0760-22278643
邮　　箱：nantian@qiangyi.com
网　　址：www.qiangyi.com
主要产品：建筑涂料，真石漆，乳胶漆，内外墙涂料，金属涂料

公司名称：中山三森汉诺威化工涂料有限公司
地　　址：广东省中山市南头镇南头大道283 号
邮　　编：528427
电　　话：0760-3133763
传　　真：0760-3130160
邮　　箱：yzy129@tom.com
主要产品：建筑涂料，乳胶漆，聚酯涂料

公司名称：中山森彩机械涂装有限公司
地　　址：广东省中山市南头镇穗西工业2 区
邮　　编：528427
电　　话：0760-3119901
传　　真：0760-3119902
主要产品：工业五金溶剂型涂料

公司名称：中山森田化工有限公司
地　　址：广东省中山市中山火炬高新技术开发区环茂路灰炉工业大道一号
邮　　编：528431
电　　话：0760-5317698 5317390 5317689
传　　真：0760-5316206
邮　　箱：info@sentian.com.cn
网　　址：www.sentian.com.cn
主要产品：船舶涂料

公司名称：中山市爱普诗涂料有限公司
地　　址：广东省中山市东凤镇兴华东路3 号
邮　　编：528425
电　　话：0760-3379033
传　　真：0760-22611687 23379134
网　　址：www.apose.com.cn
主要产品：水性木器涂料，水性玻璃涂料，墙面涂料

公司名称：中山市百斯顿粉末有限公司
地　　址：广东省中山市南头镇低沙工业区
邮　　编：528427
电　　话：0760-23112663
传　　真：0760-23118688
主要产品：粉末涂料

公司名称：中山市大崎涂料有限公司
地　　址：广东省中山市东升镇裕民村广丰围
邮　　编：523800
电　　话：0760-22222345
传　　真：0760-22222361
主要产品：建筑涂料

公司名称：中山市东达化工涂料有限公司
地　　址：广东省中山市海傍管理区
邮　　编：528436
电　　话：0760-85590370
传　　真：0760-85590370
主要产品：包装印刷涂料，胶黏剂

公司名称：中山市东望洋化工有限公司
地　　址：中山市三乡镇沙岗路口三乡中心市场 2 栋 11-12
邮　　编：528400
电　　话：0760-86327801
邮　　箱：dwyhg@qq.com
网　　址：www.dwyhg.com
主要产品：高档木器涂料，工业涂料，建筑涂料，特种涂料

公司名称：中山市古镇美雅涂料厂
地　　址：广东省中山市古镇海洲螺沙工

业区
邮　　编：528421
电　　话：0760-22319291
传　　真：0760 22314408
主要产品：真石漆，乳胶漆，氟碳涂料，弹性拉毛涂料

公司名称：中山市古镇中大化工厂
地　　址：广东省中山市古镇镇海洲螺沙工业区
邮　　编：528421
电　　话：0760-22353329
传　　真：0760-22314862
主要产品：乳胶漆

公司名称：中山市恒宝化工有限公司
地　　址：广东省中山市板芙镇民溪村民营工业园
邮　　编：528459
电　　话：0760-86519898
传　　真：0760-86500125
主要产品：NC木器涂料

公司名称：中山市宏杰涂料有限公司
地　　址：广东省中山市神湾镇神湾大道南
邮　　编：528462
电　　话：0760-86607380
传　　真：0760-86607381
主要产品：工业涂料

公司名称：中山市金禾化工涂料厂
地　　址：广东省中山市神湾镇定溪村
邮　　编：528461
电　　话：0760-86600128
传　　真：0760-86602600
主要产品：建筑涂料

公司名称：中山市津美制漆有限公司
地　　址：广东省中山市神湾镇南镇工业区
邮　　编：528462
电　　话：0760-86608948 86600778
传　　真：0760-86600771
邮　　箱：jm@jinmeipaint.com
网　　址：www.jinmeipaint.com
主要产品：工业涂料，稀释剂

公司名称：中山市爵仕化工有限公司
地　　址：广东省中山市横栏镇四沙茂辉工业区
邮　　编：523561
电　　话：0760-87298726
传　　真：0760-87298725
主要产品：波丽彩绘涂料，水性彩绘涂料，五金自干涂料

公司名称：中山市来威涂料有限公司
地　　址：广东省中山市东风镇小沥高新技术开发区
邮　　编：528425
电　　话：0760-22623545
传　　真：0760-22626239
网　　址：www.japan-nb.com
主要产品：建筑涂料，木器涂料，工业涂料，氟碳涂料

公司名称：中山市老人头涂料有限公司
地　　址：广东省中山市东升镇高沙第二工业区
邮　　编：523080
电　　话：0760-23633717
传　　真：0760-23121727
网　　址：www.lrtou.cn
主要产品：木器涂料，墙面涂料，乳胶漆

公司名称：中山市丽莎涂料有限公司
地　　址：广东省中山市阜沙镇文安工业区
邮　　编：528434
电　　话：0760-23407738
传　　真：0760-23408266
邮　　箱：service@lisapaint.com
网　　址：www.lisapaint.com
主要产品：装修木器涂料，内外墙乳胶漆，家具涂料

公司名称：中山市凌丰涂料有限公司
地　　址：广东省中山市三角镇金鲤工业区
邮　　编：528445
电　　话：0760-5406888
传　　真：0760-85406333
主要产品：聚酯涂料，乳胶漆，树脂，固化剂

公司名称：中山市南头镇威尔顺涂料厂
地　　址：广东省中山市南头镇升辉北工业区
邮　　编：528400
电　　话：0760-23114992(5线)
传　　真：0760-23114662
主要产品：水性涂料

公司名称：中山市齐力塑料粉末有限公司
地　　址：广东省中山市大涌镇青岗工业区
邮　　编：528476
电　　话：0760-87736010
传　　真：0760-87736020
主要产品：粉末涂料

公司名称：中山市青龙化学建材有限公司
地　　址：广东省中山市石岐区东明路21号
邮　　编：528420
电　　话：0760-88706348 88706349
传　　真：0760-88706350
邮　　箱：qinglong@qilong.com.cn
网　　址：www.qinglong.com
主要产品：防水涂料

公司名称：中山市青松制漆化工有限公司
地　　址：广东省中山市东凤镇民乐工业区
邮　　编：528425
电　　话：0760-22607237
传　　真：0760-22607237
主要产品：家具涂料，木器装修涂料，环保水性木器涂料

公司名称：中山市荣业化工原料有限公司
地　　址：广东省中山市坦洲镇新前进村枝埔工业区
邮　　编：528421
电　　话：0760-86657138 86280618
传　　真：0760-86658996 86280608
邮　　箱：ronglt@163.com
网　　址：www.rongye.com.cn
主要产品：紫外线光固化涂料，橡胶手感涂料，家电机壳涂料

公司名称：中山市三和气雾有限公司
地　　址：广东省中山市黄圃镇大岑工业区敬业路1号
邮　　编：528429
电　　话：0760-3971218
传　　真：0760-3210788
邮　　箱：sanvo@sanvo.com
网　　址：www.sanvo.com
主要产品：乳胶漆，万能胶

公司名称：中山市石鹰建筑涂料厂
地　　址：广东省中山市小榄镇永宁北工业区
邮　　编：528415
电　　话：0760-2250331
传　　真：0760-2270285
邮　　箱：sale@shiying.com.cn
网　　址：www.shiying.com.cn

公司名称：中山市泰莱涂料化工有限公司
地　　址：广东省中山市黄圃镇马安工业区
邮　　编：528429
电　　话：0760-3212128
传　　真：0760-23214268
邮　　箱：hyk007@msn.com
网　　址：www.ta-la.cn
主要产品：木器装修涂料，内外墙涂料，木器家具涂料，氟碳涂料，塑胶涂料，工业涂料

公司名称：中山市威斯诺涂料有限公司
地　　址：广东省中山市东风镇同安大道西工业区
邮　　编：528425
电　　话：0760-22619038
传　　真：0760-22630038
主要产品：装修涂料，乳胶漆，内外墙涂料

公司名称：中山市昕诺涂料有限公司
地　　址：广东省中山市阜沙上南工业园1号路
邮　　编：548434
电　　话：0760-3400555
传　　真：0760-3450555
邮　　箱：sino@sino-coating.com
网　　址：www.sino-coating.com
主要产品：抗紫外线耐候外墙乳胶漆，水性玻璃幕墙涂料，壁纸艺术涂料

公司名称：中山市新力华印花涂料厂
地　　址：广东省中山市坦洲镇第三工业区名居
邮　　编：528467
电　　话：0760-86635176
传　　真：0760-86747128
邮　　箱：admin@seanlikwai.com
网　　址：www.seanlikwai-paint.com
主要产品：工业涂料

公司名称：中山市旭阳涂料有限公司
地　　址：广东省中山市三乡镇前陇美溪工业区
邮　　编：528463
电　　话：0760-86698770
传　　真：0760-86698790
邮　　箱：derd_paint@126.com
网　　址：www.derb-paint.com
主要产品：木器涂料，地板涂料

公司名称：中山市雅成化工有限公司
地　　址：广东省佛山市顺德区国家级科技工业园C区(杏坛)科技八路

5号
邮　　编：528300
电　　话：0757-26363188
传　　真：0757-26363185
邮　　箱：artin@yacheng.com.cn
网　　址：www.yacheng.com.cn
主要产品：建筑涂料，木器涂料

公司名称：中山市雅泰涂料有限公司
地　　址：广东省中山市南区西环5路
邮　　编：528400
电　　话：0760-3214848
传　　真：0760-3214768
邮　　箱：ch328523@163.com
主要产品：天然石头涂料，乳胶漆，外墙弹性涂料，氟碳金属涂料

公司名称：中山市溢顺化工有限公司
地　　址：广东省中山市板芙镇顺景工业园创业园
邮　　编：528459
电　　话：0760-86503812 86520938
传　　真：0760-86503671 86500206
邮　　箱：yshchem@yshchem.com kgx@yshchem.com
网　　址：www.yshchem.com
主要产品：建筑涂料

公司名称：中山泰莱涂料化工有限公司
地　　址：中山市黄圃镇团范工业区建兴路3号
邮　　编：528429
电　　话：0760-3212128
传　　真：0760-3214268
邮　　箱：hyk@ta-la.com
网　　址：www.ta-la.com

公司名称：中山武藏涂料有限公司
地　　址：广东省中山市中山火炬高新技术产业开发区宏业路2号
邮　　编：528437
电　　话：0760-85313570
传　　真：0760-85313270
主要产品：塑胶表面涂料

公司名称：中山雅图建筑涂料有限公司
地　　址：广东省中山市横栏镇新丰村永兴工业区
邮　　编：528478
电　　话：0760-87683333
传　　真：0760-87683189
邮　　箱：ytjz@pub.zhongshan.gd.cn
网　　址：www.yato-cn.com
主要产品：天然碎石漆，内外墙乳胶漆，艺术涂料，氟碳涂料，生态木器涂料

公司名称：中山裕北涂料有限公司
地　　址：广东省中山市三角镇金三大道西5号
邮　　编：528445
电　　话：0760-85406388(总机)
85546682(业务部)
传　　真：0760-85406768
邮　　箱：yupei@yueparkchem.com
网　　址：www.yuepakchem.com
主要产品：涂料

公司名称：中涂化工(广东)有限公司
地　　址：广东省佛山市顺德区伦教街道工业区
邮　　编：528308
电　　话：0757-27733451
主要产品：船舶涂料，集装箱涂料，重防腐涂料

公司名称：中外合资靓尔嘉化工实业有限公司
地　　址：广东顺德市容桂镇海尾合基路6号
邮　　编：528305
电　　话：0757-28386290 28388979
传　　真：0757-28892913
邮　　箱：newtech@newtechs.com.cn
网　　址：www.newtechs.com.cn
主要产品：涂料

公司名称：珠海阿兹耐涂料有限公司
地　　址：广东省珠海市临港工业区大浪湾
邮　　编：519060
电　　话：0756-7268339
传　　真：0756-7265599
主要产品：建筑涂料

公司名称：珠海东诚化工有限公司
地　　址：广东省珠海斗门区南水化工专区
邮　　编：519050
电　　话：0756-7268678
传　　真：0756-7268736
邮　　箱：dongcheng @ dongchengUV.com
网　　址：www.dongchengchemical.com
主要产品：光固化塑料辊涂系列涂料，光固化塑料淋涂闪光涂料

公司名称：珠海技优精细化工有限公司
地　　址：广东省珠海市高栏港经济区精细化工区纬十路西南
邮　　编：519085
电　　话：0756-3386610
传　　真：0756-3386620
邮　　箱：techemwork@163.com
主要产品：涂料

公司名称：珠海经济特区高宝化工厂有限公司
地　　址：广东省珠海市斗门区乾务镇乾南工业区
邮　　编：519170
电　　话：0756-5582877
传　　真：0756-5581562
主要产品：工业涂料

公司名称：珠海荣盛环保科技发展有限公司
地　　址：广东省珠海市前山界涌丰达路2号内之2厂房
邮　　编：519070
电　　话：0756-8671671 8675166
8828676
传　　真：0756-8828676
邮　　箱：zhrs666@163.com
网　　址：www.rs666.com
主要产品：地板涂料，地坪涂料，环氧涂料，环氧地坪涂料

公司名称：珠海市奥加涂料有限公司
地　　址：广东省珠海市临港工业区高栏石化区
邮　　编：519050
电　　话：0756-7715773 7715608
传　　真：0756-7715500
邮　　箱：aojiaco@163.com
网　　址：www.aojiachina.cn
主要产品：防酒精丙烯酸涂料，橡胶涂料

公司名称：珠海市广捷化工涂料有限公司
地　　址：珠海市金鼎镇永丰工业区
邮　　编：519085
电　　话：0756-3385797 3391373
传　　真：0756-3385902
邮　　箱：info@shinaimei.com market@shinaimei
网　　址：www.shinaimei.com
主要产品：涂料

公司名称：珠海市美国先进国际建筑涂料有限公司
地　　址：广东省珠海市国家高新技术开发区唐家湾金发工业区
邮　　编：519000
电　　话：0756-3628666
传　　真：0756-3395015
邮　　箱：info@adstone2002.com
网　　址：www.adstone2002.com
主要产品：石头漆，防水涂料，乳胶漆

公司名称：珠海市威旗防腐科技有限公司
地　　址：广东省珠海市金湾区三灶定家湾工业园大门路16号
邮　　编：519040
电　　话：0756-7789900
传　　真：0756-7789918
邮　　箱：wpaint@wpaint.com.cn
网　　址：www.wpaint.com.cn
主要产品：防腐涂料，地坪涂料，船舶涂料

公司名称：珠海市阳阳涂料有限公司
地　　址：广东省珠海市金湾区红旗镇紫林路76号
邮　　编：519045
电　　话：0756-7736636
传　　真：0756-8525813
主要产品：水性内墙涂料

公司名称：珠海市中远关西涂料化工有限公司
地　　址：广东省珠海市高栏港经济区精细化工区
邮　　编：519050
电　　话：0756-3986270
传　　真：0756-3986276
邮　　箱：kansai@kansai.com.cn
网　　址：www.kansai.com.cn
主要产品：船舶涂料，集装箱涂料

公司名称：珠海市珠津金属防腐涂料有限公司
地　　址：广东省珠海市香洲区拱北粤海中路2083号
邮　　编：519020
电　　话：0756-8896266
传　　真：0756-8896266
主要产品：环氧煤沥青涂料

公司名称：紫荆花制漆(大中华)有限公司
地　　址：广东省深圳市龙岗区布吉镇雪象村荷树路8号
邮　　编：518129
电　　话：0755-89500166
网　　址：www.bauhiniahk.hk
主要产品：木器家具涂料，机械设备涂料，特种集装箱涂料，海洋重防腐涂料

公司名称：紫荆花制漆(汕头)有限公司
地　　址：广东省汕头市金平叠金工业区三片区
邮　　编：515063
电　　话：0754-2520419
传　　真：0754-2532077
网　　址：www.bauhiniahk.hk
主要产品：木器家具涂料，特种集装箱涂料，海洋重防腐涂料

公司名称：晋丰实业有限公司 大陆工厂
地　　址：广东省东莞市道滘镇永庆第一工业区
邮　　编：523170
电　　话：0769-89820033 88381655
传　　真：0769-89820035 88380815
邮　　箱：jinfeng@jinfengpaint.com
网　　址：www.jinfengpaint.com
主要产品：环氧地坪涂料，环氧无尘墙面漆

公司名称：广东巴德士化工有限公司
地　　址：广东省中山市南头正光路108号
邮　　编：528427
电　　话：0760-23115810
传　　真：0760-23110380
邮　　箱：product@badese.com
网　　址：www.badese.com
主要产品：水性木器涂料，环保型墙面漆，高档家具涂料，多用途汽车涂料

广西壮族自治区

公司名称：北海市德嘉丽涂料厂
地　　址：北海市海城区北部湾东路水磨石厂内
邮　　编：536000
电　　话：0779-2076998
传　　真：0779-2076998
主要产品：外墙腻子，内外墙涂料

公司名称：北海市桔州造漆厂
地　　址：广西北海市银海区西塘镇下村旱塘岭开发区
邮　　编：536000
电　　话：0779-3221023
网　　址：www.qincai.net
主要产品：工业涂料

公司名称：北海市永华涂料有限责任公司
地　　址：北海市海南路134号
邮　　编：536000
电　　话：0779-2055818
网　　址：www.86-0779.com.cn
主要产品：工业涂料，腻子

公司名称：北海新艺新型化工建材实业有限公司
地　　址：广西自治区北海市海滨区北部湾东路宏大公司北海分公司
邮　　编：536000
电　　话：0779-2063101
传　　真：0779-2065007
主要产品：涂料

公司名称：广西博白庆达实业公司
地　　址：博白县东门西街006号
邮　　编：537600
电　　话：0775-8324525
主要产品：内外墙涂料，黏合剂

公司名称：广西飞马涂料有限公司
地　　址：广西平南县朝阳大街
邮　　编：537300
电　　话：0775-7862553 7862528
传　　真：0775-7862528
邮　　箱：gxfeima@163.ne
主要产品：涂料

公司名称：广西化工研究院广西新晶科技有限公司
地　　址：广西南宁市望州路北二里7号
邮　　编：53001
电　　话：0771-3331756
传　　真：0771-3339941
主要产品：三聚磷酸二氢铝，磷酸锌，热熔道路标线涂料

公司名称：广西立新涂料化工有限公司
地　　址：广西省南宁市亭洪路98号
邮　　编：530031
电　　话：0771-4815318
邮　　箱：u100021565@ufo007.com
网　　址：u100021565.cn.ufo007.com
主要产品：水性内外墙涂料

公司名称：广西柳州市建华涂料厂
地　　址：广西柳州市北雀路110号
邮　　编：345002
电　　话：0772-2514316
主要产品：涂料

公司名称：广西柳州市造漆厂
地　　址：广西柳州市龙潭路18号
邮　　编：545005
电　　话：0772-3173681 3172013
传　　真：0772-3171318
邮　　箱：liuzhoupaint@163.com
网　　址：www.liuzhoupaint.com
主要产品：木器涂料，内墙涂料

公司名称：广西南宁中科银海涂料有限公司
地　　址：广西省南宁市安吉大道38号安吉新厂15栋9号
邮　　编：530000
电　　话：0771-3121010
传　　真：0771-3800160
网　　址：www.xb188.com
主要产品：内外墙涂料，腻子

公司名称：广西启利新材料科技股份有限公司
地　　址：北海城区广东南路海建3楼
邮　　编：536000
电　　话：0779- 3216706
传　　真：0779-3201921
邮　　箱：qili@qilixcl.cn
主要产品：石头漆，硅丙弹性墙堡涂料，内墙涂料，新型墙体贴面材料

公司名称：广西钦州市桂博化工有限公司
地　　址：广西南宁北大北路沈阳路52-1号
邮　　编：535003
电　　话：0771-3855851
传　　真：0771-3825899
主要产品：石锈防腐涂料，耐高温特种涂料，工业地坪涂料

公司名称：广西容县南方化工厂
地　　址：广西壮族自治区玉林市容县黎村镇
邮　　编：537506
电　　话：0775-5698838
主要产品：汽车用涂料

公司名称：广西睡宝涂料有限公司
地　　址：广西柳州市雒容镇工业园东区迎宾路8号
邮　　编：545616
电　　话：0772-3518039 3518093
传　　真：0772-26678003
网　　址：www.gxshuibao.com
主要产品：水性涂料

公司名称：广西天等县新型建筑装饰材料有限公司
地　　址：崇左天等镇城北区11号
邮　　编：532800
电　　话：0771-3521843
主要产品：建筑涂料

公司名称：广西梧州龙鱼化工有限公司（广西梧州市造漆厂）
地　　址：广西梧州市搪源路57号
邮　　编：543001
电　　话：0774-2061423
传　　真：0774-2061446
网　　址：297060.atobo.com.cn
主要产品：建筑涂料，家具涂料

公司名称：广西兴安竹城涂料有限公司
地　　址：广西兴安县迎宾路
邮　　编：541300
电　　话：0773-6226234
传　　真：0773-6226234
主要产品：内墙腻子粉，外墙腻子粉

公司名称：桂林市和鑫防水装饰材料有限公司
地　　址：广西桂林市漓江路3号三星大厦1-11-4号
邮　　编：541004
电　　话：0773-5800188
传　　真：0773-2183088
邮　　箱：gxhexin123@163.com
网　　址：www.gxhexin.com.cn
主要产品：高分子防水涂料

公司名称：桂林市恒欣高分子材料厂
地　　址：广西桂林市象山区遇龙路11号
邮　　编：541002
电　　话：0773-3880339
主要产品：耐高温涂料

公司名称：桂林市三泰化工建材有限公司
地　　址：广西桂林市环城南二路1巷17号
邮　　编：541003

电　　话：0773- 3613228 13768331958
传　　真：0773-3625272
网　　址：gzg1970.b2b.hc360.com
主要产品：内外墙乳胶漆

公司名称：桂林市世纪涂料有限公司
地　　址：广西桂林市灵川县定江镇八里街
邮　　编：541212
电　　话：0773-3178886
传　　真：0773-2561996
主要产品：木器涂料

公司名称：桂林斯泰安涂料开发有限公司
地　　址：南宁市良庆区玉洞工业园南区亮岭路 11 号
邮　　编：541001
电　　话：0771-2800770 2800720 4722605
传　　真：0771-2800720
主要产品：建筑涂料，工业涂料

公司名称：贺州市安信涂料经营部
地　　址：广西贺州市八步区育才路77号
邮　　编：542800
电　　话：0774-3300889
主要产品：内外墙涂料

公司名称：荔浦县广胜实业有限公司
地　　址：广西荔浦县荔桂路 176 号
邮　　编：546600
电　　话：0773-7231666 13807733733
传　　真：0773-7231777
主要产品：水性木器涂料，NC 木器涂料，AC 木器涂料，PU 木器涂料，PE 木器涂料

公司名称：柳州东风化工有限责任公司
地　　址：广西柳州市箭盘路 36 号
邮　　编：545006
电　　话：0772-3805188
传　　真：0772-3199688
邮　　箱：dfhg@lzdfchem.com
网　　址：www.lzdfchcm.com
主要产品：涂料

公司名称：柳州工大纳维纳米涂料有限公司
地　　址：广西壮族自治区柳州市三江侗族自治县古宜镇霜叶小区
邮　　编：545500
电　　话：0772-13768571284
主要产品：外墙涂料

公司名称：柳州机车车辆厂油漆分厂
地　　址：广西柳州市红岩路四区 46 号
邮　　编：545007
电　　话：0772-3951753
传　　真：0772-3650458
主要产品：汽车涂料

公司名称：柳州名标建材有限公司
地　　址：广西壮族自治区柳州市柳南区南环路 377 号
邮　　编：541007
电　　话：13132629100
主要产品：防水涂料，保湿涂料

公司名称：柳州耐美环保涂料厂
地　　址：广西柳州市邕路 250 号
邮　　编：545007
电　　话：13877227618
主要产品：涂料

公司名称：柳州市河西涂料厂
地　　址：广西柳州市柳南区石烂路 58 号
邮　　编：545007
电　　话：0772-3068711
邮　　箱：wangliyi@public.lzptt.gx.cn
主要产品：涂料

公司名称：柳州市鹏兴化工有限责任公司
地　　址：浙江柳州市龙潭路 18 号
邮　　编：545005
电　　话：0772-3171921
传　　真：0772-3818401
主要产品：汽车涂料，摩托车涂料，面漆

公司名称：柳州市天信实业有限公司
地　　址：广西柳州市柳江县拉堡镇第二工业开发区
邮　　编：545005
电　　话：0772-3113507
主要产品：汽车涂料

公司名称：南宁市虫胶油墨厂
地　　址：广西南宁市城北区衡阳路南六巷 7 号
邮　　编：530003
电　　话：0771-3830959 3835422
传　　真：0771-3830959
主要产品：涂料

公司名称：南宁市丽康涂料有限公司
地　　址：广西省南宁市宾阳县
邮　　编：530031
电　　话：0771-4810146
传　　真：0771-4851093
主要产品：内墙高级乳胶漆

公司名称：南宁市新天星商贸有限公司
地　　址：广西南宁市北际路 20-6 号
邮　　编：530000
电　　话：0771-2326299 13005911437
传　　真：0771-3179273
主要产品：木器涂料，装饰材料，墙面涂料，乳胶漆

海南省

公司名称：海口量子涂料有限公司
地　　址：海南省海口市金贸区国贸大厦 A 座 1205 室
邮　　编：570125
电　　话：0898-66777288 66750750
传　　真：0898-66777088
主要产品：涂料

公司名称：海口龙华白云化工厂
地　　址：海南省海口市秀英区向荣路 10 号
邮　　编：570311
电　　话：0898-68662687
网　　址：www.lzpvsd.rsstop.com
主要产品：乳胶漆，水性涂料

公司名称：海口椰树精细化工有限公司
地　　址：海南省海口市龙华区华海路 23 号
邮　　编：570102
电　　话：0898-66773594
传　　真：0898-66729698
主要产品：涂料，胶类，防潮剂

公司名称：海南博科科技有限公司
地　　址：海南省海口市海南大学理工学院
邮　　编：570228
电　　话：0898-66276112
主要产品：防水涂料

公司名称：海南大中漆厂（香港）有限公司
地　　址：海南省文昌市清澜开发区文清大道
邮　　编：571339
电　　话：0898-63280903 63281021
传　　真：0898-63280986
邮　　箱：dazhong@hndazhong.com
网　　址：www.hndazhong.com
主要产品：聚酯涂料，聚氨酯涂料，硝基涂料，乳胶漆

公司名称：海南柯瑞恩建材有限公司
地　　址：海南海口市海盛路 118 号
邮　　编：570209
电　　话：0898-66568863
传　　真：0898-66565232
主要产品：粉末涂料

重庆市

公司名称：重庆澳力能建材有限公司
地　　址：重庆市渝北区龙溪镇金龙路 268 号 A 幢 18-6
邮　　编：401147
电　　话：023-67602752
邮　　箱：chenhanking@sina.com
主要产品：多功能封闭底漆，氟碳涂料

公司名称：重庆百信实业有限公司
地　　址：重庆市九龙坡区石坪桥横街 66 号 1-4
邮　　编：400051

电　　话：023-89088198
传　　真：023-89089285
主要产品：内外墙涂料，乳胶漆，氟碳涂料

公司名称：重庆宝马金鞍建材有限公司
地　　址：重庆市渝北区龙溪建材大厦5楼21号
邮　　编：401120
电　　话：023-61807342
邮　　箱：251193400@qq.com
主要产品：液体壁纸，质感艺术涂料，内外墙涂料

公司名称：重庆长寿长江涂料厂
地　　址：重庆市长寿区云台镇云台路12栋7号
邮　　编：401237
电　　话：023-40826389
传　　真：023-40826389
网　　址：www.qlx68.com
主要产品：建筑内墙涂料

公司名称：重庆大众防腐有限公司
地　　址：重庆市渝北区洪湖西路18号9栋
邮　　编：401121
电　　话：023-67038222
传　　真：023-67038028
邮　　箱：email@cqdzff.com
网　　址：www.cqdzff.com
主要产品：防腐涂料

公司名称：重庆帝的士涂料有限公司
地　　址：重庆市沙坪坝区凤天大道17-59
邮　　编：400030
电　　话：023-65464493
传　　真：023-65464019
主要产品：建筑涂料，家装涂料

公司名称：重庆顶典化工有限公司
地　　址：梨树湾芭蕉沟社鄢家嘴
邮　　编：400038
电　　话：023-65300712
主要产品：汽车涂料，摩托车涂料，外墙涂料，防腐涂料

公司名称：重庆关西涂料有限公司
地　　址：重庆市南岸区南坪丹龙路9号
邮　　编：400060
电　　话：023-62838816
主要产品：汽车涂料

公司名称：重庆海联精细化工有限公司
地　　址：重庆市渝北区科技产业园区6号
邮　　编：401120
电　　话：023-67456750
主要产品：制鞋涂料，工业涂料

公司名称：重庆浩旗工业涂料有限公司
地　　址：重庆市沙坪坝区小龙坎正街168号嘉新大厦15层5号
邮　　编：400030
电　　话：023-65451504 65452084
传　　真：023-65451938
邮　　箱：hqtl168@163.com
网　　址：www.hqtl.com.cn
主要产品：工业涂料，地坪涂料

公司名称：重庆宏漆涂料（集团）有限公司
地　　址：重庆市沙坪坝区上桥工业园区金桥路61-5号
邮　　编：400037
电　　话：023-65313945
传　　真：023-61708819
主要产品：内外墙乳胶漆，工程涂料，乳白胶，腻子胶水

公司名称：重庆洪宇漆业（集团）有限责任公司
地　　址：重庆市渝中区较场口118号
邮　　编：400010
电　　话：023-63714001 63714528
传　　真：023-63806986
主要产品：涂料

公司名称：重庆华辉涂料有限公司
地　　址：重庆市南岸区茶园工业园玉马路20号
邮　　编：401336
电　　话：023-68836888（采购部）
传　　真：023-68605888
网　　址：www.huahuip.com
主要产品：木器涂料，摩托车涂料，汽车涂料，万能胶，喷胶

公司名称：重庆环亚化工有限公司
地　　址：重庆市南岸区鸡冠石工业园区
邮　　编：400060
电　　话：023-62516739 13708370609
传　　真：023-62516740
邮　　箱：cqservice@mainone.cn
网　　址：www.shengyidi.com
主要产品：内外墙乳胶漆，厨房涂料

公司名称：重庆江南线路器材有限公司佳丽漆业分公司
地　　址：重庆市巴南区界石镇界南街122号
邮　　编：404000
电　　话：023-66418668
主要产品：水性建筑涂料，专用底漆，中涂涂料

公司名称：重庆江舟化工厂
地　　址：重庆市南岸区大兴场正街
邮　　编：400072
电　　话：023-62466634
主要产品：涂料

公司名称：重庆金桥浆料有限公司
地　　址：重庆市市辖区大渡口区八桥镇桥梓塘
邮　　编：400080
电　　话：023-68833267
传　　真：68834329
主要产品：建筑涂料，乳胶漆

公司名称：重庆金峡漆业有限公司
地　　址：重庆市合川市草街镇大庙村8社
邮　　编：401573
电　　话：023-42461868
主要产品：工业涂料

公司名称：重庆凯伦化学工业有限公司
地　　址：重庆市沙坪坝区山洞碑口工业区
邮　　编：400035
电　　话：023-65532562
传　　真：023-65532562
主要产品：家具涂料，内外墙涂料

公司名称：重庆科亚合成化工有限公司
地　　址：重庆市渝北区花卉西四路66号
邮　　编：401147
电　　话：023-67907916
传　　真：023-67908432
主要产品：内外墙乳胶漆，胶黏剂，天然石制品漆

公司名称：重庆立道科技有限公司
地　　址：重庆市九龙坡区含谷镇新营房村53号
邮　　编：401329
电　　话：023-65732118 销售部
传　　真：023-68854138
邮　　箱：lidao9@126.com
网　　址：www.lidao.com
主要产品：金属烤漆，绝缘涂料，玻璃涂料，各种水溶性涂料，电泳漆，水性涂料

公司名称：重庆梅菲特涂料有限公司
地　　址：重庆市渝北区红石路150号聚信广场a座16楼
邮　　编：401120
电　　话：023-67609111
主要产品：水性涂料

公司名称：重庆美特亮化工有限公司
地　　址：重庆九龙坡石坪桥五一新村12栋7-1号
邮　　编：400051
电　　话：023-65217500
传　　真：023-65203205
主要产品：工业涂料

公司名称：重庆南方漆业有限公司
地　　址：重庆市大渡口区双山工业区
邮　　编：400015
电　　话：023-68931331
传　　真：023-68911124
主要产品：船舶涂料，防腐涂料，铁路车辆涂料

公司名称：重庆强邦漆业有限公司
地　　址：重庆市巴南区大兴场32号22信箱
邮　　编：401349
电　　话：023-62391392 13527426100
邮　　箱：lsdf126@163.com
主要产品：水性涂料，家用涂料

公司名称：重庆日森涂料有限公司
地　　址：重庆沙坪坝区马家岩凤天花园17-14-3-3号
邮　　编：400030
电　　话：023-65497191 65464223
传　　真：023-65497173
邮　　箱：lszmq2003@sina.com
网　　址：www.cqrstl.com
主要产品：液体壁纸面漆，防水涂料，外墙通用底漆

公司名称：重庆三峡油漆股份有限公司
地　　址：重庆市九江津区德感工业园区
邮　　编：402260
电　　话：023-47262501
邮　　箱：admin@sanxia.com
网　　址：www.sanxia.com
主要产品：建筑涂料，汽车涂料，防腐涂料，工程涂料，家装涂料

公司名称：重庆盛世涂料有限公司

地　　址：重庆沙坪坝区山洞村林园191号
邮　　编：400035
电　　话：023-65533858
传　　真：023-65532844
邮　　箱：cqsstl@163.com
网　　址：www.sstl.com.cn

公司名称：重庆实华中豪科技有限公司
地　　址：重庆市九龙坡区石桥铺渝高广场B座2单元1-3室
邮　　编：400039
电　　话：023-68880169
传　　真：023-68880169-82
主要产品：建筑涂料，工业涂料，防水材料

公司名称：重庆市大足县三洋油漆厂
地　　址：重庆市大足县万古镇马家岩
邮　　编：402365
电　　话：023-43450125
主要产品：机壳涂料

公司名称：重庆市禾昌化工有限责任公司
地　　址：重庆市江北区港城东路6号
邮　　编：400020
电　　话：023-65442769-606
传　　真：023-65442709-604
主要产品：汽车密封条涂料

公司名称：重庆市建新建筑防水材料厂
地　　址：重庆市沙坪坝区凤天路131号
邮　　编：400037
电　　话：023-66900919
主要产品：防水涂料

公司名称：重庆市乐格科技发展有限公司
地　　址：重庆市江津双福新区
邮　　编：402247
电　　话：023-47261958
主要产品：建筑涂料，保温材料

公司名称：重庆市三渝漆业有限公司
地　　址：重庆市大足县万古镇大雄村三组
邮　　编：402365
电　　话：023-43453789
传　　真：023-43462588
邮　　箱：cqsanyu@cqsanyu.com
网　　址：www.cqsanyu.com

主要产品：建筑物、钢铁、机械及木制品涂装涂料

公司名称：重庆市沙坪坝区红桥涂料厂
地　　址：重庆市沙坪坝区梨树湾杨家沟29号
邮　　编：400037
电　　话：023-65200175
传　　真：023-65200175
邮　　箱：cqhongqiao@126.com
网　　址：www.cqhongqiao.com
主要产品：内墙涂料，丙烯酸外墙涂料，707胶水，腻子粉

公司名称：重庆市兴业化工厂
地　　址：重庆市渝兆区进步村
邮　　编：401120
电　　话：023-67836491
主要产品：罐头内膜涂料

公司名称：重庆市卓霆涂料有限公司
地　　址：重庆省市广州市白云区黄石东路荣升商贸城四街18号
邮　　编：510410
电　　话：020-36214538
传　　真：020-36214538
邮　　箱：hnsbp@sina.com
主要产品：汽车涂料

公司名称：重庆旺山实业有限公司
地　　址：重庆市南岸区大石路50号
邮　　编：400060
电　　话：023-62826059 13508373190
传　　真：023-62803275
网　　址：www.cqwangshan.cn
主要产品：工业涂料，道路标线涂料

公司名称：重庆卫林涂料有限公司
地　　址：重庆市南岸区四公里团结工业园区
邮　　编：400013
电　　话：023-62805016
传　　真：023-62805016
主要产品：腻子粉

公司名称：重庆雅美思涂料有限公司
地　　址：重庆永川万寿街村三段55号
邮　　编：402000
电　　话：023-49380577
传　　真：023-49380577

主要产品：工业烤漆，家具涂料，ABS塑料涂料

公司名称：重庆怡邦涂料有限责任公司
地　　址：重庆市渝北区红石路126号（亚太大厦B-6-7）
邮　　编：400010
电　　话：023-86823639
传　　真：023-86823638
主要产品：建筑涂料，装修涂料，木器涂料，防水涂料，金属涂料，氟碳涂料

公司名称：重庆亿隆漆业有限公司
地　　址：重庆市江津市双福镇工业园区
邮　　编：402247
电　　话：023-47261111
传　　真：023-47261222
网　　址：www.cqyilong.com
主要产品：汽车涂料，摩托车涂料，木器涂料

公司名称：重庆泳林化工技术有限公司
地　　址：重庆市沙坪坝区华宇广场6-6-1
邮　　编：400030
电　　话：023-86993663
主要产品：金属涂料，塑料涂料，汽车涂料，摩托车涂料

公司名称：重庆展扬化学工业有限公司
地　　址：重庆市江津区德感工业园区
邮　　编：402284
电　　话：023-47850666
主要产品：水性金属涂料，工业涂料，防火涂料

公司名称：重庆智亨实业发展有限公司
地　　址：重庆市江津区重庆市江津区德感工业园区
邮　　编：402223
电　　话：023-47855701
传　　真：023-47857081
主要产品：汽车涂料，摩托车涂料，家电涂料

公司名称：重庆自然涂涂料有限公司
地　　址：重庆市沙坪坝区马家岩天马路49号光能橱柜大厦4楼
邮　　编：400038
电　　话：023-65290609
主要产品：建筑涂料

四川省

公司名称：巴德士化工有限公司成都工厂
地　　址：四川省成都市大邑县晋源镇家骏工业城
邮　　编：611330
电　　话：028-88208396
主要产品：内外墙涂料，家具水性涂料，环保型墙面涂料

公司名称：拜迪科技有限责任公司
地　　址：四川省成都市青羊区文家乡蛟龙工业港高新B区49座
邮　　编：610015
电　　话：028-87075349
主要产品：防腐涂料，汽车涂料

公司名称：成都奥美涂料有限公司
地　　址：四川省成都市二环路南三段1号祥福苑西908
邮　　编：610041
电　　话：028-86063006
传　　真：028-85190499
主要产品：防火涂料，防火工程

公司名称：成都博深高技术材料公司
地　　址：四川省成都市四川大学高分子学院
邮　　编：610065
电　　话：028-85405243
传　　真：028-85405243
网　　址：www.bysunmat.com
主要产品：黏合剂，涂料

公司名称：成都彩星科技实业有限公司
地　　址：四川省成都市高新西部园区新航路3号
邮　　编：611731
电　　话：028-87825542 87838157
传　　真：028-87825576
邮　　箱：hr_dept@china-caixing.com
网　　址：www.china-caixing.com
主要产品：工业涂料，粉末涂料

公司名称：成都大中漆厂有限公司
地　　址：四川省成都市外北大丰镇
邮　　编：610504
电　　话：028-83911394
传　　真：028-83911109
主要产品：涂料

公司名称：成都蒂花涂料化工厂
地　　址：四川省成都市龙桥渭水工业

园区
邮　　编：610505
电　　话：028-68586755 13540191384
主要产品：建筑涂料

公司名称：成都飞亚粉末涂料涂装实业有限公司
地　　址：成都双流白河路二段
邮　　编：610200
电　　话：028-85801198
传　　真：028-85804415
邮　　箱：feiya@feiya.net
主要产品：涂料

公司名称：成都飞亚粉漆有限公司
地　　址：四川省成都市双流西南航空港经济开发区空港一路二段478号
邮　　编：610207
电　　话：028-85745678
传　　真：028-85745679
邮　　箱：feiya@feiya.net
网　　址：www.feiya.net
主要产品：热固性粉末涂料

公司名称：成都福记特种制漆有限公司
地　　址：四川省成都市郫县三道堰镇清塔村
邮　　编：611730
电　　话：028-87883303
传　　真：028-87983333
邮　　箱：ccc1188@shou.com
主要产品：聚氨酯涂料，硝基涂料，环氧涂料，水性木器装饰涂料，汽车用涂料

公司名称：成都国强涂料有限公司
地　　址：四川省成都市新都区木兰镇江西村6组
邮　　编：610500
电　　话：028-82926096
传　　真：028-82926096
主要产品：聚酯涂料

公司名称：成都汇达化工有限公司
地　　址：四川省成都市外西黄田坝15号信箱
邮　　编：610091
电　　话：028-87465360
传　　真：028-87465361
网　　址：www.atobo.com.cn
主要产品：粉末涂料

公司名称：成都惠康化工有限公司
地　　址：四川省成都市双流县金桥镇
邮　　编：610046
电　　话：028-85011088
主要产品：涂料

公司名称：成都佳福化工有限公司
地　　址：四川成都市武侯区金花镇瓦房工业开发区(双星大道)
邮　　编：611825
电　　话：028-85369905
传　　真：028-85362293
邮　　箱：chenxingfu@jiafu-cn.com
网　　址：www.jiafu-cn.com
主要产品：粉末涂料，粉末静电喷涂设备

公司名称：成都佳美漆业有限责任公司
地　　址：四川省成都市成都经济技术开发区（龙泉柏合镇）
邮　　编：610100
电　　话：028-88431177
传　　真：028-88431977
网　　址：www.cdjiamei.com
主要产品：工业涂料

公司名称：成都今天化工有限公司
地　　址：四川省成都市青羊区蛟龙工业港南海山路B-20座
邮　　编：610091
电　　话：028-87077740 87077741
传　　真：028-87077817
网　　址：www.today-silicone.com
主要产品：电子涂料

公司名称：成都金威达实业有限公司
地　　址：四川省成都市新都区新繁镇成都家具产业园区1号路
邮　　编：610501
电　　话：028-87954998 137080600755
主要产品：木器涂料，工业涂料

公司名称：成都锦化装饰材料工程有限公司
地　　址：四川省成都市青阳区
邮　　编：610091
电　　话：028-87076747
主要产品：建筑涂料，内外墙涂料，地坪涂料

公司名称：成都聚仁化学工业有限公司
地　　址：四川省成都市双流县九江镇五桐工业区
邮　　编：610200
电　　话：028-85751068
主要产品：家具涂料

公司名称：成都科东合成材料有限公司
地　　址：四川省成都市一环路南二段10号
邮　　编：610023
电　　话：028-85912198
传　　真：028-85912198
主要产品：涂料

公司名称：成都瑞骐华润屋瓦漆业科技开发有限公司
地　　址：四川省成都市新都区红星村村委会
邮　　编：610500
电　　话：4006759117
邮　　箱：wtbcncww@qq.com
主要产品：彩瓦涂料

公司名称：成都市长润发涂料有限公司
地　　址：四川省成都市新繁镇花红村1组
邮　　编：610016
电　　话：028-83071900
主要产品：PU木器涂料，PE不饱和聚酯涂料，NC硝基涂料，特殊效果涂料

公司名称：成都市川洋漆业有限公司
地　　址：四川省成都市陂县团结镇宝华村
邮　　编：610091
电　　话：028-87074685（采购部）
主要产品：乳胶漆，聚氨酯涂料，自动喷漆，丙烯酸涂料

公司名称：成都市大江化工有限公司
地　　址：四川省成都市成华区龙潭乡威灵村12组
邮　　编：610000
电　　话：028- 84207336 13608002633
传　　真：028-88058961
网　　址：cddjhg88.cn.alibaba.com
主要产品：工业涂料

公司名称：成都市德瑞士实业有限公司
地　　址：四川省成都市双流县白沙镇开发区平桥路口
邮　　编：610213
电　　话：028-67012528
主要产品：家具涂料

公司名称：成都市都江堰市防火材料厂
地　　址：四川省都江堰市白沙都江村
邮　　编：611830
电　　话：028-87132054
传　　真：028-87132051
主要产品：防火材料

公司名称：成都市海鲨漆业有限责任公司
地　　址：四川省成都市双流县九江镇龙池村工业园
邮　　编：610200
电　　话：028-85754656 13108984694
传　　真：028-85754646
邮　　箱：185883343@qq.com
网　　址：www.hxchem.net
主要产品：建筑涂料，水性金属涂料，防锈涂料

公司名称：成都市凯翼漆业有限公司
地　　址：四川省成都市双流县中和镇朝阳工业区
邮　　编：610212
电　　话：028-85910301
主要产品：建筑涂料，工业涂料

公司名称：成都市美星工艺油漆厂
地　　址：四川省成都市新都区石板滩镇龙石路通顺村七队
邮　　编：610511
电　　话：028-83050888 13980893218
主要产品：天然生漆，漆酚高档木器涂料，漆酚古建筑涂料

公司名称：成都市青白江区顺华漆厂
地　　址：四川省成都市青白江区同井村3组
邮　　编：610300
电　　话：028-83692708
主要产品：工业涂料

公司名称：成都市深漆宝化工有限公司
地　　址：四川省成都市双流县九江镇龙池村6组
邮　　编：610200
电　　话：028-85754860 15982380312
邮　　箱：zhm055117@126.com
主要产品：家具涂料，木器涂料，工业涂料

公司名称：成都市新都立源制漆有限公司
地　　址：四川省成都市新都区新民镇新民街110号
邮　　编：610507
电　　话：028- 83075060 15982819947
传　　真：028- 83075060
网　　址：lyre.diytrade.com
主要产品：建筑涂料，木器涂料，油墨

公司名称：成都天合宏业科技发展有限

公司

地　　址：四川省成都市高新西区双柏东1街29号

邮　　编：611700

电　　话：028-66821381 66821387 66821369

传　　真：028-66821358

邮　　箱：cdtianhe@126.com webmaster@cdtianhe.com

网　　址：www.cdtianhe.com

主要产品：无机磷酸盐富锌涂料，高模数硅酸钾无机富锌涂料

公司名称：成都通润宝化工有限公司

地　　址：四川省成都市双流县金桥镇金马工业园

邮　　编：610020

电　　话：028-85853200 13980721798

传　　真：028-85853211

主要产品：高级聚酯 PU、PE 涂料，建筑内外墙涂料

公司名称：成都万盛化工漆业有限公司

地　　址：四川省成都新都区古窑村村委会

邮　　编：610505

电　　话：028-83079758

主要产品：聚酯涂料，乳胶漆

公司名称：成都欣大通实业有限责任公司

地　　址：四川省成都市武侯区南蒲西路1号彩虹花园5-14-1

邮　　编：610041

电　　话：028-85597556

传　　真：028-85597556

主要产品：路面标线涂料

公司名称：成都新艺防水材料工程有限公司

地　　址：成都市青羊区苏坡乡中坝村

邮　　编：610091

电　　话：028-87477777

传　　真：028-87477777

主要产品：防水材料

公司名称：成都优品涂料有限公司

地　　址：四川省成都市新都区新繁镇家具工业园区

邮　　编：610501

电　　话：028-86633100 13808028895

邮　　箱：koudx@263.net

主要产品：装饰涂料

公司名称：成都自然涂涂料有限公司

地　　址：四川省成都市青羊区文家乡华严村七组浩旺产业园A-2

邮　　编：610036

电　　话：028-87501297

传　　真：028-87500186

主要产品：外墙专业基面整平，内外墙乳胶漆

公司名称：成棉馨雅丽制漆有限公司

地　　址：成都市星辉中路3号

邮　　编：610081

电　　话：028-84874269

传　　真：028-83342868

主要产品：涂料

公司名称：德阳市广汉华瑞制漆有限责任公司

地　　址：四川省广汉市高坪镇工业区

邮　　编：618000

电　　话：028-5600152

传　　真：028-5601788

主要产品：聚酯涂料

公司名称：德阳市蒲公英涂料厂

地　　址：四川省旌阳区兴河街212号

邮　　编：618000

电　　话：18990203399

邮　　箱：609996305@qq.com

主要产品：内外墙腻子，821腻子粉，805环保型建筑胶水，仿瓷涂料

公司名称：东方绝缘材料厂新都分厂

地　　址：成都市新都区马家镇快活村

邮　　编：610508

电　　话：028-83902229

传　　真：028-83902229

主要产品：涂料

公司名称：杜邦华佳化工有限公司西南分公司

地　　址：四川省成都市武侯区武侯科技园武科东二路6号

邮　　编：610045

电　　话：028-85041455

传　　真：028-85043971

主要产品：热固性粉末涂料

公司名称：富百乐装饰材料实业有限公司

地　　址：四川省成都市青白江区大弯镇大弯东路

邮　　编：610300

电　　话：0833-83610336 13183801485

传　　真：0833-83618685

邮　　箱：fbl@coollcy.com

网　　址：www.fubaile.com

主要产品：内外墙乳胶漆

公司名称：建新防水粉末厂

地　　址：成都崇州市元通镇平安村

邮　　编：611230

电　　话：028-82262162

传　　真：028-82262163

主要产品：涂料

公司名称：金玛化工（成都）有限公司

地　　址：四川省成都市武侯区凉水井

邮　　编：611130

电　　话：028-85031708

传　　真：028-85031708

主要产品：液体壁纸，内外墙乳胶漆，聚酯涂料，腻子涂料

公司名称：眉山新彩涂料有限责任公司

地　　址：四川省眉山市东坡区崇仁镇

邮　　编：620032

电　　话：0833-8502475 13990391315

传　　真：0833-8412925

主要产品：火车涂料

公司名称：绵阳鸿宇星漆业有限公司

地　　址：四川绵阳三汇路

电　　话：0816-2301647

主要产品：涂料

公司名称：南充白塔油漆化工有限责任公司

地　　址：四川省南充市高坪区建设中路19号

邮　　编：637000

电　　话：0817-3331898 3331899

传　　真：0817-3331898

主要产品：涂料

公司名称：欧文制漆（成都）化工有限公司

地　　址：四川省成都市新都区龙桥镇渭水村

邮　　编：610505

电　　话：028-83079089

传　　真：028-83068109

主要产品：硝基涂料，UV涂料

公司名称：攀枝花市荣鑫油漆有限责任公司

地　　址：四川省攀枝花市五十一公里

邮　　编：617026

电　　话：0812-2903818

传　　真：0812-2901572

主要产品：涂料

公司名称：彭州市华港涂料有限公司

地　　址：四川省彭州市天彭镇来寿村

邮　　编：611930

电　　话：028-8701986

传　　真：028-8701986

主要产品：木器涂料

公司名称：叁猴油漆有限公司

地　　址：四川省成都新都区石板滩光辉六组

邮　　编：610500

电　　话：028-83050783

传　　真：028-83050322

邮　　箱：cdsanhou@gmail.com

网　　址：www.cdsanhou.com

主要产品：工业涂料，家具涂料，乳胶漆

公司名称：四川成都华永泰装饰材料有限公司

地　　址：四川省成都市营门口路88号四威大厦B幢701

邮　　编：610041

电　　话：86-028-87777916 13666222188

传　　真：86-028-87765938

邮　　箱：888hyt@888hyt.com

网　　址：www.888hyt.com

主要产品：建筑涂料

公司名称：四川德阳奥林化工涂料有限公司

地　　址：四川省德阳市泰山北路三段

邮　　编：618000

电　　话：0838-2430828-8020

传　　真：0838-2490106

邮　　箱：olin @olin.com

主要产品：涂料

公司名称：四川都江堰蜀龙防火材料有限公司

地　　址：四川省都江堰市川苏科技产业开发区金藤大道

邮　　编：611830

电　　话：028-87299939

网　　址：www.scshulong.com

主要产品：防火涂料

公司名称：四川南方涂料工业有限公司

地　　址：四川省成都市青羊区苏坡乡万家工业园

邮　　编：610041

电　　话：028-87461717

主要产品：家具涂料

公司名称：四川省广汉市古城化工厂
地　　址：四川德阳广汉市海口路中段（新丰工业开发区）
邮　　编：618300
电　　话：0838-5195502
传　　真：0838-5195657
网　　址：www.gc-hg.com
主要产品：涂料

公司名称：四川省广汉市蜀彩化工厂
地　　址：四川省广汉市新平观音寺
邮　　编：618300
电　　话：0838-5655106
主要产品：家装涂料，工业防腐涂料

公司名称：四川省华邦保和墙面系统有限公司
地　　址：四川省成都市成华区东升工业园区 B 区 1 号
邮　　编：610051
电　　话：028-84730999
传　　真：028-84810888
主要产品：建筑涂料，乳胶漆

公司名称：四川省金江实业有限公司
地　　址：四川省成都市成华区东升工业园 B 区 1 号
邮　　编：610200
电　　话：028-84730999
网　　址：www.scjinjiang.com
主要产品：乳胶漆，腻子

公司名称：四川省金路树脂有限公司
地　　址：四川省德阳市罗江县景乐路 66 号
邮　　编：618500
电　　话：0838-3121375
传　　真：0838-3121380
邮　　箱：jjlsz@jinlu-resin.com
网　　址：www.jinlu-resin.cn
主要产品：涂料

公司名称：四川省金阳实业有限公司
地　　址：四川省成都市外西土桥镇润漕河村十组
邮　　编：610036
电　　话：028-87508403
主要产品：防腐涂料

公司名称：四川省四亨实业有限公司
地　　址：四川省广汉市广兴镇
邮　　编：618300
电　　话：0838-5580316
传　　真：0838-5580318
邮　　箱：siheng@ghsh.cn
网　　址：www.ghsh.cn
主要产品：白乳胶，外墙乳胶漆，聚酯涂料

公司名称：四川省资阳赛特化工有限公司
地　　址：四川省资阳市外环路汽车工业园区
邮　　编：641300
电　　话：028-26122612
主要产品：汽车涂料，工业涂料，防腐涂料

公司名称：四川祥和涂料有限公司
地　　址：四川省成都市高新区创业路 49 号
邮　　编：610041
电　　话：028-85177430
传　　真：028-85193596
网　　址：www.xhtllh.net.cn
主要产品：防腐涂料

公司名称：四川兴晨科技有限公司
地　　址：四川省成都市人民南路四段 21 号盘谷花园静馨苑 301
邮　　编：610000
电　　话：028-85229263 13980691122
传　　真：028-85214277
邮　　箱：scxingchen@yahoo.com.cn
网　　址：www.scxincheng.com
主要产品：有机硅防水涂料

公司名称：四川荥经康宁漆业有限责任公司
地　　址：四川省荥经杨柳树开发区
邮　　编：625200
电　　话：0835-7630379
传　　真：0835-7630379
主要产品：涂料

公司名称：威尔达化工有限公司
地　　址：四川广汉市新平镇观音寺
邮　　编：402260
电　　话：0838-47999963
传　　真：0838-47999963
网　　址：www.chinaweda.com
主要产品：内外墙乳胶漆，防水涂料，聚酯涂料

公司名称：威林斯涂料有限公司
地　　址：四川省成都市高新区西部园区天朗路 5 号华森综合楼
邮　　编：611731
电　　话：0771-3314589
传　　真：0771-3314589
主要产品：建筑涂料

公司名称：西昌市化学工业公司油漆厂
地　　址：四川省西昌市东郊张林村油漆厂
邮　　编：650021
电　　话：0834-3792029
传　　真：0834-3792028
主要产品：涂料

公司名称：西昌市月城化工有限公司
地　　址：四川省西昌市高枧大坟堆张林乡
邮　　编：615000
电　　话：0834-2280010
主要产品：工业涂料

公司名称：祥和涂料磷化（成都）总部
地　　址：成都高新区创业路 49 号
邮　　编：610041
电　　话：028-85177429
传　　真：028-85161251
主要产品：防腐涂料，磷化液

公司名称：重庆三峡油漆股份有限公司成都油漆厂
地　　址：四川省成都市外东多宝寺 21 号
邮　　编：610000
电　　话：028-84441626 84443959
主要产品：涂料

公司名称：紫荆花制漆（成都）有限公司
地　　址：四川省成都市新都区大丰镇华美村
邮　　编：610504
电　　话：028-83912036
传　　真：028-83911208
主要产品：内外墙乳胶漆，胶玉漆，特级聚酯涂料，硝基涂料

公司名称：自贡鸿源化工有限公司
地　　址：四川省自贡市汇兴路 113 号附 3 号
邮　　编：643000
电　　话：0813 2203184
传　　真：0813 2404009
主要产品：工业涂料

贵州省

公司名称：富慧建材厂
地　　址：贵州省贵阳市富源中路 491 号
邮　　编：550005
电　　话：0851-3930941 3930941
传　　真：0851-3930941
网　　址：GYFHJC.bmlink.com
主要产品：建筑涂料

公司名称：贵阳发昌化工有限公司
地　　址：贵州省贵阳市兴关路 11 号
邮　　编：550002
电　　话：0851-5569648
主要产品：高档聚酯装修涂料，家具涂料，汽车涂料，内外墙乳胶漆

公司名称：贵阳方正涂料有限责任公司
地　　址：贵州省贵阳市花溪养牛工业区
邮　　编：550025
电　　话：0851-3611080 3611200
传　　真：0851-3611434
邮　　箱：172773029@qq.com
网　　址：www.gyfztl.cn
主要产品：醇酸涂料，氨基涂料，特种防腐涂料，汽车修补涂料，过滤涂料

公司名称：贵阳亮丽多涂料有限公司
地　　址：贵州省贵阳市市南路中新建材市场 15-4
邮　　编：550001
电　　话：0851-5633740
传　　真：0851-5633740
主要产品：建筑涂料，底漆，防水涂料

公司名称：贵阳市南明区富强建材厂
地　　址：贵州省贵阳市南明区富源中路 491 号
邮　　编：550005
电　　话：0851-3923569
主要产品：建筑涂料

公司名称：贵阳卓谦涂料物资有限公司
地　　址：贵州省贵阳市惠农巷末端 143 号

邮　　编：550002
电　　话：0851-8219016
主要产品：建筑涂料

公司名称：贵州大陆集团(遵义造漆厂)
地　　址：贵州省遵义市白杨路 145 号
邮　　编：563000
电　　话：0852-8829774 8821843
主要产品：涂料

公司名称：贵州汇科纳米材料科技发展有限公司
地　　址：贵州省贵阳市国家高新技术产业开发区新天园区南方汇通高新科技
电　　话：0851-6270281 5624651
传　　真：0851-6270380 5610695
邮　　箱：tech@weco-nano.com sales@weco-nano.com director@weco-nano.com
主要产品：涂料

公司名称：贵州佳悦涂料有限公司
地　　址：贵州省贵阳市遵义路 50 号 7 单元 201 室
邮　　编：550002
电　　话：0851-5570803
传　　真：0851-5570803
主要产品：建筑涂料，乳胶漆

公司名称：贵州甲秀造漆有限公司
地　　址：贵州省贵阳市太慈桥车水路 47 号
邮　　编：550003
电　　话：0851-5116569
主要产品：涂料

云南省

公司名称：昆明滇宝防水建材有限公司
地　　址：云南昆明市高新技术开发区科医路 196 号
邮　　编：650100
电　　话：0871-8173631
邮　　箱：cp@dianbao.com.cn
网　　址：www.dianbao.com.cn
主要产品：防水涂料

公司名称：昆明福峰防水涂料有限公司
地　　址：云南省昆明市东郊大板桥工业园区
邮　　编：650211
电　　话：0871-7333925 7338892
传　　真：0871-7333925
网　　址：www.kmfufeng.com
主要产品：抗老化高弹性彩色防水涂料

公司名称：昆明国松特种涂料有限公司
地　　址：云南省昆明市人民东路 483 号
邮　　编：650216
电　　话：0871-3352119
主要产品：建筑防水涂料，内墙涂料乳胶漆，外墙涂料

公司名称：昆明金河化工厂
地　　址：云南省昆明市西山区碧鸡镇下华哨
邮　　编：650111
电　　话：0871-3368680
主要产品：涂料

公司名称：昆明靓城建材有限公司
地　　址：云南省昆明市五华区尹家村
邮　　编：650102
电　　话：0871-8301818
主要产品：内外墙乳胶漆

公司名称：昆明三磊涂料有限公司
地　　址：云南省昆明市五华区王家桥
邮　　编：650102
电　　话：0871-6333028
传　　真：0871-5378571
主要产品：机械涂料，汽车涂料

公司名称：昆明万里化工有限责任公司
地　　址：云南省昆明市五华区核桃箐村
邮　　编：650221
电　　话：0871-5174581
传　　真：0871-5174581
网　　址：www.szkgutv.rsstop.com
主要产品：调和漆，防锈涂料，防腐涂料

公司名称：昆明万里油漆化工厂
地　　址：云南省昆明市北郊联盟镇上马村
邮　　编：650221
电　　话：0871-5174581
传　　真：0871-5174581
主要产品：涂料

公司名称：昆明五彩化学有限公司
地　　址：云南省昆明市官渡区大板桥镇秧田冲村
邮　　编：650211
电　　话：0871-7331698 3852776
传　　真：0871-3300107
主要产品：防腐涂料，防火涂料

公司名称：昆明新大地制漆有限公司
地　　址：云南省昆明市西山区碧鸡镇长坡
邮　　编：650111
电　　话：0871-8423837
网　　址：www.kmxdd.com
主要产品：内外墙涂料，工业涂料

公司名称：昆明新大制漆有限公司
地　　址：云南省昆明市西郊区碧鸡关长陂下华哨村
邮　　编：650111
电　　话：0871-8423034 13577068600
传　　真：0871-8423034
网　　址：www.kmxdpt.cn
主要产品：水性涂料，工业防腐涂料，涂料

公司名称：昆明中华涂料有限责任公司
地　　址：云南省昆明市经济技术开发区
邮　　编：650224
电　　话：0871-7413618
传　　真：0871-7413618
网　　址：www.zhanghuaqi.com
主要产品：涂料

公司名称：云南邦特新材料有限公司
地　　址：云南省宣威市板桥镇
邮　　编：655413
电　　话：0874-7982755 7982761
传　　真：0874-7982050
主要产品：内外墙涂料，腻子，建筑装饰构件

公司名称：云南红塔化学有限公司
地　　址：云南通海桑园工业区
邮　　编：652700
电　　话：0877-3805975
传　　真：0877-3804020
主要产品：印刷油墨，涂料

西藏自治区

公司名称：山姆装饰涂料拉萨总代理
地　　址：西藏拉萨民族北路天海建材市场 7 幢 a 面 5-6 号
邮　　编：850000
电　　话：0891-6828363
主要产品：建筑涂料

公司名称：西藏晨阳涂料有限公司
地　　址：西藏自治区拉萨市达孜工业园区
邮　　编：850000
电　　话：0891-6866858
传　　真：0891-3866808
主要产品：建筑涂料

陕西省

公司名称：安康好润涂料厂
地　　址：陕西省安康市南正街东巷 5 号
邮　　编：725000
电　　话：0915-3205779 1592951843
传　　真：0915-3205779
网　　址：www.szkgudd.rsstop.com

主要产品：内外墙乳胶漆，家装涂料，抗碱封闭底漆，耐水腻子，干粉

公司名称：宝防化工精细化学品厂
地　　址：陕西省宝鸡市陈仓区阳平火车站西
邮　　编：721303
电　　话：0917-6650372
主要产品：建筑装饰涂料，地坪涂料，防水涂料，防火涂料，防腐涂料类，表面前处理

公司名称：宝鸡市多彩涂料装饰有限公司
地　　址：陕西省宝鸡市渭滨陕西省区姜谭路东段三合村二队
邮　　编：721008
电　　话：0917-3390719 3390720
传　　真：0917-3391290
网　　址：www.duocaipaint.net
主要产品：内墙涂料，外墙涂料，乳胶漆

公司名称：宝鸡市嘉利来建材装饰有限责任公司
地　　址：陕西省宝鸡市宝十路东段
邮　　编：721004
电　　话：0917-3416669
传　　真：0917-3415759
邮　　箱：jll5759@163.com
网　　址：www.jll7.net
主要产品：内、外墙专用腻子；丙烯酸内，外墙乳胶漆

公司名称：宝鸡市佳阁亮光彩涂料装饰有限责任公司
地　　址：陕西省宝鸡市渭滨区凌云路气象局北侧路北
邮　　编：721006
电　　话：0917-3614808
主要产品：乳胶漆

公司名称：碑林区建兴涂料厂
地　　址：陕西省西安市碑林区振兴路8号
邮　　编：710068
电　　话：029-88402711
主要产品：内墙涂料，外墙涂料

公司名称：富强涂料厂
地　　址：陕西省咸阳市渭城区毕塬路铁四局十字
邮　　编：712000
电　　话：029-33771889
主要产品：内墙涂料，外墙涂料

公司名称：汉中市衮雪涂料有限公司
地　　址：陕西省汉中市洋县和平路
邮　　编：723300
电　　话：0916-8214888
传　　真：0916-8214888
主要产品：内外墙涂料，地板涂料，仿瓷涂料，钢化涂料，水晶涂料

公司名称：汉中市西城涂料厂
地　　址：陕西省汉中市汉台区西环北路1号
邮　　编：723000
电　　话：0916-2241322
传　　真：0916-2241322
主要产品：内墙涂料，外墙涂料

公司名称：昊鑫涂料化工有限责任公司
地　　址：江苏江都市麾村镇人民路65号
邮　　编：715000
电　　话：0514-86371585 13773394644
传　　真：0514-86371585
主要产品：建筑涂料

公司名称：户县欣意达化工厂
地　　址：陕西省西安市户县秦渡镇正庄
邮　　编：710300
电　　话：029-84850548
主要产品：氨基烤漆

公司名称：美佳油漆涂料厂
地　　址：陕西省西安市灞桥区周家坡
邮　　编：710043
电　　话：029-86795610
主要产品：内外墙涂料

公司名称：陕北延川红海枣业有限责任公司
地　　址：陕西省延川县城北新街道44号
邮　　编：717200
电　　话：0911-8114001 8403001
传　　真：0911-8114001
邮　　箱：guoxiangqian@vip.sina.com
主要产品：涂料

公司名称：陕西宝塔山油漆股份有限公司
地　　址：陕西省兴平市兴渝路56号
邮　　编：713100
电　　话：029-38811111 4006698777
传　　真：029-38822245
邮　　箱：baotashan@baotashan.com
网　　址：www.baotashan.com
主要产品：工业涂料，建筑涂料，重防腐涂料，家装涂料

公司名称：陕西沣京制漆有限公司
地　　址：陕西省西安市户县沣京路
邮　　编：710300
电　　话：029-4811102
主要产品：涂料

公司名称：陕西华阴051涂料厂
地　　址：陕西省华阴市
邮　　编：714200
电　　话：0913-4617348 13991662955
传　　真：0913-4617347
邮　　箱：xibeidaoke@sina.com
主要产品：涂料

公司名称：陕西加力涂料工业有限公司
地　　址：西安市八府庄东元西路11号
邮　　编：710048
电　　话：029-86711571
传　　真：029-86711571
主要产品：乳胶漆，氨基、硝基系列涂料

公司名称：陕西经建油漆化工有限公司
地　　址：陕西省西安市莲湖区团结西路庆安建材市场B9排201室
邮　　编：710016
电　　话：029-83171033
主要产品：建筑涂料

公司名称：陕西龙山商贸有限责任公司
地　　址：陕西省西安市西高新开发区甘家寨一小区34号
邮　　编：710075
电　　话：029-88221179
网　　址：www.shengq.com
主要产品：涂料

公司名称：陕西瑞南安全技术有限公司
地　　址：陕西省西安市凤城一路雅荷中环大厦B座15F-E
邮　　编：710016
电　　话：029-86222859
传　　真：029-86226583
主要产品：防火涂料

公司名称：陕西源源化工有限公司
地　　址：西安渭南市合阳县合阳县新城村黄河路68号
邮　　编：715300
电　　话：0913-5523125 15710434071
主要产品：调和漆

公司名称：渭南巨星涂料有限公司
地　　址：陕西省渭南开发区良田街中段
邮　　编：714000
电　　话：0913-2105116 2905738
传　　真：0913-2905738
邮　　箱：juxingtuliao@263.net
主要产品：涂料

公司名称：西安澳鑫航天高新材料科技有限公司
地　　址：陕西省西安市新城区新科路1号
邮　　编：710043
电　　话：029-82258029
传　　真：029-82258026
主要产品：导电涂料

公司名称：西安北方汇天化学工业有限公司涂料制造厂
地　　址：陕西省西安户县余下村
邮　　编：710302
电　　话：029-84912972
传　　真：029-84912272
主要产品：建筑涂料，汽车涂料，工业涂料

公司名称：西安昌胜化工有限责任公司
地　　址：陕西省西安市长安区环城西路北段
邮　　编：710100
电　　话：029-85648172
传　　真：029-85648172
主要产品：防腐涂料

公司名称：西安大天制胶有限公司
地　　址：西安高新技术产业开发区高新五路7号
邮　　编：701175
电　　话：029-88316917
传　　真：029-88316489
邮　　箱：datian@xadt.com
主要产品：涂料

公司名称：西安黛龙新加坡漆有限公司
地　　址：陕西省西安市雁塔区南梢门泛美大厦1507室
邮　　编：710068
电　　话：029-87882846 88514064
传　　真：029-87884228
网　　址：www.dycon.net.cn
主要产品：内墙乳胶漆，聚酯涂料

公司名称：西安峰龙制漆有限公司
地　　址：陕西省西安经济技术开发区沣京工业园

邮　　编：710300
电　　话：029-4980289 4980908
主要产品：内墙乳胶漆，聚酯涂料

公司名称：西安汉港化工有限公司
地　　址：陕西省西安市南院门大车家巷15号
邮　　编：710002
电　　话：029-87256694 87271544
传　　真：029-87285717
邮　　箱：www.nfo@hangang.com.cn
主要产品：涂料

公司名称：西安华邦涂料有限公司
地　　址：陕西省西安市雁塔区小烟庄6号
邮　　编：710077
电　　话：029-88519824 13891809812
主要产品：热固性粉末涂料

公司名称：西安华电科技有限公司
地　　址：中国西安西关南巷17号
邮　　编：710082
电　　话：029-87582819
传　　真：029-86672130
网　　址：www.xahdszco.diytrade.com
主要产品：涂料

公司名称：西安惠安涂料制造有限责任公司
地　　址：西安市户县余下村
邮　　编：710302
电　　话：029-4912973
传　　真：029-4912972
主要产品：涂料

公司名称：西安佳龙油漆新技术发展有限公司
地　　址：陕西省西安市高新3路2号海佳云顶Z座2102室
邮　　编：710075
电　　话：029-88890568
传　　真：029-88311499-605
主要产品：工业涂料

公司名称：西安利澳科技股份有限公司
地　　址：西安高新技术产业开发区科技路红叶大厦
邮　　编：710071
电　　话：800-8409991
传　　真：029-84264837
邮　　箱：xaleeo@163.com
网　　址：www.xaleeo.com
主要产品：涂料

公司名称：西安秦化实业有限公司
地　　址：陕西省西安市户县沣京工业园
邮　　编：710300
电　　话：029-84980455
传　　真：029-84981444转8011
邮　　箱：kefu@xaqh.cn
网　　址：www.xaqh.cn
主要产品：特种涂料

公司名称：西安榕森漆业有限责任公司
地　　址：陕西省西安市未央区和平工业园五路9号
邮　　编：710086
电　　话：029-84367456
传　　真：029-84367456
主要产品：汽车涂料

公司名称：西安市盖力帽涂料有限公司
地　　址：陕西省西安市户县余下镇占东村
邮　　编：710302
电　　话：029-84965077
传　　真：029-84965077
主要产品：乳胶漆

公司名称：西安市户县亚太油漆厂
地　　址：陕西省西安市户县余下镇罗什村
邮　　编：710302
电　　话：029-84862588
主要产品：聚氨酯涂料

公司名称：西安市油漆厂
地　　址：西安市团结北路2号
邮　　编：710077
电　　话：029-84244741
传　　真：029-84264837
主要产品：聚氨酯涂料

公司名称：西安天元化工(集团)有限公司
地　　址：西安市高新区沣惠南路20号华晶广场
邮　　编：710054
电　　话：029-87858437 87857860
传　　真：029-88372118
邮　　箱：IndustryGroupty@tycc.com.cn
网　　址：www.tycc.com.cn
主要产品：涂料

公司名称：西安信誉精细化工有限公司
地　　址：陕西省西安市红光路和平工业园6路1号
邮　　编：710086
电　　话：029-84367450
传　　真：029-84368425
邮　　箱：credit@xiancredit.com
网　　址：www.xiancredit.com
主要产品：热固性粉体涂料

公司名称：西昌科技（陕西）有限公司
地　　址：陕西省西安市高新一路15号
邮　　编：710086
电　　话：029-84513512
主要产品：内墙面涂料，外墙封闭底漆硝基涂料，环氧防腐涂料，工业用涂料

公司名称：咸阳兴华高精表面技术有限公司
地　　址：陕西省咸阳市高新区阳安西路
邮　　编：712000
电　　话：029-33344682
主要产品：热熔胶，黄胶

公司名称：兴平市电务处瑞博涂料厂
地　　址：陕西省兴平市环城南路
邮　　编：713100
电　　话：0910-8570637
主要产品：乳胶漆

公司名称：延安梦雅涂料有限公司
地　　址：陕西省延安市大砭沟中段
邮　　编：716000
电　　话：0911-2385908
主要产品：丙烯酸系列，乳胶漆

公司名称：榆林市光明涂料厂
地　　址：陕西省榆林市榆阳区西人民路
邮　　编：719000
电　　话：0912-3851574
主要产品：内外墙涂料

公司名称：中国兵器工业总公司陕西华阴051涂料厂
地　　址：陕西省华阴市夫水镇北88号信箱
邮　　编：714200
电　　话：0913-4617228
传　　真：0913-4617347
主要产品：重防腐涂料，建筑涂料

甘肃省

公司名称：白银长兴涂料厂
地　　址：甘肃省白银市白银区王岘东路
邮　　编：730900
电　　话：0943-8305737
主要产品：外墙涂料，乳胶漆

公司名称：甘肃国威科技有限公司
地　　址：甘肃省兰州市西固区清水街8号
邮　　编：730060
电　　话：0931-7313726
传　　真：0931-7365839
主要产品：内外墙乳胶漆，胶黏剂

公司名称：甘肃金盾化工有限公司
地　　址：甘肃兰州城关区古城坪11号
邮　　编：730030
电　　话：0931-8505552
主要产品：乳胶漆，白乳胶

公司名称：甘肃省景兴涂料有限公司
地　　址：甘肃静宁红旗经济区
邮　　编：743400
电　　话：0933-2525428
传　　真：0933-2525428
邮　　箱：jingzhaixuan@163.com
网　　址：www.jnjxtl.c-bm.com
主要产品：内外墙乳胶漆，马路涂料，胶黏剂，腻子粉

公司名称：酒泉市荣泰橡胶制品有限公司特种涂料厂
地　　址：甘肃酒泉市肃州酒泉市肃州区公园路三巷四号
邮　　编：735000
电　　话：0937-2633866
主要产品：内外墙涂料，工业涂料

公司名称：兰州大洋化学有限责任公司
地　　址：甘肃省兰州市西固区环行东路52号
邮　　编：700060
电　　话：0931-7363161-8000
主要产品：醇酸涂料，防腐涂料，工业涂料，汽车涂料，乳胶漆

公司名称：兰州帝威制漆有限公司
地　　址：甘肃省兰州市七里河建兰新村

122 号 A 区
邮　　编：730050
电　　话：0931-2863539
主要产品：内外墙乳胶漆

公司名称：兰州黄河涂料有限责任公司
地　　址：甘肃省兰州市城关区佛慈大街 250 号
邮　　编：730046
电　　话：0931-8365509
主要产品：醇酸涂料，防腐涂料，工业涂料，汽车涂料，乳胶漆

公司名称：兰州黄河造漆厂
地　　址：甘肃省兰州市大砂坪 194 号
邮　　编：730046
电　　话：0931-8365002 8364454
主要产品：涂料，包装桶，辅料

公司名称：兰州金丰涂料厂
地　　址：甘肃省兰州西津西路 888-9 号
邮　　编：730050
电　　话：0931-2502598
主要产品：防腐涂料，高温涂料，防火涂料，银粉漆，地坪涂料

公司名称：兰州金路交通设施有限责任公司
地　　址：甘肃省兰州市安宁区万新路 342 号
邮　　编：730070
电　　话：0931-7604066
传　　真：0931-7604066
主要产品：道路标线涂料

公司名称：兰州诺森漆业有限公司
地　　址：甘肃省兰州市定西路 2 支路 237 号旺盛大厦 1201 室
邮　　编：730030
电　　话：0931-8619955
传　　真：0931-8619955
主要产品：水性乳胶漆，聚氨酯涂料

公司名称：兰州瑞玛化机公司
地　　址：甘肃省兰州市西固区合水北路 3 号
邮　　编：730060
电　　话：0931-7310774 13893363386
传　　真：0931-7316118
网　　址：www.ricmproducts.cn
主要产品：防腐涂料

公司名称：兰州三联化工涂料厂
地　　址：甘肃省兰州市城关区段家滩 272 号
邮　　编：730020
电　　话：0931-8496217
主要产品：涂料

公司名称：兰州市城关区天然装饰涂料厂
地　　址：甘肃省兰州市城关区小稍门外 95 号
邮　　编：730030
电　　话：0931-8311661
主要产品：内外墙涂料，888 建筑胶

公司名称：兰州新力特种油漆厂
地　　址：甘肃省兰州市西固区西柳沟 140 号
邮　　编：730060
电　　话：0931-7357415
主要产品：涂料

公司名称：兰州迅美漆业科技有限公司
地　　址：甘肃省兰州市安定门外一号塑料大厦 416 室
邮　　编：730030
电　　话：0931-8437099
传　　真：0931-8437099
邮　　箱：xmqyban@sohu.com
网　　址：www.lzxm.net
主要产品：内外墙环保乳胶漆，氟碳涂料，内外墙专用腻子

公司名称：兰州燕军建材技术开发有限公司
地　　址：甘肃省兰州市城关区远东市场 C1-3 号
邮　　编：730030
电　　话：0931-2182846 15095321896
邮　　箱：yjjc@163.com
网　　址：www.lzp8.com
主要产品：防水腻子粉，柔性腻子粉，耐水腻子粉

公司名称：兰州涌泉精细化工有限公司
地　　址：甘肃省兰州市省兰州市榆中县方家泉
邮　　编：730103
电　　话：0931-8494574
传　　真：0931-8494574
主要产品：建筑涂料

公司名称：兰州知本化工科技有限公司
地　　址：甘肃省兰州市南昌路 421 号华宇大厦 514F
邮　　编：730000
电　　话：0931-8276110
传　　真：0931-8263998
邮　　箱：web@kcapital.cn
网　　址：www.kcapital.cn
主要产品：高氯化聚乙烯防腐蚀涂料，聚氨酯类防蚀涂料，环氧防腐涂料

公司名称：甘肃志立防腐涂料有限责任公司
地　　址：甘肃省兰州市七里河区龚家坪西路 147 号
邮　　编：730050
电　　话：0931-2862010
邮　　箱：tianji8602@163.com
主要产品：防腐涂料

公司名称：兰州中顺科工贸集团有限公司
地　　址：兰州西固区庄浪西路 18 号
邮　　编：730060
电　　话：0931-7554888 7575757
传　　真：0931-7559612
邮　　箱：zsjt@zhongshun.com.cn
网　　址：www.zhongshun.com.cn
主要产品：涂料

公司名称：七里河建筑涂料厂
地　　址：甘肃省兰州市七里河区西津西路河湾堡 18 号
邮　　编：730050
电　　话：0931-2562370
主要产品：涂料

公司名称：天水北道区三益建材综合厂
地　　址：甘肃省天水市北道区花牛镇赵崖村 78 号
邮　　编：741025
电　　话：0938-2581323
主要产品：内外墙涂料，乳胶漆

公司名称：天水市秦城区五环涂料厂
地　　址：甘肃省天水市秦城区红山路 33 号
邮　　编：741000
电　　话：0938-8369881
主要产品：内外墙涂料，乳胶漆

公司名称：武威市东风涂料厂
地　　址：甘肃省武威市凉州区东关复兴路 92 号
邮　　编：733000
电　　话：0935-6160111
邮　　箱：871534786@qq.com
主要产品：建筑涂料，内外墙乳胶漆

公司名称：武威市建筑涂料厂
地　　址：甘肃省武威市凉州区金羊镇蔡庄村
邮　　编：733000
电　　话：0935-2225391
主要产品：涂料

公司名称：武威市金羊涂料厂
地　　址：甘肃武威市凉州区金羊镇三盘磨七组村委会
邮　　编：733000
电　　话：0935-2220319
网　　址：www.lpvksg.rsstop.com
主要产品：内外墙涂料，乳胶漆

公司名称：西北永新化工股份有限公司
地　　址：甘肃省兰州市城关区北龙口永新化工园区
邮　　编：730046
电　　话：0931-4862485
传　　真：0931-8497112
网　　址：www.yoxin.net
主要产品：涂料，风电涂料，电泳漆，水性涂料，粉末涂料

公司名称：新茂涂料厂
地　　址：甘肃省嘉峪关市胜利中路 27 号
邮　　编：735100
电　　话：0937-6262610
主要产品：内外墙涂料，乳胶漆

公司名称：张掖银海乳胶漆厂
地　　址：甘肃省张掖市甘州区平原堡 3 号经济开发区
邮　　编：734002
电　　话：0936-8822363
主要产品：乳胶漆

公司名称：张掖自强实业总公司涂料厂
地　　址：甘肃省张掖市张掖东街 107 号
邮　　编：734000
电　　话：0936-8214797
主要产品：107 胶水，防水涂料，内墙涂料，外墙涂料

青海省

公司名称：青海西宁新华涂料厂
地　　址：青海省西宁市南小街
邮　　编：810001
电　　话：0971-8175153
主要产品：内墙涂料，内墙胶

公司名称：青海昆仑涂料有限责任公司
地　　址：青海省西宁市祁连路 41 号
邮　　编：810000
电　　话：0971-8212529
传　　真：0971-8212526
主要产品：涂料

宁夏回族自治区

公司名称：宁夏广彩化工涂料有限公司
地　　址：宁夏银川市掌政路皮鞋厂对面
邮　　编：750004
电　　话：0951-3990756

公司名称：宁夏金盾防火技术有限公司
地　　址：宁夏银川市金凤区经济技术开发区
邮　　编：750001
电　　话：0951-6119888 15909674000
传　　真：0951-4083388
网　　址：www.nxjindun.com.cn
主要产品：防火涂料

公司名称：宁夏美邦工贸有限公司
地　　址：宁夏回族自治区银川市康居 A2 区 12-1-202
邮　　编：750001
电　　话：0951-5694906
传　　真：0951-5694906
主要产品：乳胶漆，腻子

公司名称：宁夏银川油漆厂
地　　址：宁夏回族自治区银川市城区东郊
邮　　编：750004
电　　话：0951-6032509
传　　真：0951-6031795

公司名称：吴忠市三星油漆厂
地　　址：宁夏回族自治区吴忠市工业园区
邮　　编：751100
电　　话：0953-2129156
主要产品：涂料

公司名称：银川市银飞建筑涂料厂
地　　址：宁夏银川市东环北路 23 号
邮　　编：750004
电　　话：0951-6030132
传　　真：0951-6030132
主要产品：涂料

公司名称：永宁县多美涂料有限公司
地　　址：宁夏回族自治区银川市永宁县望远镇望远
邮　　编：750100
电　　话：0951-8013502
主要产品：建筑涂料

新疆维吾尔自治区

公司名称：阿克苏市超新化工实业有责任公司
地　　址：新疆阿克苏市华能市场北区 5 幢 1 号
邮　　编：843000
电　　话：0997-2519269
主要产品：醇酰涂料，建筑涂料

公司名称：奥地尔化工有限公司
地　　址：新疆乌鲁木齐市乌奇路 1 号
邮　　编：830021
电　　话：0991-6853425
传　　真：0991-6853298
主要产品：乳胶漆，节能保温涂料

公司名称：昌吉市鸿发科技开发有限公司
地　　址：新疆区昌吉回族自治州昌吉市青年路 14 号
邮　　编：831100
电　　话：0994-2285288
主要产品：防水涂料，大理石涂料，真石漆

公司名称：广源建材涂料厂
地　　址：新疆阿克苏市华能市场 1 栋 B-10
邮　　编：843000
电　　话：0997-2523626
主要产品：建筑涂料

公司名称：宏发科技开发有限责任公司
地　　址：新疆昌吉市亚中建材市场 B 段 61 号
邮　　编：831100
电　　话：0994-2521002
主要产品：真石漆

公司名称：青河县福利厂
地　　址：新疆维吾尔自治区阿勒泰地区青河县青河镇团结路
邮　　编：836200
电　　话：0906-8821191
主要产品：内外墙涂料

公司名称：莎车县福康建材厂
地　　址：新疆维吾尔自治区喀什地区莎车县莎车镇齐尼把格路 19 号
邮　　编：844700
电　　话：0998-8512630
主要产品：内外墙涂料

公司名称：石河子市芳香涂料厂
地　　址：新疆维吾尔自治区石河子市 17 小区
邮　　编：832000
电　　话：0993-2813188
主要产品：建筑涂料，乳胶漆

公司名称：乌鲁木齐三郎伟业有限责任公司
地　　址：新疆维吾尔自治区乌鲁木齐市水磨沟区
邮　　编：830063
电　　话：0991-4610354
主要产品：油灰，涂料

公司名称：乌鲁木齐市兴德工程涂料有限公司
地　　址：新疆乌鲁木齐市八道湾工业区三队
邮　　编：830065
电　　话：0991-4661711 13999829079
传　　真：0991-4626396
主要产品：防腐涂料

公司名称：乌鲁木齐鑫彩虹涂料有限公司
地　　址：新疆乌鲁木齐市东山区卡子湾育林社区河滩北路 64 号
邮　　编：830058
电　　话：0991-6659424
网　　址：www.ulugsu.rsstop.com
主要产品：建筑涂料

公司名称：乌鲁木齐亚晨汽车油漆有限公司
地　　址：新疆乌鲁木齐市乌鲁木齐市西山路 17 号
邮　　编：830000
电　　话：0991-4509880
传　　真：0991-4521475
主要产品：汽车涂料

公司名称：新疆巴州和硕县宏美涂料厂
地　　址：新疆巴音郭楞自治州和硕县特吾里克镇文化 2 路
邮　　编：841200
电　　话：0996-5622063
传　　真：0966-5622498
主要产品：内外墙涂料

公司名称：新疆红山涂料有限公司
地　　址：新疆乌鲁木齐市水磨沟区河滩北路 30 号
邮　　编：830002
电　　话：0991-4534397
传　　真：0991-4534397
主要产品：建筑涂料

公司名称：新疆华生化工涂料有限公司

地　　址：新疆克拉玛依市胜利路 112 号
邮　　编：834000
电　　话：0990-6222943 6883646
邮　　箱：hs-kl@mail.xj.cninfo.net
网　　址：www.xbtlw.com
主要产品：水性木器涂料，氟碳涂料

公司名称：新疆克拉玛依市华生实业公司
地　　址：新疆克拉玛依市胜利路 112 号
邮　　编：834000
电　　话：0990-6223840
传　　真：0990-6222943
主要产品：乳胶漆

公司名称：新疆胜昆仑防护材料制造有限公司
地　　址：新疆维吾尔自治区乌鲁木齐市头屯河区王家沟工业园区
邮　　编：830000
电　　话：0991-7352959
主要产品：防火涂料

公司名称：新疆威宇纳米科技发展有限公司
地　　址：新疆昌吉回族自治州昌吉市建国西路 115 号
邮　　编：831100
电　　话：0994-2342878
传　　真：0994-2342878
主要产品：乳胶漆

公司名称：新疆银河涂料集团公司
地　　址：新疆乌鲁木齐新医路 91 号
邮　　编：830054
电　　话：0991-4312844
传　　真：0991-8613010
邮　　箱：huazhili@mail.xjbiz.com
网　　址：www.huazhili.com
主要产品：内外墙乳胶漆，木器涂料

公司名称：新疆有机化工厂
地　　址：新疆乌鲁木齐市乌奇公路 38 号
邮　　编：830021
电　　话：0991-6863974
传　　真：0991-6861573
主要产品：涂料

公司名称：伊犁源源化工有限公司
地　　址：新疆维吾尔自治区伊犁霍尔果斯口岸工业园区北京路 12 号
邮　　编：835221
电　　话：0999-8791986
主要产品：涂料

中国香港特别行政区

公司名称：香港首创化工集团国际有限公司
地　　址：香港湾仔骆克道 200 号东新商业中心 13 楼
电　　话：00852-65216988
传　　真：00852-65216988
邮　　箱：sctl@schgtl.com
网　　址：www.schgtl.com
主要产品：涂料

公司名称：永恒涂料有限公司
地　　址：香港葵涌兴芳路 223 号新都会广场 1 座 2608-2610 室
电　　话：00852-24203833
传　　真：00852-24203966
邮　　箱：sales@forever1997.com
网　　址：www.forever1997.com
主要产品：涂料

中国台湾省

公司名称：贵美涂料工业有限公司
地　　址：云林县斗南镇兴业一街 31 号
电　　话：0886-5-5978378 5975581
传　　真：0886-5-5973944
主要产品：玻璃涂料，弹性涂料，钛金涂料，绒毛涂料，塑胶涂料

公司名称：宏益涂料工业有限公司
地　　址：台湾台中县大安乡海乾村大安港路 1082 号
邮　　编：23582
电　　话：0886-4-2687-6981
传　　真：0886-4-2688-1116
主要产品：涂料

公司名称：厚生公司
地　　址：325 桃园县龙潭乡三和村朝凤路 1 号
电　　话：0886-3-4893456
主要产品：防水涂料

公司名称：尚宏化工有限公司(台湾)
地　　址：台湾省嘉义县民雄工业区中正路 7 号
邮　　编：23582
电　　话：0886-5-2218965
传　　真：0886-5-2218971
邮　　箱：sanhon9@ms17.hinet.net
主要产品：涂料

公司名称：台湾盛隆建材股份有限公司
地　　址：台北县中和市秀朗路 3 段 78 巷 1 弄 2 号
邮　　编：23582
电　　话：0886-02-29441000
传　　真：0886-02-29438833
网　　址：www.shenglong.com
主要产品：防水涂料

公司名称：永翔化学工业股份有限公司
地　　址：台湾台中系大里市国光路一段 123-1 号
电　　话：0886-4-24067000
传　　真：0886-4-24067070
邮　　箱：service@y-s-paint.com.tw

公司名称：中北涂料企业（股）有限公司
地　　址：台中县丰原市角潭路二段 25 之 1 号
电　　话：0886-4-25226565
主要产品：机壳涂料，防静电涂料

3 涂料工业原料生产企业

3.1 树脂、乳液

公司名称：北京爱德泰普膜制品厂
地　　址：北京市通州区张家湾镇土桥
邮　　编：101149
电　　话：010-69572420
主要产品：防水乳液

公司名称：北京百利川工贸有限公司
地　　址：北京市通州区工业开发区张辛庄工业大院
邮　　编：101113
电　　话：010-69575980
主要产品：丙烯酸单体

公司名称：北京宝威乳胶有限公司
地　　址：北京市通州区张家湾镇张辛庄
邮　　编：101113
电　　话：010-61568236 61568237 61568239
传　　真：010-61568238
网　　址：www.ssbaowei.com
主要产品：丙烯酸系聚合物乳液

公司名称：北京东方瑞祥商贸有限公司
地　　址：北京市宣武区北纬路 9 号
邮　　编：100050
电　　话：010-51600839
主要产品：钛白粉，石油树脂，标线施工，聚乙烯蜡，EVA，道路标线涂料用树脂

公司名称：北京东方亚科力化工科技有限公司
地　　址：北京市通州区滨河路 143 号
邮　　编：101149
电　　话：010-61567430
传　　真：010-69567410
网　　址：www.act-chem.com
主要产品：乳液，润湿剂，黏合剂

公司名称：北京东光明天商贸有限公司
地　　址：北京市通州区张家湾张辛庄工业区
邮　　编：101113
电　　话：010-61506458
主要产品：丙烯酸及酯类单体

公司名称：北京东联化工有限公司
地　　址：北京市通州区工业开发区
邮　　编：101113
电　　话：010-61566983
传　　真：010-61567943
网　　址：www.donglianchem.com
主要产品：乳液，涂料助剂，木器涂料

公司名称：北京恒瑞硕源科技有限公司
地　　址：北京市朝阳区汤立路 218 号楼 825 室
邮　　编：100012
电　　话：010-84671021
网　　址：www.bjshrine.com
主要产品：氟碳乳液

公司名称：北京华金盛科技有限公司
地　　址：北京通州区经济开发区东区创益西路
邮　　编：100081
电　　话：010-87068739
邮　　箱：huajinsheng@163.com
网　　址：www.bjhjs.cn
主要产品：塑胶粉末

公司名称：北京化学工业集团有限公司(东方化工研究中心)
地　　址：北京市宣武区槐柏树街 2 号
邮　　编：100053
电　　话：010-67860685 63021820
传　　真：010-67864201
网　　址：www.bjhgjt.com.cn
主要产品：树脂

公司名称：北京嘉诚广源化工有限公司
地　　址：北京市通州区张家湾开发区东方商务楼对面
邮　　编：101113
电　　话：010-61501560
主要产品：乳液

公司名称：北京金汇利应用化工制品有限公司
地　　址：北京市通州区马驹桥镇
邮　　编：101102
电　　话：010-52339926 52339920
邮　　箱：sales@jinhuili.com sales@jinhuili.com
网　　址：www.jinhuili.com
主要产品：树脂

公司名称：北京科之信胶乳有限公司
地　　址：北京市通州区聚富苑工业区政府路 8 号
邮　　编：101105
电　　话：010-80534686 80534679
邮　　箱：cosuny@kxlatex.com
网　　址：www.kxlatex.com
主要产品：乳液

公司名称：北京林氏精化新材料有限公司
地　　址：北京市大兴区长子营工业园区 1 号
邮　　编：102615
电　　话：010-80261880
传　　真：010-80261880
邮　　箱：bjls@linshichem.com
网　　址：www.linshichem.com
主要产品：胶黏剂，涂料，助剂

公司名称：北京隆泰行商贸有限责任公司
地　　址：北京市丰台区丰北路甲 45 号鼎恒中心 9G
邮　　编：100073
电　　话：010-63835020
主要产品：弹性乳液，润湿剂，分散剂

公司名称：北京锐科易成化学品有限公司
地　　址：北京市通州区运河东大街 50 号 1 号楼 5 单元 801
邮　　编：101101
电　　话：010-81555477
主要产品：涂料乳液，建筑保温乳液，纺织乳液，黏合剂，助剂

公司名称：北京市圣达光化工研究所
地　　址：北京市通州区玉带河大街 141 号
邮　　编：101100
电　　话：010-69548798
主要产品：丙烯酸树脂

公司名称：北京市通州互益化工厂
地　　址：北京市通州区张家湾镇上马头村
邮　　编：101101
电　　话：010-61564170 61564172
主要产品：乳液，丙烯酸树脂

公司名称：北京市通州互益精细化工厂
地　　址：北京市通州城关镇小圣庙村东方化工厂北门西 300 米
邮　　编：101101
电　　话：010-61564236
传　　真：010-61564206
主要产品：苯丙，纯丙乳液，胶黏剂，乳胶漆用助剂，丙烯酸树脂

公司名称：北京泰勒美得科技发展有限公司
地　　址：北京市通州区梨园镇
邮　　编：101100
电　　话：010-80852495
主要产品：水性丙烯酸乳液，树脂

公司名称：北京通海工贸有限公司
地　　址：北京市通州区张家湾镇施园工业园 236 号
邮　　编：101113
电　　话：010-61506892
网　　址：www.bjthgm.com
主要产品：聚丙乙烯,特种聚丙乙烯

公司名称：北京未名博雅科技有限公司
地　　址：北京市朝阳区东三环中路 59 号富力中心 D 区 D2-203
邮　　编：100022

电　　话：010-58767458
传　　真：010-58767458
网　　址：www.weimingboya.com
主要产品：建筑涂料用乳液

公司名称：北京兴美亚化工有限公司
地　　址：北京市朝阳区小营路 17 号金盟大厦 312 房间
邮　　编：100101
电　　话：010-84895090 84895095
传　　真：010-84895097
邮　　箱：sin-maya@xmyhg.com
网　　址：www.xmyhg.com
主要产品：涂料原料

公司名称：北京中原振国商贸有限责任公司
地　　址：北京市通州区东方化工厂西侧
邮　　编：100003
电　　话：010-61503755
主要产品：乳液，助剂，钛白粉

公司名称：邯郸市瑞斯达乳胶科技有限公司天津分公司
地　　址：天津市南开区新产业园区榕苑路 4 号天发科技园
邮　　编：300384
电　　话：022-83719905
传　　真：022-83719905-815
主要产品：乳液，苯丙乳液，纯丙乳液，弹性乳液

公司名称：华粤实业发展公司驻天津办事处
地　　址：天津市和平区西康路 72-74 号云翔大厦 9-C 室
邮　　编：300075
电　　话：022-83850201
传　　真：022-23283528
网　　址：www.huayueed.com
主要产品：树脂

公司名称：天津歌迪科技发展有限公司
地　　址：天津市河西区宾馆南道 19 号
邮　　编：300061
电　　话：022-88293289
传　　真：022-88293470
邮　　箱：songdi.nndjdl2009@163.com
网　　址：www.tjgedi.com
主要产品：珠光粉，树脂，原料，铝明浆（粉）

公司名称：天津合信行化工有限公司
地　　址：天津市河西区围堤道 146 号华盛广场 B 座 11 层 A1
邮　　编：300201
电　　话：022-88239230
主要产品：树脂，助剂，颜料，铝银浆

公司名称：天津开发区国隆化工有限公司
地　　址：天津空港经济区西三道 158 号金融中心 2 号楼 2 门 303 室
邮　　编：300308
电　　话：022-58961500
传　　真：022-58961555
网　　址：www.golone.com
主要产品：涂料用树脂

公司名称：天津市奥尼斯特化工商贸有限公司
地　　址：天津市河西区广东路永安大厦 2-2-803
邮　　编：300204
电　　话：022-23254628
主要产品：氨基树脂，着色颜料，丙烯酸树脂，分散剂

公司名称：天津市恒通顺发工贸有限公司
地　　址：天津市西青区杨柳青镇柳口路 36 号兵营院内
邮　　编：300380
电　　话：022-27399026
主要产品：丙烯酸树脂系列

公司名称：天津市骏博国际贸易有限公司
地　　址：天津市河西区黑牛城道顺驰世纪城 SOHO B 座 03-503 室
邮　　编：300061
电　　话：022-88298006
传　　真：022-88298223
邮　　箱：junbo@junbochem.com
jblxj@junbochem.com
网　　址：www.junbochem.com
主要产品：化工原料，溶剂，环氧树脂，固化剂

公司名称：天津市科文化工有限公司
地　　址：天津市南开区延安路 39 号
邮　　编：300112
电　　话：022-27513648
传　　真：022-27517239
主要产品：丙烯酸乳液

公司名称：天津市天骄辐射固化材料有限公司
地　　址：天津市中环线勤俭立交桥旁
邮　　编：300400
电　　话：022-26613150
传　　真：022-26633990 26621260
邮　　箱：tianjiao@tianjiao-tj.com
网　　址：www.tianjiao-tj.com
主要产品：UV单体，低聚物，助引发剂

公司名称：天津泽易生化工贸易有限公司
地　　址：天津市南开区时代奥城公寓 19 号楼 1019 室
邮　　编：300191
电　　话：022-60520559
传　　真：022-60520559
邮　　箱：zenith-tj@sohu.com
网　　址：www.tjzenith.com
主要产品：颜料，树脂，固化剂

公司名称：保定市科瀚树脂有限公司
地　　址：河北省保定市联盟东路 318 号
邮　　编：071000
电　　话：0312-5031902 5080301
传　　真：0312-5080301
主要产品：高吸水树脂

公司名称：大城县亿鑫纤维厂
地　　址：河北廊坊大城县孙良村
邮　　编：065900
电　　话：0316-5883555
传　　真：0316-5883555
主要产品：纤维素

公司名称：邯郸市瑞斯达乳胶科技有限公司
地　　址：河北省邯郸市新兴大街北段路东
邮　　编：056004
电　　话：0310-7031708
传　　真：0310-7035380
邮　　箱：rsd777@rsd777.com
网　　址：www.rsd777.com
主要产品：增稠剂，纯丙乳液，苯丙乳液

公司名称：衡水新光化工有限责任公司
地　　址：河北省衡水市人民西路西段 50 号
邮　　编：053011
电　　话：0318-2049555
传　　真：0318-2049555
邮　　箱：sales@hebeixinguang.com
网　　址：www.hebeixinguang.com
主要产品：乳液，苯丙乳液，纯丙乳液，弹性乳液，墙体保温乳液

公司名称：晋州市奥世伦树脂有限公司
地　　址：河北省晋州市大石家庄村南
邮　　编：052260
电　　话：0311-84440720
主要产品：地毯背胶，建筑乳液系列，纺织乳液系列，造纸乳液系列，多种助剂

公司名称：廊坊市奥世朋诚化工有限公司
地　　址：河北省廊坊市安次区永兴路南段与南外环交口
邮　　编：065000
电　　话：0316-2191898
主要产品：色浆，钛白粉，硫酸粉，立德粉，助剂，乳液，乙二醇

公司名称：邢台泓意达树脂锚固剂厂（邢台市荟森支护用品有限公司）
地　　址：河北省邢台市桥西区李村
邮　　编：054000
电　　话：15227718169
传　　真：0319-2590222
邮　　箱：hbhuisen@126.com
网　　址：www.china-hyd.com
主要产品：树脂

公司名称：保定东大化工有限责任公司
地　　址：保定市华电路 185 号
邮　　编：071000
电　　话：0312-5052324
传　　真：0312-5052324
主要产品：树脂

公司名称：包头明天科技股份有限公司
地　　址：包头稀土高新技术产业开发区曙光路 22 号
邮　　编：014010
电　　话：0483-2207058
传　　真：0483-2207058
主要产品：树脂

公司名称：鞍山兴业高分子化工有限公司
地　　址：辽宁省鞍山市千山区千山镇忠新堡村
邮　　编：114000
电　　话：020-34524606
主要产品：水性树脂

公司名称：抚顺佳化化工有限公司
地　　址：辽宁省抚顺市顺城区河北乡东华村
邮　　编：113123
电　　话：0413-6109152
传　　真：0413-6109996
网　　址：www.fsjhpu.com
主要产品：聚醚多元醇系列，聚羧酸高性能减水剂单体系列，乙、丙醇胺系列，表面活性剂及油田化学品系列

公司名称：阜新瑞丰氟化学有限公司
地　　址：辽宁省阜新市海州区创业路127号
邮　　编：123000
电　　话：0418-6501328
传　　真：0418-6501328
邮　　箱：rfwuyanjun@yahoo.com.cn
网　　址：www.fxrf.com.cn
主要产品：氟碳涂料树脂

公司名称：鞍山市特种树脂厂
地　　址：鞍山市千山区宁远镇
邮　　编：114011
电　　话：0412-8920666
传　　真：0412-8920333
邮　　箱：info@tzsz.com
网　　址：www.tzsz.com
主要产品：有机硅绝缘漆系列、环氧树脂涂料及其他系列、有机硅示温涂料系列等用树脂

公司名称：丹东同达涂料有限公司
地　　址：辽宁省丹东市振安区同兴工业园62号
邮　　编：118011
电　　话：0415-6135559
主要产品：黏合剂，涂料，室内外涂料

公司名称：辽宁三环树脂有限公司
地　　址：辽宁省沈阳市于洪区白山路135号
邮　　编：110034
电　　话：024-86314226 86314236
传　　真：024-86314218
邮　　箱：sanhuan@lninfo.gov.cn
网　　址：www.sanhuanresins.com
主要产品：树脂

公司名称：沈阳市彤远树脂制造有限公司
地　　址：辽宁省沈阳市于洪区沈阳市细河经济开发区
邮　　编：110000
电　　话：024-25758582
主要产品：树脂

公司名称：齐化集团有限公司
地　　址：黑龙江省齐齐哈尔市昂昂溪区榆树屯化工街1号
邮　　编：161033
电　　话：0452-6200428
主要产品：树脂

公司名称：阿科玛（中国）投资有限公司
地　　址：上海市共和新路1868号大宁国际商业广场1栋6楼
邮　　编：200072
电　　话：021-61476888
传　　真：021-61476777
邮　　箱：hrchina@arkema.com
网　　址：www.arkema.com.cn
主要产品：树脂，添加剂

公司名称：巴斯夫（中国）有限公司
地　　址：上海市西藏中路18号港陆广场20楼
邮　　编：200001
电　　话：021-23203000
传　　真：021-23203088
网　　址：www.greater-china.basf.com
主要产品：乳液

公司名称：帝斯曼中国有限公司
地　　址：上海市浦东张江高科技园区李冰路476号
邮　　编：201203
电　　话：021-61418188
传　　真：021-61418088
邮　　箱：china.communications@dsm.com
网　　址：www.dsm.com
主要产品：树脂

公司名称：广立化学(上海)有限公司
地　　址：上海市南汇工业园区宣中路288号
邮　　编：201300
电　　话：021-58183233
传　　真：021-58183303
主要产品：弹性乳液，苯丙乳液，纯丙乳液，酸丙乳液

公司名称：海名斯特殊化学
地　　址：上海市松江工业区联阳路99号
邮　　编：201613
电　　话：021-57740348
传　　真：021-57743563
网　　址：www.elementis-specialties-asia.com
主要产品：树脂，涂料助剂

公司名称：韩华贺化贸易（上海）有限公司
地　　址：上海市延安西路2201号上海国际贸易中心401
邮　　编：200036
电　　话：021-62702460
主要产品：丙烯酯树脂，乳液

公司名称：和盈国际贸易（上海）有限公司
地　　址：上海市天山路18号兆益科技园东楼601室
邮　　编：200050
电　　话：021-62107899
传　　真：021-62250474
网　　址：www.unionchemical.com.cn
主要产品：黏合剂，聚氨酯类，涂料油墨原材料

公司名称：江苏汉商进出口有限公司
地　　址：上海市共和新路966号共和大厦2002室
邮　　编：200007
电　　话：021-66058555
传　　真：021-56300666
网　　址：www.harson.net
主要产品：水性聚氨酯，聚氨酯软泡，聚氨酯硬泡

公司名称：品修（上海）贸易有限公司
地　　址：上海市徐汇区宛平南路521号恒昌花园B-10055
邮　　编：200032
电　　话：021-54251761
主要产品：机硅改性的聚酯树脂，丙烯酸树脂，环氧树脂

公司名称：氰特化工（上海）有限公司
地　　址：上海市肇嘉浜路789号均瑶国际广场10D
邮　　编：212004
电　　话：021-64228920
主要产品：UV树脂

公司名称：日本共荣社化学株式会社
地　　址：上海市淮海中路222号力宝广场903A室
邮　　编：200021
电　　话：021-53965773
传　　真：021-53966117
主要产品：涂料添加剂，机能性树脂

公司名称：塞拉尼斯（中国）投资有限公司
地　　址：上海市浦东张江高科技园区金科路4560号
邮　　编：200120
电　　话：021-38619288
网　　址：www.celanese-Emulsions.com.cn
主要产品：乳液

公司名称：三菱商事（上海）有限公司
地　　址：上海市浦东新区迎春路96号三菱商事办公楼
邮　　编：200127
电　　话：021-68543030
传　　真：021-68541911
网　　址：www.mitsubishicorp.com
主要产品：炭黑，固化剂，UV树脂，丙烯酸树脂

公司名称：上海爱力金涂料有限公司
地　　址：上海市沪太路2019弄58号157室
邮　　编：200436
电　　话：021-56508671
传　　真：021-56504074
邮　　箱：nicole@sh-elegant.com
网　　址：www.sh-elegant.com
主要产品：树脂

公司名称：上海巴德富实业有限公司
地　　址：上海市金山区亭林镇南亭公路5829号
邮　　编：201505
电　　话：021-57238811
传　　真：021-57233311
网　　址：www.batf.cn
主要产品：乳液

公司名称：上海保立佳化工有限公司
地　　址：上海市奉贤区大叶公路6828号
邮　　编：201405
电　　话：021-57582162
传　　真：021-57582520
网　　址：www.baolijia.com.cn
主要产品：建筑乳液，防水包装乳液

公司名称：上海昌嘉贸易有限公司
地　　址：上海市嘉定区裕民路388弄26号
邮　　编：201821
电　　话：021-59165805
主要产品：助剂，丙烯酸树脂，颜料

公司名称：上海辰达化工科技有限公司
地　　址：上海市闵行区都市路3825弄1-114
邮　　编：200100
电　　话：021-54433956
主要产品：树脂，助剂，色浆

公司名称：上海稻畑产业贸易有限公司
地　　址：上海市浦东新区陆家嘴环路

1000号恒生银行大厦7楼
邮 编：200120
电 话：021-68411780
传 真：021-68411785
主要产品：硝化棉，固化剂，丙烯酸树脂

公司名称：上海德坤实业有限公司
地 址：上海市大连路1546号2号楼8C
邮 编：200092
电 话：021-51088667
邮 箱：luweifang-64@hotmail.com
网 址：www.dekuncorp.com
主要产品：乳液，涂装机械

公司名称：上海德亿化工有限公司
地 址：上海市中山北路3179弄5号101室
邮 编：200062
电 话：021-62455793
传 真：021-52510188
邮 箱：market@dechemical.com
网 址：www.dechemical.com
主要产品：涂料助剂，树脂，颜料

公司名称：上海迪艾希国际贸易有限公司
地 址：上海市长乐路989号世纪商贸广场22楼
邮 编：200031
电 话：021-54040066
主要产品：涂料树脂，成型树脂，特殊树脂

公司名称：上海东氟化工科技有限公司
地 址：上海市中春路6768号庆扬商务大楼4层
邮 编：201101
电 话：021-54888368
传 真：021-54881516
邮 箱：info@pvdf-feve.com
网 址：www.pvdf-feve.com
主要产品：氟碳树脂

公司名称：上海东奇化工有限公司
地 址：上海市中山北路2052号振源大厦2502室
邮 编：200063
电 话：021-52915777
主要产品：UV树脂，光引发剂

公司名称：上海多森化工有限公司
地 址：上海市松江区泖港镇新宾路D9号
邮 编：201607
电 话：021-57868087
传 真：021-57866667
主要产品：PU树脂，皮革涂饰剂

公司名称：上海富晨化工有限公司
地 址：上海市漕溪路251号5-21B室
邮 编：200233
电 话：021-64759140
传 真：021-54484962
邮 箱：fuchem@online.sh.cn
网 址：www.fuchem.com
主要产品：树脂

公司名称：上海高点化工有限公司
地 址：上海市虹口区华沿路188号
邮 编：200434
电 话：021-65360286
主要产品：丙烯酸树脂

公司名称：上海高屏贸易有限公司
地 址：上海市长宁区中山西路1221号锦绣花园5A
邮 编：200051
电 话：021-64609707
主要产品：树脂

公司名称：上海光瑞贸易有限公司
地 址：上海市静安区陕西北路66号1701室
邮 编：200041
电 话：021-51160675
主要产品：固化剂，铝浆，硅丙乳液

公司名称：上海广凌化工有限公司
地 址：上海市闸北区汶水路301号
邮 编：200072
电 话：021-51685876
主要产品：树脂，分散剂

公司名称：上海浩航贸易有限公司
地 址：上海市普陀区兰溪路1018号A座217室
邮 编：200333
电 话：021-33761303
传 真：021-33761411
主要产品：硅油，硅油乳液，消泡剂，脱模离型剂

公司名称：上海华荣化工有限公司
地 址：上海市斜土路2669号英雄大厦1306室
邮 编：200030
电 话：021-51028938
传 真：021-34250091
邮 箱：huarong@huarong-co.com
网 址：www.huarong-co.com
主要产品：树脂，颜料，助剂

公司名称：上海汇恩国际贸易有限公司
地 址：上海市南汇区
邮 编：201318
电 话：021-58112823
主要产品：成膜物质，助剂

公司名称：上海惠正行化工有限公司
地 址：上海市中山西路1800号兆丰环球大厦17 A1
邮 编：200235
电 话：021-64400876
传 真：021-64401855
网 址：www.rightbase.com.cn
主要产品：助剂，树脂，颜料，染料，微粉蜡

公司名称：上海慧新化工有限公司
地 址：上海市闵行区宜山路1698号兴迪商务楼602室
邮 编：201103
电 话：021-34627375
主要产品：环氧树脂，聚氨酯，醇酸树脂，丙烯酸树脂，VAE乳液

公司名称：上海吉京贸易发展有限公司
地 址：上海市大连路1288弄5号楼2903室
邮 编：200092
电 话：021-63610250
传 真：021-63229200
邮 箱：contact@shjjtrading.com
网 址：www.shjjtrading.com
主要产品：树脂

公司名称：上海金山树脂厂
地 址：上海市金山区松隐镇南岛
邮 编：201504
电 话：021-57381175
传 真：021-57380160
主要产品：树脂

公司名称：上海金石精细化工实验厂
地 址：上海市金山县干巷镇白漾村
邮 编：201518
电 话：021-5720122 657201164
主要产品：固化剂，酸酐，环氧树脂

公司名称：上海金树树脂粉末有限公司
地 址：上海市金山区石化海光路18号
邮 编：200540
电 话：021-57280043
传 真：021-57280759
邮 箱：thermoplastic-tech@163.com
网 址：www.goldentree-sh.com
主要产品：聚乙烯醇粉末，树脂

公司名称：上海九龙精细化工有限公司（中美合资上海博立尔化工有限公司）
地 址：上海市嘉定唐行工业区高石支路
邮 编：201816
电 话：021-59953629
邮 箱：9long@9long.com.cn
网 址：www.9long.com.cn
主要产品：树脂

公司名称：上海久是化工有限公司
地 址：上海市闵行景福路189弄2号401室
邮 编：201104
电 话：021-54296234
主要产品：钛白粉，丙烯酸树脂

公司名称：上海居宁高分子材料有限公司
地 址：上海市闵行区昆阳路2069号
邮 编：201111
电 话：021-64093625
主要产品：乳液

公司名称：上海钜丰贸易有限公司
地 址：上海市曹安路1877号725室
邮 编：201824
电 话：021-33518753
主要产品：沉淀硫酸钡，钛白粉，糊状树脂

公司名称：上海卡马贸易有限公司
地 址：上海市天山路600弄4号思创大厦东楼17A座
邮 编：200051
电 话：021-52896180
主要产品：水性、溶剂型丙烯酸树脂，有机硅

公司名称：上海科川贸易有限公司
地 址：上海市九新公路76号嘉和阳光大厦1504室
邮 编：201615
电 话：021-28901116
传 真：021-37693180
邮 箱：wangruixin@shkechuan.com
网 址：www.shkechuan.com

主要产品：水性丙烯酸树脂，乳液，水性聚氨酯，增塑剂

公司名称：上海科利达合成材料有限公司
地　　址：上海市漕宝路86号光大会展中心F座1505室
邮　　编：200233
电　　话：021-64326117
传　　真：021-64326117
主要产品：树脂，乳液

公司名称：上海力慎化学品有限公司
地　　址：上海市浦东新区新金桥路1122号方正大厦2113室
邮　　编：201206
电　　话：021-61462059
传　　真：021-61462058
主要产品：玻璃鳞片，乙烯基树脂

公司名称：上海菱晓贸易有限公司
地　　址：上海市静安区南京西路1038号梅龙镇广场2701室
邮　　编：200041
电　　话：021-52280585
传　　真：021-62184769
网　　址：ryoyotrading.com
主要产品：树脂

公司名称：上海闵行区沐杨实业有限公司
地　　址：上海市闵行区莘庄山花路65弄35号301室
邮　　编：201100
电　　话：021-64608140
主要产品：助剂，颜填料，乳液

公司名称：上海漠王科技复合材料有限公司
地　　址：上海市龙吴路2715号2A楼418室
邮　　编：200231
电　　话：021-65617811
传　　真：021-65617811，34622569
邮　　箱：root@mowang.com.cn
mowangchem@gmail.com
网　　址：www.mowang.com.cn
主要产品：乳液，黏合剂，水性树脂，助剂

公司名称：上海欧盛化工有限公司
地　　址：上海市临平北路60弄银欣花园1号楼604室
邮　　编：200086
电　　话：021-65228160
传　　真：021-65224718转15
网　　址：www.oshg.cn
主要产品：环氧树脂，固化剂

公司名称：上海齐德化工有限公司
地　　址：上海市嘉定区新郁路199弄4号601室
邮　　编：201824
电　　话：021-69192968
主要产品：颜填料，成膜物质

公司名称：上海齐隆化工有限公司
地　　址：上海市浦东新区民生路550号船研大厦705室
邮　　编：200135
电　　话：021-68557061
主要产品：涂料，胶黏剂，油墨用C9石油树脂

公司名称：上海齐硕实业有限公司
地　　址：上海宝山区沪太路3777号朗悦商务办公5313室
邮　　编：200444
电　　话：021-61173620 61173621
传　　真：021-61294396
邮　　箱：zhaoah@qishuochem.com
网　　址：www.qishuochem.com
主要产品：助剂，树脂

公司名称：上海茹伊商贸有限公司
地　　址：上海市松江区新丰路1435弄2号楼301
邮　　编：201612
电　　话：021-67642658
主要产品：分散剂，丙烯酸树脂，消泡剂，涂料助剂产品

公司名称：上海润锟贸易有限公司
地　　址：上海市浦东新区东明路355弄博爱家园35号1002
邮　　编：200433
电　　话：021-33842362
主要产品：含羟基、羧基三元氯醋树脂，微粉化蜡，砂纹蜡

公司名称：上海神诺贸易有限公司
地　　址：上海市龙华西路585号华富大厦16FA5
邮　　编：200232
电　　话：021-64387827
主要产品：聚氨酯分散体，固化剂360，转锈防腐树脂

公司名称：上海市欲兴化工有限公司
地　　址：上海市宝山区丰翔路306弄28号
邮　　编：200120
电　　话：021-29472069
主要产品：涂料助剂，乳液

公司名称：上海松尾贸易有限公司
地　　址：上海市长宁区江苏路398号舜元企业发展大厦3002室
邮　　编：200050
电　　话：021-32505511
传　　真：021-32506922
网　　址：www.m-hchina.com
主要产品：日本东洋铝浆，德国borchers助剂系列，同德树脂

公司名称：上海天保化工有限公司
地　　址：上海市青浦区朱家角镇沈巷王新90号
邮　　编：201714
电　　话：021-69830187
主要产品：热塑性丙烯酸树脂，含羟基丙烯酸树脂，含羟基丙烯酸树脂

公司名称：上海涂料供销实业总公司
地　　址：上海市中山北路3618号银城大厦1901
邮　　编：200063
电　　话：021-62231726
主要产品：助剂，溶剂，乳液

公司名称：上海威呈化工有限公司
地　　址：上海市普陀区中山北路2299号
邮　　编：200061
电　　话：021-62241557
主要产品：聚氯乙烯糊等树脂

公司名称：上海唯精化工有限公司
地　　址：上海市浦东羽山路998弄6号
邮　　编：200032
电　　话：021-64182515
主要产品：助剂，树脂，消光粉

公司名称：上海肖瓦高分子商贸有限公司
地　　址：上海市静安区石门一路211号旺旺大厦18F
邮　　编：200235
电　　话：021-62175222
传　　真：021-62179842
邮　　箱：sshptc@sshptc.com
网　　址：www.sshptc.com
主要产品：合成树脂，酚醛树脂

公司名称：上海新大化工厂
地　　址：上海宝山区祁连山路1788号
邮　　编：200436
电　　话：021-62506724
传　　真：021-62507128
主要产品：树脂

公司名称：上海新诺化工有限公司
地　　址：上海市浦东行南路1288号1幢
邮　　编：200137
电　　话：021-68660222-16
主要产品：水性蜡乳液

公司名称：上海阳泰聚合物有限公司
地　　址：上海市虹口区车站南路39号1201室
邮　　编：200434
电　　话：021-61431468
传　　真：021-61431408
邮　　箱：xiangzhu_2005@126.com
网　　址：www.sspchina.com
主要产品：涂料助剂，弹性树脂，PP系列树脂，阳泰丙烯酸树脂

公司名称：上海怡康化工材料有限公司
地　　址：上海市长宁区长宁路1027号兆丰广场20楼01-02座
邮　　编：200050
电　　话：021-52419090
传　　真：021-52416820
邮　　箱：yikang@yk.wahlee.com
网　　址：www.shanghaiyk.com
主要产品：消光粉，树脂

公司名称：上海忆乐化工有限公司
地　　址：上海市漕溪路250号银海大楼B座407-408室
邮　　编：200235
电　　话：021-54489821 54489823
传　　真：021-54489821-808
邮　　箱：yilechem@hotmail.com
网　　址：www.yilechem.com.cn
主要产品：蜡浆系列，弹性涂料用聚酯树脂

公司名称：上海奕强化工有限公司
地　　址：上海市闵行区颛桥镇繁安路59弄32号
邮　　编：201108
电　　话：021-64898334
主要产品：铝银浆，金葱粉，进口电镀银，电镀银树脂，进口防掉银剂

公司名称：上海银良建筑材料有限公司
地　　址：上海市嘉定区曹安路封杨路1758号
邮　　编：201812

电　　话：021-59132861
主要产品：涂料，乳液，助剂

公司名称：上海盈速贸易有限公司
地　　址：上海市大华路988弄42号102室
邮　　编：200442
电　　话：021-66403751
传　　真：021-66403759
邮　　箱：uchem@shyingsu.com
网　　址：www.shyingsu.com
主要产品：涂料用树脂，固化剂，助剂等

公司名称：上海育坤贸易有限公司
地　　址：上海市闵行区莘庄镇庙泾路66号莘庄经济城商务大楼311室
邮　　编：201100
电　　话：021-64134828
主要产品：铝银浆，树脂，注剂，颜料等

公司名称：上海源禾化工有限公司
地　　址：上海市浦东金桥浙桥路289号建银大厦B座904室
邮　　编：201206
电　　话：021-51330848
主要产品：乳液，固化剂，交联剂等

公司名称：上海泽川化工有限公司
地　　址：上海市马陆镇亚钢路33弄58号F西
邮　　编：201802
电　　话：021-59179536-801
传　　真：021-59175567
邮　　箱：sales@shzechuan.com.cn
网　　址：www.shzechuan.com.cn
主要产品：乳液，助剂，粉料，香精

公司名称：上海昭和高分子有限公司
地　　址：上海市青浦工业园区崧泽大道8333号
邮　　编：201700
电　　话：021-69212122
传　　真：021-69212129
邮　　箱：shpuser1@sshp.com.cn
网　　址：www.sshp.com.cn
主要产品：树脂，乳液

公司名称：上海镇浦贸易有限公司
地　　址：上海市青浦区青浦大盈
邮　　编：200050
电　　话：021-52394872
主要产品：脱模剂，硅树脂，有机硅耐候涂层，有机锡，交联剂，催化剂

公司名称：上海中精国际贸易有限公司
地　　址：上海市天山路198弄2号18楼
邮　　编：200336
电　　话：021-32111159 52530097 52535353
传　　真：021-52535276 32111178
邮　　箱：yx@lbchem.com sales@lbchem.com
网　　址：www.lbchem.com
主要产品：钛白粉，乳液，助剂

公司名称：上海卓捷化工有限公司
地　　址：上海市虹口区物华路288号爱家国际大厦
邮　　编：200081
电　　话：021-65757845
主要产品：助剂，颜料，树脂

公司名称：陶氏涂料材料业务部
地　　址：上海市浦东新区张江高科技园区张衡路936号
邮　　编：201203
电　　话：021-38512997
传　　真：021-358954290
主要产品：丙烯酸乳液

公司名称：丸红(上海)有限公司
地　　址：上海市浦东新区陆家嘴环路1000号
邮　　编：200120
电　　话：021-68411932
主要产品：合成树脂

公司名称：伊立欧化学贸易（上海）有限公司
地　　址：上海市西藏中路18号港陆广场1505室
邮　　编：200001
电　　话：021-53852277
主要产品：树脂

公司名称：伊士曼化工有限公司
地　　址：上海市茂名南路205号1612室
邮　　编：200020
电　　话：021-64729777-213
主要产品：共聚聚酯树脂原料

公司名称：英力士集团上海代表处
地　　址：上海市漕溪北路333号B楼803
邮　　编：2000230
电　　话：021-61035999
主要产品：氨基树脂

公司名称：长兴化学工业（中国）有限公司
地　　址：上海市田林路388号新业大楼12层
邮　　编：200233
电　　话：021-54902200
主要产品：树脂

公司名称：兆昌国际贸易（上海）有限公司
地　　址：上海市广东路689号海通证券大厦1609室
邮　　编：200001
电　　话：021-63410229
主要产品：环氧树脂

公司名称：昆山爱克树脂有限公司
地　　址：江苏省昆山市郁金香路501号
邮　　编：215331
电　　话：0512-57721777
主要产品：涂料树脂，胶黏剂

公司名称：东沪胶黏剂有限公司
地　　址：江苏省苏州市东山镇摆渡口
邮　　编：215107
电　　话：0512-66286712
传　　真：0512-66283526
主要产品：乳液，树脂

公司名称：苏州亨思特工业地坪工程有限公司
地　　址：江苏省苏州市吴中区甪直镇西潭开发区
邮　　编：215127
电　　话：0512-66023469
网　　址：www.hstdp.cn
主要产品：树脂，固化剂，地坪涂料

公司名称：常熟佳发化学有限责任公司
地　　址：江苏省常熟市东南开发区富春江路1号
邮　　编：215533
电　　话：0512-52523014 52351006/7
传　　真：0512-52526901
邮　　箱：csjf@pub.sz.jsinfo.net
网　　址：www.jiafachem.com
主要产品：树脂，助剂，环氧树脂组合料

公司名称：常熟市华盛树脂厂
地　　址：江苏省常熟市练塘镇西
邮　　编：215551
电　　话：0512-52441098
主要产品：混合型聚酯树脂，纯聚酯树脂，环氧树脂，流平剂，增光剂

公司名称：常熟市三爱富中昊化工新材料有限公司
地　　址：江苏省常熟经济开发区氟化工业园
邮　　编：215522
电　　话：0512-52620988
传　　真：0512-52620188
邮　　箱：sales@3f-cs.com
网　　址：www.3f-cs.com
主要产品：氟碳树脂

公司名称：常州来威化工有限公司
地　　址：江苏省常州市钟楼区永红陈渡盛家村111-4号
邮　　编：213016
电　　话：0519-83317378
传　　真：0519-83317378
邮　　箱：jvd@cn99.com
网　　址：www.cz-lw.com
主要产品：涂料原料，乳液，助剂

公司名称：常州市晨光树脂厂
地　　址：常州市机场路东388米
邮　　编：213125
电　　话：0519-86752055
传　　真：0519-86750259
主要产品：涂料用树脂、黏合剂、油酸

公司名称：常州市方鑫化工物资有限公司
地　　址：江苏省常州市武进区嘉泽镇闵市工业区
邮　　编：213152
电　　话：0519-83780568
传　　真：0519-83780706(总机) 83780686转8051(采购部)
邮　　箱：czfxhg@126.com
网　　址：www.china-upr.com
主要产品：树脂，固化剂

公司名称：常州市华润复合材料有限公司
地　　址：江苏省常州市新北区通江大道396号时代广场5号楼七层
邮　　编：213000
电　　话：0519-88781310
传　　真：0519-88785640 88781309
邮　　箱：market@baihecn.com
网　　址：www.resinchina.com
主要产品：树脂，玻璃钢材料，固化剂

公司名称：常州市嘉诺有机硅有限公司
地　　址：江苏省常州东门外芙蓉镇
邮　　编：213118

电　　话：0519-88761153
传　　真：0519-88763130
邮　　箱：office@czjianuo.com
网　　址：www.czjianuo.com
主要产品：树脂，FJN-有机硅建筑防水剂

公司名称：常州市亚克利涂料树脂有限公司
地　　址：江苏省常州市飞北路5号
邮　　编：213016
电　　话：0519-83273396
主要产品：涂料用丙烯酸树脂

公司名称：国都化工（昆山）有限公司
地　　址：江苏省昆山市千灯镇善浦中路1号
邮　　编：215341
电　　话：0512-57460884
传　　真：0512-57460886
邮　　箱：epoxy@kukdo.com.cn
polyol@kukdo.com.cn
网　　址：www.kukdo.com.cn
主要产品：环氧树脂，固化剂，聚醚多元醇，聚氨酯组合聚醚

公司名称：国联化工（江阴）有限公司（江阴市涂料研究所）
地　　址：江苏省江阴市夏港镇夏南路32号
邮　　编：214442
电　　话：0510-6161100 6162111
传　　真：0510-6161610
主要产品：乳液

公司名称：佳忠（昆山）树脂有限公司
地　　址：江苏省昆山市千灯镇尚书路
邮　　编：215341
电　　话：0512-57468411
主要产品：树脂

公司名称：江苏德发树脂有限公司
地　　址：江苏省射阳县德发大道128号
邮　　编：224300
电　　话：0515-82353242
传　　真：0515-82351066
邮　　箱：defa@defa-resin.com
网　　址：www.defa-resin.com
主要产品：树脂，促进剂

公司名称：江苏宏盛化学有限公司
地　　址：江苏省宜兴环保科技工业园西
邮　　编：214205
电　　话：0510-87353958
主要产品：醇酸树脂，固化剂，环氧树脂，丙烯酸树脂，聚酰胺树脂

公司名称：江阴暨阳医药化工有限公司
地　　址：江苏省江阴市璜土镇璜石路216号
邮　　编：214445
电　　话：0510-86052305
传　　真：0510-86654288
邮　　箱：jychem@jiyang.com
网　　址：www.jiyang.com
主要产品：对氟苯甲醛，对氟苯甲酰氯，2-甲基哌嗪

公司名称：江苏康泰氟化工有限公司
地　　址：江苏省金坛市丹阳门北路99号
邮　　编：213200
电　　话：0519-82888028
传　　真：0519-82888019
邮　　箱：sales1@contake.com
网　　址：www.contake.com
主要产品：氟碳树脂，三氟乙醇，三氟乙酸和三氟氯乙烯

公司名称：江苏李文甲化工有限公司
地　　址：江苏省姜堰经济开发区泰州路9号
邮　　编：225527
电　　话：0523-82778809
主要产品：乳液，苯丙乳液，涂料分散剂，润湿剂

公司名称：江苏利思德化工有限公司
地　　址：江苏省姜堰市北郊
邮　　编：225529
电　　话：0523-88660000
传　　真：0523-88668955
邮　　箱：master@liside.com
网　　址：www.liside.com
主要产品：氯醚树脂，水性树脂，阻燃剂

公司名称：江苏龙霸漆业有限公司
地　　址：江苏宜兴桥涯经济区
邮　　编：214235
电　　话：0510-87383787
传　　真：0510-87381118
邮　　箱：888@longbaqy.com
网　　址：www.longbaqy.com
主要产品：树脂，固化剂，呋喃树脂

公司名称：江苏梅兰化工集团氟树脂厂
地　　址：江苏省泰州市扬州路460号
邮　　编：225300
电　　话：0523-86552276-2027
传　　真：0523-86552323
主要产品：氟树脂，氟致冷剂，氯碱，氧氯化锆，化工原料

公司名称：江苏七叶乳胶有限公司
地　　址：江苏省吴县市东山镇西泾山
邮　　编：215107
电　　话：0512-66281365 66281188
传　　真：0512-66281365
邮　　箱：qiye@hi2000.com
网　　址：www.qiyegroup.com
主要产品：内外墙涂料用合成树脂乳液

公司名称：江苏日出集团公司
地　　址：江苏省姜堰市白米镇通扬西路56号
邮　　编：225505
电　　话：0523-88331348
传　　真：0523-88331165
邮　　箱：jsrc2008@yahoo.cn
网　　址：www.sunrising.com.cn
主要产品：水性木器涂料用乳液，苯丙系列，纯丙系列，硅丙系列，助剂系列

公司名称：江苏融泰化工有限公司
地　　址：江苏省宜兴市万石镇工业园区杨祥路
邮　　编：214212
电　　话：0510-87848801
传　　真：0510-87848555
邮　　箱：rt@jsrt.cn rongtai-chem@163.com
网　　址：www.jsrt.cn
主要产品：醇酸树脂，丙烯酸树脂，氨基树脂

公司名称：江苏三木集团有限公司
地　　址：江苏省宜兴市官林三木路85号
邮　　编：214258
电　　话：0510-87233008
传　　真：0510-87231986
邮　　箱：info@sanmuchem.com
网　　址：www.sanmuchem.com
主要产品：醇酸树脂，环氧树脂及配套产品，氨基树脂，聚氨酯固化剂

公司名称：江苏省响水县瑞泽化工有限公司
地　　址：江苏省盐城市响水县双港化工园区
邮　　编：224632
电　　话：0515-86693118
传　　真：0515-86879018
网　　址：www.xsrz.cn
主要产品：氯化橡胶

公司名称：江苏省仪征市格林曼化工有限公司
地　　址：江苏省仪征市青山镇新山村
邮　　编：211416
电　　话：0514-83692291
传　　真：0514-83693699
主要产品：不饱和聚酯树脂

公司名称：江苏苏青水处理工程集团有限公司
地　　址：江苏省江阴市河塘长青路89号
邮　　编：214419
电　　话：0510-86331801
传　　真：0510-86331113
邮　　箱：sqsales@suqing.com
网　　址：www.suqing.com
主要产品：树脂

公司名称：江苏太华化工有限公司
地　　址：江苏省宜兴市太华镇
邮　　编：214235
电　　话：0510-80730701
传　　真：0510-87381888
邮　　箱：jsthhg@qq.com
网　　址：www.jsthhg.com
主要产品：醇酸树脂，高沸点溶剂，固化剂，合成树脂

公司名称：江苏紫石化工科技有限公司
地　　址：江苏省海安南海大道(中)8号海安精细化工园内
邮　　编：226600
电　　话：0513-88836660
传　　真：0513-88773706
邮　　箱：info@zishichemical.com
网　　址：www.zishichemical.com
主要产品：乳液，助剂

公司名称：江阴法尔胜精细化工有限公司
地　　址：江苏省江阴市
邮　　编：214433
电　　话：0510-86110076
主要产品：氯化橡胶，高氯化聚乙烯，氯化石蜡

公司名称：江阴市飞云化工有限公司
地　　址：江苏省江阴市华士镇龙砂工业园区
邮　　编：214400
电　　话：0510-86205168
传　　真：0510-86210967

邮　　箱：sales@fychemical.com
网　　址：www.fychemical.com
主要产品：二苯甲酮，二苯甲醇，二苯甲酮腙，聚氨酯

公司名称：金陵帝斯曼树脂有限公司
地　　址：江苏省南京市龙蟠中路 216 号金城大厦 18 楼
邮　　编：210002
电　　话：025-85493888
传　　真：025-85564848
网　　址：www.jdr.com.cn
主要产品：不饱和聚酯树脂，乙烯基树脂

公司名称：昆山纪研实业有限公司
地　　址：江苏省昆山市虹桥路 111 号
邮　　编：215300
电　　话：0512-57758550
主要产品：树脂，助剂

公司名称：昆山市东亚树脂涂料厂
地　　址：江苏省昆山市锦溪镇锦东二路
邮　　编：215324
电　　话：0512-86179768
主要产品：木器涂料，乳胶漆，各类树脂

公司名称：蓝星化工新材料股份有限公司无锡树脂厂
地　　址：江苏省无锡市广瑞路 1418 号
邮　　编：214011
电　　话：0510-82401334
传　　真：0510-82401228
邮　　箱：office@wxszc.com
网　　址：www.wxszc.com
主要产品：光固化环氧丙烯酸酯，水溶性环氧树脂，环氧树脂，环氧树脂固化剂，环氧乙烯基树脂，活性稀释剂

公司名称：南宝树脂（中国）有限公司
地　　址：江苏省昆山市经济技术开发区昆嘉路 600 号
邮　　编：215334
电　　话：0512-57708888
传　　真：0512-57719888
邮　　箱：cnp@nanpao.net
网　　址：www.nanpao.net
主要产品：树脂

公司名称：南京康怡达涂料化工有限公司
地　　址：江苏省南京市
邮　　编：210036
电　　话：025-52803792
主要产品：建筑乳液

公司名称：南京维高化工有限公司
地　　址：江苏省南京市光华路 1 号(南京理工大学科技园)C 幢 036 室
邮　　编：210007
电　　话：025-84318033 84314930
传　　真：025-84318033
邮　　箱：sheng@njverygood.com
网　　址：www.njverygood.com
主要产品：乳液，助剂

公司名称：南京中科联实业有限公司
地　　址：江苏省南京市山西路 1 号银河国际 18 层 A 座
邮　　编：210009
电　　话：025-83246796
主要产品：丙烯酰胺，甲基丙烯酰胺，多聚甲醛，丙酸，三甘醇

公司名称：南通霍普有机高分子材料厂
地　　址：江苏省南通市人民西路 539 号高科技园
邮　　编：226001
电　　话：0513-82023332
主要产品：UV 光油，水性光油，醇溶性光油

公司名称：南通生达化工有限公司
地　　址：江苏省南通市海安南莫工业园
邮　　编：226681
电　　话：0513-88471888
传　　真：0513-88478898
邮　　箱：jssd@jssd.com
网　　址：www.jssd.com
主要产品：乳液，成膜助剂，分散剂

公司名称：南通市泓雨化工有限公司
地　　址：江苏省海安县宁波骆驼镇华丰花园 15 栋 410 室
邮　　编：226623
电　　话：0574-82676368
主要产品：乳液

公司名称：南通市银星化工厂
地　　址：江苏省南通市海安县南莫镇车站南首
邮　　编：226681
电　　话：0513-8472070
主要产品：苯丙乳液，压敏胶，醋酸乳液

公司名称：南通新广生化工有限公司
地　　址：江苏省南通市唐闸镇西市街 210 号
邮　　编：226002
电　　话：0513-85544881
主要产品：环氧活性稀释剂，酚醛树脂，透水路面材料

公司名称：南亚环氧树脂（昆山)有限公司
地　　址：江苏省昆山市长江南路 201 号
邮　　编：215300
电　　话：0512-57357080
主要产品：树脂全系列产品

公司名称：苏州工业园区加点化工有限公司
地　　址：江苏省苏州工业园区通园路 368 号
邮　　编：215000
电　　话：0512-62525706
传　　真：0512-62537619
网　　址：www.jiadian-sz.com
主要产品：丙烯酸树脂，饱和聚酯树脂

公司名称：三菱丽阳高分子材料（南通）有限公司
地　　址：江苏省南通经济技术开发区广州路 6 号
邮　　编：226009
电　　话：0513-85960518
传　　真：0513-85928901/5
网　　址：www.mrpn.com.cn
主要产品：丙烯酸树脂

公司名称：上海迪利诺化工有限公司
地　　址：江苏省江苏省宜兴市巷头西路 213-215 号
邮　　编：214207
电　　话：0510-87940218
主要产品：乳液，分散剂，增稠剂，增白剂，润湿剂，色浆，乙二醇类

公司名称：昆山潘高化工有限公司
地　　址：江苏省昆山市利得国际商业楼 603 室
邮　　编：215300
电　　话：0512-57911628
传　　真：0512-57165864
邮　　箱：pancm767@sinfeng.com
网　　址：www.sinfeng.com
主要产品：树脂

公司名称：盛嘉树脂有限公司
地　　址：江苏省苏州市新区滨河路 127 号
邮　　编：215000
电　　话：0512-68258244
主要产品：丙烯酸树脂，醇酸树脂，固化剂，聚酯树脂，改性树脂

公司名称：苏州亨思特工业地坪工程有限公司
地　　址：江苏省苏州市吴中区路直镇西潭开发区
邮　　编：215127
电　　话：0512-66192119
传　　真：0512-66023096
网　　址：www.hstdp.cn
主要产品：树脂，固化剂，地坪涂料

公司名称：苏州嘉祥树脂有限公司
地　　址：江苏省苏州市新区滨河路 625 号
邮　　编：215011
电　　话：0512-68258244
传　　真：0512-68259892
邮　　箱：sjresin@yahoo.com.cn
网　　址：www.shengjia-resin.com
主要产品：水性树脂，丙烯酸树脂，改性树脂，氨基树脂

公司名称：苏州金龙精细化工有限公司
地　　址：苏州新区滨河路 205 号金龙大厦
邮　　编：215011
电　　话：0512-68258891 68258892
传　　真：0512-68257608
邮　　箱：sales@jlnc.com
网　　址：www.jlnc.com
主要产品：环保型织物涂层胶，纺织印染助剂，皮革化学品

公司名称：江苏七叶乳胶有限公司
地　　址：江苏省吴县市东山镇西泾山
邮　　编：215107
电　　话：0512-6281365 6281188
传　　真：0512-6281365
邮　　箱：qiye@hi2000.com
网　　址：www.qiyegroup.com
主要产品：聚醋酸乙烯酯乳液，合成树脂乳液外墙涂料，合成树脂乳液内墙涂料，工业用乙二醇与二乙二醇，丙烯酸内外墙乳胶漆

公司名称：苏州天意达化工有限公司
地　　址：江苏省苏州市迎春南路 96-3 号
邮　　编：215128
电　　话：0512-65650088
传　　真：0512-65650099
邮　　箱：info@techlead.com.cn
网　　址：www.techlead.com.cn
主要产品：建筑乳液，印刷化学品

公司名称：太仓市弇西树脂化工厂
地　　址：江苏省太仓市城厢镇花墙村

邮　　编：215400
电　　话：0512-53101385
主要产品：树脂

公司名称：无锡格林达国际贸易有限公司
地　　址：江苏省无锡市人民中路 123 号 2609
邮　　编：214002
电　　话：0510-82704260
主要产品：环氧树脂，固化剂，环氧乙烯基酯树脂等

公司名称：泰州市惠利电子材料有限公司
地　　址：江苏省泰州市高港区永安洲工业园兴园路 3 号
邮　　编：225327
电　　话：0523-86928660-8041/8047
传　　真：0523-86928661
网　　址：www.wells-chem.com
主要产品：特种胶黏剂，风电树脂

公司名称：无锡久川合成材料有限公司
地　　址：江苏省无锡市南泉工业区
邮　　编：214128
电　　话：0510-85952536
传　　真：0510-85958536
邮　　箱：whisakawa@msn.com
网　　址：www.hisakawa.cn
主要产品：光固化用环氧丙烯酸酯，木器涂料用气干型不饱和聚酯

公司名称：无锡市南泉明柳化工厂
地　　址：江苏无锡市南泉镇鲍家庄
邮　　编：214128
电　　话：0510-85951879
传　　真：0510-85953876
邮　　箱：sales@wuximingliu.com
网　　址：www.wuximingliu.com
主要产品：树脂

公司名称：无锡市中竹漆业有限公司
地　　址：江苏省宜兴市太华镇振兴路 132 号
邮　　编：214235
电　　话：0510-87383818
传　　真：0510-87381117
网　　址：www.zhongzhu.cn
主要产品：涂料，水性 PU 树脂

公司名称：无锡泰杰化工有限公司
地　　址：无锡市锡山区安镇镇厚桥盛安村
邮　　编：214000
电　　话：0510-88726822
主要产品：丙烯酸树脂，卷材涂料，聚醚组合料

公司名称：无锡万博涂料化工有限公司
地　　址：江苏省无锡市梅村工业园锡泰路 219 号
邮　　编：214112
电　　话：0510-88550277
主要产品：氟碳树脂，聚酯树脂，丙烯酸树脂，助剂

公司名称：无锡兴达泡塑新材料有限公司
地　　址：江苏省锡山经济开发区
邮　　编：214100
电　　话：0510-88701849
传　　真：0510-88701598
网　　址：www.xingdagroup.com.cn
主要产品：普通级 PKF，彩色普通级 CP-KF，轻级 PKF-XJ，中级 PKF-XB，快速级 PKF-XS，阻燃级 ZKF，高倍率阻燃级 ZKF，低戊烷阻燃级 ZKF-LP

公司名称：吴江市合力树脂有限公司
地　　址：江苏省吴江市运东经济开发区江陵东路庞山
邮　　编：215200
电　　话：0512-63401963 63132150 63407822
传　　真：0512-63400701
邮　　箱：sales@hlresin.com
网　　址：www.hlresin.com
主要产品：有机硅树脂，环氧树脂，醇酸树脂

公司名称：武进市芙蓉嘉诺磷化材料厂
地　　址：江苏省武进东门外芙蓉镇
邮　　编：213118
电　　话：0519-8761153
主要产品：树脂

公司名称：锡山市江南阿科力树脂有限公司
地　　址：江苏省无锡市
邮　　编：214000
电　　话：0510-8262666
传　　真：0510-8262666
主要产品：A-1060羟基丙烯酸树脂

公司名称：张家港市华盛化学有限公司
地　　址：江苏省张家港市后塍镇塍东路 118 号
邮　　编：215631
电　　话：0512-58782835
传　　真：0512-58771126
邮　　箱：prccxd@gmail.com sales@sinohsc.cn
网　　址：www.sinohsc.com
主要产品：特殊有机硅，电子化学品，纺织化学品

公司名称：徐州东宏化工有限公司
地　　址：江苏省徐州市睢宁县景湖工业园 18 号
邮　　编：221200
电　　话：0516-88018005
邮　　箱：xzdh123@163.com
网　　址：www.dhchemic.net
主要产品：氯醚树脂

公司名称：徐州市中研科技工业有限公司
地　　址：江苏省徐州市建国西路 75 号财富广场 B 座 1107 室
邮　　编：221000
电　　话：0516-85879999
传　　真：0516-85879998
网　　址：www.chinafeve.com
主要产品：环氧水磨石地坪，环氧水磨石地坪，环氧彩砂地坪，固化剂

公司名称：扬州立达树脂有限公司
地　　址：江苏省扬州市北郊天山工业园
邮　　编：225653
电　　话：0514-84226888 84224858 84936246
传　　真：0514-84225818
邮　　箱：yzlidaresin@gmail.com
网　　址：www.lidaresin.com
主要产品：偶联剂及改质剂系列，溶剂型润湿分散防沉剂系列，水性润湿分散防沉剂系列，消泡剂系列，流平剂系列，表面处理剂，附着力促进剂系列，涂料，油墨

公司名称：仪征多科特水性化学品有限责任公司
地　　址：江苏省仪征市扬子东路 25 号
邮　　编：211400
电　　话：0514-83469379
传　　真：0514-83469379
邮　　箱：dkt.2004@163.com
网　　址：www.dktcn.com
主要产品：硅丙乳液，改性纯丙乳液，柔性乳液

公司名称：仪征市百思德聚酯厂
地　　址：江苏省仪征市朴席镇沿江开发区土桥
邮　　编：211426
电　　话：0514-83618000
传　　真：0514-83618000
邮　　箱：yzbaiside@yzbaiside.com
网　　址：www.yzbaiside.com
主要产品：树脂全系列产品

公司名称：宜兴市宏辉化工有限公司
地　　址：江苏省宜兴市万石镇南漕宏博路 8 号
邮　　编：214217
电　　话：0510-87852140
传　　真：0510-87856380
邮　　箱：yxhh@yxhonghui.com
网　　址：www.yxhonghui.com
主要产品：乙氧基化（9）三羟甲基丙烷三丙烯酸酯（EO9-TMPTA）

公司名称：宜兴市华宝化工有限公司
地　　址：江苏省宜兴市太华镇振兴路 131 号
邮　　编：214235
电　　话：0510-87385977
传　　真：0510-87382877
邮　　箱：hbhg@hbpaint.com
网　　址：www.hbpaint.com
主要产品：固化剂，醇酸树脂

公司名称：宜兴市兴合树脂有限公司
地　　址：宜兴市新街街道百合村
邮　　编：214204
电　　话：0510-87131072 87133566 80206518
传　　真：0510-87131068
邮　　箱：xh-sz@sohu.com cbbyx@xhsz.com
网　　址：www.xhsz.com
主要产品：树脂

公司名称：张家港东亚迪爱生化学有限公司
地　　址：江苏省张家港市扬子江国际化学工业园
邮　　编：215635
电　　话：0512-58937320
传　　真：0512-58937321
主要产品：涂料树脂

公司名称：张家港市宝田聚酯有限公司
地　　址：江苏省张家港市金港镇占文工业区宝田路一号
邮　　编：215632
电　　话：0512-58378288
传　　真：0512-58376500
网　　址：www.btjuzhi.com
主要产品：聚酯树脂

公司名称：长兴化学工业（中国）有限公司
地　　址：江苏省昆山市青阳北路 566 号
邮　　编：215300
电　　话：0520-57622168
传　　真：0520-57621859
网　　址：www.eternal-group.com
主要产品：通用树脂，涂料树脂，不饱和聚酯树脂

公司名称：真时贸易有限公司
地　　址：江苏省昆山市蓬镇昆嘉工业配套区耀马路
邮　　编：215300
电　　话：0512-57616499 57616599
传　　真：0512-57616499
主要产品：树脂

公司名称：智通树脂厂
地　　址：常州市新区圩塘镇
邮　　编：213033
电　　话：0519-85770049
传　　真：0519-85770134
邮　　箱：liuyu@czzt.com
网　　址：www.czzt.com
主要产品：聚酯类，聚氨酯，聚酯亚胺类，稀释剂

公司名称：奉化市裕隆化工新材料有限公司
地　　址：浙江省奉化市溪口镇后葛
邮　　编：315502
电　　话：0574-88845799
传　　真：0574-88845369
邮　　箱：yulong@yulongchem.com
网　　址：www.yulongchem.com
主要产品：氯化橡胶，油墨涂料用添加剂

公司名称：杭州赛乐化工有限公司
地　　址：杭州市下城区武林新村 104 号
邮　　编：310004
电　　话：0571-28812357
传　　真：0571-88334000
网　　址：www.xuwuqi.diytrade.com
主要产品：树脂，助剂

公司名称：杭州萧山一品化工有限公司
地　　址：浙江省杭州市萧山通惠南路 306 号
邮　　编：311200
电　　话：0571-82751127
传　　真：0571-82751127 82606518
邮　　箱：peng_0002@163.com
网　　址：www.zjyipin.cn
主要产品：乳液，助剂，钛白粉，色浆，颜料

公司名称：华峰集团
地　　址：浙江瑞安市莘塍工业园区
邮　　编：325206
电　　话：0577-65178888
传　　真：0577-65170000
邮　　箱：huafon@huafon.com.cn
网　　址：www.huafeng.com
主要产品：树脂，聚氨酯

公司名称：嘉善华生化工涂料厂
地　　址：浙江省嘉兴市嘉善县干窑镇范兴路 228 号
邮　　编：314100
电　　话：0573-84518028
传　　真：0573-84519428
邮　　箱：jshuasheng@126.com
网　　址：www.zjjshs.com
主要产品：树脂，涂料

公司名称：嘉兴宝利来树脂化工有限公司
地　　址：浙江省嘉兴市秀城区步云工业园区
邮　　编：314004
电　　话：0573-83103997 83101998
传　　真：0573-83100315
邮　　箱：rhc@eastresin.com
网　　址：www.eastresin.com
主要产品：树脂

公司名称：台州市新华树脂有限公司
地　　址：浙江省台州市路桥区路南张李工业区
邮　　编：318050
电　　话：0576-82505710 82505783
传　　真：0576-82581667
邮　　箱：sales@xinhuaresin.com
网　　址：www.xinhuaresin.com
主要产品：氨基树脂，醇酸树脂

公司名称：桐乡市金字塔树脂有限公司
地　　址：浙江省桐乡市经济开发区复兴南路 178 号
邮　　编：314500
电　　话：0573-88182679
传　　真：0573-88180993
邮　　箱：bxsresin@163.com
网　　址：www.bxsresin.com
主要产品：树脂

公司名称：桐乡市正大涂料有限公司
地　　址：浙江省桐乡市河山镇张褚大桥
邮　　编：314512
电　　话：0573-88677163
传　　真：0573-88671008
邮　　箱：tx-zhengda@tx-zhengda.com
网　　址：www.tx-zhengda.com
主要产品：树脂

公司名称：温州中侨树脂化工实业公司
地　　址：浙江省温州市涂村工业区涂田路 32 号
邮　　编：325003
电　　话：0577-88139492
传　　真：0577-88131563
邮　　箱：zq@zqresin.com
网　　址：www.zqresin.com
主要产品：树脂

公司名称：长沙倡泰实业有限公司
地　　址：浙江省杭州市新风路弄口一区 41 号
邮　　编：310021
电　　话：0571-88778708
传　　真：0531-82370571
邮　　箱：hnxok@163.com
网　　址：www.qtsz.com
主要产品：醛树脂，醛酮树脂

公司名称：浙江黄岩树脂化工有限公司
地　　址：浙江黄岩北洋镇
邮　　编：318024
电　　话：0576-84961588
传　　真：0576-84961687
邮　　箱：WangJieKane@hotmail.com
网　　址：www.resin-chem.com
主要产品：苯溶性聚酰胺树脂，醇溶性聚酰胺树脂，二聚酸，聚氨酯胶黏剂

公司名称：浙江金质丽化工有限公司
地　　址：浙江省临安经济开发区
邮　　编：310013
电　　话：0571-85228008
传　　真：0571-85221327 87242928
网　　址：www.kangju.net
主要产品：丙烯酸树脂

公司名称：浙江蓝天环保高科技股份有限公司
地　　址：浙江省杭州市文二路 391 号西湖国际科技大厦 A 座 23、24 层
邮　　编：310012
电　　话：0575-88079855
传　　真：0571-88904005
邮　　箱：shangjinman@fltco.com
网　　址：www.fltco.com
主要产品：哈龙及其替代品，氯氟烃替代品，含氟涂料，含氟树脂

公司名称：浙江蓝天环保高科技股份有限公司哈氟化工分厂
地　　址：浙江省杭州市北大桥登云路 346 号
邮　　编：310011
电　　话：0571-88091351
传　　真：0571-88099057
网　　址：www.fltco.com
主要产品：树脂

公司名称：浙江省海宁海龙化学有限责任公司
地　　址：海宁市新海公路周家弄
邮　　编：314400
电　　话：0573-87072267
传　　真：0573-87071611
主要产品：水性系列树脂及涂料黏合剂，助剂系列

公司名称：浙江天松集团有限公司
地　　址：浙江省杭州市临安市苕溪北路 198 号
邮　　编：311300
电　　话：0571-63738888
传　　真：0571-63721379
主要产品：粉末涂料用聚酯树脂，路面标线涂料用树脂，高耐候性聚酯树脂，环保型聚酯树脂，低光聚酯树脂

公司名称：浙江新力化工有限公司
地　　址：浙江省上虞市东关竺可桢科技园区
邮　　编：312352
电　　话：0575-82560088
传　　真：0575-82051479
邮　　箱：zgf@xinlichemical.com
网　　址：www.xinlichemical.com
主要产品：乳液，树脂，助剂，防水涂料

公司名称：浙江永在化工有限公司
地　　址：浙江省金华市浦江经济开发区永在工业园
邮　　编：322200
电　　话：0579-84193258
传　　真：0579-84193233
主要产品：二聚酸，聚酰胺树脂，胶印油墨，塑料油墨，聚氨酯胶黏剂，水性油墨，UV 油墨，酚醛改性松香酯树脂

公司名称：安徽徽州恒远化工有限公司

地　　址：安徽省黄山市徽州区徽州东路21-9号
邮　　编：245061
电　　话：0559-3516666
传　　真：0559-3516788
邮　　箱：hy.sale@hengyuanco.com
网　　址：www.hengyuanco.com
主要产品：环氧树脂

公司名称：安徽神剑新材料有限公司
地　　址：安徽省芜湖经济技术开发区桥北工业园保顺路8号
邮　　编：241008
电　　话：0553-5316331 5316333 5316335 5316337
传　　真：0553-5316330 5316577
邮　　箱：wang@shen-jian.com.cn
网　　址：www.shen-jian.com.cn
主要产品：混合型端羧基聚酯树脂，户外型端羧基聚酯树脂，PU固化型树脂

公司名称：安徽省瑞芬得油脂深加工有限公司
地　　址：安徽省宣城市郎溪县涛城镇红星村
邮　　编：242121
电　　话：0563-7550888
主要产品：亚麻油酸，桐油酸

公司名称：蚌埠市天星树脂有限责任公司
地　　址：安徽省固镇县天星路
邮　　编：233700
电　　话：0552-6058888
传　　真：0552-6054440
邮　　箱：tx@txsz.com.cn
网　　址：www.txsz.com.cn
主要产品：大孔吸附树脂，螯合树脂

公司名称：合肥安科精细化工有限公司
地　　址：安徽省合肥市高新技术开发区天达路2号安徽大学科技园
邮　　编：230011
电　　话：0551-5325979(总机) 5325980 5325981
传　　真：0551-5325982
邮　　箱：webmaster@ankechem.com.cn
网　　址：www.ankechem.com
主要产品：树脂

公司名称：合肥市科天化工有限公司
地　　址：安徽省合肥市徽州大道418号万通大厦
邮　　编：230061
电　　话：0551-2887993
传　　真：0551-2199006
邮　　箱：puchina@vip.sina.com
网　　址：www.scisky.com
主要产品：水性聚氨酯

公司名称：黄山锦峰实业有限公司
地　　址：安徽省黄山市徽州区徽州东路25号
邮　　编：245900
电　　话：0559-3516630 3514126
邮　　箱：jf@jinfengresin.com
网　　址：www.jinfengresin.com
主要产品：环氧树脂，助剂

公司名称：黄山市恒泰化工有限公司
地　　址：安徽省黄山市徽州区永佳大道392号
邮　　编：245061
电　　话：0559-3515836
邮　　箱：web@hshengtai.com
网　　址：www.hshengtai.com
主要产品：环氧树脂

公司名称：黄山市润发化工（集团）公司
地　　址：安徽省黄山市歙县新安路31号
邮　　编：245200
电　　话：0559-6513788
主要产品：树脂

公司名称：来安县三泰复合材料有限公司
地　　址：安徽省来安县汊河工业园经四路
邮　　编：239236
电　　话：0550-5962600
主要产品：建筑乳液

公司名称：马鞍山九和化工科技有限公司
地　　址：安徽省马鞍山市花山工业集中区
邮　　编：243000
电　　话：0555-2780277
传　　真：0555-2780277
邮　　箱：ahjhhg@sina.com
网　　址：www.ahjhhg.cn
主要产品：建筑乳液

公司名称：天长市天广有机玻璃有限公司
地　　址：安徽省天长市二凤南路333号
邮　　编：239300
电　　话：0550-7021409
传　　真：0550-7021269
邮　　箱：web@cntctg.com
网　　址：www.cntctg.com
主要产品：树脂

公司名称：芜湖和泰化工有限公司
地　　址：安徽省芜湖县机械工业开发区
邮　　编：241000
电　　话：0553-2570805
传　　真：0553-2570809
主要产品：醇酸树脂，丙烯酸树脂

公司名称：福建尤溪恒源化工有限公司
地　　址：福建省尤溪城关镇埔头工业园区
邮　　编：365100
电　　话：0598-6308838
主要产品：松香，松节油，松香改性树脂

公司名称：泉州洛江三星涂料树脂有限公司
地　　址：福建省泉州市洛江区杏宅工业区(324国道洛阳桥南侧)
邮　　编：362011
电　　话：0595-22651099 22653099
传　　真：0595-22653099
邮　　箱：sx@san-xing.net
网　　址：www.san-xing.net
主要产品：丙烯酸树脂，工业涂料，重防腐涂料

公司名称：沙县利鑫树脂有限公司
地　　址：福建省三明市金沙高科技园际口工业区
邮　　编：365500
电　　话：0598-5662886(总机) 5662669(采购)
主要产品：松香树脂，松节油化学品，塑料粒子

公司名称：厦门荒川化学工业有限公司
地　　址：福建省厦门市杏林区杏北工业区董任路10号
邮　　编：361022
电　　话：0592-6283807
主要产品：林酸松香树脂，萜烯酚树脂，酚醛树脂

公司名称：厦门恒森化工有限公司
地　　址：厦门海沧台商投资区新盛路2号
邮　　编：361022
电　　话：0592-6511718
传　　真：0592-6511738
邮　　箱：web@xmhengsen.com
主要产品：树脂

公司名称：长成发新树脂有限公司
地　　址：福建省晋江市五里高科技工业园区北路
邮　　编：362000
电　　话：0595-85651818 85652828
传　　真：0595-85656111
网　　址：www.ccfsz.com
主要产品：树脂

公司名称：赣州胜华涂料有限公司
地　　址：江西省赣州市经济技术开发区金坪工业大道16号
邮　　编：341000
电　　话：0797-8374373
主要产品：各种乳液，乳胶漆，天然真石漆，复合防水涂料，白乳胶

公司名称：江西省飓风化工有限公司
地　　址：江西省宜春市袁州区工业圆
邮　　编：336000
电　　话：0795-3653888
主要产品：环氧树脂，低分子聚酰胺树脂

公司名称：江西市遂川新海化工有限公司
地　　址：江西省遂川县泉江工业区创业大道56号
邮　　编：343900
电　　话：0796-6233893
主要产品：萜烯树脂，松香树脂

公司名称：宝达化工有限公司
地　　址：山东省青州市青州北路3269号
邮　　编：262500
电　　话：0536-3291462/5/7
传　　真：0536-3291452
邮　　箱：pada@padachem.com
网　　址：www.padachem.com
主要产品：乳液，增稠剂

公司名称：博山轻工化学厂
地　　址：山东省淄博市博山区白塔工业园
邮　　编：255202
电　　话：0533-4681062
传　　真：0533-4688788
邮　　箱：simei@cnsimei.com
网　　址：www.cnsimei.com
主要产品：丙烯酸系列树脂，丙烯酸高档涂料

公司名称：济南爱特佳涂料有限公司
地　　址：山东省济南市天桥区

邮　　编：250033
电　　话：0531-85606769
主要产品：PU固化剂，醇酸树脂

公司名称：济南芙仕多化工有限公司
地　　址：山东省济南市天桥区黄岗工业区3区1988号
邮　　编：250032
电　　话：0531-85971898
传　　真：0531-85601712
邮　　箱：caiml2006@163.com
网　　址：fosidoo.cnfrp.net
主要产品：树脂

公司名称：济南高创化工有限公司
地　　址：山东省济南市天桥区新黄路33号
邮　　编：250033
电　　话：0531-5904237
主要产品：树脂，钛白粉，乙二胺

公司名称：垦利鑫源化工厂
地　　址：山东省东营垦利县
邮　　编：257500
电　　话：0546-2562962
传　　真：0546-2562962
主要产品：乳液

公司名称：莱阳大易化工有限公司
地　　址：山东省莱阳市望石路055号
邮　　编：265200
电　　话：0535-3360966
传　　真：0535-3360967
邮　　箱：dayich@dayi.com.cn
网　　址：www.dayi.com.cn
主要产品：树脂

公司名称：莱阳荣新化工有限责任公司
地　　址：山东省莱阳龙门西路272号
邮　　编：265200
电　　话：0535-7962578
传　　真：0535-7962578
主要产品：涂料用树脂

公司名称：临朐鸿钰工贸有限公司
地　　址：山东临朐县东城街办榆北路与夏西路交叉口
邮　　编：262502
电　　话：0536-3711181
传　　真：0536-3711381
主要产品：涂料助剂，建筑乳液

公司名称：齐鲁石化齐隆化工股份有限公司
地　　址：山东省淄博市齐鲁石化乙烯路312号
邮　　编：255411
电　　话：0533-7523532
主要产品：石油树脂、富马酸、溶剂油、导热油、天门冬氨酸

公司名称：青岛振利化工有限公司
地　　址：青岛北郊即墨市环秀区国家泊子工业园
邮　　编：266200
电　　话：0532-82862639
主要产品：树脂

公司名称：青岛福睿希贸易有限公司
地　　址：山东省青岛市辽阳西路229号
邮　　编：266033
电　　话：0532-85692700
主要产品：氯醋树脂

公司名称：青岛古道化学材料有限公司
地　　址：山东省青岛李沧区重庆中路211号
邮　　编：266100
电　　话：0532-87600215
传　　真：0532-87600215
网　　址：www.goodow.com.cn
主要产品：乳液，助剂，色浆

公司名称：青岛宏丰集团建材有限公司
地　　址：山东省青岛市国际机场东南2里107号
邮　　编：266000
电　　话：0532-66912709
传　　真：0532-66910597
邮　　箱：jc@honfeng.com
网　　址：www.qdhfjc.com
主要产品：氟碳树脂，水性氟乳液

公司名称：青岛新丰化工有限公司
地　　址：山东省青岛市市南区山东路46号华宇大厦2901室
邮　　编：266071
电　　话：0532-85015030
主要产品：硅橡胶，硅树脂，硅烷

公司名称：青岛鑫恒聚化工有限公司
地　　址：山东省青岛市四方区开封路21号
邮　　编：266042
电　　话：0532-84890947
主要产品：乳液，助剂，填料，色浆，金属涂料

公司名称：青州东方泰博化工科技有限公司
地　　址：山东青州东方路开发区
邮　　编：262500
电　　话：0536-2137333
传　　真：0536-2133675
网　　址：www.chinataibo.com
主要产品：乳液，色浆，钛白粉

公司名称：青州市天源化工有限公司
地　　址：山东省青州市北环东路3777号
邮　　编：262515
电　　话：0536-3292877
主要产品：乳液

公司名称：日照广大化工有限公司
地　　址：山东省日照市东港区丹阳路37号
邮　　编：276800
电　　话：0633-2212888
传　　真：0633-2212788
邮　　箱：yongjucheng@163.com
dljguangda@163.com
网　　址：www.guangdajituan.com
主要产品：建筑乳液

公司名称：山东奔腾漆业有限公司
地　　址：山东省邹城市西外环路3268号
邮　　编：273500
电　　话：0537-3131666
邮　　箱：btqy09@163.com
网　　址：www.puntium.com.cn
主要产品：树脂，船舶涂料，防火涂料

公司名称：山东东明石化集团科耀化工有限公司
地　　址：山东省东明县站前路西段
邮　　编：274500
电　　话：0530-7272566
传　　真：0530-7270002
邮　　箱：shuliwang@hotmail.com
网　　址：www.sdkeyao.cn
主要产品：热固性丙烯酸树脂，热塑性丙烯酸树脂，改性醇酸树脂，聚酯树脂

公司名称：山东力邦化工有限公司
地　　址：山东省菏泽市定陶工业园
邮　　编：274100
电　　话：0530-2152444
主要产品：聚酯树脂

公司名称：山东齐鲁石化开泰实业股份有限公司
地　　址：山东省淄博市张店区中心路202号
邮　　编：255040
电　　话：0533-3576383
传　　真：0533-3576565
邮　　箱：sdktfz@tom.com
网　　址：www.sdkt.com.cn
主要产品：丙烯酸树脂，液氮产品

公司名称：山东青州市贝特化工有限公司
地　　址：山东省青州市东方北路2066号
邮　　编：262500
电　　话：0536-3523997
邮　　箱：qzbeitehuagong@163.com
网　　址：www.wanlichem.com
主要产品：水性涂料，乳液

公司名称：淄博奥德美高分子材料有限公司
地　　址：山东省淄博市桓台张田路66号
邮　　编：256404
电　　话：0533-8556999
传　　真：0533-8550717
邮　　箱：sdadm@sdadm.com
网　　址：www.sdadm.com
主要产品：树脂

公司名称：淄博峰源化工有限公司
地　　址：山东省淄博临淄区
邮　　编：255419
电　　话：0533-7600888
传　　真：0533-7601929
邮　　箱：Fengyuanchem@163.com
网　　址：www.zbfengyuanchem.cn
主要产品：丙烯酸系列，墙漆系列

公司名称：郑州市兆大商贸有限责任公司
地　　址：河南省郑州市南阳路三江科技大厦807
邮　　编：450053
电　　话：0371-63600191
主要产品：涂料原料，建筑材料，建筑乳液，纺织乳液，乳胶漆，丙烯酸树脂

公司名称：鄂州明大化工有限责任公司
地　　址：湖北省鄂州市新庙工贸区
邮　　编：436004
电　　话：0711-2756868
传　　真：0711-2757335
邮　　箱：mdzj@ezmingda.com
网　　址：www.ezmingda.com
主要产品：高氯化聚乙烯树脂，氯化石蜡

公司名称：武汉安泰化学工业有限公司
地　　址：武汉市东西湖台商投资区新城十路
邮　　编：430040
电　　话：027-83262379
传　　真：027-83263610
邮　　箱：aci_wh@sina.com
网　　址：www.aci-wh.com
主要产品：乳液

公司名称：武汉巴司特化学新材料有限公司
地　　址：湖北省武汉市江汉经济开发区江兴路8号太和大厦518室
邮　　编：430023
电　　话：027-83519006
传　　真：027-83360136
邮　　箱：bast@chinabast.com
sales@chinabast.com
网　　址：www.chinabast.com
主要产品：无机富锌涂料专用树脂，聚硅耐高温涂料

公司名称：武汉赫司特科技有限公司
地　　址：湖北省武汉市武汉大学湖滨路
邮　　编：430079
电　　话：027-87253466
主要产品：新型树脂、特种防腐防水涂料、纳米材料、造纸助剂、复合材料

公司名称：武汉市洋浦化工原料有限公司
地　　址：湖北省武汉市东西湖区台商投资开发区朝阳路103号
邮　　编：430000
电　　话：027-51909803
传　　真：027-51909847
邮　　箱：ypchem@sohu.com
网　　址：www.yphg.com
主要产品：碳酸二甲酯，丁酮，异丙醇

公司名称：武汉新是诚化工有限公司
地　　址：湖北省武汉市东西湖区吴家山嘉禾园
邮　　编：430040
电　　话：027-83306753
主要产品：乳液，助剂

公司名称：湖南长沙东升化工公司
地　　址：湖南省长沙市薯云工业园区
邮　　编：410118
电　　话：0731-86903982
主要产品：树脂，乳液建筑涂料，木器涂料

公司名称：岳阳东润化工有限公司
地　　址：湖南省岳阳市云溪工业园
邮　　编：414014
电　　话：0730-8416778 8413778
传　　真：0730-8411728
邮　　箱：yydrhg@yahoo.com.cn
网　　址：www.yydr.com
主要产品：聚酮树脂

公司名称：湖南省湘维有限公司（原湖南省维尼纶厂）
地　　址：湖南省溆浦县大江口镇
邮　　编：419323
电　　话：0745-3587198
传　　真：0745-3587722
邮　　箱：zhangguoqun@hnxiangwei.cn
网　　址：www.hnxiangwei.com
主要产品：聚乙烯醇树脂，水溶性聚乙烯醇短纤维

公司名称：帝斯曼先达（佛山）合成树脂有限公司
地　　址：广东佛山市顺德区北窖镇工业园林港南路9号
邮　　编：528311
电　　话：0757-26332274
主要产品：醇酸，丙烯酸，不饱和聚酯，水性涂料树脂

公司名称：东莞宏德化学工业有限公司
地　　址：广东省东莞长安宵边第二工业区
邮　　编：571768
电　　话：0769-5533620
传　　真：0769-5533625
主要产品：树脂，涂料，胶水

公司名称：广东省鹤山市河本聚酯化工有限公司
地　　址：广东省鹤山市桃源镇墙塘工业区
邮　　编：529700
电　　话：0750-8218338
传　　真：0750-8210009
邮　　箱：hsheben@163.com
网　　址：www.gdheben.com
主要产品：水性树脂，鞋用化工，水性鞋底油墨

公司名称：东莞市奔鸣贸易有限公司
地　　址：广东省东莞市南城区鸿福西路南城商务大厦
邮　　编：523071
电　　话：0769-22815020
主要产品：弹性树脂，手感助剂，UV树脂

公司名称：东莞市宏达聚氨酯有限公司
地　　址：广东省东莞高步镇冼沙管理区
邮　　编：523285
电　　话：0769-88789299
邮　　箱：sale@hongdapu.com
网　　址：www.hongdapu.com
主要产品：聚氨酯树脂

公司名称：东莞市厚街金力化工经营部
地　　址：广东省东莞市厚街桥头桥林路4号
邮　　编：523000
电　　话：0769-85881113
主要产品：弹性手感树脂，弹性手感剂，有机膨润土

公司名称：东莞市金手感贸易有限公司
地　　址：广东省东莞市南城区莞太路中兴大厦506
邮　　编：523000
电　　话：0769-23394068
主要产品：弹性树脂，助剂

公司名称：东莞市竣成化工有限公司
地　　址：广东省东莞市厚街镇南五驰生工业村
邮　　编：523951
电　　话：0769-85598983 85591267 85595702 85595703
传　　真：0769-85591268
邮　　箱：freetrue_chem@163.com
网　　址：www.freetrue-chem.com
主要产品：醇酸树脂，氨基树脂，丙烯酸树脂

公司名称：东莞市新鸿实业有限公司
地　　址：广东省东莞市桥头镇宏达工业区
邮　　编：532000
电　　话：0769-22381736
传　　真：0769-22389921
邮　　箱：xinhong@vip.163.com
网　　址：www.xinhongsy.com
主要产品：树脂，建筑材料

公司名称：东之风进出口(深圳)有限公司
地　　址：广东省深圳市福田区车公庙天安数码城天吉大厦AB座2楼203室
邮　　编：518040
电　　话：0755-82184385
传　　真：0755-82180610
邮　　箱：sales@dongfeng-sz.com
网　　址：www.dongfeng-sz.com
主要产品：瓦克VAE乳液，表面活性剂，消泡剂

公司名称：佛山市利协贸易有限公司
地　　址：广东省佛山市高明区荷城街道南平街7号之31铺
邮　　编：510000
电　　话：0757-88215083
主要产品：氯化聚丙烯，三元氯醋树脂

公司名称：佛山市南海区大沥众盈塑料型材厂
地　　址：广东省佛山市南海区大沥321国道颜峰综合开发区17号
邮　　编：528231
电　　话：0757-85575573 85511013
邮　　箱：zhongying@fszysc168
cnfszysc@fszysc168.cn
网　　址：www.fszysc.com
主要产品：PVC型材，树脂

公司名称：佛山市南海区嘉裕化工涂料有限公司
地　　址：广东省佛山市南海区狮山招大旧工业区
邮　　编：528225
电　　话：0757-86690277
主要产品：豆油改性醇酸树脂，松香豆油改性醇酸树脂

公司名称：佛山市清诚化工有限公司
地　　址：广东省佛山市祖庙路33号百花广场1523-1525号
邮　　编：528000
电　　话：020-28876216
传　　真：020-28876196
主要产品：聚酮树脂（醛酮树脂）DC-120，醛树脂KC-81，热塑性固体丙烯酸树脂，环保溶剂MADE(DBE)

公司名称：佛山市三水协佳化工有限公司
地　　址：广东省广州市花都区云山大道祈福辉煌台3栋2802室
邮　　编：528000
电　　话：020-22975623
主要产品：印花乳液，固浆，胶浆树脂，胶浆乳液，印花树脂，环保固浆，涂料乳液，涂料树脂，金葱浆，透明浆，发泡浆，尼龙浆

公司名称：广州聚佳贸易有限公司
地　　址：广州市天河区东圃三渔商务中心210-211室(珠村七夕广场旁)

邮　　编：510700
电　　话：020-32352535 32235232
传　　真：020-32352269
网　　址：www.gzjujia.cn
主要产品：PP处理剂，PP树脂，高档丙烯酸树脂类

公司名称：佛山市三水新联邦化工有限公司
地　　址：广东省佛山市三水区金本开发区
邮　　编：528132
电　　话：0757-87518788 87518813
传　　真：0757-87514986
邮　　箱：info@xinlianbang.com
网　　址：www.xinlianbang.com
主要产品：建筑涂料、无纺布、喷胶棉、压敏胶、纸品包装、皮革等用途的黏合剂乳液

公司名称：佛山市顺德区大良冠星贸易有限公司
地　　址：广东省佛山市顺德区大良街道丹桂路德景居 11-12 号
邮　　编：528300
电　　话：0757-22333999
主要产品：珠光粉，丙烯酸树脂，无机颜料，色母料，油墨

公司名称：佛山市顺德区大良新富荣贸易有限公司
地　　址：广东省佛山市顺德区顺德区大良环市北路银丰楼首层
邮　　编：528000
电　　话：0757-22275675
传　　真：0757-22275762
主要产品：丙烯酸树脂，松香树脂，马林酸树脂，酚醛树脂

公司名称：佛山市顺德区国精合成材料有限公司
地　　址：广东省佛山市顺德勒流江义工业区
邮　　编：528300
电　　话：0757-25665866
传　　真：0757-25332244
主要产品：固化剂：三聚体，TDI 加成物；树脂：PE 树脂，PU 树脂

公司名称：佛山市顺德区健昌化工有限公司
地　　址：广东省佛山市顺德区杏坛镇马齐工业区 43 号
邮　　编：528325
电　　话：0757-27785338 27786338
传　　真：0757-27780223
邮　　箱：jianchang@gdjianchang.com
网　　址：www.gdjianchang.com
主要产品：树脂

公司名称：佛山市顺德区润澳建材科技有限公司
地　　址：广东省佛山市勒流镇龙眼工业区龙升路 10 号
邮　　编：528300
电　　话：0757-26368088
主要产品：醇酸不饱和聚酯树脂

公司名称：佛山台硝树脂有限公司
地　　址：广东省佛山市三水区大塘镇大塘工业园
邮　　编：528143
电　　话：0757-87299866
传　　真：0757-87299828
网　　址：www.fs-tnc.com
主要产品：松香树脂，马林酸树脂系列产品

公司名称：高要市长春化工有限公司
地　　址：广东省广州市黄浦区黄浦东路 188 号大院 24 号 201 室
邮　　编：510700
电　　话：020-82595861
主要产品：松香甘油酯，增粘树脂，马林酸树脂

公司名称：广东省高明市华弛化工树脂有限公司
地　　址：广东省佛山市高明区文竹路 43 号
邮　　编：528500
电　　话：0757-88887927
传　　真：0757-88823803
主要产品：树脂

公司名称：广东天银化工实业有限公司
地　　址：广东省揭东开发区华安路南侧
邮　　编：515500
电　　话：0663-3284222
传　　真：0663-3286444
邮　　箱：gdtianyin@21cn.net
网　　址：www.tianyin-chemical.com
主要产品：分散剂，聚氨酯树脂，木器涂料

公司名称：广东同步化工股份有限公司
地　　址：广东省四会市大沙镇马房工业园
邮　　编：526241
电　　话：0758-3868879
传　　真：0758-3868355
邮　　箱：topchem@cntopchem.com
网　　址：www.cntopchem.com
主要产品：高分子合成树脂，汽车涂料

公司名称：广东银洋树脂有限公司
地　　址：广东省佛山市三水区乐平镇范湖经济开发区
邮　　编：528138
电　　话：0757-87366666
传　　真：0757-87360388
邮　　箱：yinyang@gdyinyang.gicp.net
网　　址：www.fsyinyang.cn
主要产品：涂料用乳液，水性油墨用乳液，粉末涂料聚酯

公司名称：广东云天志贸易有限公司
地　　址：广州市天河区珠江新城平月路南国二街 4 号首层
邮　　编：510627
电　　话：020-38892181
传　　真：020-38208347
网　　址：www.yuntianzhi.com
主要产品：钛白粉，助剂，乳液

公司名称：广州澳凌化学品有限公司
地　　址：广州市天河天寿路江河大厦
邮　　编：510610
电　　话：020-28850388-832
主要产品：助剂，树脂，溶剂，涂料原材料

公司名称：广州宝会树脂有限公司
地　　址：广州市白云区白云大道南 695-697 号金钟大厦七楼 706 房
邮　　编：510420
电　　话：020-86187430
主要产品：电镀银树脂，铝银浆，UV 树脂，PU 树脂，电镀银镜面油墨

公司名称：广州产协高分子有限公司
地　　址：广东省广州市白云区江高镇新楼村龙兴路 56 号
邮　　编：510450
电　　话：020-36098295
主要产品：PU 树脂，酚醛树脂，热熔胶，聚酯树脂

公司名称：广州辰坛贸易有限公司
地　　址：广东省广州市天河区黄埔大道西 76 号盈隆广场 3215-3216 室
邮　　编：510623
电　　话：020-38210609
主要产品：气相二氧化硅，蜡乳液，分散剂

公司名称：广州冠志化工有限公司
地　　址：广州市东圃镇中邦商务中心 A202 室
邮　　编：510660
电　　话：020-82567990
主要产品：增稠剂，水性聚氨酯树脂，防腐剂

公司名称：广州瀚东贸易有限公司
地　　址：广东省广州市天河区天河路 625 号东塔 1807-1808
邮　　编：510630
电　　话：020-87579800
传　　真：020-87579899
主要产品：UV树脂，UV 原材料

公司名称：广州宏宝树脂涂料有限公司
地　　址：广州市天河中山大道西广海大厦海天楼 505 室
邮　　编：510665
电　　话：020-85558183 85558186 85545864
邮　　箱：linda@hopeboom.com
网　　址：www.hopeboom.com
主要产品：树脂

公司名称：广州花都科苑新型材料有限公司
地　　址：广州市花都区狮岭镇旗岭大街 3 号第一工业园
邮　　编：510800
电　　话：020-86992784 86854125 86983016 86992456
传　　真：020-86992084
邮　　箱：keyuan@gzkeyuan.net
网　　址：www.gzkeyuan.net
主要产品：聚酮树脂

公司名称：广州金运华化工有限公司
地　　址：广东省广州市天河区中山大道中桃园西路 637 号远洋明苑 F 栋 209 室
邮　　编：510660
电　　话：020-82522856
主要产品：萜烯树脂，松香改性树脂，石油树脂，抗氧剂，有机彭润土

公司名称：广州钜东贸易有限公司
地　　址：广州市番禺区洛溪新城莱茵会所 409

邮　　编：511431
电　　话：020-38873327
主要产品：树脂

公司名称：广州联洁贸易有限公司
地　　址：广州市海珠区新港东路1068号中洲中心北塔2605室
邮　　编：510310
电　　话：020-89231101
主要产品：三聚氰胺树脂，丙烯酸树脂，弹性手感树脂，酯类，酸酐，聚酯树脂，光固化树脂，附着力增进剂，醇酸树脂，氨基树脂

公司名称：广州仑利奇化工原料有限公司
地　　址：广东省广州市番禺区清河东路城市花园C4-16号
邮　　编：511450
电　　话：020-34581021（总机）
传　　真：020-34581020
邮　　箱：sales@lunliqi.cn
网　　址：www.lunliqi.cn
主要产品：特种环氧树脂，活性环氧稀释剂，地平面涂固化剂

公司名称：广州南方树脂有限公司
地　　址：广州市白云区江高镇新楼村龙兴路56号
邮　　编：510450
电　　话：020-36098295 36099702
传　　真：020-36099425
邮　　箱：nanfang2@public.guangzhou.gd.cn
网　　址：www.nanfangresin.com
主要产品：树脂

公司名称：广州千合化工原料有限公司
地　　址：广州市荔湾区南岸路77号鼎昌商务大厦二楼B19室
邮　　编：510075
电　　话：020-62756257 62756258
传　　真：020-62756262
邮　　箱：qianhechem@163.com
网　　址：www.qianhechem.com
主要产品：凹凸油墨树脂，醇溶树脂，涂料助剂，颜料

公司名称：广州深蓝聚合物有限公司
地　　址：广州市番禺迎宾大道730号天安科技交流中心902
邮　　编：511400
电　　话：020-22883339
传　　真：020-22883332
邮　　箱：sunrisechem@126.com
网　　址：www.gzshenlan.com
主要产品：助剂，固化剂，树脂

公司名称：广州市采合贸易有限公司
地　　址：广东省广州市天河区林和路段3号
邮　　编：510660
电　　话：020-87556483
主要产品：颜料，助剂，蜡乳液

公司名称：广州市道盟贸易有限公司
地　　址：广东省广州市番禺区丽江花园德汇楼H14
邮　　编：511431
电　　话：020-84549266
主要产品：树脂，助剂

公司名称：广州市东风化工实业有限公司
地　　址：广州市黄埔东路2019号
邮　　编：510730
电　　话：020-82219157
传　　真：020-82219648
网　　址：www.gzdfhg.com
主要产品：环氧树脂

公司名称：广州市方骏贸易有限公司
地　　址：广东省广州市天河区中山大道105号8栋404房
邮　　编：510630
电　　话：020-85568497
主要产品：建筑乳液，水性乳液，乙烯-醋酸乙烯乳液，丙二醇甲醚丙酸酯，助剂，树脂，溶剂

公司名称：广州市合诚化学有限公司
地　　址：广州市萝岗区云埔工业区云诚路8号
邮　　编：510530
电　　话：020-32067089
传　　真：020-32067066
网　　址：www.honsea.com
主要产品：热塑性丙烯酸树脂，苯丙乳液，分散剂

公司名称：广州市惠盛国际贸易有限公司
地　　址：广东省广州市经济开发区东区骏功路39号
邮　　编：510530
电　　话：020-61076468
传　　真：020-61076210
邮　　箱：wunion@w-union.cn
网　　址：www.w-union.cn
主要产品：树脂，助剂，固化剂

公司名称：广州市捷胜铝业有限公司
地　　址：广东省广州市白云区白云大道南695-697号
邮　　编：510405
电　　话：020-86182795 86187430
传　　真：020-86187426
邮　　箱：js@jsjiesheng.com
网　　址：www.jsjiesheng.com
主要产品：铝银浆，电镀银树脂，UV树脂

公司名称：广州市聚成兆业有机硅原料有限公司
地　　址：广东省广州市东圃化工城前圃兴街36-38号
邮　　编：510660
电　　话：020-82551770 82550662
传　　真：020-82550552
邮　　箱：jczy888@sina.com
网　　址：www.gzjczy.com
主要产品：二甲基硅油，氨基硅油，水溶性硅油，硅脂

公司名称：广州市朗日贸易发展有限公司
地　　址：广东省广州市中山大道130号汇诚大厦810
邮　　编：510660
电　　话：020-38663843-815
主要产品：丙烯酸系列单体

公司名称：广州市亮佳新材料有限公司
地　　址：广州市黄石东路陈田北约北街十四街十一号
邮　　编：510000
电　　话：020-86336626
主要产品：水性丙烯酸树脂，固化剂，水性涂料

公司名称：广州市润奥化工材料有限公司
地　　址：广州市天河区中山大道中284号东圃商业大厦D座3501室
邮　　编：510660
电　　话：020-82325680
传　　真：020-82325575
邮　　箱：contact@wraio.cn
网　　址：www.wraio.cn
主要产品：甲基丙烯酸单体，固化剂，涂料助剂，树脂

公司名称：广州市三鼎汇贸易有限公司
地　　址：广州市番禺区南村镇金山大道金山工业园A栋402
邮　　编：510000
电　　话：020-34698601 34698602
传　　真：020-34698658
邮　　箱：sdiwe@126.com
网　　址：www.sdiwe.com
主要产品：弹性涂料原料，消光粉，铝银浆，树脂，防腐杀菌剂，各种助剂

公司名称：广州市熵能聚合物技术有限公司
地　　址：广州市南沙经济技术开发区
邮　　编：511458
电　　话：020-39388509 39388679
传　　真：020-39388939
邮　　箱：info@shinepolymer.com
网　　址：www.shinepolymer.com
主要产品：干膜，阻燃剂，无卤阻燃剂，防火剂

公司名称：广州市伟士达化工有限公司
地　　址：广东省广州市天河区高新科技园时代新世界中心分园北塔1005-1006室
邮　　编：510630
电　　话：020-87743889
传　　真：020-87744737
网　　址：www.winsdom.cn
主要产品：超级分散剂，电镀银树脂，流平剂，涂料助剂

公司名称：广州市祥枫化工科技有限公司
地　　址：广东省广州市天河区中山大道中284号东圃商业大厦D座3A17室
邮　　编：510000
电　　话：020-62861313
主要产品：苯丙乳液，纯丙乳液，硅丙乳液，助剂

公司名称：广州市祥富贸易商行
地　　址：广东省广州市天河区东圃黄村埔兴路53号A103房
邮　　编：510660
电　　话：020-82575385
传　　真：020-82795895
邮　　箱：china88198@163.com
网　　址：www.jty-gew.com
主要产品：蜡粉，颜料，分散剂，抗静电剂，树脂，粉末涂料助剂

公司名称：广州市兴胜杰科技有限公司
地　　址：广州市五山科技新街特1号201-205室
邮　　编：510640
电　　话：020-85266432
传　　真：020-85262707
邮　　箱：xsj@xingshengjie.com
网　　址：www.xingshengjie.com

主要产品：树脂

公司名称：广州市永晋贸易有限公司
地　　址：广东省广州市海珠区江南大道中82号新疆大厦15楼A单元
邮　　编：510220
电　　话：020-84253182
传　　真：020-84251498
网　　址：www.win-zone.com
主要产品：水性聚氨酯树脂，德谦助剂，三元氯醋树脂，微粉化蜡，砂纹蜡

公司名称：广州市远拓贸易有限公司
地　　址：广东省广州市天河区中山大道中东圃商业大厦A栋508室
邮　　编：510660
电　　话：020-82520367
传　　真：020-82580997
主要产品：国民淀粉建筑乳液，韩华水性丙烯酸树脂，水性丙烯酸乳液

公司名称：广州市云超化工有限公司
地　　址：广州增城市朱村镇凤岗工业区
邮　　编：511370
电　　话：020-82853501
传　　真：020-82853505
主要产品：功能单体，水性树脂，涂料助剂，全能面蜡，清洁剂系列

公司名称：广州市卓宇贸易有限公司
地　　址：广东省广州市东风中路268号广州交易广场2102室
邮　　编：510030
电　　话：020-83510370
传　　真：020-83510320
网　　址：www.zhuoyuchem.com
主要产品：树脂，催化剂，粉末涂料固化剂

公司名称：广州穗友贸易发展有限公司
地　　址：广州市番禺区市桥镇清河东路338号番禺商贸展览中心19楼1905-1906室
邮　　编：511400
电　　话：020-84698568
主要产品：环氧树脂，聚氨酯树脂

公司名称：广州天赢化工科技有限公司
地　　址：广东省广州市天河区中山大道中130号汇诚大厦506室
邮　　编：510660
电　　话：020-37232636
主要产品：印花胶浆原材料，弹性树脂，防粘剂，离型剂，水性电化铝背胶

公司名称：广州昕晖贸易有限公司
地　　址：广东省广州市天河北路远东大厦2107室
邮　　编：510090
电　　话：020-38806689
主要产品：助剂，树脂

公司名称：广州优霓科化工有限公司
地　　址：广州市天河区东圃镇
邮　　编：510660
电　　话：020-28876196
传　　真：020-28876196
邮　　箱：41865648@163.com
网　　址：www.china-unique.net
主要产品：热塑性固体丙烯酸树脂，醛树脂KC-81，聚酮树脂（醛酮树脂）DC-120，增光助剂ASK，蜡浆A508，A510，环保溶剂MADE（DBE），DAA，CAC，PM，PMA，DPM，DE，ECS，NPAC，IPAC，IOAC，颜料，色粉，各种助剂

公司名称：广州昱华科技发展有限公司
地　　址：广州市天河区员村二横路15号大院
邮　　编：510655
电　　话：020-85575258
主要产品：水性丙烯酸乳液，颜料，助剂

公司名称：广州裕昌化工科技有限公司
地　　址：广州市海珠区宝岗路就生围51号商务中心2层203
邮　　编：510240
电　　话：020-84022971
主要产品：UV树脂，助剂

公司名称：广州致辉精化股份有限公司
地　　址：广东省广州番禺区番禺大道北555号天安科技交流中心308
邮　　编：511400
电　　话：020-39211598
传　　真：020-39211599
邮　　箱：info@zhi-hui.com
网　　址：www.zhi-hui.com
主要产品：流平剂，附着力促进剂，镜面油墨树脂

公司名称：广州佐悦贸易有限公司
地　　址：广东省广州市番禺区南村镇登云大路5-1
邮　　编：511442
电　　话：020-28662307
传　　真：020-28662309
邮　　箱：chem-paint@sohu.com
网　　址：www.chem-paint.com
主要产品：特种树脂，涂料助剂，炭黑，进口颜料

公司名称：国民淀粉化学广东有限公司
地　　址：广东省广州市东风东路836号2座2704
邮　　编：510000
电　　话：020-87615092
主要产品：合成乳液，防水涂料

公司名称：惠州联宏化工有限公司
地　　址：广东省惠州市大亚湾石油化学工业区H2地块西南角
邮　　编：516081
电　　话：0752-5599101
传　　真：0752-5599100 5599888
网　　址：www.lianhonghuagong.com
主要产品：苯丙乳液，纯丙乳液，硅丙乳液，表面活性剂

公司名称：惠州市雷博化工有限公司
地　　址：广东省惠州市河南岸世纪联华C栋1702房
邮　　编：516001
电　　话：0752-2587512
传　　真：0752-2690904
邮　　箱：hzlbhg@163.com
网　　址：www.lbhg.org
主要产品：弹性树脂，氯醋树脂，丙烯酸树脂

公司名称：惠州市长润发涂料有限公司
地　　址：广东省惠州市惠阳区秋长镇新塘工业区
邮　　编：516221
电　　话：0752-3806777
传　　真：0752-3806778
网　　址：www.changrunfa.com
主要产品：不饱和聚酯树脂，合成脂肪酸树脂，醇酸树脂

公司名称：加拿大能达化学(鹤山)有限公司
地　　址：广东省鹤山市沙坪镇玉桥路380号
邮　　编：529700
电　　话：0750-8891222
传　　真：0750-8809371
邮　　箱：nenda@126.com
网　　址：www.canadanadar.com.cn
主要产品：树脂，助剂产品，复合稳定剂

公司名称：江门市广和达贸易有限公司
地　　址：广东省江门市蓬江区跃进路10号发展大厦909
邮　　编：529000
电　　话：0750-3180589
主要产品：热塑性丙烯酸树脂，热固性丙烯酸树脂

公司名称：江门市恒光新材料有限公司
地　　址：广东省江门市港口一路183号新隆基大厦503
邮　　编：529000
电　　话：0750-3380698 3380676
传　　真：0750-3380681
邮　　箱：hguv@ever-ray.com lyq@ever-ray.com
网　　址：www.ever-ray.com
主要产品：特殊官能团丙烯酸酯，超支化丙烯酸酯，氨基丙烯酸酯

公司名称：江门市汇金化工有限公司
地　　址：广东省江门市丰乐路47号之一101
邮　　编：529000
电　　话：0750-3909008
传　　真：0750-3909018
邮　　箱：gb-jiangmen@21cn.com
网　　址：www.gbchem.com
主要产品：油墨涂料树脂，油墨涂料添加剂

公司名称：江门市尖尖经贸发展有限公司
地　　址：广东省江门市港口路13号中远大厦远景阁24楼B.C
邮　　编：529000
电　　话：0750-3161161
主要产品：糊状PVC粉

公司名称：江门市鑫诚达贸易有限公司
地　　址：广东省江门市蓬江区乐美路
邮　　编：529000
电　　话：0750-3904186
主要产品：水性聚氨酯，无苯聚氨酯，热塑性聚氨酯，附着力促进树脂

公司名称：南海松岗广利树脂化工厂
地　　址：广东省南海市松岗镇石碣大沙洲
邮　　编：528200
电　　话：0757-85222037
传　　真：0757-85236031
主要产品：树脂，乳液，助剂

公司名称：欧宝迪树脂（深圳）有限公司
地　　址：广东省深圳市宝安区西乡黄田兴围学府路环宇工业园

邮　　编：518128
电　　话：0755-33808666
传　　真：0755-33800718
主要产品：水性丙烯酸树脂，水性光固化树脂，聚氨酯

公司名称：清新县汉科化工科技有限公司
地　　址：广东省广州市黄浦区丰乐南路88号大院A6栋1702室
邮　　编：510700
电　　话：020-82488509 82488510
网　　址：www.hanerchem.com
主要产品：功能性单体，乳化剂，助剂

公司名称：深圳立骅鑫贸易有限公司
地　　址：广东省深圳市航钢富春商务大厦
邮　　编：518000
电　　话：0755-88354246
主要产品：丙烯酸树脂，饱和聚酯，氨基树脂，聚氨酯树脂

公司名称：深圳普锐森实业有限公司
地　　址：广东省深圳市福田区振华西路田面创意设计产业园2栋6层B室
邮　　编：518000
电　　话：0755-82795008 80795948 82795949 82795976
传　　真：0755-83221499
邮　　箱：puruisen@puruisen.com
网　　址：www.puruisen.com
主要产品：树脂，固化剂，涂料助剂，尼龙微粉，催化剂

公司名称：深圳市百惠利实业发展有限公司
地　　址：广东省深圳市
邮　　编：518000
电　　话：0755-28194178
主要产品：铝银浆，树脂

公司名称：深圳市邦纬化工有限公司
地　　址：广东省深圳市龙岗区中心城紫薇公寓写字楼西604
邮　　编：518000
电　　话：0755-28906409
主要产品：丙烯酸树脂，聚氨酯树脂，饱和聚酯树脂

公司名称：深圳市保利达化工材料公司
地　　址：广东省深圳市龙岗区布吉镇坂田中国化工市场230室
邮　　编：518000
电　　话：0755-84648531
主要产品：醇酸树脂，丙烯酸树脂，UV树脂，固化剂

公司名称：深圳市德高化工有限公司
地　　址：广东省深圳市龙岗区龙岗中心城盛龙花园1栋A202室
邮　　编：518172
电　　话：0755-28961705
传　　真：0755-28962146
主要产品：饱和聚酯树脂

公司名称：深圳市东大来化工有限公司
地　　址：广东省深圳市平湖镇华南城P18栋125号
邮　　编：511450
电　　话：0755-89637233
主要产品：导电树脂，铝银粉，铜金粉

公司名称：深圳市高名实业有限公司
地　　址：广东省深圳市福田区南园路68号上步大厦6楼K座
邮　　编：518000
电　　话：0755-83660005
主要产品：BYK助剂，哑粉，防掉银树脂，弹性粉，弹性手感剂，电镀银树脂

公司名称：深圳市光华园化工有限公司
地　　址：广东省深圳市华强北路赛格科技园2栋东787
邮　　编：518122
电　　话：0755-83767833
传　　真：0755-83763181
主要产品：树脂

公司名称：深圳市弘利展实业有限公司
地　　址：广东省深圳市宝安区松岗新汽车站写字楼801
邮　　编：518105
电　　话：0755-27553908
传　　真：0755-27097861
网　　址：www.holyzon.com
主要产品：环氧树脂，环氧固化剂，油性助剂，稀释剂，色膏

公司名称：深圳市虹彩工贸有限公司
地　　址：广东省深圳市龙岗龙平西路鹏利泰工业园D栋三楼
邮　　编：518116
电　　话：0755-89594490
主要产品：钛白粉，日本三菱丙烯酸，防酒精树脂，色粉，炭黑

公司名称：深圳市华达泰化工有限公司
地　　址：广东省深圳市罗湖区红岭中路中深国际大厦503室
邮　　编：528421
电　　话：0755-25869601
主要产品：涂料用树脂

公司名称：深圳市华美联化工有限公司
地　　址：广东省深圳市龙岗区坪山镇中兴路27号201室
邮　　编：518001
电　　话：0755-28828077
传　　真：0755-28828087
主要产品：UV光固化树脂，电镀银树脂，BYK助剂系列

公司名称：深圳市华苏科技发展有限公司
地　　址：广东省深圳市南山区南山大道
邮　　编：518054
电　　话：0755-86250096
网　　址：www.tengtuo.com
主要产品：聚合分散剂，改性聚乙烯醇，可再分散乳胶粉

公司名称：深圳市华信行实业有限公司
地　　址：广东省深圳市宝安区西乡中华商贸城
邮　　编：518101
电　　话：0755-81458322
传　　真：0755-81458996
邮　　箱：bfk@szhxh.com
网　　址：www.szhxh.com
主要产品：涂料助剂，分散剂，抗油剂，UV树脂，电镀银树脂

公司名称：深圳市杰峰实业有限公司
地　　址：广东省深圳市宝安区松岗镇朝阳三街一号
邮　　编：518100
电　　话：0755-27095558
传　　真：0755-29922291
邮　　箱：81458420@163.com
主要产品：丙烯酸树脂

公司名称：深圳市今丰化工有限公司
地　　址：广东省深圳市宝安区松岗镇
邮　　编：518100
电　　话：0755-33658866
主要产品：水性色浆，建筑乳液，膨润土，水性助剂

公司名称：深圳市金兄弟实业有限公司
地　　址：广东省深圳市南山区西丽镇沙河西路鼎新大厦西座708
邮　　编：518055
电　　话：0755-86147577
传　　真：0755-86147587
邮　　箱：jackwang@kingbrother.com
网　　址：www.kingbrother.com
主要产品：铝浆，固化剂，色浆，UV树脂，助剂

公司名称：深圳市科立孚实业有限公司
地　　址：广东省深圳市宝安区前进二路航城工业区西乡投资管理大厦304室
邮　　编：518126
电　　话：0755-27695255
主要产品：聚酮（醛酮）树脂，UV光固化树脂，聚醛树脂

公司名称：深圳市撒比斯科技有限公司
地　　址：深圳市宝安区西乡固戍航城大道华丰第二工业园C1栋A座4楼
邮　　编：518048
电　　话：0755-82836677 82045421 82836924
传　　真：0755-82836935
邮　　箱：sapience.sz@gmail.com
网　　址：www.sapience.cn
主要产品：树脂及基料，蜡浆，助剂

公司名称：深圳市双成贸易有限公司
地　　址：广东省深圳市龙岗区布吉镇大芬爱琴居B座20J
邮　　编：518112
电　　话：0755-33600381
主要产品：氯醋树脂，玻璃粉，砂面粉，附着力促进剂

公司名称：深圳市天旭东科技有限公司
地　　址：广东省深圳市龙岗区清林西路留学人员创业园二园203
邮　　编：518172
电　　话：0755-28938726
网　　址：www.tianxudong.com
主要产品：环状碳酸酯单体，环碳酸酯树脂，非异氰酸酯聚氨酯

公司名称：深圳市推进者化工有限公司
地　　址：广东省深圳市宝安区石岩镇水田村同富康工业区
邮　　编：518000
电　　话：0755-29682523 29682589
主要产品：助剂，树脂，涂料助剂，油墨助剂，水性涂料助剂

公司名称：深圳市万鑫化工有限公司
地　　址：广东省深圳市龙岗区龙岗街道爱联工业区

邮　　编：518017
电　　话：0755-28995748
传　　真：0755-28995948
邮　　箱：wanxinhuagong@126.com
网　　址：www.szwxhg.com
主要产品：玻璃涂料用原料，水性涂料用原料，UV 涂料用原料

公司名称：深圳市威诺华化工材料有限公司
地　　址：广东省深圳市福田区深南大道4019 号航天大厦 A 座 1302 室
邮　　编：518000
电　　话：0755-82606601 82606602 82606603
传　　真：0755-82606604
邮　　箱：info@szvinova.com
网　　址：www.szvinova.com
主要产品：功能性粉体，水性哑粉及助剂，水溶性玻璃烤漆树脂，氨基树脂，环氧树脂，固化剂，木器涂料用功能性树脂

公司名称：深圳市问鼎化工技术有限公司
地　　址：广东省深圳市福田区益田路3013 号南方国际广场 A 栋1002 室
邮　　编：518048
电　　话：0755-82823570
传　　真：0755-82823571
邮　　箱：hanesding@wintopchem.com
网　　址：www.wintopchem.com
主要产品：哑浆，树脂，铝浆，固化剂

公司名称：深圳市兴华达工业原料有限公司
地　　址：广东省深圳市宝安区龙华民治街道梅龙大道
邮　　编：518000
电　　话：0755-83106387
主要产品：汽巴电镀银，电镀银树脂，弹性树脂，弹性浆、剂、粉

公司名称：深圳市雅士高化工有限公司
地　　址：广东省深圳市罗湖区深南东路5002 号地王大厦 1507 号
邮　　编：518020
电　　话：0755-25838352
主要产品：日本三菱丙烯酸树脂，其他树脂

公司名称：深圳市业旭实业有限公司
地　　址：广东省深圳市布吉镇坂田上雪村科业大厦 10 楼
邮　　编：518112
电　　话：0755-28792145-820
主要产品：环氧树脂，环氧树脂固化剂

公司名称：深圳市哲艺化工有限公司
地　　址：广东省深圳市
邮　　编：518054
电　　话：0755-26450122
主要产品：三菱丙烯酸树脂，科莱恩有机颜料，进口钛白粉

公司名称：深圳市中彩化工有限公司
地　　址：广东省深圳市深惠大道坪地段138 号
邮　　编：518117
电　　话：0755-84074999 84074000
传　　真：0755-84074740
邮　　箱：caiyangvip@hotmail.com
网　　址：www.caiyangvip.com
主要产品：色浆，醛酮树脂，荧光颜料

公司名称：深圳特美立科技有限公司
地　　址：广东省深圳市福田区
邮　　编：518000
电　　话：0755-82933546
主要产品：UV树脂，UV 胶

公司名称：顺德巴德富实业有限公司
地　　址：广东省佛山市顺德区勒流镇龙升南路巴德富工业园
邮　　编：528322
电　　话：0757-25566108 25532078 25532073
传　　真：0757-25532029
邮　　箱：sales@batf.cn
网　　址：www.batf.cn
主要产品：建筑乳液，胶黏剂，工业防腐，皮革，聚氨酯，油墨

公司名称：顺德市东方树脂厂
地　　址：广东省佛山市顺德区杏坛镇杏龙路东村路段 23 号
邮　　编：528325
电　　话：0757-27382208 27382216
传　　真：0757-27689999
邮　　箱：sdlyqi@pub.sdnet.gd.cn sales@cd-deli.com
网　　址：www.cn-deli.com
主要产品：PU胶，环保喷胶，万能胶，热熔胶，接枝胶

公司名称：顺德市凤华化工有限公司
地　　址：顺德市伦教镇永丰工业区
邮　　编：528308
电　　话：0757-27838223
传　　真：0757-27830980
主要产品：环氧树脂，胶黏剂

公司名称：顺德市美侨化工有限公司
地　　址：广东省顺德市均安镇沙浦工业开发区
邮　　编：528329
电　　话：0757-25386574
传　　真：0757-25587656
主要产品：环保型的水溶性建筑乳液（苯丙乳液、纯丙乳液、硅丙乳液等）及其中水性乳液，白乳胶

公司名称：顺德市新东方精细化工厂
地　　址：广东省顺德市容桂区康富花园御景阁 204
邮　　编：528303
电　　话：0765-8317140
传　　真：0765-8317141
主要产品：制造水分散聚氨酯

公司名称：台昌树脂（佛山）有限公司
地　　址：广东省佛山市三水区西南镇民营科技工业园
邮　　编：528000
电　　话：0757-87713333
传　　真：0757-87717888
邮　　箱：sales@tcr.cn
网　　址：www.tcr.cn
主要产品：苯丙乳液，纯丙乳液，丙烯酸树脂，醇酸树脂

公司名称：陶氏化学（中国）投资有限公司广州分公司
地　　址：广东省广州市天河区林和西路3-15 号耀中广场 3616 房
邮　　编：510613
电　　话：020-38130600
传　　真：020-38396551
网　　址：www.dow.com
主要产品：杀菌剂，乳液，多功能助剂，AMP95

公司名称：江门市长河化工实业集团有限公司
地　　址：广东省新会市三江镇白庙工业区
邮　　编：529142
电　　话：0750-6211432
传　　真：0750-6213828
网　　址：www.changhegroup.com
主要产品：优质防水材料，水性胶黏剂，水性涂料

公司名称：长兴化学工业（广东）有限公司
地　　址：广东省珠海市南水镇台商化工专区
邮　　编：519050
电　　话：0756-7265566
传　　真：0756-7265577
网　　址：www.eternal-group.com
主要产品：树脂

公司名称：中科院广州化学有限公司
地　　址：广州市天河区兴科路 368 号
邮　　编：510650
电　　话：020-85231230
传　　真：020-85231119
邮　　箱：bgs@gic.ac.cn
网　　址：www.gic.ac.cn
主要产品：黏胶剂，涂料建材添加剂

公司名称：中山富茂树脂制品有限公司
地　　址：中山市南区东环路上塘工业区
邮　　编：528455
电　　话：0760-23338696
传　　真：0760-23338296
邮　　箱：888@fmptfe.com
网　　址：www.fmptfe.com
主要产品：聚四氟乙烯

公司名称：中山康辉化工有限公司
地　　址：广东省中山市横栏镇贴边工业区
邮　　编：528478
电　　话：0760-87613008
主要产品：丙烯酸树脂，鞋材接着剂，鞋材油墨

公司名称：中山市诚天贸易有限公司
地　　址：广东省中山市东区
邮　　编：528000
电　　话：0760-88333777
主要产品：IPDI，三元氯醋树脂，氯化聚丙烯

公司名称：中山市金团贸易有限公司
地　　址：广东省中山市富华道穗苑 29 号
邮　　编：528401
电　　话：0760-88819466 88619715 88619716
传　　真：0760-88818561
邮　　箱：chem@kitochem.com
网　　址：www.kitochem.com
主要产品：助剂，树脂，铝银浆

公司名称：中山市朗玛化工有限公司

地　　址：广东省中山市古镇西岸中路路段
邮　　编：528421
电　　话：0760-22357316
传　　真：0760-22358267
主要产品：丙烯酸树脂，醇酸树脂，氨基树脂

公司名称：中山市龙达化工贸易有限公司
地　　址：广东省中山市西区瑞安花园瑞瑜阁 7 卡
邮　　编：515041
电　　话：0760-88614674
传　　真：0760-88614977
邮　　箱：zhongshanlongda@163.com
网　　址：www.zs-longda.com
主要产品：树脂，助剂

公司名称：珠海中正达企业有限公司
地　　址：广东省珠海市迎宾南路 2188 号名门大厦 1818-1819 室
邮　　编：519090
电　　话：0756-8126666 8130178 8130299 8130363
传　　真：0756-8130966
网　　址：www.zzdgroup.com
主要产品：陶氏乳液，多元醇，丙烯酸单体，氯乙烯树脂，醋酸乙烯树脂

公司名称：佛山市高明区华驰化工树脂有限公司
地　　址：广东省佛山市高明区
邮　　编：528500
电　　话：0757-88827229
传　　真：0757-88823803
主要产品：聚氨酯多元醇，PU 树脂，油墨用 PU 树脂，促进剂

公司名称：南海南光化工包装有限公司
地　　址：广东省南海市黄岐泌冲工业区
邮　　编：528248
电　　话：0757-85992888
传　　真：0757-85992096
邮　　箱：nango@21cn.com
网　　址：www.nanguang.com
主要产品：皮鞋涂料用树脂，PU 胶，处理剂，水性胶，硬化剂

公司名称：广西桂林化工厂
地　　址：桂林市凯风路 18 号
邮　　编：541003
电　　话：0773-3604147 3602758 3604915
传　　真：0773-3602848
邮　　箱：2848@glmail.net.cn
网　　址：www.guilinchem.com
主要产品：聚合松香，松香胺，松香腈脂，松香脂，松节油

公司名称：广西梧州金原树脂有限公司（苍梧县金原实业有限公司）
地　　址：广西梧州市苍梧县龙圩镇花园路 27 号
邮　　编：543100
电　　话：0774-2686388
传　　真：0774-2683770
网　　址：www.golden-spot.net
主要产品：松香，改性松香树脂，桐油

公司名称：重庆大通化工有限公司
地　　址：重庆市大渡口区香港城 7-6-2、7-6-3
邮　　编：611130
电　　话：023-68910682
主要产品：树脂，固化剂，助剂

公司名称：成都兴云化工科技实业有限公司
地　　址：四川省成都市锦江区二环路东五段国信路 1 号 23-1-3
邮　　编：610021
电　　话：028-84712081
主要产品：环氧树脂，强力胶黏剂，固化万能胶

公司名称：四川蓉丰化工有限责任公司
地　　址：成都市双林路 22 号仁禾商务楼 2F
邮　　编：610066
电　　话：028-84397038
传　　真：028-84397058
主要产品：水性涂料原料，助剂

公司名称：贵州水晶有机化工（集团）有限公司
地　　址：贵州省清镇市红枫湖镇
邮　　编：551402
电　　话：0851-2561355
传　　真：0851-2561208
网　　址：www.gzcrystal.com
主要产品：聚乙烯醇白乳胶系列

公司名称：陕西喜莱坞实业有限公司
地　　址：陕西省西安市太白北路 188 号 309 室
邮　　编：710000
电　　话：029-84525490
传　　真：029-84525490-605
邮　　箱：tianyafeilong@sohu.com
网　　址：www.xlw-uv.cn
主要产品：改性环氧丙烯酸酯，聚氨酯丙烯酸酯

公司名称：西安惠邦化学工业有限公司
地　　址：西安市端履门 26 号
邮　　编：710001
电　　话：029-7286130
传　　真：029-7264287
主要产品：树脂

公司名称：西安三木化工有限公司
地　　址：陕西省西安市西郊桃园南路西开 608 号楼
邮　　编：710077
电　　话：029-4263836
主要产品：丙烯酸树脂，环氧树脂，醇酸树脂，聚酯树脂，氨基树脂

公司名称：西安天韵实业有限责任公司
地　　址：陕西省西安市高新区枫叶新都市 A1020 507 室
邮　　编：710075
电　　话：029-88396839
传　　真：029-84386126
邮　　箱：tianyun@t-chemie.com
网　　址：www.t-chemie.com
主要产品：乳液，胶黏剂，助剂

公司名称：宁夏通特化工有限公司
地　　址：宁夏回族自治区银川市金凤区工业园创业园 A 区 43 号
邮　　编：750002
电　　话：0951-3882218
主要产品：建筑涂料，道路标线涂料，专用下涂剂，热塑性丙烯酸树脂

3.2 颜料、填料

公司名称：北京安特普纳科贸有限公司
地　　址：北京市朝阳区南磨房路 37 号华腾北搪大厦 902、917 室
邮　　编：100022
电　　话：010-51900906
传　　真：010-51908107
邮　　箱：entrepreneur2001@sina.com
网　　址：www.entrepreneur-cn.com
主要产品：填料，黏合剂

公司名称：北京奥美源商贸有限责任公司
地　　址：北京亦庄经济开发区
邮　　编：101102
电　　话：010-67996246
传　　真：010-67996246
主要产品：钛白粉，助剂，硫酸钡

公司名称：北京宝莲纳新材料技术有限公司
地　　址：北京市通州区张家湾镇立禅庵 83 号
邮　　编：101113
电　　话：010-69571182 61503076
传　　真：010-69571182
网　　址：www.bonana.com.cn
主要产品：彩砂，石英砂

公司名称：北京北染染颜料有限公司
地　　址：北京市朝阳区松榆南路 54 号汉华苑旌凯写字楼三层
邮　　编：100021
电　　话：010-87315855 67362463
传　　真：010-87315012 67383454
邮　　箱：info@dyes.com.cn
网　　址：www.dyes.com.cn
主要产品：还原染料，分散染料和有机颜料

公司名称：北京特保导电粉体材料发展中心
地　　址：北京市通州区九棵树 146 号南八楼 2 单元 8 号
邮　　编：101149
电　　话：010-81527153
传　　真：010-81527153
邮　　箱：wanglh63@sina.com
网　　址：www.ecp.cn
主要产品：导电粉，导电填料，导电颜料

公司名称：北京昌国利科贸有限公司
地　　址：北京市朝阳区双桥日盛仓储
邮　　编：100024
电　　话：010-85361088
传　　真：010-85366632
邮　　箱：lixc@changguoli.com
网　　址：www.changguoli.com

主要产品：超细重质碳酸钙，滑石，高岭土，硅灰石等非金属矿粉体

公司名称：北京东方昊灵科技发展有限公司
地　　址：北京市朝阳区祁家豁子甲8号B座705室
邮　　编：100029
电　　话：010-82086237
传　　真：010-62075043
邮　　箱：dengjieoh@163.com
网　　址：www.chinaoh.net.cn
主要产品：钛白粉，彩色型材，涂料

公司名称：北京东方瑞祥商贸有限公司
地　　址：北京市宣武区北纬路9号
邮　　编：100050
电　　话：010-51600839
传　　真：010-51600839
主要产品：钛白粉，路标漆石油树脂，胶粘剂树脂，聚乙烯蜡，EVA，热熔震荡标线涂料用颜填料助剂

公司名称：北京格林豪斯建材制造有限责任公司
地　　址：北京市通州区张家湾工业开发区
邮　　编：101113
电　　话：010-61567872
传　　真：010-61567871
主要产品：胶粉，砂浆，涂料，母料

公司名称：北京利国伟业超细粉体有限责任公司
地　　址：北京市朝阳区管庄八里桥268号
邮　　编：100024
电　　话：010-85708606
传　　真：010-85708267
邮　　箱：xinglg@guoliweifen.com
网　　址：www.guoliweifen.com
主要产品：超细重质碳酸钙，滑石，高岭土，硅灰石等非金属矿粉体

公司名称：北京瀚波伟业科技发展有限公司
地　　址：北京市大兴区西红门镇团河村12号
邮　　编：102600
电　　话：010-61287700
传　　真：010-61287441
网　　址：www.hbwy.com
主要产品：增白剂，增白粉，印染辅料

公司名称：北京航天赛德粉体材料技术有限公司
地　　址：北京市海淀区蓝靛厂南大街59号玲珑花园
邮　　编：100097
电　　话：010-88490836
传　　真：010-88490390
邮　　箱：bjhtsd@sd-powder.com
网　　址：www.sd-powder.com
主要产品：SD系列二氧化硅食品添加剂，二氧化硅消光剂

公司名称：北京恒宽化工建材有限责任公司
地　　址：北京市大兴区黄村西庄工业区
邮　　编：102609
电　　话：010-60277161
传　　真：010-60270695
主要产品：建筑防水胶，填料

公司名称：北京环益美高分子聚合物研究所
地　　址：北京市通州区张家湾镇西
邮　　编：101113
电　　话：010-85973188
传　　真：010-61568560
主要产品：多功能胶粉

公司名称：北京慧美丽佳科技有限公司
地　　址：北京市大兴西红门小白楼西13号
邮　　编：100162
电　　话：010-61284775
邮　　箱：bjhmlj@163.com
主要产品：涂料，原材料，代加工，建厂技术

公司名称：北京金合泰科贸有限责任公司
地　　址：北京市宣武区广安门内大街319号广信嘉园C座9B
邮　　编：100053
电　　话：010-83131020 13901055823
传　　真：010-83131021
邮　　箱：jinhetai2008@yahoo.com.cn
网　　址：www.jinhetai.com
主要产品：科莱恩色浆，颜料，紫外线吸收剂，增白剂，助剂和各类添加剂

公司名称：北京聚力兴科贸有限责任公司
地　　址：北京市朝阳区北四环中路6号华亭嘉园E—15D
邮　　编：100029
电　　话：010-82088004 82081462 82089453
传　　真：010-82087549
邮　　箱：dengkai@tio2.net.cn
网　　址：www.bjjlx.net
主要产品：钛白粉

公司名称：北京矿冶研究总院
地　　址：北京市南四环西路188号总部基地十八区23号楼
邮　　编：100070
电　　话：010-63299839 63299838 63299837
传　　真：010-88380195
邮　　箱：he_fy@bgrimm.com
网　　址：www.bgrimm.com
主要产品：锂电正极材料，磁性材料，金属粉末材料

公司名称：北京蓝宁科贸有限公司
地　　址：北京市朝阳区奥林匹克花园三期301号楼2门301室
邮　　编：100018
电　　话：010-52321915
传　　真：010-52330919
邮　　箱：bjlanning@yahoo.cn
网　　址：www.bjlanning.com
主要产品：超细硅灰石，超细滑石，超细重质碳酸钙，超细轻质碳酸钙，超细高岭土，超细硅酸铝，海泡石，活性钙，石英粉，重晶石粉

公司名称：北京利国伟业超细粉体有限公司
地　　址：北京市朝阳区管庄八里桥268号
邮　　编：100024
电　　话：010-85708606
传　　真：010-85708267
邮　　箱：xinglg@guoliweifen.com
网　　址：www.guoliweifen.com
主要产品：超细重质碳酸钙，滑石，高岭土，硅灰石等非金属矿粉体

公司名称：北京世纪罗门科贸有限公司
地　　址：北京市丰台区南三环中路刘家窑同仁园2号楼203室
邮　　编：100075
电　　话：010-87657775
传　　真：010-87657776
主要产品：各种涂料助剂及原材料

公司名称：北京市巴特尼化工有限公司
地　　址：北京市宣武区粮食店街32号
邮　　编：100078
电　　话：010-67698202
传　　真：010-67698202
邮　　箱：bjchem@bjchem.com.cn
网　　址：www.bjchem.com.cn
主要产品：内外墙涂料，木器涂料，各种专用涂料，氧化铁颜料，钛白粉，石蜡，松香

公司名称：北京市大红门北方化工原料公司
地　　址：北京市丰台区大红门久敬庄东路甲1号
邮　　编：100075
电　　话：010-67213964 67217253 87267118
传　　真：010-67232489
邮　　箱：cndhm@alibaba.com.cn
网　　址：www.cndhm.com
主要产品：三氯乙烯等各种国产、进口化工原料

公司名称：北京市科林华工贸有限公司
地　　址：北京市朝阳区大郊亭化工路
邮　　编：100023
电　　话：010-87351097
传　　真：010-87352240
邮　　箱：kelinhua_cn@126.com
网　　址：www.klh.com.cn
主要产品：聚合物乳液系列，胶粉系列，胶黏剂系列

公司名称：北京市通顺精细高岭土钙粉厂
地　　址：北京市通州区华龙小区31号楼431号
邮　　编：101100
电　　话：010-89592343
传　　真：010-89592343
主要产品：填料

公司名称：北京市刘店化工颜料有限公司
地　　址：北京市京房山区琉璃河镇刘李店村
邮　　编：102403
电　　话：010-61393285
传　　真：010-61393284
主要产品：化学试剂，化工颜料

公司名称：北京天阳伟业颜料化工有限公司
地　　址：北京房山区良乡拱辰北大街1号昊天假日酒店8-A803房间
邮　　编：102400
电　　话：010-89362543
传　　真：010-89362543
主要产品：酞箐蓝系列，铬黄系列，耐晒大红，氧化铁黄，红系列颜料

公司名称：北京通顺百利商贸有限公司

地　　址：北京市通州区云景东路 8 号 10 座2183 室
邮　　编：101101
电　　话：010-60549209
传　　真：010-81541581
网　　址：www.bjtsbl.com.cn
主要产品：钛白粉，氧化锌，立德粉，沉淀（超细）硫酸钡，颜料

公司名称：北京万云华锐化工有限公司
地　　址：北京市朝阳区西大望路 12 号 5 层 A 区 504 室
邮　　编：100010
电　　话：010-85803786
传　　真：010-85801068
主要产品：钛白粉，水泥用活化剂

公司名称：北京伟世兴商贸中心
地　　址：北京市朝阳区西军庄瑞祥里东区 6 栋 5 单元 501 室
邮　　编：100024
电　　话：010-85374554
传　　真：010-85374554
主要产品：滑石粉，重钙粉，高岭土粉，硅灰石粉，皂石粉，水镁石粉

公司名称：北京优威科技有限公司
地　　址：北京市东城区东皇城根北街甲 20 号
邮　　编：100010
电　　话：010-64034542
传　　真：010-84022762
网　　址：www.uvlucky.com.cn
主要产品：荧光粉，荧光纤维丝

公司名称：北京友田之光科技有限公司
地　　址：北京市海淀区上地三街 9 号嘉华大厦 D307 室
邮　　编：100085
电　　话：010-62967219 62967238 62967378
邮　　箱：bjyoutianzhiguang@163.net
网　　址：www.bjyoutian.com.cn
主要产品：特种涂料复合光触媒

公司名称：北京宗耀嘉利商贸有限公司
地　　址：北京市朝阳区双桥农用物资供应站一部院内
邮　　编：100121
电　　话：010-85369951 85360775
传　　真：010-85369951
网　　址：www.lvrenao.com.cn
主要产品：钛白粉，重钙粉，滑石粉，煅烧高岭土，绢云母，石英砂，涂料助剂

公司名称：杜邦中国集团公司北京分公司
地　　址：北京市朝阳区建国路 91 号金地中心 A 座 18 层
邮　　编：100022
电　　话：010-85571000
传　　真：010-85571888 85571999
网　　址：cn.dupont.com
主要产品：钛白粉

公司名称：捷克爱格富集团公司北京代表处
地　　址：北京市朝阳区北苑路 13 号院领地 1-C-1003
邮　　编：100107
电　　话：010-51262656 51095709
传　　真：010-51095708
邮　　箱：agrofert@agrofert.com.cn
网　　址：www.agrofert.com.cn
主要产品：二氧化钛颜料，钛白粉，高性能有机颜料，合成橡胶，精细特种化学品

公司名称：科莱恩化工集团中国代表处
地　　址：北京市东城区朝阳门北大街 8 号富华大厦 D3C-1
邮　　编：100027
电　　话：010-65542118
传　　真：010-65542126
网　　址：www.clariant.cn
主要产品：添加剂，乳液，色母粒，颜料等

公司名称：内蒙古众鑫高岭土有限责任公司（北京办事处）
地　　址：北京市东城区安定门外大街甲 57 号老龄协会大楼 B1 层
邮　　编：100011
电　　话：010-84121737-836
传　　真：010-84121737-836
网　　址：www.zxkaolin.com
主要产品：高岭土

公司名称：大港区中冠锌品有限公司
地　　址：天津市大港区小王庄镇西树深村
邮　　编：300273
电　　话：022-63129588
传　　真：022-63126588
主要产品：锌粉，防腐锌粉

公司名称：天津东洋油墨有限公司
地　　址：中国天津市西青经济开发区兴华路二支路 12 号
邮　　编：300385
电　　话：022-23973966
传　　真：022-23961697
邮　　箱：info@tjtoyoink.com.cn
网　　址：www.tjtoyoink.com.cn
主要产品：印刷辅助材料，有机颜料

公司名称：三叶科技(天津)有限公司
地　　址：天津市南开区鞍山西道凤荷园 14 楼 3 门 102 室
邮　　编：300457
电　　话：022-89590857
传　　真：022-27463576
邮　　箱：tjsanyeyg@163.com
网　　址：tianjin.sanye-china.com
主要产品：微粉化粉末，分散液，乳状液

公司名称：天津歌迪科技发展有限公司
地　　址：天津市河西区宾馆南道 19 号 413 室
邮　　编：300061
电　　话：022-88293289
传　　真：022-88293470
邮　　箱：songdi.nndjdl2009@163.com
网　　址：www.tjgedi.com
主要产品：珠光粉，树脂，原料，铝明浆（粉）

公司名称：天津广源惠通科技发展有限公司
地　　址：天津市南开区鞍山西道百脑汇 1111 室
邮　　编：300193
电　　话：022-58697684
传　　真：022-58697684
主要产品：再生能源，防腐涂料，进口染料，珍珠粉

公司名称：天津合信行化工有限公司
地　　址：天津市河西区围堤道 146 号华盛广场 B 座 11 层 A1
邮　　编：300201
电　　话：022-88239230
传　　真：022-88239230
主要产品：树脂，助剂，颜料，铝银浆

公司名称：天津和利色彩商贸有限公司
地　　址：天津市河北区新大路 189 号 B 座 263 室
邮　　编：300430
电　　话：022-26246063
传　　真：022-26246063
主要产品：红色颜料，黄色颜料，蓝色颜料，炭黑颜料

公司名称：天津华士化工有限公司
地　　址：天津市河西区怒江道 23 号
邮　　编：300200
电　　话：022-28342980 28341748
传　　真：022-28342239
主要产品：颜料

公司名称：天津久日化学工业有限公司
地　　址：天津市华苑产业技术园区开华道
邮　　编：300191
电　　话：022-83715175
传　　真：022-83718793
网　　址：www.jiurichem.com
主要产品：光引发剂，氟硅唑，填料

公司名称：天津开发区鑫德商贸有限公司
地　　址：天津市红桥区芥园道康华里 15-B-1002 室
邮　　编：300121
电　　话：022-87723588
传　　真：022-87720882
主要产品：钛白粉

公司名称：天津圣亚威远商贸有限公司
地　　址：天津市河北区新大路 189 号 B 座 408 室
邮　　编：300140
电　　话：022-26246114
主要产品：颜料

公司名称：天津市奥尼斯特化工商贸有限公司
地　　址：天津市河西区广东路永安大厦 2-2-803
邮　　编：300204
电　　话：022-23254628
传　　真：022-23254628
主要产品：氨基树脂，着色颜料，丙烯酸树脂，分散剂

公司名称：天津市彩美染料化工有限公司
地　　址：天津市东丽区张贵庄路吉安道
邮　　编：300163
电　　话：022-24375395
传　　真：022-24375395
主要产品：内外墙水性色浆

公司名称：天津市东大怡和工贸有限公司
地　　址：天津市南开区鞍山西道百脑汇大厦 2516 室
邮　　编：300190
电　　话：022-58392218
传　　真：022-58392216
主要产品：钛白粉，德固赛炭黑及助剂，

耐高温颜料以及色粉，珠光颜料

公司名称：天津市富鑫商贸化工有限公司
地　　址：天津市西青开发区银湾国际广场C座340
邮　　编：300385
电　　话：022-58221236
传　　真：022-58221235
主要产品：颜填料

公司名称：天津市恒瑞工贸有限公司
地　　址：天津市东丽区利津路17号楼301室
邮　　编：300300
电　　话：022-24397529
传　　真：022-24952286
主要产品：金红石型钛白粉

公司名称：天津市宏利达锌品有限公司
地　　址：天津市大港区小王庄镇东树深村
邮　　编：300273
电　　话：022-63129838
传　　真：022-63126759
主要产品：锌粉

公司名称：天津市华联有机陶土化工福利厂
地　　址：天津市西青区王稳庄镇东台子村(万家码头大桥南200米)
邮　　编：300270
电　　话：022-23993627
传　　真：022-23993627
主要产品：营TF-46系列有机膨润土

公司名称：天津市骏博国际贸易有限公司
地　　址：天津市河西区黑牛城道顺驰世纪城SOHO B座03-503室
邮　　编：300061
电　　话：022-88298006 88298007 88298008 88298190 88298230
传　　真：022-88298223
邮　　箱：junbo@junbochem.com jblxj@junbochem.com
网　　址：www.junbochem.com
主要产品：颜填料，溶剂，环氧树脂，固化剂

公司名称：天津市利丰源达锌业有限公司
地　　址：天津市高大港区小王庄镇东树深村
邮　　编：300273
电　　话：022-63129098
传　　真：022-63126118
主要产品：锌粉，氧化锌，锌块，锌灰，锌渣

公司名称：天津市龙颜商贸有限公司
地　　址：天津市东丽区金钟桥北侧天津物流货运中心配载城内
邮　　编：300301
电　　话：022-26331942
传　　真：022-26321946
主要产品：有机颜料

公司名称：天津市普瑞特化工有限公司
地　　址：天津市北辰区京福公路东
邮　　编：300401
电　　话：022-26955986
传　　真：022-26952786
主要产品：PVC专用炭黑浆，色素炭黑，铁钛粉

公司名称：天津市全泰化工有限公司
地　　址：天津市北辰区马庄欢颜里8号楼1-1
邮　　编：300400
电　　话：022-26832550
传　　真：022-26828006
主要产品：钛白粉

公司名称：天津市染料化学第八厂
地　　址：天津市东丽区张贵庄路吉安道
邮　　编：300163
电　　话：022-24373345
传　　真：022-24370679
主要产品：颜料

公司名称：天津市胜利化工厂
地　　址：天津武清区黄花店四街七区36号
邮　　编：301708
电　　话：022-29481062 29481072
传　　真：022-29481298
主要产品：颜料

公司名称：天津市腾龙化工科技发展有限公司
地　　址：天津市南开区新产业园区榕苑路4号天发科技园2-2-401
邮　　编：300384
电　　话：022-83719905
传　　真：022-83719907
网　　址：www.tenglonghuagong.com.cn
主要产品：色浆，助剂，胶粉

公司名称：天津市西青区杨柳青鑫川铁粉厂
地　　址：天津市西青区杨柳青柳口路36号
邮　　编：300380
电　　话：022-27942569
传　　真：022-27942569
主要产品：氧化铁颜料

公司名称：天津市新天进科技开发有限公司
地　　址：天津市南开区清新大厦A座12层(长江道与南丰路交口处东南侧)
邮　　编：300193
电　　话：022-27410889
传　　真：022-87891666
邮　　箱：xtj@xtj.com.cn
网　　址：www.xtj.com.cn
主要产品：颜料，填料

公司名称：天津市鑫阔化工厂
地　　址：天津市西青区南河开发区
邮　　编：300270
电　　话：022-23983175
传　　真：022-23987096
主要产品：颜料

公司名称：天津市亚东化工染料厂
地　　址：天津大港区中塘镇东河筒村
邮　　编：300273
电　　话：022-63130871
传　　真：022-63131148
邮　　箱：yadongchem@tjyadong.cn
网　　址：www.yadongchem.com
主要产品：颜料

公司名称：天津祥德化工有限公司
地　　址：天津市汉沽区东风路世纪花园7-2-502室
邮　　编：300480
电　　话：022-67198901
传　　真：022-67198902
主要产品：颜料，色浆，DCC颜料

公司名称：天津泽易生化工贸易有限公司
地　　址：天津南开区时代奥城公寓19号楼1019室
邮　　编：300191
电　　话：022-23616479
传　　真：022-60520559
邮　　箱：zenith-tj@sohu.com
网　　址：www.tjzenith.com
主要产品：颜料，树脂，固化剂

公司名称：安平县通翔颜料化工有限公司
地　　址：河北省安平县东环路2号（原县化工二厂院内）
邮　　编：053600
电　　话：0318-7520098
传　　真：0318-7520098
主要产品：酞菁蓝，颜料

公司名称：保定市吉诺金属材料有限公司
地　　址：河北省保定市新市区隆兴西路2611号
邮　　编：071051
电　　话：0312-8913091 8913093
传　　真：0312-8913092
邮　　箱：bdjinuo@yeah.net
网　　址：www.bdjinuo.com
主要产品：铝银浆

公司名称：沧州丰源油墨颜料有限公司
地　　址：河北省沧州市沧县汪家铺乡张牛庄
邮　　编：061025
电　　话：0317-4755211
传　　真：0317-4755211
主要产品：油墨，颜料

公司名称：沧州杰威化工有限公司
地　　址：河北省沧州市盐山边务工业区
邮　　编：061300
电　　话：0317-6304188
传　　真：0317-6303638
邮　　箱：info@czjiewei.cn
网　　址：www.czjiewei.cn
主要产品：氧化锌

公司名称：阜城县诚信纤维素有限公司
地　　址：河北省阜城县民营企业园
邮　　编：053700
电　　话：0318-4622188
传　　真：0318-4622188
主要产品：纤维素

公司名称：河北科润特油品集团有限公司
地　　址：河北省清河县黄金庄工业区
邮　　编：054800
电　　话：0319-8061771
传　　真：0319-8063869 7502106
邮　　箱：kerunte@yahoo.cn
网　　址：www.hbkerunte.cn
主要产品：二壬基萘磺酸钡，二壬基萘磺酸，二壬基萘二磺酸，KRT系列预涂卷材涂料及钢管防锈油

公司名称：河北乐诚商贸有限公司
地　　址：河北省石家庄市中山东路

118号
邮　　编：050000
电　　话：0311-86970059
邮　　箱：lecharm@163.com
网　　址：www.lecharm.com.cn
主要产品：钛白粉，聚乙烯，橡胶化工材料

公司名称：河北灵寿白家沟矿产一厂（灵寿县旭阳矿业有限公司）
地　　址：河北省石家庄市灵寿县白家沟工业区6号
邮　　编：050502
电　　话：0311-82612109 82612029 89103188
传　　真：0311-82612029
邮　　箱：bzg@hebkcyc.com
网　　址：www.xuyangky.com
主要产品："银花"牌膨胀蛭石，云母粉

公司名称：河北宁宇化工有限公司
地　　址：河北省石家庄市井陉县南峪镇钙镁工业园区
邮　　编：050302
电　　话：0311-82387049
传　　真：0311-82387288
网　　址：www.hbnyhg.cn
主要产品：轻质碳酸钙

公司名称：河北省青山矿业建材厂
地　　址：河北省灵寿县卢家洼工业区
邮　　编：050502
电　　话：0311-82581666
传　　真：0311-82580229
网　　址：www.qsky.cn
主要产品：石粉，汉白玉，彩砂，石英砂，云母粉，重钙粉，蛭石，彩石粉，石英粉，蛭石粉，天然彩砂

公司名称：河北文安天源化工颜料有限公司
地　　址：河北省文安县苏桥镇崔家坊工业园
邮　　编：065805
电　　话：0316-5300288
传　　真：0316-5300388
邮　　箱：veywei@126.com
网　　址：www.lftianyuan.com
主要产品：氧化铁A系列，氧化铁S系列，复合颜料

公司名称：衡水立车企业集团（现：河北省武强县荧光粉厂）
地　　址：河北省武强县立车工业区
邮　　编：053300
电　　话：0318-3783002
传　　真：0318-3783008
邮　　箱：master@chinaliche.com
网　　址：www.chinaliche.com
主要产品：特种发光材料，无机盐及相关原辅材料，灯用系列发光材料，荧光材料

公司名称：衡水友谊化工有限责任公司
地　　址：河北省衡水市桃城区人民西路西段77号
邮　　编：053000
电　　话：0318- 2049266 2049289 2049383
传　　真：0318-2049975
邮　　箱：sales@youyichemical.com
网　　址：www.youyichemical.com
主要产品：氧化铬颜料

公司名称：黄骅市华茂化工有限公司
地　　址：河北省黄骅市渤海路新海大酒店4楼
邮　　编：061100
电　　话：0317-5327599
传　　真：0317-5327522
邮　　箱：wangna520821@163.com
网　　址：www.huamaopigment.com.cn
主要产品：有机颜料

公司名称：廊坊广山精细化工有限公司
地　　址：河北省廊坊永清县别谷庄镇北横上村
邮　　编：065603
电　　话：0316-6536548，6536544
传　　真：0316-6534544
邮　　箱：guangshan@lfgsgs.com.cn
网　　址：www.lfgsgs.com.cn
主要产品：超细硅酸铝

公司名称：廊坊津固化工厂
地　　址：河北省廊坊市固安县北庄
邮　　编：065504
电　　话：0316-6132025
传　　真：0316-6132025
主要产品：超细硅酸铝，超细滑石粉，超细碳酸钙

公司名称：廊坊开发区津信超细化工有限公司
地　　址：河北省廊坊市新华路89号商务大厦7号楼3单元4层
邮　　编：065000
电　　话：0316-2011232
传　　真：0316-2098687
主要产品：涂料原辅料，涂料级硅酸铝，高岭土，轻钙，重钙，钛白粉，助剂

公司名称：廊坊市奥世朋诚化工有限公司
地　　址：河北省廊坊市安次区永兴路南段与南外环交口
邮　　编：065000
电　　话：0316-2191898
传　　真：0316-2191898
主要产品：色浆，超细硅酸铝，滑石粉，重质碳酸钙，煅烧高岭土，钛白粉，立德粉，助剂，乳液

公司名称：廊坊市东昊商贸有限公司
地　　址：河北省廊坊市金光道80号
邮　　编：065000
电　　话：0316-2374406
传　　真：0316-2374406
主要产品：钛白粉，超细硫酸钡，高岭土，滑石粉，环氧丙烷

公司名称：廊坊市天成化工销售有限公司
地　　址：河北省廊坊市爱民东道42号甲尚都金茂A座508室
邮　　编：065000
电　　话：0316-5218899
传　　真：0316-5218855
主要产品：钛白粉

公司名称：灵寿县川石矿产加工厂
邮　　编：河北省石家庄市友谊北大街中远大厦915西
邮　　编：050071
电　　话：0311-87703692
传　　真：0311-87703192
邮　　箱：chy@chuanshi.com
网　　址：www.chuanshi.com
主要产品：蛭石，云母，石英砂，彩砂，园艺蛭石，电气石，鹅卵石

公司名称：灵寿县福盛矿业建材厂
地　　址：河北省灵寿县慈峪镇开发区
邮　　编：050502
电　　话：0311-82581919
传　　真：0311-82581919
邮　　箱：fushengky@tom.com
网　　址：www.fushengky.com
主要产品：石英砂，河沙，石英粉，蛭石片，蛭石粉，云母粉，金云母，长石粉，滑石粉，彩砂产品，天然彩色岩片，外墙外保温粘结砂浆，外墙外保温抹面砂浆

公司名称：灵寿县恒升矿物粉体厂
地　　址：石家庄市西三庄街52号中亚商务C座405
邮　　编：050502
电　　话：0311-89255939 89832070 82581320
传　　真：0311-82580016 89255939 808
邮　　箱：antaiky@126.com
网　　址：www.antaiky.com
主要产品：云母粉，重晶石粉，电气石粉，石英粉，重钙粉五大矿物系列粉体

公司名称：灵寿县京泰彩砂厂
地　　址：灵寿县慈峪镇慈峪村北街241号
邮　　编：050500
电　　话：0311-82580355
传　　真：0311-82580355
主要产品：真石漆彩砂，天然采砂，彩色云母，超细云母，焊条粉辅料，石英砂，重氢钙粉、卵石，晶石

公司名称：灵寿县中兴粉体材料厂
地　　址：河北省灵寿县慈峪镇土头村
邮　　编：050502
电　　话：0311-82580205
传　　真：0311-82580205
邮　　箱：zxft@cnzxft.com
网　　址：www.cnzxft.com
主要产品：各种非金属矿粉体材料

公司名称：秦皇岛秦皇玻璃微珠有限公司
地　　址：河北省秦皇岛市开发区珠江道47号
邮　　编：066004
电　　话：0335-3067300
传　　真：0335-8388491
网　　址：www.qhdqhwz.com
主要产品：玻璃微珠，玻璃纤维粉

公司名称：石家庄联钛化工有限公司
地　　址：河北省石家庄市槐安东路90号国富大厦
邮　　编：050020
电　　话：0311-66691836
传　　真：0311-66691839
主要产品：钛白粉，化工颜料

公司名称：石家庄市博奇盛宏化工有限公司
地　　址：河北省石家庄市中华南大街366号4排2层9号
邮　　编：050000
电　　话：0311-87219755
传　　真：0311-87219508

邮　　箱：sjzbqsh@sina.com
网　　址：www.bqsh.net
主要产品：偶氮，酞青色淀类有机颜料及无机颜料

公司名称：晋州市富强精细化工有限公司
地　　址：河北省晋州市后彭头工业开发区
邮　　编：052260
电　　话：0311-84358066
传　　真：0311-84358888
邮　　箱：fuqiang@cellulose-cn.com
网　　址：www.cellulose-cn.com
主要产品：MC，HPMC，多功能胶粉

公司名称：石家庄市豪盛化工有限责任公司
地　　址：河北省晋州市晋总西路工业区8号
邮　　编：052260
电　　话：0311-84460006 84462699
传　　真：0311-84462376
邮　　箱：8001@haosheng-chem.com 8002@haosheng-chem.com
网　　址：www.haosheng-chem.com
主要产品：醋酸钠，醋酸钾，醋酸锌，药用醋酸铵，氧化锌

公司名称：石家庄市佳彩化工有限责任公司
地　　址：河北省石家庄市赵县赵州镇工业开发区
邮　　编：051530
电　　话：0311-84932868
传　　真：0311-84945608
邮　　箱：hbjiacai@163.com
网　　址：www.bestcolour.cn
主要产品："佳彩"牌颜料

公司名称：石家庄市金源矿业公司
地　　址：河北省井陉县金柱村
邮　　编：050300
电　　话：0311-82346599 82346130
传　　真：0311-82346777 82347777
邮　　箱：0311jy@0311jy.com
网　　址：www.0311jy.com
主要产品：天然彩砂，天然岩片

公司名称：石家庄市鑫盛化工有限公司
地　　址：河北省新乐市107国道边
邮　　编：050700
电　　话：0311-88676378
传　　真：0311-88676379
邮　　箱：admin@xsphos.com
网　　址：www.sjzxschem.com
主要产品：磷酸锌系列，三聚磷酸二氢铝，缩合磷酸铝

公司名称：邢台博磊煅烧高岭土有限公司
地　　址：河北邢台任县三里桥北
邮　　编：055150
电　　话：0319-7515011
传　　真：0319-7532034
邮　　箱：xtbolei@yahoo.com.cn
网　　址：www.xtbl.com
主要产品：煅烧高岭土，超细轻质碳酸钙

公司名称：裕华区聚源建材供应站
地　　址：河北省石家庄市体育南大街与308国道交叉口路北东行98米
邮　　编：050300
电　　话：0311-85436386
传　　真：0311-85436386
主要产品：钛白粉，水性助剂，颜填料，纤维素，色浆，溶剂，成膜助剂，乳液，片碱，元明粉，硅溶胶，丙烯酰胺，聚乙烯醇，钠基膨润土，凹凸棒土，六偏磷酸钠

公司名称：大同市金源高岭土有限责任公司
地　　址：山西省大同市南郊区郊城村西
邮　　编：037000
电　　话：0352-4219265
主要产品：煅烧高岭土，高岭土，硅酸铝

公司名称：大同市长安高岭土有限责任公司
地　　址：山西省大同市大同县杜庄乡长安村村西
邮　　编：037000
电　　话：00352-8159632
主要产品：碳酸钙，高岭土，硫酸钡，滑石粉

公司名称：翼城县增鑫矿业有限公司
地　　址：山西省临汾市翼城县翼浮路18号
邮　　编：041000
电　　话：0357-3593333

公司名称：山西大同同兴煅烧高岭土有限责任公司
地　　址：山西大同市大同铁路分局湖东供电段
邮　　编：037300
电　　话：0352-7288390
传　　真：0352-7280766
主要产品：颜料，填料

公司名称：山西河曲正阳高岭土有限公司
地　　址：山西省河曲曲峪工业园区
邮　　编：036500
电　　话：0350-6180363
主要产品：高岭土

公司名称：山西恒源高岭土有限公司
地　　址：山西省襄汾县古城工业区
邮　　编：041502
电　　话：0357-3677977
主要产品：超细煅烧高岭土

公司名称：山西金洋煅烧高岭土有限公司
地　　址：山西省忻州田村工业区
邮　　编：034001
电　　话：0350-2136542 2136245
传　　真：0350-2136958 2136245
邮　　箱：jykaolin@public.xz.sx.cn
网　　址：www.jinyangkaolin.com
主要产品：颜料，填料

公司名称：山西琚丰高岭土有限公司
地　　址：山西省晋中市榆次工业园区
邮　　编：030600
电　　话：0354-2666606
主要产品：高岭土

公司名称：山西天一纳米材料科技有限公司
地　　址：山西省晋中是榆次区经纬路134号
邮　　编：030600
电　　话：0354-3295862
传　　真：0354-2422311
邮　　箱：zhang@tianyi-nano.com
网　　址：www.tianyi-nano.com
主要产品：颜料，填料

公司名称：山西榆次琚丰高岭土有限公司
地　　址：山西省晋中市榆次工业园区
邮　　编：030600
电　　话：0354-2666606 2666608
传　　真：0354-2666607
主要产品：颜料，填料

公司名称：太原市创威高岭土有限责任公司
地　　址：山西省太原市清徐北营
邮　　编：030400
电　　话：0351-5705888
传　　真：0351-5704088
邮　　箱：cwlaolin@hi2000.com
网　　址：www.chinachernner.com/cw-laolin
主要产品：颜料，填料

公司名称：赤峰市文泰珍珠岩制品有限公司
地　　址：内蒙古赤峰市松山区临潢大街松山三中对面
邮　　编：024005
电　　话：0476-8420381
网　　址：www.perlite.cc
主要产品：膨胀珍珠岩粉，憎水珍珠岩制品，水泥珍珠岩制品

公司名称：内蒙古华生高岭土有限责任公司
地　　址：内蒙古自治区呼和浩特市土左旗沙尔沁乡一间房村
邮　　编：010100
电　　话：0471-4610148
主要产品：高岭土

公司名称：内蒙古蒙西高岭粉体有限公司
地　　址：内蒙古鄂尔多斯市蒙西高新技术工业园
邮　　编：016014
电　　话：0473-2552340
传　　真：0473-2552130
邮　　箱：fyx@mengxigroup.com
网　　址：www.mengxigroup.com
主要产品：高岭土

公司名称：内蒙古天之娇高岭土有限责任公司
地　　址：内蒙古鄂尔多斯市准格尔旗沙圪堵经济技术开发区
邮　　编：010400
电　　话：0477-4926644
传　　真：0477-4926643
网　　址：www.tzhj-gaolin.com
主要产品：高岭土系列产品，稀土系列产品

公司名称：内蒙古伊东高岭土有限责任公司
地　　址：内蒙古鄂尔多斯市准格尔旗
邮　　编：010400
电　　话：0477-4661007
主要产品：高岭土

公司名称：鹏博高岭土有限责任公司
地　　址：内蒙古自治区鄂尔多斯准格尔旗薛家湾镇工业
邮　　编：010300
电　　话：0477-4701691

主要产品：高岭土

公司名称：鞍钢实业微细铝粉有限公司
地　　址：辽宁省鞍山市腾鳌开发区
邮　　编：114225
电　　话：0412-8311051
传　　真：0412-8316043
邮　　箱：apmc@apmc.com.cn
网　　址：www.apmc.com.cn
主要产品：填料

公司名称：大连根本化学有限公司
地　　址：大连市甘井子区营城子工业园区根本路
邮　　编：116036
电　　话：0411-86690567 86690607
传　　真：0411-86690624
网　　址：www.nemoto.com.cn
邮　　箱：service@nemoto.com.cn
主要产品：颜料，填料

公司名称：大连路明科技集团有限公司
地　　址：辽宁省大连市高新园区七贤岭产业化基地火炬路 10 号
邮　　编：116020
电　　话：0411-4790151
传　　真：0411-4791339
邮　　箱：lumi@cyber100.com
网　　址：www.lumigroup.com
主要产品：颜料，填料

公司名称：大石桥市国利微粉厂
地　　址：辽宁省大石桥市金桥开发区铁西货场
邮　　编：115100
电　　话：0417-5205679
主要产品：滑石粉

公司名称：大石桥市三龙矿业有限公司
地　　址：辽宁省大石桥市官屯石硼峪
邮　　编：115100
电　　话：0417-5356897 5356898
传　　真：0417-5356899
主要产品：填料

公司名称：大石桥市腾远滑石粉有限公司
地　　址：辽宁省大石桥市虎庄镇开发区
邮　　编：115102
电　　话：0417-5303688
主要产品：滑石粉，重钙粉

公司名称：大石桥市西江滑石粉厂
地　　址：辽宁省大石桥市南楼经济开发区西江村
邮　　编：115103
电　　话：0417-5281101
传　　真：0417-5281175
主要产品：填料

公司名称：大石桥万通粉体有限公司
地　　址：辽宁省大石桥市中心医院北院
邮　　编：115100
电　　话：0417-5271558
传　　真：0417-5271558
主要产品：滑石粉

公司名称：广福建材（海城）有限公司
地　　址：辽宁省海城市牌楼镇南铁村
邮　　编：114207
电　　话：0412-3807966
主要产品：碳酸钙，高岭土，硫酸钡，滑石粉

公司名称：海城金昌滑石粉有限公司
地　　址：辽宁省海城市铁西经济技术开发区
邮　　编：114200
电　　话：0412-3600800 3603900
传　　真：0412-3600900
网　　址：www.jinchangtalc.com
主要产品：颜料，填料

公司名称：海城市八里镁粉厂
地　　址：辽宁省海城市八里镇桦子峪村
邮　　编：114206
电　　话：0412-3243360
传　　真：0412-3242517
邮　　箱：chinameifen@163.com
网　　址：www.chinameifen.com
主要产品：颜料，填料

公司名称：海城市东辰矿业有限公司
地　　址：辽宁省海城市英落镇赵堡村 23 号
邮　　编：114213
电　　话：0412-3270688
主要产品：无载体滑石母粒，无载体阻燃母粒

公司名称：海城市顺达实业有限公司
地　　址：辽宁省海城市响堂管理区小河委
邮　　编：114200
电　　话：0412-3216468
主要产品：碳酸钙系列产品

公司名称：海城市天利粉剂有限公司
地　　址：辽宁省海城市马风镇范马经济开发区
邮　　编：114204
电　　话：0412-3269268 3269278
传　　真：024-24340518
邮　　箱：tlfj@tlfj.com
网　　址：www.tlfj.com
主要产品：颜料，填料

公司名称：海城市鑫达矿业有限公司
地　　址：辽宁海城市验军镇冉家村
邮　　编：114200
电　　话：0412-3133651
主要产品：滑石粉

公司名称：海城市鑫达矿业有限公司
地　　址：辽宁省海城市验军镇冉家村
邮　　编：114200
电　　话：0412-3130759 3133651
传　　真：0412-3131152
网　　址：www.haichengtalc.com
主要产品：颜料，填料

公司名称：海城市英落高档石粉厂
地　　址：辽宁省海城市英落镇赵堡村
邮　　编：114213
电　　话：0412-3270318
传　　真：0412-3270688
邮　　箱：hcylhs@china.com
网　　址：www.hcylhs.home.sohu.com
主要产品：填料

公司名称：海城他山烧镁厂
地　　址：辽宁省海城市感王镇他山村
邮　　编：114221
电　　话：0412-3876285
传　　真：0412-3876007
网　　址：www.tsqsm.com

主要产品：填料

公司名称：合山化工（辽宁）有限公司
地　　址：辽宁省海城市经济技术开发区泰山街 5 号
邮　　编：114235
电　　话：0412-3600699
主要产品：超微细滑石粉，碳酸钙粉

公司名称：合山化工（辽宁）有限公司
地　　址：辽宁省海城经济技术开发区
邮　　编：114200
电　　话：0412-3600699
传　　真：0412-3600325
主要产品：填料

公司名称：华丰镁业矿产品有限公司
地　　址：辽宁海城市富强大厦 609
邮　　编：114200
电　　话：0412-3332277
主要产品：滑石粉

公司名称：辽宁海城市东润滑石粉厂
地　　址：辽宁省海城市三里桥滑石矿
邮　　编：114200
电　　话：0412-3295808
主要产品：滑石粉

公司名称：辽宁海城信诺西尔矿业有限公司
地　　址：辽宁省海城市百汇香山 C7 西 1 单元 101 室
邮　　编：114200
电　　话：0412-3199830
主要产品：滑石粉，滑石块，滑石粒

公司名称：辽宁海城信诺西尔矿业有限公司
地　　址：辽宁省海城市哈大路 9 号富奎酒店 3499 室
邮　　编：114200
电　　话：0412-3227350 3227075
传　　真：0412-3110586 3227075
邮　　箱：xnxr@163.com
网　　址：www.liaoningtalcxnxr.com
主要产品：颜料，填料

公司名称：辽宁省大石桥市宏达超细滑石粉厂（大石桥市德信粉体有限公司）
地　　址：辽宁省大石桥市分水国家粮库对面
邮　　编：115101
电　　话：0417-5330365
主要产品：填料

公司名称：辽宁省海城市他山轻烧镁厂
地　　址：辽宁省海城市感王镇他山村
邮　　编：114221
电　　话：0412-3877017
主要产品：滑石粉

公司名称：辽宁中科晶体产业有限公司
地　　址：辽宁省大石桥市环城开发区南东邦路
邮　　编：115101
电　　话：0417-6996888
主要产品：人工合成云母

公司名称：辽阳东华颜料有限公司
地　　址：辽宁省辽阳高新技术产业开发区宏伟路 35 号

邮　　编：111003
电　　话：0419-4153705
主要产品：橡塑，化工颜料

公司名称：辽阳市福利合成化塑厂
地　　址：辽宁省辽阳市宏伟区曙光乡四里村
邮　　编：111000
电　　话：0419-4232881
主要产品：颜料红

公司名称：辽阳文圣化工有限公司
地　　址：辽宁省辽阳市文圣区新运大街313-47
邮　　编：111000
电　　话：0419-4320377
主要产品：玉石粉

公司名称：沈阳汉唐化学有限公司
地　　址：辽宁省沈阳市和平区北四马路5号2楼
邮　　编：110001
电　　话：024-62589408
主要产品：色浆

公司名称：沈阳市东风铬黄厂
地　　址：沈阳市辽中县肖寨门镇
邮　　编：110207
电　　话：024-87766419
传　　真：024-87767199
主要产品：颜料

公司名称：沈阳天利商贸有限公司
地　　址：辽宁省沈阳市于洪区前民村洪海璐28号
邮　　编：110141
电　　话：024-25280008
主要产品：涂料原料，颜料，助剂，填料

公司名称：沈阳信利涂料有限公司
地　　址：辽宁省沈阳市于洪区西和平
邮　　编：110021
电　　话：024-88443555
主要产品：水性通用色浆，超级耐碱色浆，溶剂型通用色浆系列

公司名称：沈阳中核钛白经贸有限公司
地　　址：辽宁省沈阳市皇姑区淮河街18号14-2室
邮　　编：110035
电　　话：024-86741968
主要产品：钛白粉

公司名称：岫岩峪鑫矿业有限公司
地　　址：大连市西岗区民权街68号新型公寓2502
邮　　编：116011
电　　话：0411-83679595
传　　真：0411-83677383
邮　　箱：mnmetals@online.ln.cn
网　　址：www.minmicro.com
主要产品：镁石粉

公司名称：吉林梨树县启翔矿业有限公司
地　　址：吉林省梨树县郭家店镇南大顶山
邮　　编：136502
电　　话：0434-5232056
主要产品：超细重质碳酸钙400-1250目，超细产品，硅灰石粉

公司名称：哈尔滨阿城区玉泉镇恒利双飞粉厂
地　　址：黑龙江省哈尔滨市阿城区玉泉镇八栋委
邮　　编：150032
电　　话：0451-57848705
主要产品：双飞粉

公司名称：哈尔滨比尔工贸有限公司
地　　址：黑龙江省哈尔滨市道外区礼化街153号
邮　　编：150026
电　　话：0451-88995522
传　　真：0451-88981522
网　　址：www.bierchem.com
主要产品：钛白粉，滑石粉

公司名称：佳木斯市瑞奥矿化有限公司
地　　址：黑龙江省佳木斯市友谊路192号佳西邮局30号信箱
邮　　编：154004
电　　话：0454-8556484
主要产品：有机膨润土

公司名称：爱卡特殊效果颜料贸易（上海）有限公司
地　　址：上海市延安东路588-618号东海商业中心第二期13层
邮　　编：200001
电　　话：021-53855300
传　　真：021-53065220
主要产品：颜料

公司名称：朗盛上海颜料有限公司
地　　址：中国上海祁连山路845号
邮　　编：200331
电　　话：021-62500930
网　　址：www.lanxess.cn
主要产品：高等级合成氧化铁颜料

公司名称：宝美施化工（上海）有限公司
地　　址：上海市松江区新桥镇华磊路108号c-1
邮　　编：201612
电　　话：021-57684338-130
主要产品：色浆

公司名称：西昌瑞康钛业有限公司上海办事处
地　　址：上海市漕宝路400号明申商务广场1903/1904室
邮　　编：200233
电　　话：021-51531258 51531268 51531278
传　　真：021-51531282
邮　　箱：rkty@rk-tio2.com
网　　址：www.rk-tio2.com
主要产品：钛白粉

公司名称：灿森化工实业(上海)有限公司
地　　址：上海市嘉定区南翔镇金通路1736弄1号205
邮　　编：201802
电　　话：021-605290251
主要产品：钛白粉

公司名称：大昌洋行(上海)有限公司
地　　址：上海市浦东东方路710号20-21楼汤臣国际金融大厦
邮　　编：200122
电　　话：021-50588212 50586571
主要产品：助剂，溶剂，钛白粉，树脂，颜料

公司名称：德固赛（中国）投资有限公司
地　　址：上海市莘庄工业区春东路55号
邮　　编：201108
电　　话：021-65875343
主要产品：消光粉，色浆，气相二氧化硅

公司名称：德国默克公司
地　　址：上海市延安西路65号国际贵都大饭店商务楼605室
邮　　编：200040
电　　话：021-62483388
主要产品：珠光颜料

公司名称：东莞市横沥三羊建筑材料有限公司(上海办事处)
地　　址：上海市闵行区浦江镇三鲁路4381号
邮　　编：201114
电　　话：021-64290499
主要产品：岩片，宝虹基石

公司名称：杜邦中国集团公司上海分公司
地　　址：中国上海浦东新区张江高科技园区科苑路399号11号楼
邮　　编：201203
电　　话：021-38622888
主要产品：钛白粉

公司名称：广福建材(上海)有限公司
地　　址：上海市松江工业区泖港镇中强路22号地块
邮　　编：201607
电　　话：021-57868428
主要产品：碳酸钙，高岭土，硫酸钡，滑石粉

公司名称：国泰工业(亚太地区)有限公司
地　　址：上海市雁荡路107号雁荡大厦15楼F座
邮　　编：200020
电　　话：021-63723345
传　　真：021-63725297
主要产品：氧化铁颜料

公司名称：豪麟化工国际贸易(上海)有限公司
地　　址：上海市光新路128弄阳光大厦4号楼1806室
邮　　编：200061
电　　话：021-62143006
主要产品：铬黄，钼红，钛白粉，涂料油墨助剂

公司名称：和盈国际贸易(上海)有限公司
地　　址：上海市天山路18号兆益科技园东楼601室
邮　　编：200336
电　　话：021-62107899
主要产品：颜填料，成膜物质

公司名称：赫兰特颜料上海有限公司
地　　址：上海市奉贤区星火开发区白云路65号7号
邮　　编：201419
电　　话：021-57505962
主要产品：色浆，染料

公司名称：江西省高峰化工矿业发展有限公司上海办事处
地　　址：上海市普陀区中山北路2299号202室

邮　　编：200061
电　　话：021-62144502
主要产品：碳酸钙系列

公司名称：江西省南阳化工有限公司上海办事处
地　　址：上海市嘉定区南翔镇古猗园281弄17号602
邮　　编：201802
电　　话：021-61507668
传　　真：021-69125767
邮　　箱：dengliangj@163.com
主要产品：碳酸钙系列

公司名称：卡博特（中国）投资有限公司
地　　址：上海市吴泾双柏路558号
邮　　编：201108
电　　话：021-51758800
主要产品：炭黑

公司名称：卡尔迪克(上海)贸易有限公司
地　　址：上海市浦东福山路458号同盛大厦1403室
邮　　编：200122
电　　话：021-50816877
主要产品：钛白粉，助剂

公司名称：科耐欧贸易(上海)有限公司
地　　址：上海市钦州北路1122号90幢7层
邮　　编：200233
电　　话：021-54265609
主要产品：涂料油墨原材料，哥伦比亚炭黑，陶氏树脂，KaminLLC高岭土

公司名称：朗盛上海颜料有限公司
地　　址：上海市普陀区祁连山路845号
邮　　编：200331
电　　话：021-52847871
主要产品：颜料

公司名称：洛克伍德上海代表处
地　　址：上海市南京西路1515号嘉里中心1106室
邮　　编：200040
电　　话：021-52986368
主要产品：颜料

公司名称：美最时洋行上海代表处
地　　址：上海市延安东路588号东海商业中心13楼11部
邮　　编：200001
电　　话：021-63528848
主要产品：铝粉，铝浆，有机消光粉

公司名称：汽巴精化中国有限公司
地　　址：上海市桂平路471号4号楼3层
邮　　编：200336
电　　话：021-64851911
主要产品：化工原料

公司名称：群升国际贸易(上海)有限公司
地　　址：上海市肇嘉浜路789号均瑶国际广场18楼A
邮　　编：200032
电　　话：021-64228955
主要产品：通用塑料，工程塑料，特种塑料，塑料板(卷)，塑料片，化学试剂

公司名称：日本共荣社化学株式会社
地　　址：上海市淮海中路222号力宝广场903A室
邮　　编：200021
电　　话：021-53965773
传　　真：021-53966117
主要产品：涂料添加剂，机能性树脂

公司名称：莎哈利本化工有限公司上海代表处
地　　址：上海市虹桥路2272号虹桥商务大厦Ⅰ座4楼
邮　　编：200336
电　　话：021-52081322
传　　真：021-52081320
主要产品：钛白粉

公司名称：上海爱硕科贸有限公司
地　　址：上海市金山区山阳镇向阳2113号
邮　　编：201508
电　　话：021-57243651
主要产品：超高分子量聚乙烯纤维，非离子型树脂乳液

公司名称：上海安化化工有限公司
地　　址：上海市铜川路2688弄23号501室
邮　　编：201824
电　　话：021-69188010
主要产品：钛白粉，云母氧化铁灰

公司名称：上海安启实业有限公司
地　　址：上海市普陀区真光路962弄87号201室
邮　　编：200333
电　　话：021-13585981-013
主要产品：钛白粉

公司名称：上海安亿纳米材料有限公司
地　　址：上海市闸北区江场西路395号3楼B座
邮　　编：200436
电　　话：021-66312299
主要产品：硫酸盐

公司名称：上海胺红化工有限公司
地　　址：上海市灵石路1201弄31号104室
邮　　编：200072
电　　话：021-56075015
主要产品：珠光颜料

公司名称：上海百聚鑫实业有限公司
地　　址：上海市南汇区临港新华路4号
邮　　编：201307
电　　话：021-51272337
主要产品：钛白粉

公司名称：上海柏棱化工有限公司
地　　址：上海市世纪大道1090号斯米克大厦626
邮　　编：200127
电　　话：021-58360075
主要产品：色母粒，卡博特，钛白粉

公司名称：上海必群化工有限公司
地　　址：上海市宝山区聚丰园路628弄164号502室
邮　　编：200444
电　　话：021-66164169
主要产品：钛白粉，滑石粉，立德粉，硫酸钡，高岭土

公司名称：上海碧泉化工实业有限公司
地　　址：上海市镇平路177弄7号103室
邮　　编：200061
电　　话：021-52917712
主要产品：镉、锌制品，镉系、钴颜料

公司名称：上海彩琦颜料有限公司
地　　址：上海市西康路618号6楼B座
邮　　编：200040
电　　话：021-62531099
主要产品：颜料，色浆

公司名称：上海昌嘉贸易有限公司
地　　址：上海市嘉定区裕民路388弄26号101室
邮　　编：201821
电　　话：021-59165805
主要产品：助剂，丙烯酸树脂，颜料

公司名称：上海常涌化工有限公司
地　　址：上海市嘉定区曹安公路4671号
邮　　编：200331
电　　话：021-66277091
主要产品：钛白粉

公司名称：上海朝乘贸易有限公司
地　　址：上海市龙漕路135弄8号109室
邮　　编：200235
电　　话：021-64709501
主要产品：铝银浆，BYK助剂，颜料，珠光粉

公司名称：上海辰达化工科技有限公司
地　　址：上海市闵行区都市路3825弄1-124
邮　　编：201100
电　　话：021-54433956
主要产品：五金材料及制品，有色金属加工材料

公司名称：上海成辰化工有限公司
地　　址：上海市长宁路396号兆丰大厦4楼D座
邮　　编：201101
电　　话：021-51860590
主要产品：有机颜料，高色素群青，微粉蜡助剂，涂料助剂

公司名称：上海诚致化工制品有限公司
地　　址：上海市闵行区莘庄镇莘松路958弄
邮　　编：201100
电　　话：021-64938051
主要产品：滑石粉

公司名称：上海程贤化工有限公司
地　　址：上海市奉贤区平安镇民福工业园
邮　　编：201401
电　　话：021-57157324
主要产品：铝银浆，珠光粉，颜料

公司名称：上海创羿贸易有限公司
地　　址：上海市闵行区梅陇镇莲花南路1500弄19号205室
邮　　编：200237
电　　话：021-33580427

公司名称：上海从富化工有限公司
地　　址：上海市嘉定区外岗镇葛隆村

682 号
邮　　编：200061
电　　话：021-39507298
主要产品：滑石粉

公司名称：上海大川化工有限公司
地　　址：上海市古浪路 108 弄 161 号
邮　　编：201706
电　　话：021-59780156
主要产品：钛白粉，铝银浆，涂料助剂

公司名称：上海德亿化工有限公司
地　　址：上海市普陀区中山北路 3179 弄 5 号 101 室
邮　　编：200062
电　　话：021-62458796
主要产品：涂料助剂，树脂，颜料

公司名称：上海迪耐化工原料有限公司
地　　址：上海市杨高中路 750 弄 16 号
邮　　编：200165
电　　话：021-50713841
主要产品：高岭土

公司名称：上海镝奈经贸发展有限公司
地　　址：上海市闵行区银都路 3399 弄 126 号
邮　　编：201108
电　　话：021-34511781
主要产品：二氧化硅，消泡剂，分散剂，增稠剂

公司名称：上海帝辟化工有限公司
地　　址：上海市江桥嘉怡路 279 弄 3 号 902 室
邮　　编：201803
电　　话：021-39111644
主要产品：钛白粉，氢氧化铝，炭黑，增白剂，硫酸钡

公司名称：上海叠盛化工有限公司
地　　址：上海普陀区金沙江路 2299 弄 76 号 301 室
邮　　编：200333
电　　话：021-52706237
主要产品：钛白粉

公司名称：上海东钛化工厂
地　　址：上海市松江化工路 198
邮　　编：201600
电　　话：021-57771008
主要产品：钛白粉

公司名称：上海恩脉实业有限公司
地　　址：上海市宝山工业园上大路 218 号
邮　　编：200436
电　　话：021-60962092
主要产品：增白剂，钛白粉，光亮剂，抗紫剂，光稳定剂

公司名称：上海泛聚高分子材料有限公司
地　　址：上海市北翟路 2000 弄 70 支弄 4 号 1101
邮　　编：201106
电　　话：021-64897589
主要产品：炭黑，填料

公司名称：上海福晟化工有限公司
地　　址：上海市共康六村 118 号 403 室
邮　　编：200443
电　　话：021-56416712
主要产品：颜料

公司名称：上海复旦安佳信功能材料有限公司
地　　址：上海市闸北区广中西路 777 弄多媒体大厦 2 号楼 A 栋 3 层 B 座
邮　　编：200072
电　　话：021-66315580
主要产品：保温干粉砂浆

公司名称：上海复顿染色科技有限公司
地　　址：上海市遵义南路 8 号锦明大厦 19B
邮　　编：200336
电　　话：021-64134368 64134618 62789805
传　　真：021-62789337
网　　址：www.fortunecolor.com
主要产品：色浆，色卡，软件

公司名称：上海复顿染色科技有限公司
地　　址：上海市遵义南路 8 号锦明大厦 19B
邮　　编：200336
电　　话：021－64134368
传　　真：021－64134368
网　　址：www.fortunecolor.com
主要产品：颜料

公司名称：上海富亮化工颜料有限公司
地　　址：上海市普陀区新村路 1388 弄 37 号 102 室
邮　　编：200333
电　　话：021-56357160
主要产品：珠光颜料

公司名称：上海富茂化工有限公司
地　　址：上海市嘉定区徐行镇澄浏路 797 号
邮　　编：201808
电　　话：021-59908223
主要产品：色母，PVC 树脂粉，复合金属稳定剂，增塑剂

公司名称：上海高全化工有限公司
地　　址：上海市嘉定区南翔火车站路 121 弄 42 号 201 室
邮　　编：201802
电　　话：021-39926987
邮　　箱：gaoquanhuagong@126.com
网　　址：www.shgaoquan.com
主要产品：钛白粉，硫酸钡，氢氧化铝，氧化铝，氧化锌，高龄土，白炭黑

公司名称：上海高羿升化工有限公司
地　　址：上海市宝山区电台路 568 弄 1 号楼 1802 室
邮　　编：201906
电　　话：021-36310992 36310993
传　　真：021-36310993
邮　　箱：shgaoyisheng@alibaba.com.cn
网　　址：www.gyschem.com
主要产品：钛白粉，立德粉，色母粒，氧化锌，硬脂酸

公司名称：上海格伦化学科技有限公司
地　　址：上海市闵行区浦江镇新风村先新路 158 号
邮　　编：201112
电　　话：021-64246002
传　　真：021-54846818
网　　址：www.shglchem.com
主要产品：炭黑，修补液

公司名称：上海功呈实业有限公司
地　　址：上海新二路 999 弄 179 号 101 室
邮　　编：200062
电　　话：021-52818776
主要产品：无机颜料，助剂，水处理剂，填充料

公司名称：上海古雷马化轻有限公司
地　　址：上海市安亭宝安公路 5063 号
邮　　编：201805
电　　话：021-59562213
传　　真：021-59562401
主要产品：硝基涂料，白胶，填料

公司名称：上海谷汉化工贸易有限公司
地　　址：上海市闵行区梅陇镇绿莲路 99 弄 5 号 1001 室
邮　　编：201108
电　　话：021-33581903
传　　真：021-33581331
网　　址：rgbmeyoas.co.sonhoo.com
主要产品：立德粉，沉淀硫酸钡，煅烧高领土，滑石粉

公司名称：上海光瑞贸易有限公司
地　　址：上海市延安西路 726 号 13 楼 L 座
邮　　编：200050
电　　话：021-52385209
主要产品：固化剂，铝浆，硅丙乳液

公司名称：上海桂广工贸有限公司
地　　址：上海市逸仙路 3457 号
邮　　编：200439
电　　话：021-56459597
传　　真：021-56101127
网　　址：wosuhiefs.co.sonhoo.com
主要产品：滑石粉

公司名称：上海海魄化工有限公司
地　　址：上海市闵行区莲花路 1111 号
邮　　编：200201
电　　话：021-54124567
网　　址：hg.sogogo.net
主要产品：钛白粉

公司名称：上海海逸科贸有限公司
地　　址：上海市中山北路 2000 号中期大厦 4 楼西座
邮　　编：200063
电　　话：021-61813777
传　　真：021-61179377
邮　　箱：hy@haiyi21cn.com
网　　址：www.haiyi21cn.com
主要产品：气相二氧化硅，助剂

公司名称：上海翰尔国际贸易有限公司
地　　址：上海市黄浦区盛泽路 8 号宁东大厦 A 座 11 楼
邮　　编：200002
电　　话：021-63286479
传　　真：021-63286493
网　　址：www.chinahigher.com
主要产品：化工原料，添加剂

公司名称：上海浩扬实业发展有限公司
地　　址：上海市凯旋路 3500 号华苑大

厦二号楼 23D 座
邮　　编：200030
电　　话：021-64391469
邮　　箱：haofuture_sh@126.com
网　　址：www.haofuture.com
主要产品：炭黑

公司名称：上海恒集化工国际贸易有限公司
地　　址：上海市曹杨路 303 弄 16 号 2901 室
邮　　编：200063
电　　话：021-52355878
主要产品：BYK助剂，迪高助剂，拜耳固化剂，钛白粉

公司名称：上海恒景盛科技有限公司
地　　址：上海市罗秀路 108 号 8313 室
邮　　编：200231
电　　话：021-61913208
传　　真：021-64104119
邮　　箱：hillsontech@sina.com
网　　址：www.hillson.net.cn
主要产品：大金专业氟化学品，涂料原料，助剂

公司名称：上海恒曜化工有限公司
地　　址：上海市闸北区汶水路 301 号 2 楼 H223
邮　　编：200072
电　　话：021-66312818
传　　真：021-66310716
主要产品：BYK 助剂，EFKA 助剂，GRACE 消光粉，珠光粉

公司名称：上海弘纪实业有限公司
地　　址：上海市嘉定区新郁路 199 弄 39 号 1303 室
邮　　编：200002
电　　话：021-69515316
传　　真：021-66310716
邮　　箱：veryshin@126.com
网　　址：www.veryshin.eb80.com
主要产品：钛白粉

公司名称：上海宏生色浆厂
地　　址：上海市沪松公路 1578 弄 58 号
邮　　编：201615
电　　话：021-57637083
主要产品：水性色浆

公司名称：上海宏钛化工有限公司
地　　址：上海市宝山区祁连山路 2828 弄 6 号
邮　　编：200444
电　　话：021-66162018
传　　真：021-66162325
网　　址：www.shxxluo.cn
主要产品：金红石型钛白粉，锐钛型钛白粉

公司名称：上海宏寅化工有限公司
地　　址：上海市宝山区聚丰园路 188 弄 53 号
邮　　编：200436
电　　话：021-66128026
主要产品：钛白粉，立德粉，氧化锌，氧化铝，碳酸镁，碳酸钙

公司名称：上海泓昕实业有限公司
地　　址：上海市金山区亭林镇亭塔路 155 号
邮　　编：201505
电　　话：021-67270687
主要产品：颜料，填料

公司名称：上海鸿翊化工国际贸易有限公司
地　　址：上海市江苏路 121 号中西大厦 5 楼 F 座
邮　　编：200050
电　　话：021-52375028
传　　真：021-52375025
主要产品：润湿分散剂，酞氰蓝，酞氰绿，消光粉

公司名称：上海鸿运源化工有限公司
地　　址：上海市青浦区万事发工业区郏店村 503 号
邮　　编：201706
电　　话：021-59753626
传　　真：021-59753626
主要产品：钛白粉，铅银浆

公司名称：上海沪菱颜料化工有限公司
地　　址：上海市黄浦区江西中路 138 号乙
邮　　编：20002
电　　话：021-63246183
传　　真：021-63246183
主要产品：有机无机颜料，染料，助剂，荧光颜料，群青

公司名称：上海华染化工有限公司
地　　址：上海市中山北路 2299 号
邮　　编：200705
电　　话：021-62144270
主要产品：钛白粉，颜料，填料

公司名称：上海华荣化工有限公司
地　　址：上海市斜土路 2669 号英雄大厦 1306 室
邮　　编：200030
电　　话：021-64393758
传　　真：021-34250091
主要产品：树脂，颜料，助剂

公司名称：上海环绮化工有限公司
地　　址：上海市闸北区恒丰路 218 号
邮　　编：200070
电　　话：021-51286800
主要产品：助剂，颜料，杀菌剂，固化剂

公司名称：上海辉胜实业有限公司
地　　址：上海市化学工业区楚华路 199 号
邮　　编：200331
电　　话：021-52757522
网　　址：www.huishengchem.com
主要产品：钛白粉，高岭土，碳酸钙系列，氧化铁系列，硫酸钡

公司名称：上海惠正行化工有限公司
地　　址：上海市中山西路 1800 号 17 楼 A1 座
邮　　编：200235
电　　话：021-64400876
主要产品：助剂，树脂，颜料，染料，微粉蜡

公司名称：上海嘉业染料实业有限公司
地　　址：上海市中山北一路 1230 号(柏树大厦)A 区 2404 室
邮　　编：200437
电　　话：021-65447061
传　　真：021-55385874
邮　　箱：jiaye@jiayedstuff.com
网　　址：www.jiayedstuff.commain.htm
主要产品：颜料

公司名称：上海江沪钛白化工制品有限公司
地　　址：上海市海伦路 178 号
邮　　编：200086
电　　话：021-65012245
传　　真：021-65034003
邮　　箱：shjhsyk@online.sh.cn
网　　址：www.jianghuchemical.com
主要产品：颜料

公司名称：上海焦耳蜡业有限公司
地　　址：上海市青浦区蒸淀镇老朱枫公路 6186 弄 21 号厂房
邮　　编：201700
传　　真：021-60853388
网　　址：www.waxcn.com
主要产品：消光粉，哑光粉，蜡浆，乳化蜡，改性蜡

公司名称：上海捷虹色彩国际贸易有限公司
地　　址：上海市浦东新区民风路 351 号
邮　　编：201209
电　　话：021-68726669
主要产品：酞菁颜料，色浆

公司名称：上海今前贸易有限公司
地　　址：上海市闵行区珠城路 99 弄 9 号 1201 室
邮　　编：201100
电　　话：021-64125057
主要产品：白炭黑，炭黑

公司名称：上海金树树脂粉末有限公司
地　　址：上海市金山区山阳镇海光路 18 号
邮　　编：200540
电　　话：021-57280043
传　　真：021-57280043
主要产品：聚乙烯醇粉末，树脂

公司名称：上海晋城化工有限公司
地　　址：上海市嘉定区南翔镇芳林路 333 弄 108 号 1503 室
邮　　编：201802
电　　话：021-39927471
主要产品：高岭土

公司名称：上海井竹化工有限公司
地　　址：上海市宝山区上大路 1288 弄 98 号 801 室
邮　　编：200444
电　　话：021-66120793
网　　址：web.sugoo.com
主要产品：钛白粉

公司名称：上海九尊化工有限公司
地　　址：上海市上海宝山
邮　　编：200436
电　　话：021-66166891
主要产品：钛白粉

公司名称：上海都邦化工有限公司
地　　址：上海市宝山区涵青路 398 弄
邮　　编：200436
电　　话：021-61472168

网　　址：www.chemdb-china.cn
主要产品：高岭土，钛白粉，滑石粉

公司名称：上海都得化工有限公司
地　　址：上海市沪太路 3717 弄 77 号 301 室
邮　　编：201906
电　　话：021-56182755
主要产品：钛白粉，高岭土等

公司名称：上海久是化工有限公司
地　　址：上海市闵行景福路 189 弄 2 号 401 室
邮　　编：201100
电　　话：021-54296234
主要产品：钛白粉，丙烯酸树脂

公司名称：上海久优化工科技有限公司
地　　址：上海市宝山区聚丰园路 669 弄 23 号楼 201 室
邮　　编：200444
电　　话：021-66128965
网　　址:www.jiuyoutech.com
主要产品：聚氨酯流变剂，增稠剂，分散润湿剂，颜填料

公司名称：上海钜丰贸易有限公司
地　　址：上海市曹安路 1877 号上海曹安国际商城 725 室
邮　　编：201824
电　　话：021-33518753
网　　址：www.jufeng168.com.cn
主要产品：沉淀硫酸钡，钛白粉，糊状树脂

公司名称：上海骏马化工有限公司
地　　址：上海市松江区松江区松江陈坊桥镇北首
邮　　编：201602
电　　话：021-57652536
主要产品：颜料

公司名称：上海卡吉特化工科技有限公司
地　　址：上海市场中路 531 号 2 号楼 301 室
邮　　编：200434
电　　话：021-65174607
网　　址：kajet.cn.makepolo.com
主要产品：导电填料

公司名称：上海卡马贸易有限公司
地　　址：上海市天山路 600 弄 4 号思创大厦东楼 17A 座
邮　　编：200051
电　　话：021-52896180
主要产品：水性、溶剂型丙烯酸树脂，有机硅

公司名称：上海锴铠科贸有限公司
地　　址：上海市奉浦工业区丽洲大厦 506 室
邮　　编：201400
电　　话：021-37563016
主要产品：颜料

公司名称：上海坤贝实业有限公司
地　　址：上海市松江区新桥镇场西路 398 弄 350 号
邮　　编：201216
电　　话：021-67642713
网　　址：www.jiaomai.com
主要产品：分散乳胶粉，木质素纤维，聚丙烯纤维

公司名称：上海劳安涂料有限公司
地　　址：上海市青浦区嘉松中路 4288 号
邮　　编：201708
电　　话：021-62219309
网　　址：www.lasej.com
主要产品：水性色浆，荧光色浆，内外墙色浆

公司名称：上海磊胜工贸有限公司
地　　址：上海市普陀区古浪路 355 弄 127 号 402 室
邮　　编：200333
电　　话：021-62846661
主要产品：钛白粉

公司名称：上海亮江钛白化工制品有限公司
地　　址：上海市嘉定区爱特路 68 弄 8 号 901-1001 室
邮　　编：201803
电　　话：021-52210848
网　　址：www.liangjiangchem.com
主要产品：钛白粉

公司名称：上海猎狗化工有限公司
地　　址：上海市普陀区金沙江路 1628 号绿洲中环大厦 1 号楼 1101 室
邮　　编：200333
电　　话：021-61171611
传　　真：021-61171615
主要产品：钛白粉

公司名称：上海林宏化工有限公司
地　　址：上海市纬地路 88 弄 88 号 501
邮　　编：200333
电　　话：021-61074748
主要产品：钛白粉，立德粉，滑石粉

公司名称：上海灵戈化工有限公司
地　　址：上海南汇区新场镇大治河桥东首
电　　话：021-58175628
主要产品：钛白粉

公司名称：上海凌盟化工有限公司
地　　址：上海市嘉定区安亭镇墨玉路 28 号嘉正国际大厦 706 室
邮　　编：201805
电　　话：021-69511081
主要产品：涂料助剂，消光粉，色精

公司名称：上海凌正化工有限公司
地　　址：上海市青浦区重固镇赵重公路 2788 号
邮　　编：201707
电　　话：021-59789257
传　　真：021-59789267
主要产品：钛白粉

公司名称：上海龙津金属材料有限公司
地　　址：上海市南大路 200 号 406 室
邮　　编：200436
电　　话：021-56517503
主要产品：氧化钒，氧化钼

公司名称：上海马腾新型材料厂
地　　址：上海宝山区陈家镇工业园区
邮　　编：201900
电　　话：021-56121714
主要产品：锌粉，铝粉，铝银浆系列，炼钢用辅料

公司名称：上海茂谦实业有限公司
地　　址：上海市闵行区七莘路 2099 号华友大厦 2 幢 B501
邮　　编：201100
电　　话：021-51763806
主要产品：钛白粉，有机颜料

公司名称：上海梅华化工有限公司
地　　址：上海市华灵路 1180 弄 59 号 101 室
邮　　编：200436
电　　话：021-66372503
传　　真：021-66373247
邮　　箱：mhsh@meihuachemical.com
主要产品：颜料，填料

公司名称：上海美嘉化工有限公司
地　　址：上海市中山北路 2318 号 1503 室
邮　　编：200061
电　　话：021-52913056
主要产品：钛白粉，立德粉，硫酸钡，增白剂，助剂

公司名称：上海美易化工有限公司
地　　址：上海市浦东向城路 58 号东方国际科技大厦 23 楼 B 座
邮　　编：200122
电　　话：021-50332540
主要产品：颜料，助剂

公司名称：上海岷珉氧化锌厂
地　　址：青浦区白鹤镇青龙村
邮　　编：201709
电　　话：021-59861666
传　　真：021-59861518
邮　　箱：minminsales@hi2000.com
网　　址：www.shminmin.com
主要产品：颜料，填料

公司名称：上海闵行区沐杨实业有限公司
地　　址：上海市闵行区莘庄山花路 65 弄 35 号 301 室
邮　　编：201100
电　　话：021-64608140
主要产品：助剂，颜填料，乳液

公司名称：上海明都化工有限公司
地　　址：上海市普陀区中山北路 2052 号 1210 室
邮　　编：200063
电　　话：021-52911256
网　　址：www.mingdouchem.com
主要产品：正己烷，四甘醇，化工类原材料

公司名称：上海莫尔化工有限公司
地　　址：上海市浦东新区张杨路 2855 弄 5 号 202 室
邮　　编：201203
电　　话：021-68532417
传　　真：021-58857621
主要产品：助剂，颜料，填料

公司名称：上海南陵化工产品有限公司
地　　址：上海市闵行区华美路 100 弄 18 号

邮　　编：201106
电　　话：021-52239009
网　　址：www.mingdouchem.com
主要产品：钛白粉，白色素，滑石粉

公司名称：上海诺泰化工有限公司
地　　址：上海市真南路3527弄13号
邮　　编：200331
电　　话：021-51035338
网　　址：www.nuotai.net
主要产品：有机化工原料，医药中间体

公司名称：上海欧诚锌业有限公司
地　　址：上海市闸北区共和新路2449号1318室
邮　　编：200070
电　　话：021-51698599
主要产品：氧化锌，锌粉

公司名称：上海派德化工原料有限公司
地　　址：上海市普陀区新丰路85弄10号501室
邮　　编：200333
电　　话：021-52709102
主要产品：钛白粉，氧化锌，硫酸钡，高岭土

公司名称：上海攀钛化工有限公司
地　　址：上海市闵行区虹梅南路777弄53幢（2栋）2205室
邮　　编：200237
电　　话：021-61610107
主要产品：七水硫酸亚铁，钛白粉

公司名称：上海攀银化工有限公司
地　　址：上海市金山山阳工业区红旗东路423号
邮　　编：201508
电　　话：021-57244369
主要产品：色浆

公司名称：上海浦江碳酸钙厂
地　　址：上海市浦东新区龚路镇迅建村
邮　　编：201209
电　　话：021-58562872
主要产品：碳酸钙

公司名称：上海齐彩化工科技有限公司
地　　址：上海市金山区廊下镇光明村4051号
邮　　编：201516
电　　话：021-57207113
网　　址：www.shqchg.com
主要产品：颜填料，助剂

公司名称：上海齐德化工有限公司
地　　址：上海市虹口区虹桥临空经济园区
邮　　编：200335
电　　话：021- 69192928
主要产品：颜填料，成膜物质

公司名称：上海齐隆化工有限公司
地　　址：上海市浦东新区民生路550号船研大厦705室
邮　　编：200135
电　　话：021-68557059
主要产品：涂料，颜填料，油墨用C9石油树脂

公司名称：上海仟侨实业有限公司
地　　址：上海市逸仙路1238弄
邮　　编：200439
电　　话：021-65167062
主要产品：科莱恩颜料，群青，有机颜料，钛白粉

公司名称：上海侨瑞有限公司
地　　址：上海市闸北区晋元路228弄3号902室
邮　　编：200070
电　　话：021-63810386
主要产品：白炭黑，涂料用树脂

公司名称：上海巧超化工有限公司
地　　址：上海市嘉定区丰庄路301弄24号301室
邮　　编：201824
电　　话：021-59189525
主要产品：钛白粉，碳酸钙，沉淀硫酸钡

公司名称：上海庆成染料化工有限公司
地　　址：上海市闸北区柳营路548号
邮　　编：200070
电　　话：021-56636269
主要产品：颜料

公司名称：上海琼钰化工原料有限公司
地　　址：上海市普陀区曹安公路1855号A802室
邮　　编：200333
电　　话：021-33518560-803
主要产品：钛白粉，铝银浆

公司名称：上海染料研究所有限公司
地　　址：上海市中山北路1238号
邮　　编：200065
电　　话：021-56093493
传　　真：021-56084790
网　　址：www.shi-tou.com
主要产品：颜料

公司名称：上海瑞钛实业有限公司
地　　址：上海市锦秋路699弄锦秋花园十一区170号303室
邮　　编：200444
电　　话：021-66713084
主要产品：钛白粉

公司名称：上海润颜精细化工有限公司
地　　址：上海市青浦区赵巷镇金葫芦11区1271号
邮　　编：201703
电　　话：021-59750692
网　　址：www.oliverchem.cn
主要产品：群青颜料

公司名称：上海三正高分子材料有限公司
地　　址：华东理工大学
邮　　编：200237
电　　话：021-54296396
网　　址：www.szpolymer.com
主要产品：颜料

公司名称：上海桑安化工贸易有限公司
地　　址：上海市真南路708号方正商务楼408室
邮　　编：200333
电　　话：021-62845587
主要产品：钛白粉，无机颜料，立德粉，丙甲醇，消泡剂，消光粉

公司名称：上海森斐化学有限公司
地　　址：上海市宝山区聚丰园路628弄168号602室
邮　　编：200444
电　　话：021-31261285
网　　址：www.shsfhx.com
主要产品：醇类产品，磷酸盐

公司名称：上海尚南贸易有限公司
地　　址：上海市新闸路249号雅洲商务中心4号楼410
邮　　编：200003
电　　话：021-63582461
网　　址：www.greenchem.cn
主要产品：纤维素，添加剂

公司名称：上海生利行工贸有限公司
地　　址：上海市金沙江路1066号申汉商务大厦C座903室
邮　　编：201802
电　　话：021-62649600
主要产品：色浆

公司名称：上海世享工贸有限公司
地　　址：上海市松江区九亭高科技园区九泾路
邮　　编：201105
电　　话：021-33881952
网　　址：www.007swz.com
主要产品：钛白粉，颜料

公司名称：上海市冠利矿产品有限公司
地　　址：上海市奉贤区乌桥镇卫公路工业园
邮　　编：201402
电　　话：021-51390177
网　　址：shgl.nhcl.org.cn
主要产品：碳酸钙，滑石粉，颜料，填料

公司名称：上海市嘉卓化工有限公司
地　　址：上海市田州路99号新茂大楼801室
邮　　编：200233
电　　话：021-54450588
网　　址：www.brillchem.com
主要产品：助剂，颜料

公司名称：上海市勤富工贸有限公司
地　　址：上海市铜川路276弄29号602室
邮　　编：200333
电　　话：021-69106226
网　　址：iucom.cn.com51.com
主要产品：钛白粉

公司名称：上海市雪美精细化工厂
地　　址：上海市南京东路61号8010室
邮　　编：200002
电　　话：021-62808130
主要产品：填料

公司名称：上海双达化工有限公司
地　　址：上海市北翟路1554弄82号
邮　　编：201106
电　　话：021-52235070
主要产品：高岭土，钛白粉，碳酸钙

公司名称：上海双跃化工有限公司
地　　址：上海市南大路158弄62号501室
邮　　编：200442
电　　话：021-56512070
主要产品：钛白粉

公司名称：上海顺缔聚氨酯有限公司
地　　址：上海市闵行区联航路 1588 号
邮　　编：201112
电　　话：021-51905302
网　　址：www.swdpu.com.cn
主要产品：聚脲弹性体组合料，抗紫外线防老化涂层

公司名称：上海舜水化工有限公司
地　　址：上海市闵行区都市路 4580 弄 23 号 402 室
邮　　编：201100
电　　话：021-64607780
网　　址：www.shunshui.cn
主要产品：消泡剂，黄原胶，纤维索，可再分散乳胶粉，聚乙烯醇

公司名称：上海四极钛业有限责任公司
地　　址：国上海市浦东张江高科技园区哈雷路 1011 号 307 室
邮　　编：201210
网　　址：www.fourpole.com
主要产品：钛白粉，颜填料全系列产品

公司名称：上海松尾贸易有限公司
地　　址：上海市武定西路 1189 号静安律德大厦 306 室
邮　　编：200042
电　　话：021-62491997
主要产品：日本东洋铝浆，德国 borchers 助剂系列，同德树脂

公司名称：上海台聚色浆有限公司
地　　址：上海市嘉定区宝钱公路 4696 号
邮　　编：201806
电　　话：021-69575299
主要产品：色浆

公司名称：上海桃浦染料公司
地　　址：上海古浪路 1600 弄
邮　　编：200331
电　　话：021-62505462
传　　真：021-62506268
邮　　箱：taopu@hi2000.com
网　　址：www.taopudyes.com
主要产品：颜料

公司名称：上海特邦工贸有限公司
地　　址：上海市普陀区真南路 4978 号
邮　　编：201802
电　　话：021-59120231
网　　址：www.qrx.cn
主要产品：钛白粉

公司名称：上海天豹化工有限公司
地　　址：上海市九亭镇九新公路 58 弄 2 号 902 室
邮　　编：201615
电　　话：021-57630951
网　　址：www.shtianbao.com
主要产品：钛白粉

公司名称：上海天衡化工有限公司
地　　址：上海市古美路 1471 号 429 室
邮　　编：200233
电　　话：021-34130225
网　　址：www.shthhg.com
主要产品：颜料，填料

公司名称：上海天一纳米材料有限公司
地　　址：上海宝山城市工业园
邮　　编：030600
电　　话：021-66166581
主要产品：消光粉

公司名称：上海天亿石油化工有限公司
地　　址：上海市浦东大道 1525 号中国石化大厦西楼 1602 室
邮　　编：200135
电　　话：021-58216426
主要产品：钛白粉

公司名称：上海统麒贸易有限公司
地　　址：上海市嘉定区回城南路 1128 号 A320-321-2F
邮　　编：201821
电　　话：021-59162273
网　　址：www.tongqichina.cn
主要产品：白炭黑

公司名称：上海屯满工贸有限公司
地　　址：上海市闵行区
邮　　编：201105
电　　话：021-27805034
主要产品：颜料

公司名称：上海网维化工有限公司
地　　址：上海市嘉定区黄渡工业园春归路 399 号
邮　　编：201804
电　　话：021-69595188
传　　真：021-69595188
主要产品：消光剂，膨润土，分散剂，消光粉，硬脂酸锌

公司名称：上海威亿实业有限公司
地　　址：上海市普陀区金沙江路 1698 弄 6 号 1301 室
邮　　编：200333
电　　话：021-32525015
网　　址：www.mmimm.com
主要产品：钛白粉

公司名称：上海唯精化工有限公司
地　　址：上海市浦东羽山路 998 弄 6 号 801 室
邮　　编：200032
电　　话：021-64182515
主要产品：助剂，树脂，消光粉

公司名称：上海文华化工颜料有限公司
地　　址：上海市黄浦区南京东路 61 号新黄浦金融大厦 1508
邮　　编：200002
电　　话：021-63238871
传　　真：021-63236298
主要产品：化工原料，助剂，颜料，染料产品

公司名称：上海文珺化工有限公司
地　　址：上海南大路 146 弄 1 号 504
邮　　编：200436
电　　话：021-56043021
传　　真：021-66508385
邮　　箱：wenjunchem@citiz.net
网　　址：www.sh-wjhg.com
主要产品：颜料，填料

公司名称：上海沃岱欣励贸易有限公司
地　　址：上海市武定路 555 号 318 室
邮　　编：200040
电　　话：021- 32517060
网　　址：www.bingojob.cn
主要产品：颜料

公司名称：上海湘琪工贸有限公司
地　　址：上海市长宁区定威路 28 弄 54 号
邮　　编：200335
电　　话：021-52600551
主要产品：氧化铁颜料，钛白粉

公司名称：上海湘新阻燃材料有限公司
地　　址：上海市嘉定区南翔镇德华路 316 弄 34 号 301 室
邮　　编：201802
电　　话：021-69124178
主要产品：白炭黑，高岭土，氧化锌，钛白粉

公司名称：上海向岚化工有限公司
地　　址：上海市嘉定区南翔镇芳林路 819 弄白金院邸 39 号
邮　　编：201802
电　　话：021-69895672 69895673
传　　真：021-51026067
主要产品：有机硅消泡剂，氟碳表面活性剂，聚四氟乙烯微粉，3M 中空玻璃微球

公司名称：上海协风实业发展有限公司
地　　址：上海市青浦区沪青平公路 1963 弄 668 号
邮　　编：201702
电　　话：021-59761433
网　　址 www.xfungchem.com.cn
主要产品：钛白粉

公司名称：上海新赛乐纤维素有限公司
地　　址：上海市闸北区延长中路 625 弄 3 幢 212 室
邮　　编：200072
电　　话：021-61473585 61473586
网　　址：www.newcllu.com
主要产品：纤维素系列产品

公司名称：上海新艳钛白粉制造有限公司
地　　址：上海市嘉定区临夏路 1000 弄 77 号 201 室
邮　　编：201803
电　　话：021-69130510
主要产品：颜填料

公司名称：上海新艳颜料有限公司
地　　址：上海市嘉定区江桥镇吴杨东路 333 弄 118 号 2 楼
邮　　编：201812
电　　话：021-33514598
网　　址：www.xinyanyl.cn
主要产品：颜料系列产品

公司名称：上海信润实业有限公司
地　　址：上海市浦东新区惠南镇沪南公路 9300 号汇展国际商务中心 704~710室
邮　　编：201314
电　　话：021-20916106
网　　址：www.sh-sunrun.com
主要产品：钛白粉，镀钛颜料

公司名称：上海信鑫化工颜料有限公司
地　　址：上海市闵行区罗秀路 A 座 206 室
邮　　编：201104
电　　话：021-54814584

邮　　箱：xinxing968@163.com
主要产品：汽巴有机颜料，爱卡，科莱恩系列产品

公司名称：上海雄川化工有限公司
地　　址：上海市汶水路 301 号 C120 室
邮　　编：200071
电　　话：021-66315301
网　　址：www.xiongchuanchem.cn
主要产品：钛白粉

公司名称：上海雄家工贸有限公司
地　　址：上海市复兴中路 1197 号 608 室
邮　　编：200031
电　　话：021-54669585
主要产品：铝银浆，珠光颜料

公司名称：上海炫翔商贸有限公司
地　　址：上海静安区胶州路 397 号 5 号楼 340 室
邮　　编：200001
电　　话：021-56328963
网　　址：www.chemcp.com
主要产品：钛白粉，颜料

公司名称：上海雅联颜料化工有限公司上海分公司
地　　址：上海市石门二路 333 弄 3 号恒安大厦 25 楼 C 座
邮　　编：200041
电　　话：021-62557561
传　　真：021-62153659
主要产品：有机颜料，铝银浆

公司名称：上海研润化工事业部
地　　址：上海市浦东茂兴路 86 号 9D
邮　　编：200127
电　　话：021-51697260
传　　真：021-58392291
网　　址：www.sanvo.comyr17.net
主要产品：颜填料，助剂

公司名称：上海颜钛实业公司
地　　址：上海市青浦区松泽大道 5350 弄 3-4 号
邮　　编：201706
电　　话：021-39876888
网　　址：www.titanos.com.cn
主要产品：钛白粉

公司名称：上海颜竹实业有限公司
地　　址：上海市宝山区祁连山路祁华路封瑞华庭
邮　　编：200072
电　　话：021- 66163065
网　　址：yanzhushiye.cn
主要产品：钛白粉

公司名称：上海一诚颜料制造有限公司
地　　址：上海市青浦区华新镇嘉松中路 3728 号
邮　　编：201705
电　　话：021-59771033
传　　真：021-59770400
主要产品：色膏（浆）

公司名称：上海一品颜料有限公司
地　　址：上海市嘉定区嘉松北路 4839 号
邮　　编：201814
电　　话：021-59503789
邮　　箱：wj@yipin.com
网　　址：www.yipin.com
主要产品：氧化铁系颜料，铬系颜料，防锈颜料，颜料的相关衍生产品

公司名称：上海一卓化工有限公司
地　　址：上海市松江区思贤路 1855 弄昌鑫花园 146 号 202 室
邮　　编：201602
电　　话：021-61124123 13585520131
邮　　箱：13585520131@163.com
主要产品：色浆

公司名称：上海忆乐化工有限公司
地　　址：上海市漕溪路 250 号银海大楼 B 座 407-408 室
邮　　编：200235
电　　话：021-54489821
网　　址：www.yilechem.com.cn
主要产品：蜡浆系列，弹性涂料用聚酯树脂

公司名称：上海易路工贸有限公司
地　　址：上海市龙吴路 1500 号 A410 室
邮　　编：200231
电　　话：021-54356336
主要产品：颜料，填料

公司名称：上海奕强化工有限公司
地　　址：上海市闵行区颛桥镇繁安路 59 弄 32 号
邮　　编：201108
电　　话：021-64898334
主要产品：铝银浆，金葱粉，进口电镀银，电镀银树脂，进口防掉银剂

公司名称：上海意蕊贸易有限公司
地　　址：上海市松江区车墩镇华阳桥朝阳路 1 号
邮　　编：201613
电　　话：021-37837161
传　　真：021-57775816
邮　　箱：star601@163.com
主要产品：白炭黑

公司名称：上海毅格经贸有限公司
地　　址：上海市宝山区锦秋路 699 弄 5 区 316 号
邮　　编：200444
电　　话：021-66167007
主要产品：硫酸钡，高岭土

公司名称：上海英柯化工有限公司
地　　址：上海市闵行区江川路 2199 弄 25 号
邮　　编：201111
电　　话：021-54721569
网　　址：www.yingkechem.com
主要产品：颜料，防锈底漆，地坪涂料

公司名称：上海涌鑫化工有限公司
地　　址：上海市普陀区白丽路 688 弄 10 号 301
邮　　编：200331
电　　话：021-26375533
网　　址：www.yxvvv.net.cn
主要产品：钛白粉，立德粉，氧化铁红，氧化铁黄，膨润土，高岭土

公司名称：上海优博化工有限公司
地　　址：上海市白丽路 688 弄 4 号 601 室
邮　　编：200331
电　　话：021-66954281
主要产品：素炭黑

公司名称：上海羽唐实业有限公司
地　　址：上海市奉贤区邬桥镇汇中西路 88 号
邮　　编：200060
电　　话：021-52850883
网　　址：www.yutang-sh.com
主要产品：石锈颜料

公司名称：上海育坤贸易有限公司
地　　址：上海市闵行区莘庄镇庙泾路 66 号莘庄经济城商务大楼 311 室
邮　　编：201100
电　　话：021-64134828
主要产品：铝银浆，树脂，注剂，颜料

公司名称：上海钰通颜料有限公司
地　　址：上海市浦东新区商城路 1225 号 2 号楼 204 室
邮　　编：200120
电　　话：021-68759504
网　　址：www.u-times.com
主要产品：钛白粉，有机颜料，炭黑，表面处理剂

公司名称：上海裕晨化工原料有限公司
地　　址：上海市嘉定区靖远路 799 弄 22 号 602 室
邮　　编：201803
电　　话：021-69118574
网　　址：www.shyuchen88.cn
主要产品：钛白粉，塑料助剂类，颜料类，粉类

公司名称：上海跃江钛白化工有限公司
地　　址：上海市控江路 2075 号贵人大厦 7 楼
邮　　编：200092
电　　话：021-51609725
传　　真：021-55968728
邮　　箱：zch@hi2000.com
网　　址：www.yjti.com
主要产品：钛白粉

公司名称：上海云珠工贸发展有限公司
地　　址：上海市沪太路 909 弄 15 号甲座 2 楼 204 室
邮　　编：200072
电　　话：021-56373532
传　　真：021-66102842
主要产品：珠光颜料，钻石珑等高档装饰性效果颜料

公司名称：上海泽文贸易有限公司
地　　址：上海市普陀区丹巴路 10 号 6 楼 508 室
邮　　编：201162
电　　话：021-32500983
主要产品：钛白粉

公司名称：上海正江化工有限公司
地　　址：上海市虹口区海伦路 178 号五楼 504 室
邮　　编：200086
电　　话：021-65134885
传　　真：021-65134885
主要产品：钛白粉

公司名称：上海智波化工有限公司

地　　址：上海市四平路 421 弄 107 号 3 楼
邮　　编：200081
电　　话：021-65229151
传　　真：021-65228965
邮　　箱：huanyu@sina.com
网　　址：www.shzbhg.com
主要产品：颜料

公司名称：上海中精国际贸易有限公司
地　　址：上海市天山路 198 弄 2 号 18 楼
邮　　编：200336
电　　话：021-52530097 52530276
传　　真：021-52535276 32111178
邮　　箱：libao@lbchem.com sales@lbchem.com
网　　址：www.lbchem.com
主要产品：钛白粉，乳液

公司名称：上海中庸贸易有限公司
地　　址：上海市浦东新区世纪大道 1500 号东方大厦 1708 室
邮　　编：200122
电　　话：021-68407216
传　　真：021-68407219
网　　址：www.yuntianzhi.com
主要产品：钛白粉，杀菌剂

公司名称：上海中油企发粉体材料有限公司
地　　址：上海市江桥工业园发祥路 17 号
邮　　编：201803
电　　话：021-59118706 51200650
传　　真：021-69118146
邮　　箱：bxshen@fccnpc.cn
网　　址：www.cnpc-fc.com
主要产品：石英砂，硅微粉，云母粉，滑石粉，颜料，填料

公司名称：上海珠尔纳高新粉体材料有限公司
地　　址：上海市南翔经济开发区真南路 4970 号
邮　　编：201802
电　　话：021-69120339
传　　真：021-69122457
网　　址：www.sh-science.com
主要产品：珠光颜料

公司名称：上海珠光精细化工有限公司
地　　址：上海市徐汇区上海市宜山路 1009 号创新大厦 1702 室
邮　　编：200233
电　　话：021-64954648
传　　真：021-64954487
主要产品：珠光颜料

公司名称：上海卓捷化工有限公司
地　　址：上海市四平路 311 号甲座 1005 室
邮　　编：200081
电　　话：021-65757845
传　　真：021-65757846-608
主要产品：助剂，颜料，树脂

公司名称：上海卓盛化工科技有限公司
地　　址：上海市中山北路 831 弄 5 号 103 室
邮　　编：200070
电　　话：021-56623171
传　　真：021-56623763
邮　　箱：shzhuosheng@yahoo.cn
网　　址：www.shzhuosheng.com
主要产品：钛白粉，羟乙基纤维素，甲酸钙，超细硅酸铝

公司名称：上海紫欧工贸有限公司
地　　址：上海市中春路 7001 号明谷科技园 B 栋 302 室
邮　　编：201101
电　　话：021-54884452
传　　真：021-54884757
主要产品：聚乙烯醇，纤维素，丙烯酰胺，钛白粉

公司名称：生兴行化学（上海）有限公司
地　　址：上海市静安区南京西路 555 号 401 室
邮　　编：200041
电　　话：021-62564323-17
传　　真：021-63759038
主要产品：杀菌防霉剂，功能助剂，颜料，溶剂

公司名称：世发国际贸易(上海)有限公司
地　　址：上海市延安西路 3062 弄 18 号 4 楼 D 座
邮　　编：201103
电　　话：021-54223488
传　　真：021-54223637
主要产品：金红石型钛白粉，丙烯酸树脂

公司名称：特诺颜料有限公司上海代表处
地　　址：上海市福州路 318 号高腾大厦 1503 室
邮　　编：200001
电　　话：021-63912658
传　　真：021-63912659
网　　址：www.tronox.com
主要产品：钛白粉

公司名称：瓦克化学贸易（上海）有限公司
地　　址：上海市浦东新区银城中路 200 号中银大厦 31 楼
邮　　编：200120
电　　话：021-61003400
传　　真：021-61003500
主要产品：有机硅，硅橡胶

公司名称：先尼科化工（上海）有限公司
地　　址：上海市江苏路 369 号兆丰世贸大厦 17 楼 D 座
邮　　编：200050
电　　话：021-52400178
传　　真：021-52400136
邮　　箱：sales@cinic.com
网　　址：www.cinic.com
主要产品：高性能有机颜料

公司名称：中核华原钛白股份有限公司
地　　址：上海市宜山路 508 号景鸿大楼 11 楼 A 座
邮　　编：200233
电　　话：021-54243261
邮　　箱：sales@tioxhua.com
网　　址：www.tioxhua.com
主要产品：钛白粉

公司名称：株式会社喜多村
地　　址：上海市瑞金南路 185 弄 3 号 102 室
邮　　编：200023
电　　话：021-53520022
传　　真：021-53525022
主要产品：聚四氟乙烯微粉

公司名称：上海铬黄颜料厂
地　　址：上海市嘉定区马陆镇仓场村 5 号
邮　　编：201818
电　　话：021-66273266
传　　真：021-59903156
邮　　箱：luotuo@online.sh.cn
主要产品：防锈颜料

公司名称：彩虹染料颜料有限公司
地　　址：江苏省昆山市玉山镇红峰中路 375 号
邮　　编：215300
电　　话：0512-57515288
传　　真：0512-57515287
主要产品：颜料

公司名称：南通宝聚颜料有限公司
地　　址：江苏省如皋市如皋港精细化工园区
邮　　编：226532
电　　话：0513-87688410
网　　址：www.bojo.cc
主要产品：氧化铁系列颜料及钛白粉

公司名称：韩国旭成化学有限公司
地　　址：江苏省昆山市千灯县黄浦江南路 1451 号
邮　　编：214351
电　　话：0512-55258000
传　　真：0512-55259000
主要产品：无机颜料，有机颜料，荧光颜料

公司名称：常熟市精细化工厂
地　　址：江苏省常熟市沙家浜镇唐东村
邮　　编：215542
电　　话：0512-52571273
传　　真：0512-52571471
主要产品：有机颜料，染料

公司名称：常熟市凌桥化工有限公司
地　　址：江苏省常熟市莫城镇西
邮　　编：215556
电　　话：0512-52458777
传　　真：0512-52451431
主要产品：分散染料，还原染料，红色基

公司名称：常熟市万佳颜料化工有限公司
地　　址：江苏省常熟市尚湖镇王庄张村
邮　　编：215000
电　　话：0512-52431202
主要产品：酞菁，偶氮，有机化工颜料

公司名称：常熟市颜料化工厂
地　　址：江苏常熟市莫城镇建桥村（现名东始村）
邮　　编：215556
电　　话：0520-2451205
传　　真：0520-2451788
主要产品：颜料

公司名称：常熟市杨园幸福化工厂
地　　址：江苏常熟市杨园镇桃化路 1 号
邮　　编：215562
电　　话：0512-52477888 52471495
传　　真：0512-52471708 52475510
主要产品：颜料

公司名称：常熟铁红厂有限公司
地　　址：江苏省常熟市北桥湾 9 号
邮　　编：215500

电　　话：0520-2795888
传　　真：0520-2772463
邮　　箱：thc@cspigment.com
主要产品：颜料

公司名称：常熟欣润染料有限公司
地　　址：江苏省苏州市常熟市沙家浜镇沙家浜镇三塘村
邮　　编：215542
电　　话：0512-52571304
传　　真：0512-52576117
主要产品：颜料

公司名称：常州北美化学集团有限公司
地　　址：常州市新区圩塘滨江化工区
邮　　编：213033
电　　话：0519-5777600
传　　真：0519-5777800
邮　　箱：cznachem@pub.cz.jsinfo.net
网　　址：www.cznachem.com
主要产品：有机颜料

公司名称：常州惠光化工有限公司
地　　址：常州市龙江路城西运输市场1号楼215室
邮　　编：213147
电　　话：0519-83562968
主要产品：颜料

公司名称：常州金利铜金粉厂
地　　址：江苏省常州市武进区洛阳镇跃进桥
邮　　编：213105
电　　话：0519-88551410
主要产品：铜金粉

公司名称：常州利尔化工有限公司
地　　址：江苏省常州市新丰街14号武进大厦B636-639室
邮　　编：213003
电　　话：0519-88113808
主要产品：二氯乙烷，二甲基亚砜，二甲基硫醚

公司名称：常州亮彩颜料化工有限公司
地　　址：江苏省常州市通江中路600号长江塑料化工市场5-31号
邮　　编：213000
电　　话：0519-89180958
主要产品：科莱恩颜料，群青，有机颜料，钛白粉

公司名称：常州狮帅贸易有限公司
地　　址：江苏省常州市新北区黄山路217号SOHO现代城10055室
邮　　编：213021
电　　话：0519-85153111
传　　真：0519-85153222
主要产品：铝银浆，珠光粉，铜金粉，助剂

公司名称：常州市北湖铝粉浆有限公司
地　　址：江苏省常州市武进区横林镇北湖工业园
邮　　编：213101
电　　话：0519-88782957
主要产品：铝银浆

公司名称：常州市浩强化工有限公司
地　　址：江苏省常州市武进区遥观通济工业园人民东路3号
邮　　编：213162
电　　话：0519-86323292
主要产品：涂料原料，钛白粉，进口钛白粉，立德粉，超细滑石粉，超细硫酸钡，云母粉，各种涂料助剂

公司名称：常州市金阳洋铝银粉有限公司
地　　址：江苏省常州市钟楼区新闸镇唐家工业园
邮　　编：213012
电　　话：0519-3258369
主要产品：铝银浆

公司名称：常州市巨龙粉体化学有限公司
地　　址：江苏省常州市牛塘工业区
邮　　编：213163
电　　话：0519-85824799
传　　真：0519-3282999
邮　　箱：webmaster@czjulong.com
主要产品：内外墙腻子粉，墙衬（黄色），滑石粉，针状硅灰石粉，装饰白水泥，瓷砖嵌缝剂，瓷砖黏合剂，砂浆王

公司名称：常州市美伦钛业有限公司
地　　址：江苏省常州市武进区前黄镇
邮　　编：213172
电　　话：0519-6517926
主要产品：钛白粉

公司名称：常州市美珠颜料有限公司
地　　址：江苏省常州市新北区通江路600号塑化市场12幢26号
邮　　编：213000
电　　话：0519-85766508
主要产品：珠光颜料，金葱粉，金银粉

公司名称：常州市普兰纳涂料有限公司
地　　址：江苏省常州市新北区华山路20号
邮　　编：213022
电　　话：0519-5129111
传　　真：0519-5129111
邮　　箱：support@lipaipaint.com
主要产品：颜料

公司名称：常州市天义化工有限公司
地　　址：江苏省常州市新北区太湖东路府琛大厦1-617
邮　　编：213022
电　　话：0519-85158089
主要产品：涂料、油墨用助剂

公司名称：常州希恩铝业有限公司
地　　址：江苏省常州市新区太湖中路23栋602室
邮　　编：213022
电　　话：0519-85158515
网　　址：www.czshine.com
主要产品：铝银浆

公司名称：常州众博复合材料有限公司
地　　址：江苏省常州市金坛经济开发区河头工业园区兴明路8号
邮　　编：213212
电　　话：0519-88839189
主要产品：颜填料

公司名称：枞阳县旺超铝银浆有限公司
地　　址：江苏省常州市横林镇北湖秀旺村7号
邮　　编：246723
电　　话：0519-88461128
主要产品：铝银浆

公司名称：丹阳市百驰化工有限公司
地　　址：江苏省丹阳市运河镇北池工业园
邮　　编：212352
电　　话：0511-86451290
主要产品：颜料，填料，助剂

公司名称：丹阳市光阳铝银粉厂
地　　址：江苏省丹阳市运河镇
邮　　编：212323
电　　话：05116450168
主要产品：铝银浆

公司名称：丹阳市佳华铝银浆制造有限公司
地　　址：江苏省丹阳市司徒镇西郊工业区
邮　　编：212300
电　　话：0511-86805777
主要产品：铝银浆

公司名称：丹阳市美尔鑫化工有限公司
地　　址：江苏省丹阳市吕城工业科技工业园
邮　　编：212000
电　　话：0511-86478478
主要产品：铝银浆，金属颜料

公司名称：丹阳市明珠铝浆颜料有限公司
地　　址：江苏省丹阳市运河镇从杨
邮　　编：212352
电　　话：0511-6454388
主要产品：铝浆颜料

公司名称：丹阳市日强化工有限公司
地　　址：江苏省丹阳市吕城镇吕导路
邮　　编：212351
电　　话：0511-86477999
主要产品：铝银浆

公司名称：东台百彩颜料化工有限公司
地　　址：江苏省东台市鼓楼东路288号金地盛大花园17号
邮　　编：224200
电　　话：0515-85460566
主要产品：酞菁蓝，酞菁绿，永固紫，中铬黄，颜料

公司名称：东台市颜料化工厂
地　　址：江苏省东台市四灶镇
邮　　编：224248
电　　话：0515-85166982
传　　真：0515-85464892
主要产品：颜料

公司名称：海门力德化工新材料有限公司
地　　址：江苏省海门市王浩镇工业园区
邮　　编：226145
电　　话：0513-82695038
主要产品：涂料用催干料

公司名称：洪泽盛联油墨涂料有限公司
地　　址：江苏省淮安市洪泽县西顺河镇

顺达路48号
邮　　编：223114
电　　话：0517-7308000
主要产品：烤漆

公司名称：淮安市飞洋钛白粉制造有限责任公司
地　　址：江苏省淮安市楚州区二堡粮库北侧
邮　　编：223242
电　　话：0517-85730098
主要产品：钛白粉

公司名称：魔龚化工（扬州）有限公司
地　　址：江苏省江都市魔村镇人民路1号
邮　　编：225236
电　　话：0514-86373200
主要产品：荧光颜料

公司名称：江都市国兴锌业有限公司
地　　址：江苏省江都市凡川镇北向阳桥
邮　　编：225254
电　　话：0514-86611181
主要产品：氧化锌

公司名称：江都市苏中锌业有限公司
地　　址：江苏省江都市樊川镇东汇村鞠西组
邮　　编：225254
电　　话：0514-86619666
主要产品：氧化锌，锌锭，0号锌

公司名称：江苏贝丽得珠光颜料有限公司
地　　址：江苏省宿迁经济开发区晨风路128号
邮　　编：223800
电　　话：0527-88205633
主要产品：珠光颜料

公司名称：江苏奔球高新材料股份有限公司
地　　址：江苏省张家港市保税区中兴路
邮　　编：215634
电　　话：0512-58381007 58388612
传　　真：0512-58381992 58382138
网　　址：www.benqiu.com zzzzz-lianxi.htm
主要产品：颜料，填料

公司名称：江苏滨海名大合成材料有限公司
地　　址：江苏省盐城滨海县工业园区工业支路5号
邮　　编：224500
电　　话：0515-84100818
主要产品：原子灰

公司名称：江苏丹凤集团公司
地　　址：江苏省丹阳市皇塘镇化工路81号
邮　　编：212327
电　　话：0511-6632380
传　　真：0511-6632166
主要产品：颜料，填料

公司名称：江苏丹阳市明珠铝浆颜料有限公司
地　　址：江苏省丹阳市吕城镇运河丛杨村
邮　　编：212352
电　　话：0511-86454388
传　　真：0511-86454366
主要产品：环保铝银浆

公司名称：江苏东立超细粉体有限公司
地　　址：江苏省盐城大丰市经济技术开发区纬三路8号
邮　　编：224100
电　　话：0515-83858707-707
主要产品：超微细碳酸钙，滑石粉，硫酸钡，氢氧化镁

公司名称：江苏科创高分子材料有限公司
地　　址：中国.江苏省.泰州市.高港区高新开发区姜高路16号
邮　　编：225300
电　　话：0523-82106868
主要产品：锌粉

公司名称：江苏森美铝颜料有限公司
地　　址：江苏省丹阳市折柳镇312国道222米处
邮　　编：212354
电　　话：0511-86605168
主要产品：铝银浆

公司名称：江苏省东台市宏峰化工有限公司
地　　址：江苏省盐城市东台市头灶工业园区
邮　　编：224200
电　　话：0515-85488828
主要产品：颜料

公司名称：江苏省通州市亚太颜料有限公司
地　　址：江苏省通州市通洋工业园
邮　　编：226017
电　　话：0513-5996188
主要产品：有机颜料

公司名称：江苏双乐化工颜料有限公司
地　　址：江苏省兴化市张郭镇人民路2号
邮　　编：225722
电　　话：00523-83761050
主要产品：颜料，填料

公司名称：江苏双乐化工颜料有限公司
地　　址：江苏省兴化市张郭镇人民路2号
邮　　编：225722
电　　话：0523-3761050 3762051 3764088
传　　真：0523-3760948 3761630
邮　　箱：slhg.xh@public.tz.js.cn
网　　址：www.shuangle.com
主要产品：颜料

公司名称：江苏泰州中建实业有限公司
地　　址：江苏省泰州市海阳路158号
邮　　编：225300
电　　话：0523-86550104
主要产品：无机铅铬黄系列颜料，钼铬红系列颜料，珠光系列颜料

公司名称：江苏天元金属粉末有限公司
地　　址：江苏省丹阳市运河镇军民东路50号
邮　　编：212352
电　　话：0511-86456521
主要产品：铝粉

公司名称：江苏裕华化工集团有限公司
地　　址：江苏省无锡市安镇镇锡沪路15号
邮　　编：214105
电　　话：0510-8781501 8785501
传　　真：0510-8781931
邮　　箱：yuhua@public1.wx.js.cn
网　　址：www.yuhuachem.com
主要产品：颜料，填料

公司名称：江苏镇钛化工有限公司
地　　址：江苏省镇江市新区大港临江西路68号
邮　　编：212001
电　　话：0511-85291280
主要产品：钛白粉

公司名称：江阴市宏盛珠光云母材料有限公司
地　　址：江阴市山观镇金山路310号
邮　　编：214437
电　　话：0510-86993086
传　　真：0510-86992908
主要产品：颜料

公司名称：江阴市启泰非金属工程有限公司
地　　址：江苏省江阴市文林镇文西路
邮　　编：214416
电　　话：0510-6340770
传　　真：0510-6081315
邮　　箱：info@jyqt.com
网　　址：www.jyqt.com
主要产品：颜料，填料

公司名称：姜堰市创新化工材料厂
地　　址：江苏省姜堰市大泗镇工业园区
邮　　编：225528
电　　话：0523-89567800
主要产品：氧化锌

公司名称：金坛市染料化工总厂
地　　址：江苏金坛市尧塘镇镇东路55号
邮　　编：213213
电　　话：0519-2592382
传　　真：0519-2593334
邮　　箱：jtyjp2@pub.cz.jsinfo.net
网　　址：www.kehaichem.com
主要产品：颜料

公司名称：句容市振荣化工有限公司
地　　址：江苏省句容市白兔镇解塘村88号
邮　　编：212403
电　　话：0511-84317658
主要产品：钛白粉

公司名称：昆山敖耐色浆科技有限公司
地　　址：江苏省昆山市千灯圣祥东路2号（机场路）
邮　　编：215341
电　　话：0512-57471787
主要产品：色浆

公司名称：昆山波蓝色浆有限公司
地　　址：江苏省昆山市玉山镇城北玉城南路165号
邮　　编：215300
电　　话：0512-50391239
主要产品：乳胶漆专用色浆

公司名称：昆山博奥化学科技有限公司
地　　址：江苏省昆山市昆太路 56 号
邮　　编：215337
电　　话：0512-57669398
主要产品：水性色浆

公司名称：昆山大川色浆材料有限责任公司
地　　址：江苏省昆山市张普镇大市绢欣路 1 号
邮　　编：215323
电　　话：0512-57254558
主要产品：水性色浆

公司名称：昆山登益复合建材有限公司
地　　址：江苏省昆山市千灯镇善普路北侧
邮　　编：215341
电　　话：0512-57472040
主要产品：复合岩片

公司名称：昆山虹宏贸易有限公司
地　　址：中国.江苏省.苏州市.昆山市柏庐路 401
邮　　编：215300
电　　话：0512-57451933
主要产品：铝银浆

公司名称：昆山华旭精细化工有限公司
地　　址：昆山市昆北路 190 号
邮　　编：215300
电　　话：0512-57790114
传　　真：0512-57790616
邮　　箱：sales@huaxuchem.com
网　　址：www.huaxuchem.com
主要产品：颜料

公司名称：昆山市彩通化工贸易有限公司
地　　址：江苏省昆山市周市镇黄浦江北路 219 号
邮　　编：215337
电　　话：0512-55122550
主要产品：水性色浆，特种着色剂，造纸色浆，乳胶色浆

公司名称：昆山市凯斯夫颜料有限公司
地　　址：江苏省昆山市青阳北路春晖路新浦花园 4-1 号
邮　　编：215300
电　　话：0512-57513325
主要产品：颜填料

公司名称：昆山市世名科技开发有限公司
地　　址：江苏省昆山市黄浦江北路 219 号
邮　　编：215337
电　　话：0512-57665889
主要产品：色浆，色卡，电脑调色一体化系统，特种水性涂料

公司名称：昆山市中星染料化工有限公司
地　　址：江苏省昆山市新镇东方路 188 号(339 省道南侧)
邮　　编：215300
电　　话：0512-57863968 57863965
传　　真：0512-57863969
邮　　箱：midstar@publicl.sz.js.cn
主要产品：颜料

公司名称：昆山市中星染料化工有限公司
地　　址：江苏省昆山市黄河路 170 号
邮　　编：215300
电　　话：0512-57324982
传　　真：0512-57327922
邮　　箱：midstar@public1.sz.js.cn
网　　址：www.midstar.cn
主要产品：颜料

公司名称：昆山秧浦化学工业有限公司
地　　址：江苏省昆山市陆家开发区 A 区一号路 3 号
邮　　编：215301
电　　话：0512-57876071
主要产品：涂料、造纸、皮革等水性专用色浆

公司名称：丽王化工（南通）有限公司
地　　址：江苏省南通市通州经济开发区
邮　　编：226300
电　　话：0513-86592888-811
主要产品：颜料

公司名称：溧阳市兄弟化工有限公司
地　　址：江苏省溧阳市旧县集镇
邮　　编：213373
电　　话：0519-87681888
传　　真：0519-87680198
邮　　箱：aly81198@pub.cz.jsinfo.net
网　　址：www.brother-chemical.com.cn
主要产品：颜料，填料

公司名称：连云港迪爱生色料有限公司
地　　址：江苏省连云港市灌南县化工产业园区
邮　　编：222523
电　　话：0518-83618888
主要产品：有机颜料

公司名称：连云港市泰格油墨化学有限公司
地　　址：江苏省连云港市海州开发区纬一路 10 号
邮　　编：222062
电　　话：0518-85915981
主要产品：建筑涂料，油墨，颜料

公司名称：南京鼎晨化学科技发展有限公司
地　　址：江苏省南京市汉中门大街 1 号金鹰汉中新城 21 层 B 座
邮　　编：210029
电　　话：025-86565868
主要产品：有机锡系列产品

公司名称：南京古卡贸易发展有限公司
地　　址：江苏省南京市栖霞区栖霞街道亭子桥 108 号
邮　　编：210033
电　　话：025-52123793
传　　真：025-85767396
主要产品：钛白粉，碳酸钙

公司名称：南京海泰纳米材料有限公司
地　　址：江苏省南京市公园路 42 号体育大厦 9 楼
邮　　编：210007
电　　话：0025-84868501
主要产品：纳米二氧化钛

公司名称：南京欧米亚精细化工有限公司
地　　址：江苏省南京市雨花区板桥镇近华村
邮　　编：210039
电　　话：025-86700800-121
主要产品：碳酸钙

公司名称：南京钛白化工有限责任公司
地　　址：南京市化学工业园区大纬东路 229 号
邮　　编：210047
电　　话：025-58366818 58366889
邮　　箱：nthcl@nthcl.com
网　　址：www.nthcl.com
主要产品：钛白粉

公司名称：南京钛白化工有限责任公司
地　　址：江苏省南京市六合化学工业园区大纬东路 229 号
邮　　编：210047
电　　话：025-58366580
主要产品：钛白粉

公司名称：南京汤山膨润土有限公司
地　　址：南京市中山门外汤山镇
邮　　编：211133
电　　话：025－84111587 84111557 84111567
传　　真：025－84111557-805
邮　　箱：lyl6688@cn-ysb.com
网　　址：www.cn-ysb.com
主要产品：颜料，填料

公司名称：南京天诗实验微粉有限公司
地　　址：江苏省南京市六合区长芦镇长丰路
邮　　编：210047
电　　话：025-58393864
主要产品：聚乙烯蜡微粉

公司名称：南通迪爱生金属颜料有限公司
地　　址：江苏省南通市海安县海安镇江海西路 198 号
邮　　编：226600
电　　话：0513-88789289
主要产品：颜料

公司名称：南通海迪化工有限公司
地　　址：江苏省海门市汤家镇西首
邮　　编：226126
电　　话：0513-82582922
主要产品：永固紫，有机颜料

公司名称：南通霍普有机高分子材料厂
地　　址：江苏省南通市人民西路 539 号
邮　　编：226005
电　　话：0513-82023332
主要产品：颜料，填料，成膜物质，涂料

公司名称：南通市争妍颜料化工有限公司
地　　址：江苏省海门市海门港工业开发区东区
邮　　编：226103
电　　话：0513-82269278
主要产品：颜料，填料

公司名称：南通市争妍颜料化工有限公司
地　　址：江苏省海门市海门港开发区东区(江滨段）
邮　　编：226103
电　　话：0513-2269728 2269078
邮　　箱：hmyl@public.nt.js.cn
网　　址：www.zhengyan.com.cn
主要产品：颜料

公司名称：南通兴盛化工有限公司
地　　址：江苏省如东县马塘镇

邮　　编：226401
电　　话：0513-4541589 4586664
传　　真：0513-4412385
网　　址：www.NTXSchem.com
邮　　箱：Info@NTXSchem.com
主要产品：颜料

公司名称：南通振新颜料有限公司
地　　址：江苏省如东县新店镇通洋路18号
邮　　编：226432
电　　话：0513-84388063
主要产品：酞菁颜料

公司名称：上海迪利诺化工有限公司苏州分部
地　　址：江苏省无锡市宜兴市化工交易市场A区1栋213-215号
邮　　编：214207
电　　话：0510-87940218
主要产品：钛白粉，色浆，助剂，乳液

公司名称：上海铬黄颜料厂苏州市分厂
地　　址：江苏省苏州市相城区阳澄湖镇东
邮　　编：215138
电　　话：0512-65421772
主要产品：颜料

公司名称：苏州埃纳硅业有限公司
地　　址：江苏省太仓市浏家港西泾银港小区
邮　　编：215433
电　　话：0512-53644693
网　　址：www.ainaguiye.com
主要产品：硅微粉

公司名称：苏州博卡金属颜料有限公司
地　　址：江苏省苏州市相城区太平工业园区金裕路
邮　　编：215137
电　　话：0512-65431668
主要产品：铝银浆

公司名称：苏州化原化工有限公司
地　　址：江苏省苏州市工业园区娄葑镇扬清路68号
邮　　编：215122
电　　话：0512-67152970
主要产品：溶剂，纯碱，钛白粉

公司名称：苏州景泰金属颜料制品有限公司
地　　址：江苏省苏州市相城区太平镇兴太路41号
邮　　编：215137
电　　话：0512-65433837
主要产品：颜料

公司名称：苏州景泰金属颜料制品有限公司
地　　址：苏州市相城区太平镇兴太路41号
邮　　编：215137
电　　话：0512-6543383 65433835
传　　真：0512-65432602
邮　　箱：info@print-copper-powder.com
网　　址：www.print-copper-powder.com
主要产品：颜料

公司名称：苏州凯贝科贸有限公司
地　　址：江苏省苏州市人民路3188号万达广场C座1509
邮　　编：215129
电　　话：0512-67537296
主要产品：十二碳醇酯，钛白粉，消泡剂

公司名称：苏州美克凯锐化工有限公司
地　　址：江苏省苏州市三香路999号1005室
邮　　编：215004
电　　话：0512-65357087
主要产品：预分散型水洗高岭土

公司名称：苏州三威染料化学有限公司
地　　址：江苏省苏州市吴中经济开发区南湖路18号
邮　　编：215128
电　　话：0512-65627574
主要产品：色浆

公司名称：苏州市东渚矿产制品有限公司
地　　址：苏州市东渚镇宝山村
邮　　编：215163
电　　话：0512-66891131
传　　真：0512-66891479
邮　　箱：office@szkczp.com
网　　址：www.szkczp.com
主要产品：颜料，填料

公司名称：苏州市申威非金属材料有限公司
地　　址：江苏省苏州市太湖度假区蒋墩工业小区
邮　　编：215164
电　　话：0512-66211912
主要产品：白炭黑，滑石粉

公司名称：苏州泰珠科技发展有限公司
地　　址：江苏省太仓市沙溪镇工业开发园区中心路1号
邮　　编：215421
电　　话：0510-53120352
主要产品：珠光颜料，金葱粉，云母粉，闪光片

公司名称：苏州新亚颜料化工有限公司
地　　址：江苏省太仓市新塘镇
邮　　编：215436
电　　话：0512-53620718 53621572
传　　真：0512-53620801
邮　　箱：webmaster@suzhouxinya.com
网　　址：www.suzhouxinya.com/lxwm.htm
主要产品：颜料

公司名称：泰州科创高分子材料有限公司
地　　址：江苏省泰州市寺巷民营工业园振兴西路8号
邮　　编：225300
电　　话：0523-86138138
主要产品：锌粉，片状锌粉，氧化锌

公司名称：泰州市创新锌业有限公司
地　　址：江苏省泰州市大泗镇工业集中区
邮　　编：225328
电　　话：0523-89567800
主要产品：锌粉，氧化锌

公司名称：通州市天龙置业公司
地　　址：江苏省通州市石港镇东首
邮　　编：226351
电　　话：0513-86820403
主要产品：颜料

公司名称：无锡豪普钛业有限公司
地　　址：江苏省无锡市锡山区锡北镇工业园区
邮　　编：214194
电　　话：0510-83799156
主要产品：钛白粉

公司名称：无锡凯乐福颜料有限公司
地　　址：江苏省宜兴市汽车城8栋802
邮　　编：214201
电　　话：0510-80760368
主要产品：耐晒红，永固黄，酞菁蓝

公司名称：无锡市九洲化工助剂厂
地　　址：江苏省无锡市惠山区玉祁镇礼舍村
邮　　编：214000
电　　话：0510-83763103
主要产品：冶炼氧化锌

公司名称：无锡市康搏纳米材料有限公司
地　　址：江苏省无锡市锡山区东港镇东湖工业园区
邮　　编：214196
电　　话：0510-88799688
主要产品：钛白粉

公司名称：无锡市绿建工贸有限公司
地　　址：江苏省宜兴市万石镇工业区北区
邮　　编：214217
电　　话：0510-87852035
主要产品：颜填料

公司名称：无锡市太平玛化工有限公司
地　　址：江苏省无锡市春合苑南区206栋302室
邮　　编：214101
电　　话：0510-88259073
主要产品：钛白粉，立德粉，滑石粉

公司名称：无锡市锡州金粉厂
地　　址：无锡市锡山区东亭镇庄桥湾1号
邮　　编：214101
电　　话：0510-8250876
传　　真：0510-8251487
邮　　箱：wuxijinfen@wx88.net
主要产品：颜料

公司名称：无锡市新景涂料有限公司
地　　址：江苏省无锡市惠山区长安金惠路
邮　　编：214178
电　　话：0510-83763355
主要产品：溶剂型塑胶喷涂油墨，模内涂料，UV涂料，填料

公司名称：无锡市泽辉化工有限公司
地　　址：江苏省无锡市东亭锡沪路123号嘉柏大厦705室
邮　　编：214000
电　　话：0510-82231080
主要产品：碳酸镁，氧化镁，氧化锌，硫化锑

公司名称：无锡腾业化工颜料有限公司
地　　址：江苏省无锡市312国道旁

邮　　编：214045
电　　话：0510-84883172
主要产品：颜料，填料

公司名称：吴江市荣泰染料有限公司
地　　址：江苏省吴江市平望镇南
邮　　编：215221
电　　话：0512-63641022
传　　真：0512-63640018
邮　　箱：pwgujr@public1.sz.js.cn
网　　址：www.rtdyes.com
主要产品：颜料

公司名称：吴江市山湖化工有限公司
地　　址：江苏省吴江市运东开发区
邮　　编：215200
电　　话：0512-63401888
主要产品：有机颜料

公司名称：吴江市长浜化工有限公司
地　　址：江苏省吴江市平望镇东
邮　　编：215221
电　　话：0512-63653538 63668135
传　　真：0512-63654226
邮　　箱：changbang@hi2000.com
网　　址：www.changbangchem.com
主要产品：颜料

公司名称：五菱常泰纳米材料有限公司
地　　址：江苏常州西门外泰村泰东路158号
邮　　编：213147
电　　话：0519-3561280 3561066
邮　　箱：changtai@sohu.com
主要产品：颜料，填料

公司名称：星铂联颜料（苏州）有限公司
地　　址：江苏省苏州市工业园区星龙街428号苏春工业坊
邮　　编：215126
电　　话：0512-67333150
主要产品：铝银浆，金属效果颜料

公司名称：徐州超细粉体厂
地　　址：江苏省徐州市苏山头
邮　　编：221140
电　　话：0516-5770252
传　　真：0516-5771623
主要产品：颜料，填料

公司名称：徐州富通高岭土粉体厂
地　　址：江苏省徐州市九里区陈庄村
邮　　编：221167
电　　话：0516-85885318
主要产品：高岭土

公司名称：徐州华恒化工公司
地　　址：江苏省徐州市王场南巷3号1-202室
邮　　编：221000
电　　话：0516-87830357
主要产品：特种涂料，颜填料

公司名称：徐州夹河高岭土厂
地　　址：江苏省徐州市西郊夹河矿内
邮　　编：221167
电　　话：0516-85352208
主要产品：高岭土，滑石粉

公司名称：亚邦化工集团有限公司
地　　址：江苏省常州市南门外牛塘镇
邮　　编：213163
电　　话：0519-6391040 6398971
传　　真：0519-6395888
邮　　箱：webmaster1@yabang.com
网　　址：www.yabang.com
主要产品：颜料

公司名称：盐城宝麒工贸有限公司
地　　址：江苏省盐城滨海经济开发区沿海工业园
邮　　编：224555
电　　话：0515-84382258
主要产品：油棕染料，有机颜料

公司名称：盐城彩盈化工有限公司
地　　址：江苏省盐城市盐都区尚庄镇佳丰工业小区
邮　　编：224023
电　　话：0515-88620995 89626699
主要产品：偶氮颜料

公司名称：盐城江海化工集团公司
地　　址：江苏省大丰市白驹镇大白路18号
邮　　编：224113
电　　话：0515-3612168 3615999
传　　真：0515-3612251
邮　　箱：jianghai@jianghaichem.com
网　　址：www.jianghaichem.com
主要产品：颜料

公司名称：盐城市巨龙化工有限公司
地　　址：江苏阜宁县杨集工业区
邮　　编：224420
电　　话：0515-7666388 7666888
传　　真：0515-7666288
主要产品：颜料，填料

公司名称：江苏省江阴市广源超微粉有限公司
地　　址：江苏省江阴市东门埠路桥69号
邮　　编：214432
电　　话：0510-6296163 6281900
传　　真：0510-6298266
主要产品：颜料，填料

公司名称：盐城市科蓝颜料化工有限公司
地　　址：江苏省盐城中茵海华广场12号楼4楼419
邮　　编：224001
电　　话：0515-88346000
主要产品：永固紫颜料，酞菁蓝，酞菁蓝B-G

公司名称：盐城市誉球化工有限公司
地　　址：江苏省盐城市盐都区楼王镇
邮　　编：224031
电　　话：0515-88658388
主要产品：颜料

公司名称：扬州群鑫粉体材料有限公司
地　　址：江苏省扬州市运河南路33号
邮　　编：225003
电　　话：0514-87251525
主要产品：碳酸钙，改性硫酸钡

公司名称：宜兴申谊珠光云母材料有限公司
地　　址：江苏省宜兴丁蜀镇南环中路
邮　　编：214221
电　　话：0510-87412143
主要产品：珠光颜料

公司名称：宜兴市宏顺合成材料有限公司
地　　址：江苏省宜兴市新街镇堂前村
邮　　编：214200
电　　话：0510-87138006
主要产品：色膏，颜料糊

公司名称：宜兴市华达科技有限公司
地　　址：江苏省江苏省宜兴市丁蜀镇南环路中段
邮　　编：214200
电　　话：0510-87416534
主要产品：乳胶粉

公司名称：宜兴市建达填料厂
地　　址：宜兴市和桥镇南新中巷桥1号
邮　　编：214215
电　　话：0510-7871953
传　　真：0510-7871953
主要产品：颜料，填料

公司名称：宜兴市茂兴化工有限公司
地　　址：江苏省宜兴市周铁镇
邮　　编：214261
电　　话：0510-7504258
传　　真：0510-7509518
邮　　箱：yxmx@mx-lc.com
网　　址：www.mx-lc.com
主要产品：颜料，填料

公司名称：宜兴市填料厂
地　　址：江苏省宜兴市和桥镇南新街德胜路5号
邮　　编：214215
电　　话：0510-7871818
传　　真：0510-7875818
邮　　箱：info@yixing-china.com
网　　址：www.yixing-china.com
主要产品：颜料，填料

公司名称：江苏宇星工贸有限公司(原名：宜兴市宇星颜料厂)
地　　址：江苏省宜兴经济开发区
邮　　编：214201
电　　话：0510-87110668
主要产品：氧化铁颜料

公司名称：宜兴市振扬化工厂
地　　址：江苏省宜兴市杨巷
邮　　编：214255
电　　话：0510-7271275
传　　真：0510-7271228
邮　　箱：yjl@zhenyangchem.com
网　　址：www.zhenyangchem.com
主要产品：颜料

公司名称：宜兴天力化工纳米科技有限公司
地　　址：江苏省宜兴市张渚镇工业集中区
邮　　编：214200
电　　话：0510-87391071
主要产品：碳酸钙

公司名称：张家港市保税区凯联贸易有限公司
地　　址：江苏省张家港市经济开发区振兴路24号
邮　　编：215600
电　　话：0512-58182965
主要产品：钛白粉，消泡剂

公司名称：镇江瑞立化工有限公司
地　　址：江苏省镇江市宝塔99号旺角广场458室

邮　　编：212002
电　　话：0511-85580059
主要产品：钛白粉

公司名称：镇江市金阳颜料化工有限公司
地　　址：江苏省镇江市愚山北路
邮　　编：212008
电　　话：0511-88824378
传　　真：0511-88821920
邮　　箱：shuangfan@shuangfan.com
网　　址：www.shuangfan.com
主要产品：酞菁系列颜料

公司名称：镇江市天龙化工有限公司
地　　址：镇江市阳光世纪花园紫荆苑356-358号
邮　　编：212003
电　　话：0511-8818222 8835166
传　　真：0511-8835039
邮　　箱：sales@tianlong-chem.com
网　　址：www.tianlong-chem.com
主要产品：颜料，填料

公司名称：镇江市颜料厂
地　　址：江苏省镇江市东吴路
邮　　编：212008
电　　话：0511-8823140 8824378
传　　真：0511-8821920
邮　　箱：shuangfan@shuangfan.com
网　　址：www.shuangfan.com/jieshao.htm
主要产品：颜料

公司名称：中国高岭土公司
地　　址：江苏省苏州市浒墅关徐家桥
邮　　编：215151
电　　话：0512-65391612
传　　真：0512-65391459
邮　　箱：ckc@kaolin-cn.com
网　　址：www.kaolin-cn.com
主要产品：颜料，填料

公司名称：金丰化工有限公司
地　　址：江苏省金坛市金城镇白龙荡化工开发区
邮　　编：213211
电　　话：0519-2891288
传　　真：0519-2891899
邮　　箱：czjtjfc@public.cz.js.cn
网　　址：www.jinfengchem.com
主要产品：颜料，填料

公司名称：无锡新光化工有限公司
地　　址：无锡市新区珠江路7号
邮　　编：214028
电　　话：0510-5217450
传　　真：0510-5212856
邮　　箱：xgchem@public1.wx.js.cn
网　　址：www.xinguangchem.com
主要产品：颜料

公司名称：宜兴市凯欣化工有限公司
地　　址：江苏省宜兴市分水
邮　　编：214262
电　　话：0510-7556963
传　　真：0510-7551792
邮　　编：lyp@kaixinchem.com
网　　址：www.kaixinchem.com/contactc.htm
主要产品：颜料

公司名称：安吉县明发膨润土厂
地　　址：浙江省湖州市安吉县高禹镇毛家村
邮　　编：313310
电　　话：0572-5107263
传　　真：0572-5107333
主要产品：膨润土

公司名称：安吉县永虹膨润土厂
地　　址：浙江省安吉县高禹镇高禹村村
邮　　编：313310
电　　话：0572-5107236 5107235
传　　真：0572-5107236
主要产品：膨润土

公司名称：安吉永信膨润土厂
地　　址：浙江省湖州市安吉县高禹镇高禹村
邮　　编：313311
电　　话：0572-5807839
主要产品：膨润土

公司名称：百色得精细颜料化工有限公司
地　　址：浙江省临海市经济开发区双桥
邮　　编：317000
电　　话：0576-5126188
传　　真：0576-5126188
邮　　箱：Best@21coatings.com
网　　址：www.pigment.com.cn
主要产品：颜料

公司名称：常山县鑫峰胶体碳酸钙有限责任公司
地　　址：浙江省衢州市常山县辉埠镇东乡村12号
邮　　编：324209
电　　话：0570-5096466
传　　真：0570-5096266
主要产品：碳酸钙

公司名称：德清户田三峰颜料有限公司
地　　址：浙江省德清县钟管镇工业区
邮　　编：313200
电　　话：0572-8409822
传　　真：0572-8409823
邮　　箱：toda-sf@vip.163.com
网　　址：todasanfeng.com
主要产品：氧化铁颜料系列

公司名称：德清华源颜料有限公司
地　　址：浙江省德清县钟管工业区
邮　　编：313220
电　　话：0572-8400686
传　　真：0572-8409378
邮　　箱：huayuan@ironoxide.com.cn
网　　址：www.ironoxide.com.cn
主要产品：颜料

公司名称：德清县通凯贸易有限公司
地　　址：浙江省德清县武康镇英溪北路621号
邮　　编：313200
电　　话：0572-8322667
主要产品：氧化铁颜料

公司名称：德清县圆正粉末有限公司
地　　址：浙江省德清县洛舍镇城南开发区（砂村）
邮　　编：313218
电　　话：0572-8816606
传　　真：0572-8011606
邮　　箱：sale@yzfm.com pxw@yzfm.com office@yzfm.com
网　　址：www.yzfm.com
主要产品：二氧化硅消光粉，哑粉，消光剂，消光粉

公司名称：德清县中阳精细化工有限公司
地　　址：浙江省湖州市德清县乾元镇北郊路26号
邮　　编：313216
电　　话：0572-8424032
传　　真：0572-8424032
主要产品：二氧化硅气凝胶

公司名称：德清县一帆颜料有限公司
地　　址：浙江省湖州市德清县雷甸镇工业区新丰路15号
邮　　编：313219
电　　话：0572-8487388
传　　真：0572-8485086
主要产品：氧化铁颜料

公司名称：东港工贸集团有限公司
地　　址：浙江省台州市经济开发区中心大道183号
邮　　编：318000
电　　话：0576-88887398
传　　真：0576-88227958
邮　　箱：ydy@dankong.net
网　　址：www.dankong.com
主要产品：颜料，填料

公司名称：广福建材（富阳）有限公司
地　　址：浙江省富阳市南新唐家桥
邮　　编：311406
电　　话：0571-63221855
传　　真：0571-63221383
主要产品：碳酸钙，高岭土，硫酸钡，滑石粉

公司名称：海宁市红宇化工有限公司
地　　址：浙江省海宁市周王庙镇桑梓南路155号
邮　　编：314407
电　　话：0573-87533217 87533374 87536055
传　　真：0573-87537373
邮　　箱：hongyu@hi2000.com
网　　址：www.hongyuchem.com
主要产品：颜料

公司名称：海盐华达油墨化学有限公司
地　　址：浙江省海盐市六里镇环北路
邮　　编：314301
电　　话：0573-86562788
传　　真：0573-86563888
主要产品：机器设备涂料，家具涂料

公司名称：海盐新世纪石化有限公司
地　　址：浙江省嘉兴市海盐县百步工业园区
邮　　编：314312
电　　话：0573-86776735
传　　真：0573-86776985
邮　　箱：HYWJD@126.COM
网　　址：www.hgtl.net
主要产品：颜料，填料

公司名称：杭州百合化工有限公司
地　　址：浙江省杭州市省萧山区河庄镇一工段
邮　　编：311222
电　　话：0571-2961888-8045
主要产品：无机颜料

公司名称：杭州包尔得有机硅有限公司
地　　址：浙江省杭州市经济开发区 M18-5-1 地块
邮　　编：310018
电　　话：0571-86876067
传　　真：0571-86912876
主要产品：有机硅产品系列

公司名称：杭州红妍颜料化工有限公司
地　　址：浙江省杭州市萧山区河庄镇蜀山东
邮　　编：311202
电　　话：0571-56177013
传　　真：0571-82890877
主要产品：颜料

公司名称：杭州近江化工染料有限公司
地　　址：杭州凯旋路 445 号浙江物产大厦 25 楼 F-G 座
邮　　编：310020
电　　话：0571-6772742
传　　真：0571-6772745
主要产品：颜料

公司名称：杭州精彩化工有限公司
地　　址：浙江省杭州市西湖区三墩镇振华路西湖科技园西园 206 号西港新界 8C-1603 室
邮　　编：310030
电　　话：0571-89905585-86-90
传　　真：0571-89905587
主要产品：荧光颜料，有机微球

公司名称：杭州精益化工有限公司
地　　址：浙江省临安市兰巾工业园兰巾 1 号
邮　　编：311300
电　　话：0571-63806068
传　　真：0571-63757224
主要产品：有机膨润土，流变助剂，增稠流变助剂

公司名称：杭州卡瑞特化工有限公司
地　　址：杭州市江干区采荷嘉业大厦 5 幢 1410 室
邮　　编：311200
电　　话：0571-82858011 82859377
传　　真：0571-82858318
邮　　箱：hzcreate@hotmail.com
网　　址：www.hz-create.com
主要产品：涂料助剂，溶剂，乳胶，色浆，颜填料

公司名称：杭州凯丽化工有限公司
地　　址：浙江省杭州市萧山区瓜沥镇渭水桥村 27 组
邮　　编：311222
电　　话：0571-7143681
主要产品：水性色浆，溶剂型色浆

公司名称：杭州临安万邦油墨有限公司
地　　址：浙江省临安市环城北路东
邮　　编：311300
电　　话：0571-63746168
传　　真：0571-63715060
主要产品：装饰纸印刷涂料，水性油墨

公司名称：杭州龙溪化工有限公司
地　　址：浙江省杭州市西湖区杨家牌楼村西溪路 879 号
邮　　编：310023
电　　话：0571-85225299
传　　真：0571-64158208
主要产品：增白剂，钛白粉，颜料

公司名称：杭州明炬进出口有限公司
地　　址：浙江省杭州市萧山区萧绍路 417 号
邮　　编：311200
电　　话：0571-82717378
传　　真：0571-82717378
主要产品：乳液，助剂，钛白粉，超细填料

公司名称：杭州明兴化工有限公司
地　　址：浙江省杭州市萧山区义蓬镇外六工段
邮　　编：311226
电　　话：0571-82989235
传　　真：0571-82981408
主要产品：颜料，氧化铁颜料，氧化铁黄

公司名称：杭州南华化工原料有限公司
地　　址：浙江省杭州市香积寺路 129-2 号
邮　　编：310014
电　　话：0571-85363828
传　　真：0571-85341642
主要产品：原子灰

公司名称：杭州胜达颜料化工有限公司
地　　址：浙江南阳经济开发区
邮　　编：311227
电　　话：0571-82173391
传　　真：0571-82173391
主要产品：颜料

公司名称：杭州微纳米技术有限公司
地　　址：浙江省杭州市西湖区龙坞镇叶埠桥 51 号
邮　　编：310024
电　　话：0571-87096890
传　　真：0571-87096891
邮　　箱：vivinano@vivinano.com weiwei@vivinano.com
网　　址：www.vivinano.com
主要产品：氧化铝

公司名称：杭州萧山一品化工有限公司
地　　址：浙江省杭州市萧山通惠北路 438 号
邮　　编：311200
电　　话：0571-82606518
传　　真：0571-82606518
网　　址：www.zjyipin.cn
主要产品：乳液，助剂，钛白粉，色浆，颜料

公司名称：杭州萧湘颜料化工有限公司
地　　址：浙江省杭州市滨江区浦沿街道新生村
邮　　编：310053
电　　话：0571-86611198
传　　真：0571-86611238
邮　　箱：sales@xiaoxiangchem.com
网　　址：www.xiaoxiangchem.com
主要产品：氧化铁颜料系列

公司名称：杭州颜料化工厂
地　　址：浙江省杭州市萧山区义蓬镇
邮　　编：311225
电　　话：0571-82152918
传　　真：0571-82162816
主要产品：颜料

公司名称：杭州映山花颜料化工有限公司
地　　址：浙江杭州萧山南阳经济开发区
邮　　编：311227
电　　话：0571-82170076 82170888 82171795
传　　真：0571-82170476 82171168
邮　　箱：export@yshpigment.com
网　　址：www.yshpigment.com
主要产品：颜料

公司名称：杭州优凯化工有限公司
地　　址：浙江省杭州市拱墅区拱宸桥胜月苑 16 幢 402
邮　　编：310015
电　　话：0571-88162019
传　　真：0571-88162029
邮　　箱：sales@euchemy.com
网　　址：www.euchemy.com
主要产品：氧化铁系列颜料和其他无机颜料

公司名称：杭州浙江胜达包装集团有限公司
地　　址：浙江省杭州市萧山经济技术开发区北塘路 2 号
邮　　编：311215
电　　话：0571-82831019
传　　真：0571-82834250
邮　　箱：office@sdgroup.cn
网　　址：www.sdgroup.cn
主要产品：颜料

公司名称：湖州金都微纳材料有限公司
地　　址：浙江省湖州市长兴县雉城镇工业园区
邮　　编：313100
电　　话：0572-6726318
传　　真：0572-6750781
主要产品：超细碳酸钙等粉体材料

公司名称：汇康科技（嘉兴）有限公司
地　　址：浙江省嘉兴市秀洲区洪高路 1756 号 1 号厂房
邮　　编：314001
电　　话：0573-82792729
主要产品：荧光颜料

公司名称：嘉善百伟锌业有限公司
地　　址：浙江嘉善县里泽工业园区
邮　　编：314116
电　　话：0573-84752988
传　　真：0573-84751333
主要产品：颜料

公司名称：嘉兴精化化工有限公司
地　　址：浙江省嘉兴市浙江省嘉兴市城区中环北路 3082 号
邮　　编：314001
电　　话：0573-82202273
传　　真：0573-82204141
主要产品：颜料，填料

公司名称：嘉兴市大名色浆有限公司
地　　址：浙江省嘉兴市七星镇天声国际家居广场三期 A 栋 1-2 号
邮　　编：314001
电　　话：0573-83883555
传　　真：0573-83883557
邮　　箱：jxdmsejiang@126.com
网　　址：www.jxdaming.com
主要产品：色浆

公司名称：嘉兴市汇通化工有限公司

地　　址：嘉兴市塘汇 320 国道 10 号桥
邮　　编：314000
电　　话：0573-2300661 2300887
传　　真：0573-2300751
邮　　编：general@huitongchem.com
网　　址：www.huitongchem.com
主要产品：颜料

公司名称：嘉兴市明锐化工有限公司
地　　址：浙江省嘉兴市南湖区十八里桥夏义路 158 号
邮　　编：314006
电　　话：0573-83010082
传　　真：0573-82801023
主要产品：涂料助剂，乳胶，色浆，颜填料

公司名称：建德市大同福利轻工助剂厂
地　　址：浙江省建德市大同镇久山湖工业区
邮　　编：311614
电　　话：0571-64581462
传　　真：0571-4581244
邮　　编：sales@caaca.com
网　　址：www.caaca.com
主要产品：碳酸钙，氢氧化钙

公司名称：建德市锦春钙业有限公司
地　　址：浙江省建德市软堂工业区
邮　　编：311601
电　　话：0571-64170988
传　　真：0571-64170998
邮　　编：sales@cnjinchun.com
网　　址：www.cnjinchun.com
主要产品：碳酸钙

公司名称：建德市云峰碳酸钙有限公司
地　　址：浙江省建德市建德市航头镇石屏庄村
邮　　编：311606
电　　话：0571-64529388
传　　真：0571-64529388
主要产品：碳酸钙，轻质碳酸钙，精细碳酸钙

公司名称：金华市智达颜料
地　　址：浙江省金华市环城南路 616 号 3-1303
邮　　编：315000
电　　话：0579-85337713
传　　真：0579-85561001
主要产品：铝银浆

公司名称：临安神舟膨润土有限公司
地　　址：浙江临安藻溪镇工业园区
邮　　编：311312
电　　话：0571-61077418
传　　真：0571-63815785
主要产品：膨润土，高纯土，无机凝胶，钠基膨润土

公司名称：临安市青虹化工助剂厂
地　　址：浙江省临安市青山石亭子
邮　　编：313105
电　　话：0571-63781600
传　　真：0571-63781561
邮　　编：qh@qhchemical.com
sales@qhchemical.com
网　　址：www.qhchemical.com
主要产品：有机膨润土，流变助剂，增稠流变助剂

公司名称：临海永太化工有限公司
地　　址：临海市杜桥镇沿海工业园区
邮　　编：317016
电　　话：0576-5588188 5588118
传　　真：0576-5588158
邮　　箱：sales@yongtaitech.com
网　　址：www.yongtaichem.com
主要产品：颜料，填料

公司名称：南京百色得化工实业有限公司
地　　址：浙江省临海市经济开发区双桥
邮　　编：317000
电　　话：0576-85123003
主要产品：颜填料

公司名称：宁波华杰化工有限公司
地　　址：宁波市科技园区梅墟工业区杨木矸路
邮　　编：315103
电　　话：0574-88351558 88482688
传　　真：0574-88487558
主要产品：颜料

公司名称：宁波新福钛白粉有限公司
地　　址：宁波化学工业区北海路 159 号
邮　　编：315204
电　　话：0574-86276666 86508588
传　　真：0574-86508777
邮　　箱：sales@xinfu-TiO_2.com
网　　址：www.xinfu-TiO_2.com
主要产品：颜料

公司名称：宁波远东化工科技有限公司
地　　址：浙江省宁波市百丈路 168 号 A 座 12D
邮　　编：315041
电　　话：0574-87719618 87737411 87737412
传　　真：0574-87719118
主要产品：颜料，填料

公司名称：瑞安市美达化工材料有限公司
地　　址：浙江省瑞安市安阳镇潘岱路浦工业区
邮　　编：325216
电　　话：0577-65092818
传　　真：0577-65091819
主要产品：荧光颜料

公司名称：瑞安市万隆化工有限公司
地　　址：浙江省瑞安市潘岱化工工业区
邮　　编：325200
电　　话：0577-65092467 65092470
传　　真：0577-65092431
邮　　箱：sales@wanlongchemical.com
网　　址：www.wanlongchemical.com
主要产品：颜料，填料

公司名称：上虞市东海化工有限公司
地　　址：浙江省杭州湾上虞化工园区
邮　　编：312300
电　　话：0575-82735205
传　　真：0575-82735813
邮　　箱：donghai@dhpigment.com
网　　址：www.dhpigment.com
主要产品：有机颜料

公司名称：上虞市新国颜料有限公司
地　　址：浙江省上虞市大普路 769 号 B 栋五楼
邮　　编：312300
电　　话：0575-82128226
主要产品：有机颜料，永固红，永固黄，永固橙，永固紫，永固蓝，永固绿

公司名称：上虞市信诚化工助剂厂
地　　址：浙江省上虞市道墟镇杜浦工业区
邮　　编：312300
电　　话：0575-82041193 82048568
传　　真：0575-82043865
邮　　箱：zjxchg@zjxchg.com
网　　址：www.zjxchg.com
主要产品：化工原料，印染助剂

公司名称：上虞舜联化工有限公司
地　　址：浙江省上虞市经济开发区聚英路 780 号
邮　　编：312300
电　　话：0575-82125310 82027364 82028545 82128240
传　　真：0575-82129727 82028545
邮　　箱：shunlian@slpigment.com
网　　址：www.slpigment.com
主要产品：颜料

公司名称：上虞原野化学有限公司
地　　址：浙江省上虞市杭州湾精细化工园纬一东路 1 号
邮　　编：312351
电　　话：0575-82029818-8128
传　　真：0575-82022898
邮　　箱：sales@chems-field.com
网　　址：www.chems-field.com
主要产品：透明氧化铁颜料

公司名称：升华集团德清华源颜料有限公司
地　　址：浙江省德清县钟管镇工业区
邮　　编：313220
电　　话：0572-8400686
传　　真：0572-8409378
邮　　箱：huayuan@ironoxide.com.cn
网　　址：www.ironoxide.com.cn
主要产品：氧化铁颜料系列

公司名称：温州澳昆化工有限公司
地　　址：浙江省温州市敖江郑家墩工业园
邮　　编：325401
电　　话：0577-63662312
传　　真：0577-63660214
邮　　箱：sales@lcauchem.com
网　　址：www.lcauchem.com
主要产品：铝银浆

公司名称：温州坤彩珠光颜料有限公司
地　　址：浙江省温州市平阳县敖江工业区坤彩工业园
邮　　编：325401
电　　话：0577-63685888
传　　真：0577-63685666
网　　址：www.wzkc.com
主要产品：珠光颜料

公司名称：温州市百色得精细颜料化工有限公司
地　　址：浙江省温州市车站大道华盟商务大厦 1807 号
邮　　编：325000
电　　话：0577-89000618
传　　真：0577-86075690
网　　址：www.pigment.com.cn
主要产品：有机颜料

公司名称：温州市东株珠光颜料制造有限

公司

地　　址：温州温巨中路 239-1
邮　　编：325000
电　　话：0577-88846966
传　　真：0577-88866152
邮　　箱：xy1128@mail.wzptt.zi.cn
主要产品：珠光颜料

公司名称：温州市珠光颜料有限公司
地　　址：温州经济技术开发区滨海园区 A503 小区
邮　　编：325025
电　　话：0577-86805896 86805898
传　　真：0577-86805899
主要产品：颜料

公司名称：温州鑫雅化工有限公司
地　　址：浙江省温州市龙湾区海城东业区东工路 45-65
邮　　编：325000
电　　话：0577-85227488
传　　真：0577-85224881
主要产品：有机颜料

公司名称：萧山市前进化工有限公司
地　　址：浙江省杭州萧山区临江工业园区
邮　　编：311230
电　　话：0571-82127537
传　　真：0571-82197709
邮　　箱：sales@qj-chem.com
网　　址：qj-chem.com
主要产品：有机颜料

公司名称：萧山市胜达化工有限公司
地　　址：浙江省南阳经济开发区
邮　　编：311200
电　　话：0571-2170788 2170688
传　　真：0571-2171111
主要产品：颜料

公司名称：萧山艳阳颜料化工有限公司
地　　址：浙江省萧山南阳经济开发区
邮　　编：311227
电　　话：0571-82171206 82170699
传　　真：0571-82170755
邮　　箱：yanyang@hi2000.com
网　　址：www.yanyangpigment.com
主要产品：颜料

公司名称：义乌市鼎诚涂料有限公司
地　　址：浙江省金华市义乌市稠诚开发区 1-1
邮　　编：322000
电　　话：0579-5083029
传　　真：0579-85083021
主要产品：紫外光固化（UV）涂料

公司名称：义乌市兴玲颜料有限公司
地　　址：浙江省义乌市江滨中路 302 号
邮　　编：311300
电　　话：0579-5452643
传　　真：0579-5452910
邮　　箱：wzx@chinaxingling.com
网　　址：www.chinaxingling.com
主要产品：荧光粉，酞菁蓝，酞菁绿，钛白粉，荧光染粉

公司名称：长兴创新超细粉有限公司
地　　址：浙江省长兴县李家巷镇青草坞村
邮　　编：313102
电　　话：0572-6063725
传　　真：0572-6060433
邮　　箱：Sales@cxchuangxin.com
网　　址：www.cxchuangxin.com
主要产品：方解石微粉，滑石粉，硅灰石微粉，碳酸钙

公司名称：长兴杭兴制砂有限公司
地　　址：浙江省湖州市长兴县李家巷镇青草坞工业园区
邮　　编：313102
电　　话：0572-6060601
传　　真：0572-6060601
网　　址：www.hs1758.cn
主要产品：重质碳酸钙，轻质碳酸钙，硅灰粉，高岭土，膨润土粉剂

公司名称：长兴恒坤建材有限公司
地　　址：浙江省长兴县李家巷镇青草坞凤山
邮　　编：313102
电　　话：0572-6063006
传　　真：0572-6636006
主要产品：碳酸钙，硅灰石粉，滑石粉，高岭土，膨润土，石英砂

公司名称：长兴华威化工有限公司
地　　址：浙江省湖州市长兴县李家巷镇青草坞
邮　　编：313102
电　　话：0572-6768181
传　　真：0572-6721668
主要产品：碳酸钙，硅灰石粉，滑石粉，高岭土，纯白膨润土，其他粉体材料

公司名称：长兴华业化工有限公司
地　　址：浙江省湖州市长兴县李家巷镇大茆桥
邮　　编：313102
电　　话：0572-6061028
传　　真：0572-6067020
主要产品：重质碳酸钙（方解石粉），滑石粉，氧化钙，轻质碳酸钙

公司名称：长兴李家巷鸿祥建筑材料经销部
地　　址：浙江省湖州市长兴县
邮　　编：313102
电　　话：0572-6062655
传　　真：0572-6062218
主要产品：碳酸钙

公司名称：长兴利群微粉有限公司
地　　址：浙江省长兴县李家巷镇大茆桥东侧
邮　　编：313102
电　　话：0572-6060333
传　　真：0572-6063883
主要产品：碳酸钙

公司名称：长兴美达化工有限公司
地　　址：浙江省长兴县李家巷镇大茆桥西侧
邮　　编：313102
电　　话：0572-6067888
传　　真：0572-6062898
主要产品：重质碳酸钙

公司名称：长兴明究建材有限公司
地　　址：浙江省湖州市长兴县李家巷镇青草坞
邮　　编：313102
电　　话：0572-6061321
传　　真：0572-2952868
网　　址：mmjj.nbchem.com
主要产品：碳酸钙

公司名称：长兴天诚双龙建材有限公司
地　　址：浙江省湖州市李家巷镇青草坞
邮　　编：313102
电　　话：0572-6061817
传　　真：0572-6061817
主要产品：碳酸钙

公司名称：长兴县李家巷峰达超微粉厂
地　　址：浙江省湖州市长兴县李家巷碳酸钙基地
邮　　编：313102
电　　话：0572-6060918
主要产品：碳酸钙

公司名称：长兴县李家巷镇特种微粉厂
地　　址：浙江省湖州市长兴县李家巷镇青草坞
邮　　编：313102
电　　话：0572-2952778
传　　真：0572-6062778
主要产品：方解石微粉，碳酸钙，七０砂

公司名称：长兴县上建石灰厂
地　　址：浙江省湖州市长兴县李家巷镇黄山碳酸钙基地内
邮　　编：313102
电　　话：0572-6060381
传　　真：0572-6060381
主要产品：氧化钙，氢氧化钙，消石灰

公司名称：长兴县先锋石粉厂
地　　址：浙江省湖州市长兴县李家巷镇煤气站东侧
邮　　编：313102
电　　话：0572-6062005
传　　真：0572-6736116
主要产品：重质碳酸钙，方解石微粉，膨润土

公司名称：长兴县玉峰微粉厂
地　　址：浙江省湖州市长兴县李家巷镇青草坞地洞寺口
邮　　编：313102
电　　话：0572-6601333 2952333
传　　真：0572-6062818
邮　　箱：cxyfwf888@yahoo.com.cn
网　　址：www.cxyfwf.com
主要产品：碳酸钙，石膏粉，腻子粉，轻钙粉

公司名称：长兴云峰方解石微粉厂
地　　址：浙江省湖州市长兴县李家巷镇青草坞 104 国道旁
邮　　编：313102
电　　话：0572-6067380
传　　真：0572-6067380
主要产品：方解粉，方解石微粉，工业滑石粉，硅灰石微粉

公司名称：浙江安吉宇宏黏土化工有限公司
地　　址：浙江省安吉县高禹镇
邮　　编：310012
电　　话：0572-5219111
传　　真：0572-5807777
邮　　箱：ywx@chinabentonite.com
网　　址：www.chinabentonite.com
主要产品：有机膨润土，膨润土

公司名称：浙江奥克珠光颜料有限公司
地　　址：浙江省嵊州市三界工业园区2号
邮　　编：312452
电　　话：0575-83831600 83832601 83832602
传　　真：0575-83081100
邮　　箱：zjaoke@zj-aoke.com
网　　址：www.zj-aoke.com
主要产品：珠光颜料

公司名称：浙江常山县永合颜料有限公司
地　　址：浙江省常山县生态工业区
邮　　编：324200
电　　话：0570-5266078
传　　真：0570-5266058
邮　　箱：master@yhyl.com
网　　址：www.yhyl.com
主要产品：有机颜料

公司名称：浙江丰虹新材料股份有限公司
地　　址：浙江省安吉县经济开发区浦源大道
邮　　编：313300
电　　话：0572-5021304-6-7
传　　真：0572-5028640
邮　　箱：zclaj@163.com
网　　址：www.zjfenghong.com
主要产品：有机膨润土，膨润土

公司名称：浙江和盟投资集团有限公司
地　　址：浙江省杭州市西湖大道18号新东方大厦B座6楼
邮　　编：310009
电　　话：0571-56189800 87247777
传　　真：0571-56189888
网　　址：www.chinaharmony.cn
主要产品：钛白粉，树脂

公司名称：浙江华特实业集团华特化工有限公司
地　　址：浙江省临安市锦城街道临天路441号
邮　　编：311300
电　　话：0571-63965999
传　　真：0571-63753937
邮　　箱：ht_hdx@163.com
网　　址：www.zj-huate.com
主要产品：膨润土

公司名称：浙江建德钦堂双华碳酸钙厂
地　　址：浙江省杭州市建德市钦堂工业园区
邮　　编：311612
电　　话：0571-64170895
邮　　箱：web@shtsg.com
网　　址：www.shtsg.com
主要产品：碳酸钙，重钙

公司名称：浙江联化科技股份有限公司
地　　址：浙江省台州市黄岩区江口开发区永椒路8号
邮　　编：318020
电　　话：0576-84278080 84275016 84722051 84722056
传　　真：0576-84278081 84722109
邮　　箱：market@hlchem.com
网　　址：www.hlchem.com
主要产品：颜料

公司名称：浙江庆元蒙州染料化工有限公司
地　　址：浙江省青田市温溪镇四号工业区
邮　　编：310004
电　　话：0571-86460503 81601981 81601982
传　　真：0571-81601983
邮　　箱：yao@qingyuandyestuff.com lengshandyes @ qingyuan - dyestuff.com
网　　址：www.qingyuandyestuff.com
主要产品：颜料

公司名称：浙江瑞成珠光颜料有限公司
地　　址：浙江省温州平阳经济开发区昆敖大道1号
邮　　编：325401
电　　话：0577-63662818 63662817
传　　真：0577-63662828 63662877
邮　　箱：effectpigment@ruichengep.com
网　　址：www.ruichengep.com
主要产品：珠光颜料

公司名称：浙江三鼎科技有限公司
地　　址：浙江省绍兴市中兴大道187号
邮　　编：312000
电　　话：0575-88686862
传　　真：0575-88137707
邮　　箱：lpp@zjsdtech.com
网　　址：www.zjsdtech.com
主要产品：膨润土系列产品，蒙脱石

公司名称：浙江山峪染料化工有限公司
地　　址：浙江省台州市椒江区三山化工区
邮　　编：318013
电　　话：0576-88312577 88312517 88210900
传　　真：0576-88312609 88312618
邮　　箱：shanyu@shanyu.com
网　　址：www.shanyu.com
主要产品：颜料

公司名称：浙江神光材料科技有限公司
地　　址：浙江省上虞市曹娥街道工业功能区青瓷路
邮　　编：312300
电　　话：0575-82155998
传　　真：0575-82153998
邮　　箱：ljf@suncom-zj.com
网　　址：www.zjsg.com.cn
主要产品：颜料，填料

公司名称：浙江省安吉县超丰膨润土有限公司
地　　址：浙江省湖州市安吉县高禹镇
邮　　编：313310
电　　话：0572-5107275
传　　真：0572-5817485
主要产品：膨润土

公司名称：浙江省地质矿产研究所
地　　址：杭州市体育场路508号
邮　　编：310007
电　　话：0571-85116209
传　　真：0571-85115846
邮　　箱：dzkcyjs@mail.hz.zj.cn
网　　址：www.zjigm.com
主要产品：颜料，填料

公司名称：浙江省嘉兴市南湖化工厂
地　　址：浙江省嘉兴市南湖区嘉兴工业园明新路
邮　　编：314006
电　　话：0573-82612149 82612221 83286377
传　　真：0573-82615154
邮　　箱：sales@nanhuchem.com
网　　址：www.nanhuchem.com
主要产品：颜料，填料

公司名称：浙江省建德市涂料粉济厂（建德市沪联涂料粉剂厂）
地　　址：浙江省建德市大同镇久山湖工业区
邮　　编：311614
电　　话：0571-64581818 64582679
传　　真：0571-64581422
主要产品：各种粉料

公司名称：浙江省台州捷能化工厂
地　　址：浙江省临海市城关古楼护港岭
邮　　编：317000
电　　话：0576-85191878 85192077 85192177
传　　真：0576-85192277
邮　　箱：jnchemi@jnchemi.com
网　　址：www.jnchemi.com
主要产品：颜料，填料

公司名称：浙江弘晟科技材料股份有限公司
地　　址：舟山市临城开发区海天大道1361号
邮　　编：316021
电　　话：0580-6362725
传　　真：0580 6362716 6362709
网　　址：www.mrnm.com.cn
主要产品：颜料，填料

公司名称：长兴新明华化工建材有限公司
地　　址：浙江省湖州市长兴县李家巷镇
邮　　编：313102
电　　话：0572-6061287 6061312
传　　真：0572-6061088
主要产品：颜料，填料

公司名称：嘉曼汽邦化学有限公司
地　　址：温州市大同路1128
邮　　编：325000
电　　话：0577-86272938
传　　真：0577-86272932
网　　址：www.germciban.com
主要产品：颜料

公司名称：超彩钛白科技(安徽)有限公司
地　　址：安徽省铜陵县城关镇金城工业园
邮　　编：244100
电　　话：010-51262656
传　　真：010-51095708
网　　址：www.precheza.cn
主要产品：钛白粉，钛白粉副产品

公司名称：安徽池州泰阳颜料有限公司
地　　址：安徽省池州市贵池区人民路F17幢1楼
邮　　编：247100
电　　话：0566-2317976 2317688
传　　真：0566-2317688
邮　　箱：czsxhg@typigment.com.cn rupert@typigment.com.cn
网　　址：www.typigment.com
主要产品：有机颜料

公司名称：安徽广德莱德圣颜料有限公司
地　　址：安徽省广德县新杭镇工业园区
邮　　编：242234
电　　话：0563-6089689 6089698 6089667
传　　真：0563-6089099
邮　　箱：jqm@hi2000.com wfy@hi2000.com
网　　址：www.colourpigment.com
主要产品：氧化铁黄，氧化铁红系列，酞菁系列颜料，有机颜料

公司名称：安徽敬业纳米科技有限公司
地　　址：安徽省蚌埠淮河路 1011 号蚌埠大厦 5 楼
邮　　编：233000
电　　话：0552-3962277 3962288
传　　真：0552-3962277
邮　　箱：jynm@ahjynm.com
网　　址：www.ahjynm.com
主要产品：纳米二氧化硅粉体

公司名称：安徽明珠颜料科技有限公司
地　　址：安徽省铜陵县五松镇联盟村循环工业园
邮　　编：244000
电　　话：0562-8827719
传　　真：0562-8823262
邮　　箱：mzgs@2008.sina.com
网　　址：www.mzgs2008.com
主要产品：氧化铁颜料

公司名称：安徽省滁州市万桥绢云母粉厂
地　　址：安徽省滁州市南谯区大柳镇
邮　　编：239071
电　　话：0550-3890889 3890889
传　　真：0550-3890997
主要产品：绢云母，滑石粉

公司名称：安徽省繁昌县恒泰粉体颜料厂
地　　址：安徽省繁昌县城关镇芜铜路牌坊
邮　　编：241200
电　　话：0553-7912660
传　　真：0553-7915578
邮　　箱：master@ah-hengtai.com
网　　址：www.ah-hengtai.com
主要产品：超细型云母氧化铁防腐颜料

公司名称：安徽省繁昌县顺发颜料厂
地　　址：安徽省繁昌县横山河沿山
邮　　编：241204
电　　话：0553-7411183
传　　真：0553-7411933
邮　　箱：shunfa@shunfachem.com
网　　址：www.shunfachem.com
主要产品：云母氧化铁颜料

公司名称：安徽省繁昌县颜料厂
地　　址：安徽省芜湖市繁昌县繁阳镇华阳村（闸口林场）
邮　　编：241200
电　　话：0553-7913720
传　　真：0553-7913720
主要产品：氧化铁红，云母氧化铁红，云母氧化铁灰

公司名称：安徽省金盾涂料有限责任公司
地　　址：安徽省天长市秦栏镇官桥工业园区
邮　　编：239353
电　　话：0550-7931035
传　　真：0550-7932777 7933788
邮　　箱：jdyouqi126@.com
网　　址：www.jd-yq.com
主要产品：合成树脂，铝粉浆，涂料

公司名称：安徽省庐江县金田化工有限公司
地　　址：安徽省巢湖市庐江县石山乡街道
邮　　编：231543
电　　话：0565-7287988
传　　真：0565-7287988
主要产品：ST防锈颜料，高岭土，重钙粉，微细复合填料，超强防锈粉

公司名称：安徽省明光市官山九九棒粉厂
地　　址：安徽省明光市官山羊山头开发区
邮　　编：239472
电　　话：0550-8756096
传　　真：0550-8756096
邮　　箱：Web@mgjjbfc.com
网　　址：www.mgjjbfc.com
主要产品：凹凸棒粉

公司名称：安徽省明光市曼迪生物化工有限公司
地　　址：安徽省明光市池河大道 98 号
邮　　编：239400
电　　话：0550-8153100
传　　真：0550-8156979
主要产品：高粘凹凸棒黏土粉，抗盐黏土，优质凹凸棒黏土粉，白云石凹凸棒粉

公司名称：安徽省明光市希奇矿物有限公司
地　　址：安徽省明光市涧溪镇黏土开发区
邮　　编：239400
电　　话：0550-8097227
传　　真：0550-8098127
邮　　箱：ahmgxq@163.com
网　　址：www.lwzgs.com
主要产品：凹凸棒石黏土系列，超细石英粉，钾长石，绢云母

公司名称：安徽省明美矿物化工有限公司
地　　址：安徽省明光市工业园区柳湾路 58 号
邮　　编：239400
电　　话：0550-8091178
传　　真：0550-8023093
邮　　箱：huayan@mmkw.cn
网　　址：www.mmkw.cn
主要产品：凹凸棒系列产品，各类分子筛，其他相关矿物化工产品

公司名称：安徽省铜陵市环球矿业有限责任公司
地　　址：安徽省铜陵市钟鸣镇铁路东 1 号
邮　　编：244121
电　　话：0562-8291632 8294532
传　　真：0562-8291632
主要产品：云母氧化铁颜料

公司名称：安徽省雪纳非金属材料有限公司
地　　址：安徽省淮北市杜集区毛郢孜矿
邮　　编：235292
电　　话：0557-3987866
传　　真：0557-5102288 3987226
网　　址：www.ahxuena.com
主要产品：超细煅烧高岭土系列，碳酸钙系列，PVC 母粒，改性粉体

公司名称：安徽宣城三江矿业有限公司
地　　址：安徽省宣城市水东镇
邮　　编：242051
电　　话：0563-3280777 3280788
传　　真：0563-3280788
邮　　箱：web@xcsjky.com
网　　址：www.xcsjky.com
主要产品：膨润土，沸石，珍珠岩

公司名称：滁州格锐矿业有限责任公司
地　　址：安徽省滁州市腰铺镇
邮　　编：239057
电　　话：0550-3971588 3972188
传　　真：0550-3971988
邮　　箱：info@chinagrea.com.cn
网　　址：www.chinagrea.com
主要产品：绢云母，碳酸钙，钛白粉

公司名称：滁州市宝塔绢云母矿业有限责任公司
地　　址：安徽省滁州市珠龙镇滁定路 42 公里处
邮　　编：239071
电　　话：0550-3872808 3870141
传　　真：0550-3870587
邮　　箱：baotajym@163.com
网　　址：www.baotaym.com
主要产品：绢云母

公司名称：滁州市惠友粉体材料厂
地　　址：安徽省滁州市珠龙镇广卫
邮　　编：239000
电　　话：0550-3038710
传　　真：0550-3038061
主要产品：绢云母，云母粉，氢氧化镁，防锈颜料，偏高岭土

公司名称：滁州市开金绢云母有限公司
地　　址：安徽省滁州市大柳镇
邮　　编：239071
电　　话：0550-3890173
传　　真：0550-3890518
主要产品：绢云母粉

公司名称：滁州市南谯区兴业绢云母粉厂
地　　址：安徽省滁州市珠龙镇开发区
邮　　编：239500
电　　话：0550-5189702
传　　真：0550-5186847
主要产品：云母粉，高档绢云母粉，湿法绢云母粉，干法云母粉

公司名称：滁州市万桥绢云母粉厂
地　　址：安徽省滁州市南谯区大柳镇
邮　　编：239071
电　　话：0550-3890889
传　　真：0550-3890997
主要产品：绢云母精粉，滑石粉，高岭土，碳酸钙，氧化镁

公司名称：滁州市扬天粉体工程有限公司
地　　址：安徽省滁州市西方寺路 78 号
邮　　编：239000
电　　话：0550-3164543
传　　真：0550-3163767
邮　　箱：ytym@ytym.com
网　　址：www.ytym.com
主要产品：绢云母粉，超细煅烧高岭土，

超细滑石粉，凹凸棒黏土

公司名称：滁州志锐科技有限公司
地　　址：安徽省滁州市滁全新路腰铺镇
邮　　编：239057
电　　话：0550-3973686 3973680
传　　真：0550-3973680
邮　　箱：zhirui@ahzhirui.cn
网　　址：www.ahzhirui.cn
主要产品：绢云母

公司名称：繁昌县四环颜料有限责任公司
地　　址：安徽省芜湖市繁昌县芜铜路口牌坊
邮　　编：241200
电　　话：0553-7916708
传　　真：0553-7915107
邮　　箱：sihuanyanliao@163.com
主要产品：云母氧化铁，天然氧化铁，磷铁粉

公司名称：淮北矿业(集团)有限责任公司朔里煤矿高岭土总厂
地　　址：安徽省淮北市桓谭路88号
邮　　编：235000
电　　话：0561-3151990
传　　真：0561-4954618
邮　　箱：lihao821652@126.com
主要产品：莫来砂，焦宝石，超细煅烧高岭土，莫来石，莫来粉，高岭土，煅烧高岭土

公司名称：安徽金星钛白（集团）有限公司
地　　址：安徽省马鞍山市慈湖经济开发区新化路1号
邮　　编：243051
电　　话：0555-8330031 8330032
传　　真：0555-3503765
邮　　箱：admin@goldstarchem.com.cn
网　　址：www.goldstarchem.com.cn
主要产品：硫酸，金红石型钛白粉

公司名称：马鞍山市云天矿业有限责任公司
地　　址：中国安徽安徽省马鞍山市青松小区1村15栋-6
邮　　编：243000
电　　话：0555-2455766
传　　真：0555-2450098
主要产品：超长径比硅灰石针状粉，普通粉，重质碳酸钙，活性重质碳酸钙

公司名称：明光市天骄科技发展有限公司
地　　址：安徽省明光市百仓巷12号
邮　　编：239400
电　　话：0550-8028952
传　　真：0550-8033188
邮　　箱：mg.tianjiao@mail.cz.ah163.nat
主要产品：环保建材，化工等领域的非金属矿产品

公司名称：潜山联邦实业有限公司
地　　址：安徽省安庆市潜山县黄埔工业园
邮　　编：246306
电　　话：0556-8256588
传　　真：0556-8256325
主要产品：防锈颜料，钛白粉，立钛粉，磷钛粉

公司名称：铜陵宏润云母颜料有限公司
地　　址：安徽省铜陵县钟鸣镇龙泉中路宏伟饭店2楼
邮　　编：244122
电　　话：0562-8295419
传　　真：0562-8295419
邮　　箱：sumeng78@126.com
网　　址：www.tlhongrun.com
主要产品：云母氧化铁

公司名称：铜陵坤大矿业发展有限公司
地　　址：安徽省铜陵市铜陵县顺安镇大明村
邮　　编：244131
电　　话：0562-8898881 8898600
传　　真：0562-8898788
邮　　箱：kdky@ahkdky.com
网　　址：www.ahkdky.com
主要产品：云母氧化铁等颜填料

公司名称：铜陵市智润云母颜料有限责任公司
地　　址：安徽省安庆市安庆矿区办事处
邮　　编：246131
电　　话：0556-4065555
传　　真：0556-4065737
邮　　箱：hzz_1961@163.com
网　　址：www.zhryt.com
主要产品：云母氧化铁灰，云母氧化铁红，天然氧化铁黄，磁铁黑

公司名称：铜陵县顺安云母氧化铁粉厂
地　　址：安徽省铜陵县顺安镇湖城河湾
邮　　编：244151
电　　话：0562-8898850
传　　真：0562 8898850
网　　址：www.ymyht.cn
主要产品：云母氧化铁灰，钢灰色云母氧化铁粉，氧化铁黑，氧化铁红

公司名称：永艳染料化工有限责任公司
地　　址：安徽省蚌埠市迎湖路8号
邮　　编：233040
电　　话：0552-3021090 3021091
传　　真：0552-3021091 3021090
邮　　箱：dyestuffqiu@163.net
网　　址：www.yongyandyes.com
主要产品：硫化染料，有机颜料

公司名称：中美合资安徽合雅精细化工有限公司
地　　址：安徽省长丰县双墩镇双三公路桃园村
邮　　编：231131
电　　话：0551-6394707
传　　真：0551-6394006
主要产品：中、高档颜料酞菁绿

公司名称：中意漆尔思防腐颜料厂
地　　址：安徽省芜湖市繁昌县黄浒大桥旁
邮　　编：241200
电　　话：0553-7239398
传　　真：0553-7239568
邮　　箱：whqes@sina.com
网　　址：www.whqes.com
主要产品：超细型云母，氧化铁防腐颜料

公司名称：滁州格锐矿业有限责任公司
地　　址：安徽省滁州市腰铺镇
邮　　编：239057
电　　话：0550-3971588 3971988
传　　真：0550-3971988
邮　　箱：info@chinagrea.com.cn
网　　址：www.chinagrea.com
主要产品：绢云母，复合钛白颜料

公司名称：彩虹(莆田)涂料色卡有限公司
地　　址：福建省莆田市江口镇石庭工业区
邮　　编：351117
电　　话：0594-3796988 3797988
传　　真：0594-3796988
邮　　箱：rcc99@163.com
网　　址：www.rainbowcolourcard.com
主要产品：颜色，颜色手册，颜色系统卡、条形卡，通用条形卡，挂卡

公司名称：福建省晋江正新油墨有限公司
地　　址：福建省泉州市晋江市安平综合开发区2号（安海镇）
邮　　编：362261
电　　话：0595-85722966
主要产品：胶印树脂油墨，涂料及颜料

公司名称：福建省三农碳酸钙有限责任公司
地　　址：福建省将乐县溪南路37号
邮　　编：353300
电　　话：0598-2262888 2332109
传　　真：0598-2262000
邮　　箱：sn@dongnanpai.com
网　　址：www.dongnanpai.com
主要产品：重质碳酸钙，轻质碳酸钙，活性轻质碳酸钙，纳米碳酸钙

公司名称：福建省泰宁陶金峰高岭土有限公司
地　　址：福建省泰宁工业园区66号
邮　　编：354400
电　　话：0598-7862638
传　　真：0598-7835271
主要产品：填料

公司名称：福建省尤溪县恒强精细化工建材有限公司
地　　址：福建省尤溪县梅仙镇新路13号
邮　　编：362000
电　　话：0595-22897857
传　　真：0595-22897867
主要产品：重质碳酸钙（活性碳酸钙），硅灰石，重金粉和各种石英砂

公司名称：福建省长汀银泉颜料有限公司
地　　址：福建省长汀县古城工业区15号
邮　　编：366311
电　　话：0597-6719488
传　　真：0597-6718558
主要产品：铅银粉，铅银浆，铜金粉

公司名称：福州福瑞德化工有限公司
地　　址：福建省福州市鼓楼区福新西路火巷里7号
邮　　编：350011
电　　话：0591-87614435
邮　　箱：furuidechem@126.com
主营产品：特种炭黑和白炭黑，巴斯夫颜料，巴斯夫助剂，道康宁助剂

公司名称：金海峡化工（厦门）有限公司（厦门市思明区金乐士贸易商行）
地　　址：福建省厦门市台湾街薛岭北里

7-201
邮　　编：361009
电　　话：0592-5590412
传　　真：0592-5590413
网　　址：www.jinleshi.cn
主要产品：钛白粉，助剂

公司名称：龙岩联发硅灰石粉业有限公司
地　　址：福建省龙岩市新罗区曹溪镇
邮　　编：364021
电　　话：0597-2776698
传　　真：0597-2776698
主要产品：硅灰石粉

公司名称：龙岩市金得利矿产开发有限公司
地　　址：福建省龙岩市大池
邮　　编：364019
电　　话：0597-2585597
传　　真：0597-2586670
邮　　箱：longyanjindeli@163.com
网　　址：www.jdlfeo.com
主要产品：云母氧化铁

公司名称：泉州三威化工有限公司
地　　址：泉州市刺桐东路北段 734 号 C 幢 5 层(妇幼活动中心)
邮　　编：362000
电　　话：0595-22581333 22591333 22572333 22571222
传　　真：0595-22571555
邮　　箱：info@sanwei-group.com
网　　址：www.sanwei-group.com
主要产品：高档钛白粉，荧光增白剂，色素炭黑，导电炭黑，色母粒

公司名称：泉州市旭丰粉体原料有限公司
地　　址：福建省泉州清濛经济技术开发区迎宾大道恒泰兴商务楼三楼
邮　　编：362000
电　　话：0595-28270059 2485018 8270678 8270567
传　　真：0595-22485038
邮　　箱：qzxufeng@yahoo.com.cn
网　　址：www.xufengpowder.com
主要产品：滑石粉，碳酸钙(重钙、轻钙)，纳米钙，活性钙

公司名称：福建海兴源化工有限公司
地　　址：厦门市同安工业区
邮　　编：361004
电　　话：0592-3998788 5160426
传　　真：0592-5160429
邮　　箱：market@haixingyuan.com
网　　址：www.haixingyuan.com
主要产品：钛白粉包膜处理，活性氢氧化铝，氧化铝，超细硫酸钡系列及表面活性剂

公司名称：厦门市惠宇化工贸易有限公司
地　　址：厦门市仙岳路 860 号台商会馆 6 楼 A02 单元
邮　　编：361009
电　　话：0592-5599460 5591780
传　　真：0592-5591790
邮　　箱：fujianchem@sina.com
网　　址：www.fujian-chem.com
主要产品：钛白粉，色母粒，油墨

公司名称：天虹化工颜料有限公司
地　　址：福建省泉州市丰泽区东海宝山社区洋店 26 号
邮　　编：362000
电　　话：0595-22951572
传　　真：0595-22951572
主要产品：无机颜料，填料，珠光粉

公司名称：香港 SANHING 实业公司（泉州三威化工有限公司）
地　　址：泉州市刺桐东路北段 734 号 C 幢 5 层(妇幼活动中心)
邮　　编：362000
电　　话：0595-22581333 22591333 22572333 22571222
传　　真：0595-22571555
邮　　箱：info@sanwei-group.com
网　　址：www.sanwei-group.com
主要产品：高档钛白粉，荧光增白剂，色素炭黑，导电炭黑，色母粒

公司名称：赣州科盈结构陶瓷有限公司
地　　址：江西省赣州市章贡区水东镇虔东大道 289 号
邮　　编：341000
电　　话：0797-8462000
主要产品：氧化锆粉料

公司名称：广福建材（江西）有限公司
地　　址：江西省永丰县县城桥南工业区
邮　　编：331500
电　　话：0796-2222736
主要产品：碳酸钙，高岭土，硫酸钡，滑石粉

公司名称：江西昌洪超细粉体有限公司
地　　址：南昌市国家经济技术开发区庐山南大道
邮　　编：330013
电　　话：0791-3800264
传　　真：0791-3803445
主要产品：填料

公司名称：江西赣东化工有限责任公司
地　　址：江西省临川市抚北镇安塘路 4 号
邮　　编：344001
电　　话：0794-8352171
传　　真：0794-8352192
主要产品：颜料

公司名称：江西广源化工有限公司
地　　址：江西省吉安市永丰县桥南工业园
邮　　编：331500
电　　话：0796-2222966
主要产品：碳酸钙

公司名称：江西海多化工有限公司
地　　址：江西省永修星火工业园
邮　　编：330319
电　　话：0792-3170318
传　　真：0792-3170355
主要产品：有机硅烷，硅树脂，硅油，改性硅油

公司名称：江西亮雅颜料有限公司
地　　址：江西省萍乡市湘东区下埠镇
邮　　编：337000
电　　话：0799-3378300
主要产品：铬红，铬黄，钛镍黄，钛铬棕，二氧化硒及无机盐

公司名称：江西龙腾生物高科技有限公司
地　　址：江西九江经济技术开发区九瑞大道 148 号
邮　　编：332000
传　　真：0792-8339116
邮　　箱：longteng@21cn.com
主要产品：颜料，填料

公司名称：江西平安矿产开发有限公司
地　　址：江西省宜春市袁州区袁山中路 286 号
邮　　编：336000
电　　话：13755838893
主要产品：填料

公司名称：江西前卫化工有限责任公司
地　　址：江西省新余市仙来东大道 18 号
邮　　编：338004
电　　话：0790-6462806
主要产品：重质碳酸钙，涂料

公司名称：江西全兴化工填料有限公司
地　　址：江西省萍乡市滨河东路 8 号
邮　　编：337055
电　　话：0799-6798888 6791288
传　　真：0799-6798268
邮　　箱：quanxing@china.com
网　　址：www.quanxing.jx.cn
主要产品：颜料，填料

公司名称：江西省高峰化工矿业发展有限公司
地　　址：江西省高安市高安大道 158 号
邮　　编：330800
电　　话：0795-5288016 5288026
传　　真：0795-5288026
网　　址：www.jxgofen.com
主要产品：填料

公司名称：江西省南阳化工有限公司
地　　址：江西省高安市灰埠镇工业园区一号
邮　　编：330804
电　　话：0795-5789686
主要产品：碳酸钙系列

公司名称：江西省萍乡市吉力尔陶瓷有限公司
地　　址：江西省萍乡市中山路 18 号
邮　　编：337000
电　　话：0799-6831678
主要产品：皓珠

公司名称：江西省上高县群青颜料厂
地　　址：江西省上高县泗溪镇
邮　　编：336415
电　　话：0795-2592806
主要产品：群青颜料

公司名称：江西添光化工有限责任公司
地　　址：江西省抚州市抚北镇安唐路 4 号
邮　　编：344001
电　　话：0794-8352524 8352194
邮　　箱：ghbgs@publicl.fz.jx.cn
主要产品：钛白粉，硫酸铝，硫酸亚铁，普钙

公司名称：江西铜业公司银山铜锌矿绢云母厂
地　　址：江西省德兴市
邮　　编：334201
电　　话：0793-7526596

传　　真：0793-7526596
主要产品：填料

公司名称：江西紫晶化学有限公司
地　　址：江西省永新县小屋岭工业园区
邮　　编：343400
电　　话：0796-7854556
主要产品：颜料

公司名称：萍乡市凤凰填料工业公司
地　　址：萍乡市富丽花园 41 栋
邮　　编：337055
电　　话：0799-6833750 6823819
传　　真：0799-6863188
邮　　箱：ypm668@sina.com
网　　址：www.ypm.com.
主要产品：颜料，填料

公司名称：萍乡市碳酸钙实业有限公司
地　　址：江西省萍乡市湘东狮形山工业区
邮　　编：337019
电　　话：0799-3375368 3375098
传　　真：0799-3375098
邮　　箱：webmaster@cn-lushan.com
网　　址：www.cn-lushan.com
主要产品：颜料，填料

公司名称：萍乡市冶华工业瓷厂
地　　址：萍乡市建设小区
电　　话：0799-3416397
传　　真：0799-3412553
邮　　箱：webmaster@gongyetaoci.com
网　　址：www.gongyetaoci.com
主要产品：颜料，填料

公司名称：德州虹桥染料化工有限公司
地　　址：德州市三八路东首
邮　　编：253023
电　　话：0534-2558853 2558286
传　　真：0534-2558853
邮　　箱：drgs@dz-public.sd.cninfo.net
网　　址：www.sd-dyes.com
主要产品：颜料

公司名称：德州市宇虹化工有限公司
地　　址：山东省德州市天衢工业区
邮　　编：253000
电　　话：0534-2342259
主要产品：有机颜料，荧光颜料

公司名称：东营金茂铝业高科技有限公司
地　　址：山东省东营开发区一类工业园
邮　　编：257091
电　　话：0546-8300048
主要产品：铝粉

公司名称：济南博彩化工技术有限公司
地　　址：山东省济南市天桥区洛口洛南六街六号
邮　　编：250032
电　　话：0531-85718175
传　　真：0531-85718175
主要产品：铝银浆，球磨机

公司名称：济南金信洋染料有限公司
地　　址：山东省济南市济阳新市开发区399 号
邮　　编：251403
电　　话：0531-4310003
传　　真：0531-4310389
邮　　箱：csl@jinzhouchem.com
网　　址：www.jinzhouchem.com
主要产品：颜料

公司名称：济南益佰涂料有限公司
地　　址：山东省济南市历城区华山工业园
邮　　编：250100
网　　址：yibaituliao.B2b.hc360.com
电　　话：0531-66721860
邮　　箱：38611213@qq.com
主要产品：胶粉，微细重钙，昆山色浆，防霉杀菌剂

公司名称：济南裕兴化工有限责任公司
地　　址：济南市天桥区桑梓店镇化工产业园区
邮　　编：250119
电　　话：0531-3162100
传　　真：0531-3162001
网　　址：www.yuxing-chem.com.cn
主要产品：钛白粉

公司名称：垦利鑫源化工厂
地　　址：山东省东营市垦利县开发区
邮　　编：257500
电　　话：0546-2562962
邮　　箱：klxygc@263.net
网　　址：www.klcy.com
主要产品：填料

公司名称：龙口佳源颜料有限公司
地　　址：山东省龙口市诸由观镇冶基村东
邮　　编：265706
电　　话：0535-8569878
主要产品：有机颜料

公司名称：龙口市化工颜料厂
地　　址：山东省龙口市诸由观镇冶基村东
邮　　编：265706
电　　话：0535-8568662 8568663
传　　真：0535-8568662
邮　　箱：export@longkoupigment.com
网　　址：www.longkoupigment.com
主要产品：颜料

公司名称：龙口市仁和群青化工有限公司
地　　址：山东省龙口市开发区龙水路南段东侧
邮　　编：265716
电　　话：0535-8884636
主要产品：群青

公司名称：蓬莱新光颜料化工有限公司
地　　址：山东省蓬莱市东郊沙河北
邮　　编：265600
电　　话：0535-5610390 5610688
邮　　箱：plxy@public.ytptt.scl.cn
主要产品：华蓝、铬黄、颜料绿、大红粉、钼铬红、立索尔大红、联苯胺黄、耐晒黄、酞菁蓝、酞菁绿、有机中黄、有机拧黄、涂料黄、射光蓝、耐晒大红

公司名称：平度市滑石矿业有限公司
地　　址：山东省平度市麻兰镇
邮　　编：266743
电　　话：0532-3351138 3351139
传　　真：0532-3351198
邮　　箱：qdpdshsk@public.qd.sd.cn
网　　址：www.talc-qd.com
主要产品：颜料，填料

公司名称：栖霞市家春滑石粉厂
地　　址：山东省栖霞市庙后镇
邮　　编：265306
电　　话：0535-5540895
主要产品：滑石粉

公司名称：青岛澳润化工有限公司
地　　址：山东省青岛市李沧区书院路280 号 10 号楼 3 单元 201 室
邮　　编：266100
电　　话：0532-87081818
主要产品：纤维素

公司名称：青岛白玉化工有限公司
地　　址：山东省胶州市兰州东路 388 号
邮　　编：266300
电　　话：0532-2279611 2279612
传　　真：0532-2279611
网　　址：www.baiyuchem.com
主要产品：颜料

公司名称：青岛古道化学材料有限公司
地　　址：山东省青岛李沧区三清宫卢 20号 3 单元 101
邮　　编：266110
电　　话：0532-87600215
邮　　箱：d_jp2004@eyou.com
传　　真：0532-87600215
主要产品：乳液，助剂，色浆

公司名称：青岛红星化工集团天然色素有限公司
地　　址：青岛市四流北路 43 号
邮　　编：266043
电　　话：0532-4915032 4915033
传　　真：0532-4915031
邮　　箱：ceo@qd-np.com
网　　址：www.qd-np.c
主要产品：颜料，填料

公司名称：青岛瑞丰祥化工有限公司
地　　址：山东省青岛市李沧区九水东路265 号
邮　　编：266100
电　　话：0532-87063019
主要产品：化工原料，化学试剂

公司名称：青岛润嘉化工有限公司
地　　址：青岛市四川路 70 号
邮　　编：266002
电　　话：0532-2677671
传　　真：0532-2676861
邮　　箱：info@qdrunjia.com
网　　址：www.qdrunjia.com
主要产品：颜料

公司名称：青岛三凯化工有限公司
地　　址：山东省青岛市香港中路 59 号青岛国际金融中心 24A
邮　　编：266071
电　　话：0532-85793216
主要产品：颜料

公司名称：青岛市平度华锋矿石制粉厂
地　　址：青岛平度长乐工业园区内
邮　　编：266714
电　　话：0532-5381268
传　　真：0532-5381197
邮　　箱：info@cn-stonedust.com
网　　址：www.cn-stonedust.com

主要产品：颜料，填料

公司名称：青岛市平度山林染料化工有限公司
地　　址：山东省平度市郑州路 32 号
邮　　编：266700
电　　话：0532-8373869
传　　真：0532-8372628
邮　　箱：manager@cn-shanlin.com
网　　址：www.cn-shanlin.com
主要产品：颜料

公司名称：青岛市平度山林染料化工有限公司
地　　址：山东省平度市郑州路 32 号
邮　　编：266700
电　　话：0532-88373869
主要产品：染料，颜料，涂料，增白剂，有机硅等

公司名称：青岛双桃精细化工（集团）有限公司
地　　址：山东省青岛市杭州路 28 号
邮　　编：266031
电　　话：0532-3731234
传　　真：0532-3734209
邮　　箱：qddyes@qingdaodyes.com
网　　址：www.qingdaodyes.com
主要产品：颜料

公司名称：青岛鑫恒聚化工有限公司
地　　址：山东省青岛市四方区开封路 21 号
邮　　编：266042
电　　话：0532-84890947
主要产品：乳液，助剂，填料，色浆，金属涂料

公司名称：青州中远化工有限公司
地　　址：山东省青州市东高镇徐大路
邮　　编：262509
电　　话：0536-3824666
主要产品：色素炭黑

公司名称：山东东佳集团（原淄博钴业股份有限公司）
地　　址：山东省淄博市博山区秋谷横里河 55 号
邮　　编：255200
电　　话：0533-4167720
主要产品：钛白粉

公司名称：山东东营市华欣精细化工有限公司
地　　址：山东省东营开发区一类工业园绿洲路 10 号
邮　　编：257091
电　　话：0546-8304886
主要产品：碳酸钙

公司名称：山东临沂亳微精细化工有限公司
地　　址：山东省临沂市兰山区枣沟头镇大潮沂村东工业园
邮　　编：276038
电　　话：0539-8624899
主要产品：苯超微细轻钙，重钙，硅灰石粉

公司名称：山东伦博发光材料股份有限公司
地　　址：山东济南市高新技术开发区华信路 15 号
邮　　编：250100
电　　话：0531-88037290
传　　真：0531-88037240
邮　　箱：glowing@163.com
网　　址：www.lunbo.com
主要产品：颜料

公司名称：山东迈英德化学有限公司
地　　址：山东省济南市民营科技产业园新沙北路 5 号
邮　　编：250118
电　　话：0531-85976085
主要产品：铝银浆

公司名称：山东省赫达股份有限公司
地　　址：山东省淄博市周村区王村镇工业园区
邮　　编：255311
电　　话：0533-6681698
主要产品：纤维素

公司名称：山东省青岛健泰化工有限公司
地　　址：山东省青岛市山东路 40 号广发金融大厦 1905 室
邮　　编：266042
电　　话：0532-85015531
主要产品：珠光颜料

公司名称：山东省青岛亿威化工有限公司
地　　址：山东省青岛市四方区长沙路 111 号大华宾馆 120 室
邮　　编：266042
电　　话：0532-84884136
主要产品：钛白粉

公司名称：山东潍坊通盛新型材料有限公司
地　　址：山东省青州市东阳河工业园
邮　　编：262517
电　　话：0536-3538957
主要产品：二氧化硅

公司名称：山东亿纳珠光颜料有限公司
地　　址：山东省泰安市东平县东平经济开发区
邮　　编：271500
电　　话：0538-6357888
主要产品：珠光颜料

公司名称：山东淄博祥虹颜料有限公司
地　　址：山东省淄博张博路海眼段 54 号
邮　　编：255202
电　　话：0533-4684378 4684379
主要产品：酞菁蓝 BGS

公司名称：泰安瑞泰纤维素有限公司
地　　址：山东省肥城市汶阳镇
邮　　编：271606
电　　话：0538-3850703
传　　真：0538-2160889
邮　　箱：fclxfu@public.taptt.sd.cn
主要产品：填料

公司名称：泰安阳光矿业集团
地　　址：山东省新泰市翟镇翟村东
邮　　编：271204
电　　话：0538-7520568
传　　真：0538-7520509
主要产品：填料

公司名称：潍坊维波斯化工材料有限公司
地　　址：山东省潍坊市寒亭区古亭街 9 号
邮　　编：261100
电　　话：0536-7369228
主要产品：颜料，助剂

公司名称：烟台开发区宏业化石粉有限公司
地　　址：烟台开发区大季家山后陈家西
邮　　编：264006
电　　话：0535-6971266
传　　真：0535-6771997
邮　　箱：webmaster@xianjing.com
主要产品：颜料，填料

公司名称：枣庄天元精细化工有限公司
地　　址：山东省枣庄市薛城区天山路明河街 22 号
邮　　编：277000
电　　话：0632-4461828
主要产品：钛白粉

公司名称：枣庄天源禾丰珠光颜料有限公司
地　　址：山东省枣庄薛城区民营工业园
邮　　编：277000
电　　话：0632-5195995
主要产品：珠光颜料

公司名称：章丘市金属颜料有限公司
地　　址：山东省章丘市相公镇桑园
邮　　编：250203
电　　话：0531-83288157-807
主要产品：铝银浆

公司名称：章丘市雅美特金属高光涂料有限公司
地　　址：山东省济南市章丘官庄工业园
邮　　编：250217
电　　话：0531-83808066
主要产品：铝银浆

公司名称：淄博福颜化工集团有限公司
地　　址：山东省淄博市博山区秋谷社区福颜路 1 号
邮　　编：255200
电　　话：0533-4192888 4192699
主要产品：酞菁蓝

公司名称：淄博日升化工有限公司
地　　址：山东省淄博市罗村工业园
邮　　编：255138
电　　话：13953351156
主要产品：轻质碳酸钙

公司名称：淄博市临淄金网印刷材料厂
地　　址：山东省淄博市临淄区牛山路 358 号
邮　　编：255400
电　　话：0533-7188830
主要产品：陶瓷 UV 热转印涂层，陶瓷 UV 水晶七彩涂层，陶瓷 UV 金墨

公司名称：巩义市昌华辅料厂
地　　址：河南巩义市 808 路中段
邮　　编：451250
电　　话：0371-64373956 64371956
传　　真：0371-64371956
邮　　箱：chang_hua@371.net
网　　址：www.64371956.com
主要产品：高岭土系列产品

公司名称：巩义市中龙高岭土有限公司
地　　址：河南省巩义市东郊八公里
邮　　编：451271
电　　话：0371-64051008
邮　　箱：zhonglong@gyzhonglong.com
网　　址：www.gyzhonglong.com
主要产品：高岭土，改性高岭土

公司名称：巩义市中润高岭土厂
地　　址：河南省郑州市河南安乐街27号
邮　　编：451200
电　　话：0371-61310371
传　　真：0371-64396616
主要产品：高岭土

公司名称：河南常新颜料有限公司
地　　址：河南省焦作工业集聚区
邮　　编：454450
电　　话：0391-8680097
传　　真：0391-8689078
邮　　箱：xinz_l@sina.com
网　　址：www.zjchangxin.com
主要产品：电泳漆活性颜料，铁红型超细复合颜料，白色超细复合颜料，灰色超细复合颜料，重防腐专用颜料，云母氧化铁灰，云母氧化铁红

公司名称：河南美达建材科技有限公司
地　　址：安阳市高新技术产业开发区
邮　　编：455000
电　　话：0372-2527518 2527519
传　　真：0372-2527518
邮　　箱：ay518865@126.com
网　　址：www.518865.com
主要产品：羟丙基甲基纤维素（HPMC），可再分散性乳胶粉

公司名称：河南美汇进出口有限公司
地　　址：河南省郑州郑东新区CBD商务外环路13号绿地峰会天下801
邮　　编：450046
电　　话：0371-69190731
传　　真：0371-69191350
邮　　箱：maywellfiber@maywell.com.cn
网　　址：www.maywellfiber.com
主要产品：黏胶纤维用溶解级木浆，棉短绒，造纸用木浆，废纸，过滤用木浆

公司名称：河南省德嘉丽科技开发公司
地　　址：河南省郑州市经济技术开发区第二大街南段
邮　　编：450016
电　　话：0371-65974161
传　　真：0371-65973413
邮　　箱：djl@dejiali.com
网　　址：www.dejiali.com
主要产品：内外墙乳胶漆，液体壁纸漆，金属涂料，保温砂浆，腻子，质感涂料，抹面砂浆，黏结砂浆，界面剂，氟碳涂料，真石漆，弹性漆，保温钉，网格布，建筑涂料，保温板

公司名称：河南省巩义市华昌高岭土厂
地　　址：河南省巩义市民谷文化村南500米里沟耐火材料厂院内
邮　　编：451200
电　　话：0371-64373998
传　　真：0371-64373998
主要产品：高岭土

公司名称：河南省巩义市瑞峰丝印材料厂
地　　址：河南省巩义市建设路17号
邮　　编：451200
电　　话：0371-64358020
传　　真：0371-64358020
主要产品：环保水性油墨，罩印浆等丝印材料

公司名称：河南省惠康实业总公司
地　　址：河南省郑州市中州大道天荣建材港向东500米路北
邮　　编：450008
电　　话：0371-60952913 60951041
传　　真：0391- 60951127
邮　　箱：hui_kang@vip.163.com
网　　址：www.hnhkang.com
主要产品：腻子，干粉瓷漆，干粉（保温）砂浆及干粉砂浆

公司名称：河南省济源市宏达高岭土有限公司
地　　址：河南省济源市邵原镇称弯工业园区
邮　　编：454650
电　　话：0391-6793588 6969108
传　　真：0391-6969108
主要产品：325目、800目、1250目生料和熟料，改性高岭土

公司名称：河南佰利联化学股份有限公司
地　　址：河南省焦作市中站区
邮　　编：454191
电　　话：0391-3126818
传　　真：0391-3126553
邮　　箱：sales@billionschem.com hnbllxsgs@126.com
网　　址：www.billionschem.com
主要产品：钛白粉，锆产品，铝盐

公司名称：河南省远洋铝业有限公司
地　　址：河南省长垣县人民路西段
邮　　编：453400
电　　话：0373-8887589
网　　址：www.hnyyly.com
主要产品：铝粉

公司名称：河南喜人纤维素有限公司
地　　址：河南省开封市新区工业园一大街西侧
邮　　编：475004
电　　话：0378-3360188
网　　址：www.xrxws.com
主要产品：纤维素

公司名称：河南新乡海伦颜料有限公司
地　　址：河南省新乡市小冀镇工业路
邮　　编：453731
电　　话：0373-5590568 5590568
传　　真：0373-5592052
网　　址：www.xxhp.com
主要产品：颜料

公司名称：焦作市维纳精细陶瓷有限公司
地　　址：河南省焦作市中站区西一公里焦克路北
邮　　编：454191
电　　话：0391-3275683
网　　址：www.jzwn.com
主要产品：氧化锆

公司名称：开封市龙亭有机颜料化工厂
地　　址：河南省开封市北仁义胡同18号
邮　　编：475001
电　　话：0378-5663202 5663079
传　　真：0378-5663079
主要产品：颜料

公司名称：南阳市金辉矿业加工厂
地　　址：河南省南阳市车站北路白庄西区900号
邮　　编：473000
电　　话：0377-63152777
主要产品：彩石砂，彩石粉

公司名称：新乡铁军颜料有限公司
地　　址：河南省辉县市孟庄镇郭村
邮　　编：453621
电　　话：0373-6068590
传　　真：0373-6068064
邮　　箱：ironoxide@tiejunpigment.com
网　　址：www.tiejunpigment.com
主要产品：颜料

公司名称：郑州富康科工贸有限公司
地　　址：河南郑州市大同路8号
邮　　编：450000
电　　话：0371-6961943 66935968 66963168 66863168
传　　真：0371-6955339
主要产品：颜料

公司名称：郑州金阳光陶瓷有限公司
地　　址：河南省郑州市上街区任庄南岗
邮　　编：450041
电　　话：0371-68933959
主要产品：活性氧化铝，板状氧化铝

公司名称：郑州市金源微粉材料有限公司
地　　址：河南省郑州市须水镇郑上路774号
邮　　编：450042
电　　话：0371-67811493 67813208
网　　址：www.jywf.net/face_cn.asp
主要产品：高岭土，硅微粉

公司名称：郑州新达化工有限公司
地　　址：河南省新郑市何庄镇人民路中段
邮　　编：451150
电　　话：0371-62422291
传　　真：0371-62422291
主要产品：颜料

公司名称：鄂州市千禧建筑安装工程有限公司超细粉体厂
地　　址：湖北省鄂州市庙鹅岭千禧公司
邮　　编：436000
电　　话：0711-3355208
主要产品：碳酸钙

公司名称：湖北地大煅烧高岭土有限公司
地　　址：湖北省宜昌市经济技术开发区猇亭北部工业园
邮　　编：443007
电　　话：0717-6517008
主要产品：煅烧高岭土

公司名称：湖北豪迈超牌高岭土有限公司
地　　址：湖北省宜都市十里铺创业园1号
邮　　编：443300
电　　话：0717-4825188
网　　址：hbhmcp.cn.gongchang.com
主要产品：高岭土

公司名称：随州市何店化工厂
地　　址：湖北省随州市曾都区何店镇工业园区
邮　　编：441332
电　　话：0722-4893249
主要产品：硫酸钡系列

公司名称：武汉恒辉化工颜料有限公司
地　　址：湖北省武汉市汉口建设大道625号金华大厦5楼505
邮　　编：430030
电　　话：027-83607123
网　　址：www.everbrightcolor.com
主要产品：颜料

公司名称：武汉姜一山化工有限公司
地　　址：湖北武汉市江汉区马场角路64号金利明珠花园3层3座3号房
邮　　编：430024
电　　话：027-83553012
主要产品：颜料，填料

公司名称：武汉天犁科技发展有限公司
地　　址：湖北省武汉市江汉区新华路华立新华时代1904室
邮　　编：430015
电　　话：027-85577023
主要产品：硼酸，钛白粉，硝酸钠

公司名称：襄樊可彩珠光颜料有限公司
地　　址：湖北省襄樊市汉江大道特1号汉江国际大厦3-4-1002室
邮　　编：441000
电　　话：0710-7339277
网　　址：www.xfkecai.com
主要产品：珠光颜料

公司名称：襄樊丽明化工有限公司
地　　址：湖北省襄樊市大庆东路47号
邮　　编：441001
电　　话：0710-2828918
传　　真：0710-2815444
邮　　箱：liming@xflmhg.com
主要产品：颜料，填料

公司名称：襄樊市硕达矿业有限公司
地　　址：湖北省襄樊市檀溪路西段
邮　　编：441021
电　　话：0710-3561098 3568760
传　　真：0710-3568760
主要产品：颜料，填料

公司名称：衡阳美仑颜料化工有限责任公司
地　　址：湖南省衡东县大浦镇交通街38号
邮　　编：421421
电　　话：0734-5375457
传　　真：0734-5375457
邮　　箱：hymlylgs@263.net
主要产品：颜料

公司名称：湖南富虹锌业实业有限公司
地　　址：湖南长沙市望城县星城镇
邮　　编：410219
电　　话：0731-86053832
主要产品：填料

公司名称：湖南冠一颜料有限公司
地　　址：湖南省常德市津市市皇姑山
邮　　编：415600
电　　话：0736-4216555
主要产品：颜料

公司名称：湖南和诚精细化工有限公司
地　　址：湖南省隆回县城东南工业园区
邮　　编：422001
电　　话：0739-5274029
传　　真：0739-5501208
邮　　箱：sales@hechengchem.com
网　　址：www.hechengchem.com
主要产品：颜料

公司名称：湖南金马硅业有限公司
地　　址：湖南省浏阳市嗣同路108号
邮　　编：410300
电　　话：0731-83228788
主要产品：硅微粉

公司名称：湖南耒市超牌化工有限公司
地　　址：湖南省耒市水江振中路
邮　　编：421800
电　　话：0734-4370523
传　　真：0734-4370523
主要产品：颜料

公司名称：湖南三环颜料有限公司
地　　址：湖南省长沙市望城经济开发区铜官循环经济工业基地
邮　　编：410203
电　　话：0731-88500382
传　　真：0731-8500382
邮　　箱：qx48158@sohu.com
网　　址：www.threeringpigments.com
主要产品：无机颜料，氧化铁颜料，超微细颜料，水性色浆，氧化铁红

公司名称：长江三环高新颜料开发有限公司
地　　址：湖南省长沙市河西高新区魏家坡创远花园1栋101室
邮　　编：410013
电　　话：0731-88900158 88900261
传　　真：0731-88620522
邮　　箱：sanhuanyl@163.com
网　　址：www.sanhuanyl.com
主要产品：颜料

公司名称：湖南省泸溪金丰铝颜料有限公司
地　　址：湖南省泸溪县武溪镇南正街960号
邮　　编：416100
电　　话：0743-85352276
主要产品：铝银浆

公司名称：湖南省星月颜料有限责任公司
地　　址：湖南省邵东县金玉亭
邮　　编：422808
电　　话：0739-2610366
网　　址：www.sdchromc.ypb.cn
主要产品：铅铬黄系列颜料

公司名称：湖南远通精细材料工程有限公司
地　　址：湖南省长沙市芙蓉中路458号凯旋大厦11楼
邮　　编：410001
电　　话：0731-85160860
主要产品：铝银粉

公司名称：湖南长凌锌品实业有限公司
地　　址：湖南省长沙市河西三叉矶
邮　　编：410013
电　　话：0731-8681414 8624187
传　　真：0731-8680088
邮　　编：welllink@wellink-zn.com
主要产品：颜料

公司名称：湖南珠化钛白粉有限公司
地　　址：湖南省湘潭市湘乡市东风路51
邮　　编：411400
电　　话：0731-5823635
主要产品：钛白粉

公司名称：湖南株洲化工集团有限责任公司
地　　址：湖南省株洲市石峰区清水塘
邮　　编：412004
电　　话：0731-22380983
传　　真：0731-22380151
邮　　箱：zhcig@zhcig.com
主要产品：颜料

公司名称：科迪亚实业有限公司
地　　址：湖南省长沙市芙蓉中路二段89号华天新城汇华阁10A
邮　　编：410011
电　　话：0731-84418446
传　　真：0731-84896770
邮　　箱：sales@kodia.com.cn
网　　址：www.kodia.com.cn
主要产品：颜料，填料

公司名称：娄底市鸿盛化学有限责任公司
地　　址：湖南省冷水江市矿山乡洞下村
邮　　编：417500
电　　话：0738-5866558
主要产品：二氧化硅，消光粉，白炭黑

公司名称：湘潭牛头化工有限责任公司
地　　址：湖南省湘潭县易俗河镇玉兰北路73号
邮　　编：411228
电　　话：0731-57884162
主要产品：超细立德粉，硫化钡粉

公司名称：湘潭市双马世纪新材料有限公司
地　　址：湖南省湘潭市双马工业园
邮　　编：411103
电　　话：0731-58550777
主要产品：氧化铁系列颜料

公司名称：鑫荷化工填料有限公司
地　　址：湖南省醴陵市美田桥工业区
邮　　编：412212
电　　话：0733-23523188 23526589
传　　真：0733-23526578
邮　　箱：xinhe@xinhe.com.cn
网　　址：www.xinhe.com.cn
主要产品：颜料，填料

公司名称：长沙奥特金属颜料有限公司
地　　址：湖南省长沙市望城县星城镇
邮　　编：410219
电　　话：0731-88383948
主要产品：铝银浆

公司名称：长沙奥特金属颜料有限公司
地　　址：湖南长沙望城台商投资区星城镇
邮　　编：410219
电　　话：0731-8382688-86
传　　真：0731-8801254

主要产品：颜料

公司名称：长沙市力波化工有限公司
地　　址：湖南省长沙市凌霄路 301 号
邮　　编：410001
电　　话：0731-84786498
主要产品：涂料助剂，颜料填料

公司名称：长沙市罗比特化工有限公司
地　　址：湖南省长沙市人民东路 38 号东 1 时区商厦南栋 1129
邮　　编：410016
电　　话：0731-84123177
主要产品：染料，颜料，助剂，PU、UV 涂料，汽车内饰脱模剂

公司名称：长沙新威凌锌业发展有限公司
地　　址：湖南省长沙市高新技术产业开发区麓谷麓龙路 199 号
邮　　编：410205
电　　话：0731-88680288
网　　址：www.cswelllink.cn
主要产品：锌粉

公司名称：长沙族兴金属颜料有限公司
地　　址：湖南省长沙市宁乡经洲新区金水东路 68 号
邮　　编：410600
电　　话：0731-22080844
主要产品：铝银浆

公司名称：中外合资湖南立发颜料化工有限公司
地　　址：湖南省湘潭市岳塘区竹埠港
邮　　编：411132
电　　话：0732-3584888
传　　真：0732-3584788
邮　　箱：lifacode@lifachem.com
网　　址：xport@lifachem.com
主要产品：颜料

公司名称：株洲金陶高能材料有限公司
地　　址：湖南省株洲市高新技术开发区留学人员创业园
邮　　编：412007
电　　话：0731-28812788
网　　址：www.sunrui-tech.cn
主要产品：氧化锆

公司名称：GS 金海化工行
地　　址：广东省广州市洛溪新城吉祥南街 67 号
邮　　编：511431
电　　话：020-84581070
传　　真：020-84501087
邮　　箱：gscolor@163.com
主要产品：珠光粉，珠光浆，金葱粉，颜料

公司名称：彩虹染料颜料有限公司
地　　址：广东省东莞樟木头镇旗岭村彩虹大厦 5 楼
邮　　编：523640
电　　话：0769-87717426
主要产品：光透明染料，金属络合染料色精，荧光透明染料，金属络合染料色精

公司名称：潮州市粤东化学工业公司
地　　址：广东潮州市永护路 27 号(粤东化工大厦)
邮　　编：521000
电　　话：0768-2287989 2267632 2807080 2807081 2807082 2807083
传　　真：0768-2273146 2853266
邮　　箱：czydhq@public.chaozhou.gd.cn
网　　址：www.czydhq.cn
主要产品：钛白粉，ADC 发泡剂，DCP 交联剂，硬脂酸钡，三盐、钡镉膏稳定剂，增白剂、绿色环保热塑性弹性体

公司名称：丹阳市美尔鑫化工有限公司（佛山公司）
地　　址：广东省佛山市南海里水镇甘蕉洛田开发区
邮　　编：528244
电　　话：0757-85661688
传　　真：0757-85628683
邮　　箱：jujundq@21cn.net
网　　址：www.wdmerx.com
主要产品：铝银浆

公司名称：东莞大邦颜料有限公司
地　　址：广东省东莞市南城区州西工业区
邮　　编：523000
电　　话：0769-23187498
传　　真：0769-23155415
主要产品：水性银浆，水性银粉，水性金粉，水性包袱银胶

公司名称：东莞市超全化工有限公司
地　　址：广东省东莞市南城区鸿福路第一国际 C 座 508 室
邮　　编：523412
电　　话：0769-85617169 85617168
传　　真：0769-85617165
主要产品：金属铬合染料，荧光颜料，UV 光固化树脂，水性树脂和助剂，真空电镀涂料，UV 涂料

公司名称：东莞市超全实业有限公司
地　　址：广东省东莞市南城区鸿富路
邮　　编：523809
电　　话：0769-85617169
传　　真：0769-85617165
主要产品：染料，荧光颜料，树脂

公司名称：东莞市骏驰实业有限公司
地　　址：广东省东莞市黄江镇星光村辰星路 1 号
邮　　编：523000
电　　话：0769-83510518 83510528 83517308
传　　真：0769- 83515509
邮　　箱：junchi@junchi88.com
网　　址：www.junchi88.com
主要产品：细白银，闪银和仿电镀银，水性铝银浆，耐酸碱极强的树脂包覆型铝银浆

公司名称：东莞市寮步龙腾颜料色膏厂
地　　址：广东省东莞市寮步镇横坑三和工业区(五环路旁)
邮　　编：511700
电　　话：0769-3217078
传　　真：0769-3265978
主要产品：色膏

公司名称：东莞市龙腾地板材料有限公司
地　　址：广东省东莞市寮步镇上屯聚园二路龙腾大厦
邮　　编：523411
电　　话：0769-83217078 83302268
传　　真：0769-83265978
主要产品：色膏，色浆，PVC 色膏，环氧(EPOXY)色膏，环保色膏，矽利康(SILICONE)硅胶色膏，PU 色膏，不饱和树脂 PE 色膏，环氧自流平地坪材料

公司名称：东莞市南东化工颜料有限公司
地　　址：广东省东莞市东城区牛山新锡边
邮　　编：523125
电　　话：0769-22624855 87457863
传　　真：0769-22601760
主要产品：变色龙颜料，夜光颜料，珠光粉，荧光颜料，珠光颜料

公司名称：东莞市南方欧凯化工有限公司
地　　址：广东省东莞市黄江镇华南塑胶城 E 区 101 号
邮　　编：523750
电　　话：0769-86910591 33386728
传　　真：0769-86910592 86263820
邮　　箱：south_okay@126.com
网　　址：www.southokay.cn www.nfko.jqw.com
主要产品：有机颜料，蜡粉，树脂，各种功能添加助剂

公司名称：东莞市三桦贸易有限公司
地　　址：广东省东莞市东城区主山东城中路南 93 号涡岭青龙城三楼 306 室
邮　　编：523120
电　　话：0769-22265515
传　　真：0769-22265520
网　　址：www.trichem-ing.com
主要产品：涂料油墨用添加剂，染整纺织助剂，环氧树脂固化剂，改质剂，树脂

公司名称：东莞市谢岗星星有机硅材料厂
地　　址：广东省东莞市谢岗镇南面村金太阳工业城
邮　　编：523603
电　　话：0769-7688602
传　　真：0769-7688601
主要产品：硅橡胶油墨，塑胶油墨，有机硅原材料

公司名称：东莞市旭美塑胶原料有限公司
地　　址：广东省东莞市简沙洲工业区
邮　　编：523062
电　　话：0769-87076261 22719859
传　　真：0769-22716721
邮　　箱：xumei_c315@yahoo.com.cn
网　　址：www.dgxumei.cn
主要产品：CPE，各种 PVC 助剂，钛白粉，色粉

公司名称：杜邦中国集团有限公司华南分公司
地　　址：广东省深圳特区车公庙工业区第五小区
邮　　编：518040
电　　话：0755-83307848
传　　真：0755-83307047
网　　址：www2.dupont.com
主要产品：钛白粉

公司名称：佛山市猴圣化工有限公司
地　　址：佛山市顺德区大良新桂南路昌实商厦 6 层
邮　　编：528300
电　　话：0757-22615759

传　　真：0757-22660569
网　　址：www.chinahousheng.cn
主要产品：透明粉，玻璃粉，镁强粉，滑石粉，水性树脂，水性打磨剂

公司名称：佛山市南海申威非金属粉体有限公司
地　　址：广东省佛山市南海区桂城东二东约南街九巷 15 号
邮　　编：528200
电　　话：0757-86367748
传　　真：0757-86367748
主要产品：高纯高白硅微粉，超细超纯石英粉，高纯石英砂，白炭黑，透明粉，玻璃粉，天然氧化铁红，煅烧高岭土，超细碳酸钙

公司名称：佛山市南海新涂钡业有限公司
地　　址：广东省佛山市南海盐步平地东约路 2 号
邮　　编：528247
电　　话：0757-85767080 85771773
传　　真：0757-85791959
网　　址：xintuby.com
主要产品：硫酸钡，钛白粉，碳酸钙，炭黑，超细活性硫酸钡，重质硫酸钡，金红石钛白粉，锐钛型钛白粉，轻质碳酸钙，重质碳酸钙

公司名称：佛山市绅鹏化工有限公司
地　　址：广东省佛山市南海区里水湖洲大道
邮　　编：528244
电　　话：0757-85622581
传　　真：0757-85622583
主要产品：重质碳酸钙，轻质碳酸钙，硫酸钡，重晶石，有机滑石粉

公司名称：佛山市顺德区大良冠星贸易有限公司
地　　址：广东省佛山市顺德区大良丹桂路德景居 11-12 号
邮　　编：528300
电　　话：0757-22333999
传　　真：0757-22333827
主要产品：珠光粉，丙烯酸树脂，无机颜料，色母料，油墨

公司名称：佛山市顺德区好尔威化工有限公司
地　　址：广东省佛山市顺德区大良国际商贸城 B 区二座二层 409-410 号
邮　　编：528000
电　　话：0757-22386498
传　　真：0757-22618552
主要产品：涂料助剂，皮革助剂，各种化工原料，金属络合染料，碎皮改色漆，油性光亮剂、水性清洁剂，手感剂，手感膏，柔软剂

公司名称：佛山市顺德区华辰化工有限公司
地　　址：广东顺德大良漕渔新村一排 3 号
邮　　编：528300
电　　话：0757-22297033
传　　真：0757-22321777
邮　　箱：hcc888.com@163.com
网　　址：www.hcc888.com
主要产品：金属络合染料，颜料，色浆，色粉，色料

公司名称：佛山市顺德区金鸿涂化工有限公司
地　　址：佛山顺德北滘工业区
邮　　编：528311
电　　话：0757-26607082
传　　真：0757-26607086
邮　　箱：mo@jhthg.com.cn
网　　址：www.jhthg.com.cn
主要产品：钛白粉，轻质氧化镁，碳酸镁，硫酸钡，高岭土，氧化锌，活性氧化锌

公司名称：佛山市勃震化工有限公司
地　　址：广东省佛山市南海区桂城夏西国际橡塑城 A506 号
邮　　编：528200
电　　话：0757-86258819
传　　真：0757-86258498
邮　　箱：bozhenhg@yahoo.cn
网　　址：www.bozhenhg.com
主要产品：超细硫酸钡，沉淀硫酸钡，改性硫酸钡，重晶石粉，云母粉，镁强粉，纳米碳酸钙，滑石粉，高光钙，消光钙，高光钡，消光钡，煅烧高岭土，精选水洗高岭土，立德粉，增塑粉，超白轻质碳酸钙，重质碳酸钙

公司名称：佛山市顺德区容桂中琦粉体材料厂
地　　址：佛山市顺德区容桂海尾工业区文建路 7 号
邮　　编：510730
电　　话：0757-28813733
传　　真：0757-28096196
主要产品：食品添加剂，二氧化硅

公司名称：佛山市信起点化工有限公司
地　　址：佛山市南海区桂城南海大道兴业新村兴业大厦
邮　　编：528000
电　　话：0757-81212078
传　　真：0757-81212077
邮　　箱：nishengtao@xqdchemical.com
xqdchemical@xqdchemical.com
网　　址：www.xqdchemical.com
主要产品：云母钛珠光颜料

公司名称：佛山市艺彩宏图颜料有限公司
地　　址：广东省佛山市禅城区奇槎新工业区 1 栋 1-2 号铺
邮　　编：528000
电　　话：0757-83310022 83310011
传　　真：0757-83314315
邮　　箱：arti@fsarti.com
网　　址：www.fsarti.com
主要产品：有机颜料，助剂添加剂，无机颜料，金属颜料

公司名称：佛山顺德区大良锐诚搏化工经营部
地　　址：广东省佛山市顺德区大良新宁路 43 号家电城 66 号
邮　　编：528300
电　　话：0757-28663032
网　　址：www.sdchimen.com.cn
主要产品：科莱恩颜料，汽巴颜料，巴斯夫颜料，金、银粉，群青，黑粉，助剂，钛白粉

公司名称：广东峰源实业有限公司
地　　址：广东省广州市东风中路 437 号越秀城市广场南塔 29 楼
邮　　编：510030
电　　话：020-83516168
传　　真：020-83548688
主要产品：加拿大 DCC 颜料，印度铝粉，印度颜料

公司名称：广东佛山市金印油墨实业有限公司
地　　址：广东省佛山市南庄镇贺丰工业开发区
邮　　编：528061
电　　话：0757-88345333
传　　真：0757-85336188
邮　　箱：lnfo@kingink.com.cn
网　　址：www.kingink.com.cn
主要产品：金印油墨、树脂，印刷辅助材料

公司名称：广东蕉岭广福超细粉体厂
地　　址：广东省深圳市福田区景田北路景西大厦 27H
邮　　编：518034
电　　话：0755-83157586 83157585
传　　真：0755-83157562
主要产品：各种规格超细重质碳酸钙

公司名称：广东省高巴夫贸易科技有限公司
地　　址：广东省广州市白云区白云大道北 12 号永泰商业中心
邮　　编：510430
电　　话：020-88393553
传　　真：020- 62670488
主要产品：工程塑料，科莱恩蜡粉

公司名称：广东省新会大泽化工有限公司
地　　址：广东省江门市新会区大泽镇花果山工业区
邮　　编：529162
电　　话：0750-6899723
传　　真：0750-6899388
邮　　箱：dzfgrxgc@hotmail.com
网　　址：www.dzfgr.com
主要产品：水转印膜，塑胶涂料，合金涂料

公司名称：广东省油颜化工有限公司
地　　址：广东省广州市工业大道大干围渡口侧
邮　　编：510288
电　　话：020-84366811
传　　真：020-84368451
主要产品：颜料，化工原料，涂料添加剂

公司名称：广东新新艺化工原料经营部
地　　址：广东省广州市白云区机场路 111 号建发广场首层 B2
邮　　编：510035
电　　话：020-86348369
传　　真：020-86345256
主要产品：颜料，染料，塑料助剂，发光粉涂料

公司名称：广东英德中信高纯玻璃材料有限公司
地　　址：广东省英德市梅花北路 48 号
邮　　编：513000
电　　话：0763-2231188
传　　真：0757-3813168
主要产品：高纯石英粉，高纯霞石粉，高纯钠长石粉，高纯钾长石粉

公司名称：广东云天志贸易有限公司
地　　址：广东省广州市珠江新城南国花园二街4号首层
邮　　编：510627
电　　话：020-38892181
传　　真：020-38208347
网　　址：www.yuntianzhi.com
主要产品：钛白粉，助剂，乳液

公司名称：广福建材（蕉岭）精化有限公司
地　　址：广东省梅州市蕉岭县蕉城镇
邮　　编：514100
电　　话：0753-7540339 7540559
传　　真：0753-7540340
邮　　箱：gfcc@gfcc.com.cn
网　　址：www.gfcc.com.cn
主要产品：超细重质碳酸钙，外墙腻子，内墙腻子，超细滑石粉，超细煅烧高岭土，超细硫酸钡

公司名称：广西桂平市维斯顿硅业有限公司
地　　址：广西南宁市广西桂平市长安工业区
邮　　编：537200
电　　话：0775-3059028 36193541
传　　真：0775-3059028
主要产品：方石英微粉

公司名称：广州邦乐化工原料有限公司
地　　址：广州经济技术开发区东区东澳广场D1101室
邮　　编：510760
电　　话：020-62955766
传　　真：020-62955711
邮　　箱：bonnygz@126.com
网　　址：www.gdbonny.com
主要产品：涂料专用高岭土，精选黏土，精细高白高岭土，煅烧高岭土，涂料用纤维素

公司名称：广州崇誉工业材料科技有限公司
地　　址：广州市高新科技产业开发区科学大道182号创新大厦C2-801
邮　　编：510000
电　　话：020-62880061 62880062 62880063 62880064
传　　真：020-62880065
邮　　箱：colorchange@21cn.com
网　　址：www.colorbloom.com.cn
主要产品：各种机能性变色材料

公司名称：广州泛宏贸易有限公司
地　　址：广东省广州市天河区天寿路31号江河大厦1407室
邮　　编：510620
电　　话：020-38324801 38324802 38324803 38289784 28850203
传　　真：020-38324805
邮　　箱：info@fanhongtl.com
网　　址：www.fanhongtl.com
主要产品：F&H气味遮蔽剂，钛白粉，F&H水性涂料添加剂，溶剂

公司名称：广州高凌化有限公司
地　　址：广东省广州市番禺迎宾路730号天安科技园交流中心702室
邮　　编：510700
电　　话：020-39388561
传　　真：020-39388562
主要产品：消光剂，助剂，金属络合染料

公司名称：广州化工进出口公司
地　　址：广东省广州市人民北路691号金信大厦15楼
邮　　编：510170
电　　话：020-81083877 81081047
传　　真：020-81084009
邮　　箱：webmaster@gzchem.com
网　　址：www.gzchem.com
主要产品：涂料、油墨和黏合剂用化学品，颜料，填料

公司名称：广州环绮化工有限公司
地　　址：广东省广州市天河区林和西路9号耀中广场1906-1910室
邮　　编：510060
电　　话：020-38116111
传　　真：020-38116100
邮　　箱：gzoffice@wwrchk.com
网　　址：www.wwrchk.com
主要产品：树脂，助剂，颜料，功能性填充料，聚合物用润滑剂，活性剂，香精

公司名称：广州吉必盛科技实业有限公司
地　　址：广州市萝岗区科学城南翔三路15号
邮　　编：510530
电　　话：020-82086225
传　　真：020-82086209
邮　　箱：market@nmgbs.com
网　　址：www.nmgbs.com
主要产品：高品质纳米粉体，纳米复合粉体，氟塑料，氟橡胶制品

公司名称：广州金运华化工有限公司
地　　址：广东省广州市天河区中山大道中桃园西路637号远洋明苑F栋209室
邮　　编：510660
电　　话：020-82522856
传　　真：020-82522876
主要产品：萜烯树脂，松香树脂，C5C9石油树脂，有机膨润土，SBS，氯丁胶，抗氧剂

公司名称：广州京泽化工有限公司
地　　址：广东省广州市黄埔东路633号4座204室
邮　　编：510725
电　　话：020-82381678
传　　真：020-82393911
邮　　箱：sales@jingzee.com
网　　站：www.jingzee.com
主要产品：络合染料，水性染料，气相二氧化硅，荧光粉，助剂，微粉蜡，水性颜料色浆

公司名称：广州美之彩化工有限公司
地　　址：广东省广州市芳村区东漖金沙工业西区广佛创业园1栋607
邮　　编：510375
电　　话：020-81514134
主要产品：塑胶颜料，化工助剂

公司名称：广州明广贸易有限公司
地　　址：广东省广州市天河区天河北路574-578号帝景商业中心409室
邮　　编：510630
电　　话：020-38497030
传　　真：020-38497031
邮　　箱：kmtseng@ecic.com.tw
网　　站：www.ecic.com
主要产品：染料，光安定剂，颜料

公司名称：广州千合化工原料有限公司
地　　址：广州市荔湾区南岸路77号鼎昌商务大厦二楼B19室
邮　　编：510075
电　　话：020-62756257 62756258
传　　真：020-62756262
邮　　箱：qianhechem@163.com
网　　站：www.qianhechem.com
主要产品：凹版油墨系列的树脂，助剂，颜料，高品质功能性填料，精细化工原材料

公司名称：广州市采合贸易有限公司
地　　址：广东省广州市天河区林和路段3号
邮　　编：510610
电　　话：020-87556183
传　　真：020-87556466
主要产品：颜料，助剂，蜡乳液

公司名称：广州市成飞达贸易有限公司
地　　址：广东省广州市天河区东圃广州化工城内D座1号
邮　　编：510660
电　　话：020-82550480
传　　真：020-28811716
主要产品：草酸，片碱，硫化碱，大苏打，氟化氢铵，氟化铵，漂白粉，化工原料

公司名称：广州市楚天颜料化工有限公司
地　　址：广州市白云区丽城路51号富力城B13栋502室（机场高速平沙出口处）
邮　　编：510440
电　　话：020-36560024 36560095 36560096
传　　真：020-36560082
网　　站：www.chutiancolor.com
主要产品：国产颜料，化工原料，化学建材

公司名称：广州市创亿行化工有限公司
地　　址：广州市天河区汇彩路38号领汇创展商业中心D4栋9层
邮　　编：510660
电　　话：020-32285018 285028
传　　真：020-32285853
邮　　箱：cyhhg@yahoo.com.cn
网　　站：www.cyh-chem.com
主要产品：黑色母，有机染料，无机染料，各种颜料

公司名称：广州市大潮化工有限公司
地　　址：广东省广州市花都区玫瑰路阳光倚翠阁B202-204
邮　　编：510800
电　　话：020-36896005-007-009
传　　真：020-36896006
邮　　箱：dc800900@163.com
网　　站：www.dc800900.com
主要产品：涂料助剂，填料

公司名称：广州市德化贸易有限公司
地　　址：广东省广州市中山大道中1011号东圃大厦1203室
邮　　编：510600

电　　话：020-82575236
传　　真：020-82575259
主要产品：铝银浆助剂，铝银浆，助剂，水性树脂，水性助剂

公司名称：广州市度特化工有限公司
地　　址：广东省广州市天河区东圃化工城A座14号
邮　　编：510660
电　　话：020-82550766 82551814 28811789
传　　真：020-28811789 82550766
网　　站：www.gddhhg.com
主要产品：日化洗涤原料，有机溶剂，二甘醇，丙二醇，甲苯，醋酸乙酯，正丁醇，环氧树脂，环氧固化剂，甘油

公司名称：广州市番禺区大石贝立化工经营部
地　　址：广东省广州市番禺区大石湘粤大市场105号
邮　　编：511430
电　　话：020-34782169
传　　真：0757-26603418
主要产品：钛白粉，高岭土，立德粉，硫酸钡，碳酸钙，增白剂，滑石粉，中铬黄，柠檬黄氧化铁红，氧化铁黄，高锰酸钾

公司名称：广州市国彩颜料化工有限公司
地　　址：广州市海珠区宝岗大道268号中新大厦2305－2307室
邮　　编：510250
电　　话：020-84392322 84396097
传　　真：020-84399421
邮　　箱：Guocai@guocaichem.com
网　　址：www.guocaichem.com
主要产品：瑞典柏斯托精细化工品多元醇系列，氧化铁

公司名称：广州市创博化工有限公司
地　　址：广州市天河区中山大道中77号之一时尚明苑1610
邮　　编：510660
电　　话：020-82308170
传　　真：020-39626299
邮　　箱：cbhg@gzcbhg.com
网　　站：www.gzcbhg.com
主要产品：聚乙烯蜡，石蜡

公司名称：广州市汉秀贸易有限公司
地　　址：广东省广州市海珠区下渡路128号216房
邮　　编：510300
电　　话：020-84450138
主要产品：铝银浆，砂纹蜡粉

公司名称：广州市昊盟化工有限公司
地　　址：广东省广州市广州大道北197号新达城广场北塔2101室
邮　　编：510075
电　　话：020-86001820
传　　真：020-37598992
邮　　箱：haoman@vip.163.com
网　　址：www.gzhaoman.com
主要产品：DIC颜料，百合颜料，东洋铝浆，德国诺誉超分散剂，路博润蜡粉，海明斯防沉剂

公司名称：广州市沪安化工有限公司
地　　址：广东省广州市天河区东圃广州化工城C座22号
邮　　编：510660

电　　话：020-82551860 28811786
传　　真：020-82550187
主要产品：酞菁绿，炭黑，钛白粉，铁黑，铁绿，透明染料，荧光增白剂，金粉银粉，珠光粉夜光粉，氧化铁

公司名称：广州市华力森贸易有限公司
地　　址：广州市海珠区东晓南路1439号爱都铭轩D座904室
邮　　编：510288
电　　话：020-89619706
传　　真：020-89619784
邮　　箱：info@hualisen.com
网　　址：www.hualisen.com
主要产品：二氧化硅

公司名称：广州辰坛贸易有限公司
地　　址：广东省广州市天河区黄埔大道西76号盈隆广场3215-3216室
邮　　编：510623
电　　话：020-38210609 38392438
传　　真：020-38392390
邮　　箱：bvcdriver@tom.com
主要产品：气相二氧化硅，蜡乳液，分散剂

公司名称：广州市华生油漆颜料有限公司
地　　址：广州市海珠区南洲路益鹏翠苑A栋801-806室
邮　　编：510280
电　　话：020-84011229 84013919 84010818 84012636
传　　真：020-84011303 84011929 84011828
邮　　箱：info@gzhuasheng.com sales@gzhuasheng.com market@gzhuasheng.com
网　　址：www.gzhuasheng.com
主要产品：有机颜料，无机颜料，珠光颜料，荧光增白剂，溶剂染料，荧光颜料，扩散剂，哑光粉，微粉蜡，涂料，涂料原料

公司名称：广州市济南裕兴化工工有限公司
地　　址：广东省广州市天河区东圃商业大厦A座408室
邮　　编：510660
电　　话：020-82521602
传　　真：020-82521601
主要产品：铬酸酐，红矾钾，红矾钠，金红石型钛白粉，锐钛型钛白粉，氧化铬绿，氧化铬绿，氧化铁黑，氧化铁黄，氧化铁绿

公司名称：广州市捷胜铝业有限公司
地　　址：广东省广州市白云区白云大道南695-697
邮　　编：510000
电　　话：020-86182795 86187430
传　　真：020-86187426
邮　　箱：js@jsjiesheng.com
网　　址：www.jsjiesheng.com
主要产品：铝银浆

公司名称：广州市锦旺化工有限公司
地　　址：广东省广州市天河东圃化工城G座23号
邮　　编：510660
电　　话：020-82024755 82024756
传　　真：86-020-28267506
网　　址：www.gzxwhg.com.cn

主要产品：有机化工原料，溶剂原料，印染助剂

公司名称：广州市科迪色彩有限公司
地　　址：广东省广州市番禺洛溪新城如意中心F座702
邮　　编：511431
电　　话：020-84587343
传　　真：020-84508862
网　　址：www.keyteccolors.com
主要产品：水性超分散色浆-S系列，溶剂型通用色浆-U系列，溶剂型家具涂料用色浆-UF系列

公司名称：广州市朗门贸易有限公司
地　　址：广东省广州市东圃广州化工城E座7号铺
邮　　编：510660
电　　话：020-82551995
传　　真：020-82552160
网　　址：www.langmenchem.cn
主要产品：氧化铁系列无机颜料，钛白粉，有机颜料和染料，食品添加剂

公司名称：广州市荔湾区新时代金属铝粉厂
地　　址：广东省广州市荔湾区涌尾坊98号之7
邮　　编：510360
电　　话：020-81551015
传　　真：020-81551413
主要产品：铝银浆

公司名称：广州市陆欧贸易有限公司
地　　址：广州市天河区中山大道中282号东圃商业大厦412-413室
邮　　编：510660
电　　话：020-82520544 82521610
传　　真：020-82521036
网　　址：www.gzluou.com
主要产品：水性铝银浆，油性银浆，涂料助剂，炭黑

公司名称：广州市绿博贸易有限公司
地　　址：广州市天河区广州化工城（化城大厦）H座E.06铺
邮　　编：510000
电　　话：020-82551292 28267532-7513
传　　真：020-82551190
主要产品：聚丙烯酰胺，明矾，硫化钠，硫酸铝，改性淀粉，氧化镁

公司名称：广州市三鼎汇贸易有限公司
地　　址：广州市番禺区南村镇金山大道金山工业园A栋402
邮　　编：511431
电　　话：020-34698601 34698602
传　　真：020-34698658
邮　　箱：sdiwe@126.com
网　　站：www.sdiwe.com
主要产品：助剂，树脂

公司名称：广州市天驿贸易有限公司
地　　址：广州市广州市天河区东圃黄村街51号粤安工业园1栋519室
邮　　编：510660
电　　话：020-82319370
传　　真：020-82319337
主要产品：高温颜料，染料，高温砂纹蜡，

皮革蜡乳

公司名称：广州市西陇化学试剂有限公司
地　　址：广东省广州市德政北路 538 号达信大厦 21 楼
邮　　编：510045
电　　话：020-83511988
传　　真：020-83511616
网　　站：www.xlhg.com.cn
主要产品：通用试剂，高纯试剂，专用助剂，电子化学品，化工原料

公司名称：广州市祥富贸易商行
地　　址：广东省广州市天河区黄村埔兴路 53 号 A 103 房
邮　　编：510660
电　　话：020-82575385
传　　真：020-82795895
邮　　箱：china88198@163.com
网　　站：www.jty-gew.com
主要产品：助剂，颜料，附着力促进剂，树脂

公司名称：广州市翔诚化工有限公司
地　　址：广东省广州市荔湾区芳村大道西育才街 119 号 502 房
邮　　编：510360
电　　话：020-81807438 81558323 81808763
传　　真：020-81569370
邮　　箱：tanhc@gzxiangcheng.com wumiss@gzxiangcheng.com
网　　站：www.gzxiangcheng.com
主要产品：超细重晶石粉（硫酸钡），重质碳酸钙，滑石粉

公司名称：广州市协宇化工有限公司
地　　址：广东省广州市天河区东圃黄村
邮　　编：510660
电　　话：020-88132013
传　　真：020-82575385
主要产品：达玛树脂，L-18 分散剂，砂纹蜡粉，油酸酰胺，醛酮树脂

公司名称：广州市元成颜料化工有限公司
地　　址：广东省广州市芳村区花地墩厚里 31 号二、三楼
邮　　编：510370
电　　话：020-81566360 81566219
传　　真：020-81566103
网　　址：www.colornet.cn
主要产品：颜料，染料

公司名称：广州市城首贸易有限公司
地　　址：广州市水荫路 2 号华信大厦东座 2301-2302 室
邮　　编：510075
电　　话：020-37606581 37605921 37608509
传　　真：020-37606582
网　　址：ww.gz-cs.cn
主要产品：长兴 UV 单体，引发剂，科宁光固化单体，无苯单体，低聚物，颜填料

公司名称：广州市正盟化工有限公司
地　　址：广东省广州市中山七路 330 号 708 室
邮　　编：510145
电　　话：020-81952841
传　　真：020-81950369
邮　　箱：chemem@chemem.com
网　　址：www.chemem.com
主要产品：有机和无机颜料，助剂，辅料

公司名称：广州市中兆企业有限公司
地　　址：广东省广州市天河北路 28 号时代广场东座 11 楼 1113-1115A 室
邮　　编：510620
电　　话：020-38910368 38910338
传　　真：020-38910432
邮　　箱：lf@loyalfortune.com
网　　址：www.loyalfortune.com
主要产品：颜料，染料，添加剂，纺织助剂，香精，化妆品、洗涤剂原料

公司名称：广州市重凯化工有限公司
地　　址：广东省广州市中山大道南 1096 号 504 室
邮　　编：510660
电　　话：020-32236058
传　　真：020-32236239
邮　　箱：zk@gz-zhongkai.com
网　　址：www.gz-zhongkai.com
主要产品：德国 XD 化学品，涂料助剂，炭黑，颜料，染料

公司名称：广州松尾贸易有限公司
地　　址：广州市海珠区工业大道中 381 号保利百合商务中心 9 层
邮　　编：510280
电　　话：020-84155576
传　　真：020-84155596
网　　址：www.m-hchinagz.com
主要产品：日本东洋铝银浆，OMG borchers 助剂，固化剂，合成树脂，珠光颜料

公司名称：广州同晖化工有限公司
地　　址：广东省广州市海珠区土华华洲街华泰大道自编 8 号 A22C
邮　　编：510300
电　　话：020-89887408
传　　真：020-89887050
邮　　箱：sales@gztonghui.com
网　　址：www.gztonghui.com
主要产品：哑光粉，超细二氧化硅，有机土，远东“乐牌”滑石粉，透明复合粉，“三星”牌制漆粉，重钙粉

公司名称：广州拓亿贸易有限公司
地　　址：广州市天河区东圃镇黄村福元南路 4 号达维商务中心 112
邮　　编：510660
电　　话：020-22360980
传　　真：020-22360980
网　　址：www.tymy268.com
主要产品：立德粉，轻质碳酸镁，硬脂酸锌，卡波树脂，滑石粉，碳酸钙

公司名称：广州文嘉化工有限公司
地　　址：广东省广州市东圃圃兴路 53 号
邮　　编：510660
电　　话：020-82550618
传　　真：020-32208029
主要产品：化工原料，助剂，颜料，染料

公司名称：广州易采化工有限公司
地　　址：广东省广州市番禺区大石今日丽舍怡景苑 B1-2108
邮　　编：511430
电　　话：020-61906192
传　　真：020-61906182
邮　　箱：eassaeyicai@163.com
主要产品：BYK 助剂，OK 哑粉，德固萨炭黑和气相白炭黑，水性银浆

公司名称：广州益瑞新材料有限公司
地　　址：广州市高新技术产业开发区科学城彩频路 11 号 F705
邮　　编：510660
电　　话：020-32201279 82013291 32205459
传　　真：020-32204943
邮　　箱：wwj9203510@tom.com
网　　址：www.gziri.cn
主要产品：二氧化硅，特种炭黑，进口颜料，颜料助剂，塑料助剂，纺织品用阻燃剂

公司名称：广州益宇贸易有限公司
地　　址：广东省广州市天河区大观南路 2 号润农商务中心 217 房
邮　　编：510600
电　　话：020-82322702 82329705
传　　真：020-82010444
邮　　箱：sales@gzyiyu.com.cn
网　　址：www.gzyiyu.com.cn
主要产品：钛白粉

公司名称：广州盈而腾贸易有限公司
地　　址：广东省广州市广州大道南 911 号中智商务大厦 9028 房
邮　　编：510300
电　　话：020-34009993 34009993
传　　真：020-34007607
主要产品：涂料原材料，过滤材料，氯化橡胶，喷涂用喷枪，电镀添加剂，特效封闭油

公司名称：广州永畅化工有限公司
地　　址：广州市海珠区新港东路 1068 号中洲中心南塔 A 座 2301 室
邮　　编：510280
电　　话：020-89048311 89048322
传　　真：020-89048336
邮　　箱：office@yongc.com
网　　址：www.yongc.com
主要产品：有机颜料，染料

公司名称：广州优霓科化工有限公司
地　　址：广东省广州市天河区东圃镇
邮　　编：510660
电　　话：020-28876186
传　　真：020-28876196
邮　　箱：41865648@163.com
网　　址：www.china-unique.net
主要产品：涂料、油墨主体树脂，颜料助剂

公司名称：广州佐悦贸易有限公司
地　　址：广东省广州市番禺区南村镇登云大路 5-1
邮　　编：510042
电　　话：020-28662307
传　　真：020-28662309
邮　　箱：chem-paint@sohu.com
网　　址：www.joychem.cn
主要产品：特种树脂，涂料助剂，炭黑，进口颜料

公司名称：鹤山市合众碳酸钙有限公司
地　　址：广东省鹤山市沙坪镇东华村 10 号 305 室
邮　　编：529700

电　　话：0750-8823088
传　　真：0750-8823088
主要产品：碳酸钙，分散剂，润滑剂，抗水剂，表面施胶增强剂，助留增强剂，脱墨剂，消泡剂，高岭土，膨润土，杀菌防腐剂

公司名称：鹤山市中化化工有限公司
地　　址：广东省鹤山市碧桂园碧桂大道30号
邮　　编：529700
电　　话：0750-8889839
传　　真：0750-8889839
主要产品：SBS，丙酸，羟乙基乙二胺，二乙烯三胺，三乙烯四胺，四乙烯五胺，多乙烯多胺，二乙醇胺，乙二胺，AEP，聚醚多元醇

公司名称：鹤山怡信化工厂有限公司
地　　址：广东省鹤山市古劳镇三连工业区6区36号
邮　　编：519738
电　　话：0750-8771606 8771068 8776068
传　　真：0750-8771670
邮　　箱：yixin@hsyixin.com
网　　址：www.hsyixin.com
主要产品：印刷油墨，树脂，工业涂料

公司名称：红日（香港）有限公司
地　　址：广东省深圳市南山区深南大道10128号南山软件园大厦西塔楼1707室
邮　　编：518052
电　　话：0755-26490603 26490622
传　　真：0755-26070168
主要产品：羟乙基纤维素

公司名称：华粤实业发展公司
地　　址：广东省广州市海珠区新港中路艺苑南路234号
邮　　编：510310
电　　话：020-34262140 34262331
传　　真：86-20-34262306
网　　址：www.huayueed.com
主要产品：CLAY 膨润土，丙烯酸树脂，炭黑颜料，炭黑

公司名称：汇康荧光科技（清远）有限公司
地　　址：广东省清远市佛冈县迳头镇大村村高中坪
邮　　编：511600
电　　话：0763-4562770 88382062
传　　真：0763-4562700
网　　址：www.hkvicome.com
主要产品：荧光系列，色粉，色浆，色膏，荧(发)光颜料，偶联剂

公司名称：惠州市利德科技有限公司
地　　址：广东省惠州市惠阳区秋长镇蒋田村
邮　　编：516221
电　　话：0752-3550796 3550791
传　　真：86-752-3550790
网　　址：www.leadcolor.com.cn
主要产品：涂料色浆，乳胶色浆，皮革色浆，工艺品色浆，塑胶色浆

公司名称：惠州市派斯特实业有限公司
地　　址：广东省惠州市河南岸冰塘东方红工业区
邮　　编：516000
电　　话：0752-2522501-2-3
传　　真：0752-2522504
邮　　箱：paist-rock@163.com
网　　址：www.paist.cc
主要产品：水性铝颜料，粉末状铝颜料

公司名称：惠州宇诚化工贸易有限公司
地　　址：广东省惠州市上排红花湖路35号之4
邮　　编：516000
电　　话：0752-2675660
传　　真：0752-2675665
主要产品：美国伊士曼 CAB

公司名称：江门市汇金化工有限公司
地　　址：广东省江门市丰乐路47号之-101
邮　　编：529000
电　　话：0750-3909008 3909028 3909068
传　　真：0750-3909018
邮　　箱：gb-jiangmen@21cn.com
网　　址：www.gbchem.com
主要产品：固化剂，油墨，涂料，黏接剂，热熔胶，颜填料

公司名称：江门市尖尖经贸发展有限公司
地　　址：广东省江门市港口路13号中远大厦远景阁24楼B.C
邮　　编：529000
电　　话：0750-3161161
传　　真：0750-3161165
主要产品：聚氯乙烯糊状树脂，增塑剂，纤维素，颜填料

公司名称：江门市蓬江区长辉化工有限公司
地　　址：广东省江门市江北路39号之二海怡居301室
邮　　编：529000
电　　话：0750-3116166
传　　真：0750-33125813
主要产品：颜料，钛白粉，铝银浆

公司名称：江门市新会区彩虹化工颜料有限公司
地　　址：广东省江门市新会区新会大道中18号106
邮　　编：529100
电　　话：0750-6651221
传　　真：0750-6651201
主要产品：颜料，铝银粉，铜、青金粉，助剂

公司名称：江门市新会区信德化工涂料有限公司
地　　址：广东省江门市江门市新会区双水镇桥美管理区
邮　　编：529153
电　　话：0750-6411808
传　　真：0750-6417708
网　　址：www.jmxinde.cn
主要产品：仿古发黑剂，光学发黑剂

公司名称：江苏丹阳市明珠铝浆颜料有限公司华南办事处
地　　址：广东省东莞市黄江镇星光村
邮　　编：523750
电　　话：0769-21346833
传　　真：0769-82112216
主要产品：环保铝银浆

公司名称：江阴市威胜新型材料有限公司东莞办事处
地　　址：广东省东莞市虎门镇南栅第五工业区
邮　　编：523932
电　　话：0769-86235358 85262805
传　　真：0769-85260131
主要产品：珠光颜料，油墨颜料，珠光粉，铜金粉，铝粉

公司名称：金甲化工企业(中山)有限公司
地　　址：广东省中山市港口镇穗安村第二工业区
邮　　编：528447
电　　话：0760-88404001(1-3) 88404005(5-9)
传　　真：0760-88406630
邮　　箱：zstj@kingfirst.cn
网　　址：www.kingfirst.cn
主要产品：印刷油墨，电子油墨，CD保护胶，接着剂

公司名称：联创化工厂
地　　址：广东省深圳市宝安区宝安松岗南洞工业区
邮　　编：362311
电　　话：0755-84802427
传　　真：0755-84801641
主要产品：印刷纸张磨光油，颜填料

公司名称：汕头市龙华珠光颜料有限公司
地　　址：广东省汕头市升平工业区升业南路15号
邮　　编：515021
电　　话：0754-2511191 2512020
传　　真：0754-2511192
邮　　箱：info@longhuapigments.com
网　　址：www.longhuapigments.com
主要产品：珠光颜料

公司名称：茂名市银华高岭土实业有限公司
地　　址：广东省茂名市茂南区新坡镇黄塘工业区
邮　　编：525000
电　　话：0668-2717189-8019
传　　真：0668-2717589
邮　　箱：ivwtony@163.com
网　　址：www.yhkaolin.com
主要产品：造纸涂料高岭土，涂料，橡胶填料，陶瓷级高岭土

公司名称：南海市灿阳化工有限公司
地　　址：广东省佛山市南海区黄岐镇广佛路宏威中心6号铺
邮　　编：528248
电　　话：0757-85907673
传　　真：0757-83673012
主要产品：中铬黄，酞菁蓝，氧化铁红，柠檬黄

公司名称：启迪化工(深圳)有限公司
地　　址：深圳市坪山新区坑梓镇工业区
邮　　编：518118
电　　话：0755-84531778
传　　真：0755-84531888
邮　　箱：kerui8630013@163.com
主要产品：金属表面处理剂，磷化液

公司名称：绮丽颜料化工有限公司
地　　址：广东省广州市天河区东圃镇富华楼B1栋602
邮　　编：510660

电 话：020-82314111
主要产品：有机颜料

公司名称：清远永昌涂料有限公司
地 址：广东省清远市高新技术产业开发区银盏工业园嘉福工业区
邮 编：511500
电 话：0763-3697988
传 真：0763-3697922
邮 箱：admin@qyycll.com
网 址：www.qyyctl.com
主要产品：汽车原子灰，灰清漆，固化剂，各品牌汽车颜色色漆，汽车涂料产品

公司名称：任丘市北方化工有限公司(深圳办事处)
地 址：广东省深圳市宝安区石岩镇麻布新村五巷1栋201室
邮 编：518000
电 话：0755-26415012
传 真：0755-29688063
主要产品：聚丙烯酰胺，羧甲基纤维素纳

公司名称：蓝波化工有限公司广州分公司
地 址：广东省广州市天河区东圃镇广州化工城化城大厦H26号
邮 编：510660
电 话：020-82562559 82562579
传 真：020-82562579
邮 箱：lanbo@lbhgcn.com
网 址：www.lbhgcn.com
主要产品：聚丙烯酰胺，羧甲基纤维素纳，羟乙基纤维素

公司名称：山东金属颜料有限公司
地 址：广东省东莞市常平镇紫荆花园黄金海岸19座101室
邮 编：523588
电 话：0769-83511948
传 真：0769-83513550
主要产品：铝粉浆

公司名称：汕头经济特区龙湖科技实业公司
地 址：广东省汕头市金砂路106号国际商业大厦A座24B
邮 编：515041
电 话：0754-88945990
传 真：0754-88363909
邮 箱：info@longhu.biz
网 址：www.longhu.biz
主要产品：乳胶粉，干粉料，有机硅，瓦克干粉砂浆

公司名称：汕头市鑫熙贸易有限公司
地 址：广东省汕头市衡山路中煤大厦904室
邮 编：515041
电 话：0754-86303848
传 真：0754-88875148
主要产品：珠光浆，光变颜料，温变颜料，分散剂，流平剂，消泡剂，特殊助剂，蜡粉，染料，热塑性丙烯酸树脂（粉体与液体），醇酸树脂，固化剂

公司名称：深圳海川化工科技有限公司
地 址：广东省深圳市福田区车公庙天安数码城F3.8栋C、D座七、八楼
邮 编：518040
电 话：0755-83300717 83302308
传 真：0755-83300726 83300727 83300728
邮 箱：pid@oceanpower.com
网 址：www.oceanpower.com
主要产品：化工原料，涂料助剂，树脂

公司名称：深圳洛克伍德颜料有限公司
地 址：广东省深圳市南山区南头园丁石工业区
邮 编：518010
电 话：0755-26512300
传 真：0755-26512301
主要产品：氧化铁，颜料

公司名称：深圳市艾美捷化学品有限公司
地 址：广东省深圳市宝安区沙井镇中心路宏海汇盈大厦1212室
邮 编：518104
电 话：0755-29876663
传 真：0755-81766891
网 址：www.amjetchem.com
主要产品：涂料油墨高端助剂，水性色浆，水性油墨，电子化学品，柔印材料，纳米材料及复合材料

公司名称：深圳市百惠利实业发展有限公司
地 址：广东省深圳市福田区八卦岭工业区513栋5楼
邮 编：518029
电 话：0755-28194178
传 真：0755-82431878
网 址：www.szbaihuili.com.cn
主要产品：水性透明色粉，金属络合透明染料，耐高温透明染料

公司名称：深圳市博雅达颜料科技有限公司
地 址：广东省深圳市宝安区龙华街道人民路东侧康华苑B栋211号
邮 编：518109
电 话：0755-27702355
传 真：0755-27743839
主要产品：颜料，有机颜料，荧光颜料

公司名称：深圳市诚盛辉化工有限公司
地 址：广东省深圳市宝安区福永镇福中路翠岗二区
邮 编：518103
电 话：0755-29924163
传 真：0755-29608276
主要产品：钛白粉，玻璃粉，高岭土，氯醋树脂，德国BYK助剂，热塑性丙烯酸树脂，金银粉，炭黑，颜料，色精，色粉

公司名称：深圳市德隆昌贸易有限公司
地 址：广东省深圳市宝安区福永镇下十围村(机场侧)
邮 编：518000
电 话：0755-27300791
传 真：0755-27324671
主要产品：碳酸钙，颜料，氧化铁红，氧化铁黑，滑石粉，云母粉，高岭土

公司名称：深圳市东大来化工有限公司
地 址：广东省深圳市平湖镇华南城P18栋125号
邮 编：518000
电 话：0755-89637233 89637266
传 真：0755-33626114
网 址：www.dongdalai.cn
主要产品：导电铜粉，超细亮光银粉，银包铜粉，导电镍粉，导电炭黑，导电云母粉，导电石墨粉，导电银浆，金属导电胶，导电剂，铝银粉，导电树脂（光油），油/水性铝银浆，水性树脂，铜金粉，珠光粉，铝粉等

公司名称：深圳市东方红精细化工有限公司
地 址：广东省深圳市宝安区桃源居
邮 编：518126
电 话：0755-27450101
传 真：0755-27450636
网 址：www.dongfanghongchem.com.cn
主要产品：铝银浆，助剂，颜料，涂料

公司名称：深圳市东溋化工实业有限公司
地 址：广东省深圳市龙岗镇龙东工业区兴东街3号楼
邮 编：518116
电 话：0755-84290566
传 真：0755-84806938
主要产品：珠光粉，涂料，助剂，树脂

公司名称：深圳市动盈科技有限公司
地 址：广东省深圳龙岗深惠路爱联段268号
邮 编：518020
电 话：0755-28998670 28956670 28955656
传 真：0755-28954502 33609643
邮 箱：specialcoating@yahoo.com.cn
网 址：www.specialcoating.net
主要产品：化工产品，玻璃涂料，色精，色浆，金属光油，器皿涂料

公司名称：深圳市海卓贸易有限公司
地 址：广东省深圳市南山区南海大道金晖大厦B-2301室
邮 编：518054
电 话：0755-26965323
传 真：0755-26458257
主要产品：压克力色浆，色浆，LSR色浆，硅橡胶色膏

公司名称：深圳市昊鑫源科技有限公司
地 址：广东省深圳市宝安区福永街道白石厦龙王庙工业园A10栋东四楼
邮 编：518000
电 话：0755-33881751 33881752 33881762 33881763
传 真：0755-33881759
邮 箱：szsuncom@126.com
网 址：www.szsuncom.com
主要产品：镜面银油墨，超耐磨UV型油墨

公司名称：深圳市合创元材料科技有限公司
地 址：深圳市光明新区公明街道新围村第三工业区合先达厂区
邮 编：518101
电 话：0755-27734088 27735566
传 真：0755-27734188
邮 箱：hcychem@163.com
网 址：www.hcychem.cn
主要产品：白炭黑，二氧化硅，透明粉，滑石粉，硫酸钡，碳酸钙

公司名称：深圳市虹彩工贸有限公司
地 址：广东深圳龙岗区龙城街道龙平西路鹏利泰工业园D栋三楼

邮　　编：518116
电　　话：0755-89594490
传　　真：0755-84851213
主要产品：钛白粉，日本三菱丙烯酸，防酒精树脂，色粉，炭黑

公司名称：深圳市华达泰化工有限公司
地　　址：广东省深圳市罗湖区红岭中路2068号中深国际大厦503室
邮　　编：518008
电　　话：0755-25869600
传　　真：0755-25869099
邮　　箱：vincent.peng@wellstar.com.cn
网　　址：www.wellstar.com.cn
主要产品：巴斯夫颜料，染料，树脂，星铂联铝银浆

公司名称：深圳市华锦威进出口有限公司
地　　址：广东省深圳市福田区益田路6009号新世界商务中心2604号
邮　　编：518026
电　　话：0755-23980420 82128540
传　　真：0755-82128515
主要产品：耐高温颜料，无机颜料，美国进口颜料

公司名称：深圳市佳美染料化工有限公司
地　　址：广东省深圳市宝安区公明镇安家市场
邮　　编：518105
电　　话：0755-27735559
传　　真：0755-27735296
主要产品：涂料，染料，夜光涂料

公司名称：深圳市今丰化工有限公司
地　　址：广东省深圳市宝安区松岗镇红星社区河滨南路66号誉耀金都大厦二楼
邮　　编：518100
电　　话：0755-33658866
传　　真：0755-33816360
主要产品：石腐防霉剂，杀菌剂，水性助剂，乳液，水性色彩，水性木器涂料

公司名称：深圳市锦龙辉实业有限公司
地　　址：广东省深圳市龙岗区横岗镇红棉4路6号森城工业区第4栋
邮　　编：518111
电　　话：0755-28847818 83745822
传　　真：0755-28853654
邮　　箱：DJR67381@163.com
网　　址：www.jinhaohui.cn
主要产品：涂料专用玻璃粉，无水透明粉，绢云母粉，超细针状硅灰石粉，硅微粉，滑石粉、硫酸钡，阻燃剂，活性钙，化工粉体填料

公司名称：深圳市九彩实业有限责任公司
地　　址：广东省深圳市公明镇上村莲塘工业区德兴工业园3栋518106
邮　　编：518106
电　　话：0755-29892588
传　　真：0755-29892915
邮　　箱：jiucai@szjiucai.com
网　　址：www.szjiucai.com
主要产品：松香改性酚醛树脂，平版胶印油墨连接料，长油度醇酸树脂，聚合亚麻油

公司名称：深圳市立美特环保油墨有限公司
地　　址：广东省深圳市宝安区西乡镇鹤珠路口新海工业城A栋1楼
邮　　编：518128
电　　话：0755-27507715
传　　真：0755-27507710
主要产品：UV水晶光油系列，UV树脂等

公司名称：深圳市美丽华油墨涂料有限公司
地　　址：广东省深圳市宝安区福永镇凤塘大道243号
邮　　编：518103
电　　话：0755-29969980
传　　真：0755-27309030
邮　　箱：mlhuv@meilihuauv.com
网　　址：www.meilihuauv.com
主要产品：紫外光（UV）固化材料

公司名称：深圳市欧凯科技有限公司
地　　址：广东省深圳市龙岗区龙岗街道办南约村联和工业区C区C10-12
邮　　编：518116
电　　话：0755-89901998 89900868
传　　真：0755-89901838
网　　址：www.szokai.com.cn
主要产品：铝银浆，铝颜料系列产品

公司名称：深圳市任怡化工有限公司
地　　址：深圳市龙岗区平湖街道华南城国际五金化工塑料原辅料物流区一期M12栋120号
邮　　编：518000
电　　话：0755-89631595
传　　真：0755-89631585
网　　址：www.renyichem.com
主要产品：颜料，色粉，树脂，钛白粉，添加剂，感温光变粉

公司名称：深圳市天利颜料有限公司
地　　址：广东省深圳市宝安区龙华龙胜工业区
邮　　编：518000
电　　话：0755-28145050
传　　真：0755-28145146
邮　　箱：TLYL333@126.com
网　　址：www.tlyl.ue.cn
主要产品：溶剂型颜料，有机颜料，无机颜料，荧光系列颜料，各种颜料

公司名称：深圳市天桥化工产品有限公司
地　　址：广东省深圳市龙岗区布吉镇百合银都国际D座
邮　　编：518109
电　　话：0755-82153736
传　　真：0755-82153737
主要产品：科莱恩颜料，CIBA颜料，钛白

公司名称：深圳市问鼎化工技术有限公司
地　　址：广东省深圳市福田区益田路3013号南方国际广场A栋1002室
邮　　编：518048
电　　话：0755-82823570
传　　真：0755-582823571
邮　　箱：hanesding@wintopchem.com
网　　址：www.wintopchem.com
主要产品：金属铝颜料，丙烯酸树脂，弹性树脂，封闭型固化剂

公司名称：深圳市永彩颜料化工有限公司
地　　址：广东省深圳市宝安49区浴华花园甲栋208
邮　　编：518102
电　　话：0755-27923623
传　　真：0755-27441516
主要产品：有机颜料系列，酞菁蓝，绿系列

公司名称：深圳市哲艺化工有限公司
地　　址：广东省深圳市南山区南山大道3838号深圳设计产业园木栋301
邮　　编：518054
电　　话：0755-26450122
传　　真：0755-26450133
网　　址：zheyichemical.com
主要产品：纯丙烯酸酯，环氧丙烯酸酯，聚氨酯丙烯酸酯，聚醚丙烯酸酯，聚酯丙烯酸酯、功能助剂

公司名称：深圳市中彩化工有限公司
地　　址：广东省深圳市深惠大道坪地段138号
邮　　编：518117
电　　话：0755-84074999 84074000
传　　真：0755-84074740
邮　　箱：caiyangvip@hotmail.com
网　　址：www.caiyangvip.com
主要产品：彩洋牌溶剂型通用色浆，彩洋牌水性通用分散色浆，彩洋牌色精，彩洋牌醛酮树脂，彩洋牌涂料，四大洋牌荧光颜料，四大洋牌抗油剂

公司名称：深圳怡升化工有限公司
地　　址：广东省深圳市松岗宝历豪庭金菊苑4D
邮　　编：518105
电　　话：0755-27060306
传　　真：0755-27060688
主要产品：铝银浆，珠光粉，涂料助剂，各类化工原料

公司名称：深圳市族兴实业有限公司
地　　址：广东省深圳市宝安区西乡镇黄麻布村工业区
邮　　编：518102
电　　话：0755-27484153 27484154
传　　真：0755-27483457
邮　　箱：info@szzuxing.com
网　　址：www.szzuxing.com
主要产品：铝银浆，铝颜料，铝银粉

公司名称：顺德市昌盛化工有限公司
地　　址：广东佛山佛山市顺德区大良镇新宁路76号602-606
邮　　编：528300
电　　话：0757-22684107
传　　真：0757-22684139
主要产品：VAE乳液，内墙涂料

公司名称：佛山市顺德区天隆颜料有限公司
地　　址：广东省佛山市顺德区伦教工业区工业大道北侧
邮　　编：528308
电　　话：0757-27720566
传　　真：0757-27736129
邮　　箱：info@sdtianlong.com
网　　址：www.sdtianlong.com
主要产品：PU合成革传统型粉片状颜料，PVC涂层用色膏颜料，PVC压延用色饼，SPV印刷油墨用色片，PVC压延用色砂，PU合成革环保(水晶)色片

公司名称：台色化工(深圳)有限公司

地　　址：广东省深圳市福永镇塘尾村南玻大道
邮　　编：518103
电　　话：0755-27376499 27376500 27376501
传　　真：0755-27376487
邮　　箱：168@taisechem.com
网　　址：www.taisechem.com
主要产品：硬脂酸锌，硬脂酸镁，硬脂酸钙，硬脂酸钡，硬脂酸铝，水性硬脂酸锌，PVC 加工用复合稳定剂

公司名称：广州通济贸易(顺德)有限公司
地　　址：广东省广州市番禺区钟村镇锦绣生态园翠屏苑 318 号
邮　　编：511495
电　　话：020-39926306
传　　真：020-39926309
主要产品：建筑涂料用原材料，工业涂料，油墨用原材料

公司名称：新会环宇云母材料有限公司
地　　址：广东省新会市今古洲经济开发区
邮　　编：529100
电　　话：0750-6365878
传　　真：0750-6365828
主要产品：云母粉，石英管

公司名称：鑫鑫(清新)化工有限公司
地　　址：广东省清远市清新县太和工业区
邮　　编：511800
电　　话：0763-5850571
传　　真：0763-5850226
主要产品：超微细碳酸钙，超微细硫酸钡，超细滑石粉、活性钙

公司名称：阳山伟达化工有限公司
地　　址：广东省阳山县城南开发区飞鸢工业村
邮　　编：513100
电　　话：0763-7800488
传　　真：0763-7801878
邮　　箱：webmaster@ysweida.com
网　　址：www.ysweida.com
主要产品：白炭黑 992 型，超细二氧化硅，消光剂哑粉 GT204、GT938、GT939L

公司名称：广东阳山现代进华实业有限公司
地　　址：广东省阳山县城南高新开发区
邮　　编：513100
电　　话：0763-7802108 7801348
传　　真：0763-7803283
邮　　箱：sales@xdjh.cn
网　　址：www.xdjh.cn
主要产品：碳酸钙填充母粒，高效消泡母粒，各种微粉，改性粉，轻钙

公司名称：艺诚化工颜料有限公司
地　　址：广东省东莞市东城区温塘工业区
邮　　编：523000
电　　话：0769-2267567
传　　真：0769-2695518
主要产品：PVC原料，助剂，PVC 色膏，矽利康原料，助剂及色膏，环氧地坪色膏，不饱和色浆，色浆

公司名称：云浮市惠沄钛白有限公司
地　　址：广东省云浮市云安县六都镇
邮　　编：527300
电　　话：0766-8611868 8611383
传　　真：0766-8613336
邮　　箱：server@huiyuntb.com
网　　址：www.huiyuntb.com
主要产品：钛白粉，硫酸亚铁

公司名称：湛港宏富实业有限公司
地　　址：广东省湛江市龙腾西路 3 号
邮　　编：524044
电　　话：0759-3311190
传　　真：0759-3311190
主要产品：超微细滑石粉，医药用滑石粉

公司名称：湛江市国正实业有限公司
地　　址：广东省湛江市康宁路 65 号
邮　　编：524033
电　　话：0759-3200626
传　　真：0759-3204882
主要产品：非金属矿，超细微粉体，改性粉体

公司名称：中山市彩艺金属颜料有限公司
地　　址：广东省中山市古镇岗南二坦工业区
邮　　编：528421
电　　话：0760-2354337
传　　真：0760-22322282
邮　　箱：info@zhscy.com
网　　址：www.zhscy.cn www.zhscy.com
主要产品：闪光型银装潢，细白型银浆仿电镀型银浆

公司名称：中山市景生行颜料有限公司
地　　址：广东省中山市三乡镇大布村
邮　　编：528463
电　　话：0760-86198912
传　　真：0760-86682397
主要产品：丝花原料，染料，塑胶原料，颜料，印花色浆，金银彩片

公司名称：中山市联合丝印材料有限公司
地　　址：广东省中山市古镇新兴西路 43 号
邮　　编：528421
电　　话：0760-2350774
传　　真：0760-2350774
主要产品：丝印设备，材料

公司名称：中山市诺必佳印刷材料有限公司
地　　址：广东省中山市南头镇
邮　　编：528427
电　　话：0760-3114933
传　　真：0760-3114933
主要产品：UV光油，UV 涂料，填料

公司名称：珠海新全芳化工有限公司
地　　址：广东省珠海市三灶镇中心村圣堂工业区
邮　　编：519040
电　　话：0756-7761000
传　　真：0756-7761555
主要产品：UV型油墨，光油，UV 光固化类合成树脂，UV 类涂料

公司名称：东莞市常新矿产原料有限公司（现为东莞市常新填充母料厂）
地　　址：广东省东莞市洪梅镇夏汇村洪夏路 10 号
邮　　编：523120
电　　话：0769-81336190
传　　真：0769-22650630
邮　　箱：13431417182@139.com
网　　址：www.cxtcml.com
主要产品：高填充，多性能碳酸钙填充母料

公司名称：汕头市中煌有限公司
地　　址：广东省汕头市汕樟路 12 号 1 座 1 梯 2 楼
邮　　编：515031
电　　话：13501412212 13502751084
传　　真：0754-8525874
邮　　箱：stzh@zhonghuang.com
网　　址：www.zhonghuang.com
主要产品：聚乙烯蜡，钛白粉，EVA

公司名称：深圳市现代宝实业有限公司
地　　址：广东省深圳市沙井镇新二工业区第二幢(金悦酒店对面)
电　　话：0755-27254371 27254381 27254391 27254396 27254397
传　　真：0755-27254390
邮　　箱：szxdb@sina.com
网　　址：www.szxdb.com
主要产品：复合工程塑料，色粉，色母，染色抽粒

公司名称：北海市辉煌化工填料有限公司
地　　址：广西北海市广西北海市长青路佳利大厦 A 座 6 楼 B 间
邮　　编：536000
电　　话：0779-3064848
传　　真：0779-3064848
主要产品：陶瓷填料，金属填料，塑料填料，蜂窝陶瓷填料，汽车，摩托车催化转化器

公司名称：广西百合化工股份有限公司
地　　址：广西南宁市双拥路 40-1 号东方明珠花园 1 号楼 2 单元 26 楼
邮　　编：531400
电　　话：0776-5806356
传　　真：0776-5806356
网　　址：www.gxbhchem.com
主要产品：钛白粉，一水硫酸亚铁，氧化铁黑，硫酸锰，硫酸，合金铝棒，铸钢球，钛铁矿，高钛渣

公司名称：广西苍梧顺风钛白粉有限责任公司
地　　址：广西省梧州市苍梧县龙圩镇廓街 179 号
邮　　编：543100
电　　话：0774-2682310
传　　真：0774-2678080
主要产品：钛白粉，硫酸普钙

公司名称：广西贺州市桂宝粉体有限责任公司
地　　址：广西贺州市建设东路 76 号
邮　　编：542800
电　　话：0774-5125336
传　　真：0774- 5129908
网　　址：www.hzguibao.com.cn
主要产品：重质碳酸钙

公司名称：广西贺州市科隆粉体有限公司
地　　址：广西贺州市新兴南路 54 号

邮　　编：542800
电　　话：400-0774-668
传　　真：0774-8838098
邮　　箱：kelong@kelong-powder
网　　址：www.kelong-powder.com
主要产品：方解石，碳酸钙，滑石粉

公司名称：广西乐业永华超细粉体有限责任公司
地　　址：广西北海市北海大道晏锋建材商城 C1 栋
邮　　编：536000
电　　话：0779-3211366
传　　真：0779-3202566
邮　　箱：lyyhucc@sina.com
主要产品：重质碳酸钙，滑石粉，填充母料

公司名称：广西龙广滑石开发有限公司
地　　址：广西桂林市龙胜县龙胜镇兴龙南路 68 号
邮　　编：541700
电　　话：0773-7512392
传　　真：0773-7512411 7516477
邮　　箱：master@Lgtalc.com
网　　址：www.lgtalc.com
主要产品：滑石块，滑石粉，二氧化硅

公司名称：南宁市江南精细化工厂
地　　址：广西壮族自治区南宁市五一路南五里 10 号旁
邮　　编：530031
电　　话：0771-4881026 4881036
传　　真：0771-4881036
邮　　箱：jnchem88@163.com
网　　址：www.nnyf888.com
主要产品：三聚磷酸铝系列防锈颜料

公司名称：广西宁鑫工贸有限公司
地　　址：广西南宁市西乡塘区明秀西路 122 号城市碧园 B 栋 1323 室
邮　　编：530000
电　　话：0771-3840168
传　　真：0771-3840168
主要产品：非金属矿，高岭土，方解石粉，石膏，膨润土，轻质碳酸钙，腐殖酸，沸石，方解石，石灰石，泥炭土，超细方解石粉，活性碳酸钙，滑石原矿

公司名称：广西兴美祥钛白粉有限公司
地　　址：广西崇左市大新县雷平镇
邮　　编：532300
电　　话：0771-3723761
传　　真：0771-3723761
主要产品：钛白粉，水硫酸亚铁

公司名称：柳州锌品有限责任公司（柳州市鸿盛锌品有限责任公司）
地　　址：广西柳州市白沙路 5 号
邮　　编：545001
电　　话：0772-2858735
传　　真：0772-2868042
主要产品：氧化锌，立德粉，锌锭

公司名称：平桂区西湾顺利粉体厂
地　　址：广西贺州市平桂区西湾镇石梯村路
邮　　编：542800
电　　话：0774-8839037
主要产品：重钙粉，双飞粉

公司名称：平乐县益高方解石粉厂
地　　址：广西平乐县马渭工业区
邮　　编：542400
电　　话：0773-7881542
传　　真：0773-7887298
主要产品：重质碳酸钙，活性碳酸钙，方解石粉，低铁碳酸钙

公司名称：广西平桂飞碟股份有限公司
地　　址：广西贺州市平桂管理区电厂南路 1 号
邮　　编：542800
电　　话：0774-8831210
传　　真：0774-8831219
邮　　箱：pgma_cn@163.com
网　　址：www.pgma.com.cn
主要产品：锡锭，钨锡精矿，钨制品，铅锭，钛白粉，氧化铁红，水泥

公司名称：重庆江南化工有限责任公司
地　　址：重庆市南岸区鸡冠石镇盘龙山 68 号
邮　　编：400063
电　　话：023-62504663
传　　真：023-62516236
邮　　箱：yang.zhaohui@cjchem.com liao.jie@cjchem.com
网　　址：www.cjchemical.com
主要产品：颜料

公司名称：重庆新华化工厂
地　　址：中国重庆市潼南县桂林街道办事处民业街 298 号
邮　　编：402660
电　　话：023-68737926 87288008
邮　　箱：xinhua@xinhuachemical.com
网　　址：www.xinhuachemical.com
主要产品：颜料

公司名称：成都添彩化工有限公司
地　　址：二仙桥东路 13 号（煤管局仓库内）
邮　　编：611432
电　　话：028-84113635 66292245 66096384
传　　真：028-84113635 66292245 66096384
邮　　箱：tchg@tiancai-china.com
网　　址：www.tiancai-china.com

公司名称：德阳金源助剂有限公司
地　　址：四川省德阳市旌阳区天元镇武庙村 3 组
邮　　编：618000
电　　话：0838-2850669
主要产品：PVC钙锌稳定剂，钛白粉，复合稳定剂

公司名称：攀钢集团成都钛业贸易有限公司
地　　址：四川省成都市沙湾路 266 号攀钢集团金贸大厦 1410
邮　　编：610031
电　　话：0812-87708911
传　　真：0812-83381627
网　　址：www.pgtio2.com
主要产品：钛白粉

公司名称：攀枝花鼎星钛业有限公司
地　　址：四川省攀枝花市东区银江工业园
邮　　编：617009
电　　话：0812-6673016
主要产品：钛白粉

公司名称：攀枝花东方钛业有限公司
地　　址：四川省攀枝花市米易县丙谷镇一枝山工业园区
邮　　编：617200
电　　话：0812-6371998
主要产品：钛白粉

公司名称：攀枝花市钛海科技有限责任公司
地　　址：四川省攀枝花市钡钛工业园区
邮　　编：617064
电　　话：0812-6211276
主要产品：钛白粉

公司名称：攀枝花市天伦化工有限公司
地　　址：四川省攀枝花盐边县安宁工业区三棵树（三堆子加油站路口往上）
邮　　编：617000
电　　话：0812-8750198-216
网　　址：www.pzhtl.com
主要产品：钛白粉

公司名称：什邡市长江化工实业有限公司
地　　址：四川省什邡市城南开发区
邮　　编：618400
电　　话：0838-8264632
传　　真：0838-8264630
主要产品：磷铁粉，超细磷铁粉

公司名称：四川宝兴西宝超细粉体工业有限公司
地　　址：四川省宝兴县中坝工业开发区
邮　　编：625701
电　　话：0835-6848958
主要产品：重质碳酸钙

公司名称：四川什邡川西磷化工冶金有限公司
地　　址：四川省什邡市华光巷 14 号
邮　　编：618400
电　　话：0838-8204040
传　　真：0838-8218738
主要产品：磷铁粉

公司名称：四川省宝兴县微纳粉体有限公司
地　　址：四川省雅安市宝兴县灵关工业开发区
邮　　编：625701
电　　话：0835-6848399
传　　真：0835-6848399
主要产品：碳酸钙

公司名称：四川省宝兴县彰正粉体有限公司
地　　址：四川省雅安市宝兴县灵关镇灵关南路 218 号
邮　　编：625701
电　　话：0835-6848360
传　　真：0835-6848360
网　　址：www.sczzft.com
主要产品：重钙

公司名称：贵州龙里风光化工有限公司
地　　址：贵阳市沙冲南路 1 号
邮　　编：550002
电　　话：0851- 5796152 13608534577 13908511880
传　　真：0851-5741525
主要产品：专利产品 D-118

公司名称：贵州省化工技术工业试验中心
地　　址：贵州省贵阳市水口寺 55 号
邮　　编：550002
电　　话：0851-5630144 5924260
传　　真：0851-5630014
主要产品：橡胶内脱模剂

公司名称：毫微粉体工业有限公司
地　　址：贵州省贵阳市中华北路 18 号银海大厦南楼 6 楼
邮　　编：550001
电　　话：0851-6904155 6904156
传　　真：0851-6904159
邮　　箱：into@micropowder.com microbari@163.com
网　　址：www.micropowder.com
主要产品：亚微米硫酸钡，超微细硫酸钡，超白硫酸钡，特效消光硫酸钡

公司名称：贵州金亚矿产开发有限公司
地　　址：贵州省遵义市务川自治县丰乐镇
邮　　编：564300
电　　话：0757-22892978
传　　真：0757-22890119
邮　　箱：jinyakc@jinyakc.com
网　　址：www.jinyakc.com
主要产品：硫酸钡，超细硫酸钡，超细改性硫酸钡，高光钡，消光钡，沉淀硫酸钡，立德粉，煅烧高岭土，精选水洗高岭土，钛白粉，碳酸钙，滑石粉，云母粉，镁强粉，透明粉，增塑粉，非金属矿产品

公司名称：云南大互通工贸有限公司（富民钛白粉厂）
地　　址：云南省昆明市高新区科医路 196 号 3 楼
邮　　编：650106
电　　话：0871-8324868
传　　真：0871-8315444
邮　　箱：info@hutongchem.com
网　　址：www.hutongchem.com
主要产品：钛白粉

公司名称：府谷县飞宇高岭土有限责任公司
地　　址：陕西省府谷县天化路天桥巷 6 号
邮　　编：719200
电　　话：0912-8712777
主要产品：高岭土，硅钙

公司名称：西安市户县一彤氧化铁厂
地　　址：户县庞光工贸园区
邮　　编：710304
电　　话：029-84987370 13992093637
主要产品：生产经营范围氧化铁红系列 H101A、H101B、H101C、130、190，彩瓦专用各品种氧化铁黄、铁黑、铁钛绿，光亮剂

公司名称：榆林蒲白高岭土有限责任公司
地　　址：陕西省榆林府谷县沙川沟工业园区
邮　　编：719400
电　　话：0912-8751193
主要产品：高岭土

公司名称：甘肃省甘谷飞天颜料有限公司
地　　址：甘肃省甘谷县姚庄西路 58 号
邮　　编：741200
电　　话：0938-5621113
传　　真：0938-5621199
主要产品：高档有机颜料

公司名称：兰州建新油剂厂
地　　址：甘肃省兰州市七里河区任家庄 88 号
邮　　编：730050
电　　话：0931-2315000
主要产品：环烷酸，填料

公司名称：中核华原钛白股份有限公司
地　　址：甘肃省兰州市 508 信箱甲 33 号
邮　　编：732850
电　　话：0937-6303743
传　　真：0937-6303368
邮　　箱：tioxhua@public.lz.gs.cn
网　　址：www.tioxhua.com
主要产品：金红石型钛白粉

公司名称：瀚海企业（集团）有限公司
地　　址：青海省格尔木市八一西路 5 号
邮　　编：816000
电　　话：0979-8463216
传　　真：0979-8463015
邮　　箱：hanhai@saltchem.com
主要产品：填料

公司名称：青海黎明化工厂
地　　址：青海省大通县
邮　　编：810100
电　　话：0971-2722401 2722400
主要产品：填料，助剂，溶剂

公司名称：青海省乐都县新兴粉体材料厂
地　　址：青海省乐都县双塔营
邮　　编：810700
电　　话：0972-6237333
主要产品：填料

公司名称：宁夏中节新新材料有限公司/宁夏鑫旭高岭土有限公司
地　　址：宁夏回族自治区种植公司银川市南秀西路 366 号
邮　　编：750011
电　　话：0952-3011315
主要产品：高岭土

公司名称：石嘴山市昊雪高岭土有限公司
地　　址：宁夏石嘴山市石嘴山区花园北路
邮　　编：753203
电　　话：0952-3693778
传　　真：0952-3013228
主要产品：高岭土

公司名称：银川维高化工有限公司
地　　址：宁夏银川市丽景南街龙盘家私城北门 13 棚 12 号
邮　　编：750004
电　　话：0951-3891600
主要产品：内外墙乳胶漆原材料，保温涂料原材料

3.3 助剂、溶剂

公司名称：北京安太格科技发展有限公司
地　　址：北京市朝阳区大郊亭唐新村 19 号
邮　　编：100124
电　　话：010-87353910
网　　址：www.athanasy.com.cn
主要产品：甲酸钙，填料，助剂，乙二醇

公司名称：北京安特普纳科贸有限公司
地　　址：北京市朝阳区西大望路 27 号2-1
邮　　编：100022
电　　话：010-87783453 87781534
传　　真：010-67798476
邮　　箱：entrepreneur2001@sina.com
网　　址：www.entrepreneur-cn.com
主要产品：助剂

公司名称：北京奥德赛化学有限公司
地　　址：北京市海淀区车公庄西路乙 19 号华通大厦 B 座 1827
邮　　编：100044
电　　话：010-88018188
主要产品：荧光增白剂

公司名称：北京川骐工贸有限公司
地　　址：北京市通州区张家湾镇大高力庄 6 2 4 号
邮　　编：101113
电　　话：13911399583
主要产品：钛白粉，加工助剂，云母粉

公司名称：北京春博苑物资销售中心
地　　址：北京市房山区燕房路 40 号
邮　　编：102400
电　　话：010-89323107
主要产品：异丁醇，丙二醇

公司名称：北京顶业工贸有限公司
地　　址：北京市朝阳区黑庄户乡万子营西村村委会西侧
邮　　编：100121
电　　话：13701197193
网　　址：www.bjdingye.com.cn
主要产品：消泡剂

公司名称：北京东方澳汉科贸有限责任公司
地　　址：北京市通州区张家湾镇工业区（东方化工厂南门）
邮　　编：101113
电　　话：010-61565556
主要产品：成膜助剂

公司名称：北京东方天利化工有限公司
地　　址：北京市通州区马驹桥镇小杜工业区
邮　　编：101103
电　　话：010-61586088
传　　真：010-61586068
主要产品：二甘醇

公司名称：北京福尼特科技有限公司
地　　址：北京市通州区滨河路 143 号
邮　　编：101149
电　　话：010-61506458

网　　址：www.99inf.com
主要产品：分散剂，增稠剂，成膜助剂，多功能助剂，乳液

公司名称：北京航天赛德科技发展有限公司
地　　址：北京海淀区蓝青定厂南大街 59 号玲珑花园
邮　　编：100097
电　　话：010-88490836
传　　真：010-88490390
邮　　箱：bjhtsd@sd-powder.com
网　　址：www.sd-powder.com
主要产品：消光剂

公司名称：北京金索阳化工有限公司
地　　址：北京市丰台区五里店 59 号东院
邮　　编：100071
电　　话：010-63872547
主要产品：助剂，色浆，电脑调色系统

公司名称：北京金源恒泰精细化工有限公司
地　　址：北京市通州区张家湾东定福庄村
邮　　编：101113
电　　话：010-61568916
传　　真：010-61502927
邮　　箱：jinyuanhengtai@21cn.net
网　　址：www.bjjyht.com
主要产品：工业助剂

公司名称：北京科实万帮工贸有限公司
地　　址：北京市密云县太师屯永安街 18 号
邮　　编：101113
电　　话：010-61566943
网　　址：bjkswbang.cn.alibaba.com
主要产品：涂料助剂

公司名称：北京朗诺环保科技有限公司
地　　址：北京经济技术开发区中和街 14 号 B401 室
邮　　编：100045
电　　话：010-68040107
网　　址：www.longknow.com
主要产品：助剂

公司名称：北京麦尔化工科技有限公司
地　　址：北京市朝阳区北苑 5 号院 4 区北地大厦 503 室
邮　　编：100012
电　　话：010-84932946 84933769 84928406
传　　真：010-84932946 84933769 转 12
邮　　箱：bjmayor@126.com
网　　址：www.mr-chem.com
主要产品：水性色浆，涂料助剂

公司名称：北京美扬时代科贸有限公司
地　　址：北京市丰台区南三环东路 27 号芳群公寓 C 座 2507 室
邮　　编：100078
电　　话：010-67657052
网　　址：www.qjy168.com
主要产品：涂料助剂

公司名称：北京南大合荣科技发展有限公司
地　　址：北京经济技术开发区紫东环保

邮　　编：100176
电　　话：010-67877417
网　　址：www.ndhr.net.cn
主要产品：杀菌剂

公司名称：北京瑞辰化学助剂有限公司
地　　址：北京市朝阳区化工路
邮　　编：100022
电　　话：010-67239359
网　　址：www.258.com
主要产品：有机硅防水剂及化学试剂

公司名称：北京世名出彩科技有限公司
地　　址：北京市通州区云景东里 365 号楼商-6 号
邮　　编：101100
电　　话：010-81528432
传　　真：010-81528433
网　　址：www.bjsmcc.com
主要产品：色浆，色卡，调色软件，水性助剂等

公司名称：北京市朝阳区花山助剂厂
地　　址：北京永定门外南顶路肖村
邮　　编：100176
电　　话：010-67697631
传　　真：010-67697631
邮　　箱：huashan@hi2000.com
网　　址：www.bjhuashan.com
主要产品：助剂

公司名称：北京市天罡助剂有限公司（北京市朝阳区花山助剂厂）
地　　址：北京市丰台区南三环东路 6 号嘉业大厦 B 座 2001-2002 室
邮　　编：100078
电　　话：010-89201649
邮　　箱：tiangang@bjtiangang.com
网　　址：www.bjtiangang.com
主要产品：塑料助剂，光稳定剂，受阻胺光稳定剂

公司名称：北京首创纳米科技有限公司
地　　址：北京市海淀区上地信息路 2 号创业园 D 栋 701 室
邮　　编：100029
电　　话：010-82893677
网　　址：www.sokang.com.cn
主要产品：助剂

公司名称：北京天鸿华业商贸有限责任公司
地　　址：海淀区永丰中路 99 号颐和山庄玉华园 125 号
邮　　编：100094
电　　话：010-62488216
主要产品：助剂

公司名称：北京天擎化工有限责任公司
地　　址：北京市平谷区新平南路 126 号
邮　　编：101200
电　　话：010-89983180
传　　真：010-89989252
网　　址：www.tianqing.com.cn
主要产品：助剂

公司名称：北京天之岩健康科技有限公司
地　　址：北京市丰台区南岗洼 565 号
邮　　编：100072
电　　话：010-83882538
传　　真：010-83883033
网　　址：www.tzyt.com.cn

主要产品：抗菌型除味剂，助剂

公司名称：北京兴烨方达商贸有限公司
地　　址：北京市丰台区云岗街道 24 号楼西单元 103 室
邮　　编：100074
电　　话：010-88534358
传　　真：010-88534358
主要产品：色浆及助剂

公司名称：北京雅士蓝德科贸有限公司
地　　址：北京市通州区张家湾镇张辛庄京卫化工厂院内
邮　　编：100113
电　　话：010-63546136
主要产品：乳化剂，消泡剂，甲基丙烯酰胺等

公司名称：北京有朋精细化工经营公司
地　　址：北京市丰台区东铁匠营街道塔园 12 号
邮　　编：100011
电　　话：010-64274520
主要产品：碳酸钾，氢氧化钙，乙二醇

公司名称：博泰源生化科技有限公司
地　　址：北京市通州区张家湾镇上马头村盛事康华仓促区
邮　　编：101113
电　　话：010-61568570
传　　真：010-61568570
主要产品：防腐剂

公司名称：邯郸道瑟高分子材料有限公司北京办事处
地　　址：北京市大兴区工业开发区金苑路 2 号奥宇大厦 213
邮　　编：102600
电　　话：010-51184680
主要产品：流平剂，增稠剂，分散剂

公司名称：霍夫曼（天津）国际贸易有限公司销售中心
地　　址：北京市朝阳区北苑路奥运煤体村 C7-503
邮　　编：100107
电　　话：010-84828911
邮　　箱：sales@hofmann-chem.cn
网　　址：www.hofmann-chemie.cn
主要产品：防腐剂，杀菌剂

公司名称：科莱恩化工集团中国代表处
地　　址：北京市东城区朝阳门北大街 8 号富华大厦 D 座 3C 室
邮　　编：100027
电　　话：010-65542113
主要产品：助剂，颜料

公司名称：北京德成工贸有限公司
地　　址：北京通州张家湾镇张辛庄工业园区
邮　　编：101113
电　　话：010-61501135
传　　真：010-61501134
邮　　箱：rays@rays.com.cn
网　　址：www.rays.com.cn
主要产品：助剂

公司名称：三叶科技(天津)有限公司
地　　址：天津市经济技术开发区第九大街丰华工业园二期
邮　　编：300457

电　　话：022-59813081
主要产品：微粉化粉末，分散液，乳状液

公司名称：天津合信行化工有限公司
地　　址：天津市河西区围堤道 146 号华盛广场 B-12B-C
邮　　编：300201
电　　话：022-88239230
主要产品：树脂，助剂，颜料，铝银浆

公司名称：天津燕海化学有限公司
地　　址：天津市东丽区程林庄路工业区
邮　　编：300163
电　　话：022-24373488
传　　真：022-24373485
主要产品：固化剂

公司名称：天津金东宝国际贸易有限公司
地　　址：天津市北辰区新宜白大道万科新城紫芸苑 7 号楼 104 号
邮　　编：300402
电　　话：022-26715293
网　　址：www.jindongbao.com
主要产品：化工原料试剂，助剂

公司名称：天津久日化学工业有限公司
地　　址：天津华苑新技术产业园区开华道南开大学科技园 C 座六楼
邮　　编：300384
电　　话：022-83719710
网　　址：www.qianyan.biz
主要产品：光引发剂，氟硅唑，农药，医药中间体

公司名称：天津开发区国隆化工有限公司
地　　址：天津市空港经济区西三道 158 号金融中心 2 号楼 2 门 303 室
邮　　编：300308
电　　话：022-58961500
传　　真：022-58961555
网　　址：www.golone.com
主要产品：助剂，树脂

公司名称：天津市驰盛商贸有限公司
地　　址：天津市河西区梅江道景观花园
邮　　编：300221
电　　话：022-26344668
网　　址：www.tianjinchisheng.com
主要产品：溶剂

公司名称：天津市大港区兴源化工厂
地　　址：天津市大港区港西街井下西侧沙井子
邮　　编：300283
电　　话：022-63191518
主要产品：芳烃族溶剂油，甲基萘

公司名称：天津市大港兴实化工厂
地　　址：天津市大港区中塘镇港西街井
邮　　编：300277
电　　话：022-63190398
传　　真：022-63190396
网　　址：www.xshchem.com
主要产品：芳烃溶剂

公司名称：天津市道康助剂厂
地　　址：天津市南开区楚雄道 99 号
邮　　编：300190
电　　话：022-23696407
传　　真：022-23367940
网　　址：www.daokang.com
主要产品：助剂

公司名称：天津市东大怡和工贸有限公司
地　　址：天津市南开区鞍山西道百脑汇大厦 2511
邮　　编：300190
电　　话：022-58392218
网　　址：www.dongdayihe.com
主要产品：钛白粉，德固赛炭黑及助剂，耐高温颜料以及色粉，珠光颜料等

公司名称：天津市海德液体化工有限公司
地　　址：天津市武清区杨村镇一号道杨铁货场
邮　　编：300400
电　　话：022-26397561
主要产品：溶剂

公司名称：天津市嘉顺化工有限公司
地　　址：天津市武清区曹子里乡后苏庄工业区
邮　　编：301700
电　　话：022-2955182
网　　址：www.tjjshg.com.cn
主要产品：丁酮

公司名称：天津市巨融化工销售有限公司
地　　址：天津市河西区友谊南路香槟左岸天澜园 15 号楼 2 门 702 室
邮　　编：300221
电　　话：022-88160031
主要产品：丙二醇甲醚醋酸酯，醋酸丁酯

公司名称：天津市骏博国际贸易有限公司
地　　址：天津市河西区黑牛城道顺驰世纪城 SOHO
邮　　编：300061
电　　话：022-88298006
网　　址：www.junbochem.com
主要产品：化工原料，溶剂，环氧树脂，固化剂等

公司名称：天津市骏博精细化工有限公司
地　　址：天津市河西区黑牛城道顺弛世纪城 sohoB03-503
邮　　编：300061
电　　话：022-88298206
传　　真：022-88298223
网　　址：www.junbochem.com
主要产品：溶剂

公司名称：天津市腾龙化工科技发展有限公司
地　　址：天津市南开区新产业园区榕苑路 4 号天发科技园 2－2－401
邮　　编：300384
电　　话：022-83719905
传　　真：022-83719907
主要产品：色浆，助剂，胶粉

公司名称：天津天泓运达商贸有限公司
地　　址：天津市西青区杨柳青镇成发馨苑 6-3-402
邮　　编：300380
电　　话：022-60546199
主要产品：固化剂

公司名称：天津泽易生化工贸易有限公司
地　　址：天津市红旗南路 251 号
邮　　编：300381
电　　话：022-60520559
传　　真：022-60520559
网　　址：www.tjzenith.com
主要产品：颜料，树脂，固化剂等

公司名称：保定市阳光精细化工有限公司
地　　址：河北保定漕河 41 号信箱
邮　　编：072556
电　　话：0312-8683199
网　　址：www.yangguang.com.cn
主要产品：杀菌剂

公司名称：邯郸市鑫淼精细化工有限公司
地　　址：河北省邯郸市南程庄村委会
邮　　编：056107
电　　话：0310-8125894
传　　真：0310-8125894
网　　址：www.sn180.com
主要产品：溶剂

公司名称：河北环美涂料胶粉有限公司
地　　址：河北省邯郸市大名县工业园 32 号
邮　　编：056900
电　　话：0310-65789098
传　　真：0310-65789087/6/5
主要产品：涂料胶粉

公司名称：河北金昊纳米材料有限公司
地　　址：河北省宣化宣赤路北
邮　　编：075100
电　　话：0313-3154991
传　　真：0313-3154960
主要产品：消光粉

公司名称：河北省保定市阳光精细化工有限公司
地　　址：河北省保定漕河 41 号信箱
邮　　编：072556
电　　话：0312-8502325 8505605 8508808
传　　真：0312-8505606
邮　　箱：hbyg@yangguang.com.cn
网　　址：www.yangguang.com.cn
主要产品：助剂

公司名称：廊坊市安次区北史家务财源永兴化工涂料经销部
地　　址：河北省廊坊市银河南路 183 号
邮　　编：065000
电　　话：13103063562
主要产品：颜料，彩钢漆，磷化液，消光粉

公司名称：廊坊市奥世朋诚化工有限公司
地　　址：河北省廊坊市安次区永兴路南段与南外环交口
邮　　编：065000
电　　话：0316-2191898
传　　真：0316-2191898
主要产品：颜料，助剂，乳液

公司名称：清河县兴润化工有限公司
地　　址：河北省清河县泰山南路 1 号
邮　　编：054800
电　　话：0319-8167018
传　　真：0319-8167018
网　　址：www.51bmcl.com
主要产品：添加剂

公司名称：石家庄市惠泽科技有限公司
地　　址：河北省石家庄市桥西区新石中路 166 号 6 号楼
邮　　编：050091
电　　话：0311-83030705
传　　真：0311-83030705
主要产品：助剂

公司名称：石家庄市舒普经贸有限公司
地　　址：河北省石家庄市中华南大街366号
邮　　编：050091
电　　话：0311-83811151
网　　址：www.sjzhyhg.com
主要产品：助剂

公司名称：邢台蓝星助剂厂
地　　址：河北省邢台市开发区龙泉东大街1118号
邮　　编：054001
电　　话：0319-3976138
传　　真：0319-3976138
网　　址：www.lanxingchem.com
主要产品：助剂

公司名称：中科润达化工有限公司
地　　址：河北省石家市石栾路15号红楼饭店418室
邮　　编：050021
电　　话：0311-86014698
网　　址：www.tuliaozhuji.com
主要产品：色浆，消泡剂，润湿剂，分散剂，流平剂等

公司名称：山西科源达精细化工有限公司
地　　址：山西省太原市化工路113号
邮　　编：030021
电　　话：0351-6939346
传　　真：0351-6939406
邮　　箱：sales@tykyd.com
网　　址：www.tykyd.com
主要产品：甘脲，四乙酰甘脲，四甲氧甲基甘脲，四羟甲基甘脲等

公司名称：山西运城盐湖山风聚氨酯
地　　址：山西省运城市盐湖区东郭工业园
邮　　编：044004
电　　话：0359-2495014
传　　真：0359-2495038
邮　　箱：shanfengpu@hotmail.com
网　　址：www.shanfengpu.com
主要产品：聚酯多元醇

公司名称：鞍山昊田科技开发有限公司
地　　址：辽宁省鞍山市千山区鞋腾路411号
邮　　编：114011
电　　话：0412-8920018
传　　真：0412-8920028
网　　址：www.ashtkj.cn
主要产品：溶剂

公司名称：鞍山市天宏化工有限公司
地　　址：辽宁省鞍山市千山区大阳气镇
邮　　编：114016
电　　话：0412-8469568
传　　真：0412-8469566
主要产品：助剂

公司名称：大连金鼎祥化学有限公司
地　　址：辽宁省大连市中山区杏林街2号
邮　　编：116001
电　　话：0411-82558030
网　　址：www.trimerchem.com
主要产品：增黏剂，流平剂，分散剂

公司名称：抚顺立盈经贸有限公司
地　　址：辽宁省抚顺市光明街
邮　　编：113001
电　　话：0413-3804700
主要产品：苯，二甲苯，溶剂油，苯乙烯

公司名称：抚顺市宏大精细化工厂
地　　址：辽宁省抚顺市李石开发区
邮　　编：113122
电　　话：0413-6606589
网　　址：www.qincai.net
主要产品：烷基酚，乙二醇，丙二醇，多乙烯多胺

公司名称：抚顺市锐衡化工有限公司
地　　址：辽宁省抚顺市顺城区河北乡龚家村
邮　　编：113015
电　　话：0413-4180778
主要产品：苯，二甲苯，溶剂油，苯乙烯

公司名称：海城马风镇和富微粉厂
地　　址：辽宁省海城市马风镇范马村
邮　　编：114200
电　　话：15942266000
网　　址：www.shengyidi.com
主要产品：滑石粉

公司名称：海城世京旗扬实业有限公司
地　　址：辽宁海城市马风镇范马村
邮　　编：114204
电　　话：0412-3268878
传　　真：0412-3268878
网　　址：www.hcsjqytalc.com
主要产品：滑石粉，重钙粉

公司名称：昊田科技开发有限公司
地　　址：辽宁省鞍山市千山区鞍腾路411号
邮　　编：114011
电　　话：0412-8920018
传　　真：0412-8920018
网　　址：www.asht.cn
主要产品：高沸点溶剂

公司名称：辽宁奥克化学集团
地　　址：辽宁省辽阳市宏伟区东环路29号
邮　　编：111003
电　　话：0419-5161428
传　　真：0419-5179498
网　　址：www.stone-no1.com
主要产品：助剂

公司名称：辽阳科隆化工实业公司
地　　址：辽宁省辽阳世宏伟区东环路8号
邮　　编：110003
电　　话：0419-5178001
传　　真：0419-5176971
网　　址：www.kelongchem.com
主要产品：溶剂

公司名称：沈阳市应用技术实验厂(沈阳张明化工有限公司)
地　　址：沈阳市铁西区兴顺街185号
邮　　编：110023
电　　话：024-25441330
主要产品：催化剂，促进剂，油墨催干剂，橡胶黏合促进剂等
邮　　箱：sysy@zhangming.com.cn
网　　址：www.zhangming.com.cn
主要产品：异辛酸系列金属盐催干剂；环烷酸系列金属盐催干剂；不饱和聚酯树脂促进剂、固化剂；异辛酸（2-乙基己酸）；精制脱脂环烷酸；油墨催干剂；橡胶黏合剂；防结皮剂；原子灰专用钴；塑料助剂及油品添加剂；其他有机化工产品等。

公司名称：沈阳顺风化工有限公司
地　　址：辽宁省沈阳市于洪区红旗台高速口东一公里
邮　　编：110034
电　　话：024-31806006
网　　址：www.shunfengchem.com
主要产品：美国伊士曼成膜助剂

公司名称：沈阳天利商贸有限公司
地　　址：辽宁鞍山市铁东区新华街12号56栋
邮　　编：110141
电　　话：0412-6362238
传　　真：0412-6362238
网　　址：www.tianlitrade.com
主要产品：颜料，助剂，填料等

公司名称：沈阳中北东元石化有限公司
地　　址：辽宁省沈阳崇山东路73号
邮　　编：110032
电　　话：024-86292676
网　　址：www.ebnew.com
主要产品：氧化剂，建材

公司名称：沈阳中际精细化工总厂
地　　址：辽宁省沈阳市大东区观泉路8-7号
邮　　编：110044
电　　话：024-88205490
传　　真：024-88204368
网　　址：www.sy-fc.com
主要产品：助剂

公司名称：长凌科技有限公司
地　　址：辽宁省大连市西岗区
邮　　编：116031
电　　话：0411-56897455
传　　真：0411-56897455
主要产品：助剂

公司名称：吉林市江南研究院有限责任公司
地　　址：吉林省吉林市丰满区恒山西路7号
邮　　编：132013
电　　话：0432-4683089
传　　真：0432-4683089
主要产品：助剂

公司名称：大庆市天隆涂料原料经销站
地　　址：黑龙江省大庆市萨尔图区中伍路110号
邮　　编：163000
电　　话：0459-63139181 3845966918
主要产品：增稠剂，流平剂，分散剂，外墙外保温材料

公司名称：大庆市天源化工公司
地　　址：黑龙江省大庆市大庆高新技术园区
邮　　编：163000
电　　话：0898-68659139
网　　址：www.tychemicals.com
主要产品：成膜助剂

公司名称：汽巴精化中国有限公司
地　　址：上海市漕河泾开发区田州路99

号 15 号楼 2 楼
邮　　编：200233
电　　话：021-24032564
主要产品：抗氧剂，光稳定剂

公司名称：上海金贸泰化工有限公司
地　　址：上海市中山北路 2299 号
邮　　编：200061
电　　话：021-62249118
传　　真：021-61638255
网　　址：www.shjmtchem.com.cn
主要产品：精细化学品，化学溶剂，化工助剂

公司名称：上海迪利诺化工有限公司
地　　址：上海市上海市外青松公路 7815 号（果园路 68 号）
邮　　编：214207
电　　话：0510-87940218
网　　址：deelion.cn.globalhardwares.com
主要产品：钛白粉，色浆，助剂，乳液等

公司名称：上海赛福化工发展有限公司
地　　址：上海市金沙江路 1628 弄 1 号楼 20F
邮　　编：200333
电　　话：021-51508000
传　　真：021-51508068
邮　　箱：saifu@saifu.cn
网　　址：www.saifu.cn
主要产品：增稠剂，乳化剂，功能单体，偶联剂，水墨树脂

公司名称：晔欣国际贸易有限公司
地　　址：上海市江苏路 121-123 号中西大厦 9 楼 A 座
邮　　编：200050
电　　话：021-62106048
主要产品：乳液专用表面活性剂，反应型表面活性剂，特殊表面活性剂

公司名称：埃夫科纳助剂（亚太）有限公司
地　　址：上海市长宁区遵义路 100 号虹桥上海城 B 栋 1710 室
邮　　编：200051
电　　话：021-62371578
网　　址：www.mmbase.cn
主要产品：助剂

公司名称：艾迪科（上海）贸易有限公司
地　　址：上海市娄山关路 555 号长房国际广场 1006-1010 室
邮　　编：200051
电　　话：021-62296622
传　　真：021-62296622
网　　址：www.adksh.com.cn
主要产品：添加剂等

公司名称：毕克化学技术咨询（上海）有限公司
地　　址：上海市仙霞路 317 号远东国际广场 B 栋 2009 室
邮　　编：200233
电　　话：021-62350031
网　　址：www.adk.co.jp
主要产品：助剂，仪器

公司名称：成大（上海）化工有限公司
地　　址：上海市松江工业区荣乐东路 515 号
邮　　编：201613
电　　话：021-57743456
网　　址：www.chendash.com
主要产品：助剂

公司名称：法国赛比克有限公司
地　　址：上海市茂名南路 58 号锦泰楼 510 室
邮　　编：200020
电　　话：021-64660149
传　　真：021-64660149
网　　址：www.kukii.cnent
主要产品：流平剂，增韧剂，特殊多元醇，润湿剂，导电剂等

公司名称：格雷斯（香港）有限公司
地　　址：上海市淮海中路 1010 号嘉华中心 19 楼
邮　　编：200031
电　　话：021-54674678
网　　址：www.grace.com
主要产品：消光粉

公司名称：公耀国际贸易（上海）有限公司
地　　址：上海市长宁区长宁路 1055 号 9 楼
邮　　编：200050
电　　话：021-52391199
传　　真：021-62127646
网　　址：www.35mc.com
主要产品：色料，功能性添加剂

公司名称：桂林市灵川县三桂精细化工厂（上海办事处）
地　　址：上海市普陀区武威路 1087 弄 229 号 505 室
邮　　编：200331
电　　话：021-66261448
网　　址：cn.makepolo.com
主要产品：滑石粉，透明粉

公司名称：海名斯特殊化学
地　　址：上海市松江工业区联阳路 99 号
邮　　编：201613
电　　话：021-57740348
主要产品：树脂，涂料助剂

公司名称：豪麟化工国际贸易（上海）有限公司
地　　址：上海市光新路 128 弄阳光大厦 4 号楼 1806 室
邮　　编：200061
电　　话：021-62143006
网　　址：www.haurling.com
主要产品：铬黄，钼红，钛白粉，涂料助剂

公司名称：霍尼韦尔(中国)有限公司
地　　址：上海市浦东新区张江高科技园区李冰路 430 号
邮　　编：201203
电　　话：021-28942000
网　　址：honeywell.com
主要产品：特种材料添加剂

公司名称：嘉卓化工有限公司
地　　址：上海市田州路 99 号新茂大楼 801 室
邮　　编：200233
电　　话：021-54450588
传　　真：021-54450988
主要产品：助剂

公司名称：江苏汉商进出口有限公司
地　　址：上海市共和新路 966 号
邮　　编：200007
电　　话：021-66058555
网　　址：www.harson.net
主要产品：乳液，助剂

公司名称：卡尔迪克（上海）贸易有限公司
地　　址：上海市浦东福山路 58 号同盛大厦
邮　　编：200122
电　　话：021-50816877
网　　址：www.caldic.com
主要产品：钛白粉，助剂

公司名称：科莱恩（中国）化工有限公司
地　　址：上海市漕河泾开发区桂菁路 69 号
邮　　编：200233
电　　话：021-64851000
主要产品：助剂

公司名称：科宁（化工）中国有限公司
地　　址：上海市漕河泾开发区田州路 99 号新茂大楼 15 楼
邮　　编：200233
电　　话：021-54644666
主要产品：表面活性剂，涂料用添加剂

公司名称：路博润特种化工（上海）有限公司
地　　址：上海市浦东新区浦东大道 138 号永华大厦 27 楼
邮　　编：200120
电　　话：021-38660366
网　　址：www.16ds.com
主要产品：聚合物，特种化学品及化学添加剂

公司名称：罗地亚（中国）投资有限公司
地　　址：上海市金都路 3966 号
邮　　编：201108
电　　话：021-54422630
网　　址：www.rhodia.com.cn
主要产品：助剂

公司名称：美最时洋行上海代表处
地　　址：上海市延安西路 3058 号华菱大厦 1 楼
邮　　编：200001
电　　话：021-64019096
网　　址：www.bosch-pt.corn.cn
主要产品：铝粉，铝浆，有机消光粉

公司名称：迅瑞化学品上海公司
地　　址：上海市闵行区七莘路 2855 弄 144 号 101
邮　　编：201101
电　　话：021-64615246
网　　址：www.cynoochem.com
主要产品：原材料，助剂

公司名称：尤尼威尔化学品(上海)有限公司
地　　址：上海市淮海中路 877 号 1407 室
邮　　编：200020
电　　话：021-64672535
网　　址：www.univarcorp.com

主要产品：海外代理采购，全系列溶剂，表活及添加剂

公司名称：旭化成精细化工（南通）有限公司
地　　址：江苏南通市民兴 200 号
邮　　编：226009
电　　话：021-85988505
网　　址：www.ntr.com.cn
主要产品：固化剂

公司名称：欧恩吉（苏州）特殊化学有限公司
地　　址：江苏苏州工业园区苏虹中路 263 号
邮　　编：201203
电　　话：021-51320673
网　　址：www.qianyan.biz
主要产品：涂料助剂

公司名称：群升国际贸易（上海）有限公司
地　　址：上海市肇嘉浜路 789 号
邮　　编：200032
电　　话：021-34160065
网　　址：www.qunshengcorp.com
主要产品：助剂，溶剂，树脂，钛白粉及添加剂

公司名称：瑞典柏斯托精细化学品有限公司上海代表处
地　　址：上海市淮海中路 93 号大上海时代广场 2201 室
邮　　编：200021
电　　话：021-63910531
网　　址：www.chinacoat.net
主要产品：二元醇

公司名称：三博生化科技（上海）有限公司
地　　址：上海市嘉定区马陆镇丰登路 615 弄 7 号楼
邮　　编：201801
电　　话：021-51696080
传　　真：021-59907390
网　　址：www.3dbio-chem.com
主要产品：防霉剂，杀菌剂等涂料助剂

公司名称：三菱商事（上海）有限公司
地　　址：上海市浦东新区迎春路 96 号
邮　　编：200127
电　　话：021-68543030
传　　真：021-68543030
网　　址：www.mitsubishicorp.com.cn
主要产品：炭黑，固化剂，UV 树脂，丙烯酸树脂

公司名称：上海安涂实业有限公司
地　　址：上海市徐汇区蒲汇塘路 200 号 707 室
邮　　编：201507
电　　话：021-64681347
传　　真：021-64681393
网　　址：www.sh-km.cn
主要产品：涂料助剂

公司名称：上海安亿纳米材料有限公司
地　　址：上海市闸北区江场西路 395 号 3 楼 B 座
邮　　编：200436
电　　话：021-66312299
网　　址：www.onmillion.net
主要产品：颜料，助剂

公司名称：上海昂凌贸易有限公司
地　　址：上海.闸北区上海闸北
邮　　编：200072
电　　话：021-56655399
传　　真：021-56655399
网　　址：www.orienchem.com
主要产品：分散剂

公司名称：上海奥兰助剂涂料有限公司
地　　址：上海市市辖区嘉定区江桥镇嘉定区曹安路 3460 号
邮　　编：201812
电　　话：021-69130351
主要产品：涂料助剂

公司名称：上海澳润化工有限公司
地　　址：上海市宝山区丰翔路 388 弄丰收工业园四区十栋
邮　　编：200444
电　　话：021-66120315
传　　真：021-66120316
网　　址：www.sh-aorun.cn
主要产品：助剂

公司名称：上海拜科庭化工科技有限公司
地　　址：上海市中山北路 3618 号银城大厦 1901-1903
邮　　编：200063
电　　话：021-6222739
网　　址：sh-bct.com
主要产品：助剂

公司名称：上海彩洋聚合物有限公司
地　　址：上海市虹梅南路 777 号 3A208 室
邮　　编：200237
电　　话：021-54289696
主要产品：增稠剂，消泡剂，杀菌剂，分散剂等涂料助剂

公司名称：上海彩艺化工有限公司
地　　址：上海市松江区泗泾镇鼓浪路 104 号
邮　　编：201601
电　　话：021-57620410
网　　址：www.bjgqhg.com.cn
主要产品：增塑剂，消泡剂，除气剂

公司名称：上海昌嘉贸易有限公司
地　　址：上海市嘉定区裕民路 388 弄 26 号 101 室
邮　　编：201821
电　　话：021-59165805
主要产品：助剂，丙烯酸树脂，颜料

公司名称：上海辰达化工科技有限公司
地　　址：上海市闵行区
邮　　编：201100
电　　话：021-54433956
传　　真：021-54433936
网　　址：www.wjw.cn
主要产品：树脂，助剂，色浆

公司名称：上海成辰化工有限公司
地　　址：上海市闵行区闵行区漕宝路 1555 弄大上海花园伦敦园 3 号
邮　　编：201101
电　　话：021-54792513
传　　真：021-54792513
网　　址：www.ccpigment.com
主要产品：有机颜料，高色素群青，微粉蜡助剂，涂料助剂

公司名称：上海大川化工有限公司
地　　址：上海市市古浪路 108 弄 161 号
邮　　编：201706
电　　话：021-59780156
传　　真：021-66351900
主要产品：钛白粉，铝银浆，涂料助剂等

公司名称：上海丹辉化工有限公司
地　　址：上海市金山区石化三村 359 号 101
邮　　编：200540
电　　话：021-57933311
传　　真：021-57936093
网　　址：www.shdanhui.cn
主要产品：助剂

公司名称：上海稻畑产业贸易有限公司
地　　址：上海市浦东新区陆家嘴环路 1000 号汇丰大厦 7 楼
邮　　编：200120
电　　话：021-68411780
主要产品：硝化棉，固化剂，丙烯酸树脂

公司名称：上海德亿化工有限公司
地　　址：上海市中山北路 3179 弄 5 号 101
邮　　编：200062
电　　话：021-62458796
网　　址：www.dechemical.com
主要产品：涂料助剂，树脂，颜料

公司名称：上海德予得贸易有限公司
地　　址：上海市闵行区疏影路 999 弄 10 号
邮　　编：201100
电　　话：021-26800858
传　　真：021-64937966
网　　址：www.shdeyude.com.cn
主要产品：涂料助剂

公司名称：上海镝奈经贸发展有限公司
地　　址：上海市漕溪北路 737 弄汇翠花园 4 号楼 2801 室
邮　　编：200030
电　　话：021-34240539
网　　址：www.new-techem.com
主要产品：二氧化硅，消泡剂，分散剂，增稠剂

公司名称：上海帝辟化工有限公司
地　　址：上海市北虹路 1185 号 10 楼 A03 室
邮　　编：201803
电　　话：021-62395440
传　　真：021-62393604
主要产品：钛白粉，氢氧化铝，炭黑，增白剂，硫酸钡

公司名称：上海鼎和化学科技有限公司
地　　址：上海市徐汇区梅陇路 565 弄 5 号楼 803 室
邮　　编：200237
电　　话：021-54393882
网　　址：www.dinghechem.com
主要产品：助剂

公司名称：上海鼎赢商贸发展有限公司
地　　址：上海市徐汇区梅陇路 565 弄 5

号 803
邮　　编：200086
电　　话：021-65075607
主要产品：助剂

公司名称：上海东礁精细化工有限公司
地　　址：上海市金山区石化四村 406 号 401 室
邮　　编：200510
电　　话：021-57933203
主要产品：涂料添加剂，分散剂

公司名称：上海东奇化工有限公司
地　　址：上海市普陀区中山北路
邮　　编：200063
电　　话：021-52919681
网　　址：www.orienque.com
主要产品：UV树脂，光引发剂

公司名称：上海东盐化工有限公司
地　　址：上海市沪太路 7300 弄 196 号
邮　　编：200120
电　　话：021-39972135
传　　真：021-39972079
主要产品：溶剂

公司名称：上海恩脉实业有限公司
地　　址：上海市上海市上大路 218 号
邮　　编：200436
电　　话：021-66516340
网　　址：www.enmai.com.cn
主要产品：增白剂，钛白粉，光亮剂，抗紫剂，光稳定剂

公司名称：上海繁纳旭进出口有限公司
地　　址：上海市中州路 133 弄 1 号
邮　　编：200080
电　　话：021-63640711
网　　址：www.varnish.com.cn
主要产品：新戊二醇，三羟甲基丙烷，三甲基乙醇胺等

公司名称：上海浮岛化工有限公司
地　　址：上海市徐汇区漕宝路 70 号 C 座 3002-04
邮　　编：200235
电　　话：021-64326638
主要产品：缓蚀剂，皮膜剂，净洗剂，涂料

公司名称：上海富茂化工有限公司
地　　址：上海市嘉定区徐行镇澄浏路 797 号
邮　　编：201808
电　　话：021-59908223
传　　真：021-59908527
主要产品：色母，PVC 树脂粉，复合金属稳定剂，增塑剂等

公司名称：上海富奇化工有限公司
地　　址：上海市普陀区真金路 655 弄 13 号 1401 室
邮　　编：200442
电　　话：021-66408501
网　　址：www.fq1000.cn
主要产品：紫外线吸收剂，抗氧剂，遮味剂，消光剂等

公司名称：上海高东化工实业有限公司
地　　址：上海市南汇区周祝公路 3203 号
邮　　编：201323
电　　话：021-58104651
传　　真：021-58104654
网　　址：www.gaodongchem.cn
主要产品：涂料用溶剂

公司名称：上海高桥爱思开溶剂有限公司
地　　址：上海徐汇区市漕宝路 70 号光大会展中心 C 座 3002 室
邮　　编：200137
电　　话：021-64326732
网　　址：www.sgsk.com.cn
主要产品：二甲苯，三甲苯

公司名称：上海功呈实业有限公司
地　　址：上海新二路 999 弄 179 号 101 室
邮　　编：200062
电　　话：021-52818776
主要产品：无机颜料，助剂，水处理剂，填充料等

公司名称：上海广凌化工有限公司
地　　址：上海市闸北区汶水路 301 号
邮　　编：200072
电　　话：021-51685876
传　　真：021-51685876
网　　址：www.guangling201.cn
主要产品：树脂，分散剂

公司名称：上海海比科贸有限公司
地　　址：上海市万航渡路 2088 弄 13 号 402 室
邮　　编：200051
电　　话：021-62107296
传　　真：021-62107296
网　　址：www.shhaibi.com
主要产品：分散剂

公司名称：上海海逸科贸有限公司
地　　址：上海市中山北路 2000 号中期大厦 4 楼西座
邮　　编：200041
电　　话：021-61179348
传　　真：021-61813777
网　　址：www.haiyi21cn.com
主要产品：气相二氧化硅，助剂类

公司名称：上海翰尔国际贸易有限公司
地　　址：上海市黄浦区盛泽路 8 号宁东大厦 A 座 11 楼
邮　　编：200002
电　　话：021-63731673
传　　真：021-63286493
网　　址：www.chinahigher.com
主要产品：化工原料，添加剂等

公司名称：上海昊昶精细化工有限公司
地　　址：上海市松江区
邮　　编：200030
电　　话：021-67841835
主要产品：水性助剂

公司名称：上海浩航贸易有限公司
地　　址：上海市普陀区兰溪路 1018 号 A 座 217 室
邮　　编：200011
电　　话：021-33761303
传　　真：021-33761411
网　　址：www.haohangmaoyi.cn
主要产品：硅油，硅油乳液，消泡剂，脱模离型剂

公司名称：上海皓化工贸有限公司
地　　址：上海市闵行区北青公路 980 号
邮　　编：201107
电　　话：021-62210499
传　　真：上海市闵行区北青公路 980 号
主要产品：汽车涂料助剂，水性涂料助剂

公司名称：上海和熙贸易有限公司
地　　址：上海市普陀区中山北路 2052 号振源大厦 2508 室
邮　　编：200063
电　　话：021-62052651
传　　真：021-62053695
主要产品：表面活性剂，增稠剂，分散剂，消泡剂

公司名称：上海恒集化工国际贸易有限公司
地　　址：上海市曹杨路 303 弄 16 号 2901 室
邮　　编：200063
电　　话：021-52358588
传　　真：021-52359877
主要产品：BYK助剂，迪高助剂，拜耳固化剂，钛白粉等

公司名称：上海恒景盛科技有限公司
地　　址：上海市徐汇区徐汇区上中路 462 号 1 号楼 3F
邮　　编：200231
电　　话：021-64104119
传　　真：021-64104119
主要产品：大金专业氟化学品，涂料原料及助剂

公司名称：上海恒生化工有限公司
地　　址：上海市丰翔路 198 号
邮　　编：200063
电　　话：021-66740095
传　　真：021-66740095
网　　址：www.shsen.com
主要产品：消泡剂，添加剂

公司名称：上海恒曜化工有限公司
地　　址：上海市闸北区汶水路 301 号 2 楼 H223
邮　　编：200072
电　　话：021-66312818
传　　真：021-66310716
主要产品：BYK 助剂，EFKA 助剂，GRACE 消光粉，珠光粉等

公司名称：上海鸿翊化工国际贸易有限公司
地　　址：上海市江苏路 121 号中西大厦 5 楼 F 座
邮　　编：200050
电　　话：021-52375025
主要产品：润湿分散剂，酞氰蓝，酞氰绿，消光粉等

公司名称：上海沪菱颜料化工有限公司
地　　址：上海市江西中路 138 号
邮　　编：200002
电　　话：021-63246183
主要产品：有机/无机颜料，染料，助剂，荧光颜料，群青

公司名称：上海华杰精细化工有限公司
地　　址：上海市永嘉路 35 号茂名大厦 17 楼
邮　　编：200020
电　　话：021-6730364

主要产品：防腐剂，防霉剂

公司名称：上海华荣化工有限公司
地　　址：上海市徐汇区斜土路 2669 号(英雄大厦 1306 室)
邮　　编：200030
电　　话：021-51028938
网　　址：www.huarong-co.com
主要产品：树脂，颜料，助剂

公司名称：上海华夏奔腾化工有限公司
地　　址：上海市浦东世纪大道 1090 号斯米克大厦 802 室
邮　　编：200120
电　　话：021-58350600
网　　址：www.cnhxg.com
主要产品：助剂

公司名称：上海华熠化工助剂有限公司
地　　址：上海市陕西北路 1283 弄 9 号 801 室
邮　　编：200060
电　　话：021-32270966
网　　址：www.huayichem.com.cn
主要产品：聚乙烯蜡，氧化聚乙烯等塑料，涂料助剂

公司名称：上海华友科贸实业有限公司
地　　址：上海市梅陇路 130 号
邮　　编：200237
电　　话：021-64104976
网　　址：shanghaihuayou.com
主要产品：分散剂，消泡剂，增稠剂等涂料助剂

公司名称：上海环绮化工有限公司
地　　址：上海市闸北区恒丰路 218 号
邮　　编：200070
电　　话：021-51286800
传　　真：021-51286811
主要产品：助剂，颜料，杀菌剂. 固化剂等

公司名称：上海汇恩国际贸易有限公司
地　　址：上海市中江路 839 号 C 座 1402 室
邮　　编：200062
电　　话：021-62645254
主要产品：成膜物质，助剂

公司名称：上海惠正行化工有限公司
地　　址：上海市中山西路 1800 号 17 楼 A1 座
邮　　编：200235
电　　话：021-64400876
传　　真：021-644401855
主要产品：助剂，树脂，颜料，染料，微粉蜡等

公司名称：上海慧朔化工有限公司
地　　址：上海市武宁南路 488 号智慧广场 807 室
邮　　编：200072
电　　话：021-51182311
网　　址：www.polymer.cn
主要产品：溶剂，清洗剂

公司名称：上海集益化工有限公司
地　　址：上海市上海莘建东路 58 弄绿地科技广场 B 座 1203 室
邮　　编：201100
电　　话：021-64134292
网　　址：www.jiyihuagong.com

主要产品：助剂

公司名称：上海坚德化工有限公司
地　　址：上海市闵行区华漕新村 67 号 201 室
邮　　编：201106
电　　话：021-62206818
网　　址：www.shjiande.cn
主要产品：紫外线吸收剂，抗氧剂，荧光增白剂，氧化铁原料，防菌防霉剂

公司名称：上海建涂国际贸易有限公司
地　　址：上海市宝山区聚丰园路 500 弄 41 号 101 室
邮　　编：201000
电　　话：021-66122159
主要产品：水性涂料助剂，砂浆助剂

公司名称：上海江桥化工厂
地　　址：上海市上海曹安路 1593 号
邮　　编：201804
电　　话：021-59184463
主要产品：聚酰胺环氧树脂固化剂

公司名称：上海焦耳蜡业有限公司
地　　址：上海市青浦区蒸淀镇老朱枫公路 186 弄 21 号厂房
邮　　编：201717
电　　话：021-59821757
网　　址：www.waxcn.com
主要产品：消光粉，哑光粉，蜡浆，乳化蜡，改性蜡

公司名称：上海杰邦化工有限公司
地　　址：上海市嘉定区徐行镇和桥路 200 弄 15 号
邮　　编：201809
电　　话：021-39972148
网　　址：www.jiebang88.cn
主要产品：溶剂，助剂

公司名称：上海杰森贸易有限公司
地　　址：上海市静安区武定西路 1189 号静安律德大厦 618 室
邮　　编：200042
电　　话：021-62311717
传　　真：021-62310148
网　　址：mrwdx.sealing.cn
主要产品：助剂

公司名称：上海金津贸易有限公司
地　　址：上海市中山北路 2299 号 159 室
邮　　编：200061
电　　话：021-52908204
传　　真：021-6321246043
网　　址：www.jinjjin.com.cn
主要产品：抗紫外线，抗氧剂，增白剂涂料助剂

公司名称：上海金贸泰化工有限公司
地　　址：上海市中山北路 2299 号
邮　　编：200061
电　　话：021-62249118
网　　址：www.shjmtchem.com.cn
主要产品：精细化学品，化学溶剂，化工助剂

公司名称：上海金石精细化工实验厂
地　　址：上海市金山石化第二工业区夏盛路 478 号
邮　　编：201512

电　　话：133321815255
主要产品：固化剂，酸酐，环氧树脂

公司名称：上海锦化贸易有限公司
地　　址：上海市中山北路 2299 号 203 室
邮　　编：200063
电　　话：021-62144251
网　　址：jinhua.fibreinfo.cn
主要产品：光稳定剂，抗氧剂 BHT，紫外线吸收剂

公司名称：上海锦山化工有限公司
地　　址：上海市金山区金山卫镇丰金公路
邮　　编：201512
电　　话：021-57268899
主要产品：溶剂，涂料助剂，表面活性剂

公司名称：上海久优化工科技有限公司
地　　址：上海市宝山区聚丰园路 669 弄 23 号楼 201 室
邮　　编：200444
电　　话：021-66128965
主要产品：聚氨酯流变剂，增稠剂，分散润湿剂，颜填料等

公司名称：上海巨兴合成树脂有限公司
地　　址：上海市奉贤邬桥浦卫公路 1139 号
邮　　编：201402
电　　话：021-57402999
主要产品：成酸树脂合成树脂，化工助剂，化工添加剂

公司名称：上海聚微涂料助剂有限公司
地　　址：上海市闵行区新龙路 1111 弄 5 号 202 室
邮　　编：201101
电　　话：021-33501764
传　　真：022-33501380
主要产品：涂料用助剂

公司名称：上海决胜化工有限公司
地　　址：上海市闵行区光华路 18 号莎海商务大厦一楼 A-8 座
邮　　编：200433
电　　话：021-64893356
传　　真：021-64891654
主要产品：消泡剂

公司名称：上海卡博工贸有限公司
地　　址：上海市恒丰北路 100 号林顿大厦 1905/06 座
邮　　编：200065
电　　话：021-66582558
传　　真：021-66583377
主要产品：助剂

公司名称：上海克比化工科技有限公司
地　　址：上海市上海市宝山区大华路 988 弄 112 号 902 室
邮　　编：200063
电　　话：021-66390372
传　　真：021-66390372
网　　址：www.fischemicals.com
主要产品：增稠剂，分散剂

公司名称：上海蓝牧贸易有限公司
地　　址：上海市沪闵路 9333 号紫贝商务大厦 2 号楼
邮　　编：200233

电　　话：021-54971391
传　　真：021-64754421
网　　址：www.pack.cn
主要产品：涂料助剂

公司名称：上海力丽贸易有限公司
地　　址：上海市中山北路3064号绿洲广场A座1002室
邮　　编：200052
电　　话：021-52719020
传　　真：022-52719021
网　　址：www.lilimy.com.cn
主要产品：助剂

公司名称：上海立奇化工助剂有限公司
地　　址：上海市宝山区沪太路3651号
邮　　编：200436
电　　话：021-66312911
传　　真：021-66312911
网　　址：www.shliqi.com
主要产品：消泡剂

公司名称：上海靓丽助剂有限公司
地　　址：上海市顾戴路1100弄141号502室
邮　　编：201102
电　　话：021-54143108
主要产品：助剂系列产品

公司名称：上海靓兴助剂有限公司
地　　址：上海市沪宜公路5015弄22号
邮　　编：201800
电　　话：021-69968555
传　　真：021-69968855
主要产品：分散剂，流平剂，消泡剂以及涂料特殊助剂等

公司名称：上海凌盟化工有限公司
地　　址：上海市嘉定区安亭镇墨玉路28号嘉正国际大厦706室
邮　　编：201805
电　　话：021-69511081
传　　真：021-69511080
主要产品：涂料助剂，消光粉，色精

公司名称：上海迈普科化学有限公司
地　　址：上海市松江区九亭镇久富开发区康鸣路11号
邮　　编：201615
电　　话：021-67691458
主要产品：杀菌剂，功能性助剂

公司名称：上海美东生物材料有限公司
地　　址：上海市张江高科技园区爱迪生路328号302室
邮　　编：201203
电　　话：021-51698666
传　　真：021-50796200
网　　址：www.meidong.com.cn
主要产品：精细环氧树脂固化剂

公司名称：上海美嘉化工有限公司
地　　址：上海市中山北路2318号1503室
邮　　编：200063
电　　话：021-52913056
传　　真：012-62053561
网　　址：www.shmeijia.cn
主要产品：钛白粉，立德粉，硫酸钡，增白剂，助剂

公司名称：上海闵行区沐杨实业有限公司
地　　址：上海市闵行区莘珠路112号
邮　　编：201100
电　　话：021-64608140
传　　真：012-64606174
主要产品：助剂，颜填料，乳液

公司名称：上海明格化工有限公司
地　　址：上海市闵行区雅致路228弄95号602室
邮　　编：201100
电　　话：021-64144363
主要产品：涂料助剂

公司名称：上海明桂实业有限公司
地　　址：上海市浦东新区栖山路1876弄6号102
邮　　编：200136
电　　话：021-50344855
传　　真：021-50310844
网　　址：www.smgtec.cn
主要产品：抗菌整理剂及建筑涂料

公司名称：上海莫尔化工有限公司
地　　址：上海市普陀区真南路843
邮　　编：200135
电　　话：021-58552146
传　　真：021-58552146
网　　址：www.molechem.com
主要产品：助剂，颜填料

公司名称：上海漠王科技复合材料有限公司
地　　址：上海市虹口区松花江路2600号万安商务楼408室
邮　　编：200231
电　　话：021-51273608
网　　址：www.mowang.com.cn
主要产品：乳液，黏合剂，水性树脂，助剂

公司名称：上海纳宝化工科技有限公司
地　　址：上海市嘉定区徐行镇伏虎路463号
邮　　编：201808
电　　话：021-59909096
主要产品：助剂，合成革添加剂

公司名称：上海耐阳洁净技术有限公司
地　　址：上海市嘉定区南翔镇胜辛南路355弄200号
邮　　编：201802
电　　话：021-51201016
传　　真：021-51201016
主要产品：光稳定剂

公司名称：上海南汇佳艺树脂厂
地　　址：上海市南汇区祝桥镇南汇区祝桥镇盐仓南首
邮　　编：201324
电　　话：021-58092389
主要产品：醇溶性树脂，助剂

公司名称：上海欧盛化工有限公司
地　　址：上海市嘉定区马陆镇嘉戬公路388号75
邮　　编：200086
电　　话：021-59512418
主要产品：环氧树脂，固化剂

公司名称：上海鹏图化工科技有限公司
地　　址：上海市闵行区华翔路1116弄88号
邮　　编：201106
电　　话：021-62846068
网　　址：www.shpengtu.com
主要产品：涂料助剂

公司名称：上海浦华助剂厂
地　　址：上海市奉贤区金汇镇金星村
邮　　编：201404
电　　话：021-37561621
主要产品：化学助剂，表面活性剂

公司名称：上海齐彩化工科技有限公司
地　　址：上海市金山区廊下镇光明村4051号
邮　　编：201512
电　　话：021-57207113
传　　真：021-57207113
网　　址：www.shqchg.com
主要产品：颜填料，助剂

公司名称：上海齐隆化工有限公司
地　　址：上海市浦东新区民生路550号
邮　　编：200135
电　　话：021-68557061
传　　真：021-68557063
主要产品：涂料，胶黏剂，油墨用C9石油树脂

公司名称：上海齐硕实业有限公司
地　　址：上海市宝山区沪太路3777号朗悦商务办公5313
邮　　编：200444
电　　话：021-61173621
传　　真：021-61294396
网　　址：www.qishuo.net.cn
主要产品：助剂，树脂

公司名称：上海泉海化工有限公司
地　　址：上海市天山路209弄8号1301室
邮　　编：200336
电　　话：021-62912906
传　　真：021-62913767
主要产品：固化剂

公司名称：上海群慧化工有限公司
地　　址：上海市嘉定区封浜镇凌志路100弄99号
邮　　编：201612
电　　话：021-31261988
传　　真：021-31267328
主要产品：异丙醇，白电油，去渍油

公司名称：上海茹伊商贸有限公司
地　　址：上海市松江区新丰路1435弄
邮　　编：201612
电　　话：021-67642608
主要产品：分散剂，丙烯酸树脂，消泡剂，等涂料助剂产品

公司名称：上海瑞群实业发展有限公司
地　　址：上海市延安西路1303号
邮　　编：200050
电　　话：021-62514826
网　　址：www.regional-chem.com
主要产品：助剂

公司名称：上海润道贸易有限公司
地　　址：江苏省宜山路436号B32
邮　　编：200235
电　　话：021-36334486
传　　真：021-36334412
主要产品：水性涂料助剂，脱水剂气味遮

蔽剂，及消泡剂

公司名称：上海润河纳米材料科技有限公司
地 址：上海市徐汇区上海市宜山路436号B32
邮 编：200237
电 话：021-36334486
主要产品：抗菌整理剂，杀菌剂等涂料助剂

公司名称：上海润锟贸易有限公司
地 址：上海市杨浦区黄兴路1669弄4号601室
邮 编：200433
电 话：021-55053121
传 真：021-55058332
主要产品：涂料助剂

公司名称：上海润蓬贸易有限公司
地 址：上海市浦东浦东栖山路1700弄3号101室
邮 编：200136
电 话：021-52178473
传 真：021-52178473
主要产品：可再分散乳胶粉，纤维素，助剂类产品

公司名称：上海赛福化工发展有限公司
地 址：上海市漕河泾开发区钦州北路1199号87号楼5层
邮 编：200233
电 话：021-51508067
网 址：www.saifu.cn
主要产品：增稠剂，乳化剂，功能单体，偶联剂，水墨树脂

公司名称：上海三正高分子材料有限公司
地 址：上海市市辖区徐汇区天箸路258弄31海鸥1301
邮 编：200237
电 话：021-54296396
传 真：021-54296397
网 址：www.szpolymer.com
主要产品：助剂

公司名称：上海桑安化工贸易有限公司
地 址：上海市真南路708号方正商务楼408室
邮 编：200333
电 话：021-62845587
传 真：021-32050264
主要产品：钛白粉，无机颜料，立德粉，丙甲醇，消泡剂，消光粉

公司名称：上海森斐化学有限公司
地 址：上海市宝山区聚丰园路628弄168号602室
邮 编：200444
电 话：021-31261285
传 真：021-31263390
网 址：www.shsfhx.com
主要产品：醇类产品及磷酸盐等

公司名称：上海山易好经贸有限公司
地 址：上海市浦东新区新金桥路255号金桥商务公寓846室
邮 编：200135
电 话：021-68547385
传 真：021-68547385
网 址：www.shanyihao.com
主要产品：助剂

公司名称：上海尚南贸易有限公司
地 址：上海市新闻路249号雅洲商务中心4号楼410
邮 编：200003
电 话：021-63582461
网 址：www.yonghu.cn
主要产品：纤维素，添加剂

公司名称：上海神诺贸易有限公司
地 址：上海市龙华西路585号华富大厦16FA5
邮 编：200021
电 话：021-64387827
传 真：021-64389628
网 址：www.scinow.cn
主要产品：聚氨酯分散体，固化剂360，防锈防腐树脂

公司名称：上海晟盈科技有限公司
地 址：上海市西谈家渡路81弄8号302
邮 编：200063
电 话：021-52711258
传 真：021-62449803
网 址：www.snyintech.com
主要产品：环氧固化剂等产品

公司名称：上海市嘉卓化工有限公司
地 址：上海市闵行区田州路99号
邮 编：200233
电 话：021-54450588
网 址：www.brillchem.com
主要产品：助剂，颜料

公司名称：上海市欲兴化工有限公司
地 址：上海宝山祁连山路2828弄35号
邮 编：200444
电 话：021-29472069
传 真：021-66167217
网 址：shyuxinghg.cn.alibaba.com
主要产品：涂料助剂，乳液

公司名称：上海是诚化工有限公司
地 址：上海市江宁路1236弄12号1001室
邮 编：200060
电 话：021-62463356
传 真：021-52645227
主要产品：防霉杀菌剂，防腐剂

公司名称：上海舜水化工有限公司
地 址：上海市闵行区都市路4580弄23号402室
邮 编：201100
电 话：021-64607780
传 真：021-64607780
网 址：www.sensure.com.cn
主要产品：消泡剂，黄原胶，纤维素，可再分散乳胶粉，聚乙烯醇

公司名称：上海思盛聚合物材料有限公司
地 址：上海市化学工业区平业路155号
邮 编：201500
电 话：021-67256763
传 真：021-67256762
网 址：www.siwochem.com
主要产品：水性聚氨酯，水性固化剂

公司名称：上海斯诺化学科技有限公司
地 址：上海市闵行区经济开发区丽江路6弄6号
邮 编：200245
电 话：021-64625526
主要产品：助剂

公司名称：上海松尾贸易有限公司
地 址：上海市武定西路1189号静安律德大厦306室
邮 编：200042
电 话：021-62491997
传 真：021-62493231
主要产品：日本东洋铝浆，德国borchers助剂系列，同德树脂

公司名称：上海穗泰贸易有限公司
地 址：上海市长宁路1557号虹桥国际大厦5楼
邮 编：200051
电 话：021-61252728
传 真：021-61252800
网 址：www.suitaichem.com
主要产品：固化剂

公司名称：上海泰格聚合物技术有限公司
地 址：上海市上海市上海市汶水路301号A228
邮 编：200072
电 话：021-22984088
传 真：021-66315277
网 址：www.tigerpolymer.cn
主要产品：流平剂，消泡剂，分散剂，附着力促进剂等

公司名称：上海陶奇化工原料有限公司
地 址：上海市莘庄莘建路65号海星大厦4009室
邮 编：201100
电 话：021-54958741
传 真：021-54958740
邮 箱：dabidw216@gmail.com
主要产品：乳液等涂料助剂

公司名称：上海同金化工有限公司
地 址：上海市浦东方路428号503
邮 编：200122
电 话：021-58785816
传 真：021-58786585
网 址：www.uvchemkeys.com
主要产品：化学助剂，聚合物

公司名称：上海同力科技发展有限公司
地 址：上海市嘉定区丰庄北路645号
邮 编：201824
电 话：021-62436479
网 址：www.shtonglikj.com.cn
主要产品：涂料助剂

公司名称：上海涂料供销实业总公司
地 址：上海市普陀区中山北路3618号银城大厦601室
邮 编：200333
电 话：021-6223765
网 址：www.sh-bhzs.com
主要产品：助剂，溶剂，乳液

公司名称：上海涂料有限公司上海长风化工厂
地 址：上海市闵行区颛桥光华路105号
邮 编：200062
电 话：021-63219195

网　　址：www.ccnf.com
主要产品：专业生产各类水性、油性涂料助剂，品种齐全，钴、锰、铅、锌、钙、锆、稀土等催干剂以及防沉剂、防结皮剂、流平剂、分散剂、增稠剂、消泡剂等系列涂料助剂产品

公司名称：上海万诺化学科技有限公司
地　　址：上海市虹口区中山北一路 1250 号 2 号楼 1307 室
邮　　编：201800
电　　话：021-39211022
传　　真：021-55395182
网　　址：www.mwn-sh.com
主要产品：流平剂，消泡剂，分散剂等系列水性助剂

公司名称：上海网格贸易有限公司
地　　址：上海市嘉定区城中路 138 号
邮　　编：201800
电　　话：021-59912139
主要产品：消泡剂，添加剂

公司名称：上海网维化工有限公司
地　　址：上海市青浦区徐泾镇
邮　　编：201804
电　　话：021-69595188
传　　真：021-69595188
主要产品：消光剂，膨润土，分散剂，消光粉，硬脂酸锌等原料

公司名称：上海唯精化工有限公司
地　　址：上海市青浦区赵巷镇沪青平公路 3797 号
邮　　编：201703
电　　话：021-59753888
网　　址：wjchem.b2b.hc360.com
主要产品：助剂，树脂，消光粉

公司名称：上海维沃有限公司
地　　址：上海市新金桥路 1088 号 1512 室
邮　　编：201206
电　　话：021-61094706
主要产品：硅油

公司名称：上海文华化工颜料有限公司
地　　址：上海市黄浦区南京东路 61 号
邮　　编：200002
电　　话：021-63238871
传　　真：021-63236498
主要产品：化工原料，助剂，颜料，染料产品

公司名称：上海闻普化学技术有限公司
地　　址：上海市浦东新区新金桥路 255 号金桥商务中心 819
邮　　编：201206
电　　话：021-50313752
传　　真：021-50315860
网　　址：www.winpopular.com
主要产品：分散剂，增稠剂，消泡剂

公司名称：上海沃德涂料有限公司
地　　址：上海市奉贤区海港综合开发区平福路 918 号
邮　　编：201413
电　　话：021-57545643
主要产品：涂料助剂

公司名称：上海物竞化工科技有限公司
地　　址：上海市闸北延长路 149 号上海大学科技楼 412 室
邮　　编：200072
电　　话：021-56389801
主要产品：低温潜伏型环氧树脂固化剂，工业杀菌剂

公司名称：上海欣朗化工有限公司
地　　址：上海市宝山区上海市宝山区电台路 599 弄 2 号 301 室
邮　　编：201000
电　　话：021-66122159
传　　真：021-66122159
主要产品：水性涂料助剂，砂浆助剂

公司名称：上海星浩化工工贸有限公司
地　　址：上海市同普路 898 号 8401 室
邮　　编：200333
电　　话：021-61476029
传　　真：021-61476028
主要产品：阴离子和非离子表面活性剂

公司名称：上海雅山化工科技有限公司
地　　址：上海市青浦区金泽镇金溪路 119 号 E 区 223 室
邮　　编：201718
电　　话：021-59261164
主要产品：多功能助剂，水性助剂，消泡剂，润湿剂，杀菌剂，流平剂

公司名称：上海研润化工事业部
地　　址：上海市浦东茂兴路 86 号 9D
邮　　编：200127
电　　话：021-51697260
主要产品：颜填料，助剂

公司名称：上海央吉化工有限公司
地　　址：上海市徐汇区漕溪北路 737 弄 2 号楼 1903 室
邮　　编：200030
电　　话：021-64690727
传　　真：021-64690305
主要产品：涂料助剂

公司名称：上海阳泰聚合物有限公司
地　　址：上海市车站南路 39 号 2205 室
邮　　编：200434
电　　话：021-61431469
传　　真：021-61431408
网　　址：www.sspchina.com
主要产品：涂料助剂，弹性树脂，PP 系列树脂，阳泰丙烯酸树脂

公司名称：上海一心试剂厂
地　　址：上海市嘉定区望新镇巨门村 426 号
邮　　编：201823
电　　话：021-39930109
传　　真：021-59939593
网　　址：www.yxch.com
主要产品：助剂

公司名称：上海沂庆贸易有限公司
地　　址：上海市延安西路 1303 号 10 楼 HI 室
邮　　编：200050
电　　话：021-52395510
网　　址：www.achemc.com.cn
主要产品：聚氨酯，胶黏剂

公司名称：上海怡康化工材料有限公司
地　　址：上海市长宁区长宁路 1027 号兆丰广场 20 楼 01 座
邮　　编：200050
电　　话：021-52419090
网　　址：www.shanghaiyk.com
主要产品：消光粉，树脂

公司名称：上海易如国际贸易有限公司
地　　址：上海市长宁区延安西路 889 号 1802 室
邮　　编：200050
电　　话：021-52402990
传　　真：021-52402880
主要产品：环氧稀释剂，双酚，环氧氯丙烷

公司名称：上海奕强化工有限公司
地　　址：上海市闵行区颛桥镇繁安路 59 弄 32 号
邮　　编：201108
电　　话：021-64898334
主要产品：铝银浆，金葱粉，进口电镀银，电镀银树脂，进口防掉银剂

公司名称：上海毅克化学科技有限公司
地　　址：上海市共和新路 1968 号 8 幢 801 室
邮　　编：200949
电　　话：021-61176076
主要产品：YCK助剂

公司名称：上海有成粘合剂厂
地　　址：上海市嘉定区江桥镇金宝工业园区内
邮　　编：201812
电　　话：13916334685
主要产品：水性涂料，助剂

公司名称：上海佑诚化工有限公司
地　　址：上海市闵行区宜山路 1618 号 E 栋 802 室
邮　　编：201103
电　　话：021-52820133
传　　真：021-52820138
主要产品：有机硅添加剂

公司名称：上海育坤贸易有限公司
地　　址：上海市闵行区莘庄镇庙泾路 66 号莘庄经济城商务大楼 311 室
邮　　编：201108
电　　话：021-64134828
主要产品：铝银浆，树脂，助剂，颜料等

公司名称：上海钰通颜料有限公司
地　　址：上海市浦东新区商城路 1225 号 2 号楼 204 室
邮　　编：200120
电　　话：021-58318799
传　　真：021-50587026
网　　址：www.u-times.com
主要产品：钛白粉，有机颜料，炭黑，表面处理剂

公司名称：上海元铠实业有限公司
地　　址：上海市松江工业区长兴路 98 号
邮　　编：201619
电　　话：021-67670864
传　　真：021-67670864
主要产品：杀菌剂，防腐剂，防霉剂

公司名称：上海源景化学品有限公司
地　　址：上海市凯旋北路 1555 弄(清水湾)2 号 701 室

邮　　编：200063
电　　话：021-51035408
传　　真：021-52681104
主要产品：甲基叔丁基醚，三甘醇

公司名称：上海悦杨贸易有限公司
地　　址：上海市闵行区上海市漕宝路
邮　　编：201100
电　　话：021-54783357
主要产品：科莱恩颜料，蜡粉，奥琪杀菌剂，汽巴颜料，助剂

公司名称：上海泽川化工有限公司
地　　址：上海嘉定区缊北路浏翔花园
邮　　编：201802
电　　话：13661626187
传　　真：021-59175567
主要产品：乳液，助剂，粉料，香精

公司名称：上海臻品化工有限公司
地　　址：上海市腾冲路 50 弄 15 号 802 室
邮　　编：201100
电　　话：021-54157170
主要产品：消泡剂，杀菌剂，增稠剂，助剂

公司名称：上海政太化工有限公司
地　　址：上海市嘉定区南翔镇顺达路 300 号 87 幢
邮　　编：201802
电　　话：021-69126107
传　　真：021-69126107
网　　址：www.jentai.com.cn
主要产品：黏合剂

公司名称：上海志诚化工有限公司
地　　址：上海市肇嘉浜路 366 号裕华大厦 20 楼 B 座
邮　　编：200031
电　　话：021-61204552
传　　真：021-64673364
网　　址：www.jeschem.com
主要产品：溶剂

公司名称：上海致辉化工有限公司
地　　址：上海市奉贤区洪庙镇东大村 D 区 1 幢 6 区 211 室
邮　　编：201411
电　　话：021-57194718
传　　真：021-57190738
网　　址：www.zhchem.net
主要产品：涂料助剂

公司名称：上海中基行化工有限公司
地　　址：上海市松江区九亭大街 252 弄 78 号
邮　　编：201615
电　　话：021-67694610
传　　真：021-67694610
主要产品：助剂及添加剂

公司名称：上海忠诚精细化工有限公司
地　　址：上海市化学工业区奉贤分区苍工路 1559 号
邮　　编：201417
电　　话：021-57448531
传　　真：021-57448535
网　　址：www.onist-chem.com
主要产品：乳化剂及助剂

公司名称：上海卓捷化工有限公司
地　　址：上海市虹口区物华路 288 号爱家国际大厦 1 号楼 407-408 室
邮　　编：200081
电　　话：021-6575784
主要产品：助剂，颜料，树脂等

公司名称：上海紫欧工贸有限公司
地　　址：上海市闵行区七宝镇华友路 240 号
邮　　编：201101
电　　话：021-54884452
网　　址：www.shziou.com.cn
主要产品：聚乙烯醇，纤维素，丙烯酰胺，钛白粉等

公司名称：生兴行化学（上海）有限公司
地　　址：上海市南京西路 555 号
邮　　编：200041
电　　话：021-62564323
传　　真：021-63759038
主要产品：杀菌防霉剂，功能助剂，色彩和颜料，溶剂等

公司名称：圣诺普科贸易有限公司
地　　址：上海·徐汇区上海市长宁区虹古路 3 8 0 弄 6 号
邮　　编：200031
电　　话：021-64662391
传　　真：021-64662393
主要产品：助剂

公司名称：首利国际贸易（上海）有限公司
地　　址：上海市杨浦区吴中路 1721
邮　　编：201103
电　　话：021-64054705
传　　真：021-46054745
主要产品：功能性填充剂，橡胶加工助剂

公司名称：斯特尔贸易(上海)有限公司
地　　址：上海市松江新桥镇民益路 201 号
邮　　编：201612
电　　话：021-51523082
传　　真：021-51523087
网　　址：www.goye.com.cn
主要产品：氮丙啶，聚碳化二亚胺交联剂

公司名称：苏威（上海）有限公司
地　　址：上海市市祖冲之路 899 号 7 号楼
邮　　编：200120
电　　话：021-50805080
网　　址：www.solvay.cn
主要产品：聚氨酯类

公司名称：太普（上海）氟化工贸易有限公司
地　　址：上海市春东路 479 号 C2 幢 3 楼
邮　　编：201108
电　　话：021-53713136
网　　址：tpfhgmy.yrzx.com
主要产品：涂料助剂

公司名称：陶氏化学（中国）有限公司
地　　址：上海市张江高科技园区张衡路 936 号
邮　　编：201203
电　　话：021-38511000
传　　真：021-58951818
网　　址：www.dow.com
主要产品：杀菌剂，乳液，多功能助剂，AMP95 等

公司名称：特洛伊上海代表处
地　　址：上海市淮海中路 93 号 26 楼
邮　　编：200021
电　　话：021-51179320
网　　址：www.troycorp.com
主要产品：杀菌防霉剂

公司名称：托尔国际贸易（上海）有限公司
地　　址：上海市徐汇区华泾路 1305 弄 8 号 B 座 4 楼
邮　　编：200231
电　　话：021-64969989
主要产品：杀菌剂

公司名称：新政星上海贸易有限公司
地　　址：上海田州路 99 号新安大楼 1203 号
邮　　编：200233
电　　话：021-54450202
传　　真：021-54450202
网　　址：xzxmy.company.lookchem.cn
主要产品：高沸点环保特殊溶剂，酮醇醚溶剂，环氧树脂

公司名称：巴士富国际集团(香港)有限公司(南京世涂化学有限公司)
地　　址：江苏省南京市玄武区银城东苑西华园 3 号 1801 室
邮　　编：210008
电　　话：025-84866647
传　　真：025-84866647
主要产品：涂料原材料，分散剂，涂料助剂，增稠剂等

公司名称：常熟市石油化工二厂
地　　址：江苏常熟市淼泉大虹桥
邮　　编：215515
电　　话：0512-5237158 652371549
传　　真：0512-2371438
主要产品：溶剂

公司名称：常州恩科化工有限公司
地　　址：江苏省常州市星园路
邮　　编：213000
电　　话：0519-83279800
传　　真：0519-83900372
网　　址：www.czenke.cn
主要产品：涂料助剂，溶剂，树脂，颜料，铝浆

公司名称：常州市佳斯特化工有限公司
地　　址：江苏省常州市新北区府琛广场 2 号楼 615
邮　　编：213002
电　　话：0519-85157631
网　　址：www.justchem.cn
主要产品：助剂，消泡剂

公司名称：常州市亚邦亚宇助剂有限公司
地　　址：江苏省常州市西林张家 38 号
邮　　编：213024
电　　话：0519-83885872
网　　址：www.yayuzj.com
主要产品：助剂

公司名称：常州新区利进化工有限公司
地　　址：江苏省常州市新北区通江大道 600 号长江塑化市场
邮　　编：213031

电　　话：0519-85202211
主要产品：钛酸酯系列偶联剂

公司名称：丹阳联东化工有限公司
地　　址：江苏省丹阳市北二环路 1 号
邮　　编：212300
电　　话：0511-86595606
主要产品：芳烃溶剂，甲苯

公司名称：高邮市助剂厂
地　　址：江苏省高邮市湖滨大道 1 号
邮　　编：51044
电　　话：0514-86303126
网　　址：www.dwy8.cn
主要产品：荧光增白剂，有机颜料及有机胺催化剂

公司名称：海安东华石油化工有限公司
地　　址：江苏省南通市海安县南莫镇人民东路 180 号
邮　　编：226681
电　　话：0513-88492626
网　　址：donghua 09.b2b.hc 360.com
主要产品：偶联剂

公司名称：嘉智信诺(南通)化学有限公司
地　　址：江苏省海门市余东镇新宇村
邮　　编：226152
电　　话：0513-81203881 81203882
邮　　箱：chenyongkang@vip.163.com
网　　址：www.xoanons.com
主要产品：助剂

公司名称：江苏省苏州保兴化工有限公司
地　　址：江苏省苏州市望亭镇月城路 2-1 号
邮　　编：215155
电　　话：0512-65386283
传　　真：0512-66705516
网　　址：www.suzhoubaoxing.com.cn
主要产品：溶剂

公司名称：江苏太湖实业公司
地　　址：江苏无锡市胡埭镇振胡路 103 号
邮　　编：214161
电　　话：0510-85598822
传　　真：0510-85592266
邮　　编：214161
网　　址：zgx@js-taihu.com
网　　址：www.js-taihu.com
主要产品：助剂

公司名称：泰兴冶炼厂有限公司
地　　址：江苏泰兴兴燕路 130 号
邮　　编：000000
电　　话：0523-87693162
传　　真：0523-87691060
主要产品：溶剂

公司名称：江苏天音化工有限公司
地　　址：江苏省宜兴市周铁镇前观村
邮　　编：214262
电　　话：0510-87551124
传　　真：0510-87557104
网　　址：chinatianyin.com
主要产品：二元醇醚，双烷基封端聚醚，增塑剂等

公司名称：江苏银燕化工股份有限公司
地　　址：江苏省宜兴市周铁镇
邮　　编：214262
电　　话：0510-87501287 7501565
传　　真：0510-87503286
网　　址：www.yinyanchem.com
主要产品：溶剂

公司名称：江苏紫石化工科技有限公司
地　　址：江苏省南通市海安开发区南海大道 8 号
邮　　编：226600
电　　话：0513-88836660
传　　真：0513-88773706
网　　址：www.zishichemical.com
主要产品：乳液，助剂

公司名称：江阴奥维化工贸易有限公司
地　　址：江苏省张家港市保税区新世纪广场 6-601 室
邮　　编：215633
电　　话：0512-58327085
主要产品：丙二醇

公司名称：江阴市新鑫特种涂料助剂有限公司
地　　址：江苏省江阴市顾山镇工业集中区西区
邮　　编：214413
电　　话：0510-86329217
传　　真：0510-86329217
网　　址：jysxxtztlzjyxgs.china-j.com
主要产品：防水，防火，防腐涂料，乳化剂

公司名称：江阴市怡达化工有限公司
地　　址：江苏省江阴市利港镇球庄 1 号
邮　　编：214441
电　　话：0510-86601770
传　　真：0510-86601770
网　　址：www.yidachem.com
主要产品：醇醚溶剂

公司名称：江阴鑫泰化工有限公司
地　　址：江苏省江阴市祝塘镇化工工业园
邮　　编：214415
电　　话：0510-86391084
传　　真：0510-86398367
主要产品：助剂

公司名称：姜堰市化工助剂厂
地　　址：江苏省姜堰市俞垛镇
邮　　编：225509
电　　话：0523-88641502 8641154
传　　真：0523-88641157
网　　址：www.yuxinghg.com
主要产品：助剂

公司名称：姜堰市齐大涂料助剂有限公司
地　　址：江苏省姜堰市经济开发区通扬西路 178 号
邮　　编：225500
电　　话：0523-8811096
网　　址：www.qdtlzj.com
主要产品：十二碳醇酯

公司名称：金坛市樊氏有机硅有限公司
地　　址：江苏省金坛市经济开发区河头工业园
邮　　编：213212
电　　话：0519-82521687
传　　真：0519-82525128
主要产品：偶联剂

公司名称：晋一化工科技（无锡）有限公司
地　　址：江苏省无锡国家高新技术开发区 88 号 C 地块新锡路 13 号
邮　　编：214028
电　　话：0510-85201886
传　　真：0510-85204878
主要产品：乳液，还原清洗剂，分散剂

公司名称：昆山玳权贸易有限公司
地　　址：江苏省苏州市昆山市前进中路 13 号华敏世家 6 号楼 1501
邮　　编：200030
电　　话：0512-50311688
网　　址：www.daiquan.com
主要产品：助剂

公司名称：昆山纪研实业有限公司
地　　址：江苏省昆山市虹桥路 111 号
邮　　编：215300
电　　话：0512-57758550
传　　真：0512-57508876
主要产品：树脂，助剂

公司名称：昆山泉盛涂料有限公司
地　　址：江苏省昆山市千灯镇化工园区善浦村
邮　　编：215341
电　　话：0512-57469212
传　　真：0512-57469213
主要产品：工业涂料，稀释剂，自行车烤漆

公司名称：溧阳市诚关化工有限公司(溧阳市溶剂厂)
地　　址：江苏省溧阳市平陵东路 38 号
邮　　编：213300
电　　话：0519-87273236
主要产品：溶剂

公司名称：曼德瑞（无锡）科技有限公司
地　　址：无锡市锡山区八士新坝村工业园
邮　　编：214192
电　　话：0510-83787015
传　　真：0510-83780597
主要产品：助剂

公司名称：晋一化工科技（无锡）有限公司
地　　址：江苏省无锡新区新锡路
邮　　编：214000
电　　话：0510-85201670
主要产品：EBS分散剂润滑，抗静电剂（外用），纺织助剂，反应性表面活性剂

公司名称：南京邦普化工有限公司
地　　址：江苏省南京市白下区富康新村 6-401
邮　　编：210007
电　　话：025-85573576
传　　真：025-85560072
主要产品：乙二醇

公司名称：南京伽银科技有限公司
地　　址：江苏省江苏省南京市白下区止马村 9 号 304 室
邮　　编：210004
电　　话：025-52347178
主要产品：抗氧剂，阻燃剂，光稳定剂系列产品

公司名称：南京古田化工有限公司

地　　址：江苏省南京市奥体大街69号新城科技园创业大厦3幢4楼北单元
邮　　编：210018
电　　话：025-83346341
传　　真：025-83346340
网　　址：www.goldenchemical.com
主要产品：助剂

公司名称：南京海之蓝化工有限公司
地　　址：江苏省南京市白下区文思巷新村13幢107室
邮　　编：210002
电　　话：025-84560384
主要产品：正丁醇，辛醇，异丁醛，正丁醛，异丁醇，正丙醇，异丙醇

公司名称：南京华兴消泡剂有限公司
地　　址：江苏省南京市雨花路90号陵武楼105室
邮　　编：210012
电　　话：025-52435550
主要产品：消泡剂

公司名称：南京建坤化工有限公司
地　　址：江苏省南京市新联二村37栋66号
邮　　编：210038
电　　话：025-85317386
主要产品：甲苯，二甲苯，溶剂油甲醇树脂等化工溶剂

公司名称：南京九龙化工有限公司
地　　址：江苏省南京市溧水县晶镇观山工业园
邮　　编：211224
电　　话：025-57281088
传　　真：025-57280419
网　　址：www.njjl168.com.cn
主要产品：抗氧剂

公司名称：南京蓝盛石化有限公司
地　　址：江苏省南京栖霞区太新路81号
邮　　编：210038
电　　话：025-85312950
传　　真：025-85492295
网　　址：www.njlansheng.cn
主要产品：D系列脱芳溶剂，芳烃系列，醇，酮等系列涂料溶剂

公司名称：南京鎏威科技开发有限公司
地　　址：南京市栖霞区龙潭化学工业园
邮　　编：210036
电　　话：025-86473142
传　　真：025-86473142
主要产品：消泡剂

公司名称：南京施夫卡工贸有限公司
地　　址：江苏省南京市建邺区
邮　　编：210017
电　　话：025-86451445
传　　真：025-8600000
主要产品：助剂系列产品

公司名称：南京苏众化工实业有限公司
地　　址：南京市江宁区谷里镇周村小段山工厂区
邮　　编：211100
电　　话：025-85096126
主要产品：水性涂料助剂

公司名称：南京图邦科技有限公司
地　　址：江苏省南京市玄武区长江路188号德基大厦9层B座
邮　　编：210005
电　　话：025-84591005
传　　真：025-84596306
主要产品：二氯丙烷，邻氯甲苯，离子膜液碱，盐酸

公司名称：南京维高化工有限公司
地　　址：江苏省南京市光华路1号南京理工大学科技园c-036
邮　　编：210014
电　　话：025-84314930
传　　真：025-84318033
网　　址：www.njverygood.com
主要产品：乳液，助剂

公司名称：南京湘宝钛业有限公司
地　　址：江苏省南京市高淳县东坝镇工业区
邮　　编：211301
电　　话：025-57398088
主要产品：钛白粉，助剂

公司名称：南京新美菊精细化工有限公司
地　　址：江苏省南京市六合区横梁镇经济技术开发区
邮　　编：211515
电　　话：025-57601762
网　　址：www.njxmj.net
主要产品：脱漆剂，除尘纱布，过滤棉

公司名称：南京永葆化工有限公司
地　　址：江苏省南京市浦口区桥林工业区
邮　　编：211800
电　　话：025-68820127
网　　址：www.njybhg.cn
主要产品：助剂系列产品

公司名称：南京优尼科石化有限公司
地　　址：江苏省南京市玄武区太平门街6号
邮　　编：210016
电　　话：025-84661810
传　　真：025-84661800
主要产品：钛白粉,助剂

公司名称：南京源港石油化工有限公司
地　　址：江苏省南京市栖霞区靖安镇三江口工业园区
邮　　编：210057
电　　话：025-85713590
传　　真：025-85721077
网　　址：www.yuangang.cn
主要产品：甲苯混合溶剂，双环戊二烯，均三甲苯

公司名称：南京云合石油化工有限公司
地　　址：江苏省南京市沿江工业园区长芦街道利民西路4号
邮　　编：210047
电　　话：025-87426316
传　　真：025-87426316
网　　址：www.njynuhe.com
主要产品：芳烃等溶剂

公司名称：南京中科联实业有限公司
地　　址：江苏省南京市山西路1号银河国际广场18楼A座
邮　　编：210009
电　　话：025-83246796
网　　址：www.nizkl.com.cn
主要产品：树脂，溶剂等

公司名称：南通博大生化有限公司
地　　址：江苏省海安县江海支路12号
邮　　编：226600
电　　话：0513-88962568
传　　真：0513-88960636
网　　址：www.jsxinke.com
主要产品：防腐防霉剂等生化制剂

公司名称：南通瑞杰水性涂料助剂商行
地　　址：江苏省南通市外环北路163号
邮　　编：226002
电　　话：0513-87113298
主要产品：助剂

公司名称：南通市晗泰化工有限公司
地　　址：江苏省南通市海安县孙庄工业园区通微路6号
邮　　编：226652
电　　话：0513-88651598
传　　真：0513-88651598
主要产品：分散剂，消泡剂，润湿剂，增稠剂

公司名称：南通新广生化工有限公司
地　　址：江苏省南通市唐闸镇西市街210号
邮　　编：226002
电　　话：0513-85544881
主要产品：环氧活性稀释剂，酚醛树脂，透水路面材料等

公司名称：上海大享涂料化工有限公司
地　　址：江苏省宜兴市太华工业园
邮　　编：214235
电　　话：0510-80730701
主要产品：固化剂，磁漆

公司名称：上海斯盟达化工有限公司
地　　址：江苏省无锡市无锡新区旺庄红旗新村
邮　　编：214028
电　　话：0510-85225935
主要产品：分散剂，色浆分散剂，颜料分散剂

公司名称：SK化工（苏州）有限公司
地　　址：江苏省吴江市经济开发区运东分区江兴东路、同津大道交叉口
邮　　编：215000
电　　话：0512-85162002
传　　真：0512-85162007
网　　址：www.skchemicals-sz.com.cn
主要产品：杀菌剂，防冻冷却剂，水处理剂

公司名称：苏州化原化工有限公司
地　　址：江苏省苏州市工业园区娄葑镇扬清路68号
邮　　编：215001
电　　话：0512-67067331
网　　址：www.szhychem.cn
主要产品：溶剂，纯碱，钛白粉

公司名称：常熟市联邦化工有限公司
地　　址：江苏省常熟市支塘镇何市西
邮　　编：215538
电　　话：0512-52541419

传　　真：0512-52541166
邮　　箱：lb88@hi2000.com
网　　址：www.lb88.com
主要产品：GF-S系列芳烃溶剂，均四甲苯，工业萘，甲基萘

公司名称：常州安德利科贸有限公司
地　　址：江苏省常州市常新路8号1号楼408室
邮　　编：213002
电　　话：0519-86605118
主要产品：双环戊二烯，α-甲基苯乙烯，精间苯二甲酸，1，2-二氯乙烷，硫化碱等

公司名称：苏州久泰集团
地　　址：江苏省吴江市梅堰镇社区
邮　　编：215225
电　　话：0512-63681373
传　　真：0512-63681392
网　　址：www.jiutaigroup.com
主要产品：溶剂

公司名称：苏州凯贝科贸有限公司
地　　址：江苏省苏州市江苏省吴江市盛泽镇东盛步行街B519室
邮　　编：215144
电　　话：0512-63086530
主要产品：十二碳醇酯，钛白粉，消泡剂

公司名称：苏州三友利化工有限公司
地　　址：江苏省苏州市金阊区西园路30号
邮　　编：215008
电　　话：0512-65561317
网　　址：www.sz-sanyouli.com
主要产品：甲基丙烯酸丁酯

公司名称：苏州兴泰国光化学助剂有限公司
地　　址：江苏省苏州市相城区黄桥镇方浜兴盛路
邮　　编：215132
电　　话：0512-65464874
网　　址：szxtgg.com
主要产品：分散剂，蜡粉，流平剂，粉体包覆剂

公司名称：太仓明辉化工产品有限公司
地　　址：江苏省太仓华东国际塑化城5区2幢13号
邮　　编：215435
电　　话：0512-53681751
传　　真：0512-53681751
网　　址：www.tcrainbow.com.cn
主要产品：杀菌剂

公司名称：泰兴市涂料助剂化工厂
地　　址：泰兴市元竹镇双赵桥口
邮　　编：225412
电　　话：0523-87884665
传　　真：0523-87881556
网　　址：www.cnjiahao.com
主要产品：助剂

公司名称：泰兴市中纺助剂厂
地　　址：江苏省泰兴市大生工业开发园
邮　　编：225400
电　　话：0523-87597158
传　　真：0523-87591493
网　　址：www.cn-wanbo.com
主要产品：水性聚氨酯，助剂

公司名称：无锡美丽颜贸易有限公司
地　　址：江苏省无锡市惠山区吴韵路288号京都花园43-301
邮　　编：214000
电　　话：0510-83561993
主要产品：分散剂，防沉助剂等水性、溶剂型助剂

公司名称：无锡绍惠贸易有限责任公司
地　　址：江苏省无锡市新区旺庄工业配套区二期B-19-2
邮　　编：214000
电　　话：0510-85360688
传　　真：0510-85366909
网　　址：www.trade-chem.com.cn
主要产品：助剂

公司名称：无锡市德宇化工有限公司
地　　址：江苏省无锡市东亭镇
邮　　编：214101
电　　话：0510-88259480
传　　真：0510-88252629
主要产品：催干剂，涂料助剂

公司名称：无锡市恒懋科贸有限公司
地　　址：江苏省无锡市南长区清扬路123号金阳大厦509室
邮　　编：214023
电　　话：0510-81120166
网　　址：www.chinanylon.cn
主要产品：涂料，油墨助剂

公司名称：无锡市梁溪精细化工有限公司
地　　址：江苏省无锡市新安
邮　　编：214131
电　　话：0510-85380247
传　　真：0510-85384643
网　　址：www.lxjxhg.com
主要产品：双丙酮丙烯酰胺DAAM

公司名称：无锡市绿田化工有限公司
地　　址：江苏省无锡市宜兴芳桥工业集中区内
邮　　编：214200
电　　话：0510-87586558
传　　真：0510-87586558
网　　址：www.cltj.com
主要产品：助剂

公司名称：无锡市日新化工有限公司
地　　址：江苏省无锡市惠山区西漳牌楼东路3号
邮　　编：214171
电　　话：0510-83751469
传　　真：0510-83751469
主要产品：分散剂，消泡剂，流平剂

公司名称：无锡市寿升助剂厂
地　　址：江苏省无锡市东港镇下庄工业园
邮　　编：214196
电　　话：0510-88791491
网　　址：www.wxsszj.cn
主要产品：助剂，乳胶漆，油墨

公司名称：无锡市宜兴迅达助剂厂
地　　址：江苏省宜兴高塍镇人民西路183号
邮　　编：214214
电　　话：0510-87891257
传　　真：0510-87894161
主要产品：增稠剂，黏合剂，涂层

公司名称：吴江市飞达塑料助剂有限公司
地　　址：江苏省吴江市梅堰镇龙南村
邮　　编：215225
电　　话：0512-63680537
传　　真：0512-63680537
主要产品：助剂

公司名称：吴江市福泰化工科技有限公司
地　　址：江苏省吴江市松陵镇庞阳城南花苑1046号
邮　　编：310000
电　　话：0512-63025189
传　　真：0512-63025189
主要产品：色浆，助剂等

公司名称：吴江市万事达环保溶剂有限公司
地　　址：江苏省吴江市梅堰镇东
邮　　编：215225
电　　话：0512-63680537
主要产品：溶剂

公司名称：扬州伊柯美高分子材料厂
地　　址：江苏省扬州市宝应县邗沟路花庄
邮　　编：225800
电　　话：0514-88277100
主要产品：非离子瓜尔胶液产品，涂料助剂

公司名称：宜兴华盛助剂厂
地　　址：江苏省宜兴市高胜镇人民西路184
邮　　编：214214
电　　话：0510-7895644
主要产品：增稠剂

公司名称：宜兴市达凯新型材料有限公司
地　　址：江苏省宜兴市丁蜀镇周墅村
邮　　编：214221
电　　话：0510-88569889
传　　真：0510-88560050
网　　址：www.dakaimaterial.cn
主要产品：可再分散乳胶粉

公司名称：宜兴市南漕袁家化工厂
地　　址：江苏省宜兴市万石镇南漕工业园区
邮　　编：214217
电　　话：0510-87851066
传　　真：0510-87851066
主要产品：水性涂料用分散剂，消泡剂

公司名称：宜兴市兴业树脂原料有限公司
地　　址：江苏省宜兴市周铁镇
邮　　编：214261
电　　话：0510-87505198
传　　真：0510-87505197
主要产品：乙二醇，二乙二醇，三乙二醇，三甘醇等

公司名称：张家港顺昌化工有限公司
地　　址：江苏省张家港市乐余镇东沙化工区常福路1号
邮　　编：214431
电　　话：0512-5863838
传　　真：0512-58633868
网　　址：www.shunchangchem.com
主要产品：分散剂

公司名称：镇江市天龙化工有限公司
地　　址：江苏省镇江市阳光世纪花园紫

荆苑 356 号
邮　　编：212003
电　　话：0511-88835036
传　　真：0511-88835039
网　　址：tianlong-chem.com
主要产品：涂料助剂，超分散剂，流平剂，消泡剂，颜料

公司名称：江苏永林油脂化工有限公司
地　　址：江苏省建湖县广州黄埔怡园东街 8 号
邮　　编：212000
电　　话：020-82299987
传　　真：020-82299987
网　　址：www.jsylgs.cn
主要产品：原料助剂

公司名称：德清县莫干山化工助剂厂
地　　址：浙江省湖州市德清县莫干山经济开发区私营工业城志远南路 115 号
邮　　编：313200
电　　话：0572-8285668
传　　真：0572-8285078
网　　址：www.mgs-chemical.com
主要产品：助剂

公司名称：奉化南海药化集团有限公司
地　　址：浙江省奉化市莼湖镇
邮　　编：315538
电　　话：0574-88763158
传　　真：0574-88763515
网　　址：www.south-sea.com
主要产品：助剂

公司名称：杭州电化集团有限公司
地　　址：浙江省杭州市滨江区浦沿镇镇前路 305 号
邮　　编：310053
电　　话：0571-86617811
网　　址：www.hec-cn.com
主要产品：盐酸，聚氯乙烯，液氯，氯化石蜡，次氯酸钠

公司名称：浙江华特实业集团
地　　址：浙江省临安市锦城镇临天路 441 号
邮　　编：311300
电　　话：0571-63726208 63728048
传　　真：0571-63711398
网　　址：www.zjhuate.com
主要产品：溶剂

公司名称：杭州精益化工有限公司
地　　址：浙江省临安市临安兰锦工业区兰锦 1 号
邮　　编：311300
电　　话：0571-63806068
传　　真：0571-63757224
网　　址：www.vooec.com
主要产品：有机膨润土，流变助剂，增稠流变助剂

公司名称：杭州卡瑞特化工有限公司
地　　址：浙江省杭州市江干区杭海路 200 号
邮　　编：310016
电　　话：0571-86974149
传　　真：0571-86974152
网　　址：www.hz-create.com
主要产品：涂料助剂，溶剂，乳胶，色浆，颜填料

公司名称：杭州临安市环宇特种助剂厂
地　　址：杭州临安市於潜镇环城东路 61 号
邮　　编：311311
电　　话：0571-63882981 63880959
传　　真：0571-63880959
主要产品：助剂

公司名称：杭州临安涂料助剂厂
地　　址：浙江省临安市超亚路 1 号
邮　　编：311300
电　　话：0571-63712948 63723520
传　　真：0571-63723520
主要产品：助剂

公司名称：杭州临安涂料助剂化工有限公司
地　　址：浙江省临安市长桥路 65 号
邮　　编：311300
电　　话：0571-63737108
传　　真：0571-63721608
主要产品：涂料助剂

公司名称：杭州龙溪化工有限公司
地　　址：浙江省杭州市西湖区杨家牌楼村西溪路 879 号
邮　　编：310023
电　　话：0571-85225299
传　　真：0571-85225399
主要产品：增白剂，钛白粉，颜料

公司名称：杭州明炬进出口有限公司
地　　址：浙江省杭州市萧山萧绍路 417 号
邮　　编：311200
电　　话：0571-82717378
传　　真：0571-82717378
主要产品：乳液，助剂，钛白粉，超细填料

公司名称：杭州市一韦涂料化学有限公司
地　　址：浙江省杭州市余杭区獐山镇洛阳村
邮　　编：311107
电　　话：0571-86390339
主要产品：丙烯酸涂料，专用稀释剂

公司名称：杭州萧山一品化工有限公司
地　　址：浙江省杭州市萧山通惠南路 306 号
邮　　编：311200
电　　话：0571-82751127
传　　真：0571-82751127
网　　址：www.zjyipin.cn
主要产品：乳液，助剂，钛白粉，色浆，颜料

公司名称：杭州源华化学物资有限公司
地　　址：浙江省杭州市湖墅南路 103 号百大花园 C 座 706
邮　　编：310005
电　　话：0571-88392068
传　　真：0571-88395569
网　　址：www.yhchems.com
主要产品：异丙醇，正丙醇，丁酮，异丙醚，甲基异丁基甲酮等

公司名称：杭州兆基化工有限公司
地　　址：杭州市滨江区西兴工业园聚工路 17 号
邮　　编：310051
电　　话：0571-86680618
传　　真：0571-86680616
网　　址：www.zj123.com
主要产品：助剂

公司名称：嘉兴市明锐化工有限公司
地　　址：浙江省嘉兴市南湖区十八里桥夏义路 158 号
邮　　编：314006
电　　话：0573-83010082
传　　真：0573-83658811
网　　址：china.toocle.com
主要产品：涂料助剂，乳胶，色浆，颜填料

公司名称：金华贝司特化工染料有限公司
地　　址：金华市李渔路 265 号(万达花园)12-4-402
邮　　编：321017
电　　话：0579-82450338
传　　真：0579-82450078
网　　址：www.cnbestchem.com
主要产品：助剂

公司名称：兰溪市恒顺化工有限公司
地　　址：浙江省兰溪市水亭畲族乡河伯沿
邮　　编：321107
电　　话：0579-8639477
传　　真：0579-8639189
网　　址：www.hs-chemical.com
主要产品：硬脂酸盐类，聚乙烯复合稳定剂系列产品

公司名称：临安市环宇特种助剂厂
地　　址：浙江省临安市於潜镇环城东路 61 号
邮　　编：311311
电　　话：0571-63882981
网　　址：www.huanyuzhuji.com
主要产品：涂料助剂

公司名称：临安市科达涂料化工研究所
地　　址：浙江省临安市钱王大街 898 号经贸大厦 2 楼
邮　　编：311300
电　　话：0571-63807049
网　　址：www.zj-kd.com
主要产品：增稠剂，分散剂，消泡剂，涂料助剂

公司名称：临安市青虹化工助剂厂
地　　址：浙江省临安市青山石亭子
邮　　编：313102
电　　话：0571-63781600
传　　真：0571-63781561
网　　址：www.qhchenmical.com
主要产品：有机膨润土，流变助剂，增稠流变助剂

公司名称：临安市维兰助剂有限公司
地　　址：浙江省临安市青山湖街道茅草湾 99 号
邮　　编：311305
电　　话：0571-61077166
传　　真：0571-61077169
主要产品：助剂

公司名称：美国独资大力克有限公司
地　　址：浙江省杭州邮政 503 信箱
邮　　编：310011
电　　话：0571-85350364 85382710
主要产品：助剂

公司名称：宁波繁裕化工有限公司

地　　址：浙江省宁波市政海大运路1号
邮　　编：315200
电　　话：0574-86315711
主要产品：化工溶剂

公司名称：宁波南海化学有限公司
地　　址：浙江省奉化市下陈文昌阁
邮　　编：315538
电　　话：0574-56371986
传　　真：0574-56371979
网　　址：www.south-sea.com
主要产品：助剂

公司名称：宁波市江北合信化工有限公司
地　　址：浙江省宁波市江北环城北路83号6号楼405室
邮　　编：315000
电　　话：0574-27722018
传　　真：0574-27722017
网　　址：www.ccecn.com
主要产品：涂料用溶剂

公司名称：宁波志华化学有限公司
地　　址：宁波市象山县爵溪北塘工业区
邮　　编：315700
电　　话：0574-65601619
传　　真：0574-65601619
主要产品：助剂

公司名称：上虞市光明化工有限公司
地　　址：浙江省上虞市杭州湾精细化工园区西纬一路
邮　　编：312369
电　　话：0575-82729745
传　　真：0575-82729799
网　　址：www.ds-dyestuff.com
主要产品：助剂

公司名称：上虞市信诚化工助剂厂
地　　址：浙江省上虞市道墟镇杜浦工业区
邮　　编：312300
电　　话：0575-82526778
传　　真：0575-82043865
网　　址：www.zjxchg.com
主要产品：化工原料，印染助剂

公司名称：绍兴市南方化工有限公司
地　　址：浙江嵊州市罗柱岙工业园
邮　　编：312400
电　　话：0575-83102159
传　　真：0575-83187126
网　　址：www.sousacide.com
主要产品：杀菌防腐剂

公司名称：温州金宇化工有限公司
地　　址：浙江省温州市龙湾区状元镇国泰房开1组8栋102室
邮　　编：325011
电　　话：0577-86381259
1356779878
网　　址：www.bizteller.cn
主要产品：发泡剂，紫外线吸收剂，抗氧化剂，钛白粉等

公司名称：长兴元宝润滑材料厂
地　　址：浙江长兴县长兴李家巷工业区
邮　　编：313102
电　　话：0572-6062803
传　　真：0572-6063355
主要产品：铜拉丝剂，铝拉丝油，皂化油等油

公司名称：浙江德清圆正粉末厂
地　　址：浙江省湖州市德清县乾元镇乾元齐星村
邮　　编：313216
电　　话：0572-7891350
主要产品：消光粉

公司名称：浙江华宝集团化工工业有限公司
地　　址：浙江上虞经济开发区五星中路88号
邮　　编：312300
电　　话：0575-82029622
传　　真：0575-82022288
主要产品：助剂

公司名称：浙江科达集团科达涂料化工研究所
地　　址：浙江杭州市文新路恩济花园16-W座
邮　　编：310012
电　　话：0571-63728372 63712569
传　　真：0571-63752772
主要产品：助剂

公司名称：浙江临安福盛涂料助剂有限公司
地　　址：浙江省临安市玲珑工业区卦畈
邮　　编：311301
电　　话：0571-63759075
传　　真：0571-63759079
网　　址：www.fatlzj.com
主要产品：涂料助剂

公司名称：浙江龙游戈德化工有限公司
地　　址：浙江省衢州市龙游县
邮　　编：324405
电　　话：0570-7035588
传　　真：0570-7035088
网　　址：www.gdchemicals.com
主要产品：阻燃剂

公司名称：浙江瓯华化工进出口有限公司
地　　址：浙江省台州市椒江区海正大道196号
邮　　编：318001
电　　话：0576-88826735
传　　真：0576-88828330
网　　址：www.ouhuagroup.com.cn
主要产品：溶剂

公司名称：浙江闰土化工集团有限公司
地　　址：浙江省上虞市道墟镇
邮　　编：312368
电　　话：0575-85755412
传　　真：0575-82040038
网　　址：www.wjw.cn
主要产品：助剂

公司名称：浙江神光材料科技有限公司
地　　址：浙江省上虞市百官镇中塘
邮　　编：312300
电　　话：0575-82155998
传　　真：0575-82155998
网　　址：www.zjsg.com.cn
主要产品：安巴色粉

公司名称：浙江新安化工集团股份有限公司
地　　址：浙江省建德市新安江镇大桥路93号
邮　　编：311600

电　　话：0571-64713774
主要产品：流平剂，润湿剂，消泡剂，农药有机硅助剂等

公司名称：安徽省天长市绿色化工助剂厂
地　　址：天长市新河北路公园街10号
邮　　编：239300
电　　话：0550-7027028
传　　真：0550-7024034
邮　　箱：lszj@lszj.com
网　　址：www.lszj.com
主要产品：助剂

公司名称：安徽省天长市有机化工厂
地　　址：滁州市天长市建设东路
邮　　编：239325
电　　话：0550-7681522
传　　真：0550-7032538
邮　　箱：tcchem@tcchem.com
网　　址：www.tcchem.com
主要产品：助剂

公司名称：安徽天雁辐化有限公司
地　　址：安徽省合肥市长江中路365号CBD中央广场2号楼1712室
邮　　编：230061
电　　话：0551-5133486
网　　址：tingyan.cn.chemnet.com
主要产品：增稠剂，乳胶漆，光触媒漆，内墙漆，外墙漆

公司名称：合肥科泰化工有限公司
地　　址：安徽省合肥市庐阳区宿州路60号枫林大厦6楼614室
邮　　编：230041
电　　话：0551-5661578
主要产品：助剂，添加剂

公司名称：淮南生达化工有限公司
地　　址：安徽省淮南市田家庵区国庆西路交通学校对面
邮　　编：232001
电　　话：0554-6648781
网　　址：www.zgtlyj.com
主要产品：聚乙烯醇，胶粉，消泡剂

公司名称：黄山锦峰实业有限公司
地　　址：安徽省黄山市徽州区徽州东路25号
邮　　编：245061
电　　话：0559-3516630
传　　真：0559-3518052
主要产品：环氧树脂，助剂

公司名称：黄山市华美精细化工有限公司
地　　址：安徽省黄山市歙县北岸镇七贤村委会
邮　　编：245232
电　　话：0559-6844333
传　　真：0559-6844333
邮　　箱：huamei@hshuamei.com
网　　址：www.hshuamei.com
主要产品：助剂

公司名称：黄山市润科粉体材料有限公司
地　　址：安徽省黄山市徽州区岩寺镇城东工业园
邮　　编：245061
电　　话：0559-3515598
传　　真：0559-3512770
主要产品：固化剂，消光剂，抗氧化剂，流平剂

公司名称：福州省百盛精细化学品有限公司
地　　址：福建厦鼓山福兴投资区鳝溪工业小区
邮　　编：350018
电　　话：0591-3963736
主要产品：环氧树脂固化剂，包括固体聚酰胺，液体聚酰胺等

公司名称：金海峡化工（厦门）有限公司（厦门市思明区金乐士贸易商行）
地　　址：福建省厦门市台湾街薛岭北里7-201
邮　　编：361009
电　　话：0592-5590412
传　　真：0592-5590413
邮　　箱：xiaoli82009@sina.com
主要产品：钛白粉，助剂等产品

公司名称：泉州三威化工有限公司
地　　址：福建省泉州市丰泽区田安中段金属大厦
邮　　编：362000
电　　话：0595-22572333
主要产品：钛白粉，增白剂，添加剂

公司名称：天虹化工颜料有限公司
地　　址：福建省泉州市丰泽区东海宝山社区洋店26号
邮　　编：362000
电　　话：0595-22951572
传　　真：0595-22951572
网　　址：www.yellowurl.cn
主要产品：化工颜料，增白剂等

公司名称：江西上饶波诗明化工有限公司
地　　址：江西省上饶市信州区花溪镇向阳村东工业区
邮　　编：334000
电　　话：0793-8030777
传　　真：0793-8030777
网　　址：www.bsmhg.com
主要产品：醇酸氨基烤漆，丙烯酸氨基烤漆，聚氨酯木器涂料，稀释剂

公司名称：安丘市鲁星化学有限公司
地　　址：山东省安丘市宋官疃经济技术开发区
邮　　编：262107
电　　话：0536-4781048
传　　真：0536-4781049
邮　　箱：AQZSJ@163.com
主要产品：助剂

公司名称：格瑞特漆业（梁山）有限公司
地　　址：山东梁山镇任庄
邮　　编：272600
电　　话：0537-7339877
传　　真：0537-7333138
网　　址：www.sdgrt.com
主要产品：助剂

公司名称：济南爱特佳涂料有限公司
地　　址：山东省济南市天桥区黄岗工业园
邮　　编：250032
电　　话：0531-85238627
传　　真：0531-85979678
网　　址：www.aitega.com.cn
主要产品：固化剂，醇酸树脂

公司名称：济南海佳化工有限公司
地　　址：山东省济南市历山北路北首佳园化工市场北区A5-24
邮　　编：250002
电　　话：0513-86396200
主要产品：溶剂，助济，白炭黑，颜料

公司名称：济南市化工研究所
地　　址：山东省济南市工业南路106号
邮　　编：250100
电　　话：0531-88528627
网　　址：www.jnhgs.com
主要产品：流平剂，消泡剂，分散剂，杀菌剂

公司名称：济南益佰涂料有限公司
地　　址：山东省济南市南历城区黄台装饰材料市场五区23号
邮　　编：250100
电　　话：0531-66721860
主要产品：胶粉，微细重钙，色浆，防霉杀菌剂

公司名称：济宁市阳光颜料助剂有限责任公司
地　　址：山东省济宁市车站南路
邮　　编：272000
电　　话：0537-2317897
传　　真：0537-2311908
网　　址：www.sino-pigment.com
主要产品：助剂

公司名称：聊城鲁工涂料助剂厂
地　　址：山东省聊城市昌俯区东环路
邮　　编：252059
电　　话：0635-8531311
传　　真：0635-8258706
网　　址：www.lgzhj.com
主要产品：助剂

公司名称：聊城市东昌府区鲁工涂料助剂厂
地　　址：山东省聊城市光岳路湖南路口交叉路口向北50米
邮　　编：252000
电　　话：0635-8531311
传　　真：0635-8531311
主要产品：增稠剂，分散剂，消泡剂

公司名称：临朐鸿钰工贸有限公司
地　　址：山东临朐东城开发区夏西路北段
邮　　编：262600
电　　话：0536-3711181
传　　真：0536-3711181
主要产品：涂料助剂，建筑乳液

公司名称：临朐县环美化工厂
地　　址：山东省临朐县辛寨镇辛龙工业区
邮　　编：262610
电　　话：0536-3441385
传　　真：0536-3441385
主要产品：防霉剂，杀菌防腐剂

公司名称：青岛古道化学材料有限公司
地　　址：山东省青岛李沧区三清宫卢20号3单元101
邮　　编：266110
电　　话：0532-87600215
传　　真：0532-87600215
网　　址：www.goodow.com.cn
主要产品：乳液，助剂，色浆

公司名称：青岛瑞丰祥化工有限公司
地　　址：山东省青岛市李沧区金水路175号
邮　　编：266100
电　　话：0532-87083085
主要产品：化工原料，化学试剂

公司名称：青岛瑞诺化工有限公司
地　　址：山东省淄博张店良秀工业园一号路8号
邮　　编：255071
电　　话：0532-2092011
传　　真：0532-2092011
网　　址：www.raynol.net
主要产品：苯酐聚酯多元醇，聚氨酯助剂，阻燃剂等

公司名称：青岛瑞澎化工有限公司
地　　址：山东省青岛市李沧区巨峰路19号2单元
邮　　编：266100
电　　话：0532-87681919
传　　真：0532-87681919
网　　址：www.qdruipeng.com
主要产品：涂料助剂

公司名称：青岛市平度山林染料化工有限公司（原青岛山林染料厂）
地　　址：山东省平度市郑州路32号
邮　　编：266700
电　　话：0532-8372628
主要产品：染料，颜料，涂料，增白剂，有机硅等

公司名称：青岛新永安化学品有限公司
地　　址：山东省青岛市城阳区双埠环海工业园
邮　　编：266108
电　　话：0532-81106676
传　　真：0532-81108986
网　　址：www.xyachem.cn
主要产品：甲苯，混苯，甲醇，乙醇，甲醚，乙酯，丁酯等化工溶剂

公司名称：青岛鑫恒聚化工有限公司
地　　址：山东省青岛市长沙路6-5号
邮　　编：266108
电　　话：0532-84890947
主要产品：乳液，助剂，填料，色浆，金属漆

公司名称：青岛鑫利祥商贸有限公司
地　　址：山东省青岛市四方区安达路37号
邮　　编：266032
电　　话：0532-85637323
主要产品：分散剂

公司名称：青岛兴国涂料化工有限公司
地　　址：山东省青岛胶南市灵山办事处
邮　　编：266427
电　　话：0532-83285963
主要产品：涂料原料，水性涂料，乳液，助剂

公司名称：青岛中塑经济发展有限公司
地　　址：山东省青岛市香港中路6号世贸中心B座1904室
邮　　编：266071
电　　话：0532-83864897

网　　址：www.chemright.com
主要产品：涂料助剂，色粉，分散剂，微蜡粉等

公司名称：青州市万利化工有限公司
地　　址：山东青州市东方北路 2066 号
邮　　编：266071
电　　话：0536-3295691
传　　真：0536-3523995
网　　址：www.wanlichem.com
主要产品：助剂

公司名称：青州中远化工有限公司
地　　址：山东省青州市驼山路 1056
邮　　编：262509
电　　话：0536-2133296
网　　址：www.qzszyhg.com.cn
主要产品：色素炭黑及黏合剂

公司名称：山东三益精细化工有限公司
地　　址：山东高青高新技术开发区园内
邮　　编：256300
电　　话：0533-6970326
传　　真：0533-6970362
网　　址：www.chinachemnet.com
主要产品：助剂

公司名称：山东省博兴县大卫涂料助剂有限公司
地　　址：山东省博兴县工业园
邮　　编：256500
电　　话：0543-2303259
网　　址：sdbxdw.bmlink.com
主要产品：弹性乳液，增稠剂，分散剂等系列助剂

公司名称：山东志博远国际贸易有限公司
地　　址：山东省淄博市临淄区梧台工业园
邮　　编：255420
电　　话：0533-7690913
网　　址：www.zbychem.com
主要产品：芳烃系列，溶剂油系列，醇酮系列

公司名称：潍坊鸿祚工贸有限公司
地　　址：山东省潍坊市健康东街 422 号领秀华城 21-2-701
邮　　编：261000
电　　话：0536-8805797
主要产品：分散剂，流水剂

公司名称：潍坊市元利化工有限公司
地　　址：山东省昌乐县东城工业区
邮　　编：262404
电　　话：0536-6777858
网　　址：www.yuanlichem.com.cn
主要产品：DBE高沸点溶剂系列

公司名称：烟台市福山得蒙精细化工有限公司
地　　址：烟台市福山区万华路
电　　话：0535-6328025
传　　真：0535-6392723
主要产品：助剂

公司名称：烟台市莱银化学科技公司
地　　址：山东省烟台市莱山工业园
邮　　编：264003
电　　话：0535-6923357
主要产品：高分子分散剂，分散剂

公司名称：友强助剂有限公司
地　　址：山东高密市平日路夏庄路口北 100 米
邮　　编：260150
电　　话：0536-2311696
传　　真：0536-2338216
网　　址：www.youqiangzhuji.comlxfs.htm
主要产品：助剂

公司名称：淄博市临淄东晖化工有限公司
地　　址：山东省淄博市临淄区梧台镇西老村北博临路东侧
邮　　编：255420
电　　话：0533-7663644
网　　址：www.donghuichem.com
主要产品：甲醇，精甲醇，粗甲醇，甲基叔丁基醚，双氧水

公司名称：淄博市淄川创业油脂化工厂
地　　址：山东省淄博市淄川区商家镇工业园
邮　　编：255188
网　　址：www.chuangyeyouzhi.com.cn
电　　话：0533-5430994
主要产品：乳化剂，动植物硬脂酸，油酸等

公司名称：淄博顺旭经贸有限公司
地　　址：山东省淄博市临淄区梧台镇温家村
邮　　编：255420
电　　话：0533-7690866
主要产品：碳酸二甲酯，丙二醇，异丙醇等

公司名称：淄博助剂二厂
地　　址：山东省淄博市临淄区桓台田庄镇大庞村
邮　　编：255000
电　　话：0533-8581716
传　　真：0533-8581716
主要产品：助剂

公司名称：鹤壁市助剂一厂
地　　址：河南省鹤壁市铁东路 1 号
邮　　编：458000
电　　话：0392-2683181
传　　真：0392-2686707
主要产品：助剂

公司名称：济源市中原涂料科技有限公司
地　　址：河南省济源市轵城镇东留养红绿灯东 30 米路南
邮　　编：454650
电　　话：0391-6063611
传　　真：0391-6063611
网　　址：www.jyhdqg.cn
主要产品：建筑胶粉，胶粉

公司名称：濮阳市鹏鑫化工有限公司
地　　址：河南省濮阳市京开大道建设路 3 号
邮　　编：457000
电　　话：0393-8699581
主要产品：季戊四醇

公司名称：唐河宏盛化工有限公司
地　　址：河南省南阳市唐河县唐河工业开发区
邮　　编：473400
电　　话：0377-68761622
网　　址：www.thhongsheng.cn
主要产品：GB-120 型有机硅消泡剂，偶联剂，清洗剂，消泡剂等

公司名称：新乡县三星涂料助剂厂
地　　址：河南新乡市工业路
邮　　编：453700
电　　话：0373-5633742
网　　址：www.jiayouxiaobao.cn
主要产品：助剂

公司名称：郑州市中岳涂料助剂有限公司
地　　址：河南省郑州市金水区任寨北街 1 号联盛大厦 A 座 811
邮　　编：450014
电　　话：0371-63931765
网　　址：www.zyzj.com
主要产品：锤纹助剂，防结皮剂，消泡剂，分散剂

公司名称：湖北宜化化工股份有限公司
地　　址：湖北省宜昌市猇亭大道 399 号
邮　　编：443000
电　　话：0717-8868101
网　　址：www.hbyh.cn
主要产品：季戊四醇

公司名称：公安县瑞凯高分子材料有限公司
地　　址：湖北省公安县藕池镇前进路
邮　　编：434305
电　　话：0716-5716666
传　　真：0716-5718558
主要产品：粉蜡，助剂

公司名称：武汉仕全兴装饰涂料有限公司
地　　址：湖北省武汉市海峡科技园民营路
邮　　编：430040
电　　话：027-83252557
主要产品：固化剂

公司名称：武汉市硚口区罗门哈斯建筑乳液经营部
地　　址：湖北省武汉市硚口区长丰大道特 5 号 19 门
邮　　编：430000
电　　话：027-83410119
主要产品：水性涂料助剂，乳液，钛白粉

公司名称：武汉新大地环保材料有限公司
地　　址：湖北省武汉市硚口区南泥湾大道 8 号长丰科技产业园 8 栋
邮　　编：430023
电　　话：027-83305573
网　　址：www.newlandchem.com
主要产品：防腐剂，杀菌剂，保存剂

公司名称：武汉新景化工有限责任公司
地　　址：湖北省武汉硚口区古一小路 1 号
邮　　编：430035
电　　话：027-83496446
传　　真：0712-83496451
网　　址：www.xinjingchem.com
主要产品：化工产品，溶剂和医药中间体

公司名称：应城市德邦化工新材料有限公司
地　　址：湖北省应城市长江埠新码头 1 号
邮　　编：432405
电　　话：027-3618888

主要产品：助剂

公司名称：长沙新宇化工实业有限公司
地　　址：湖南省长沙市开福区伍家岭廖家渡19-1信箱
邮　　编：410003
电　　话：0731-4252261
传　　真：0731-4252292
网　　址：www.newsunchem.com
主要产品：助剂

公司名称：中石化巴陵石油化工有限责任公司
地　　址：湖南省岳阳洞庭大道1号
邮　　编：414014
电　　话：0730-8501303
网　　址：www.epoxyresin.com.cn
主要产品：溶剂

公司名称：CCA添加剂(广州)有限公司
地　　址：广东省广州市番禺区鱼窝头镇大简工业区
邮　　编：511475
电　　话：020-84917388
传　　真：020-84914837
主要产品：涂料专用香精，遮味剂，美国多罗门水性助剂等

公司名称：广东信翔化工贸易有限公司
地　　址：广东省广州市越秀区东湖西路2号金湖大厦1202室
邮　　编：510100
电　　话：020-83860079 83842118 83742867 83742869
传　　真：020-83847308
邮　　箱：gdxinxiang@126.com
网　　址：www.gdxinxiang.com
主要产品：聚乙烯醇，Mowinyl -Powder可再分散乳胶粉，PVA薄膜，PVC添加剂-Soarblen

公司名称：广东阳山伟达化工有限公司
地　　址：广东省清远市阳山县城南开发区飞鸢工业村
邮　　编：513100
电　　话：0763-7800488
传　　真：0763-7801878
邮　　箱：webmaster@ysweida.com
网　　址：www.ysweida.com
主要产品：消光剂，白炭黑，二氧化硅

公司名称：奔德化工贸易有限公司
地　　址：广东省佛山市顺德区勒流镇良路段众涌第一工业区
邮　　编：528322
电　　话：0757-25538031
网　　址：www.locoso.com
主要产品：达标及通用型PU涂料固化剂

公司名称：东莞市博诚化工有限公司
地　　址：广东省东莞市南城区鸿福路92号中环财富广场10层
邮　　编：523073
电　　话：0769-23035570
传　　真：0769-23035576
网　　址：www.dgbocheng 2008.com
主要产品：BYK助剂，BASF微粉化蜡和乳化蜡

公司名称：东莞市鸿远化工有限公司
地　　址：广东省东莞市厚街镇汀山汀坑路210号
邮　　编：523960
电　　话：0769-85969956
传　　真：0769-85753060
网　　址：hy@hongyuanltd.com
主要产品：助剂，分散剂，流平剂

公司名称：东莞市金手感贸易有限公司
地　　址：广东省东莞市南城区莞太路中兴大厦506
邮　　编：523000
电　　话：0769-23394068
传　　真：0769-22997241
邮　　箱：dgjinshougan@126.com
网　　址：www.dgisg.com
主要产品：弹性树脂，助剂

公司名称：东莞市隆海化工有限公司
地　　址：广东省东莞市南城区财富广场A座1806号
邮　　编：523000
电　　话：0769-22853440
传　　真：0769-22853540
主要产品：涂料油墨助剂

公司名称：东莞市三拓贸易有限公司
地　　址：广东省东莞市南城区第一国际百安居B座705
邮　　编：523000
电　　话：0769-22364709
传　　真：0769-22382985
主要产品：涂料油墨助剂

公司名称：东莞市圣源贸易有限公司
地　　址：广东省东莞市东莞南城石竹新花园富竹苑1座1604
邮　　编：523071
电　　话：0769-22615675
传　　真：0757-22615701
网　　址：huiserber.chinawi.com.cn
主要产品：涂料油墨助剂，颜料

公司名称：东莞市思佳贸易有限公司
地　　址：广东省东莞市南城区鸿福路中环财富广场1018号
邮　　编：528000
电　　话：0769-23035570
传　　真：0769-23035576
主要产品：思佳涂料助剂，毕克涂料助剂，伊斯曼涂料助剂，水洗高岭土

公司名称：东莞市同兴涂料有限公司
地　　址：广东省东莞市高埗镇冼沙工业区
邮　　编：523820
电　　话：0769-88739118
主要产品：溶剂

公司名称：东莞市统成装饰材料有限公司
地　　址：广东省东莞市大岭山镇大沙管理区
邮　　编：523000
电　　话：0769-85619978
传　　真：0769-85619978
邮　　箱：business@tonchem.com.
主要产品：NPU固化剂，触媒

公司名称：东莞市威士达美聚建筑材料有限公司
地　　址：广东省东莞市黄江镇利氏工业区常茂工业园
邮　　编：523750
电　　话：0769-3364228 3637196
传　　真：0769-3604332
主要产品：助剂

公司名称：东莞市新硅业高分子材料有限公司
地　　址：东莞市东莞市城区东城中路辉煌大厦6楼D28
邮　　编：523000
电　　话：0769-22308871
网　　址：www.xinguiye.cn
主要产品：抗油剂，流平剂，抗刮伤剂耐磨剂，消泡剂

公司名称：东莞市鑫泉石油化工有限公司
地　　址：广东东莞东莞市樟木头南城区
邮　　编：523618
电　　话：0769-7900965
传　　真：0769-7900965
网　　址：www.mmimm.com
主要产品：溶剂，甲苯，二甲苯，三甲苯，丙酮等

公司名称：东莞市星彩贸易有限公司
地　　址：广东佛山市顺德市大良容莲宾馆宿舍401
邮　　编：523000
电　　话：0757-26106089
传　　真：0757-26106089
主要产品：溶剂，助剂

公司名称：东莞市溢诚贸易有限公司
地　　址：广东东莞市第一国际百安居A座1611
邮　　编：523073
电　　话：0769-23180381 23180382 23180383
邮　　箱：dgycmy@126.com
网　　址：www.dgycmy.com
主要产品：溶剂

公司名称：东莞市宇达化工有限公司
地　　址：广东省东莞市石排镇福隆大围二村
邮　　编：511700
电　　话：0769-86517181
传　　真：0769-8517191
主要产品：玻璃漆，五金烤漆，羽纹漆，裂纹漆，金粉，银粉，天那水，塑胶漆

公司名称：东莞同兴涂料有限公司
地　　址：广东省东莞高埗镇冼沙工业区大道
邮　　编：523280
电　　话：0769-8739118
传　　真：0769-873911
网　　址：www.youbian.comhuangye
主要产品：溶剂

公司名称：佛山市道宁化工有限公司
地　　址：广东省佛山市季华五路18号经华大厦22楼CD室
邮　　编：528000
电　　话：0757-83202880
传　　真：0757-83202889
网　　址：www.daoning168.cn
主要产品：GE东芝有机硅硅烷，硅烷偶联剂

公司名称：佛山市高明明海化学企业有限公司
地　　址：广东省佛山市高明区高明广海中线三洲区段蚬壳岗

邮　　编：528511
电　　话：0757-88629938
传　　真：0757-88626618
邮　　箱：pu@gmminghai.com
网　　址：www.gmminghai.com
主要产品：专业生产流平剂，分散剂，消泡剂，PU干湿法合成皮革油墨，防粘助剂

公司名称：佛山市广生林化工有限公司
地　　址：广东省佛山市禅城区上沙街114号B座
邮　　编：528041
电　　话：0757-88048148
邮　　箱：fsgsl80@163.com
主要产品：水性上光油，水性丙烯酸酯，水性助剂

公司名称：佛山市昊正化工有限公司
地　　址：广东省佛山市禅城区佛山市禅城区江湾路弼塘镇东二街23号
邮　　编：528000
电　　话：0757-82667070
传　　真：0757-82662636
主要产品：涂料油墨助剂

公司名称：佛山市建涂进出口贸易有限公司
地　　址：广东省佛山市顺德区大良街道新滘居委会凤翔路51号顺雅名筑1座336号
邮　　编：528300
电　　话：0757-28017816
主要产品：水性涂料助剂
网　　址：www.qjy168.com

公司名称：佛山市顺德区邦尔贸易有限公司
地　　址：广东省佛山市顺德区佛山顺德大良进良路顺景湾C区3号
邮　　编：510031
电　　话：0757-22665279
传　　真：0757-22665279
网　　址：fsbmy.cn.gtobal.com
主要产品：英国Cialyder水性助剂：分散剂，表面活性剂，增稠剂，抗藻剂

公司名称：佛山市顺德区大良金力高贸易有限公司
地　　址：广东佛山市顺德区顺德区大良近良路顺景湾C区3号
邮　　编：528300
电　　话：0757-22665279
传　　真：0757-22665269
主要产品：流平剂，紫外线吸收剂

公司名称：佛山市顺德区鼎信化工有公司
地　　址：广东省佛山市顺德区大良新桂路明日广场2座512
邮　　编：528300
电　　话：0757-22680619
网　　址：shengyidi.com
主要产品：涂料油墨用各类助剂

公司名称：佛山市顺德区金凤翔精细化工实业有限公司
地　　址：广东省佛山市顺德区大良凤翔工业园凤翔路38号
邮　　编：528300
电　　话：0757-22310623
网　　址：www.jfxsd.com.cn
主要产品：固化剂

公司名称：佛山市顺德区蓝亚贸易有限公司
地　　址：广东省佛山市顺德区大良广珠公路四建综合楼二楼
邮　　编：528300
电　　话：0757-22332266
传　　真：0757-22332112
网　　址：www.blueasia.cn
主要产品：功能性助剂，颜料，粉体

公司名称：佛山市顺德区容桂纳玛化工商行
地　　址：广东省佛山市顺德区容桂容奇大道中22号丝绸大厦506室
邮　　编：528300
电　　话：0757-26618736
主要产品：涂料助剂，防沉剂，分散剂，催干剂

公司名称：佛山市顺德区绅鑫贸易有限公司
地　　址：广东省佛山市顺德区大良东宏路昌裕花园美景阁一号铺
邮　　编：528300
电　　话：0757-22617658
传　　真：0757-22611525
主要产品：颜料，助剂

公司名称：佛山市顺德区世邦佳明化工有限公司
地　　址：广东省佛山市顺德区杏坛东村工业区
邮　　编：528305
电　　话：0757-27780916
传　　真：0757-26154003
网　　址：www.camen.cn
主要产品：涂料助剂

公司名称：佛山市顺德区特普高实业有限公司
地　　址：广东省佛山市顺德区龙江镇集北工业区1路10号
邮　　编：528318
电　　话：0757-23391489
网　　址：www.topcod.com.cn
主要产品：干燥剂

公司名称：佛山市顺德区裕筌化工有限公司
地　　址：中国广东佛山市顺德区环市北路文华大厦6楼
邮　　编：528300
电　　话：0757-27336718
网　　址：www.spongeinfo.net
主要产品：固化剂，溶剂，醇类，TDI，MDI

公司名称：佛山市顺德顺冠气体溶剂有限公司
地　　址：广东省顺德大良区沙头
邮　　编：528333
电　　话：0757-22292110
传　　真：0757-22293022
网　　址：www.spongeinfo.net
主要产品：溶剂

公司名称：佛山市文博化工有限公司
地　　址：广东省佛山市顺德区容桂大道宏建大厦2-208号
邮　　编：528300
电　　话：0757-2237800
网　　址：www.wenbo-china.com

主要产品：涂料添加剂，陶瓷添加剂，表面活性剂，涂料助剂

公司名称：佛山顺德汉高贸易有限公司
地　　址：广东省佛山市顺德区大良太艮路18号
邮　　编：528300
电　　话：0757-22216862
主要产品：助剂

公司名称：佛山信诚化工有限公司
地　　址：广东省佛山市南海区黄岐商业步行毛街北B15
邮　　编：528216
电　　话：0757-851136175
传　　真：0757-851136175
邮　　箱：laizf24@163.com
主要产品：涂料助剂，纺织助剂，塑料助剂

公司名称：广东迪美生物技术有限公司
地　　址：广东省广州市先烈中路100号
邮　　编：510070
电　　话：020-88138432
传　　真：020-87668093
主要产品：涂料防腐剂，防霉剂，抗藻剂和消毒剂
网　　址：www.gddemay.com

公司名称：广州丰天化工有限公司
地　　址：广东省广州市越秀区人民北路686号607室
邮　　编：510012
电　　话：020-61166988
传　　真：020-36235718
邮　　箱：gcc@gccgz.com
网　　址：www.gccgz.com
主要产品：胶黏剂，油墨，橡胶塑料，水处理，涂料聚氨酯，食品皮革及表面处理等

公司名称：广州杰途化工有限公司
地　　址：广东省广州市天河区东圃化工城C座35号
邮　　编：510110
电　　话：020-82550923 82551437 82551430 82550290
传　　真：020-82550708
邮　　箱：jietu@gzjietu.com
网　　址：www.gzjietu.com
主要产品：醇醚，乳化剂等各类化工原料

公司名称：广东省石油化工研究院
地　　址：广东省广州市天河区棠下车陂西路318号
邮　　编：510600
电　　话：020-82577337
传　　真：020-32373106
网　　址：www.gdcri.com
主要产品：工业防霉剂，电子化学品，表面活性剂，食品添加剂

公司名称：广东省油颜化工有限公司
地　　址：广东省广州市工业大道大干围渡口侧
邮　　编：510288
电　　话：020-84377048
网　　址：2206yy.qjy168.com
主要产品：颜料及化工原料，涂料添加剂

公司名称：广东天银化工实业有限公司
地　　址：广东省揭阳市揭东试验区华安路中段南侧

邮　　编：515500
电　　话：0663-3286444
网　　址：www.tianyin-chemical.com
主要产品：分散剂，聚氨酯树脂，木器涂料等

公司名称：广东云天志贸易有限公司
地　　址：广东省广州市珠江新城平月路南国一街 17 号 201 室
邮　　编：510627
电　　话：020-38208969-5206
传　　真：020-38208347
网　　址：gddehong.com
主要产品：钛白粉，助剂，乳液

公司名称：广州澳凌化学品有限公司
地　　址：广东省广州市天寿路 31 号 C 栋 2701
邮　　编：510610
电　　话：020-28850388
传　　真：020-28850369
网　　址：www.orienchem.com
主要产品：助剂，树脂，溶剂，涂料原材料

公司名称：广州邦乐化工原料有限公司
地　　址：广东省广州经济技术开发区东区东澳广场 D1101 室
邮　　编：510760
电　　话：020-62955766
传　　真：020-62955711
网　　址：gdbonny.com
主要产品：高岭土，增稠剂系列产品

公司名称：广州辰坛贸易有限公司
地　　址：广东省广州市天河区黄埔大道西 76 号盈隆广场 3215 室
邮　　编：510623
电　　话：020-38392360
传　　真：020-38210600
网　　址：www.bright-view.com.cn
主要产品：气相二氧化硅，蜡乳液，分散剂等

公司名称：广州从化新科轻化设备厂
地　　址：广东省广州市从化市温泉镇灌村石海工业区 1 号
邮　　编：510978
电　　话：020-87894313
传　　真：020-87894313
邮　　箱：sinco@gz-sinco.com
网　　址：gzsinco.com
主要产品：分散剂，篮式研磨机，真空搅拌机，精磨机

公司名称：广州德宝工贸有限公司
地　　址：广东省广州市番禺区清河东路美心苑美景楼 8 梯 502 室
邮　　编：511450
电　　话：020-84632419
主要产品：BYK助剂，拜耳固化剂

公司名称：广州丰天化工有限公司
地　　址：广东省广州市越秀区人民北路 686 号 607 室
邮　　编：510012
电　　话：020-61166988
传　　真：020-36235718
邮　　箱：gcc@gccgz.com
网　　址：www.gccgz.com
主要产品：溶剂，助剂等

公司名称：广州高凌化有限公司
地　　址：广东省广州市番禺迎宾路 730 号天安科技园交流中心 702 室
邮　　编：510700
电　　话：020-39388561
传　　真：020-39388562
主要产品：消光剂，助剂，金属络合染料

公司名称：广州冠志化工有限公司
地　　址：广东省广州市天河区黄村圃兴路中邦商务中心 A202
邮　　编：510660
电　　话：020-82567990
传　　真：020-52562072
网　　址：gzguanzhi.com.cn
主要产品：增稠剂，水性聚氨酯树脂，防腐剂等

公司名称：广州和氏璧化工材料有限公司
地　　址：广东省广州市黄埔大道 159 号富星商贸大厦西塔 25 楼
邮　　编：510620
电　　话：020-28810205
传　　真：020-87539929
网　　址：www.ncm-fsm.com

公司名称：广州坚毅化工有限公司
地　　址：广东省广州市芳村区兴东路
邮　　编：510360
电　　话：020-81554239
网　　址：www.gz-jychem.com
主要产品：有机硅偶联剂，有机锡稳定剂，有机钛催化剂，吸水稳定剂

公司名称：广州金运华化工有限公司
地　　址：广东省广州市天河区中山大道中桃园西路 637 号远洋明苑 209 室
邮　　编：510660
电　　话：020-82522856
传　　真：020-82522876
邮　　箱：1sy@sina.com
主要产品：萜烯树脂，松香改性树脂，石油树脂，抗氧剂，有机彭润土等

公司名称：广州京泽化工有限公司
地　　址：广东省广州市黄埔东路 633 号 4 座 204
邮　　编：510725
电　　话：020-82381678
网　　址：www.jingzee.com
主要产品：金属络合染料，炭黑，消光粉，气相二氧化硅，等

公司名称：广州聚佳贸易有限公司
地　　址：广东省广州市天河区中山大道珠村商贸大楼 312
邮　　编：510700
电　　话：020-32235232
传　　真：020-32234373
主要产品：铝银浆，防掉银助剂，定向蜡浆等

公司名称：广州仑利奇化工原料有限公司
地　　址：广东省广州市番禺区清河东路城市花园 C4-16 号
邮　　编：511450
电　　话：020-34581021
传　　真：020-34581020
网　　址：www.lunliqi.cn
主要产品：特种环氧树脂，活性环氧稀释剂，地坪面涂固化剂等

公司名称：广州明广贸易有限公司
地　　址：广东省广州市天河区天河北路 574-578 号帝景商业中心 409 室
邮　　编：510630
电　　话：020-38497030
网　　址：mgmygs.china315.com
主要产品：光安定剂，纺织染料，墨水染料，皮革染料，碳粉等

公司名称：广州千合化工原料有限公司
地　　址：广东省广州市南岸路 77 号 2 楼 B19
邮　　编：510075
电　　话：020-62756261
传　　真：020-62756262
网　　址：www.qianhechem.com
主要产品：凹凸油墨树脂，醇溶树脂，涂料助剂，颜料

公司名称：广州仁虹贸易有限公司
地　　址：广东省广州市天河区中山大道中路 280 圃商业大厦
邮　　编：510660
电　　话：020-82562132
主要产品：Tego添加剂

公司名称：广州榕泰化学科技有限公司
地　　址：广东省广州市高新技术开发区科学城彩屏路 9 号 B 座
邮　　编：510660
电　　话：020-22320389
主要产品：涂料助剂等

公司名称：广州深蓝聚合物有限公司
地　　址：广东省广州市番禺迎宾路 730 号天安科技园交流中心 902 室
邮　　编：511400
电　　话：020-22883339
主要产品：助剂，固化剂，树脂

公司名称：广州昇洋贸易有限公司
地　　址：广东省广州市天河棠下下车坡西路 396 号
邮　　编：510665
电　　话：020-82579819
网　　址：www.gdshengyang.com
主要产品：环氧树脂固化剂

公司名称：广州时代化工厂
地　　址：广东省增城市永和镇凤凰东路 10 号
邮　　编：511356
电　　话：020-82979999 82979688
传　　真：020-82976633
网　　址：www.gzage.com
主要产品：助剂

公司名称：广州市奥海贸易发展有限公司
地　　址：广东省广州市天河区天河北路 689 号光大银行大厦 15 楼 C1 室
邮　　编：510630
电　　话：020-38732729 38732730
网　　址：www.aohaicn.com
主要产品：金海雅宝各型号的抗氧剂系列，抗氧剂 264，紫外线吸收剂，抗静电剂，成膜助剂，松香树脂专用抗黄变剂，亚磷酸酯热稳定剂，正十二烷基硫醇，流平剂

公司名称：广州市宝鑫化工材料有限公司

地　　址：广东省广州市天河区东圃镇东圃化工城对面东侧09号商铺
邮　　编：510660
电　　话：020-31721523
网　　址：www.ev123.com
主要产品：偶联剂，涂料助剂

公司名称：广州市博麟贸易有限公司
地　　址：广东省广州市开发区开创大道北388号D栋201室
邮　　编：510700
电　　话：020-62958800
网　　址：www.hg-z.com
主要产品：水性、溶剂型涂料类添加剂，增稠剂，消泡剂，流平剂等

公司名称：广州市采合贸易有限公司
地　　址：广东省广州市天河区林和西横路63号南粤阁26楼A室
邮　　编：510610
电　　话：020-87556183
主要产品：颜料，助剂，蜡乳液

公司名称：广州市成珀物资有限公司
地　　址：广东省广州市荔湾北路维雅苑119号之七401室
邮　　编：510170
电　　话：020-81299145
网　　址：www.chemcp.com
主要产品：溶剂油，间苯二甲酸，苯甲酸，戊二醛，季戊四醇，甘油等

公司名称：广州市创亿行化工有限公司
地　　址：广州市天河区汇彩路38号领汇创展商业中心D4栋9层
邮　　编：510660
电　　话：020-82598428
网　　址：www.lingdoo.com
主要产品：色粉，钛白粉，染料，助剂等

公司名称：广州市大潮化工有限公司
地　　址：广东省广州市花都区玫瑰路阳光倚翠阁B202~204
邮　　编：510800
电　　话：020-36896005
主要产品：涂料助剂，填料

公司名称：广州市得圆贸易有限公司
地　　址：广东省广州市环市东路474号东环商厦1906室
邮　　编：510075
电　　话：020-87623878
网　　址：www.dey98.com
主要产品：溶剂

公司名称：广州市度特化工有限公司
地　　址：广东省广州市天河区东圃化工城A座14号
邮　　编：510660
电　　话：020-82551814
主要产品：溶剂，化工原材料

公司名称：广州市番禺华夏助剂有限公司
地　　址：广州市广州市番禺区鱼窝头镇东深村工业区
邮　　编：510620
电　　话：020-84916418
传　　真：020-84919172
主要产品：助剂

公司名称：广州市沣凌贸易有限公司
地　　址：广东省广州市天河区东圃化工城内F12
邮　　编：510660
电　　话：020-28811793
网　　址：www.qjy168.com
主要产品：成膜助剂，乳液，增稠剂，乳胶粉等

公司名称：广州市国彩颜料化工有限公司
地　　址：广东省广州市海珠区宝岗大道268号中新大楼
邮　　编：510250
电　　话：020-84392322
传　　真：020-84399421
网　　址：www.51sole.com
主要产品：钛白粉，颜料，溶剂等

公司名称：广州市瀚宏创展化工有限公司
地　　址：广东省广州市天河东圃圃兴路51号远洋大厦南AB18号
邮　　编：510660
电　　话：020-82551287
传　　真：020-82551287
主要产品：化工溶剂及其他化工原料

公司名称：广州市号东贸易有限公司
地　　址：广东省广州市经济技术开发区科学城彩频路11号F701
邮　　编：510660
电　　话：020-32022333
邮　　箱：haodong88@21cn.net
网　　址：www.gzhaodong.com
主要产品：水性助剂，分散剂，附着力促进剂等

公司名称：广州市浩雅化工有限公司
地　　址：广东省广州市新塘镇汇创国贸大厦1幢1501室
邮　　编：511340
电　　话：020-82608357
传　　真：020-82608356
主要产品：消光剂，润湿分散剂，流平剂

公司名称：广州市合诚化学有限公司
地　　址：广东省广州市萝岗区云埔工业区8号
邮　　编：510620
电　　话：020-38870989
网　　址：www.mmimm.com
主要产品：热塑性丙烯酸树脂，苯丙乳液，分散剂等

公司名称：广州市花都区际成化工厂
地　　址：广东省广州市中山大道中88号403室
邮　　编：510660
电　　话：020-82305339
网　　址：www.gzhaodong.com
主要产品：疏水碱溶胀缔合型增稠剂

公司名称：广州市晖伟贸易有限公司
地　　址：广东省广州市天河区中山大道中282号715A
邮　　编：510660
电　　话：020-82304459
传　　真：020-82302757
网　　址：huiweimy.cn.alibaba.com
主要产品：双氧水，冰醋酸，保险粉，化工原材料

公司名称：广州市惠盛国际贸易有限公司
地　　址：广东省广州市经济开发区东区骏工路39号
邮　　编：510730
电　　话：020-61076218
网　　址：chinawunion.cn.makepolo.com
主要产品：树脂，助剂，固化剂

公司名称：广州市基鸿贸易有限公司
地　　址：广东省广州市天河区东圃化工城G9号
邮　　编：510660
电　　话：020-82551723
传　　真：020-82550920
网　　址：www.guangzhoushijihong.com.cn
主要产品：防霉防藻剂，杀菌防腐剂，分散剂等

公司名称：广州市佳澳贸易有限公司
地　　址：广东省广州市东风中路437号越秀城市广场南塔1401A
邮　　编：510170
电　　话：020-83544181
主要产品：汽巴助剂，DIC色母，钛白粉，颜料等

公司名称：广州市杰高化工贸易有限公司
地　　址：广东省广州市黄浦区黄浦东路3401号亚钢大厦1108室
邮　　编：510735
电　　话：020-61013377
传　　真：020-61013379
网　　址：www.jego.com.cn
主要产品：固化剂，偶联剂等

公司名称：广州市金辰化工有限公司（襄樊一诺化工）
地　　址：广东省广州市天河区东圃黄村大道福元南路4号
邮　　编：510660
电　　话：020-82306829
主要产品：紫外线吸收剂，硝化棉

公司名称：广州市金珠江化学有限公司
地　　址：广州市芳村大道东200号
邮　　编：510370
电　　话：020-81892679
传　　真：020-81891357
主要产品：溶剂

公司名称：广州市锦旺化工有限公司
地　　址：广东省广州市天河东圃化工城G座23号
邮　　编：510660
电　　话：020-82551513
邮　　箱：jinwan-hg@163.com
网　　址：www.gzjwhg.cn
主要产品：丙二醇，二甘醇，碳酸钙，硫酸钡，二氯甲烷，乙二醇等

公司名称：广州市君森化工有限公司
地　　址：广东省广州市天河区东圃广州化工城B座14
邮　　编：510660
电　　话：020-82552187
传　　真：020-82551118
网　　址：www.junsenchem.com
主要产品：溶剂

公司名称：广州市立旺化工有限公司
地　　址：广东省广州市天河区中山大道东化工城D座3号
邮　　编：510660
电　　话：020-82522521

传　　真：020-82550275
主要产品：六次甲基四胺，聚乙烯醇，丙烯酸及 VAC，VAE 等

公司名称：广州市荔湾区南桦化工物资部
地　　址：广东省广州市荔湾区芳村大道西 277 号桥东大厦 2203 室
邮　　编：510360
电　　话：020-81688845
传　　真：020-81688845
主要产品：溶剂

公司名称：广州市荔威化工有限公司
地　　址：广东省广州市萝岗区九龙镇镇龙金龙工业区
邮　　编：511365
电　　话：020-32972699
传　　真：020-32972799
网　　址：www.8 liwei.cn
主要产品：原子灰固化剂，过氧化甲乙酮，原子灰，固化剂等

公司名称：广州市联固精细化学有限公司
地　　址：广东省广州市黄浦区海员路 97 号外运大楼 1205A 室
邮　　编：510700
电　　话：020-82299061
网　　址：www.gzliangu.cn
主要产品：美国气体化学的环氧固化剂，水性表面活性剂

公司名称：广州市亮佳新材料有限公司
地　　址：广东省广州市白云区黄石街陈田北约北街十四巷 11 号
邮　　编：510420
电　　话：020-33179782
传　　真：020-86336626
网　　址：www.lianj.com
主要产品：水性丙烯酸树脂，固化剂，水性涂料

公司名称：广州市陆欧贸易有限公司
地　　址：广东省广州市天河区中山大道中 282 号东圃商业大厦 412-413 室
邮　　编：510660
电　　话：020-82909315
网　　址：www.shengyidi.com
主要产品：水性铝银浆，油性银浆，涂料助剂，炭黑

公司名称：广州市南骏贸易有限公司
地　　址：广东广州市荔湾区芳村大道西石围塘街 341 号 301 房
邮　　编：510360
电　　话：020-81599421
传　　真：020-81599420
网　　址：gznjmy.cn.alibaba.com
主要产品：溶剂

公司名称：广州市南腾化工有限公司
地　　址：广东省广州市中山八路 23 号富力商贸中心 2510 室
邮　　编：510175
电　　话：020-81358788
传　　真：020-81358618
网　　址：www.gznanteng.com
主要产品：溶剂，甲苯，二甲苯，6# 溶剂，120# 溶剂等

公司名称：广州市欧鹏化工有限公司
地　　址：广州市番禺区市桥街东环路 397 号雅苑大厦北座 301-六
邮　　编：511400
电　　话：020-39995755
传　　真：020-39995033
网　　址：www.openchemical.cn
主要产品：先创涂料助剂，酸催化剂，防沉剂

公司名称：广州市润奥化工材料有限公司
地　　址：广东省广州市天河区中山大道中 284 号 3501 房
邮　　编：510660
电　　话：020-82325545
网　　址：gzrunaohuagong.3ghgw.com
主要产品：甲基丙烯酸单体，固化剂，涂料助剂等

公司名称：广州市三鼎汇贸易有限公司
地　　址：广东省广州市番禺区洛溪新城莱茵学院 301
邮　　编：511431
电　　话：020-22876023
传　　真：020-22876023-808
网　　址：www.sdiwe.com
主要产品：弹性涂料原料，消光粉，铝银浆，树脂，防腐杀菌剂，各种助剂

公司名称：广州市熵能聚合物技术有限公司
地　　址：广东省广州市南沙经济技术开发区
邮　　编：511400
电　　话：020-39388679
传　　真：020-39388939
邮　　箱：info@shinepolymer.com
网　　址：www.shinepoly.com
主要产品：干膜，阻燃剂，无卤阻燃剂，防火剂

公司名称：广州市尚成贸易有限公司
地　　址：广东省广州市天河直街 55 号华苑大厦 C 栋 20G
邮　　编：510620
电　　话：020-38809881
传　　真：020-38809882
主要产品：涂料用各类颜料，助剂，蜡粉等

公司名称：广州市胜诚贸易有限公司
地　　址：广东省广州市天河区东圃化工城 A 座 15 号
邮　　编：510660
电　　话：020-82522490
传　　真：020-82551281
邮　　箱：ztprinting@163.com
主要产品：涂料溶剂

公司名称：广州市时盛有机硅有限公司
地　　址：广东省广州市天河区东圃圃兴路远洋楼首层东付 2 号
邮　　编：510660
电　　话：020-82551564
传　　真：020-82551564
主要产品：硅油，涂料原材料

公司名称：广州市首牵化工有限公司
地　　址：广东省广州市海珠区广州大道南 911 号中智商务大厦
邮　　编：510275
电　　话：020-34072969-813
邮　　箱：alice_xu@first-chain.com
网　　址：www.99inf.com
主要产品：汽巴分散剂，增稠剂，流平剂，增白剂等

公司名称：广州市顺加贸易有限公司
地　　址：广东省广州市天河北路 449 号嘉怡苑第三座 17 楼 E 室
邮　　编：510610
电　　话：020-38808437
网　　址：www.huangyeku.net
主要产品：表面活性，润湿剂

公司名称：广州市斯洛柯化学有限公司
地　　址：广东省广州市科学城科学大道 111 号信息大厦 1108
邮　　编：510620
电　　话：020-32053018
传　　真：020-32053018
邮　　箱：silok@silok.cn
网　　址：www.silok.com
主要产品：涂料助剂

公司名称：广州市韬涛贸易有限公司
地　　址：广东省广州市天河东圃圃兴路东侧 4 号
邮　　编：510660
电　　话：020-82551253
网　　址：gztt188@518ad.com
主要产品：丙烯酰胺，甲基丙二醇，甘油，丙二醇

公司名称：广州市添采贸易有限公司
地　　址：广东省广州市番禺区东涌镇吉祥中路 26 号
邮　　编：511453
电　　话：020-84902137
主要产品：香精，助剂

公司名称：广州市伟士达化工有限公司
地　　址：广东省广州市高新科技园时代新世界中心分园北塔 1005-1006 室
邮　　编：510300
电　　话：020-34260399
网　　址：www.winstar-chem.com
主要产品：超级分散剂，电镀银树脂，流平剂，等涂料助剂

公司名称：广州市西陆化工有限公司
地　　址：广州市天河区东圃广州化工城内 G 座 G22 铺
邮　　编：510660
电　　话：020-82551749
传　　真：020-28267535
网　　址：www.gzlhg.com
主要产品：溶剂

公司名称：广州市祥枫化工科技有限公司
地　　址：广东省广州市天河区中山大道中 284 号东圃商业大夏
邮　　编：510000
电　　话：020-62861335
邮　　箱：gztt188@518ad.com
主要产品：苯丙乳液，纯丙乳液，硅丙乳液，助剂

公司名称：广州市祥富贸易商行
地　　址：广东省广州市天河区东圃黄村埔兴路 53 号 A103
邮　　编：510660
电　　话：020-82575385
传　　真：020-84701516

网　　址：www.jty-gew.com
主要产品：蜡粉，颜料，分散剂，抗静电剂，树脂，粉末涂料助剂等

公司名称：广州市新易化工有限公司
地　　址：广东省广州市天河区东圃镇化工城C座3号
邮　　编：510660
电　　话：020-28811725
传　　真：020-28811726
主要产品：涂料原材料，助剂

公司名称：广州市旭超贸易有限公司
地　　址：广东省广州市天河区中山大道中286号东圃商业大厦B座309A
邮　　编：510660
电　　话：020-38808465
传　　真：020-82562717
网　　址：lojin.b2b.hc360.com
主要产品：溶剂

公司名称：广州市永晋贸易有限公司
地　　址：广东省广州市海珠区江南大道中82号新疆大厦15楼A单元
邮　　编：510220
电　　话：020-84253162
传　　真：020-84251498
邮　　箱：winzone@qq.com
网　　址：www.win-zone.com
主要产品：水性聚氨酯树脂，助剂，三元氯醋树脂，微粉化蜡，砂纹蜡

公司名称：广州市源雅化工有限公司
地　　址：广东省广州市天河区柯云路和田大厦
邮　　编：510655
电　　话：020-85548547
网　　址：www.sourcewell.net
主要产品：光亮润滑分散剂，防玻纤外露剂，抗氧剂

公司名称：广州市长首贸易有限公司
地　　址：广东省广州市越秀区东风路753号天誉商务大厦东塔1202室
邮　　编：510075
电　　话：020-87662811
网　　址：www.gz-cs.cn
主要产品：UV光固化，铝银浆，助剂

公司名称：广州市志一贸易有限公司
地　　址：广东省广州市芳村芳村花园8号2604
邮　　编：510380
电　　话：020-81681804
网　　址：zhiyi-chem.com
主要产品：抗氧化剂，紫外线吸收剂，特殊助剂

公司名称：广州市智宇化工贸易有限公司
地　　址：广东省广州市天河区建中路64-66号佳都商务大厦西603房
邮　　编：511356
电　　话：020-85551124
主要产品：消光粉

公司名称：广州市中兆企业有限公司
地　　址：广东省广州市天河北路28号时代广场东座1113-1115A
邮　　编：510620
电　　话：020-38910368

网　　址：www.loyalfortune.com
主要产品：颜料，染料，添加剂等

公司名称：广州市重凯化工有限公司
地　　址：广东省广州市中山大道中1096号504室
邮　　编：510660
电　　话：020-32236058
传　　真：020-32236239
网　　址：www.gz-zhongkai.com
主要产品：涂料助剂，炭黑，颜染料

公司名称：广州市周盈化工有限公司
地　　址：广东省广州市黄浦区万科城市花园商业楼909
邮　　编：510700
电　　话：020-82385202
网　　址：www.qjy168.com
主要产品：溶剂，化工原材料，甲苯，二甲苯

公司名称：广州市卓宇贸易有限公司
地　　址：广东省广州市东风中路268号广州交易广场2102室
邮　　编：510000
电　　话：020-83510370
网　　址：www.shengyidi.com
主要产品：树脂，催化剂，粉末涂料固化剂等

公司名称：广州双键贸易有限公司
地　　址：广东省广州市黄浦区丰乐南路88号A6栋1702室
邮　　编：510700
电　　话：020-82488510
邮　　箱：448167912@qq.com
网　　址：www.gzshuangjian.com
主要产品：丙烯酸树脂，单体，乳化剂

公司名称：广州松尾贸易有限公司
地　　址：广州工业大道381号保利百合花园商务中心七楼
邮　　编：510280
电　　话：020-84155576
网　　址：www.m-hchinagz.comcn
主要产品：日本东洋铝银浆，OMG，borchers助剂，固化剂等

公司名称：广州天赢化工科技有限公司
地　　址：广东省广州市天河区中山大道中130号汇诚大厦506室
邮　　编：510660
电　　话：020-82528007
传　　真：020-82528072
网　　址：info.b2b168.com
主要产品：印花胶浆原材料，弹性树脂，防粘剂，离型剂，水性电化铝背胶

公司名称：广州途锐贸易有限公司
地　　址：广州市天河区中山大道南路黄泥凼路段1号2楼D05室
电　　话：020-32427535
网　　址：www.tr-agent.com
主要产品：流平剂，分散剂，助剂

公司名称：广州旺港贸易有限公司
地　　址：广东省广州市中山大道枫叶路8号
邮　　编：510665
电　　话：020-85580225
网　　址：wanggang168.cn.china.cn
主要产品：涂料助剂等

公司名称：广州炜裕化学品有限公司
地　　址：广东省广州市中山六路六榕路81号103
邮　　编：510180
电　　话：020-83190132
主要产品：涂料用固化剂

公司名称：广州文嘉化工有限公司
地　　址：广东省广州市东圃圃兴路53号（中邦商务中心A123-124号）
邮　　编：510660
电　　话：020-3220828
传　　真：020-3220829
网　　址：www.emchem.com
主要产品：化工原料，助剂，颜料，染料产品

公司名称：广州伍洋贸易有限公司
地　　址：广东省广州市东风东路753号天誉商务大厦东塔3006室
邮　　编：510300
电　　话：020-37885223
主要产品：有机溶剂

公司名称：广州昕晖贸易有限公司
地　　址：广州市天河北路远东大厦2107室
邮　　编：510611
电　　话：020-38806689
传　　真：020-38812032
网　　址：company.ch.gongchang.com
主要产品：助剂，树脂

公司名称：广州信翼贸易有限公司
地　　址：广东省广州市天河区华景新城海锦写字楼212室
邮　　编：510630
电　　话：020-85566305
传　　真：020-85566408
网　　址：gzxymy5193.cn.china.cn
主要产品：二元酯，二丙二醇丁醚，二甲酸酯等

公司名称：广州煦和贸易有限公司
地　　址：广东省广州市中山大道282号东圃商业大厦A座406室
邮　　编：510660
电　　话：020-82316706
主要产品：乳化剂，表面活性剂，乳胶漆助剂，工业PU涂料之异氰酸酯等

公司名称：广州亿轩贸易有限公司
地　　址：广州市广州大道南和平中街3号和平商务中心北塔1212号房
邮　　编：510305
电　　话：020-89040182
传　　真：020-89040119
主要产品：甘油，表面活性剂，仲烷基磺酸钠，二甲基硅油等

公司名称：广州易采化工有限公司
地　　址：广东省广州市番禺区大石今日丽舍怡景苑B1-2108
邮　　编：511430
电　　话：020-61906192
传　　真：020-61906182
网　　址：eassaeyicai.plastic.com.cn
主要产品：BYK助剂，OK哑粉，赢创炭黑和气相白炭黑，水性银浆

公司名称：广州盈而腾贸易有限公司
地　　址：广东省广州市广州大道南911号中智商务大厦9楼
邮　　编：510300
电　　话：020-89001612
主要产品：助剂，涂料原材料

公司名称：广州永畅化工有限公司
地　　址：广州市海珠区新港东路1068号中洲中心南塔A座2301室
邮　　编：510280
电　　话：020-89048311
传　　真：020-89048366
邮　　箱：office@yongc.com
网　　址：www.yongc.com
主要产品：油溶，透明，荧光，珠光颜料，铜金粉，荧光增白剂

公司名称：广州优霓科化工有限公司
地　　址：广东省广州市天河区中山大道中
邮　　编：510660
电　　话：020-28876193
网　　址：www.frponline.com.cn
主要产品：热塑性固体丙烯酸树脂；醛树脂KC-81；聚酮树脂（醛酮树脂）DC-120；增光助剂ASK；蜡浆A508，A510；环保溶剂MADE（DBE）；DAA；CAC；PM；PMA；DPM；DE；ECS；NPAC；IPAC；IOAC；颜料；色粉及各种助剂等。

公司名称：广州昱华科技发展有限公司
地　　址：广州市天河区员村二横路15号大厦
邮　　编：510630
电　　话：020-85611205
主要产品：油墨用水性丙烯酸乳液，色浆及各种助剂

公司名称：广州裕昌化工科技有限公司
地　　址：广州海珠区南田路广东药学院南区商务中心2层203
邮　　编：510230
电　　话：020-84022971
邮　　箱：u_chem@163.com
网　　址：www.uchemtech.cn
主要产品：UV树脂，助剂

公司名称：广州原野实业有限公司
地　　址：广东增城市广州增城荔城工业加工区
邮　　编：511300
电　　话：020-82746886
网　　址：www.gz-yuanye.com
主要产品：可再分散乳胶粉，分散乳胶粉

公司名称：广州致辉精化股份有限公司
地　　址：广东省广州番禺区番禺大道北555号天安科技交流中心308
邮　　编：510660
电　　话：020-61219058
传　　真：020-39211599
网　　址：www.zhi-hui.com
主要产品：流平剂，附着力促进剂，镜面油墨树脂等

公司名称：广州中雅涂料材料商行
地　　址：广东省广州市天源路南华商贸城630号
邮　　编：510650
电　　话：020-33563458
网　　址：www.gzzya.com
主要产品：气干性不饱和聚酯树脂(PE漆树脂)及水性木器涂料树脂

公司名称：广州佐悦贸易有限公司
地　　址：广东省广州市番禺区南村镇登云大路5-1
邮　　编：510041
电　　话：020-28662307
传　　真：020-28662309
主要产品：特种树脂，涂料助剂，炭黑，进口颜料

公司名称：国际幼东企业有限公司
地　　址：广东省东莞市长安镇增田梅园路十巷10号
邮　　编：523000
电　　话：0769-85329394
主要产品：特殊助剂，附着增进剂，固化促进剂，纳米分散剂等

公司名称：鹤山东旭化学工业制造有限公司
地　　址：广东省江门鹤山雅瑶镇朝阳工业区
邮　　编：529724
电　　话：020-39388761
网　　址：www.hsdongxu.cn
主要产品：PU固化剂，粉末涂料，工业漆等

公司名称：江门市劲浪化工有限公司
地　　址：广东省江门市江海二路87-107
邮　　编：5292199
电　　话：0750-8239600
主要产品：钛白粉，涂料助剂，纤维素，增白剂，甘油

公司名称：鹤山市聚盈皮塑化工有限公司
地　　址：广东省鹤山市桃源镇钱塘工业区
邮　　编：529700
电　　话：0750-8180787
主要产品：固化剂

公司名称：加拿大能达化学（鹤山）有限公司
地　　址：广东省鹤山市沙坪镇玉桥路388号
邮　　编：529700
电　　话：0750-8549393
主要产品：树脂，助剂产品，复合稳定剂

公司名称：江门市汇金化工有限公司
地　　址：广东省江门市丰乐路47号之一101
邮　　编：529000
电　　话：0750-3909008
传　　真：0750-3909018
网　　址：www.gbchem.com
主要产品：环氧固化剂，聚酰胺树脂，达玛树脂，印花色浆

公司名称：江门市尖尖经贸发展有限公司
地　　址：广东省江门市港口一路13号中远大厦远景阁24楼
邮　　编：529040
电　　话：0750-3161161
网　　址：www.plasb2b.com
主要产品：聚氯乙烯糊状树脂，增塑剂，纤维素

公司名称：江门市聚碳化工有限公司
地　　址：广东省江门市杜阮镇亭园工业区
邮　　编：529073
电　　话：0750-3652575
网　　址：www.jutan.com.cn
主要产品：固化剂

公司名称：江门市康宇化工有限公司
地　　址：广东省江门市蓬江区天龙三街5座102铺
邮　　编：529000
电　　话：0750-3065868
主要产品：固化剂，乳胶漆增强剂，附着力促进剂

公司名称：江门市蓬江区文晖化工有限公司
地　　址：广东省江门市迎宾大道西26号
邮　　编：529000
电　　话：0750-3251971
主要产品：涂料原材料，助剂，颜料

公司名称：揭阳市天银化工实业有限公司
地　　址：广东省揭阳市榕城区新兴工业区
邮　　编：510620
电　　话：020-8671199
传　　真：020-3286444
网　　址：www.tianyin-chemical.com
主要产品：溶剂、助剂

公司名称：揭阳市鑫源化工贸易有限公司
地　　址：广东省揭阳市榕城区榕池路美西路70-72号
邮　　编：522000
电　　话：0663-8862188
主要产品：环乙酮

公司名称：卡德莱化工(珠海)有限公司
地　　址：广东省珠海市金湾区临港经济区碧阳路
邮　　编：519050
电　　话：0756-7269010
网　　址：www.cardolite.com
主要产品：摩擦粉，环氧树脂，腰果壳油固化剂

公司名称：开平市创鑫精细化工有限公司
地　　址：广东省开平市苍城镇工业园四区13号
邮　　编：529341
电　　话：0750-2822298
网　　址：www.laxiao.com
主要产品：助剂

公司名称：茂名市高山海洋化工有限公司
地　　址：广东省茂名市茂南区官山一路128号
邮　　编：5125000
电　　话：0668-2860023
传　　真：0668-2865723
网　　址：www.gshyhg.com.cn
主要产品：溶剂油，环保溶剂油，白油，白矿油，煤油等

公司名称：清新县汉科化工科技有限公司
地　　址：广东省广州市黄浦区丰乐清新县太平工业园
邮　　编：510700
电　　话：020-82488509
网　　址：www.zgpeas.com

主要产品：功能性单体，乳化剂，助剂

公司名称：三佰氏化工有限公司
地　　址：广东省佛山市顺德区容桂凤祥南路 2 号宏建大厦 203 室
邮　　编：528303
电　　话：0757-28370526
网　　址：www.sanbaishi.cn
主要产品：助剂，颜料，树脂

公司名称：汕头经济特区龙湖科技实业公司
地　　址：广东省汕头市金砂路 106 号国际商业大厦 A 座 24B
邮　　编：515041
电　　话：0754-88945991
主要产品：乳胶粉，干粉料，有机硅，瓦克干粉砂浆等

公司名称：汕头市升平区珍福化建有限公司
地　　址：广东省汕头市中平街 8 号
邮　　编：515041
电　　话：0754-8547365 8547371 8547493
传　　真：0754-8547371
网　　址：www.jewelful.com
主要产品：溶剂

公司名称：汕头市鑫熙贸易有限公司
地　　址：广东省汕头市龙湖区丽水庄西区 41 幢中煤大厦 1101 房
邮　　编：515041
电　　话：0754-86303848
主要产品：珠光浆，温变颜料，分散剂，助剂等

公司名称：深圳海川化工科技有限公司
地　　址：广东省深圳市福田区车公庙天安数码城 F3.8 栋 C，D 座八楼
邮　　编：518040
电　　话：0755-83300666
传　　真：0755-83300726
网　　址：www.oceanpower.com
主要产品：涂料，油墨，胶黏剂助剂

公司名称：深圳普锐森实业有限公司
地　　址：广东省深圳市福田区振华西路田面创意设计产业园 2 栋 6 层 B 室
邮　　编：518000
电　　话：0755-82795949
传　　真：0755-83221499
网　　址：www.puruisen.cn
主要产品：树脂，固化剂，涂料助剂，尼龙微粉，催化剂

公司名称：深圳市艾美捷化学品有限公司
地　　址：广东省深圳市宝安区沙井镇新和大道丽城科技园 C-4
邮　　编：518104
电　　话：0755-61517700
主要产品：水性涂料色浆，分散剂，润湿剂，流平剂，消泡剂

公司名称：深圳市昌鑫化工有限公司
地　　址：广东省深圳市龙岗区平湖华南城 M18 栋 114 号
邮　　编：518111
电　　话：0755-89637234
网　　址：www.cxhg.net
主要产品：防腐杀菌剂，水性涂料助剂，水性粘合剂助剂，油墨助剂

公司名称：深圳市辰光贸易有限公司
地　　址：广东省深圳市南山区南商路深蓝季节大厦 C1803
邮　　编：518048
电　　话：0755-83813348
网　　址：www.szcgmy.com
主要产品：壬基酚，进口硬脂酸，BYK 助剂，NP-10，NP-9

公司名称：深圳市诚盛辉化工有限公司
地　　址：广东省深圳市宝安区福永镇福中路翠岗二区
邮　　编：518103
电　　话：0755-29924163
传　　真：0755-29608276
主要产品：填料，纤维素，丙烯酸树脂，助剂，CAB 等

公司名称：深圳市东港田化工有限公司
地　　址：广东省深圳市龙岗镇南联植物园路 328 号二楼
邮　　编：518116
电　　话：0755-84867806
传　　真：0755-84802532
网　　址：www.szdgt.com
主要产品：苯类，溶剂油，醇类，醋酸酯类

公司名称：深圳市飞扬实业有限公司
地　　址：广东省深圳市沙井镇沙四村飞扬路一号
邮　　编：518104
电　　话：0755-27237288
传　　真：0755-27237288
网　　址：szfeiyang.jiaomai.com
主要产品：高沸点溶剂，环氧稀释剂

公司名称：深圳市高名实业有限公司
地　　址：广东省深圳市福田区南园路 68 号上步大厦 6 楼 K 座
邮　　编：518000
电　　话：0755-83660005
传　　真：0755-83660086
主要产品：BYK助剂，哑粉，防掉银树脂，弹性粉，弹性手感剂，电镀银树脂

公司名称：深圳市格伦康科技有限公司
地　　址：广东省深圳市福田区福民路东方欣悦居欣悦阁 4B
邮　　编：518048
电　　话：0755-82981010
网　　址：szglkkj.cn.china.cn
主要产品：醋酸酯类，环保溶剂油，特种溶剂油

公司名称：深圳市庚申贸易有限公司
地　　址：广东省深圳市宝安区西乡鹤洲安乐工业园 1 栋 B5-1
邮　　编：518126
电　　话：0755-27474381
传　　真：0755-27474382
网　　址：www.gengshen.com.cn
主要产品：德国迪高助剂，TEGQ 涂料助剂，流平剂，无卤阻燃剂

公司名称：深圳市弘利展实业有限公司
地　　址：广东省深圳市宝安区松岗汽车站写字楼 801
邮　　编：518105
电　　话：0755-27553908
传　　真：0755-27097861
网　　址：www.holyzon.com
主要产品：环氧树脂，环氧固化剂，油性助剂，稀释剂，色膏等

公司名称：深圳市宏业天成化工有限公司
地　　址：广东省深圳市龙岗区平湖华南城五化区 M16 栋 102 号
邮　　编：518111
电　　话：0755-89636735
传　　真：0755-89636737
主要产品：柠檬酸，硬脂酸，过硫酸铵，过硫酸钠

公司名称：深圳市华美联化工有限公司
地　　址：广东省深圳市龙岗区坪山镇中兴路 27 号 201 室
邮　　编：518001
电　　话：0755-28828077
传　　真：0755-28828087
主要产品：UV光固化树脂，电镀银树脂，BYK 助剂系列

公司名称：深圳市华苏科技发展有限公司
地　　址：广东省深圳市南山区南山大道南海大厦 D 栋 6G
邮　　编：518054
电　　话：0755-86250096
网　　址：www.szhuasu.com.cn
主要产品：聚合分散剂，改性聚乙烯醇，可再分散乳胶粉

公司名称：深圳市华信行实业有限公司
地　　址：广东省深圳市宝安区西乡中华商贸城
邮　　编：518101
电　　话：0755-81458322
传　　真：0755-81458996
邮　　箱：bfk@szhxh.com
网　　址：www.szhxh.com
主要产品：涂料助剂，分散剂，抗油剂，UV 树脂，电镀银树脂

公司名称：深圳市今丰化工有限公司
地　　址：广东省深圳市宝安区松岗镇红花工业区 3 栋 2 楼
邮　　编：518100
电　　话：0755-27469101
主要产品：水性色浆，建筑乳液，膨润土，水性助剂等

公司名称：深圳市金兄弟实业有限公司
地　　址：广东省深圳市滨河大道 5003 号爱地大厦西座 8E
邮　　编：518055
电　　话：0755-83551650
传　　真：0755-83551216
主要产品：染料，铝浆，固化剂，色浆，UV 树脂，助剂等

公司名称：深圳市龙岗区兆昌化工
地　　址：广东省深圳市龙岗区龙平东路新龙岗花园南 1 栋 611 室
邮　　编：518172
电　　话：0755-84891199
主要产品：助剂，电镀油，PU 罩光油

公司名称：深圳市帕斯托化工有限公司
地　　址：深圳爱国路外贸轻工大厦 1507
邮　　编：518003
电　　话：0755-82250518 82379131
传　　真：0755-82379098
邮　　箱：office@pstchem.com

网　　址：www.pstchem.com
主要产品：助剂

公司名称：深圳市瑞晟新材料有限公司
地　　址：广东省深圳市宝安区西乡镇共乐铁仔路麒裕工业城
邮　　编：518033
电　　话：0755-27926843
网　　址：www.szresin.com
主要产品：UV树脂，助剂

公司名称：深圳市润鹏投资有限公司
地　　址：广东省深圳市福田区深南中路3039号国际文化大厦13层
邮　　编：518000
电　　话：1379854646
主要产品：可再分散乳胶粉

公司名称：深圳市撒比斯科技有限公司
地　　址：广东省深圳市深圳市宝安区西乡固戍航城大道华丰第二工业园C1栋A座4楼
邮　　编：518048
电　　话：0755-82836677
传　　真：0755-82836935
网　　址：www.sapience.cn
主要产品：树脂及基料，蜡浆，助剂等

公司名称：深圳市三港联化工贸易有限公司
地　　址：广东省深圳市龙岗中心城志佳大厦14楼
邮　　编：518000
电　　话：0755-28939875
网　　址：www.china-xpj.com
主要产品：苯，丁酮，丙酮，环己酮，甲基异丁基酮等

公司名称：深圳市世鑫贸易有限公司
地　　址：广东省深圳市光明新区公明街道红花山工业区一幢8楼B区
邮　　编：518106
电　　话：0755-27739853
网　　址：shixin.sm160.com
主要产品：涂料，油墨添加剂，秀明染料及树脂固化剂

公司名称：深圳市双成贸易有限公司
地　　址：广东省深圳市龙岗区布吉镇大芬爱琴居B座20J
邮　　编：518112
电　　话：0755-33600381
传　　真：0755-33600380
网　　址：china.chemnet.com
主要产品：氯醋树脂，玻璃粉，砂面粉，附着力促进剂

公司名称：深圳市推进者化工有限公司
地　　址：广东省深圳市宝安区石岩镇水田村同富康工业区
邮　　编：518000
电　　话：0755-2968252
主要产品：助剂，树脂，涂料助剂，油墨助剂，水性涂料助剂等

公司名称：深圳市万鑫化工有限公司
地　　址：广东省深圳市龙岗区龙岗镇爱联村军田路6巷2号
邮　　编：518017
电　　话：0755-28995748
网　　址：www.szwxhg.com
主要产品：氯醋树脂，氯醋共聚树脂，流平剂，消泡剂，分散剂等

公司名称：深圳市威诺华化工材料有限公司
地　　址：广东省深圳市罗湖区爱国路泰宁花园A座24A
邮　　编：518020
电　　话：0755-82606601
传　　真：0755-8260604
邮　　箱：zhuzhiyun11@163.com
网　　址：www.szvinova.com
主要产品：涂料原材料，树脂，填补剂，水性色精，水性润湿剂

公司名称：深圳市兴华达工业原料有限公司
地　　址：广东省宝安区广东省深圳市宝安区民治街道樟坑村华侨新村134-138
邮　　编：518000
电　　话：0755-83106387
主要产品：汽巴电镀银，电镀银树脂，弹性树脂，弹性浆、剂、粉等

公司名称：深圳市旭晖星科技有限公司
地　　址：深圳市南山区学府路怡园大厦怡涛阁25
邮　　编：518000
电　　话：0755-26075180
主要产品：催化剂，UV蜡浆，弹性粉

公司名称：深圳市业旭实业有限公司
地　　址：广东省深圳市布吉
邮　　编：518112
电　　话：0755-28792520
网　　址：www.chenlinago.com.cn
主要产品：环氧树脂，环氧树脂固化剂

公司名称：深圳市一亮顺平化工贸易有限公司
地　　址：广东省深圳市龙岗区平湖街道平龙东路282号
邮　　编：518000
电　　话：0755-28456969
传　　真：0755-28450489
网　　址：www.ylhg666.com.cn
主要产品：酮类，醇类，烷类，醚类，酯类等有机溶剂

公司名称：深圳市伊宁美克科技有限公司
地　　址：广东省深圳市龙岗区平湖华南城化工区M14栋125
邮　　编：518000
电　　话：0755-33623116
主要产品：水性消泡剂

公司名称：深圳市长辉化工科技有限公司
地　　址：广东省深圳市龙岗龙翔大道西建新工业区
邮　　编：518000
电　　话：0755-28943800
传　　真：0755-28943700
网　　址：www.bnkchem.com
主要产品：分散剂，流平剂，消泡剂，附着力促进剂

公司名称：深圳腾达贸易有限公司
地　　址：广东省惠州市惠阳区新墟镇塘吓星运花园鲸鱼座B501
邮　　编：516200
电　　话：0755-87123366
网　　址：www.tengda.com.cn
主要产品：助剂，颜料，树脂

公司名称：深圳鹰胜化工有限公司
地　　址：广东省深圳龙华镇美丽家园3栋110号
邮　　编：518109
电　　话：0755-81796809
主要产品：针孔暗泡王，流平消泡剂，无污染抗油流平剂等

公司名称：陶氏化学（中国）投资有限公司广州分公司
地　　址：广东省广州市天河区林和西路3-15号
邮　　编：510086
电　　话：020-38130600
主要产品：杀菌剂，乳液，多功能助剂，AMP95等

公司名称：广州通济贸易有限公司
地　　址：广东省广州市番禺区钟村镇锦秀生态园西区
邮　　编：511495
电　　话：020-39926306
主要产品：涂料助剂，钛白粉，溶剂

公司名称：威来惠南集团（中国）有限公司
地　　址：广东省广州市黄埔大道159号富星商贸大厦西塔7楼
邮　　编：510620
电　　话：020-87591626
网　　址：www.welexchina.net
主要产品：钛白粉，涂料用助剂等

公司名称：先创化学品公司
地　　址：广东省高要市南岸镇上元路37号
邮　　编：526100
电　　话：0758-8363318
传　　真：0758-8361052
主要产品：涂料添加剂

公司名称：心连化工（惠阳）有限公司
地　　址：广东省惠州市惠阳区秋长镇黄埔学校侧入500米
邮　　编：516200
电　　话：0752-3535931
主要产品：电镀绝缘漆，水性玻璃漆，五金漆，开油水

公司名称：肇庆市东源化工有限公司
地　　址：广东省肇庆市鼎湖区桂城工业北三区
邮　　编：526070
电　　话：0758-2693988
主要产品：消光剂，纯流平剂，消光固化剂，流平剂，增光剂等助剂

公司名称：肇庆市科威化工有限公司
地　　址：广东省肇庆市端州黄岗镇东万村开发区
邮　　编：526060
电　　话：0758-2757103
主要产品：通用型流平剂，增光剂，户内抗黄变消光剂等

公司名称：中山市丛林贸易有限公司
地　　址：广东省中山市石岐区南下泥墩下横街9号
邮　　编：528400
电　　话：0760-88818855

主要产品：杜邦氟表面活性剂

公司名称：中山市耐思化工涂料有限公司
地　　址：广东省中山市黄圃镇环山东路3号
邮　　编：528409
电　　话：0760-23238880
网　　址：www.naisi.cn
主要产品：耐水腻子胶粉，建筑胶水王，腻子原材料

公司名称：中山市添美化工材料有限公司
地　　址：广东省中山市黄圃镇新明南路114号
邮　　编：528429
电　　话：0760-23309888
主要产品：分散剂，消泡剂，流平剂，附着力促进剂

公司名称：中山市优派材料有限公司
地　　址：广东省中山市阜沙镇阜港大道一冲口
邮　　编：528434
电　　话：0760-23409766
网　　址：www.zsup.cn
主要产品：填料，PE助剂，耐打磨助剂

公司名称：珠海市翔枫贸易有限公司
地　　址：广东省广州市天河区东圃中山大道282号东圃商业大厦
邮　　编：510660
电　　话：020-82580776
主要产品：乳液，成膜助剂等涂料原料

公司名称：友联化工有限公司
地　　址：广东省佛山市南海区黄岐太湖路中南花园二期A13号
邮　　编：528248
电　　话：0757-85960445 85905993
传　　真：0757-85905993
邮　　箱：psq445@163.com
网　　址：www.ylkcl.com
主要产品：树脂，固化剂，助剂

公司名称：广东天辰生物技术有限公司
地　　址：广州市先烈中路100号科学院内
邮　　编：510070
电　　话：020-87776635
传　　真：020-87622748
网　　址：www.gd-tianchen.com
主要产品：助剂

公司名称：广州市大潮化工有限公司
地　　址：广州市花都区新华镇玫瑰路17号阳光倚翠B203
邮　　编：510800
电　　话：020-36896005
传　　真：020-36839006
邮　　箱：dachao@0086e.com
网　　址：www.gzdachao.com
主要产品：助剂

公司名称：惠州市高登化工有限公司
地　　址：惠州市惠台工业区65号
邮　　编：510000
电　　话：0752-2603730
传　　真：0752-2603535
网　　址：www.hzupper-class.com
主要产品：助剂

公司名称：深圳市吉雅德实业有限公司
地　　址：深圳市红荔西路上航大厦506室
邮　　编：518028
电　　话：0755-83263366
传　　真：0755-83262211
网　　址：www.jada.com.cn
主要产品：助剂

公司名称：广西梧州日成林产化工有限公司
地　　址：广西苍梧县龙墟镇广信路385号
邮　　编：543100
电　　话：0774-2693681
传　　真：0744-2683737
网　　址：www.wssfc.com
主要产品：松香季戊四醇酯

公司名称：南宁市江南精细化工厂
地　　址：广西南宁市五一中路南五里十号旁
邮　　编：530031
电　　话：0771-4881026
主要产品：三聚磷酸铝

公司名称：重庆祥和磷化有限公司
地　　址：重庆九龙坡区石桥铺
邮　　编：400039
电　　话：023-68695017
主要产品：光亮剂，润滑剂，聚乙烯蜡偶联剂

公司名称：成都市加强化工有限公司
地　　址：四川省成都市机投镇武青北路76号
邮　　编：610000
电　　话：028-87087211
主要产品：华夏助剂

公司名称：成都臻通贸易有限公司
地　　址：四川省成都市天然居
邮　　编：610051
电　　话：028-66700510
传　　真：028-83283620
网　　址：www.ztmyr.com
主要产品：助剂类，机械设备类，检测仪器

公司名称：成都联吉化工有限公司
地　　址：四川省成都市二仙桥东路13号
邮　　编：610051
电　　话：028-84119093
主要产品：石蜡，香兰素

公司名称：四川蓉丰化工有限责任公司
地　　址：四川省成都市三环路东二段2号坤泽物流中心塑料大世界A区6幢7号
邮　　编：610066
电　　话：028-66675682
网　　址：www.soci.com.cn
主要产品：杀菌剂，阻垢剂

公司名称：四川省隆昌县承华胶业有限责任公司
地　　址：四川省隆昌县新马路
邮　　编：642150
电　　话：0832-3958090
主要产品：胶黏剂，环氧固化剂，助剂

公司名称：四川晟天化贸易有限公司
地　　址：四川省成都新都宝光大道109号附73二楼
邮　　编：610500
电　　话：028-81060392
主要产品：助剂，消光粉，钛白粉，胶黏剂

公司名称：贵州水晶有机化工（集团）有限公司
地　　址：贵州省清镇市红枫湖镇
邮　　编：551402
电　　话：0851-2561355
网　　址：www.gzcrystal.com
主要产品：季戊四醇，聚乙酸乙烯酯乳液

公司名称：贵州鑫城矿业有限公司
地　　址：贵州省麻江县凯里市麻江谷硐镇
邮　　编：557601
电　　话：0855-2673111
传　　真：0855-2673939
主要产品：重晶石粉

公司名称：陕西省石油化工研究设计院
地　　址：陕西省西安市西延路61号
邮　　编：710054
电　　话：029-85542628
传　　真：029-85510652
网　　址：www.shaanxipci.com
主要产品：防腐剂

公司名称：西安北方惠安化学工业有限公司
地　　址：陕西省西安市户县余下镇
邮　　编：710302
电　　话：029-84910905
主要产品：纤维素醚

公司名称：西安岚皓助剂厂
地　　址：陕西省西安市长安区义井工业园1号
邮　　编：710117
电　　话：029-85690083
传　　真：029-85690083
主要产品：涂料助剂

公司名称：山西科源达精细化工有限公司
地　　址：山西省太原市化工路113号
邮　　编：030001
电　　话：0351-6939346
主要产品：酚醛树脂，糠醇树脂，钛酸酯偶联剂

公司名称：山西芮城华新纳米材料有限公司
地　　址：山西省芮城县东大街100号
邮　　编：044600
电　　话：0359-8869704
传　　真：0359-8869704
主要产品：纳米碳酸钙，PE专用纳米母料，氧化钙

公司名称：山西天一纳米材料科技有限公司
地　　址：山西省晋中市榆次区经纬路134号
邮　　编：030601
电　　话：0354-2433596
传　　真：0354-2422311
网　　址：www.tianyi-nano.com
主要产品：消光粉，二氧化硅

公司名称：银川洪榕化工物资有限公司
地　　址：宁夏银川市丽景南街 60 号
邮　　编：750004
电　　话：0951-6012371
网　　址：www.nxhrhg.cn
主要产品：氯化钾，氯化镁，磷酸和磷盐，环氧树脂，固化剂，立德粉

3.4 其他

公司名称：北京德科振邦科技发展有限公司
地　　址：北京市石景山区八大处高科技园实兴东街 8 号京汉大厦 6 层
邮　　编：100041
电　　话：010-88400902
邮　　箱：dkzb@ideal2008.com
网　　址：www.jiaofen2008.cn
主要产品：腻子，黏结剂

公司名称：北京工达伟业科学技术研究中心
地　　址：北京市朝阳区平乐园 100 号北工大熙园宾馆院内
邮　　编：100022
电　　话：010-67395275
传　　真：010-67390701
网　　址：www.bjpu-tech.com.cn
主要产品：涂料技术转让

公司名称：北京幻彩壁图科技发展有限公司
地　　址：北京市丰台区东铁匠营横一条 31 号 6 号楼 5016 号
邮　　编：100075
电　　话：010-51185757
传　　真：010-67675422
网　　址：www.bjhcbt.cn
主要产品：墙贴，液体壁纸

公司名称：北京美巢装饰材料有限责任公司
地　　址：北京市朝阳区龙爪树四街甲 5 号
邮　　编：100078
电　　话：010-87697237
邮　　箱：meichao@meichao.com.cn
主要产品：腻子

公司名称：北京群芳建筑装饰材料有限公司
地　　址：北京市延庆县延庆镇米家堡村南
邮　　编：102100
电　　话：010-61120688
主要产品：腻子粉，黏合剂

公司名称：北京市朝阳超力装饰材料厂
地　　址：北京市朝阳区金盏乡马各庄东 88 号
邮　　编：100024
电　　话：010-65417960
传　　真：010-65419665
网　　址：www.bjchaoli.cn
主要产品：耐水腻子粉，外墙腻子，耐水腻子，外墙抗裂保温砂浆

公司名称：北京市固特丽制桶有限公司
地　　址：北京市通州区永乐店工业开发区
邮　　编：101105
电　　话：010-80553822
传　　真：010-80553755
邮　　箱：crazy_holiday@163.com
网　　址：www.guteli.comindex.aspx
主要产品：包装桶

公司名称：北京双弛同达科技发展有限公司
地　　址：北京市丰台永外苇子坑 2 号兴东南大厦
邮　　编：100079
电　　话：010-67620704 83440691
传　　真：010-67620704
邮　　箱：root@shuangchikeji.com
主要产品：木蜡油

公司名称：诺欧建材（北京）有限公司
地　　址：北京市朝阳区管庄东里中国建材研究院北楼 402
邮　　编：100024
电　　话：010-61505485
传　　真：010-51298322
邮　　箱：info@nuoou.net
主要产品：腻子

公司名称：三磊建筑材料厂
地　　址：北京市丰台区王佐镇西庄店小店村 176 号
邮　　编：100074
电　　话：010-83863396
主要产品：建筑胶，腻子粉

公司名称：威迪科(北京)彩色装饰涂料有限公司
地　　址：北京市昌平区北七家工业园
邮　　编：102209
电　　话：010-81768270
传　　真：010-81768059
邮　　箱：info@vedeco.cn
网　　址：vedeco.com.cn
主要产品：色浆

公司名称：天津久日化学工业有限公司
地　　址：天津市华苑产业技术园区开华道
邮　　编：300384
电　　话：022-83715017
主要产品：光印发剂，氟硅唑，农药，医药中间体

公司名称：沧州市运西狮王胶带厂
地　　址：河北省沧州市运河区武新房村
邮　　编：061000
电　　话：0317-2063139
传　　真：0317-2062568
邮　　箱：shiwangjiaodai@163.com
网　　址：www.czswjd.cn
主营产品：喷砂，雕刻，防腐胶带等保护胶带

公司名称：石家庄市富强精细化工有限公司
地　　址：河北省晋州市后彭头工业开发区
邮　　编：052260
电　　话：0311-84358888
主要产品：胶粉，内外墙耐水腻子

公司名称：石家庄市桥西区亚青涂料厂
地　　址：河北省石家庄市桥西区玉村中兴路 36 号
邮　　编：050091
电　　话：0311-83836302
主要产品：涂料黏合剂，涂料

公司名称：太原思威特色卡有限公司
地　　址：山西省太原市高新区技术路 22 号 318 室
邮　　编：030006
电　　话：0351-7022718
传　　真：0351-7021992
主要产品：色卡

公司名称：德国流体系统有限公司
地　　址：上海市漕溪路 250 号银海大楼 A 区 103 室
邮　　编：200235
电　　话：021-64827125
传　　真：021-64827126
网　　址：www.germanfluid.com
主要产品：流量计，泵，液压部件

公司名称：卡勒特纳米材料上海有限公司
地　　址：上海市希望城双丁路 200 号
邮　　编：201801
电　　话：021-59101031
传　　真：021-59101711
邮　　箱：market@karlet.com
网　　址：www.karlet.com
主要产品：纳米材料

公司名称：美国固瑞克公司上海代表处
地　　址：上海市漕宝路 509 号新园大厦 2 号楼 118 室
邮　　编：200233
电　　话：021-64950088-212
传　　真：021-64950077
邮　　箱：customerservice@graco.com
网　　址：www.graco.com.cn
主要产品：流体处理系统，喷涂设备

公司名称：上海拜科庭化工科技有限公司
地　　址：上海中山北路 3618 号银城大厦 1901 室
邮　　编：200063
电　　话：021-62227396
传　　真：021-62227395
主要产品：代理各种涂料原料

公司名称：上海采颜丰涂料装饰有限公司
地　　址：上海市闵行区北翟路 2000 弄 29 号 902
邮　　编：201106
电　　话：021-52211213
传　　真：021-52211213
网　　址：www.caiyanfeng.com
主要产品：工程涂料施工，家居装饰，涂料色彩创意翻新

公司名称：上海复顿染色科技有限公司
地　　址：上海市遵义南路 8 号锦明大厦 19B

邮　　编：200366
电　　话：021-62789805 64134618
传　　真：021-62789337
邮　　箱：sales@fortunecolor.com
网　　址：www.fortunecolor.com
主要产品：色浆，色卡，软件

公司名称：上海格伦化学科技有限公司
地　　址：上海市莲花南路 1500 号 8-9 弄 428
邮　　编：201108
电　　话：021-64246002
传　　真：021-64246002
网　　址：www.shglchem.com
主要产品：炭黑，修补液，胶

公司名称：上海华熠化工助剂有限公司
地　　址：上海市陕西北路 1283 弄 9 号 801 室
邮　　编：200060
电　　话：021-52520719
传　　真：021-62981220
邮　　箱：huayid@china.com
网　　址：www.huayichem.com
主要产品：聚乙烯蜡，氧化聚乙烯等塑料，涂料助剂

公司名称：上海佳润化工有限公司
地　　址：上海市浦东区周浦镇康沈公路 1944 号
邮　　编：201318
电　　话：021-58156099
传　　真：021-58150730
主要产品：硝基漆片，过氯乙烯漆片

公司名称：上海茂仓贸易有限公司
地　　址：上海市镇宁路 545 弄 7 号 802 室
邮　　编：200040
电　　话：021-62524111
传　　真：021-62122907
邮　　箱：maocang@163.com
网　　址：www.cnpowder.com
主要产品：研磨介质

公司名称：常州市武进崔桥实验化工有限公司
地　　址：江苏常州市东门崔北工业区崔北路 21 号
邮　　编：213103
电　　话：0519-88501157
网　　址：www.wj 00550088.cn
主要产品：聚氨酯胶，水性真空吸塑胶，油性真空吸塑胶，特种水溶性压敏胶，PVC 贴面胶

公司名称：常州市悦达包装有限公司
地　　址：江苏省常州市漕桥工业开发区
邮　　编：213171
电　　话：0519-86211908
传　　真：0519-86217527
主要产品：包装桶

公司名称：常州陶源钴业有限公司
地　　址：江苏省常州市常州新区通江大道 466 号新江面大饭店 1517 室
邮　　编：213031
电　　话：0519-85101139
传　　真：0519-85113160
网　　址：www.frponline.com.cn
主要产品：原材料，辅助材料，促进剂

公司名称：淮安市华威涂料有限公司
地　　址：江苏省盱眙县马坝镇陵园路
邮　　编：211751
传　　真：0517-88410587
主要产品：建筑涂料，腻子

公司名称：江苏省东台市长青涂料厂
地　　址：江苏省东台市东台镇圩北居委会 4 组 139 号
邮　　编：224200
电　　话：0515-85883691
传　　真：0515-85261598
主要产品：内墙环保腻子粉

公司名称：昆山吉奥诗色卡有限公司
地　　址：江苏省昆山市周市镇陆杨金茂工业园盛达路 19 号
邮　　编：215313
电　　话：0512-55106881
传　　真：0512-55106882
邮　　箱：geoscolour@geoscc.com.cn
网　　址：www.geoscc.com.cn
主要产品：色卡

公司名称：昆山市合顺鑫源色卡有限公司
地　　址：江苏省昆山市高新区环庆路 2488
邮　　编：215316
电　　话：0512-55198751
传　　真：0512-55198750
主要产品：色卡

公司名称：昆山市汇丰色浆有限公司
地　　址：江苏省昆山市昆南路 391 号
邮　　编：215300
电　　话：0512-57311959 57337391
传　　真：0512-57311959
主要产品：色浆

公司名称：昆山市世名科技开发有限公司
地　　址：江苏省昆山市黄浦江北路 219 号
邮　　编：215337
电　　话：0512-57665889
传　　真：0512-57665880
网　　址：www.smcolor.cn
主要产品：色浆，色卡，电脑调色一体化系统，特种水性涂料

公司名称：南京新美菊精细化工有限公司
地　　址：江苏省南京市六合区横梁镇经济技术开发区
邮　　编：211515
电　　话：025-57601762
传　　真：025-57601762
主要产品：脱漆剂，除尘纱布，过滤棉

公司名称：无锡东宇科技有限公司
地　　址：江苏省无锡市锡沪东路 588 号
邮　　编：214100
电　　话：0510-82452916
传　　真：0510-82456895
邮　　箱：dongyu@163.com.cn
主要产品：腻子

公司名称：无锡金铠包装有限公司
地　　址：江苏省宜兴市万石镇工业区北区
邮　　编：214217
电　　话：0510-87855888
传　　真：0510-87856908
主要产品：包装桶

公司名称：徐州彩虹颜料有限公司
地　　址：江苏省徐州市西北郊何桥工业园
邮　　编：221146
电　　话：0516-85466996
网　　址：xzchyl.cn.gongchang.com
主要产品：色浆

公司名称：仪征市富天贸易有限公司
地　　址：江苏省仪征市解放西路 259-1 号博览家 3 幢 907 室
邮　　编：211400
电　　话：0514-83580808
传　　真：0514-83415591
邮　　箱：footing@ftxp.net
网　　址：www.ftxp.net
主要产品：高分子微球体，中空微球体

公司名称：镇江市润州德意丽涂料厂
地　　址：江苏省镇江市润州区七里甸镇光星村朱家湾
邮　　编：212004
电　　话：0511-85725536
主要产品：内外墙涂料，胶水

公司名称：杭州良渚创新艺术色卡厂
地　　址：杭州市余杭区良渚镇良博路
邮　　编：311113
电　　话：0571-88780931
传　　真：0571-88780582
主要产品：色卡

公司名称：富阳万佳乳胶厂
地　　址：浙江省富阳市洞桥镇丰林村
邮　　编：311404
电　　话：0571-63271360
传　　真：0571-63271360
主要产品：乳胶

公司名称：杭州求是实业有限公司
地　　址：浙江省杭州市文三路 508 号天苑大厦 18 层 C 座
邮　　编：310013
电　　话：0571-85830028
传　　真：0571-85304687
主要产品：保温一体化板，保温装饰板，建筑涂料，外墙保温材料

公司名称：桐乡市宇名水性色浆有限公司
地　　址：浙江省桐乡市灵安镇李家弄
邮　　编：314505
电　　话：0573-88362668
传　　真：0573-88362668
网　　址：www.zjym.com
主要产品：水性色浆

公司名称：温岭市谦爱诺涂料色卡厂
地　　址：浙江省温岭市太平街道东湖工业区
邮　　编：317500
电　　话：0576-86159551
传　　真：0576-86159579
邮　　箱：chinoo@chinoo.com.cn
网　　站：www.chinoocolour.cn
www.chinoo.com.cn
主要产品：涂料色卡，扇形卡，颜色卡，颜色系统卡，拉毛用发泡滚筒

公司名称：浙江金琨锆业有限公司
地　　址：浙江省天台县城关坝头
邮　　编：317200
电　　话：0576-83952349 83952288

传　　真：0576-83952180
邮　　箱：infor@jkzro.com
网　　址：www.jkzro.com
主要产品：锆珠

公司名称：杭州赛乐化工有限公司
地　　址：杭州市下城区武林新村 104
邮　　编：310002
电　　话：0571-28812357
传　　真：0571-88334000
网　　址：www.sailorchem.cn
主要产品：PVC树脂粉

公司名称：天台县精工玻璃珠有限公司
地　　址：浙江省天台县城关坝头
邮　　编：317200
电　　话：0576-3952349
传　　真：0576-3952180
邮　　箱：info@ttegb.com
网　　址：www.ttegb.com
主要产品：玻璃珠

公司名称：浙江省纳米材料应用工程技术中心
地　　址：浙江省杭州市西溪路 559 号
邮　　编：310023
电　　话：0571-85224201 85224203
传　　真：0571-85224202-8019
邮　　箱：zinmaetc@mail.hz.zj.cn
网　　址：www.zjnm.net
主要产品：纳米材料

公司名称：中美合资浙江桐乡佳龙化工有限公司
地　　址：浙江省桐乡市
邮　　编：314505
电　　话：0573-8591628 8591165
传　　真：0573-8591165 8593222
邮　　箱：webmaster@jialongchemical.com
网　　址：www.zjjlhg.com
主要产品：硝化棉

公司名称：厦门阿士卡彩印技术有限公司
地　　址：福建省厦门市海沧新阳工业区霞光路 103 号 1 楼
邮　　编：361022
电　　话：0592-6037320
传　　真：0592-6080629
网　　址：www.asuka.com.cn
主要产品：涂料色卡

公司名称：山东奇想高晨科技化工有限公司
地　　址：山东省郓城县郓城镇第一工业园区
邮　　编：274700
电　　话：0530-6520859
传　　真：0530-6536925
主要产品：水性覆膜胶

公司名称：黎明化工研究院
地　　址：河南省洛阳市西工区邙岭路 5 号
邮　　编：471001
电　　话：0379-62301606
网　　址：www.lrici.com
主要产品：黏合剂，聚氨酯材料，过氧化物，化学推进剂

公司名称：项城市水寨镇绿环涂料胶粉厂
地　　址：河南省项城市商城南门 50 米路东
邮　　编：466200
电　　话：0394-6021869
传　　真：0394-4311619
主要产品：外墙腻子打底胶粉

公司名称：荆州市康达化工科技开发公司
地　　址：湖北省荆州市荆东路 54 号
邮　　编：434100
电　　话：0716-8469235
邮　　箱：kdkj88@126.com
网　　址：www.kdhgkj.com
主要产品：建筑涂料胶粉，保温材料

公司名称：武汉优邦新材料化工有限公司
地　　址：湖北省武汉市江汉区财神广场六楼 C7
邮　　编：430015
电　　话：027-8600095
传　　真：027-65600292
网　　址：www.whyb.cn
主要产品：内、外墙腻子粉，膏灰，胶粉

公司名称：博罗县石湾博盛复合材料有限公司
地　　址：广东省惠州市博罗县石湾镇窑吓村
邮　　编：516123
电　　话：0752-6928900-903(4 线)
传　　真：0752-6928909
邮　　箱：epoxy@blboc.com
网　　址：www.blboc.com
主要产品：厌氧胶 UV 胶，磁环环保喷涂漆

公司名称：东莞大岭山旭日化工厂
地　　址：广东省东莞市大岭山镇东纵路旁
邮　　编：523835
电　　话：0769-83351836
传　　真：0769-3353089
主要产品：磨光吸塑油

公司名称：东莞祈星容器有限公司
地　　址：广东省东莞市虎门赤岗工业区
邮　　编：523000
电　　话：0769-85158519
传　　真：0769-85158509
邮　　箱：john@pails.com.tw
网　　址：www.pailking.com
主要产品：塑胶桶，塑料桶，涂料桶，润滑油桶

公司名称：东莞市创邦建材有限公司
地　　址：广东省东莞市寮步镇塘唇工业区 648 号
邮　　编：511700
电　　话：0769-83267062
传　　真：0769-83267060
邮　　箱：chuangbang@szfqly.com
网　　址：www.chuangbang.net
主要产品：乳胶粉外墙内墙环保腻子

公司名称：东莞市东立涂料厂
地　　址：广东省东莞市虎门镇新联村夜市旁
邮　　编：523917
电　　话：0769-55277218
传　　真：0769-55277218
主要产品：白乳胶

公司名称：东莞易施宝建筑材料有限公司
地　　址：广东省东莞市沙田镇稔洲工业区
邮　　编：523999
电　　话：0769-88661482
传　　真：0769-88863618
邮　　箱：easymix@163.com
主要产品：防水砂浆，防水涂料，瓷砖黏结剂

公司名称：佛山市顺德区乐从镇良教美华涂料厂
地　　址：广东省佛山市顺德区乐从镇
邮　　编：528300
电　　话：0757-28855397
传　　真：0757-28855397
主要产品：白乳胶，PVC 胶

公司名称：广东佛山市顺德区大地制罐实业有限公司
地　　址：广东省佛山市顺德区伦教区霞石工业区成业路
邮　　编：528308
电　　话：0757-22818306
传　　真：0757-27733015
邮　　箱：dd@dadichina.com.cn
网　　址：www.dadichina.com.cn
主要产品：铁盒，铁罐，铁桶

公司名称：广州柏励司研磨介质有限公司
地　　址：广东省广州市番禺区西城路 295 号
邮　　编：511400
电　　话：020-84603730 84604831 84600825
传　　真：020-84603731
邮　　箱：web@gzpleased.com.cn
网　　址：www.gzpleased.comChinese
主要产品：玻璃珠，硅酸锆珠，氧化锆珠（球），陶瓷球等

公司名称：广州市番禺科迪色彩有限公司
地　　址：广州市番禺洛溪新城如意中心 F702
邮　　编：511431
电　　话：020-84583291
传　　真：020-84508862
邮　　箱：keyteccolors@hotmail.com
网　　址：www.keyteccolors.com
主要产品：色浆

公司名称：江门东洋油墨有限公司
地　　址：广东省江门市白沙龙湾西路 32-33 号
邮　　编：529000
电　　话：0750-3532618
传　　真：0750-3558265 3533363
邮　　箱：jmtoyo@toyoink.com.cn
网　　址：www.jm-toyoink.com
主要产品：凹版油墨，硒网油墨，金属油墨，金属罐涂料，黏合剂

公司名称：江门市蓬江区荷塘镇荣昌化工涂料厂
地　　址：广东省江门市蓬江区荷塘镇南村东沙开发区
邮　　编：529095
电　　话：0750-3736195
邮　　箱：sales@rongchang.net.cn
网　　址：www.jmrongchang.com.cn
主要产品：高温原子灰，玻璃胶，装修木器涂料

公司名称：深圳海川色彩科技有限公司
地　　址：广东省深圳市车公庙天安数码城 F3.8 栋 CD 座 8 楼
邮　　编：518040
电　　话：0755-22232582
传　　真：0755-83300726
主要产品：色彩服务，色彩培训，建筑色卡，调色系统

公司名称：深圳蓝谱里克科技有限公司
地　　址：广东省深圳市福田区竹子林金民大厦 2004-2005 室
邮　　编：518040
电　　话：0755-82960796
传　　真：0755-82871175
邮　　箱：liriver@163.com
网　　址：www.szlamplic.com
主要产品：有机硅胶

公司名称：深圳市富大众科技有限公司
地　　址：广东省深圳市宝安石岩创维工业区丽景园 A 三栋
邮　　编：518100
电　　话：0755-27350408
传　　真：0755-27350499
网　　址：www.fudazhong.com
主要产品：包装材料，涂料，电镀材料

公司名称：深圳市天友利标准光源有限公司
地　　址：广东省深圳市公明镇合水口创维电子城 15 栋 6 楼
邮　　编：518106
电　　话：0755-27198826
网　　址：www.tilosh.cn
主要产品：对色灯箱，色卡，测厚仪，分光测色仪

公司名称：重庆市化工研究院
地　　址：重庆市江北区玉带山化工村 1 号
邮　　编：400021
电　　话：023-67658264
传　　真：023-67661262
邮　　箱：chyfzb@ccqci.com
网　　址：www.ccqci.com
主要产品：原料研究

公司名称：重庆卫林涂料有限公司
地　　址：重庆市南岸区南平镇四公里村团结工业园区
邮　　编：400060
电　　话：023-62805016
邮　　箱：cqservice@mainone.cn
主要产品：腻子粉

公司名称：德阳市蒲公英涂料厂
地　　址：四川省德阳市兴河街 212 号
邮　　编：618000
电　　话：18990203399
网　　址：pgytl.diytrade.com
主要产品：内外墙腻子，821 腻子粉，805 环保型建筑胶水

公司名称：四川北方硝化棉有限责任公司
地　　址：四川省成都市锦江区工业园三色路 209 号火炬动力港 A 区 8 栋 9 层
邮　　编：610000
电　　话：028-85925683
传　　真：028-85925689
网　　址：www.sn-nc.com
主要产品：硝化棉

公司名称：四川金来缘科技有限公司
地　　址：四川省成都市金牛区洞子口路 819 号 6 幢 1 单元 903
邮　　编：610080
电　　话：028-89191906
传　　真：028-83118621
邮　　箱：13678190368@VIP.139sc.com
网　　址：www.jlyuv.cn
主要产品：无影胶

公司名称：咸阳兴华高精表面技术有限公司
地　　址：陕西省咸阳市高新区阳安西路
邮　　编：712000
电　　话：029-33344682
传　　真：029-33310829
邮　　箱：33310829@163.com
网　　址：www.xyxinghua.com
主要产品：热熔胶，黄胶涂料装备、涂装机械及检测仪器

4 涂料装备、涂装机械及检测仪器

公司名称：北京北航汉威灌装机械有限公司
地　　址：北京市大兴区西红门镇建新庄建新西路十二号
邮　　编：100076
电　　话：010-61289591 61289561
传　　真：010-61289561
邮　　箱：china-hw@yahoo.com.cn
网　　址：china-hw.com
主要产品：液体（涂料，油墨）灌装机

公司名称：北京波罗努斯涂装设备有限公司
地　　址：北京大兴工业开发区金苑路19号
邮　　编：102600
电　　话：010-61271540 60214692
传　　真：010-60214692
邮　　箱：info@beijing-polonus.com
网　　址：www.beijing-polonus.com
主要产品：涂装机械设备

公司名称：北京航天鑫源涂装设备研究所
地　　址：北京市丰台区云岗北区西里11号
邮　　编：100073
电　　话：010-83312719 68376927
传　　真：010-83312719
邮　　箱：zhucongy@263.net
主要产品：钢桶涂装生产线

公司名称：北京市华兴达涂装技术研究所
地　　址：北京市宣武区陶然亭路55号
邮　　编：100054
电　　话：010-83523979 63525645
传　　真：010-63525645
邮　　箱：jishu@huaxingda.com.cn
网　　址：www.huaxingda.com.cn
主要产品：涂装设备

公司名称：北京静电设备厂
地　　址：北京市宣武区龙泉胡同22号
邮　　编：100054
电　　话：010-63520872
传　　真：010-63522656
邮　　箱：ent1010135@chinapower.com.cn
网　　址：www.bjjdc.com
主要产品：静电涂装设备

公司名称：北京市海淀区祥云静电喷涂设备厂
地　　址：北京市海淀区北坞村662号
邮　　编：100091
电　　话：010-88856389
网　　址：www.bj-xy.com
主要产品：静电喷塑成套设备和单机

公司名称：北京四方立恒电控设备开关有限公司
地　　址：北京通州区宋庄镇小堡佰富苑工业区
邮　　编：100018
电　　话：010-69598975
传　　真：010-69598976
邮　　箱：market@bjsflh.com
网　　址：www.bjsflh.com
主要产品：涂料调色设备

公司名称：北京市鑫宇建工试验仪器有限公司
地　　址：北京市丰台区富锦嘉园
邮　　编：100073
电　　话：010-83623843 83623943
传　　真：010-83623843
邮　　箱：11262066@163.com
网　　址：www.xyjgyq.com
主要产品：涂料试验仪器设备

公司名称：时代集团公司
地　　址：北京市海淀区上地信息产业基地西路38号
邮　　编：100085
电　　话：010-62980815
传　　真：010-62978787
邮　　箱：timepower@timegroup.com.cn
网　　址：www.time-power.com.cn
主要产品：涂料检测仪器

公司名称：北京安事金科技有限公司
地　　址：北京市朝阳区小营路9号亚运豪庭B-06B
邮　　编：100101
电　　话：010-64945193
传　　真：010-64945192
主要产品：有机热载体及其加热系统

公司名称：北京赛德丽科技开发有限公司
地　　址：北京市丰台区菜户营58号财富西环大厦25A层1号
邮　　编：100054
电　　话：010-63385319
传　　真：010-63385322
邮　　箱：sdl@sdl.com.cn
网　　址：www.sdl.com.cn
主要产品：涂料一体化设备

公司名称：北京新迪表面技术工程有限公司
地　　址：北京市石景山区古城南街
邮　　编：100043
电　　话：010-68871481
传　　真：010-68871573
邮　　箱：cmd@cmd-bj.com
网　　址：www.cmd-bj.com
主要产品：涂装设备

公司名称：天津井上机械制造有限公司
地　　址：天津市武清开发区源泉路9号
邮　　编：301700
电　　话：022-82117944 82117945
传　　真：022-82117957
邮　　箱：inouemfgtj@inouemfgtj.com
主要产品：研磨机械，搅拌机械
网　　址：www.tjinoue.com

公司名称：天津市粉末静电涂装设备厂
地　　址：天津市津南区双桥河乡政府东
邮　　编：300350
电　　话：022-28391313
传　　真：022-28391313
主要产品：涂装设备

公司名称：天津市津岛静电涂装设备厂
地　　址：天津市西青区小南河工业区
邮　　编：300382
电　　话：022-23980841
传　　真：022-23980841
邮　　箱：jindao@tjjindao.com
网　　址：www.tjjindao.com
主要产品：静电喷涂设备

公司名称：天津市伟达试验机厂
地　　址：天津市河东区华龙道秋实园6号楼底商10号
邮　　编：300011
电　　话：022-24325230
传　　真：022-24325230
网　　址：www.tjwd.net
主要产品：涂料检验仪器

公司名称：天津市邦连光学仪器有限公司
地　　址：天津市红桥区丁字沽胜灾南路4、6号
邮　　编：300131
电　　话：022-26513016
传　　真：022-26510396
主要产品：镜向光泽

公司名称：天津市精科材料试验机厂
地　　址：天津市静海东滩头道口
邮　　编：301605
电　　话：022-68771120
传　　真：022-68773111
邮　　箱：jingke@tjjingke.com
网　　址：www.tjjingke.com
主要产品：涂料试验仪器设备

公司名称：天津市森日达试验设备有限公司
地　　址：天津市和平区气象台路河沿道兴河里55号101底商
邮　　编：300020
电　　话：022-27810078
传　　真：022-27813038
邮　　箱：senrida@senrida.com
网　　址：www.senrida.com
主要产品：砂磨机，分散机

公司名称：天津润通试验仪器销售公司
地　　址：天津市红桥区西青道84号
邮　　编：300122
电　　话：022-27736823
传　　真：022-27722078
主要产品：涂料试验检测仪器

公司名称：天津市科器高新技术公司
地　　址：天津市南开区二马路46号
邮　　编：300100

电　　话：022-27350692
传　　真：022-27350692
邮　　箱：sales@kqgx.com
网　　址：www.kqgx.com
主要产品：涂料试验检测仪器

公司名称：天津市路达建筑仪器有限公司
地　　址：天津市河西区（小海地）微山路新会道交口
邮　　编：300222
电　　话：022-28110277
传　　真：022-28110277
邮　　箱：tjsyyq@163.com
网　　址：www.tjsyyq.com
主要产品：检测仪器，测量仪器

公司名称：天津市建筑仪器试验机公司
地　　址：天津市红桥区闸桥南路 37 号
邮　　编：300121
电　　话：022-28332191
传　　真：022-28321779
邮　　箱：tjjycy@public.tpt.tj.cn
网　　址：www.tjjycj.com
主要产品：涂料检测仪器度计

公司名称：天津市道里试验机厂
地　　址：天津市和平区桂林路 17 号
邮　　编：300050
电　　话：022-23135833 23320855
传　　真：022-23135833
邮　　箱：tjdaolisyj@tjdaoli.com
网　　址：www.tjdaoli.com
主要产品：涂料测试仪器，材料试验机

公司名称：天津永利达材料试验机有限公司
地　　址：天津市静海县沿庄镇张庄工业区
邮　　编：301605
电　　话：022-68771666
传　　真：022-68772312
邮　　箱：yonglida@clsyj.com
网　　址：www.clsyj.com
主要产品：涂料检测仪器

公司名称：天津市中环试验仪器厂
地　　址：天津市河东区卫国道 159 号增 4 号
邮　　编：300250
电　　话：022-24559106
传　　真：022-24559106
网　　址：tjzhonghuan.com
主要产品：涂料检测仪器

公司名称：天津浅田机械有限公司
地　　址：天津市西青经济开发区中北工业园 B-H-B9 号
邮　　编：300384
电　　话：022-23799176
传　　真：022-23799140
主要产品：搅拌机，砂磨机

公司名称：天津市鸿聚利试验设备厂
地　　址：天津市静海县梁头镇东河头工业区
邮　　编：301600
网　　址：www.tjhongjuli.cn
电　　话：022-68173566
传　　真：022-68173568
主要产品：涂料，油墨，地板，纸张，等行业检测仪器

公司名称：天津市力顺贸易有限公司
地　　址：天津市南开区华苑产业区榕苑路 16 号鑫茂科技园 G 座 2 层 B2 单元
邮　　编：300384
电　　话：022-83710986
传　　真：022-83711986
邮　　箱：17.tj@mariso.com
网　　址：www.mariso.com.cn
主要产品：测厚仪

公司名称：天津润通试验仪器销售公司
地　　址：天津市红桥区西青道 84 号
邮　　编：300122
电　　话：022-27736823
传　　真：022-27722078
主要产品：涂料试验检测仪器

公司名称：天津市伟达试验机厂
地　　址：天津市河东区华龙道秋实园 6 号楼底商 10 号
邮　　编：300011
电　　话：022-24325230
传　　真：022-24325230
网　　址：www.tjwd.net
主要产品：涂料检验仪器

公司名称：天津市中亚涂料试验设备有限公司
地　　址：天津市静海区北纬 3 路东段东头大胡同 1 号
邮　　编：301600
电　　话：022-68632025
传　　真：022-68632025
邮　　箱：zhangcong 1982623@yahoo.com.cn
网　　址：www.tjzhongya.com
主要产品：非金属材料试验机

公司名称：天津永利达材料试验机有限公司
地　　址：天津市静海县沿庄镇张庄工业区
邮　　编：301605
电　　话：022-68771666
传　　真：022-68772312
邮　　箱：yonglida@clsyj.com
网　　址：www.clsyj.com
主要产品：涂料检测仪器

公司名称：河北秦皇岛金佳机械有限公司
地　　址：河北省秦皇岛市开发区望海店工业园
邮　　编：066318
电　　话：0335-6309998
传　　真：0335-6309996
邮　　箱：jinjia@jinjiamac.com
网　　址：www.jinjiamac.com
主要产品：SG系列辊式研磨机

公司名称：秦皇岛市抚宁化轻机械厂
地　　址：秦皇岛市抚宁县滨河东路中段路东
邮　　编：066300
电　　话：0335-6687488
传　　真：0335-6683488
邮　　箱：huaqing@qhdhuaqing.com.cn
网　　址：www.qhdhuaqing.com
主要产品：涂料生产设备

公司名称：秦皇岛市亿利化工机械制造有限公司
地　　址：河北省秦皇岛市海港区北部工业区丰业路 18 号
邮　　编：066000
电　　话：0335-3861816
传　　真：0335-3861826
邮　　箱：e_li888@126.com
网　　址：www.e-li.com.cn
主要产品：涂料生产设备

公司名称：秦皇岛市抚宁灯塔涂料机械厂
地　　址：河北秦皇岛市抚宁县钱庄路口西侧
邮　　编：066300
电　　话：0335-6686303
传　　真：0335-6686303
网　　址：www.qhddtjx.com
主要产品：涂料生产设备

公司名称：秦皇岛欧路化工机械有限公司
地　　址：河北省秦皇岛市抚宁县城工业开发区富强路中段
邮　　编：066300
电　　话：0335-6685189
传　　真：0335-6685389
邮　　箱：fuling888@163.net
网　　址：www.fulingmc.com
主要产品：涂料生产设备

公司名称：承德市兴达涂装设备厂
地　　址：河北省承德市双桥区水泉沟路山神庙
邮　　编：067000
电　　话：0314-2263022
传　　真：0314-2263021
邮　　箱：xd@cd-xd.com
网　　址：www.cd-xd.com
主要产品：涂装机械设备

公司名称：廊坊科明静电喷涂有限公司
地　　址：河北廊坊文安县东 2.5 公里经济技术开发区
邮　　编：065800
电　　话：0316-5152888
传　　真：0316-5152888
邮　　箱：shebei@ke-ming.com
网　　址：hblfkm.excce.com
主要产品：静电喷涂设备

公司名称：河北省承德市金龙涂装设备厂
地　　址：河北省承德市孟家院乡孟家院村
邮　　编：067411
电　　话：0314-3056168
主要产品：静电喷漆机

公司名称：抚宁县北航机械
地　　址：河北省秦皇岛抚宁县 102 国道下庄中学对面
邮　　编：066000
电　　话：0335-6126589
传　　真：0335-6126589
主要产品：机械

公司名称：秦皇岛长宝机械有限公司
地　　址：河北省抚宁县北街西一条 52 号
邮　　编：066300
电　　话：0335-6012436
传　　真：0335-6018002
邮　　箱：cb@chbjx.com
网　　址：www.chbjx.com
主要产品：涂料生产设备

公司名称：秦皇岛华英化工机械有限公司
地　　址：河北省秦皇岛市抚宁县北商业街 15 号
邮　　编：066300
电　　话：0335-6021299
传　　真：0335-6021299
邮　　箱：huaying@qhdhu.cn
网　　址：www.qhdhy.cn
主要产品：珠磨机，分散砂磨

公司名称：圣戈班西普磨介（邯郸）有限公司
地　　址：河北省邯郸经济开发区世纪大街 8 号
邮　　编：056107
电　　话：0310-8066026
传　　真：0310-8066025
网　　址：www.zirpro.com.cn
主要产品：锆珠，研磨介质

公司名称：河北省冀州市宜丰喷涂机厂
地　　址：冀州市王宜子
邮　　编：053200
电　　话：0318-8975665
传　　真：0318-8975665
邮　　箱：li8975665@126.com
网　　址：www.frppt.com
主要产品：喷涂设备

公司名称：山西东方智能物流股份有限公司
地　　址：山西省太原市尖草坪区新兰路 51 号
邮　　编：030008
电　　话：0351-3153918
传　　真：0351-3633489
邮　　箱：info@omhgroup.com
网　　址：www.omh.com.cn
主要产品：涂装设备

公司名称：锦州易辟威涂料涂装设备有限公司
地　　址：辽宁省锦州市凌河区兰花里 12 号
邮　　编：121000
电　　话：0416-2828487
传　　真：0416-2843641
邮　　箱：info@jzepv.com
网　　址：www.jzepv.com
主要产品：涂装设备

公司名称：大连震晨技术工程有限公司
地　　址：大连市甘井子区姚工街 145 号
邮　　编：116037
电　　话：0411-86420236
传　　真：0411-86420236
邮　　箱：jensen@jensen.com.cn
网　　址：www.jensen.com.cn
主要产品：喷粉，喷漆，浸漆，电泳及其前后处理设备

公司名称：沈阳立元公路设备有限公司
地　　址：沈阳市黄河北大街千山西路四号乙
邮　　编：110033
电　　话：024-86530244
传　　真：024-86531128
邮　　箱：syl1320@yahoo.com.cn
网　　址：www.china-liyuan.com
主要产品：道路标线施工机械

公司名称：沈阳航天新光集团有限公司
地　　址：沈阳市大东区东塔街 1 号
邮　　编：110861
电　　话：024-24832900
传　　真：024-24830461
邮　　箱：syxgxxzx@163.com
网　　址：www.ht-xinguang.com
主要产品：涂装生产线

公司名称：丹东市百特仪器有限公司
地　　址：辽宁省丹东市边境合作区金泉工业区甘泉路 9 号
邮　　编：118009
电　　话：0415-6193800
传　　真：0415-6170645
网　　址：www.bettersize.com
邮　　箱：bettersize@sohu.com
主要产品：激光粒度分布仪，离心沉降式粒度分布仪

公司名称：沈阳彩普科技有限公司
地　　址：辽宁省沈阳市和平区三好街 90 号艾特商务花园 5 号楼 2-17-2
邮　　编：110004
电　　话：024-83997026
传　　真：024-83997027
邮　　箱：liqin@163.com
主要产品：配色软件

公司名称：上海安岩涂装机械设备厂
地　　址：上海奉贤区头桥新亚工业区
邮　　编：201409
电　　话：021-33615903
传　　真：021-33615903
主要产品：涂装设备

公司名称：上海法孚莱机电科技发展有限公司
地　　址：上海市天目西路 547 号恒基不夜城广场 A 座 3006
邮　　编：200070
电　　话：021-63537920
传　　真：021-63535338
邮　　箱：sale@farfly.com
网　　址：www.farfly.com
主要产品：篮式研磨机，乳化机，涂料成套设备，高速分散机

公司名称：上海格斯迈机电设备制造有限公司
地　　址：上海市奉贤区六墩工业区
邮　　编：201400
电　　话：021-57188446
传　　真：021-57197163
主要产品：涂料成套设备，乳化机

公司名称：上海索维机电设备有限公司
地　　址：上海市天目西路 511 号锦程大厦 15 层
邮　　编：200070
电　　话：021-63538710
传　　真：021-63178868
邮　　箱：sower@sowerchina.com
网　　址：www.sowerchina.com
主要产品：涂料成套设备，研磨机

公司名称：上海柯斯达涂料机械有限公司
地　　址：上海市嘉定区浏翔公路剑兰路 151 弄 51 号 1 号楼旁
邮　　编：201907
电　　话：021-65030500
传　　真：021-65030500
邮　　箱：paintmc@paintmc.com
网　　址：www.paintmc.com
主要产品：涂料生产设备

公司名称：上海威宇机电制造有限公司
地　　址：上海市天目西路 547 号联通国际大厦 21 楼
邮　　编：200070
电　　话：021-63170061 63171947
传　　真：021-63176255
邮　　箱：shweiyu@online.sh.cn
网　　址：www.weiyu.com.cn
主要产品：涂料生产设备

公司名称：上海现代环境工程技术有限公司
地　　址：上海昭化路 508 号新衡公寓 405 室
邮　　编：200050
电　　话：021-59884839
传　　真：021-59884835
邮　　箱：marketing@moderner.com
网　　址：www.moderner.com
主要产品：涂料机械，涂料检测仪器

公司名称：上海良时机械设备有限公司
地　　址：上海市浦东新区蔡路临空工业区镇星升路 225 号
邮　　编：201201
电　　话：021-51035200
传　　真：021-68907128
邮　　箱：webmaster@shliangshi.com
网　　址：www.shliangshi.com
主要产品：涂料生产设备，涂装设备

公司名称：上海福冉乐机电制造有限公司
地　　址：上海市天目中路 749 弄 57 号甲 5 楼
邮　　编：200070
电　　话：021-63539636
传　　真：021-63548624
邮　　箱：info@shfrn.com
网　　址：shfrn.21food.cn
主要产品：涂料生产设备

公司名称：上海格氏麦机电设备有限公司
地　　址：上海长寿路 748 弄 1 号湖南大厦 2206 室
邮　　编：200042
电　　话：021-62317462
传　　真：021-62306497
邮　　箱：sgesm@126.com
网　　址：www.sgesm.com
主要产品：涂料生产设备

公司名称：上海赛杰化工设备有限公司
地　　址：上海共和新路 1158 号（达誉商务楼）203 室
邮　　编：200070
电　　话：021-56324245
传　　真：021-56324245
邮　　箱：saijie@saijie.com
网　　址：www.saijie.com
主要产品：搅拌设备，研磨设备，过滤灌装设备

公司名称：上海依卡机电制造有限公司
地　　址：上海市纬地路 88 弄 1 号
邮　　编：200444
电　　话：021-61073048
传　　真：021-61073046
邮　　箱：shyika@shyika.com
网　　址：www.shyika.com

主要产品：涂料生产成套设备

公司名称：上海超威机电设备制造有限公司
地 址：上海市天目中路 428 号凯旋门大厦东楼 14G
邮 编：200070
电 话：021-63174038
传 真：021-63530368
邮 箱：ad50114433@online.sh.cn
网 址：www.shec.gov.cn/cwjd
主要产品：建筑涂料生产设备

公司名称：上海申新恒力化工机械有限公司
地 址：上海市真南路 5012-2
邮 编：201802
电 话：021-59124234
传 真：021-59123133
邮 箱：sxhl5012@sina.com
网 址：www.sxhl-sh.com
主要产品：珠磨机

公司名称：上海银辉涂料厂
地 址：上海青浦小蒸现代工业园区
邮 编：201716
电 话：021-59811482
传 真：021-59811475 64535537
邮 箱：webmaster@sh-yinhui.com
网 址：www.sh-yinhui.com
主要产品：粉末涂料生产设备及涂装设备

公司名称：上海银鲨机器制造有限公司
地 址：上海市嘉定区嘉行公路 1518 号
邮 编：201808
电 话：021-56098888
传 真：021-59556599
邮 箱：kongyin@online.sh.cn.
网 址：www.kongyin.com
主要产品：混合机

公司名称：上海日升通用机械厂
地 址：上海市广中路 591 号
邮 编：200083
电 话：021-55610761
传 真：021-55610755
邮 箱：zjyuan@163.net
网 址：www.sh-rs.com
主要产品：混合机

公司名称：上海宾克斯涂装设备有限公司
地 址：上海市延安西路 1228 弄 2 号嘉利大厦 18F/I+ J 座
邮 编：200052
电 话：021-62946716 62814090
传 真：021-62801397
邮 箱：service@shanghaibinks.cn
网 址：www.shanghaibinks.cn
主要产品：涂装设备

公司名称：上海捷而乐涂装设备有限公司
地 址：上海市江场二路 60 号 1 号楼 2 楼
邮 编：200072
电 话：021-66301936
传 真：021-66301935
邮 箱：jieerle@126.com
网 址：www.sh-je1.com
主要产品：涂装设备

公司名称：上海大豪英佛曼纳米材料喷涂有限公司
地 址：上海市青浦区华新镇嘉松中路 1835 号
邮 编：201708
电 话：021-69791217
传 真：021-69791053
网 址：www.rf-pt.com
主要产品：热喷涂设备

公司名称：上海建雅静电设备有限公司
地 址：上海市嘉定区西门
邮 编：201800
电 话：021-69916110 69913766
传 真：021-69916110
邮 箱：kella@sh-kella.com
网 址：www.sh-kella.com
主要产品：涂装设备

公司名称：上海联合工业喷涂设备有限公司
地 址：上海徐汇区永嘉路 380 号-384 号
邮 编：200031
电 话：021-64312570
传 真：021-64338439
邮 箱：spray@unitedspray.com
网 址：www.unitedspray.com
主要产品：涂装自动生产流水线及涂装设备

公司名称：上海红马涂装设备有限公司
地 址：上海奉贤区头桥镇红旗 327 号
邮 编：201409
电 话：021-57551747 63179511
传 真：021-6353199257558262
邮 箱：hm@hong-ma.com
网 址：www.hong-ma.com
主要产品：涂装设备

公司名称：上海东方涂装工程成套有限公司
地 址：上海市西康路 600 号 904 室
邮 编：200040
电 话：021-62564491
传 真：021-62156728
邮 箱：webmaster@eastcoating.com
网 址：www.eastcoating.com
主要产品：涂装生产线

公司名称：上海新业喷涂机械有限公司
地 址：上海市奉贤区金大公路 8278 号
邮 编：201403
电 话：021-50393000
传 真：021-50393000
邮 箱：x-y@xy-pt.cn
网 址：www.xy-pt.cn
主要产品：热喷涂设备，涂装设备

公司名称：上海从盛涂装设备有限公司
地 址：浦东居家桥路 537 号 3 号楼
邮 编：200135
电 话：021-58204865 58317271
传 真：021-58884421
邮 箱：info@ssce.cn
网 址：www.congsheng.com
主要产品：涂装设备

公司名称：上海国泉机械工业有限公司
地 址：上海市嘉定区曹安路 19 号桥北首
邮 编：201812
电 话：021-69132188 69132768
传 真：021-69132788
邮 箱：skmib@kmi.com.tw
网 址：www.shkmi.com
主要产品：涂装设备

公司名称：上海广成涂装技术工程有限公司
地 址：上海市浦东新区茂兴路 88 号仁恒广场 4 座 5B
邮 编：200127
电 话：021-58396218 58396228
传 真：021-58898652
邮 箱：sales@guangchengcoating.com
网 址：www.guangchengcoating.com
主要产品：涂装设备

公司名称：凯茜爱涂装机（上海）有限公司
地 址：上海市嘉定区外冈镇沪宜公路 5999 号
邮 编：201806
电 话：021-69575112
传 真：021-69575110
邮 箱：kci@kcispray.com
网 址：www.kcispray.com
主要产品：涂装设备

公司名称：上海逸飞涂装机械有限公司
地 址：上海市嘉定区江桥工业区发祥路 19 号
邮 编：201803
电 话：021-69118087
传 真：021-59145538
邮 箱：yefe-tz@etang.com
网 址：www.yefe-tz.com
主要产品：涂装设备

公司名称：上海川流机电专用设备有限公司
地 址：上海市闵行区漕宝路 1508 弄 97 号 101 室
邮 编：201101
电 话：021-54808243
传 真：021-54801554
邮 箱：sales@sh-chuanliu.com
网 址：www.sh-chuanliu.com
主要产品：涂装设备

公司名称：吉本涂装设备有限公司
地 址：上海市漕宝路 400 号明申商务广场 24 层
邮 编：200233
电 话：021-64959577 64959578
传 真：021-64706004
邮 箱：jiben@jiben.com.cn
网 址：www.jiben.com.cn
主要产品：涂装设备

公司名称：上海民望涂料机械厂
地 址：上海奉贤区奉贤青村镇北港村
邮 编：201414
电 话：021-57566197
邮 箱：mzh@chenm.com
主要产品：涂料设备

公司名称：上海江南涂装工程公司
地 址：上海市卢湾区泰康路 19 号 203 室
邮 编：200025
电 话：021-64668504 64668505
传 真：021-64457563

网　　址：www.sh-jntz.com
主要产品：涂装设备

公司名称：上海波维工贸有限公司
地　　址：上海市浦东南汇六灶镇工业区5号
邮　　编：201322
电　　话：021-58163535
传　　真：021-58165353
邮　　箱：sh-bowei@bsbsc.com
网　　址：www.sh-bowei.com
主要产品：涂装设备

公司名称：上海洪南真空电子设备厂
地　　址：上海市奉贤区洪庙镇川洪南村
邮　　编：201411
电　　话：021-587131785
传　　真：021-57135538
主要产品：大型涂装设备

公司名称：上海汇群机电设备有限公司
地　　址：上海市中山南二路555号333室
邮　　编：200032
电　　话：021-64048576
传　　真：021-64048576
主要产品：涂料检测仪器

公司名称：上海君达仪器仪表有限公司
地　　址：徐汇区漕宝路103号14号楼701室
邮　　编：200233
电　　话：021-64515602
传　　真：021-64086484
邮　　箱：sui@8617.com
网　　址：www.8617.cn
主要产品：涂料检测仪器

公司名称：上海普申化工机械有限公司
地　　址：上海市真北路1398
邮　　编：200333
电　　话：021-52821266
传　　真：021-52821255
网　　址：www.sh-pushen.com
主要产品：涂料检测仪器和实验室及中试设备

公司名称：爱色丽国际贸易（上海）有限公司
地　　址：上海市漕溪北路18号工业投资大厦24C室
邮　　编：200030
电　　话：021-64272426
传　　真：021-64275816
邮　　箱：xrite@126.com
网　　址：www.xrite.com
主要产品：检色设备

公司名称：电计贸易(上海)有限公司
地　　址：上海市闵行区紫竹科学园区紫日路609号
邮　　编：200241
电　　话：021-58205887
主要产品：电子测量仪器，EMC相关测试设备等各种测试仪表

公司名称：柯尼卡美能达（中国）投资有限公司
地　　址：上海市零陵路899号飞洲国际广场29A
邮　　编：200030
电　　话：021-54050101
网　　址：konicaminolta.com.cn
主要产品：调色仪

公司名称：堀场贸易（上海）有限公司
地　　址：上海市南京西路1468号中欣大厦1701室
邮　　编：200040
电　　话：021-62896060
邮　　箱：zhipeng.wen@horiba.com
网　　址：www.horiba.com.cn
主要产品：分析测试仪器

公司名称：美国固瑞克公司大中国区代表处
地　　址：上海市漕宝路509号新园大厦2号楼118室
邮　　编：200233
电　　话：021-64950088
传　　真：021-64950077
网　　址：www.graco.com.cn
主要产品：建筑工程喷涂设备

公司名称：奈镁克（上海）精密机械有限公司
地　　址：上海市青浦区徐泾镇徐旺路59号
邮　　编：201702
电　　话：021-22818889
主要产品：气动马达，气动搅拌机

公司名称：耐驰(上海)机械仪器有限公司
地　　址：上海市嘉定区安亭大众工业园区园大路38号
邮　　编：201805
电　　话：021-69576008
传　　真：021-69576005
邮　　箱：info@nsc@netzsch.com
网　　址：www. netzsch-grinding. com. cn
主要产品：精研磨机，过滤机，分散机，热分析仪

公司名称：诺信（中国）有限公司
地　　址：上海市浦东张江高科技园区郭守敬路137号
邮　　编：201203
电　　话：021-38669166
传　　真：021-38669166
邮　　箱：shanghai@nordson.com
网　　址：www.nordson.com
主要产品：喷涂设备

公司名称：瑞士华嘉（香港）有限公司
地　　址：上海市虹梅路1801号A区凯科国际大厦2208室
邮　　编：200233
电　　话：021-53838811
传　　真：021-33678466
邮　　箱：ins.cn@dksh.com
网　　址：www.instrument.com.cn
主要产品：仪器设备

公司名称：上海澳联环保科技有限公司
地　　址：上海市徐汇区上中路462号1号楼3楼
邮　　编：200231
电　　话：021-64106112
传　　真：021-34085539
邮　　箱：shaolian@unsap.com
主要产品：气动隔膜阀

公司名称：上海持盈化工仪器科技有限公司
地　　址：上海市嘉定马陆工业区丰饶路369号3栋西侧
邮　　编：201801
电　　话：021-39109042
传　　真：021-39109027
邮　　箱：chiying@chiying.com.cn
网　　址：www.chiying.com.cn
主要产品：仪器仪表，各种织物，制作各种色卡

公司名称：上海创微机电设备制造有限公司
地　　址：上海市宝山区沪太路6368号
邮　　编：201908
电　　话：021-56016099
传　　真：021-56016100
网　　址：www.shchuw.com
主要产品：乳化设备，分散设备，研磨设备，搅拌设备等

公司名称：上海大树包装容器有限公司
地　　址：上海市嘉定区外冈镇嘉松北路6号
邮　　编：201806
电　　话：021-59583152
网　　址：www.dsbz.com.cn
主要产品：包装桶

公司名称：上海德坤实业有限公司
地　　址：上海市大连路1546号2号楼8C
邮　　编：200092
电　　话：021-51088667
传　　真：021-51062767
邮　　箱：allen.wang@dekuncop.com
网　　址：www.dekuncorp.com
主要产品：乳液，涂装机械

公司名称：上海法孚莱能源技术有限公司
地　　址：上海市天目西路547号恒基不夜城广场A座3006
邮　　编：200070
电　　话：021-51093066
传　　真：021-36377608
邮　　箱：sale@farfly.com
网　　址：www.farfly.com
主要产品：分散机，涂料设备

公司名称：上海复顿染色科技有限公司
地　　址：上海市遵义南路8号锦明大厦19B
邮　　编：200366
电　　话：021-62789805 64134618
传　　真：021-62789337
邮　　箱：sales@fortunecolor.com
网　　址：www.fortunecolor.com
主要产品：色浆，色卡，软件

公司名称：上海弗鲁克机电设备有限公司
地　　址：上海市嘉定区南翔镇顺达路300弄21-22号
邮　　编：201802
电　　话：021-69927888
传　　真：021-69927799
邮　　箱：info@fluko.com
网　　址：www.fluko.net
主要产品：机械

公司名称：上海固瑞喷涂设备有限公司
地　　址：上海市四平路1128号1201室
邮　　编：200092

电　　话：021-65014777
邮　　箱：grpt777@163.com
网　　址：www.shgrpt.excce.com
主要产品：喷涂设备

公司名称：上海光森泵阀有限公司
地　　址：上海市宝山区共康路818号工业园区1幢
邮　　编：200436
电　　话：021-56480535
传　　真：021-56439692
网　　址：www.shgsb.com
主要产品：外啮合齿轮泵，内啮合齿轮泵

公司名称：上海洪发化工机械有限公司
地　　址：上海市金山区漕泾镇致富路7号
邮　　编：201507
电　　话：021-57250853
传　　真：021-57250853
主要产品：砂磨机

公司名称：上海江仪仪器有限公司
地　　址：上海市斜土东路333弄5号2401室
邮　　编：200011
电　　话：021-51085102
邮　　箱：jiangyi-china@hotmai.com
网　　址：www.jiangyi-china.com
主要产品：实验室仪器，玻璃仪器，行业专用仪器

公司名称：上海精涛钢带有限公司
地　　址：上海市浦东新区航头镇航南公路999号
邮　　编：201100
电　　话：021-58223935
传　　真：021-68221926
邮　　箱：jt@jingtao-belt.com
网　　址：www.jingtao-belt.com
主要产品：造粒机，结片机，钢带输送机

公司名称：上海柯斯达涂料机械有限公司
地　　址：上海市嘉定区浏翔公路剑兰路151弄51号
邮　　编：201801
电　　话：4006606658
传　　真：021-52829830
邮　　箱：info@paintmc.com
邮　　箱：www.paintmc.com
主要产品：研磨机，搅拌仪器等涂料机械设备

公司名称：上海坤丰日化设备有限公司
地　　址：上海市京江路299号宝丰大厦2106室
邮　　编：200070
电　　话：021-66282125
传　　真：021-66282125
邮　　箱：kf@shkunfeng.com
网　　址：www.shkunfeng.com
主要产品：化工设备

公司名称：上海沐轩实业有限公司
地　　址：上海市浦东新区浦东大道2000号阳光世界大赛A区
邮　　编：200135
电　　话：021-50937951
传　　真：021-50937953
网　　址：www.mx021.net.cn
主要产品：分散机，乳化机，均质机，研磨机，流体机械

公司名称：上海欧代工贸有限公司
地　　址：上海市天目西路547号联通国际大厦1811室
邮　　编：200070
电　　话：021-63174969
传　　真：021-63179146
邮　　箱：oudai_sh@sohu.com
主要产品：研磨（锆）泵，气动隔膜泵，过滤袋

公司名称：上海帕锐流体设备有限公司
地　　址：上海市桃林路815弄8号1003室
邮　　编：200135
电　　话：021-58603893
传　　真：021-58600239
邮　　箱：sales@profluid.com.cn
网　　址：www.profluid.com.cn
主要产品：机械仪器包装桶

公司名称：上海普申化工机械有限公司
地　　址：上海市真北路1398号
邮　　编：200333
电　　话：021-52821266
传　　真：021-52821255
网　　址：www.sh-pushen.com
主要产品：检测仪器

公司名称：上海如迪流体输送设备有限公司
地　　址：上海市奉贤区金汇镇金钱公路1428号
邮　　编：201403
电　　话：021-57578277
传　　真：021-57579857
邮　　箱：rudi@shrudi.com
网　　址：www.shrudi.com
主要产品：隔膜泵

公司名称：上海三准仪器设备有限公司
地　　址：上海市长宁支路237弄1号802室
邮　　编：200042
电　　话：021-62514548
传　　真：021-62514548
邮　　箱：webmaster@sanzhun.com
网　　址：www.sanzhunhq.cn
主要产品：搅拌，砂磨，分散多三用机，反射率测定仪等涂料仪器设备

公司名称：上海尚贵流体设备有限公司
地　　址：上海市闸北区江场西路160号市北工业新区美邦大厦10层
邮　　编：200436
电　　话：021-61395156
传　　真：021-61395123
邮　　箱：shsg66@163.com
网　　址：www.shshanggui.com
主要产品：搅拌仪器设备

公司名称：上海世路科学器材有限公司
地　　址：上海市定西路1277号长峰大厦1705室
邮　　编：200050
电　　话：021-62409049
主要产品：化学分析仪器

公司名称：上海苏凯化工有限公司
地　　址：上海市徐汇区漕东支路399号5幢
邮　　编：200235
电　　话：021-34605658
传　　真：021-34605657
邮　　箱：shanghai@hoslink.com.cn
主要产品：仪器设备

公司名称：上海索维机电设备制造有限公司
地　　址：上海市天目西路511号锦程大厦15楼
邮　　编：200070
电　　话：021-63538710
主要产品：机电设备

公司名称：上海索映仪器设备有限公司
地　　址：上海市平凉路1055号
邮　　编：200090
电　　话：021-65702646
传　　真：021-55806956
网　　址：www.shsuoying.cn
主要产品：搅拌机，乳化机，均质机

公司名称：上海涂辽机械有限公司
地　　址：上海市四平路775弄1号702室
邮　　编：200092
电　　话：021-65216383
传　　真：021-65750378
主要产品：分散机，砂磨机，搅拌机

公司名称：上海托高精密机械有限公司
地　　址：上海市嘉定区黄渡镇宝丰公路88弄8号
邮　　编：201804
电　　话：021-69580377
传　　真：021-59596020
邮　　箱：sales@shgaston.cn
网　　址：www.shgaston.cn
主要产品：气动马达

公司名称：上海威宇公司
地　　址：上海市天目西路547号联通大厦21楼2101室
邮　　编：200070
电　　话：021-63170061
传　　真：021-63176255
邮　　箱：shweiyu@online.sh.cn
网　　址：www.weiyu.com.cn
主要产品：机械仪器包装桶

公司名称：上海细创粉体装备有限公司
地　　址：上海市广元西路309号6楼
邮　　编：200030
电　　话：021-64481075
传　　真：021-64391164
邮　　箱：mill@hi2000.com
网　　址：www.chemmachine-3j.com
主要产品：细粉碎机，分级机，干燥机

公司名称：上海现代环境工程技术有限公司
地　　址：上海市昭化路508弄50号405室
邮　　编：200050
电　　话：021-59884839
传　　真：021-59884835
主要产品：设备

公司名称：上海信联创作电子有限公司
地　　址：上海市漕宝路1015号G座东
邮　　编：200233
电　　话：021-64850134
传　　真：021-64852306
邮　　箱：steven@shanion.com

网　　址：www.shanion.com
主要产品：机械设备

公司名称：上海迅纳科技有限公司
地　　址：上海市浦东新区北蔡工业区五星路385号东门
邮　　编：201204
电　　话：021-58918013
传　　真：021-58919017
邮　　箱：shineray@online.sh.cn
网　　址：www.shineray-filter.com
主要产品：袋式过滤器，过滤芯等

公司名称：上海易勒机电设备有限公司
地　　址：上海市中山北一路1230号柏树大厦A1704室
邮　　编：200437
电　　话：021-55380043
传　　真：021-65444615
邮　　箱：sales@elemix.cn
网　　址：www.elemix.cn
主要产品：砂磨设备，高剪切乳化设备，分散搅拌设备

公司名称：上海盈柯实业有限公司
地　　址：上海市云岭西路356弄3号2楼
邮　　编：200333
电　　话：021-62433309
传　　真：021-62570492
邮　　箱：xuna@yinkepump.com
网　　址：www.yinkepump.com
主要产品：黏度计，齿轮泵，气动隔膜泵等产品

公司名称：速必雅精模包装（上海）有限公司
地　　址：上海市浦东金桥出口加工区南区利航路429号
邮　　编：201201
电　　话：021-58385523
传　　真：021-58386537
主要产品：包装桶

公司名称：圣戈班西普磨介（上海）有限公司
地　　址：上海市延安东路550号海洋大厦1615室
邮　　编：200001
电　　话：021-63616557
传　　真：021-63617790
网　　址：www.zirpro.com.cn
主要产品：锆珠，研磨介质

公司名称：图特斯工具系统技术(上海)有限公司
地　　址：上海市浦东康桥工业区康桥东路1159弄51-1号
邮　　编：201315
电　　话：021-68182800
传　　真：021-68182690
邮　　箱：info@festool.com.cn
网　　址：www.festool.com.cn
主要产品：墙体打磨机

公司名称：瓦格纳尔喷涂设备（上海）有限公司
地　　址：上海市市北工业新区江场西路395号第四层
邮　　编：200436
电　　话：021-66521858
传　　真：021-66529819
邮　　箱：wagnersh@wagner-spraytech.com.cn
网　　址：www.wagner-spraytech.com.cn
主要产品：高压无气喷涂设备及建筑喷涂设备

公司名称：英格索兰（中国）投资有限公司
地　　址：上海市遵义路100号虹桥上海城B座10楼
邮　　编：200051
电　　话：021-22081258
网　　址：www.irco.com.cn
主要产品：气动隔膜泵，气动柱塞泵

公司名称：英国马尔文仪器有限公司
地　　址：上海市徐汇区田州路99号新安大楼13号楼101室
邮　　编：200233
电　　话：021-61133777
传　　真：021-61133778
邮　　箱：info@malvern.com.cn
网　　址：www.malvern.com.cn
主要产品：颗粒力度仪，流变仪，颗粒图像分析系统

公司名称：英国牛津仪器上海代表处
地　　址：上海市南京东路800号新一百大厦14楼F座
邮　　编：200001
电　　话：021-61329684
网　　址：www.oiiamkt.com.cn
主要产品：工业分析仪器

公司名称：英美科自动化设备（上海）有限公司
地　　址：上海市松江工业区茜浦路195弄书慧园1号
邮　　编：201500
电　　话：021-67600875
传　　真：021-67600876
邮　　箱：inkmakersh@518ad.com
主要产品：自动化调配系统

公司名称：无锡威龙涂装机械有限公司
地　　址：无锡滨湖开发区去高运路
邮　　编：214124
电　　话：0510-85629788
传　　真：0510-85627076
邮　　箱：wl@wxweilong.com
网　　址：www.wxweilong.com
主要产品：涂装生产线

公司名称：江阴市华英成套设备有限公司
地　　址：江苏省江阴市利港滨江路586号
邮　　编：214444
电　　话：0510-6631330
传　　真：0510-6631173
邮　　箱：info@huayingchina.com
网　　址：www.huayingchina.com
主要产品：涂料生产设备

公司名称：丹阳市利丰气体设备有限公司
地　　址：江苏省丹阳市延陵镇进西路22号
邮　　编：212341
电　　话：0511-6862408 6868222
传　　真：0511-6862613
邮　　箱：web@lifeng-china.com
主要产品：气体设备

公司名称：江阴市精化机械有限公司
地　　址：江阴市利港镇镇南
邮　　编：214444
电　　话：0510-86638668
传　　真：0510-86633908
邮　　箱：master@jlhgjx.com
网　　址：www.jyjhjx.net
主要产品：涂料生产设备

公司名称：江阴市双叶机械有限公司
地　　址：江苏省江阴市北国镇北新街48号
邮　　编：214414
电　　话：0510-86351528
13606167773
传　　真：0510-86951386
网　　址：www.shuangyejixie.com.cn
主要产品：砂磨机，过滤机，研磨机，球磨机，搅拌机，分散机，其他粉碎设备

公司名称：江阴市康捷机械制造有限公司
地　　址：江苏省江阴市峭岐工业园区迎宾大道31号
邮　　编：214408
电　　话：0510-86563878
传　　真：0510-86562684
邮　　箱：jykangjie@sina.com
网　　址：www.jykangjie.com
主要产品：全自动液体灌装生产线，半自动液体灌装机

公司名称：江阴市东鹏机械制造有限公司
地　　址：江苏省江阴市镇澄路84号
邮　　编：214442
电　　话：0510-88615191
传　　真：0510-86160388
邮　　箱：sales@dpzd.com
主要产品：涂料生产设备

公司名称：常熟市保洁化工机械设备有限公司
地　　址：江苏省常熟市张桥镇谢家塘村
邮　　编：510000
电　　话：0512-52461147
传　　真：0512-52461647
邮　　箱：master@machine-bj.com
网　　址：www.machine-bj.com
主要产品：压滤机

公司名称：江苏洪流集团
地　　址：江苏省宜兴市北郊环城路口
邮　　编：214200
电　　话：0510-87121999
传　　真：0510-87122185
邮　　箱：web@hongliu.com.cn
网　　址：www.hongliu.com.cn
主要产品：涂料生产设备

公司名称：江阴精细化工机械有限公司
地　　址：江苏省江阴市青阳镇锡澄路1490号
邮　　编：214401
电　　话：0510-86501561
传　　真：0510-86501256
邮　　箱：info@finemachinery.com
网　　址：www.finemachinery.com
主要产品：涂料生产设备

公司名称：如皋市精诚机器厂
地　　址：江苏省如皋市如城镇环城西路2号
邮　　编：226500

电　　话：0513-7513113
传　　真：0513-7513113
主要产品：涂料生产设备

公司名称：无锡市阳山化工设备成套厂
地　　址：江苏省无锡市阳山镇工业集中区
邮　　编：214155
电　　话：0510-83690268
传　　真：0510-83690268
邮　　箱：sm@smylj.com
网　　址：www.smylj.com
主要产品：压滤机

公司名称：江阴市申兴化工有限公司
地　　址：江苏省江阴市峭岐镇北环路
邮　　编：214408
电　　话：0510-86561450
传　　真：0510-86561088
主要产品：涂料生产设备，化工机械配件

公司名称：江苏省无锡市雪达化工装备厂
地　　址：江苏省无锡市南门外进溪桥
邮　　编：214125
电　　话：0510-85180435
传　　真：0510-85183803
邮　　箱：dyf@wxxdhj.com
网　　址：www.wxxdhj.com
主要产品：涂料生产设备

公司名称：大野(南通)机械设备有限公司
地　　址：江苏省南通市启东市城北工业园跃龙路 88 号
邮　　编：226261
电　　话：0513-85399888
传　　真：0513-85399333
邮　　箱：drye@dryent.com
网　　址：www.dryent.com
主要产品：乳化机，分散机，分散设备

公司名称：黄海石化机械有限公司
地　　址：江苏省启东市台角工业园区
邮　　编：226200
电　　话：0513-83223788
传　　真：0513-83223788
邮　　箱：qdhhsh@chem.cn
网　　址：www.qdhhsh.chem.cn
主要产品：涂料生产设备

公司名称：常州自力化工机械有限公司
地　　址：江苏省常州市武进市芙蓉镇常芙东路
邮　　编：213118
电　　话：0519-88768868
传　　真：0519-88768878
邮　　箱：zanj1999@alibaba.com
网　　址：www.zlhj.com
主要产品：涂料生产设备

公司名称：宜兴市精益机械厂
地　　址：江苏省宜兴市周铁镇学前路 159 号
邮　　编：214261
电　　话：0510-87501845
传　　真：0510-87501845
邮　　箱：kingyi@kingyi.com
网　　址：www.jingyimachine.com
主要产品：成套涂料设备

公司名称：江苏呈龙涂料机械有限公司
地　　址：江苏省宜兴市芳桥开发区
邮　　编：214265
电　　话：0510-87541316
传　　真：0510-87541856
邮　　箱：zsj@cltj.com
网　　址：www.cltj.com
主要产品：成套涂料设备

公司名称：江苏宜兴市东邦机械有限公司
地　　址：江苏省宜兴市化学工业园
邮　　编：214213
电　　话：0510-87868998 87868730
传　　真：0510-87868999
邮　　箱：lxd@dcqy.com
网　　址：www.dcqy.com
主要产品：成套涂料设备

公司名称：张家港市通惠化工机械有限公司
地　　址：江苏省无锡市张家港市欧洲工业园
邮　　编：215618
电　　话：0512-58598100
传　　真：0512-58163035
邮　　箱：thjx@cnthjx.com
网　　址：www.cnthjx.com
主要产品：涂料生产设备

公司名称：江苏宜兴市鼎盛涂料化工机械有限公司
地　　址：江苏宜兴市扶风开发区通政路 888 号
邮　　编：214265
电　　话：0510-87545288
传　　真：0510-87545226
邮　　箱：hudong@dsqy.cn
网　　址：www.dsqy.cn
主要产品：涂料生产设备

公司名称：无锡南泉明柳化工设备厂
地　　址：江苏无锡市南泉镇鲍家庄
邮　　编：214128
电　　话：0510-85951879
传　　真：0510-85953876
邮　　箱：sales@wuximingliu.com
网　　址：www.wuximingliu.com
主要产品：涂料生产设备

公司名称：江阴市双丰机械有限公司
地　　址：江苏省江阴市青阳镇工业园锡澄路 1575 号
邮　　编：214401
电　　话：0510-86513108
传　　真：0510-86513208
邮　　箱：sales@sfjx.com
网　　址：www.sfjx.com
主要产品：涂料生产设备

公司名称：江阴市洪腾机械有限公司
地　　址：江苏省江阴市青阳镇锡澄路 1500 号
邮　　编：214401
电　　话：0510-86511080
传　　真：0510-86515766
邮　　箱：info@chinahongteng.com
网　　址：www.chinahongteng.com
主要产品：涂料生产设备

公司名称：江阴市勤业化工机械有限公司
地　　址：江阴市青阳工业园谢庄路 5 号
邮　　编：214401
电　　话：0510-86505813
传　　真：0510-86513258
邮　　箱：sales@qyhj.com
网　　址：www.qyhj.com
主要产品：湿式研磨和搅拌分散设备

公司名称：布勒设备工程（无锡）有限公司
地　　址：江苏省无锡国家高新技术产业开发区 B7-B 地块
邮　　编：214028
电　　话：0510-85282888
传　　真：0510-85282889
邮　　箱：buhler. china @ buhlergroup. com
网　　址：www.buhlergroup.cn
主要产品：圆锥形珠磨机

公司名称：无锡立标精细化工机械有限公司
地　　址：江苏省无锡市惠山新区堰桥镇锡澄路收费站旁
邮　　编：214174
电　　话：0510-83598551
传　　真：0510-83598553
邮　　箱：sales@cnlibiao.com
网　　址：www.cnlibiao.com
主要产品：涂料生产企业用的研磨，分散搅拌设备

公司名称：无锡化友机械有限公司
地　　址：无锡市滨湖区滨湖镇南泉南湖北路 18 号
邮　　编：214128
电　　话：0510-85956978
传　　真：0510-85959978
邮　　箱：gql@huayoujx.com
网　　址：www.huayoujx.com
主要产品：涂料生产设备

公司名称：无锡市永达化工装备有限公司
地　　址：江苏省无锡市滨湖区雪浪镇进溪桥
邮　　编：214125
电　　话：0510-85190691
传　　真：0510-85181187
邮　　箱：xzz@wxsyd.com
网　　址：www.wxsyd.com
主要产品：涂料生产设备

公司名称：无锡市南泉石化装备有限公司
地　　址：江苏无锡市滨湖区南泉镇方湖
邮　　编：214128
电　　话：0510-85951076
传　　真：0510-85958995
邮　　箱：lsz@cnpce.com
网　　址：www.cnpce.com
主要产品：涂料生产设备

公司名称：无锡市飞龙化轻机械厂
地　　址：无锡市滨湖区滨湖镇南泉南湖北路 18 号
邮　　编：214128
电　　话：0510-85956978
传　　真：0510-85959978
邮　　箱：gql@huayoujx.com
网　　址：www.huayoujx.com
主要产品：涂料生产设备

公司名称：江苏省江阴市康盛机械有限公司
地　　址：江阴市文林镇文西路
邮　　编：214426
电　　话：0510-86341238

传　　真：0510-86341238
邮　　箱：sales@jyks.com
网　　址：www.jyks.com
主要产品：涂料生产设备

公司名称：江苏无锡市华达石化装备有限公司
地　　址：江苏省无锡市滨湖区南泉镇滨湖村开发区
邮　　编：214128
电　　话：0510-85955068
传　　真：0510-85956913
邮　　箱：wxhd@rt-ns.com
网　　址：www.wx-hd.com
主要产品：涂料生产设备

公司名称：江阴市精达化工机械有限公司
地　　址：江苏省江阴市青阳镇塘桥头查报站向北 300 米
邮　　编：214401
电　　话：0510-86516287 86516187
传　　真：0510-86516187
邮　　箱：webmarket@jyjdjx.com
网　　址：www.jyjdjx.com
主要产品：涂料生产设备

公司名称：江苏省宜兴市光阳化工设备有限公司
地　　址：江苏省宜兴市北郊工业园杏里路 65 号
邮　　编：214203
电　　话：0510-87123088
传　　真：0510-87125287
邮　　箱：xjq@yxguangyang.com
网　　址：www.yxguangyang.com
主要产品：涂料生产设备

公司名称：无锡市军嶂化工设备厂
地　　址：江苏无锡市军嶂茶场
邮　　编：214084
电　　话：0510-85554332
传　　真：0510-85552301
邮　　箱：web@jzhgsbc.com
网　　址：www.jzhgsbc.com
主要产品：涂料生产设备

公司名称：无锡市荣业冶金化工装备厂
地　　址：无锡市滨湖区雪浪镇浪溪路 26 号
邮　　编：214125
电　　话：0510-85180843
传　　真：0510-85180843
邮　　箱：wxry@rt-ns.com
主要产品：涂料成套设备

公司名称：江阴市昌盛制药机械厂
地　　址：江苏省江阴市文林镇文西路
邮　　编：214416
电　　话：0510-86341342
传　　真：0510-86081978
邮　　箱：jychangsheng@gmail.com
网　　址：www.jychangsheng.com
主要产品：涂料生产设备

公司名称：江阴市启泰非金属工程有限公司
地　　址：江苏省江阴市祝塘镇文林文西路
邮　　编：214416
电　　话：0510-86340770
传　　真：0510-88460220
邮　　箱：info@qtgx.com
网　　址：www.qtgx.com
主要产品：涂料机械设备

公司名称：常州市东方精达机械有限公司
地　　址：江苏常州市东郊横山桥华润加油站西 20 米
邮　　编：213119
电　　话：0519-88604513
传　　真：0519-88611015
邮　　箱：wushengqiu@126.com
主要产品：涂料生产设备

公司名称：无锡市南泉理化工程机械厂
地　　址：无锡市南泉镇新湖村
邮　　编：214128
电　　话：0510-85952484
传　　真：0510-85956692
主要产品：涂料生产设备

公司名称：无锡市浩达化工装备厂
地　　址：无锡市滨湖区山水科技工业园南湖中路 28-2 号
邮　　编：214128
电　　话：0510-85620418
传　　真：0510-85188522
邮　　箱：wxhgsbc@163.com
网　　址：www.wxhgsbc.cn
主要产品：乳化（改性）沥青成套设备，反应容器

公司名称：无锡市群兴化工设备有限公司
地　　址：江苏无锡金山北工业园 B 区 267 号
邮　　编：214037
电　　话：0510-83078797
传　　真：0510-83077976
邮　　箱：qunxing75@yahoo.com.cn
网　　址：www.wxqunxing.com
主要产品：涂料生产设备

公司名称：启东市东盛化工机械厂
地　　址：江苏省启东市建设中路 618 号金恒花苑 19 号 B 座 1502
邮　　编：226200
电　　话：0513-83351692
传　　真：0513-83322352
邮　　箱：webmaster@qddsjx.com
网　　址：www.qddsjx.com
主要产品：涂料生产设备

公司名称：无锡红旗压力容器制造有限公司
地　　址：无锡市滨湖区华庄街道红周路 78 号
邮　　编：214131
电　　话：0510-85631850
传　　真：0510-85632846
邮　　箱：sales@sclsb.com
网　　址：www.sclsb.com
主要产品：涂料生产设备

公司名称：无锡力马化工机械有限公司
地　　址：江苏省无锡市惠山区经济开发区金惠路 558 号
邮　　编：214171
电　　话：0510-83101189
传　　真：0510-83111329
邮　　箱：wuxilima@wst.net.cn
网　　址：www.wuxilima.com
主要产品：薄膜蒸发器

公司名称：启东市恒达电力石化设备厂
地　　址：江苏启东市人民西路（西苑工业园区）2300 号
邮　　编：226200
电　　话：0513-83325938 83055965
传　　真：0513-83313591
邮　　箱：webmaster@hddlsh.com
网　　址：www.hddlsh.com
主要产品：涂料成套设备

公司名称：无锡市海达化工机械有限公司
地　　址：江苏省无锡市滨湖区南泉丁石桥
邮　　编：214128
电　　话：0510-82557061
传　　真：0510-85390299
邮　　箱：zyq@wx-haida.com
网　　址：www.wx-haida.com
主要产品：涂料生产设备

公司名称：宜兴市洋溪志高机械涂料厂
地　　址：江苏宜兴洋溪镇前庄
邮　　编：214263
电　　话：0510-87576908
传　　真：0510-87576908
主要产品：涂料生产设备，实验设备

公司名称：宜兴市佳信机械有限公司
地　　址：江苏省宜兴芳桥
邮　　编：214264
电　　话：0510-87581692
传　　真：0510-87583586
邮　　箱：byx@yx-jiaxin.com
网　　址：www.yx-jiaxin.com
主要产品：涂料生产设备

公司名称：泰州市凯威特电子机械设备厂
地　　址：江苏省泰州市海陵区经济开发区春风路 15 号
邮　　编：225300
电　　话：0523-86828545
传　　真：0523-86828545
主要产品：砂磨机，球磨机，搅拌机

公司名称：无锡市志成钛铝材化工设备厂
地　　址：无锡市滨湖区太湖镇雪浪横山路 8 号
邮　　编：214126
电　　话：0510-85180729
传　　真：0510-85180935
主要产品：涂料生产设备

公司名称：无锡出新环保设备厂
地　　址：无锡市惠山区杨市镇
邮　　编：214154
电　　话：0510-83551740
传　　真：0510-83551416
邮　　箱：chuxinhuanbao@vip.163.com
网　　址：www.chuxin.cn
主要产品：涂料成套设备

公司名称：无锡市雪浪鹤峰环保化工设备厂
地　　址：无锡市滨湖区太湖镇雪浪
邮　　编：214125
电　　话：0510-85182448
传　　真：0510-85186105
主要产品：涂料生产设备

公司名称：无锡市东军化工设备厂
地　　址：无锡市滨湖区南泉镇加油站旁
邮　　编：214000
电　　话：0510-85950753

传　　真：0510-85953753
邮　　箱：dongjun@chemn.com
网　　址：www.wuxidjhj.com
主要产品：涂料生产设备

公司名称：无锡市前洲鑫邦（粉体）机械厂
地　　址：无锡市惠山区前洲镇工业园区
邮　　编：214181
电　　话：0510-83383223
传　　真：0510-83383223
邮　　箱：info@xbftjx.com
网　　址：www.xbftjx.com
主要产品：球磨机

公司名称：江苏省如皋市晨光捏合机厂
地　　址：如皋市如城环西路 14 号
邮　　编：226500
电　　话：0513-87616288 87615088
传　　真：0513-87615088
网　　址：www.cn-kneader.com
主要产品：涂料生产设备

公司名称：正东实业有限公司
地　　址：江苏省昆山市兵希镇夏驾北路 16 号
邮　　编：215334
电　　话：0512-57637812
传　　真：0512-57637813
主要产品：分散机

公司名称：常州市吉科涂塑机械有限公司
地　　址：江苏常州东门外三河口
邮　　编：213115
电　　话：0519-88679658
传　　真：0519-88675373
邮　　箱：jiketusu@hotmail.com
网　　址：www.jikecn.com
主要产品：挤出复合膜机组及流延膜机组

公司名称：无锡科鑫达化工有限公司
地　　址：无锡南门外雪浪镇月楼巷 97 号
邮　　编：214125
电　　话：0510-85181999
传　　真：0510-85180057
邮　　箱：xlhgsb@wst.net.cn
网　　址：www.wxkxd.com
主要产品：涂料生产设备

公司名称：无锡市申京化工设备有限公司
地　　址：无锡市太湖山水城科技工业园 B 区 5 号
邮　　编：214125
电　　话：0510-85180548
传　　真：0510-85189948
邮　　箱：master@sjhgsb.com
网　　址：www.sjhgsb.com
主要产品：涂料机械设备

公司名称：江苏巨能机械有限公司
地　　址：江苏省宜兴市周铁镇朝阳路东首
邮　　编：214261
电　　话：0510-87505101 87501891
传　　真：0510-87501218
邮　　箱：xsb@ju-neng.cn
网　　址：www.juneng-machinery.com
主要产品：涂料生产设备

公司名称：无锡市南泉化工成套设备厂
地　　址：无锡市南泉镇新湖村
邮　　编：214128
电　　话：0510-85958025
传　　真：0510-85958827
邮　　箱：sales@thhj.com
网　　址：www.thhj.com
主要产品：涂料生产设备

公司名称：无锡市星亿涂装环保设备有限公司
地　　址：无锡市惠山区藕塘镇东风工业园
邮　　编：214153
电　　话：0510-83292999
传　　真：0510-83293128
邮　　箱：xenyi@xenyi.com
网　　址：www.xenyi.com
主要产品：涂装设备

公司名称：无锡华能表面处理有限公司
地　　址：无锡市惠山经济开发区惠畅路 9 号
邮　　编：214171
电　　话：0510-83502569 83750762
传　　真：0510-83750765
邮　　箱：offices@huanengmach.com
网　　址：www.huanengmach.com
主要产品：涂装设备

公司名称：无锡出新兴达电镀涂装设备有限公司
地　　址：江苏省无锡市惠山区杨市镇出新工业园
邮　　编：214154
电　　话：0510-83552992
传　　真：0510-83551954
邮　　箱：wxxdep@wxxdep.com
网　　址：www.wxxdep.com
主要产品：涂装设备

公司名称：江苏省江都市盛达涂装机械厂
地　　址：江苏省江都市华阳工业区
邮　　编：225242
电　　话：0514-86143126
传　　真：0514-86143126
邮　　箱：sdtz0727@sina.com
主要产品：涂装设备

公司名称：苏州市亘晟涂装工程有限公司
地　　址：苏州市高新技术开发区科技城下许桥
邮　　编：215163
电　　话：0512-66891412
传　　真：0512-66892412
邮　　箱：sell@szwanan.com
网　　址：www.szwanan.com
主要产品：涂装设备

公司名称：江都市明兴涂装设备工程有限公司
地　　址：江苏省江都市华阳工业区
邮　　编：225242
电　　话：0514-86141098
传　　真：0514-86141158
邮　　箱：info@china-mx.com
网　　址：www.china-mx.com
主要产品：涂装设备

公司名称：江苏长虹涂装机械有限公司
地　　址：江苏省盐城南洋经济开发区希望大道 5 号
邮　　编：224051
电　　话：0515-88183168
传　　真：0515-88182168
邮　　箱：qiu_qiu_@hotmail.com
网　　址：www.echanghong.com
主要产品：涂装设备

公司名称：江苏省泰州市新月涂装设备有限公司
地　　址：江苏省泰州北郊华港开发区
邮　　编：225300
电　　话：0523-88752988
传　　真：0523-88751469
邮　　箱：xinyuetz08@yahoo.com.cn
网　　址：www.xinyuetz.net
主要产品：粉末，涂料静电喷涂流水线

公司名称：江苏宜兴市华盛化工机械设备有限公司
地　　址：宜兴市芳桥镇蒋埝桥工业区
邮　　编：214265
电　　话：0510-87541398
传　　真：0510-87543588
邮　　箱：yxhuasheng@126.com
网　　址：www.yx-huasheng.com
主要产品：涂装机械设备

公司名称：江阴市利港有色冶金设备厂
地　　址：江苏省江阴市利港镇
邮　　编：214444
电　　话：0510-86632588
传　　真：0510-86630997
邮　　箱：yj@jsyejin.com
网　　址：www.jsyejin.com
主要产品：涂装喷漆设备

公司名称：无锡市龙力印铁设备制造有限公司
地　　址：无锡市新区长江南路 28-67 号
邮　　编：214028
电　　话：0510-85344332
传　　真：0510-85344332
邮　　箱：webmail@llhf.com
网　　址：www.llhf.com
主要产品：金属板表面涂装设备

公司名称：无锡运通机械有限公司
地　　址：江苏无锡滨湖区华庄镇龙渚村
邮　　编：214131
电　　话：0510-85600700
传　　真：0510-85602494
邮　　箱：sales@auto1688.com
主要产品：工业涂装设备，高级汽车烤漆房

公司名称：无锡市丰泽涂装机械有限公司
地　　址：无锡市惠山区洛社镇铁路桥村
邮　　编：214187
电　　话：0510-83315179
传　　真：0510-83305360
邮　　箱：dyp@fztzjx.com
主要产品：涂装设备

公司名称：盐城市剑桥涂装工程有限公司
地　　址：盐城市盐都区义丰剑桥大道
邮　　编：224022
电　　话：0515-88661818
传　　真：0515-88660999
邮　　箱：web@chinajianqiao.com
网　　址：www.chinajianqiao.com
主要产品：涂装机械设备

公司名称：江苏省靖江市利明环保电镀涂装设备有限公司

地　　址：江苏省靖江市生祠镇江平路1号
邮　　编：214531
电　　话：0523-84381069 84381071
传　　真：0523-84381069
邮　　箱：webmaster@limingdiandu.com
网　　址：www.limingdiandu.com
主要产品：涂装设备

公司名称：江苏中大工业涂装环保有限公司
地　　址：江苏省盐城市开放大道100号
邮　　编：224002
电　　话：0515-88333888
传　　真：0515-88200777
邮　　箱：tz@zonda.com
网　　址：www.zondatz.com
主要产品：涂装设备

公司名称：无锡可盛机械设备制造有限公司
地　　址：无锡市惠山区西漳工业园
邮　　编：214171
电　　话：0510-83502890
传　　真：0510-83501721
邮　　箱：wxkszhuhui@sohu.com
主要产品：涂装设备

公司名称：顺峰机械（昆山）有限公司
地　　址：江苏昆山市城北民营工业区水秀路1288-3号
邮　　编：215316
电　　话：0512-57930395
传　　真：0512-57782652
主要产品：涂装设备

公司名称：南京畅达机电工程技术研究所
地　　址：南京市下关区热河南路85-1号
邮　　编：210011
电　　话：025-58836768
传　　真：025-58760018 86296928
邮　　箱：cdtz@cdtz8080.net
网　　址：www.cdtz8080.com
主要产品：涂装设备

公司名称：历升涂装设备（南京）有限公司
地　　址：南京市建邺区江东中路313号中泰国际广场01幢2单元6楼
邮　　编：210019
电　　话：025-52645661
传　　真：025-52645669
邮　　箱：lihsheng@lisheng.com
网　　址：www.lihsheng.com
主要产品：涂装设备

公司名称：震晨（南京）技术工程有限公司
地　　址：南京市大光路47号宏鹰大厦1503室
邮　　编：210007
电　　话：025-84620914
传　　真：025-84598960
邮　　箱：jensen@publicl.ppt.js.cn
主要产品：喷漆室

公司名称：南京丹联科技有限公司
地　　址：南京市鼓楼高楼门62号B楼
邮　　编：210008
电　　话：025-83361972
传　　真：025-57719102
网　　址：www.danliankj.cn

主要产品：涂装设备

公司名称：无锡金邦机电制造有限公司
地　　址：无锡国家高新技术开发区旺庄外下甸尹水路2号
邮　　编：214028
电　　话：0510-85226188 85221660
传　　真：0510-85221660
邮　　箱：info@wxjinbang.cn
网　　址：www.wxjinbang.cn
主要产品：涂装生产线

公司名称：无锡市新华建设设备有限公司
地　　址：无锡市勤新开发区钱姚路88号Q2区
邮　　编：214151
电　　话：0510-83207988
传　　真：0510-83217811
邮　　箱：webmaster@wxxinhua.com
网　　址：www.wxxinhua.com
主要产品：涂装生产线

公司名称：扬州市华日机械有限公司
地　　址：江苏省江都市舜天路民营工业园
邮　　编：225200
电　　话：0514-86979747
传　　真：0514-86976697
邮　　箱：webmaster@yang-zi.com
网　　址：www.yang-zi.com
主要产品：涂装设备

公司名称：镇江市江岛电器制造有限公司
地　　址：江苏省扬中市新坝华威工业区
邮　　编：212200
电　　话：0511-8401100
传　　真：0511-8401281
邮　　箱：info@cn-jiangdao.com
网　　址：www.cn-jiangdao.com
主要产品：涂装电加热器

公司名称：常州市武进涂装设备制造厂有限公司
地　　址：常州市武进区横山桥镇工业园区
邮　　编：213119
电　　话：0519-88603928
传　　真：0519-88601619
邮　　箱：office@cztz.com
网　　址：www.cztz.com
主要产品：涂装设备

公司名称：江阳涂料工程有限公司
地　　址：江苏省江都市华阳工业区
邮　　编：225242
电　　话：0514-86141065
传　　真：0514-86142999
邮　　箱：ysc@jiangyangtz.com
网　　址：www.jiangyangtz.com
主要产品：涂装设备

公司名称：江苏速升物流涂装工程有限公司
地　　址：无锡市新区梅村新华路121号
邮　　编：214122
电　　话：0510-88157779
传　　真：0510-88157777
邮　　箱：ssc@s139.com
网　　址：www.s139.com
主要产品：涂装设备

公司名称：扬州市华达涂装成套设备厂
地　　址：江苏省江都市华阳工业区
邮　　编：225200
电　　话：0514-86141058
传　　真：0514-86141036
邮　　箱：huada@hdtz.com
网　　址：www.hdtz.com
主要产品：涂装流水线

公司名称：常州市超越机械制造有限公司
地　　址：江苏省常州市洛阳镇戴溪虎臣路58号
邮　　编：213105
电　　话：0519-88555860 88551382
传　　真：0519-88550589
主要产品：涂装设备

公司名称：武进安家表面处理设备厂
地　　址：江苏常州新北区春江镇（原安家镇）
邮　　编：213126
电　　话：0519-85971117
传　　真：0519-85971122
邮　　箱：lttz@js365.com
网　　址：www.hq-tz.com
主要产品：涂装生产线

公司名称：盐城市瑞华涂装设备有限公司
地　　址：盐城市盐都新区盐渎西路100号
邮　　编：224000
电　　话：0515-88266399
传　　真：0515-88409678
邮　　箱：jsrhtz@163.com
网　　址：www.rhtz.com
主要产品：涂装设备

公司名称：扬州市信诚涂装环保设备有限公司
地　　址：江苏省高邮市汉留镇三洋路1号
邮　　编：225641
电　　话：0514-84752039
传　　真：0514-84754955
主要产品：涂装设备

公司名称：扬州市纪元涂装机械制造有限公司
地　　址：江都市龙川工业园
邮　　编：225200
电　　话：0514-86551788
传　　真：0514-86527987
邮　　箱：jytz@jytz.com
网　　址：www.jytz.com
主要产品：涂装设备

公司名称：无锡市华凯除锈涂装设备厂
地　　址：江苏省锡山市洛社镇杨村
邮　　编：214187
电　　话：0510-83321430
传　　真：0510-83324087
网　　址：www.hkwrm.cn
主要产品：涂装设备

公司名称：南通市合海集团
地　　址：江苏海安白甸镇合海工业园区
邮　　编：226682
电　　话：0513-88403490
传　　真：0513-88408136
邮　　箱：hehaijs@126.com
网　　址：www.hehai.net.cn
主要产品：涂装设备

公司名称：无锡国达机械设备有限公司
地　　址：无锡市西漳镇锡澄北路 43 号
邮　　编：214171
电　　话：0510-83752922
传　　真：0510-83751158
邮　　箱：guoda8@126.com
网　　址：www.cn-guoda.com
主要产品：涂装生产线

公司名称：盐城市华荣达电热设备厂
地　　址：江苏省盐城市义丰镇大范路 7 号
邮　　编：224022
电　　话：0515-88186797
传　　真：0515-88186797
主要产品：涂装生产线

公司名称：吉本工艺（常熟）有限公司
地　　址：常熟市董浜镇
邮　　编：215534
电　　话：0512-52682342
传　　真：0512-52681743
邮　　箱：jbgy@yoshimoto-china.com
网　　址：www.yoshimoto-china.com
主要产品：涂装设备

公司名称：无锡华烨除锈涂装设备有限公司
地　　址：无锡市惠山区钱桥工业区
邮　　编：214151
电　　话：0510-83233625 83233626
传　　真：0510-83212992
邮　　箱：wuxihuaye@163.com
网　　址：www.wxhuaye.com
主要产品：涂装设备

公司名称：名全自动化设备（昆山）有限公司
地　　址：江苏省昆山市陆杨镇财茂路 9 号
邮　　编：215313
电　　话：0512-57646512
传　　真：0512-57646092
邮　　箱：hank@freshing.com.tw
网　　址：www.freshingtech.com
主要产品：涂装设备

公司名称：江苏南方涂装环保股份有限公司
地　　址：江苏省宜兴市徐舍镇振丰东路 92 号
邮　　编：214242
电　　话：0510-87696382
传　　真：0510-87691790
邮　　箱：nfhb328@public1.wx.js.cn
网　　址：www.southep.com
主要产品：涂装设备

公司名称：南通正大涂装机械设备厂
地　　址：南通市海安县白甸镇白甸村十四组
邮　　编：226682
电　　话：0513-88402031 88402192
传　　真：0513-88403968
网　　址：nantong080741.11467.com
主要产品：涂装生产线

公司名称：太仓市静电设备厂
地　　址：江苏省太仓市浏河镇闸北路 112 号
邮　　编：215431
电　　话：0512-53612125 53611639
传　　真：0512-53612616
网　　址：www.tc-painting-china.com
主要产品：静电粉末涂装设备

公司名称：无锡出新鑫荣涂装环保设备有限公司
地　　址：江苏省无锡市惠山区洛社镇杨市
邮　　编：214154
电　　话：0510-83553681 83553891
传　　真：0510-83553681
邮　　箱：wxxrhb@163.com
网　　址：www.wxxrhb.com
主要产品：涂装设备

公司名称：无锡普思特物流设备有限公司
地　　址：江苏省无锡市洛社镇盛巷 312 国道旁
邮　　编：214187
电　　话：0510-83832518
传　　真：0510-83832518
邮　　箱：sales@postlc.com
网　　址：www.postlc.com
主要产品：涂装成套设备

公司名称：张家港市银河涂装设备工程有限公司
地　　址：江苏省张家港市塘桥镇南环路
邮　　编：215611
电　　话：0512-58435286
传　　真：0512-58449300
主要产品：静电喷粉（漆）涂装设备

公司名称：扬州华春静电工程有限公司
地　　址：扬州市扬子江中路 302 号江阳 2-101 号
邮　　编：225009
电　　话：0514-87889568
传　　真：0514-87850658
邮　　箱：yz.hc@163.com
网　　址：www.huachun-static.com
主要产品：静电喷涂设备

公司名称：苏州东苑轻工机械有限公司
地　　址：苏州市相城区黄桥镇
邮　　编：215132
电　　话：0512-65462383
传　　真：0512-65461551
主要产品：涂装设备

公司名称：扬州斯普莱机械制造有限公司
地　　址：扬州江都双仙路 59 号
邮　　编：225200
电　　话：0514-86852788
传　　真：0514-86851788
邮　　箱：sales@spl.cn
网　　址：www.spl.cn
主要产品：涂装设备

公司名称：江都市龙锦环保设备有限公司
地　　址：江都市宗村宜武路一号
邮　　编：225245
电　　话：0514-86633663
传　　真：0514-86634456
邮　　箱：cnlongjin@sina.com
网　　址：www.cnlongjin.com
主要产品：涂装设备

公司名称：江都市东南静电喷涂设备有限公司
地　　址：江都市小纪工业园
邮　　编：225242
电　　话：0514-86594388
传　　真：0514-86594288
邮　　箱：yjb@dntz.com
网　　址：www.dntz.com
主要产品：涂装设备

公司名称：昆山市世名科技开发有限公司
地　　址：江苏省昆山市黄浦江北路 219 号
邮　　编：215337
电　　话：0512-57667150
传　　真：0512-57665880
网　　址：www.kssmkjkf.com.cn
主要产品：涂料调色设备

公司名称：常州市恒诚干燥制粒设备有限公司
地　　址：江苏省常州市武进区焦溪镇工业园
邮　　编：213116
电　　话：0519-88910588
传　　真：0519-88906377
邮　　箱：market@hcdry.com
网　　址：www.hcdry.com
主要产品：化工机械

公司名称：常州市双丰机械厂
地　　址：江苏省常州市武进芙蓉镇李象桥厂区 4 号
邮　　编：213008
电　　话：0519-88650328
传　　真：0519-88768956
邮　　箱：sfjx@sfhj.cn
主要产品：化工机械

公司名称：常州市腾蛟机械厂
地　　址：江苏省常州市横山桥镇芙蓉双庙工业区矮凳桥 92 号
邮　　编：213118
电　　话：0519-88651371
传　　真：0519-88651171
网　　址：www.tengjiaojx.com
主要产品：实验用涂料机械

公司名称：常州市武进八方机械厂
地　　址：江苏省常州市武进横山桥镇殷家巷桥南面
邮　　编：213119
电　　话：0519-88601535
传　　真：0519-88606310
网　　址：www.bafangjixie.cn
主要产品：三辊研磨机，涂料机械，化工机械

公司名称：常州市武进兴业机械设备有限公司
地　　址：江苏省常州市武进区横山桥镇东城湾村
邮　　编：213117
电　　话：0519-88664288
传　　真：0519-88664288
邮　　箱：czxyks@163.com
网　　址：www.xyks.cn
主要产品：研磨机，三辊研磨机，破碎机，颚式破碎机

公司名称：江苏省海门市博大机械厂
地　　址：江苏省海门市开发区长江路 279 号
邮　　编：226100
电　　话：0513-82216924
传　　真：0513-82216924

主要产品：涂料机械及实验检测设备

公司名称：江阴精诚化工机械有限公司
地　　址：江苏省江阴市青阳镇里新路北
邮　　编：214400
电　　话：0510-86551667
传　　真：0510-86554982
邮　　箱：jchj@jchgjx.com
网　　址：www.jchgjx.com
主要产品：化工，涂料设备

公司名称：江阴市北国云峰化工机械厂
地　　址：江苏省江阴市北国镇锡张路
邮　　编：214414
电　　话：0510-86355975
传　　真：0510-86355975
邮　　箱：bg_wlf@sina.com
主要产品：分散机，砂磨机，球磨机，灌装机械

公司名称：江阴市晨铭机械有限公司
地　　址：江苏省江阴市文林镇人民路
邮　　编：214200
电　　话：0510-86347220
传　　真：0510-86347220
邮　　箱：sales@cm-jx.com
网　　址：www.cm-jx.com
主要产品：涂料机械，化工机械

公司名称：江阴市东鹏机械制造有限公司
地　　址：江苏省江阴市夏港镇镇澄路84号
邮　　编：214442
电　　话：0510-88615191
传　　真：0510-86160388
邮　　箱：sales@dpzd.com
主要产品：超细研磨，分散搅拌设备

公司名称：江阴市亨特利包装有限公司
地　　址：江苏省江阴市周庄镇江东工业园江东加油站旁
邮　　编：214423
电　　话：0510-86900899
传　　真：0510-86900897
主要产品：钢铁桶，涂料桶，化工桶，包装桶，铁桶，圆罐

公司名称：江阴市精杰化工机械有限公司
地　　址：江苏省江阴市青阳镇锡澄路1576号
邮　　编：214401
电　　话：0510-86512691
传　　真：0510-86514691
邮　　箱：ceo@cnjingjie.com
网　　址：www.cnjingjie.com
主要产品：砂磨机，剥片机，分散机

公司名称：江阴市康捷机械制造有限公司
地　　址：江苏省江阴市峭岐镇工业园区迎宾大道31号
邮　　编：214408
电　　话：0510-86563878
传　　真：0510-86562684
网　　址：www.jykangjie.com
主要产品：机械

公司名称：江阴市力驰机械厂
地　　址：江苏省江阴市顾北镇北国老锡张路885号
邮　　编：214414
电　　话：0510-86351823
传　　真：0510-86351823
网　　址：www.lichijx.com.cn
主要产品：分散机，砂磨机，球磨机，灌装机械

公司名称：江阴市双叶机械有限公司
地　　址：江苏省江阴市北国镇北新街48号
邮　　编：214414
电　　话：0510-86351528 13606167773
传　　真：0510-86951386
网　　址：www.shuangyejixie.com.cn
主要产品：砂磨机，过滤机，研磨机，球磨机，搅拌机，分散机，其他粉碎设备

公司名称：江阴市鑫宝铁塑制品有限公司
地　　址：江苏省江阴市长泾镇关庙东200米
邮　　编：214411
电　　话：0510-86303098
传　　真：0510-86301569
邮　　箱：sales@chinaxibao.net
网　　址：www.chinaxinbao.net
主要产品：包装桶

公司名称：江阴市永宏化工机械有限公司
地　　址：江苏省江阴市工业园区振阳路7号
邮　　编：214401
电　　话：0510-86510269
传　　真：0510-86510090
邮　　箱：yh@yonghongjx.com
网　　址：www.yonghongjx.com
主要产品：砂磨机，分散机

公司名称：江阴市众达塑料制品厂
地　　址：江苏省江阴市长泾镇共青路20号
邮　　编：214411
电　　话：0510-86313226
传　　真：0510-86300551
网　　址：www.zdsl888.com.cn
主要产品：防冻液桶，塑料桶，涂料桶

公司名称：江阴雄伟化工机械有限公司
地　　址：江苏省江阴市青阳镇锡澄路1366号
邮　　编：214401
电　　话：0510-86519988
传　　真：0510-86508823
邮　　箱：zxw@xiongweicn.com
网　　址：www.xiongweicn.com
主要产品：砂磨机，分散机，固化机，球磨机，混合机等

公司名称：昆山锦亮贸易有限公司
地　　址：江苏省昆山市玉山镇北门路新大陆花园7号楼101室
邮　　编：215300
电　　话：0512-57765488
传　　真：0512-57765487
主要产品：耐磨试验机，烤漆耐磨试验机，落砂磨试验机

公司名称：昆山市正东实业有限公司
地　　址：江苏省昆山市兵希镇夏驾北路16号
邮　　编：215300
电　　话：0512-57637812
传　　真：0512-57637813
主要产品：砂磨机

公司名称：南通朗高石化设备有限公司
地　　址：江苏省启东市开发区跃龙路28号
邮　　编：226200
电　　话：0513-85393999
传　　真：0513-85399222
邮　　箱：webmaster@langgao.com
网　　址：www.langgao.com
主要产品：混合器，过滤器，消声器

公司名称：启东市恒达电力石化设备厂
地　　址：江苏省启东市人民西路2300号
邮　　编：226200
电　　话：0513-83325938
传　　真：0513-88313591
邮　　箱：webmaster@hddlsh.com
网　　址：www.hddlsh.com
主要产品：涂料成套设备，涂料灌装机，视镜及超细粉碎机

公司名称：如皋市徐氏机械有限公司
地　　址：江苏省如皋市如城镇福寿西路191号
邮　　编：226500
电　　话：0513-87519394
传　　真：0513-87284918
邮　　箱：ceo@xs-kneader.com
网　　址：www.xs-kneader.com
主要产品：捏合机

公司名称：无锡宏宇包装制品有限公司
地　　址：江苏省宜兴市万石镇大街村
邮　　编：214212
电　　话：0510-87842828
传　　真：0510-87844380
邮　　箱：hongyu@wuxihongyu.com
网　　址：www.wuxihongyu.com
主要产品：包装桶

公司名称：无锡立标精细化工机械有限公司
地　　址：江苏省无锡市惠山新区锡澄路堰桥收费站旁
邮　　编：214174
电　　话：0510-86518318
传　　真：0510-83598553
邮　　箱：sales@cnlibiao.com
网　　址：www.cnlibiao.com
主要产品：化工机械

公司名称：无锡盛马制桶有限公司
地　　址：江苏省无锡市宜兴市屺亭镇工业园区
邮　　编：214213
电　　话：0510-87862780
传　　真：0510-87820016
邮　　箱：web@wxsmzt.com
网　　址：www.wxsmzt.com
主要产品：包装桶

公司名称：无锡市复顺包装制品有限公司
地　　址：江苏省宜兴市万石镇南漕宏博路
邮　　编：214217
电　　话：0510-87855818
主要产品：包装桶

公司名称：无锡市海波干燥机械设备厂
地　　址：江苏省无锡市惠山区玉祁镇万里村
邮　　编：214183
电　　话：0510-83330513

传　　真：0510-83331350
网　　址：www.xbftjx.com
主要产品：搅拌球磨机，卧式球磨机，压滤机等

公司名称：无锡市聚源包装制品有限公司
地　　址：江苏省宜兴市万石镇南漕工业区
邮　　编：214217
电　　话：0510-87856800
传　　真：0510-87856900
主要产品：包装桶

公司名称：武进市自力化工机械有限公司
地　　址：江苏省常州市武进芙蓉镇柳山路15号
邮　　编：213118
电　　话：0519-88768868
传　　真：0519-88763188
邮　　箱：zanj1999@alibaba.com
主要产品：涂料机械

公司名称：宜兴市呈龙涂料机械有限公司
地　　址：江苏省宜兴市芳桥扶风屺山村蒋埝桥西
邮　　编：214265
电　　话：0510-87541316
传　　真：0510-87541856
邮　　箱：zsj@cltj.com
网　　址：www.cltj.com
主要产品：成套涂料设备，树脂设备

公司名称：宜兴市诚达机械有限公司
地　　址：江苏省宜兴市洋溪镇下邾街百合路
邮　　编：214200
电　　话：0510-87573488
传　　真：0510-87570666
邮　　箱：web@zgtljx.com
网　　址：www.zgtljx.com
主要产品：涂料机械，干粉设备

公司名称：宜兴市德胜印铁制罐有限公司
地　　址：江苏省宜兴市太华镇
邮　　编：214235
电　　话：0510-87383929
传　　真：0510-87385729
邮　　箱：zds@wxdesheng.com
网　　址：www.wxdesheng.com
主要产品：铁塑包装桶

公司名称：宜兴市东海塑料有限公司
地　　址：江苏省宜兴市万石镇工业园内
邮　　编：214212
电　　话：0510-87843228
传　　真：0510-87844300
主要产品：塑料包装桶

公司名称：宜兴市飞鸿铁塑包装有限公司
地　　址：江苏省宜兴市万石镇新漕北路16号
邮　　编：214217
电　　话：0510-87856220
传　　真：0510-87856221
主要产品：包装桶

公司名称：宜兴市飞扬机械设备有限公司
地　　址：江苏省宜兴市周铁镇洋溪工业区
邮　　编：214263
电　　话：0510-87570758
传　　真：0510-87570758
邮　　箱：web@fyjxsb.com
网　　址：www.fyjxsb.com
主要产品：涂料机械，化工机械

公司名称：宜兴市海虹印铁制罐有限公司
地　　址：江苏省宜兴市太华镇振兴路
邮　　编：214235
电　　话：0510-87389027
主要产品：包装桶

公司名称：宜兴市恒锋包装有限公司
地　　址：江苏省宜兴市万石镇南漕新街57号
邮　　编：214217
电　　话：0510-87856268
主要产品：包装桶

公司名称：宜兴市恒通印铁包装制品有限公司
地　　址：江苏省宜兴市万石镇南漕村人民路2号
邮　　编：214217
电　　话：0510-87854501
传　　真：0510-87851278
主要产品：包装桶

公司名称：宜兴市华源包装有限公司
地　　址：江苏省宜兴市万石镇南漕开发区申兴东路58号(漕桥)
邮　　编：214217
电　　话：0510-87856598
传　　真：0510-87856528
主要产品：包装桶

公司名称：宜兴市嘉禾塑业有限公司
地　　址：江苏省宜兴市万石工业北区宏博路
邮　　编：214217
电　　话：0510-87855732
传　　真：0510-87856100
网　　址：www.jiahesuye.cn
主要产品：包装桶，涂料桶

公司名称：宜兴市金鹏印铁包装制品有限公司
地　　址：江苏省宜兴市万石镇工业园区
邮　　编：214212
电　　话：0510-87845089
传　　真：0510-87846089
邮　　箱：jinpeng@wxjinpeng.com
网　　址：www.jinpeng.com
主要产品：涂料桶，铁桶，包装桶，化工桶

公司名称：宜兴市锦隆化工有限公司
地　　址：江苏省宜兴市芳桥镇周师工业园88号
邮　　编：214200
电　　话：0510-88563801
传　　真：0510-87541508
邮　　箱：web@jlhg.com
网　　址：www.jlhg.net
主要产品：化工原料，涂料填料，机械设备

公司名称：宜兴市精益包装制品有限公司
地　　址：江苏省宜兴市万石镇南漕工业区辐射防护厂区
邮　　编：214212
电　　话：0510-87855168
主要产品：印铁制罐，吹塑，注塑桶包装

公司名称：宜兴市科宇包装有限公司
地　　址：江苏省宜兴市万石工业开发区港北路61号
邮　　编：214212
电　　话：0510-87848051
传　　真：0510-87845081
主要产品：包装桶

公司名称：宜兴市联创包装制品有限公司
地　　址：江苏省宜兴市万石镇南漕
邮　　编：214217
电　　话：0510-87848900
传　　真：0510-87848900
主要产品：包装桶

公司名称：宜兴市南翔印铁包装有限公司
地　　址：江苏省宜兴市万石镇马庄村
邮　　编：214200
电　　话：0510-87855658
主要产品：包装桶

公司名称：宜兴市强恒印铁制罐有限公司
地　　址：江苏省宜兴市太华镇楼新桥村
邮　　编：214235
电　　话：0510-87383618
传　　真：0510-87383618
主要产品：铁塑包装桶

公司名称：宜兴市世纪机械设备有限公司
地　　址：江苏省宜兴市万石镇余庄
邮　　编：214112
电　　话：0510-81700508
传　　真：0510-81700561
主要产品：化工机械

公司名称：宜兴市新旭化工机械有限公司
地　　址：江苏省宜兴市芳桥镇工业区虎皇大道
邮　　编：214212
电　　话：0510-87843465
传　　真：0510-87846275
邮　　箱：info@yx-xx.com
网　　址：www.yx-xx.com
主要产品：磨剥机，涂料机械

公司名称：宜兴市鑫鹏包装材料有限公司
地　　址：江苏省宜兴市沪宜公路万石镇工业园区
邮　　编：214212
电　　话：0510-87841189
传　　真：0510-87846189
邮　　箱：web@yxxinpeng.com
网　　址：www.yxxinpeng.com
主要产品：包装桶

公司名称：宜兴市兴舟制桶有限公司
地　　址：江苏省宜兴市季亭镇前红路口
邮　　编：214213
电　　话：0510-87867722
传　　真：0510-87867732
邮　　箱：888@jsxzzt.com
网　　址：www.jsxzzt.com
主要产品：涂料桶，塑料桶，印铁制罐系列，乳胶漆桶系列

公司名称：宜兴市益民包装制品有限公司
地　　址：江苏省宜兴市万石镇茶亭路70号
邮　　编：214212
电　　话：0510-87845523
传　　真：0510-87846735
邮　　箱：sym@yx-ym.com
网　　址：www.yx-ym.com

主要产品：铁桶，注塑桶，吹塑桶

公司名称：宜兴市有都机械厂
地　　址：江苏省宜兴市芳桥镇岱华路70号
邮　　编：214364
电　　话：0510-87582056
邮　　箱：jsyoudu@yahoo.com.cn
主要产品：化工机械

公司名称：张家港市通惠化工机械有限公司
地　　址：江苏省张家港欧洲工业园
邮　　编：215618
电　　话：0512-58598100
传　　真：0512-58163035
邮　　箱：thjx@cnthjx.com
网　　址：www.cnthjx.com
主要产品：搅拌机，分散机

公司名称：江都市宝康涂装设备厂
地　　址：江苏省江都市华阳振华路18号
邮　　编：225242
电　　话：0514-86181059
传　　真：0514-86181059
邮　　箱：webmaster@baokang.com.cn
主要产品：涂装设备

公司名称：温州市豪龙胶体磨厂
地　　址：浙江省温州市沙城工业区
邮　　编：325000
电　　话：0577-86816999
传　　真：0577-86837000
主要产品：胶体磨

公司名称：温州市胶体磨厂
地　　址：浙江省温州市吴桥路吴滨巷2号
邮　　编：325000
电　　话：0577-88634122 88634123
传　　真：0577-88634121
邮　　编：chinajtm@mial.wzptt.zj.cn
网　　址：www.jiaotimo.com
主要产品：胶体磨

公司名称：温州市鹿城乳化机械公司
地　　址：浙江省温州市新城大道金城花苑8幢101室
邮　　编：325027
电　　话：0577-88914666
传　　真：0577-88914111
主要产品：胶体磨

公司名称：温州华泰乳化机械厂
地　　址：浙江省温州龙湾区沙城镇七四村永强大道2137号
邮　　编：325025
电　　话：0577-86810858
传　　真：0577-86826798
主要产品：建筑涂料生产设备

公司名称：浙江省海宁市化工机械厂
地　　址：浙江省海宁市丁桥镇镇江潮路25号
邮　　编：314413
电　　话：0573-7666047
传　　真：0573-7668779
主要产品：涂料设备

公司名称：德清华纳涂装设备厂
地　　址：浙江省德清县武康镇康民路32-34号
邮　　编：313200
电　　话：0572-8811898
传　　真：0572-8811907
主要产品：涂装机械设备

公司名称：德清县华尔自动化涂装设备厂
地　　址：浙江省德清县上柏工业区
邮　　编：313200
电　　话：0572-8226518
传　　真：0572-8226848
邮　　箱：dqhuaer@yahoo.com.cn
网　　址：dqhuaer.ypb.cn.
主要产品：涂装设备生产线

公司名称：浙江省温岭市金宇通用设备有限公司
地　　址：浙江省温岭市泽国泵业工业园区
邮　　编：317523
电　　话：0576-6402360
传　　真：0576-6402361
邮　　箱：yutong8@mail.tzptt.zj.cn
网　　址：www.fusheng-cn.com
主要产品：喷枪，压力容器

公司名称：浙江巨龙涂装设备有限公司
地　　址：浙江省德清县武康镇北湖西街237号
邮　　编：313200
电　　话：0572-8282168
传　　真：0572-8281079
主要产品：涂装设备

公司名称：浙江智能涂装设备有限公司
地　　址：浙江德清县武康镇回山路52号
邮　　编：313200
电　　话：0572-8832588
传　　真：0572-8085720
邮　　箱：cghcl@126.com
网　　址：www.zntzsb.jqw.com
主要产品：涂装设备及涂装生产线

公司名称：永康市宏星涂装设备公司
地　　址：浙江省永康市五金城二街036
邮　　编：321300
电　　话：0579-87215891
传　　真：0579-87215899
主要产品：涂装设备

公司名称：玉环县翔田涂装工具有限公司
地　　址：浙江省玉环县汽摩工业区
邮　　编：317600
电　　话：0576-87518666
传　　真：0576-87568246
邮　　箱：yhxt@vip.163.com
网　　址：www.xtspraygun.com
主要产品：喷漆枪

公司名称：杭州创捷涂装设备有限公司
地　　址：杭州市体育场路379号运务大楼606-608室
邮　　编：310006
电　　话：0571-85060879
传　　真：0571-85173314
邮　　箱：graco@zjspray.com
网　　址：www.zjspray.com
主要产品：静电喷枪，无气喷涂机，道路划线机等喷涂设备和油漆涂料输送隔膜泵

公司名称：浙江华立涂装有限公司
地　　址：浙江省德清经济开发区云岫北路596号
邮　　编：313200
电　　话：0572-8011120
传　　真：0572-8011318
邮　　箱：sales@huali-coating.com
网　　址：www.huali-coating.com
主要产品：涂装生产线

公司名称：浙江省永康市星辰涂装设备厂
地　　址：浙江省永康市九龙工业区九龙湖北路19号
邮　　编：321300
电　　话：0579-87211229
传　　真：0579-87211014
邮　　箱：xc@zj-xingchen.com
网　　址：www.zj-xingchen.com
主要产品：涂装设备

公司名称：温岭市腾达输送设备有限公司
地　　址：浙江省温岭市淋川工业区
邮　　编：317511
电　　话：0576-6678988
传　　真：0576-6678998
主要产品：喷漆生产线

公司名称：杭州万隆机械设备有限公司
地　　址：浙江省杭州市康桥镇康桥路6号
邮　　编：310022
电　　话：0571-88042318
传　　真：0571-88042338
主要产品：涂装设备

公司名称：浙江明泉工业涂装有限公司
地　　址：浙江德清武康镇南郊路257
邮　　编：313203
电　　话：0572-8011119
传　　真：0572-8011100
邮　　箱：info@cnmingquan.com
网　　址：www.cnmingquan.com
主要产品：涂装设备

公司名称：浙江华凯静电设备制造公司
地　　址：浙江省杭州市萧山经济技术开发区兆丰路11号
邮　　编：311232
电　　话：0571-82827373
传　　真：0571-88397933
网　　址：www.zhejianghuakai.com.cn
主要产品：静电涂装设备

公司名称：杭州华科工艺装备有限公司
地　　址：杭州市莫干山路82号4楼
邮　　编：310005
电　　话：0571-8077082
传　　真：0571-8077074
主要产品：涂装设备

公司名称：杭州新丰涂装工程有限公司
地　　址：浙江省杭州市西湖区龙坞镇长埭村
邮　　编：310005
电　　话：0571-88880685/6
传　　真：0571-88802119
邮　　箱：support@xinfengtz.com
网　　址：www.xinfengtz.com
主要产品：涂装设备

公司名称：渝盛荣涂装设备（德清）有限公司
地　　址：浙江省德清县莫干山经济开发

区长安街 1 号
邮　　编：313200
电　　话：0572-8666617
传　　真：0572-8666619
邮　　箱：ysrongTZ@126.com
网　　址：www.ysrong.com
主要产品：涂装生产线

公司名称：航宇涂装设备有限公司
地　　址：浙江省永康市经济开发区永东西路 2 号
邮　　编：321300
电　　话：0579-87231212
传　　真：0579-87231235
主要产品：无气喷涂设备

公司名称：临海市江南喷塑设备制造厂
地　　址：浙江省临海市城南下浦
邮　　编：317000
电　　话：0576-85177726
传　　真：0576-85177508
主要产品：涂装设备

公司名称：嘉兴市余新镇华丰涂装设备厂
地　　址：嘉兴市经济开发区
邮　　编：314022
电　　话：0573-83222678
传　　真：0573-83225678
网　　址：www.jxsyh633.cn
主要产品：涂装设备

公司名称：远东铁马自动化设备有限公司
地　　址：浙江省温岭市淋川工业区
邮　　编：317511
电　　话：0576-86677509
传　　真：0576-86674897
邮　　箱：ydss@mail.tzptt.zj.cn
网　　址：www.shanghai-zl.cn
主要产品：涂装设备

公司名称：温岭市海博输送设备有限公司
地　　址：浙江省温岭市松门北门金港路
邮　　编：317511
电　　话：0576-86661650
传　　真：0576-86660576
邮　　箱：service5@excce.com
主要产品：涂装设备

公司名称：乐清市虹桥静电喷塑设备厂
地　　址：浙江省乐清市虹桥镇钱家洋工业区
邮　　编：325608
电　　话：0577-62351080
传　　真：0577-62371080
主要产品：静电喷塑设备，电泳涂装流水线

公司名称：杭州西湖电镀机械设备厂
地　　址：浙江省杭州市拱墅区康桥路 98 号
邮　　编：310015
电　　话：0571-88044214
传　　真：0571-88041063
邮　　箱：ddjx@163.com
主要产品：涂装设备

公司名称：瑞安市荣威涂装机械设备有限公司
地　　址：瑞安市飞云镇东风开发区东华路 43-2 号
邮　　编：325200
电　　话：0577-65578688
传　　真：0577-65566608
主要产品：涂装机械设备

公司名称：安吉县雷磨机械厂
地　　址：浙江省湖州市安吉县高禹镇高禹村
邮　　编：313310
电　　话：0572-5817928
传　　真：0572-5817908
邮　　箱：lmjxc@hotsales.net
主要产品：雷磨机

公司名称：杭州城宇工贸有限公司
地　　址：浙江省杭州市拱墅区上塘镇沈半路 120 号
邮　　编：310015
电　　话：0571-88283442
主要产品：仿石涂料，浮雕涂料，各种涂装工具

公司名称：杭州萧山万华塑料制品厂
地　　址：浙江省杭州市坎山镇张神殿工业区
邮　　编：311243
电　　话：0571-83581686
传　　真：0571-82514890
网　　址：www.whslzp.com
主要产品：乳胶漆桶，润滑油桶，涂料桶，化工桶等塑料容器等

公司名称：宁波市海曙求精机械配件厂
地　　址：浙江省宁波市望春长乐路 7 弄 8 号
邮　　编：315175
电　　话：0574-87476052
传　　真：0574-87487852
主要产品：磨砂机配件

公司名称：重庆科鉴机械设备有限公司杭州办事处
地　　址：浙江省杭州市拱墅区沈半路 366 号 403 室
邮　　编：310015
电　　话：0571-56876356
传　　真：0571-56876356
主要产品：砂磨机

公司名称：安徽龙吟商贸有限公司
地　　址：安徽省合肥市马鞍山南路创智广场 6 栋 B 单元 1619 室
邮　　编：230001
电　　话：0551-3671534
传　　真：0551-3618820
邮　　箱：ahlongyin@126.com
网　　址：www.ahlongyin.cn
主要产品：金属结构方面用的涂料，仪器仪表

公司名称：合肥华运机械制造有限公司
地　　址：安徽省合肥市包河工业园包河大道 210 号
邮　　编：230022
电　　话：0551-3664358
传　　真：0551-3635268
网　　址：www.hyjixie.com
主要产品：工业软管泵，高剪切一体化涂料成套设备

公司名称：黄山永佳三利科技有限公司
地　　址：安徽省黄山市徽州区永佳大道 668 号
邮　　编：245061
电　　话：0559-3514891
传　　真：0559-3512668
邮　　箱：yjsl@3lichina.com
网　　址：www.3lichina.com
主要产品：水性涂料，民用产品，机械制造等

公司名称：闽西丰力粉碎机械有限公司
地　　址：福建省龙岩市曹溪董邦
邮　　编：364021
电　　话：0597-2770888
传　　真：0597-2770868
邮　　箱：info@fengli-china.com
网　　址：www.fengli-china.com
主要产品：超微粉碎机，离心环辊磨

公司名称：龙岩市亿丰粉碎机械有限公司
地　　址：福建省龙岩市铁山工业开发区 5 号
邮　　编：364001
电　　话：0597-2345168
传　　真：0597-2341683
邮　　箱：lyyf@lyyf.com
网　　址：www.lyyf.com
主要产品：超细粉碎机械及各类分级机械

公司名称：福建南平德赛技术装备有限公司
地　　址：福建省南平市工业路 98 号科技工业园
邮　　编：353000
电　　话：0599-8711555 8711666
传　　真：0599-8711777
邮　　箱：desei@public.npptt.fj.cn
网　　址：www.desei.com.cn
主要产品：粉末涂装线

公司名称：东正喷涂系统制造工业有限公司
地　　址：福建泉州市浮桥后坑工业区
邮　　编：362000
电　　话：0595-22424588 22424688
传　　真：0595-22424788
邮　　箱：dongzheng@cndoz.com
网　　址：www.cndoz.com
主要产品：喷涂设备

公司名称：三和泰涂装有限公司
地　　址：福建省泉州市南安官桥镇社村庄
邮　　编：362341
电　　话：0595-86837155
传　　真：0595-86847156
邮　　箱：shtgs2007@yahoo.com.cn
网　　址：www.sun-hitech.com
主要产品：涂装设备

公司名称：福州省力机械工程有限公司
地　　址：福州市白湖亭二环路尤宅边
邮　　编：350007
电　　话：0591-87440710
传　　真：0591-87440713
邮　　箱：sljx@fjsljx.com
网　　址：www.fjsljx.com
主要产品：涂装设备

公司名称：福建白莲花化工有限公司
地　　址：福建省宁德市蕉城区单石碑路 150 号
邮　　编：352000
电　　话：0593-2839388
网　　址：www.blhhg.com.cn

主要产品：分散机，砂磨机，反应锅

公司名称：福建丰力机械有限公司
地　　址：福建省龙岩市新罗区工业西路68号民营科技园
邮　　编：364000
电　　话：0597-2770888
传　　真：0597-2770868
邮　　箱：info@fengli-china.com
网　　址：www.fengli-china.com
主要产品：机械设备

公司名称：福建省龙岩市亿丰粉碎机械有限公司
地　　址：福建省龙岩市铁山工业开发区5号
邮　　编：364001
电　　话：0597-2341683
传　　真：0597-2341683
邮　　箱：lyyf@lyyf.com
网　　址：www.lyyf.com
主要产品：超细粉碎机械及各类分级机械

公司名称：烟台凌宇粉末机械有限公司
地　　址：山东省烟台市莱山区莱山工业园隆昌路6号
邮　　编：264680
电　　话：0535-6919219
传　　真：0535-6919129
邮　　箱：info@lingyumach.com
网　　址：www.cn-lingyuchem.com
主要产品：粉末涂料制粉成套设备

公司名称：山东省莱州市化工机械厂
地　　址：山东省莱州市沙河镇旺龙王埠
邮　　编：261432
电　　话：0535-2342538
传　　真：0535-2342358
邮　　箱：lzhj188@yahoo.com.cn
网　　址：www.lzhj.com
主要产品：涂料生产设备

公司名称：山东省莱州市珍珠化工机械厂
地　　址：山东莱州市珍珠镇河崖（国道206线199公路旁）
邮　　编：261427
电　　话：0535-2378221
传　　真：0535-2377267
邮　　箱：manager @ lzzhenzhuhuaji.com
网　　址：www.zhenzhuhuaji.com
主要产品：涂料生产设备

公司名称：中美合资莱州市腾源化工机械厂
地　　址：山东省烟台市莱州市沙河镇西孙工业园
邮　　编：261432
电　　话：0535-2357058
传　　真：0535-2348677
网　　址：www.chinatengyuan.com
主要产品：涂料成套设备

公司名称：莱州市龙翔化工机械有限公司
地　　址：山东莱州市沙河镇路旺大街
邮　　编：261432
电　　话：0535-2348856
传　　真：0535-2349338
邮　　箱：info@longxianghj.com
网　　址：www.longxianghj.com
主要产品：涂料生产设备

公司名称：山东莱州鑫达化工机械厂
地　　址：山东莱州市虎头崖镇高家
邮　　编：261428
电　　话：0535-2527838
传　　真：0535-2527638
邮　　箱：guangxingao@126.com
网　　址：www.lzxdhj.com
主要产品：涂料生产设备

公司名称：莱州市建国化工机械厂
地　　址：山东省莱州市沙河镇
邮　　编：261423
电　　话：0535-2311051
传　　真：0535-2315877
邮　　箱：jianguohuaji@126.com
网　　址：www.1949 hj.com
主要产品：涂料生产设备

公司名称：莱州市金岭化工机械厂
地　　址：山东省莱州市沙河大桥北（1千米路东）
邮　　编：261423
电　　话：0535-2820678
传　　真：0535-2820008
主要产品：涂料生产设备

公司名称：莱州市胜龙化工机械集团
地　　址：山东莱州市沙河镇
邮　　编：261423
电　　话：0535-2312867 2315777
传　　真：0535-2315777 2820777
邮　　编：shenglong@lzslhj.com
网　　址：www.shenglonghuaji.com
主要产品：涂料生产设备

公司名称：莱州市兴格尔化工塑料机械有限公司
地　　址：山东省莱州市经济技术开发区工业长廊沙河镇（路旺）杲村街
邮　　编：261432
电　　话：0535-2358268
传　　真：0535-2348137
邮　　箱：wxz@xinggeerjixie.com
网　　址：www.xinggeerjixie.com
主要产品：涂料生产设备

公司名称：莱州市裕丰塑料化工机械设备有限公司
地　　址：山东莱州市沙河镇路旺门赵村
邮　　编：261432
电　　话：0535-2377388
传　　真：0535-2377516
邮　　箱：webmaster@sd-yufeng.com
主要产品：涂料生产设备

公司名称：山东省莱州市沙河镇金达化工机械厂
地　　址：山东省莱州市烟潍路206国道197.1千米处
邮　　编：261432
电　　话：0535-2343199
传　　真：0535-2343721
邮　　箱：info@jindahuaji.com
网　　址：www.jindahuaji.com
主要产品：涂料生产设备

公司名称：莱州市龙腾化工机械厂
地　　址：山东莱州市经济技术开发区管委会南首
邮　　编：261400
电　　话：0535-2297088 2297166
传　　真：0535-2297166
邮　　箱：info@lthj.com
网　　址：www.lthj.com
主要产品：涂料生产设备

公司名称：莱州市金泰化工机械厂
地　　址：山东莱州路旺镇驻地
邮　　编：261432
电　　话：0535-2348029
传　　真：0535-2348513
网　　址：www.hgjx-lz.com
主要产品：涂料生产设备

公司名称：山东夏津彩龙化工设备厂
地　　址：山东德州市夏津经济技术开发区
邮　　编：253200
电　　话：0534-3211253
传　　真：0534-3211253
邮　　箱：clhj 2008 @126.com
主要产品：涂料机械配件及涂料用输送泵

公司名称：山东海阳市静电设备有限公司
地　　址：山东海阳市小纪镇工业区
邮　　编：265131
电　　话：0535-3521006
传　　真：0535-3522068
邮　　箱：service@excce.com
主要产品：粉末涂料生产设备

公司名称：莱州市鲁达化工机械厂
地　　址：山东省莱州市虎头崖工业园
邮　　编：261428
电　　话：0535-2527849
传　　真：0535-2528888
邮　　箱：ludahuagong@163.com
网　　址：www.ld-jx.cn
主要产品：涂料生产设备

公司名称：莱州市沙河远达化工机械厂
地　　址：山东莱州市西孙工业区
邮　　编：261432
电　　话：0535-2343988
传　　真：0535-2343988
邮　　箱：admin@ydhgjx.com
网　　址：www.yuandachemic.com
主要产品：涂料生产设备

公司名称：海阳远丰自动化设备有限公司
地　　址：山东省海阳市赵疃乡政府驻地
邮　　编：265129
电　　话：0535-3771013
传　　真：0535-3771013
主要产品：粉末涂料生产设备

公司名称：烟台市三立工业有限公司
地　　址：山东省烟台市建设路008号
邮　　编：264000
电　　话：0535-6650768
传　　真：0535-4716681
邮　　箱：manager@sanli-china.com
网　　址：sanli-china.com
主要产品：粉末涂料生产设备

公司名称：烟台东辉粉末设备有限公司
地　　址：山东省烟台开发区松花江路9号
邮　　编：264006
电　　话：0535-6398693 6398691
传　　真：0535-6398690 6085834
邮　　箱：ytdh@yt-public.sd.cninfo.net
网　　址：gb.powderdevice.com

主要产品：粉末涂料生产设备

公司名称：烟台奇通化工设备有限公司
地　　址：山东烟台经济技术开发区华山路南端
邮　　编：264006
电　　话：0535-6376930
传　　真：0535-6381857
邮　　箱：sales@qitongequip.com
网　　址：www.qitongequip.com
主要产品：粉末涂料成套设备

公司名称：青岛海鑫源耐蚀泵研究所
地　　址：青岛市黄台路 40 号
邮　　编：266012
电　　话：0532-82897686
传　　真：0532-82735616
邮　　箱：wqx701@sohu.com
主要产品：电动双隔膜耐蚀泵

公司名称：山东亮光涂装科技有限公司
地　　址：山东省邹平县城西路张辛工业园
邮　　编：256216
电　　话：0543-4586318
传　　真：0543-4586168
邮　　箱：zs@zskqf.com
网　　址：www.zskqf.com
主要产品：汽车涂装烤漆设备

公司名称：山东邹平永大烤漆设备厂
地　　址：山东邹平明集镇张辛开发区
邮　　编：256216
电　　话：0543-4586096
传　　真：0543-4586095
主要产品：汽车喷烤漆专用设备

公司名称：山东临朐金鑫静电喷涂设备厂
地　　址：山东临朐铝合金市场南黄山路中段
邮　　编：262600
电　　话：0536-3151379
传　　真：0536-3396196
邮　　箱：zwj@jingdianpentu.com
网　　址：www.jingdianpentu.com
主要产品：涂装设备

公司名称：山东省邹平新星热能喷涂设备有限公司
地　　址：山东省邹平县明集镇张辛工业园
邮　　编：256216
电　　话：0543-4586390
传　　真：0543-4586098
邮　　箱：xinxing@sdxinxing.com
网　　址：www.sdxinxing.com
主要产品：喷漆烤漆设备

公司名称：山东省章丘市汽车烤漆设备厂
地　　址：山东省章丘市开发区
邮　　编：250212
电　　话：0531-83541088
邮　　箱：baonai@cnbaonai.com
网　　址：www.cnbaonai.com
主要产品：汽车喷漆烤漆专用设备

公司名称：山东章丘飞宇汽车烤漆设备厂
地　　址：章丘经济开发区
邮　　编：250212
电　　话：0531-3543796
传　　真：0531-3543796
主要产品：汽车喷漆烤漆专用设备

公司名称：青岛恒源机械有限公司
地　　址：山东省青岛胶州市阜安工业园海川大道 108 号
邮　　编：266300
传　　真：0532-82263928
电　　话：0532-82262298
邮　　箱：sales@hengyuan-group.com
网　　址：www.hengyuan-group.com
主要产品：异型材涂装生产线

公司名称：莱州市顺通化工机械厂
地　　址：山东省莱州市沙河镇路旺北王村
邮　　编：261432
电　　话：0535-2351167 13953554550
网　　址：www.yahoosme.com/ytlzshuntong
主要产品：JM系列胶体磨

公司名称：青岛海通联合国际贸易有限公司
地　　址：山东省青岛市丰县路 2 号博思公寓 3 号楼 1401 室
邮　　编：266071
电　　话：0532-86127628
主要产品：机械设备，实验室仪器设备和涂料滚刷

公司名称：山东中际建筑机械有限公司
地　　址：山东省莱州市沙河镇路旺驻地
邮　　编：261432
电　　话：0535-2357567
邮　　箱：info@hgjx-lz.com
网　　址：www.hgjx-lz.com
主要产品：装载机，翻斗车

公司名称：潍坊海瑞通机电设备有限公司
地　　址：山东省潍坊市安丘经济开发区汶水北路 159 号
邮　　编：262100
电　　话：0536-4395678
传　　真：0536-4733231
网　　址：www.hairuitong.cn
主要产品：高速分散机，卧式螺带混合机，乳化机，砂磨机，封口钳等

公司名称：烟台东辉粉末设备有限公司
地　　址：山东省烟台开发区松花江路 9 号
邮　　编：264006
电　　话：0535-6398693 6398691
传　　真：0535-6398690 6085834
邮　　箱：ytdh@yt-public.sd.cninfo.net
网　　址：gb.powderdevice.com
主要产品：粉末涂料生产设备

公司名称：烟台东源粉末设备有限公司
地　　址：山东省烟台芝罘区 APEC 工业园
邮　　编：264002
电　　话：0535-6846842
传　　真：0535-6846843
邮　　箱：ytgj@163169.net
网　　址：www.ytgj.com.cn
主要产品：涂料设备

公司名称：潍坊市安江实业有限公司
地　　址：潍坊市经济开发区友谊路顺通街交叉口路西 300 米
邮　　编：261031
电　　话：0536-8678618 8665531
传　　真：0536-8668831
邮　　箱：anjiangshiye@126.com
网　　址：www.ajtzsb.com
主要产品：涂装设备

公司名称：老松（新乡）机械有限公司
地　　址：河南省新乡市金穗大道 105 号
邮　　编：453000
电　　话：0373-3157012
传　　真：0373-2056146
邮　　箱：master@laosong.com
网　　址：www.laosong.com
主要产品：振动筛分过滤机

公司名称：河南省星光高能设备有限公司
地　　址：河南省郑州市天明路 63 号
邮　　编：450053
电　　话：0371-63724554
传　　真：0371-63723684
邮　　箱：lazhangwei@hc360.com
主要产品：涂装生产线

公司名称：郑州平原非标工程公司
地　　址：郑州市文化路北段
邮　　编：450002
电　　话：0371-63739333
传　　真：0371-63739385
邮　　箱：pytz3634@sina.com
主要产品：涂装生产线和涂装设备

公司名称：郑州三华科技实业有限公司
地　　址：河南省郑州市中原区中原西路须水工贸园区
邮　　编：450042
电　　话：0371-67857220
传　　真：0371-67857166
邮　　箱：info@santint.com
网　　址：www.sancn.com
主要产品：涂料调色设备

公司名称：河南省德嘉丽科技开发公司
地　　址：河南省郑州市经济开发区第二大街南段
邮　　编：450016
电　　话：0371-65974161
传　　真：0371-65973413
网　　址：www.dejiali.com
主要产品：胶粉，机械设备

公司名称：河南省荥阳市永兴养殖机械厂
地　　址：河南省荥阳市京城路与建设路交叉口西北角 001 号
邮　　编：450100
电　　话：0371-64611638
传　　真：0371-64699188
邮　　箱：yxyzjx@126.com
网　　址：www.shajiangjixie.com
主要产品：设备

公司名称：雷蒙特机械有限公司
地　　址：河南省新乡 369 信箱
邮　　编：453003
电　　话：0373-3528668
传　　真：0373-3516369
网　　址：www.leimengte.com
主要产品：振动筛

公司名称：新乡市诚鑫振动机械有限公司
地　　址：河南省新乡市宏利大道西段高湾工业区中科路
邮　　编：453002
电　　话：0373-2677758
传　　真：0373-2677808

网　　址：www.xxcxzd.com
主要产品：振动机械振动筛

公司名称：新乡市高服筛分机械有限公司
地　　址：河南省新乡市朗公庙107国道立交桥北
邮　　编：453700
电　　话：0373-5703369
传　　真：0373-5700991
网　　址：www.gfzds.com
主要产品：振动筛

公司名称：郑州市东方机器制造有限公司（原郑州市东方机器制造厂）
地　　址：河南省郑州市中原西路64号
邮　　编：450007
电　　话：0371-67649196
传　　真：0371-67636628
主要产品：搅拌球磨机，雷蒙磨粉机

公司名称：新乡市三圆堂机械有限公司
地　　址：河南新乡华兰大道162号
邮　　编：453003
电　　话：0373-5055770
传　　真：0373-5052890
邮　　箱：info@sanyuantang.com
网　　址：www.sanyuantang.com
主要产品：涂料生产设备

公司名称：武汉博力机电发展有限公司
地　　址：湖北省武汉市汉阳二桥永安堂特5号
邮　　编：430051
电　　话：027-84883877
传　　真：027-84889677
邮　　箱：whboli@163.com
网　　址：www.whboli.com
主要产品：涂装设备

公司名称：武汉科利尔化工有限公司
地　　址：武汉市东西湖区六顺南路66号海峡两岸科技园
邮　　编：430040
电　　话：027-59308658
传　　真：027-83087377
网　　址：www.whkoleal.cn
主要产品：电泳设备

公司名称：武汉汉恩机械制造有限公司
地　　址：湖北省武汉市洪山区狮子山野芷湖特2号
邮　　编：430071
电　　话：027-87263620
传　　真：027-87263683
网　　址：www.whhanen.com
主要产品：砂磨机，分散机，过滤机，包装机等

公司名称：株洲市欧华实业有限公司
地　　址：湖南省株洲市红旗北路田心北门
邮　　编：412001
电　　话：0731-28446998
传　　真：0731-28433107
主要产品：砂磨机，分散搅拌机

公司名称：深圳市利腾达机械设备有限公司
地　　址：广东省深圳市宝安区沙井街道新和大道旁后亭第一工业区53号
邮　　编：518013
电　　话：0755-27381266
传　　真：0755-27392686
邮　　箱：ltdsz@ltdsz.com
网　　址：www.ltdsz.com
主要产品：涂料生产设备，检测仪器

公司名称：惠州合胜塑胶化工机械厂
地　　址：广东省惠州市河南岸冷水坑第三工业区
邮　　编：516007
电　　话：0752-2525777
传　　真：0752-2525222
邮　　箱：hs@hzhesheng.com
网　　址：www.hzhesheng.com
主要产品：涂料生产设备

公司名称：百欧设备（广州）有限公司
地　　址：广州市番禺区沙湾镇陈涌工业区兴业大道西四横路
邮　　编：511483
电　　话：020-34732896
传　　真：020-34732806
邮　　箱：info@bot.com.cn
网　　址：www.bot.com.cn
主要产品：涂料生产设备

公司名称：深圳市驰蒙科技有限公司
地　　址：广东省深圳市布吉镇百合星城B栋3004室
邮　　编：518112
电　　话：0755-61250776
传　　真：0755-61250775
邮　　箱：sales@chimmn.com.cn
网　　址：www.chimmn.com.cn
主要产品：陶瓷耐磨损，耐腐蚀配件

公司名称：广州江鹰机械有限公司
地　　址：广州中山大道东圃广场18号1101室
邮　　编：510660
电　　话：020-82582873
传　　真：020-82322413
邮　　箱：zrq@gz-jiangying.com
网　　址：www.gz-jiangying.com
主要产品：涂料生产设备

公司名称：佛山市顺德区中顺化工设备有限公司
地　　址：佛山市顺德区容桂镇江南路8号
邮　　编：528303
电　　话：0757-26616782
传　　真：0757-26628076
邮　　箱：sdzs@sinozs.com
网　　址：www.sinozs.com
主要产品：涂料生产设备

公司名称：普森堡机械制造有限公司
地　　址：广东省中山市富湾新村月湾路三巷22号
邮　　编：528403
电　　话：0760-8785885
传　　真：0760-8335782
邮　　箱：sales@pusenbao.com
网　　址：www.pusenbao.com
主要产品：涂料生产设备

公司名称：中兴实业有限公司中兴机械厂
地　　址：广东省东莞市万江区小亭工业区
邮　　编：523048
电　　话：0769-22171278
传　　真：0769-22704920
邮　　箱：zongxing@vip.sina.com
网　　址：www.zx1998.com
主要产品：砂磨机，分散机

公司名称：圣合化工机械（广东）有限公司
地　　址：广东省佛山市南海区松岗镇松夏工业区
邮　　编：528234
电　　话：0757-85200677 85200678
传　　真：0757-85200078
主要产品：砂磨机，分散机

公司名称：广州宏辉电子机械有限公司
地　　址：广州市白云区三元里大道312
邮　　编：510400
电　　话：020-86358092
传　　真：020-86565909
邮　　箱：sales@honghui-yonghui.com
网　　址：www.honghui-yonghui.com
主要产品：静电喷粉，喷漆等涂装，喷涂设备

公司名称：广东省深圳市汇成工业制造有限公司
地　　址：深圳市公明镇田寮村宝石四街22号
邮　　编：518132
电　　话：0755-27190540 27190671
邮　　箱：xlg-c@163.net
网　　址：www.szh-c.com
主要产品：涂装生产线

公司名称：深圳开元达机械设备有限公司
地　　址：深圳市宝安区松岗镇朗下第三工业区第9栋
邮　　编：518105
电　　话：0755-27074609 27074610
网　　址：www.newworldsz.com
主要产品：涂装生产线

公司名称：吉川机械设备有限公司
地　　址：广东省东莞市南城科技园三元里金桥工业区
邮　　编：511700
电　　话：0769-2980727
传　　真：0769-2409653
邮　　箱：dgjichuan@china.com
网　　址：www.dg-jichuan.com
主要产品：涂装机械设备

公司名称：深圳市凯力兴自动化设备有限公司
地　　址：深圳市观澜镇福民村丹坑工业区丹丰街一巷2号
邮　　编：518110
电　　话：0755-28013776 28013784
传　　真：0755-28013780
邮　　箱：market@kilasn.com
网　　址：www.kilasn.com
主要产品：涂装设备

公司名称：深圳市圣吉川工业自动化设备有限公司
地　　址：深圳市宝安区松岗镇洪桥头村下围水工业区12栋
邮　　编：518105
电　　话：0755-27058212 27058203
传　　真：0755-27058174
邮　　箱：ydysic@163.com
网　　址：www.shengjichuan.com

主要产品：涂装设备

公司名称：祥盛昌工业设备有限公司
地　　址：广东省深圳市宝安区西乡镇固戍村恒南路8号
邮　　编：518216
电　　话：0755-27495110 27497394
传　　真：0755-27470910
邮　　箱：szoffice@xsc-china.com
网　　址：xsc-china.com
主要产品：涂装设备

公司名称：力达涂装设备机械厂
地　　址：广东省东莞市樟木头镇樟洋富竹管理区第一栋
邮　　编：528636
电　　话：0769-7796722 7712822
传　　真：0769-7719220
网　　址：lida.vitown.com
主要产品：涂装设备及涂装生产线

公司名称：中山市昌达工业自动化设备有限公司
地　　址：广东省中山市槎桥第二工业区工业楼A座
邮　　编：528403
电　　话：0760-8809965 8809975
传　　真：0760-8809975
邮　　箱：sale@zschangda.com.cn
网　　址：www.zschangda.com.cn
主要产品：涂装设备

公司名称：广州南亚星涂装设备有限公司
地　　址：广州市白云区新市镇齐富路8号
邮　　编：510410
电　　话：020-86630831
传　　真：020-86549603
邮　　箱：ny-star@vip.163.com
网　　址：www.ny-star.com
主要产品：涂装设备

公司名称：裕东（中山）机械工程有限公司
地　　址：广东省中山市中山港出口加工区沙边路段7号
邮　　编：528437
电　　话：0760-5596485
传　　真：0760-5598577
邮　　箱：yutung@pub.zhongshan.gd.cn
网　　址：www.koatings.com
主要产品：涂装设备

公司名称：怡丰工业设备有限公司
地　　址：深圳龙岗镇龙城北路龙西路口高新技术工业园怡丰工业区
邮　　编：518116
电　　话：0755-84879829
传　　真：0755-84879429
邮　　箱：szoffice@yee-fung.com
网　　址：www.yee-fung.com
主要产品：喷涂设备

公司名称：深圳市坚霸物流设备有限公司
地　　址：广东省深圳市深南大道6007号创展中心2001室
邮　　编：518040
电　　话：0755-83867150
传　　真：0755-83867155
网　　址：www.gamber-sz.com
主要产品：涂装设备

公司名称：江门新会区大泽锐邦机电设备有限公司
地　　址：广东省新会市大泽镇沙冲圩
邮　　编：529162
电　　话：0750-6801292
传　　真：0750-6801129
邮　　箱：rui-bang@163.com
网　　址：www.rui-bang.com
主要产品：涂装设备

公司名称：东莞富野工业设备工程公司
地　　址：广东省东莞市长安镇厦边银城工业区
邮　　编：528316
电　　话：0769-85380408
传　　真：0769-85334936
邮　　箱：fuye@8hy.com
网　　址：www.dgfuye.8hy.com
主要产品：涂装设备

公司名称：振源机械制造厂
地　　址：深圳市龙岗区龙岗镇爱联台中工业区旁
邮　　编：518000
电　　话：0755-28986977
传　　真：0755-28985592
主要产品：涂装生产线

公司名称：深圳市阜东工业设备有限公司
地　　址：深圳市宝安区公明镇李松朗第二工业区
邮　　编：518106
电　　话：0755-29859488
传　　真：0755-29859588
主要产品：涂装设备

公司名称：深圳市鑫三荣机械设备有限公司
地　　址：深圳市宝安区松岗镇潭头第二工业城27栋
邮　　编：518106
电　　话：0755-27463801
传　　真：0755-27463802
邮　　箱：xsrwwb@126.com
网　　址：www.xsrjt.com
主要产品：涂装生产线

公司名称：旭华涂装机械有限公司
地　　址：广东省东莞市大岭山镇大沙工业区
邮　　编：523820
电　　话：0769-85616378 85616379
传　　真：0769-85616380
邮　　箱：gym@dgxuhua.com
网　　址：www.dgxuhua.com
主要产品：涂装生产线

公司名称：东莞荣利喷涂设备工程公司
地　　址：东莞市风岗镇雁田镇中路三背山道10号
邮　　编：523701
电　　话：0769-87758782
传　　真：0769-87518391
邮　　箱：rongli8888@hotmail.com
网　　址：www.dgrongli.com
主要产品：喷涂设备

公司名称：东莞大通机械设备制造厂
地　　址：广东省东莞市虎门镇东风顺地工业区
邮　　编：523000
电　　话：0769-85169708
传　　真：0769-85169895
邮　　箱：datong-dg@163.com
网　　址：www.datong-dg.com
主要产品：涂装设备

公司名称：友助机械设备有限公司
地　　址：深圳市龙岗镇龙东工业区育良街2号
邮　　编：518116
电　　话：0755-84846012 84846013
传　　真：0755-84846011
主要产品：涂装设备生产线

公司名称：铃森金属工业有限公司铃森机械厂（深圳）
地　　址：深圳市宝安区福永镇白石厦工业区东区
邮　　编：518103
电　　话：0755-27308105 27308206
传　　真：0755-27308103
邮　　箱：linseng.tw@msa.hinet.net
网　　址：lingsen.com
主要产品：涂料生产设备

公司名称：东莞市升保机械设备有限公司
地　　址：广东省东莞市麻涌镇大步管理区乡政东路
邮　　编：523143
电　　话：0769-88283743
传　　真：0769-88283746
邮　　箱：lyk@sengpao.com
网　　址：www.sengpao.com
主要产品：涂装设备

公司名称：深圳市新力光机电设备有限公司
地　　址：深圳市宝安区广深公路沙井段140号
邮　　编：518125
电　　话：0755-81761228
传　　真：0755-81762506
邮　　箱：webmaster@xinliguang.com
网　　址：www.xinliguang.com
主要产品：涂装机械设备

公司名称：荣德机械设备有限公司
地　　址：深圳市松岗镇下围水工业区1栋
邮　　编：518000
电　　话：0755-27058948
传　　真：0755-27058048
邮　　箱：mail@chinarongde.com
网　　址：www.chinarongde.com
主要产品：涂装机械设备

公司名称：深圳市伟创华岳实业有限公司
地　　址：深圳市福田区八卦四路412栋华岳工业大厦
邮　　编：518029
电　　话：0755-82441046 82266856
传　　真：0755-82434136
邮　　箱：wchy@szwchy.com
网　　址：www.szwchy.com
主要产品：喷涂及干燥设备

公司名称：佛山市高明区大良通用机电设备有限公司
地　　址：顺德市大良区新滘工业区
邮　　编：528300
电　　话：0757-2222199 72214772
传　　真：0757-2236163
邮　　箱：sdtyong@tongyong.com.cn

网　　址：www.tongyong.com.cn
主要产品：涂装固化设备

公司名称：佛山先进机械设备有限公司机械制造厂
地　　址：广东省佛山市弼塘路三星工业东区四号之一
邮　　编：528000
电　　话：0757-82700775
传　　真：0757-82704145
邮　　箱：shams@sh163.net
网　　址：www.china-ams.com
主要产品：热喷涂设备

公司名称：深圳市永顺隆机械设备有限公司
地　　址：深圳市宝安区西乡镇鹤州村恒丰工业城 C3 幢 1 楼南
邮　　编：518126
电　　话：0755-27319594 27319595
传　　真：0755-27319597
邮　　箱：ysl@ysl-chinamel.com
网　　址：www.YSL-chinaMEL.com
主要产品：涂装设备

公司名称：广州升泰涂料设备有限公司
地　　址：广东省佛山市南海黄岐镇泌冲后海工业区
邮　　编：528248
电　　话：0757-85934810
传　　真：0757-85934810
邮　　箱：gdlitai@yahoo.com.cn
网　　址：www.litai-gd.com
主要产品：涂料调色机 涂料混合机

公司名称：科迪工控设备有限公司
地　　址：广东省佛山市顺德区伦教立交桥西 280 米
邮　　编：528308
电　　话：0757-27725925 27751222
传　　真：0757-27731133
邮　　箱：sdkedi@vip.163.com
网　　址：www.gdkedi.com
主要产品：调色设备，涂料混合机，定量灌装机

公司名称：顺德市奥驰商用机器制造有限公司
地　　址：广东省佛山市顺德区勒流镇新明路 78 号
邮　　编：528322
电　　话：0757-25666144
传　　真：0757-25339443
邮　　箱：ao-chi@exportsd.com
网　　址：www.ao-chi.com
主要产品：涂料调色设备

公司名称：英美科自动化设备（上海）有限公司深圳办事处
地　　址：深圳罗湖区宝安南路振业大厦 A 座 12A-H
邮　　编：518008
电　　话：0755-25862976
传　　真：0755-25862422
邮　　箱：penglin@inkmakerasia.com
主要产品：涂料调色机

公司名称：广州仪科实验室技术有限公司
地　　址：广州经济技术开发区友谊路 173-175 号
邮　　编：510730
电　　话：020-82226771-23
传　　真：020-82226776
邮　　箱：kx@ikagz.com.cn
网　　址：www.ika.net
主要产品：涂料检测仪器

公司名称：爱色丽（亚太）有限公司广州办事处
地　　址：广东省广州市环市东路 362-366 号好世界广场 1705 室
邮　　编：510060
电　　话：020-83752900
传　　真：020-83752911
主要产品：分光仪，分光光度仪

公司名称：昌鹰化工机械厂
地　　址：广东省佛山市顺德区伦教北海工业区
邮　　编：528308
电　　话：0757-27720114
传　　真：0757-27723885
主要产品：分散机，砂磨机，三辊机，反应釜等

公司名称：东莞市大岭山亿富机械厂
地　　址：广东省东莞市大岭山镇杨屋第三工业区
邮　　编：523839
电　　话：0769-82782006
传　　真：0769-83056812
主要产品：分散机，砂磨机，研磨机，球磨机等

公司名称：东莞市东城上尹机械制造厂
地　　址：广东省东莞市东城区主山上三杞村
邮　　编：523120
电　　话：0769-22666635
传　　真：0769-22205227
网　　址：www.twsunin.com
主要产品：涂料机械，砂磨机，分散机等

公司名称：东莞市远峰化工机械厂
地　　址：广东省东莞市虎门镇白沙四村工业区
邮　　编：523912
电　　话：0769-85191226
传　　真：0769-85191436
主要产品：砂磨机，搅拌机，分散机等

公司名称：佛山市迈德机械制造有限公司
地　　址：广东省佛山市丝织路 24 号
邮　　编：528000
电　　话：0757-82329962
传　　真：0757-82325509
邮　　箱：zhouhoumin@yahoo.com.cn
网　　址：www.miler.com.cn
主要产品：分散机，砂磨机，过滤机，包装机

公司名称：佛山市南海区桂城金博源化工机械有限公司
地　　址：广东省佛山市南海区佛山桂城石啃工业区 22 号
邮　　编：528200
电　　话：0757-86361708
网　　址：www.goldenblanfoshan.com
主要产品：化工机械，反应釜，分散机，粘合机

公司名称：佛山市南海区圣合化工机械有限公司
地　　址：广东省佛山市南海区松岗镇松厦工业园
邮　　编：528234
电　　话：0757-85200677
传　　真：0757-85200078
主要产品：卧式，蓝式珠（砂）磨机及搅拌机，化工涂料机械

公司名称：佛山市青新龙机械有限公司
地　　址：广东省佛山市顺德区乐从上华工业区
邮　　编：528300
电　　话：0757-28820023
传　　真：0757-28822909
邮　　箱：qxl@qingxinlong.com
网　　址：www.qingxinlong.com
主要产品：搅拌机，反应釜，研磨机等

公司名称：佛山市顺德区双叶精细化工机械有限公司
地　　址：广东省佛山市顺德区伦教镇北海工业区建业路南 1 号
邮　　编：528300
电　　话：0757-27731885
传　　真：0757-27733885
邮　　箱：shanxi.01@163.com
网　　址：www.xbshw.com.cn
主要产品：砂磨机，搅拌机，分散机，溶剂回收机

公司名称：高要市大明化工机械厂
地　　址：广东省高要市南岸镇要南三路
邮　　编：526100
电　　话：0758-8365881
传　　真：0758-8361987
邮　　箱：dm2233@126.com
网　　址：www.dm2233.com
主要产品：分散机，砂磨机，球磨机，三辊研磨机

公司名称：广州艾比锡科技有限公司
地　　址：广东省广州市番禺区大石镇迎宾路 584 号 403 室
邮　　编：511430
电　　话：020-34799880
传　　真：020-34799881
邮　　箱：abc@gzabcst.com
网　　址：www.gzabcst.com
主要产品：测色仪，色差仪，电脑测配色系统等

公司名称：广州保圣机械设备有限公司
地　　址：广东省广州市天河区中山大道中 268 号天河广场天威阁 10 楼 F 室
邮　　编：510660
电　　话：020-62358289
传　　真：020-82317475
邮　　箱：baoshenggz@126.com
网　　址：www.baoshenggz.com
主要产品：气动隔膜泵，计量泵，手提抽桶泵，化工软管等

公司名称：广州标格达实验室仪器用品有限公司
地　　址：广东省广州市天河区东圃大观中路 1 号源新大厦一楼
邮　　编：510660
电　　话：020-82169666
传　　真：020-82340996
邮　　箱：wcb@biuged.com
网　　址：www.biuged.com
主要产品：涂料检测仪器

公司名称：广州从化新科轻化设备厂
地　　址：广东省广州市从化市温泉镇灌村石海工业区 1 号
邮　　编：510978
电　　话：020-87894313
传　　真：020-87894567
邮　　箱：sinco@gz-sinco.com
网　　址：www.gzsinco.com
主要产品：分散剂，篮式研磨机，真空搅拌机，精磨机

公司名称：广州辉鑫机电设备工程有限公司
地　　址：广东省广州市番禺区石基镇新桥村泰安路 108 号
邮　　编：511450
电　　话：020-84556793
传　　真：020-84556792
邮　　箱：huixingongye@163.com
网　　址：www.huixintech.com
主要产品：包装机，灌装机，工程装备

公司名称：广州江鹰机械有限公司
地　　址：广东省广州市中山大道东圃广场 18 号 1101 室
邮　　编：510660
电　　话：020-82582873
传　　真：020-82322413
邮　　箱：zrq@gz-jiangying.com
网　　址：www.gz-jiangying.com
主要产品：涂料机械：反应釜，不锈钢反应釜等

公司名称：广州派勒机械设备有限公司
地　　址：广东省广州市番禺区钟村镇谢石公路 88 号
邮　　编：511495
电　　话：020-61925888
传　　真：020-61925558
邮　　箱：puhler.china@puhler.com
网　　址：www.puhler.com
主要产品：研磨机，砂磨机，高速分散机，篮式砂磨机

公司名称：广州市博勒飞黏度计质构仪技术服务有限公司
地　　址：广东省广州市广州大道北 193 号新达城广场南座 905-906 室
电　　话：020-37600548
传　　真：020-37600548
邮　　箱：info@brookfield.com.cn
网　　址：www.brookfield.com.cn
主要产品：黏度计，质构仪，流变仪维修服务

公司名称：广州市番禺区成诚试验设备厂
地　　址：广东省广州市番禺区大石镇植村工业 4 路博艺工业园 2 栋 1 楼
邮　　编：511430
电　　话：020-61946164
传　　真：020-61946184
邮　　箱：168@gzccsysb.com
网　　址：www.gzccsysb.com
主要产品：盐雾腐蚀试验箱，高低温湿热试验箱等

公司名称：广州市环试仪器设备有限公司
地　　址：广东省广州市番禺区钟村镇锦绣生态园西区乐满园 7 座 351 号
邮　　编：511419
电　　话：020-34633150
传　　真：020-34897189
邮　　箱：hs@gzhuanshi.com
网　　址：www.gzhuanshi.com
主要产品：盐雾腐蚀试验箱，冷热冲击试验箱等

公司名称：广州市荔湾托普仪器有限公司
地　　址：广东省广州市荔湾路小梅大街 33 号皇上皇大厦 A 栋 506 室
邮　　编：510170
电　　话：020-81266503
传　　真：020-81266502
网　　址：www.topper.cc
主要产品：水分测定仪等仪器，设备

公司名称：广州市新技精密仪器有限公司
地　　址：广东省广州珠江新城华明路 29 号星汇园 A1 座 1306
邮　　编：510623
电　　话：020-38620488
传　　真：020-38620938
邮　　箱：instruments@gzxinji.com
网　　址：www.gzxinji.com
主要产品：涂料检测仪器

公司名称：广州市一思通电子仪器厂
地　　址：广东省广州市番禺区迎宾路番山创业中心 2 号楼 2 区 502 室
邮　　编：511431
电　　话：020-34826383
传　　真：020-34827363
邮　　箱：gzzwp@163.com
网　　址：www.eesstt.com
主要产品：激光测径仪系列，反射率仪，光泽度仪等

公司名称：广州市予华仪器有限公司
地　　址：广东省广州市海珠区石榴岗路 19 号自编西 13A 档
邮　　编：510300
电　　话：020-34141914
传　　真：020-34141924
邮　　箱：sales@gzyhyq.cn
网　　址：www.gzyhyq.cn
主要产品：真空泵，磁力搅拌器，旋转蒸发仪等

公司名称：广州亚亿计算机科技有限公司
地　　址：广东省广州市天河区中山大道中 77 号时尚明苑 1 栋 1603 房
邮　　编：510660
电　　话：020-82317376
传　　真：020-82317376
网　　址：www.gzyayi.net.cn
主要产品：条码标签打印机，条码数据采集器，条码检测仪等

公司名称：广州伊莲辉贸易有限公司
地　　址：广东省广州市番禺区洛溪新城洛浦街肇源商务中心二楼 B205 室
邮　　编：511430
电　　话：020-39982890
传　　真：020-39982890
邮　　箱：ylh@efali.com
网　　址：www.efali.com
主要产品：气动隔膜泵，高速插桶泵，计量泵，气动分散机，气动搅拌机

公司名称：广州永基试验仪器有限公司
地　　址：广东省广州市番禺区大石镇宾至路 220 号
邮　　编：511430
电　　话：020-34793853
传　　真：020-34793852
邮　　箱：yj@yjsy-cn.com
网　　址：www.yjsy-cn.com
主要产品：环境试验，力学试验，光学测试设备

公司名称：华尔宝机械（深圳）有限公司
地　　址：广东省深圳市龙华街道办油松第十工业区顺景大厦 1 楼第 3 座
邮　　编：518109
电　　话：0755-28135108
邮　　箱：wab@wab.cn.com
网　　址：www.wab.ch
主要产品：砂磨机，珠磨机，混合机，研磨机

公司名称：加拿大 HERO 中国办事处
地　　址：广东省广州大道南海天花苑海英阁 1105 室
邮　　编：510310
电　　话：020-34260102
传　　真：020-34260102
网　　址：www.hero.ca
主要产品：涂料用专业调色机，振荡机

公司名称：江门日洋装饰材料有限公司
地　　址：广东省江门市蓬江区棠下镇丰盛工业园江盛三路 22 号
邮　　编：529085
电　　话：0750-3579980
传　　真：0750-3579971
邮　　箱：nichyo@126.com
网　　址：nichyo.cn.vooec.com
主要产品：滚筒刷

公司名称：开平市华生金属制桶有限公司
地　　址：广东省开平市赤坎镇北郊路 59 号
邮　　编：529367
电　　话：0750-2611398
传　　真：0750-2612711
邮　　箱：kphuasheng@vip.163.com
网　　址：www.kphuasheng.com
主要产品：钢桶

公司名称：开平市新金容制桶有限公司
地　　址：广东省开平市沙冈开平工业园兴达路 48 号
邮　　编：529328
电　　话：0750-2226898
传　　真：0750-2226444
主要产品：包装桶

公司名称：联鑫机械设备厂
地　　址：广东省佛山市顺德区北滘镇马村牌坊对面
邮　　编：528300
电　　话：0757-26630307
主要产品：分散机，砂磨机，研磨机，珠磨机，灌装机等生机机械

公司名称：南通菲希尔测试仪器有限公司东莞分公司
地　　址：广东省东莞市虎门镇港口二横路 3 号设计大厦 301 室
邮　　编：523900
电　　话：0769-5188060
传　　真：0769-5188070

网　　址：www.fischerhongkong.com.hk
主要产品：涂镀层测厚仪，膜厚计，铜厚测试仪

公司名称：深圳市成企鑫商贸有限公司
地　　址：广东省深圳平湖华南国际工业原料城五金化工塑胶区 M11 栋 118 号
邮　　编：518111
电　　话：0755-89632165
传　　真：0755-89632167
网　　址：www.chengqixin.cn
主要产品：测厚仪，色差仪等检测仪器

公司名称：深圳海川色彩科技有限公司
地　　址：广东省深圳市福田区车公庙天安数码城 F3.8 栋 C，D 座 8 楼
邮　　编：518040
电　　话：0755-83300666
传　　真：0755-83300726
网　　址：www.oceanpower.com
主要产品：色彩服务，色彩培训，建筑色卡，调色系统

公司名称：深圳市金硕特仪器有限公司
地　　址：广东省深圳市罗湖区文锦路文锦广场文安中心 2810 室
邮　　编：518026
电　　话：0755-82446661
传　　真：0755-82446712
邮　　箱：kingship@21cn.com
网　　址：www.kingship-test.com
主要产品：测厚仪，光泽仪，色差仪，试验箱，硬度计

公司名称：深圳市美思联科实业有限公司
地　　址：广东省深圳市南山高新区南区科技南 12 路方大大厦 14 楼 1409 室
邮　　编：518057
电　　话：0755-26993990
传　　真：0755-26993400
邮　　箱：sales@maxlink.cn
网　　址：www.maxlink.cn
主要产品：萨塔喷枪

公司名称：深圳市天友利标准光源有限公司
地　　址：广东省深圳市公明镇合水口创维电子城西大门15栋6楼
邮　　编：518052
电　　话：0755-27198826
传　　真：0755-27190609
邮　　箱：sales@tilo.com
网　　址：www.tayole.com
主要产品：对色灯箱，色卡，测厚仪，分光测色仪

公司名称：顺德市华能化工有限公司
地　　址：广东省佛山市顺德区大良区环市北路 275 号
邮　　编：528300
电　　话：0757-22263506
传　　真：0757-22263506
邮　　箱：huaneng@sdhuaneng.com
网　　址：www.sdhuaneng.com
主要产品：实验室检测设备

公司名称：新国泰（肇庆）化工机械制造有限公司
地　　址：广东省肇庆市鼎湖区广利镇统一路 85-86 号
邮　　编：526073
电　　话：0758-2683323
传　　真：0758-2684250
邮　　箱：ngtco@vip.163.com
网　　址：www.ngt.com.cn
主要产品：反应罐，贮罐，计量罐，搅拌器

公司名称：正本化工机械设备厂
地　　址：广东省肇庆市鼎湖区广利镇永丰路 5 号
邮　　编：526073
电　　话：0758-2683333
传　　真：0758-2683243
主要产品：分散机，砂磨机，研磨机等机械设备

公司名称：珠海良正贸易发展有限公司
地　　址：广东省珠海市香洲银桦路 888 商业街 6 巷 14 号
邮　　编：519000
电　　话：0756-2631118
传　　真：0756-2631944
主要产品：过滤系统的专业公司

公司名称：东莞市寮步郎立机械厂
地　　址：广东省东莞市寮步镇泉塘石大路 135 号
邮　　编：523400
电　　话：0769-83239325
传　　真：0769-83261721
邮　　箱：service@longlymill.com
网　　址：www.longlymill.com
主要产品：涂料生产设备

公司名称：丰裕电机工程有限公司
地　　址：广东省东莞市塘厦镇清湖头管理区
邮　　编：523726
电　　话：0769-87902888
传　　真：0769-87941888
邮　　箱：marketing@fungyu.com.hk
网　　址：www.fungyu.com.hk
主要产品：涂装设备

公司名称：广州科动涂装设备工程有限公司
地　　址：广州市黄埔区中山大道东 285 号
邮　　编：510700
电　　话：020-82295947
传　　真：020-82278571
邮　　箱：kodon@ma-god.com
网　　址：www.ma-god.com
主要产品：喷涂机系列，喷砂机系列，各类涂装耗材等

公司名称：桂林市光明科技实业有限公司
地　　址：广西桂林市毅峰南路 16 号
邮　　编：541004
电　　话：0773-5812128
传　　真：0773-5814532
邮　　箱：sales@chinagmti.com
网　　址：www.chinagmti.com
主要产品：静电喷涂设备

公司名称：咸阳金宏通用机械有限公司
地　　址：陕西省西安市沣渭新区沣东街道办北临
邮　　编：712000
电　　话：029-33811638
传　　真：029-33811683
邮　　箱：xyjh@xyjh.com.cn
网　　址：www.xyjh.com.cn
主要产品：涂料生产设备

公司名称：陕西昕宇表面工程有限公司
地　　址：西安市劳动路 81 号
邮　　编：710082
电　　话：029-84696689
传　　真：029-88631472
邮　　箱：xybm@xybm.com
网　　址：www.xybm.com
主要产品：涂装设备

公司名称：天华化工机械及自动化研究设计院
地　　址：甘肃省兰州西固区合水北路 3 号
邮　　编：730060
电　　话：0931-7310305
传　　真：0391-7311554
网　　址：www.cthkj.com
主要产品：化工机器，仪器仪表

公司名称：重庆市德高科技有限公司
地　　址：重庆九龙坡区华岩共和工业园
邮　　编：400052
电　　话：023-65269057 6526722 9
传　　真：023-65269697
主要产品：研磨设备

公司名称：重庆宏达化工机电有限公司
地　　址：重庆市铜梁县中南路 866 号
邮　　编：402560
电　　话：023-45697857
传　　真：023-45697855
邮　　箱：cqhongda@163.com
网　　址：www.cq-hongda.com.cn
主要产品：涂料生产设备，油墨生产设备

公司名称：重庆思达化工机械有限公司
地　　址：重庆江北区嘉陵二村 6 号金科香江家园 A-1-9-1
邮　　编：400023
电　　话：023-67861766 67874133
传　　真：023-67754210
邮　　箱：sida@cq-sd.com
主要产品：涂料生产设备

公司名称：重庆庆华机械厂
地　　址：重庆市江北区唐家沱街道新村
邮　　编：400026
电　　话：023-67781359
传　　真：023-67781273
主要产品：涂料生产设备

公司名称：重庆煊赫化工机械厂
地　　址：重庆市江北区唐家沱太平冲
邮　　编：400026
电　　话：023-67991408
传　　真：023-67991408
邮　　箱：xh@xhtj.cn
网　　址：www.xhtj.cn
主要产品：涂料生产设备，粉末涂料生产成套设备

公司名称：重庆华银机电开发有限公司
地　　址：重庆市北碚区蔡家岗镇凤栖路 6 号 3 幢 2 号
邮　　编：400709
电　　话：023-63173939
传　　真：023-63173935
网　　址：www.cqhy.net.cn
主要产品：涂料生产设备

公司名称：重庆长江涂装机械厂
地　　址：重庆市万州区天城大道 123 号
邮　　编：404040
电　　话：023-58325456
传　　真：023-58324599
邮　　箱：cj6801@126.com
网　　址：www.cjtz.net.cn
主要产品：无气喷涂设备，挤涂设备

公司名称：重庆和创涂装设备有限公司
地　　址：重庆市渝北区模具产业园兰馨大道 2 号 23-6
邮　　编：630020
电　　话：023-67196193
传　　真：023-67196192
邮　　箱：willowgm@163.com
网　　址：www.cqhctz.com
主要产品：喷涂设备

公司名称：重庆红旗化工机械有限公司
地　　址：重庆市白碚区蔡家岗镇凤栖路 6 号 11-1
邮　　编：400022
电　　话：023-68277718
传　　真：023-68277818
网　　址：sale@cqhq.cn
网　　址：www.cqhq.cn
主要产品：砂磨机

公司名称：重庆宏达化工机电有限公司
地　　址：重庆市铜梁县中南路 866 号
邮　　编：402560
电　　话：023-45697856
传　　真：023-45697855
邮　　箱：cqhongda@163.com
网　　址：www.cq-hongda.com.cn
主要产品：砂磨机，搅拌机，分散机

公司名称：重庆科鉴机械设备有限公司
地　　址：重庆市江北区寸滩乡朝阳河柏树湾
邮　　编：400025
电　　话：023-67091787
传　　真：023-67092909
网　　址：www.cqkjjx.com.cn
主要产品：砂磨机

公司名称：重庆佩特化工机械有限公司
地　　址：重庆市江北区建新北路 52 号茂业东方时代大厦 2727 室
邮　　编：400020
电　　话：023-67877566
邮　　箱：peite2004@yahoo.com.cn
网　　址：www.peite.cn
主要产品：砂磨机，分散机

公司名称：重庆思达化工机械有限公司
地　　址：重庆市江北区嘉陵二村 6 号金科香江花园 A-1-9-1
邮　　编：400023
电　　话：023-67861766
传　　真：023-67754210
邮　　箱：sida@cq-sd.com
主要产品：砂磨机

公司名称：重庆渝辉化工机械有限公司
地　　址：重庆市江北区建东一村 19 号
邮　　编：400020
电　　话：023-67865268
传　　真：023-67705356
邮　　箱：ysm@cqyhj.com
主要产品：砂磨机

公司名称：重庆钻奇机械制造有限公司
地　　址：重庆市江北区太平冲原金旺公司内
邮　　编：400026
电　　话：023-67781876
传　　真：023-67780040
主要产品：卧式砂磨分散机

公司名称：成都市新都永通机械厂
地　　址：成都市新都区石板滩工业区
邮　　编：610051
电　　话：028-62812181
传　　真：028-83968368
邮　　箱：kf@yonto.com
网　　址：www.yonton.com
主要产品：涂料生产设备

公司名称：成都四兴公司
地　　址：成都市双流彭镇燃灯路 18 号
邮　　编：610203
电　　话：028-85850168
传　　真：028-85850168
邮　　箱：sale@cd-sixing.com
主要产品：涂装工程设备

公司名称：四川宸宇涂装工程有限公司
地　　址：成都市武侯区金瓦路 12 号
邮　　编：610046
电　　话：028-85750185
传　　真：028-85750535
主要产品：涂装设备

公司名称：成都臻通贸易有限公司
地　　址：四川省成都市二仙桥南一路新 20 号天然居
邮　　编：610051
电　　话：028-89909775
传　　真：028-83283620
邮　　箱：ztmyr@126.com
网　　址：www.ztmyr.cn
主要产品：助剂类，机械设备类，检测仪器

公司名称：三尹实业有限公司
地　　址：台湾省台北县中和市桥和路 96 号
电　　话：886-2-22407863
传　　真：886-2-22402596
网　　址：www.twsunin.com
主要产品：涂料生产设备

公司名称：日鼎股份有限公司
地　　址：台北市忠孝东路五段 550 号 8 楼
电　　话：886-2-27590800
传　　真：886-2-27590860
邮　　箱：support@rihting.com.tw
网　　址：www.rihting.com/zh_tw
主要产品：涂装设备

公司名称：东方龙机电有限公司
地　　址：台湾省台中市南区福田三街 316 号
电　　话：886-4-22620493
传　　真：886-4-22618188
网　　址：www.tongfanlung.com.tw
主要产品：涂装设备

公司名称：国泉机械工业股份有限公司
地　　址：台湾省台北市松山区南京东路 4 段 102 号
电　　话：886-2-25773889
传　　真：886-2-25789860
邮　　箱：john@kmi.com.tw
网　　址：www.kmi.com.tw
主要产品：涂装设备

公司名称：经德机械企业有限公司
地　　址：台中县太平市永丰路 108 巷 57-1 号
电　　话：886-4-24939613
传　　真：886-4-24939866
邮　　箱：sales@jinde.com.tw
网　　址：www.jinde.com.tw
主要产品：涂装设备

公司名称：力坊兴业股份有限公司
地　　址：台湾省彰化县永靖乡浮圳路 691 巷 66 号
电　　话：886-4-8236863
传　　真：886-4-8240653
邮　　箱：refine@seed.net.tw
网　　址：www.re-fine.com.tw
主要产品：涂装设备

5 贸易公司和代表处

5.1 贸易公司

公司名称：北京兴美亚化工有限公司
地　　址：北京朝阳区小营路 17 号金盟大厦 312 室
邮　　编：100101
电　　话：010-84895090
邮　　箱：sin-maya@xmyhg.com

公司名称：北京北新桥化工油漆有限公司
地　　址：北京市朝阳区东土城路 5 号
邮　　编：100013
电　　话：010-64159893
传　　真：010-64159893
网　　址：www.bjbxq.sm160.net

公司名称：北京东方亚科力化工科技有限公司
地　　址：北京市通州区滨河路 143 号
邮　　编：101149
电　　话：010-61567430
传　　真：010-61567410
邮　　箱：actmarket@act-chem.com

公司名称：北京欣菲达尔科贸有限公司
地　　址：北京市大兴区黄村镇义和庄村新源大街 34 号
邮　　编：102600
电　　话：010-61213773
传　　真：010-61213773 6121377

公司名称：华凌涂料有限公司
地　　址：北京市西城区六铺炕街一号东 301
邮　　编：100011
电　　话：010-62045282
传　　真：010-65045282
邮　　箱：Hualingt@163bj.com

公司名称：威萨姆斯（中国）公司
地　　址：中国北京朝阳区霄云路甲 32 号嘉和丽园 A 座 301 室
邮　　编：100005
电　　话：010-84402111 84402555
传　　真：010-84402599-8003

公司名称：北京安特普纳科贸有限公司
地　　址：北京市朝阳市西大望路 27 号 2-1
邮　　编：100022
电　　话：010-87781534 87783227
传　　真：010-67798476
邮　　箱：entrepeneur2001@sina.com

公司名称：北京福乐阁涂料有限公司
地　　址：北京市东直门外京顺路 7 号
邮　　编：100022
电　　话：010-84486611 84486622
传　　真：010-64623664

公司名称：北京精艺铭商贸有限公司
地　　址：北京丰台区纪家庙鑫华祥物资仓库 200 号
邮　　编：100107
电　　话：010-83600079 67329076
传　　真：010-83600010
邮　　箱：schl888@sohu.com
网　　址：www.jymtrade.com

公司名称：北京月月丰装饰材料有限责任公司
地　　址：北京市朝阳区和平里东土城路甲 6 号
邮　　编：100013
电　　话：010-64209881-5
传　　真：010-67609542

公司名称：天津奇威建筑材料有限公司
地　　址：天津市南开区咸阳路 77 号蓝馨大厦 317 室
邮　　编：300200
电　　话：022-27687727
传　　真：022-27640901
邮　　箱：zhouwei@chainway-litex.com
网　　址：www.chainway-litex.com

公司名称：天津市光明正中颜料销售有限公司
地　　址：天津市红桥区西青道 136 号
邮　　编：300122
电　　话：022-27581883 27711999
传　　真：022-27712888
邮　　箱：gmpyjyl@sohu.com

公司名称：天津市俊博精细化工有限公司
地　　址：天津市河西区黑牛城大道世经城 13 座 03-5
邮　　编：300381
电　　话：022-88298006
邮　　箱：juhbo@jun
网　　址：www.bochem.com.cn

公司名称：天津合信行化工有限公司
地　　址：天津市河西区围堤道 146 号华盛广场 B 座 11 层 A1
邮　　编：1300201
电　　话：022-88238055 88239230
传　　真：022-88238055-8007
邮　　箱：horsens@sohu.com

公司名称：大连一多经贸有限公司
地　　址：辽宁省大连市沙河口区中 26 号
邮　　编：116021
电　　话：0411-4620202 4620101
传　　真：0411-4620101
网　　址：www.dljian.com

公司名称：锦州老展化工油漆有限公司
地　　址：辽宁省锦州市古塔区中央大街 60-23 号
邮　　编：121000
电　　话：0416-3135251
传　　真：0416-3127973
邮　　箱：laozhan@laozhan.com
网　　址：www.laozhan.com

公司名称：道康宁中国有限公司
地　　址：上海静安区乌鲁木齐北路 457 号 709 室
邮　　编：200040
电　　话：021-54997512
传　　真：021-54997512

公司名称：杜邦中国集团有限公司
地　　址：上海浦东新区张江高科技园区科苑路 399 号 11 楼
邮　　编：200020
电　　话：021-63866366
传　　真：021-63851751

公司名称：上海涂料供销实业有限总公司
地　　址：上海市普陀区中山北路 3618 号 1903 室
邮　　编：200063
电　　话：021-62231726 62237659
传　　真：021-62234430

公司名称：杜邦科技（上海）有限公司
地　　址：上海市虹曹路 421 号 66 幢二楼
邮　　编：200233
电　　话：021-64953688
传　　真：021-64950287

公司名称：杰森贸易有限公司
地　　址：上海市静安区武定西路 1189 号静安律德大厦 618 室
邮　　编：200042
电　　话：021-62311717
传　　真：021-62310148
网　　址：www.jiesen.com

公司名称：上海博顺贸易有限公司
地　　址：上海中山北路 831 弄 5 号楼长虹大厦 1803
邮　　编：200050
电　　话：021-56906716

公司名称：上海盖资经贸有限公司
地　　址：上海市赵巷镇沪青平公路 3797 号

邮　　编：200040
电　　话：59753888

公司名称：上海锐迪化工有限公司
地　　址：上海市静安区新闸路 1250 号 508 室
邮　　编：200061
电　　话：021-62159336

公司名称：上海翊佳实业有限公司
地　　址：上海市金汇路 518 弄 53 号 601 室（金汇花园）
邮　　编：201103
电　　话：021-64020613 64020287
传　　真：021-64020287
邮　　箱：yijias@public7.sta.net.cn

公司名称：英科科技（上海）有限公司
地　　址：上海市云里西路 356 弄 3 号 2 楼
邮　　编：200333
电　　话：021-62433309 62570416
传　　真：021-62570492
网　　址：www.yinkepump.com

公司名称：上海海逸科贸有限公司
地　　址：中山北路 2000 号中期大厦 4 楼西座
邮　　编：200063
电　　话：021-61179353
传　　真：021-61179353

公司名称：上海吉京贸易发展有限公司
地　　址：上海市大连路 1288 弄 5 号楼 2903 室
邮　　编：200092
电　　话：021-55960207 55960210 63610250 63610252
传　　真：021-63229200
邮　　箱：contact@shjjtrading.com
网　　址：www.shjjtrading.com

公司名称：上海通洋化工有限公司
地　　址：上海杨浦区四平路 1398 号同济联合广场 1102 室
邮　　编：200092
电　　话：021-33626555
传　　真：021-33626616
邮　　箱：yh.cai@transea.com.cn
网　　址：www.transea.com.cn

公司名称：上海亚好工贸有限公司
地　　址：上海市莘建东路 198 弄 8 号 601 室
邮　　编：200060
电　　话：021-54176190 54176191
传　　真：021-54176192

公司名称：中德合资上海申真阿里佳托涂料有限公司
地　　址：上海市洛川中路 626 号
邮　　编：200072
电　　话：021-56778208
传　　真：021-56030009

公司名称：上海森普实业有限公司
地　　址：上海市斜土路 2601 号嘉汇广场 T1 幢 26 楼 GH 座
邮　　编：200030
电　　话：021-64283355
传　　真：021-64260346
邮　　箱：idish@online.sh.cn
网　　址：www.sunpool.com.cn

公司名称：上海鑫阳化工有限公司
地　　址：上海市西康路 600 弄 1 号 1104 室
邮　　编：200000
电　　话：021-62772677 62778688
传　　真：021-62772677-804

公司名称：上海雅联颜料化工有限公司
地　　址：上海市石门二路 333 弄 3 号恒安大厦 25 楼 C 座
邮　　编：200041
电　　话：021-62153253 62557561
传　　真：021-62153659
网　　址：www.yalianchem.com

公司名称：上海亿生贸易发展有限公司
地　　址：上海市徐汇区中山西路 1538 号上海律师会堂 704 室
邮　　编：200233
电　　话：021-64692262

公司名称：澳大利亚（上海）皇家油漆涂料公司
地　　址：上海市真南路 822 弄 117 支弄 46 号
邮　　编：200331
电　　话：021-62505306
传　　真：021-62505306
邮　　箱：huangjiatl@bsbac.com
网　　址：www.huangjiatl.com

公司名称：上海信联创作电子有限公司
地　　址：上海市宜山路 822 号 527 室
邮　　编：200233
电　　话：021-64850134
传　　真：021-64852306
网　　址：www.shanion.com

公司名称：南京唯旭贸易有限公司
地　　址：南京市太平路 333 号金陵御景园十楼 JK 座
邮　　编：210002
电　　话：025-84520283 84520284
传　　真：025-84520744
邮　　箱：wish@b2b.sohu.com
网　　址：www.njwish.com

公司名称：常州优捷化工有限公司
地　　址：通江大道 600 号长江塑料化工市场 12 幢 39 号
邮　　编：213031
电　　话：0519-5212119 5203572
传　　真：0519-5212119
邮　　箱：webmaster@cz-youjie.com
网　　址：www.cz-youjie.com

公司名称：江苏民盛贸易有限责任公司
地　　址：南京市建宁路 33 号化工商场
邮　　编：210037
电　　话：025-85611644 13809001153
传　　真：025-85614343
邮　　箱：msa@atrade.com
网　　址：www.matrade.com

公司名称：杭州城宇工贸有限公司
地　　址：中国浙江杭州市沈半路 237 号 2 楼
邮　　编：310015
电　　话：0571-88283442 88283443
传　　真：0571-88283443

公司名称：杭州凯诺化工有限公司
地　　址：杭州市上城区望江路 69 号宁都大厦 207 室
邮　　编：310002
电　　话：0571-86068976 86068551
传　　真：0571-86813217
网　　址：www.kainuochem.com

公司名称：杭州楷模贸易有限公司
地　　址：杭州市光复路 28 号中山苑 5 幢 9 层 06-07 室
邮　　编：310000
电　　话：0571-87805611 87816099
传　　真：0571-87802511
邮　　箱：lida@nail.hz.zj.cn
网　　址：www.kingway-corp.com

公司名称：宁波保税区巨港科贸实业公司
地　　址：浙江省宁波市海曙区中山东路 181 号 12-8 室
邮　　编：315000
电　　话：0574-87277677 87277577
传　　真：0574-87247097

公司名称：温州市凯索普经贸有限公司
地　　址：浙江省温州市黎明西路 11 号海螺大楼南 503 室
邮　　编：325003
电　　话：0577-88820220 88815786
传　　真：0577-8812871
网　　址：www.chemsub.com

公司名称：东华工程科技股份有限公司
地　　址：安徽省合肥市望江东路 70 号
邮　　编：230024
电　　话：0551-3626637 3626401 3626498 3626380
传　　真：0551-3631706 3626222
邮　　箱：ecec@mail.hf.ah.cn
网　　址：www.chinaecec.com
主要产品：工程设计，工程总承包，工程监理

公司名称：厦门多利化学工业有限公司
地　　址：福建省厦门市东孚镇东浦村
邮　　编：361027
电　　话：0592-6041388 6310277
传　　真：0592-6310408
邮　　箱：doly@public.xm.fj.cn

公司名称：河南超越贸易有限公司
地　　址：郑州市农业路 72 号国际企业中心
邮　　编：450008
电　　话：0371-63690153
传　　真：0371-63690155

公司名称：标记塑胶颜料（深圳）有限公司
地　　址：深圳市宝安新安镇创业二路 71 区建设工业园 J 幢二楼
邮　　编：518000
电　　话：0755-27864005
传　　真：0755-27864006

公司名称：深圳市东方红精细化工有限公司
地　　址：深圳市宝安区中华商贸域
邮　　编：518100
电　　话：0755-27450101
传　　真：0755-27450636

公司名称：东莞市广柏贸易有限公司

地　　址：广东省东莞市东城区樟村罗塘大道16号
邮　　编：523109
电　　话：0769-2293302 2260583
传　　真：0769-2260584
邮　　箱：chengye@pub.denet.gd.cn
网　　址：www.prochem.com.tw

公司名称：东南科仪
地　　址：广州市东风中路268号广州交易市场1706室
邮　　编：510030
电　　话：020-83510055 83510550
传　　真：020-83510388
邮　　箱：dongnan@sti.gd.cn
网　　址：www.sinoinstrument.com

公司名称：佛山市道宁化工有限公司
地　　址：广东佛山市季华五路18号经华大厦22楼C，D室
邮　　编：528000
电　　话：0757-83202880
传　　真：0757-83202889
网　　址：www.daoning.168.cn

公司名称：广东金东有限公司
地　　址：广东省佛山市顺德区容桂镇奇光路46号
邮　　编：510095
电　　话：0757-26620352

公司名称：广州市华生油漆颜料有限公司
地　　址：广州市海珠区南洲路益鹏翠苑A栋801-806室
邮　　编：510260
电　　话：020-84011229 84013919 84010818 84012636
传　　真：020-84011303 84011929 84011828
邮　　箱：info@gzhuasheng.com
网　　址：www.gzhuasheng.com

公司名称：广州市大潮化工有限公司
地　　址：广东省广州市路17号阳光倚翠阁B202-204
邮　　编：510000
电　　话：020-36896005
传　　真：020-36896006
邮　　箱：dc800900@163.com

公司名称：广州益瑞新材料有限公司
地　　址：广州市高新技术产业开发区科学城彩频路11号F705
邮　　编：510010
电　　话：020-32201279 82013291 32205459
传　　真：020-32204943
邮　　箱：wwj9203510@tom.com

公司名称：华粤实业发展有限公司
地　　址：广州市海珠区艺苑南麓234号金影花园E幢1楼
邮　　编：510300
电　　话：020-34262331
传　　真：020-34262306

公司名称：惠尔美涂料（中国）有限公司
地　　址：光明新区新陂头工业园
邮　　编：528325
电　　话：0755-28234121
邮　　箱：huiermei_2008@163.com
网　　址：www.huiermei.net

公司名称：美亚行商品代理有限公司
地　　址：广东省江门市东华一路61号金华商业中心A座803室
邮　　编：529000
电　　话：0750-3101338 3102228
传　　真：0750-3103118
网　　址：www.kellymoore.com.cn

公司名称：汕头经济特区龙湖科技实业公司
地　　址：广东省汕头市金砂路106号国际商业大厦A座24B
邮　　编：515041
电　　话：0754-88945990
传　　真：0754-88363909
邮　　箱：stihste@pub.Shantou.gd.cn

公司名称：深圳市布里斯多（Bristol）涂料有限公司
地　　址：深圳市福田白山岭南天大厦1栋505
邮　　编：518030
电　　话：0755-83242949 83286626
传　　真：0755-83286626
网　　址：www.china-bristol.com

公司名称：深圳市海力尔技术有限公司
地　　址：深圳市南山大道南海城中心9座305室
邮　　编：518054
电　　话：0755-26521118
传　　真：0755-26522148

公司名称：领科建材有限公司
地　　址：广东省珠海市香洲人民西路83号
邮　　编：519000
电　　话：0756-2614618 2614628
传　　真：0756-2614608
网　　址：www.lingk.cn

公司名称：中贸设备有限公司
地　　址：深圳市东门南路71号东海大厦16楼D
邮　　编：518001
电　　话：0755-82252900
传　　真：0755-82172027

公司名称：中山金团贸易有限公司
地　　址：广东省中山市富华道穗苑29号
邮　　编：528400
电　　话：0760-8819466
传　　真：0760-8818561

公司名称：中山市港雄贸易公司
地　　址：广东省中山市港口镇岐港工业大道
邮　　编：528400
电　　话：0760-8411811 8409900
传　　真：0760-8409955
邮　　箱：sales@zssxchem.com
网　　址：www.zssxchem.com

公司名称：珠海市翔鸿贸易有限公司
地　　址：广东省珠海市银桦路361号
邮　　编：519000
电　　话：0756-2517882
传　　真：0756-2517882

公司名称：西安捷德贸易有限公司
地　　址：西安市劳动南路99号1501室
邮　　编：710082
电　　话：029-82123501
传　　真：029-82123505
邮　　箱：wenn@wayinn-china.com
网　　址：wayinn-china.com

公司名称：西安欧联化工机电有限公司
地　　址：西安市汉城南路258号
邮　　编：710077
电　　话：029-4206881
传　　真：029-4266073

5.2 代表处及其他

公司名称：NETZSCH北京代表处（销售与技术支持）
地　　址：北京市海淀区知春路1号学院国际大厦1603室
邮　　编：100083
电　　话：010-82336421
传　　真：010-82336421
邮　　箱：robeij@nsi.netzsch.cn

公司名称：SK化研株式会社北京办事处
地　　址：北京朝阳区建国门外大街1号国贸大厦1座25楼9-12室
邮　　编：100004
电　　话：010-65056187
传　　真：010-65056188
邮　　箱：bjskk@sina.com
网　　址：www.sk.com.cn

公司名称：爱格富集团北京代表处
邮　　编：
地　　址：北京市9788信箱亚运村汇欣公寓905室
邮　　编：100101
电　　话：010-51262656 51095709
传　　真：010-51095708
邮　　箱：agrofert@agrofert.com.cn
网　　址：www.agrofert.com.cn

公司名称：爱卡公司北京代表处
地　　址：北京建国门内大街恒基中心办公楼二座10层13室
邮　　编：100005
电　　话：010-85181875
传　　真：010-85181750
邮　　箱：bjcoating@mail.ejc.com.hk

公司名称：拜耳中国有限公司北京联络处
地　　址：北京市朝阳区呼家楼京广中心36层3618室
邮　　编：100020
电　　话：010-65015181
传　　真：010-65015183
邮　　编：william.valentino.wv1@bayer-ag.de

公司名称：俄罗斯万佳利亚有限责任公司北京办事处
地　　址：北京市朝阳区亮马桥路光明饭店 1602 室
邮　　编：100016
电　　话：010-64608239

公司名称：法国艾迪西国际公司北京代表处
地　　址：北京市东城区东直门南大街 14 号保利大厦写字楼 461 室
邮　　编：100007
电　　话：010-65011258

公司名称：法国路易达孚有限公司北京办事处
地　　址：北京市东城区建国门内大街 18 号恒基中心 1 座 1601、1602、1603
邮　　编：100020
电　　话：010-65182792

公司名称：固瑞克公司北京代表处
地　　址：北京市朝阳区光华路科伦大厦 A715
邮　　编：100020
电　　话：010-65818404
传　　真：010-65818405

公司名称：韩国贝美克斯株式会社北京代表处
地　　址：北京市西城区阜外大街 2 号万通新世界广场 B 座 1603 室
邮　　编：100003
电　　话：010-68714583

公司名称：韩国映甫化学株式会社北京代表处
地　　址：北京市朝阳区霄云路 27 号庆安大厦 307 室
邮　　编：100016
电　　话：010-64680285

公司名称：荷兰戴维林贸易有限公司北京代表处
地　　址：北京市东城区建国门内大街 8 号中粮广场 B 座 1012 室
邮　　编：100005
电　　话：010-65260811

公司名称：荷兰汉福国际有限公司北京代表处
地　　址：北京市西城区万通新世界广场 B-2003 室
邮　　编：100037
电　　话：010-68578946

公司名称：美国富顿有限公司北京办事处
地　　址：北京市朝阳区光华路乙 12 号经贸部咨询信息大楼 927 室
邮　　编：100020
电　　话：010-65050046

公司名称：美国高兰贸易公司北京代表处
地　　址：北京市西城区太仆寺街横二条 2 号华恒大厦 280 室
邮　　编：100031
电　　话：010-66062909

公司名称：美国 M&T 股份有限公司北京办事处
地　　址：北京市西城区西单横二条号华恒大厦二层（B293）室
邮　　编：100031
电　　话：010-64219860

公司名称：美国国际商品出口公司北京代表处
地　　址：北京市西城区西外大街 132 号京鼎大厦 1301 室
邮　　编：100044
电　　话：010-68331971

公司名称：新加坡大兴石油私人有限公司北京代表处
地　　址：北京市朝阳区亮马桥路 39 号第一上海中心写字楼 209 室
邮　　编：100600
电　　话：010-64649873

公司名称：俄罗斯明威（集团）控股有限公司北京代表处
地　　址：北京市朝阳区日坛路 6 号安琪商务中心 502 室
邮　　编：100020
电　　话：010-65033890

公司名称：美国卡德莱公司北京代表处
地　　址：北京市朝阳市望京中环南路 9 号国际技术合作中心望京大厦 8181
邮　　编：100102
电　　话：010-64731729
传　　真：010-64721723

公司名称：美国舒布洛克公司北京代表处
地　　址：北京市朝阳区建国路 88 号现代城 A 座 1611 室
邮　　编：100022
电　　话：010-85803434
传　　真：010-85803567
邮　　编：sbdc@sureblock.com.cn
网　　址：sureblock.com.cn

公司名称：美国威歌化工矿产公司北京办事处
地　　址：北京市东城区安定门外大街 183 号京宝花园 M606 室
邮　　编：100011
电　　话：010-64265906

公司名称：美国新纪元技术有限公司北京办事处
地　　址：北京市朝阳区北三环东路甲 12 号北京基尔特中心 2005 室
邮　　编：100013
电　　话：010-64299589

公司名称：南非华金国际集团有限公司北京代表处
地　　址：北京市朝阳区亮马桥路 50 号燕莎中心 c518
邮　　编：100016
电　　话：010-64651303

公司名称：日本三锦有限公司北京代表处
地　　址：北京市朝阳区北四环中路 8 号汇园公寓 C 座 601 室
邮　　编：100101
电　　话：010-65885191

公司名称：瑞士博特有限公司北京代表处
地　　址：北京市朝阳区建国门外大街 24 号京泰大厦 1707 室
邮　　编：100022
电　　话：010-65156631

公司名称：瑞士佛希纤维化工股份有限公司北京代表处
地　　址：北京朝阳区建国门外光华路乙 12 号经贸部咨询信息大楼 9 层 906 室
邮　　编：100020
电　　话：010-65051331

公司名称：泰国德隆有限公司北京代表处
地　　址：北京市朝阳区建外大街 4 号惠宸商务中心 233 室
邮　　编：100022
电　　话：010-65671739

公司名称：香港道康宁中国有限公司北京办事处
地　　址：北京市朝阳区建外大街 19 号国际大厦 8-D
邮　　编：100020
电　　话：010-65003051

公司名称：香港乐天发展股份有限公司北京代表处
地　　址：北京市东城区崇文门西大街 9 号紫金宾馆 1 号楼 122、123 室
邮　　编：100005
电　　话：010-65126663-266

公司名称：香港龙翔化工国际有限公司北京办事处
地　　址：北京市朝阳区北辰东路 8 号汇园公寓 K 座 819 室
邮　　编：100101
电　　话：010-64994439

公司名称：新加坡百科工业供应私人有限公司北京代表处
地　　址：北京市朝阳区惠新东街 6 号乡镇企业大厦 711 室
邮　　编：100101
电　　话：010-84636258

公司名称：英国 G.B.C 有限公司北京办事处
地　　址：北京市海淀区白石桥路 3 号友谊宾馆 62121 室
邮　　编：100873
电　　话：010-68461646

公司名称：阿克苏诺贝尔太古漆油（上海）有限公司北京分公司
地　　址：中国北京市东城区朝阳门北大街 6 号首创大厦 1103 -1105 室
邮　　编：100010
电　　话：010-85282099
传　　真：010-85282080

公司名称：德国 P.C.C 有限公司北京办事处
地　　址：北京市朝阳区亮马桥光明大厦 1902 室
邮　　编：100016
电　　话：010-64678822-190
主要产品：有关化工产品、木材、原材料进口

公司名称：德国百克顿制药公司北京办事处

地　　址：北京市西城区鼓楼西大街 41 号5层 519 室
邮　　编：100009
电　　话：010-64061701

公司名称：德国汉莎贸易运输有限公司北京办事处
地　　址：北京市朝阳区华严里京民大厦 1301 室
邮　　编：100029
电　　话：010-62026307

公司名称：德国鲁尔控股集团北京代表处
地　　址：北京市朝阳区建外大街 1 号国贸大厦 1403-1408 室
邮　　编：100020
电　　话：010-65055216

公司名称：法国环球贸易公司北京代表处
地　　址：北京市东城区东直门南大街 14 号保利大厦写字楼 867 室
邮　　编：100027
电　　话：010-65011848
主要产品：矿山机械，钢材及化工产品进出口业务联络

公司名称：法国克莱布斯-斯卑西姆股份有限公司北京代表处
地　　址：北京市朝阳区朝外大街 20 号联合大厦 10-11B 室
邮　　编：100020
电　　话：010-65880024

公司名称：荷兰戴维林贸易有限公司北京代表处
地　　址：北京市东城区建内大街 8 号中粮广场 A 座 404 室
邮　　编：100005
电　　话：010-65260811

公司名称：加拿大雅仕化工国际有限公司北京办事处
地　　址：北京市朝阳区延静西里 2 号华商大厦 1704AB 室
邮　　编：100025
电　　话：010-65949408
主要产品：有关化工产品及设备方面的业务联络

公司名称：加拿大益达国际股份有限公司北京办事处
地　　址：北京市朝阳区酒仙桥路乙 21 号国宾大厦 6A
邮　　编：100016
电　　话：010-64376622-20601
主要产品：有关石油、化工领域的产品、技术贸易代理的联络工作

公司名称：美国 EMI 公司北京办事处
地　　址：北京市西城区宣武门西大街甲 129 号金隅大厦 0822 室
邮　　编：100031
电　　话：010-66036688
传　　真：010-66062143

公司名称：美国利安德大中华有限公司北京代表处
地　　址：北京市朝阳区国贸饭店商务中心 4 号办公室
邮　　编：100020
电　　话：010-65053268

公司名称：美国路博润（中国）公司北京办事处
地　　址：北京市朝阳区麦子店西路 3 号新恒基国际大厦 815 室
邮　　编：100027
电　　话：010-64673326

公司名称：美国米顿罗公司北京代表处
地　　址：北京市建外大街 1 号国贸大厦 1 座 2309 室
邮　　编：100022
电　　话：010-65056532

公司名称：美国全美化工工业有限公司北京代表处
地　　址：北京市朝阳区安定门外大街安立路 8 号美康物业大厦 705 室
邮　　编：100101
电　　话：010-64992618

公司名称：美国特路普国际公司北京代表处
地　　址：北京市海淀区远大路 1 号金源时代购物中心 609
邮　　编：100097
电　　话：010-88879448

公司名称：美国有利来路化学亚洲有限公司北京代表处
地　　址：北京市朝阳区东三环北路 8 号亮马河大厦 708 室
邮　　编：100125
电　　话：010-65906068
传　　真：010-65900179

公司名称：南方化学有限公司北京办事处
地　　址：北京朝阳门大街 8 号富华大厦 D 座 7 层
邮　　编：100020
电　　话：010-65513996 65543783
传　　真：010-65543621
网　　址：www.suedchemie.de

公司名称：日本 CBC 株式会社北京代表处
地　　址：北京市朝阳区东三环北路 2 号南银大厦 2301 室
邮　　编：100027
电　　话：010-64108081

公司名称：日本株式会社三诚商会北京事务所
地　　址：北京市东城区建内大街 9 号国际饭店 2 号楼 601 室
邮　　编：100005
电　　话：010-65227997

公司名称：日本株式会社万通北京代表处
地　　址：北京市朝阳区朝阳门南大街 14 号外企写字楼 B105 室 A15
邮　　编：100020
电　　话：010-65206215

公司名称：斯洛伐克彼特里密克斯 TS 股份公司北京代表处
地　　址：北京市崇文区龙潭路甲 3 号华宇大厦 D-20B 房间
邮　　编：100061
电　　话：010-67110558

公司名称：香港安朋有限公司北京办事处
地　　址：北京市朝阳区幸福大厦 B1506 室
邮　　编：100027
电　　话：010-64616391
传　　真：010-64616392

公司名称：香港大湖化工（远东）有限公司北京代表处
地　　址：北京市海淀区白石桥路 48 号城建楠迪大厦 A 座 2025 室
邮　　编：100081
电　　话：010-62175631

公司名称：香港登景有限公司北京办事处
地　　址：北京市朝阳区望京北路 9 号叶青大厦写字楼 A503
邮　　编：100102
电　　话：010-64392108

公司名称：香港华诚行北京代表处
地　　址：北京市崇文区马家堡路 1 号陶然大厦 718 室
邮　　编：100062
电　　话：010-65082229

公司名称：香港华日远东高科技有限公司北京代表处
地　　址：北京市朝阳区建外南郎家园 1 号大北写字楼 12B06 室
邮　　编：100022
电　　话：010-65678250

公司名称：香港金泰能源（中国）有限公司北京办事处
地　　址：北京市朝阳区朝外大街 19 号华普国际大厦 703C 室
邮　　编：100020
电　　话：010-65992696

公司名称：香港欧慕陆斯有限公司北京办事处
地　　址：北京市朝阳区建外大街 24 号京泰大厦 2202 室
邮　　编：100022
电　　话：010-65156518

公司名称：香港世桥集团有限公司北京办事处
地　　址：北京市朝阳区小营路 13 号亚非大厦 4002 室
邮　　编：100101
电　　话：010-64963771

公司名称：英属开曼群岛维马费兰思有限公司北京代表处
地　　址：北京市朝阳区日坛路 6 号新族大厦 511 室
邮　　编：100020
电　　话：010-65043462

公司名称：英属维尔京群岛亚太石化有限公司北京代表处
地　　址：北京市朝阳区十八里店老君堂华墅度假村 8301 室
邮　　编：100023
电　　话：010-67710923

公司名称：北欧化工香港有限公司北京办事处
地　　址：北京市朝阳区建国门外大街 1 号国贸大厦 1313-1315 室
邮　　编：100020
电　　话：010-65055396

公司名称：比利时艾科达欧中贸易集团公司北京办事处
地　　址：北京市东城区建内大街 19 号妇女活动中心 4022-4025 室
邮　　编：100005
电　　话：010-65286872

公司名称：德国库丁贺国际贸易公司北京办事处
地　　址：北京市朝阳区亮马大厦 1 座 708 室
邮　　编：100004
电　　话：010-65900049
主要产品：钢材，有色金属，纸张

公司名称：杜邦中国有限公司北京办事处
地　　址：北京市朝阳区建外大街 1 号国贸大厦 2 座 1101 室
邮　　编：100020
电　　话：010-65058000-1097
网　　站：www.dupont.com.cn
主要产品：安睡宝，颜料，塑料，树脂，化工品

公司名称：格雷斯（香港）有限公司北京办事处
地　　址：北京市朝阳区建外大街 24 号京泰大厦 1002 室
邮　　编：100022
电　　话：010-65150725

公司名称：韩国株式会社韩蔚北京事务所
地　　址：北京市东城区胜古路 1 号蓝宝大厦 322 室
邮　　编：100024
电　　话：010-64439038

公司名称：荷兰 DSM 公司北京办事处
地　　址：北京市朝阳区朝外大街 19 号国际大厦 2605 室
邮　　编：100004
电　　话：010-85262643

公司名称：嘉能可资源亚洲有限公司北京代表处
地　　址：北京市朝阳区东海中心 2303 室
邮　　编：100004
电　　话：010-65156080

公司名称：罗马尼亚格里弗科国际股份公司北京办事处
地　　址：北京市朝阳区麦子店西路 3 号新恒基大厦 202 室
邮　　编：100031
电　　话：010-87312263

公司名称：美国工商五金公司北京代表处
地　　址：北京市朝阳区光华路一号北京嘉里中心南楼 2818 室
邮　　编：100020
电　　话：010-65618800
主要产品：五金，建筑材料

公司名称：美国吉胜国际公司北京办事处
地　　址：北京市朝阳区安贞西里 5 区 2 号楼亚细亚广场 A 座 1002 室
邮　　编：100024
电　　话：010-64430835

公司名称：日本阿童木集团株式会社北京代表处
地　　址：北京市东城区东直门南大街 14 号
邮　　编：100027
电　　话：010-64157659

公司名称：日本芬理希梦株式会社北京办事处
地　　址：北京市东城区建内大街 18 号恒基中心办公楼 1 座 1812 室
邮　　编：100005
电　　话：010-65182046

公司名称：日本共荣商事株式会社北京事务所
地　　址：北京市朝阳区东三环北路辛 2 号迪阳大厦 702A 室
邮　　编：100027
电　　话：010-84536196

公司名称：日本中外通商株式会社北京事务所
地　　址：北京市朝阳区国际大厦 19-D
邮　　编：100004
电　　话：010-65007509

公司名称：瑞士科莱恩国际有限公司北京办事处
地　　址：北京市东城区朝阳门北大街 8 号富华大厦 D3A
邮　　编：100010
电　　话：010-65542113

公司名称：西班牙伊思巴中国贸易有限公司北京代表处
地　　址：北京朝外吉庆里 7 号楼 6 单元 602 室
邮　　编：1000020
电　　话：010-65526556

公司名称：香港艾特拿有限公司北京办事处
地　　址：北京市朝阳区建外大街丙 24 号京泰大厦 1603 室
邮　　编：100022
电　　话：010-65156268
传　　真：010-65156270

公司名称：香港和宇发展有限公司北京办事处
地　　址：北京市东城区建内大街光华长安大厦 2 座 1720
邮　　编：100005
电　　话：010-65102515

公司名称：香港捷成洋行有限公司北京代表处
地　　址：北京市北京市建国门内大街 18 号恒中心办公楼 2 座 10 层
邮　　编：100005
电　　话：010-85198688
网　　站：www.jebsen.com

公司名称：香港康富咨询顾问有限公司北京办事处
地　　址：北京市朝阳区日坛公园神库大院西院
邮　　编：100020
电　　话：010-65221202
主要产品：机械设备，纺织品，化工原料

公司名称：香港利时康石油公司北京代表处
地　　址：北京市朝阳区惠新西街 18 号罗马花园 D-2301
邮　　编：100029
电　　话：010-64933393

公司名称：香港西德金属中国有限公司北京办事处
地　　址：北京市朝阳区国贸大厦 3310 室
邮　　编：100004
电　　话：010-65053114
传　　真：010-65051246

公司名称：香港中亚石油化工有限公司北京办事处
地　　址：北京市东城区灯市口大街 33 号柏景商业大厦 610 室
邮　　编：100006
电　　话：010-65229970

公司名称：新加坡万笙国际有限公司北京办事处
地　　址：北京市海淀区三里河路 1 号西苑饭店 8 号楼 5835 房间
邮　　编：100044
电　　话：010-65951578

公司名称：新加坡现代材料与化工分析公司北京办事处
地　　址：北京市海淀区三里河路 1 号西苑饭店 4 号楼 5466 室
邮　　编：100044
电　　话：010-88360211
邮　　箱：info@amcabj.com
网　　站：www.amcabj.com

公司名称：伊朗大地有限公司北京办事处
地　　址：北京市崇文区景泰宾馆 202 室
邮　　编：100075
电　　话：010-67224675-202
传　　真：010-67611616

公司名称：以色列凯捷国际贸易有限公司北京办事处
地　　址：北京市海淀区增光路 55 号紫玉饭店 6618 室
邮　　编：100017
电　　话：010-68411188
传　　真：010-68414990
邮　　箱：kaijieco@public3.bta.net.cn

公司名称：北京市嘉乐士涂料有限公司办事处
地　　址：北京市方庄宋庄路嘉业大厦二期 2 号楼 1001 号
邮　　编：100073
电　　话：010-87672876

公司名称：NETZSCH沈阳联络处（销售）
地　　址：沈阳市和平区太原街 18 号万达新天地 4 号楼 1207 室
邮　　编：110000
电　　话：024-31078423
传　　真：024-31078423
邮　　箱：nsi@netzsch.com

公司名称：SK化研株式会社上海办事处
地　　址：上海市长宁区仙霞陆 319 号远东大厦 A 座 2503-2506 室
邮　　编：200051
电　　话：021-62099169 62099179
传　　真：021-62099189

公司名称：阿克苏诺贝尔油漆（中国）有限公司上海办事处
地　　址：上海市淮海中路 1010 号嘉华中心 306 室
邮　　编：200031
电　　话：021-54050909
传　　真：021-54050958

公司名称：德国贝克吉利尼有限公司上海代表处
地　　址：上海市淮海中路 93 号大上海时代广场 908 室
邮　　编：200021
电　　话：021-53863322
传　　真：021-53863336
邮　　箱：chinaoffice@bk-giulini-china.com
网　　址：www.bk-giulini-china.com

公司名称：固瑞克公司上海代表处
地　　址：上海漕宝路 509 号新园大厦 2 号楼底楼 118 室
邮　　编：200233
电　　话：021-64950088
传　　真：021-64950077

公司名称：巴斯夫（中国）有限公司上海办事处
地　　址：浦东江心沙路 300 号
邮　　编：200137
电　　话：021-58611828
传　　真：021-58610190
邮　　箱：zhenying_beth.bei@basf.com
网　　站：www. basf. comtexilewww.greaterchina.basf.com

公司名称：比利时联合化工企业有限公司上海代表处
地　　址：上海市静安区南京西路 1468 号中欣大厦 1508 室
邮　　编：200040
电　　话：021-62470318

公司名称：香港佐敦油漆(香港)有限公司上海代表处
地　　址：上海市中山南路 28 号久事大厦 20 层
邮　　编：266114
电　　话：021-63330800
网　　站：www.jotun.com

公司名称：NETZSCH广州代表处（销售与技术支持）
地　　址：广州市先烈中路 76 号中侨大厦 23 楼 B 单元
邮　　编：510070
电　　话：020-87320711 87320715
传　　真：020-87320707
邮　　箱：roguangz@ngb-netzsch.com.cn

公司名称：新加坡日时化工机械有限公司广州办事处
地　　址：广州市越秀区白玉路 111 号 2217
邮　　编：510091
电　　话：020-83292986
传　　真：020-83292996
网　　址：www.nismix.com

公司名称：固瑞克公司广州代表处
地　　址：广州市先烈中路 76 号中侨大厦 26 楼 E
邮　　编：510070
电　　话：020-87320385
传　　真：020-87327051

公司名称：NETZSCH成都代表处（销售）
地　　址：成都市顺城大街 308 号冠城广场 9 楼 N 单元
邮　　编：610017
电　　话：028-865285188618
传　　真：028-86528718

公司名称：固瑞克公司重庆代表处
地　　址：重庆市上清寺路 2 号重庆太平洋广场 2305 室
邮　　编：400015
电　　话：023-63897016
传　　真：023-63872379

公司名称：赛特国际集团有限公司(香港)
地　　址：香港德□道中 173 □南□大□ 1609-12A 室
邮　　编：528211
电　　话：852-25458556
传　　真：852-35719160
邮　　箱：satehk@163.com
网　　址：www.satehk.com